真实再现黄金荣一生的兴衰起落

黄金荣全传

魏亮⊙编著

中国华侨出版社

图书在版编目(CIP)数据

黄金荣全传/魏亮编著. —北京：中国华侨出版社，2011.3（2021.6重印）
ISBN 978-7-5113-1243-3

I.①黄… Ⅱ.①魏… Ⅲ.①黄金荣（1868~1953）–传记 Ⅳ.①K828.9

中国版本图书馆CIP数据核字（2011）第021948号

黄金荣全传

编　　著：魏　亮
出版人：方　鸣
责任编辑：姜　婷
封面设计：王明贵
文字编辑：于海娣
美术编辑：玲　玲
经　　销：新华书店
开　本：1020mm×1200mm　1/10　印张：36　字数：632千字
印　　刷：北京德富泰印务有限公司
版　次：2011年5月第1版　2021年6月第6次印刷
书　号：ISBN 978-7-5113-1243-3
定　价：59.80元

中国华侨出版社　北京市朝阳区静安里26号通成达大厦三层　邮编：100028
法律顾问：陈鹰律师事务所
编辑部：（010）64443056　64443979
发行部：（010）88866079　传　真：（010）88877396
网　址：www.oveaschin.com
E-mail：oveaschin@sina.com

前言

　　旧中国的上海，十里洋场，风云变幻，灯红酒绿中酝酿着柔情，也潜藏着杀机。这里不仅是外国冒险家的乐园，也是黑社会存在的沃土。旧上海不仅有外国势力控制下的租界，更有黑社会严密控制下的方方面面，在上海滩如果不与黑社会打交道，任何人都无法立足，黄金荣就是当时上海黑社会的领袖。

　　黄金荣是旧中国第一帮主，是旧上海十里洋场的教父，他与杜月笙、张啸林一起，并称"上海三大亨"，并占据首位。他出身低微，不学无术；拉帮结派，霸道一方；在上海滩依仗权势，以不变应万变，一路成为"海上闻人"。

　　黄金荣所塑造的黑帮神话，早已成为人们津津乐道的话题，其人其事也因历史的重重迷雾越发充满传奇。在那样一个时代，如果没有勇敢和智谋，是无法立足于十里洋场的；如果没有权力的支持和放纵，瘪三是永远成不了黑帮大亨的……人们不禁好奇：没有学历、没有背景、没有金钱、没有人脉的瘪三流氓黄金荣如何成就他的黑帮传奇？本书就为你破解黄金荣成为三大亨之首的秘密。

　　黄金荣由一个瘪三流氓而成为闻人大亨、党国要人，成为旧中国黑社会首屈一指的老大，其发迹并非偶然。

　　这首先源于租界洋场的特殊环境。当时的上海，租界林立，而生活在租界里的人，则无意中被历史选择为"传奇的缔造者"。在全新的上海大舞台上，他们的时代开始了。出生于浙江余姚捕快之家的黄金荣，本没有什么文化，因缘际会，得以结识法租界的巡捕包探，25岁时考上法租界的"包打听"。此后，他依仗殖民者的势力和自己屡破大案的业绩，逐步升至上海法租界警备处的督察长，并以此起家，脚跨黑白两道，逐渐跃为近代上海流氓界的第一号大亨。

　　另外，诡秘的生存技巧、高人一等的处世哲学，以及权力的支持和放纵也是成就黄金荣"法力无边"神话的决定因素。

　　只要能挣钱，黄金荣从不问行当，下三滥的手段无所不用其极。一生涉足赌、娼、盗，大发不义横财。他通吃洋人警界和本地帮派，还合伙打理着做鸦片生意的三鑫公司。黄金荣最风光之时，法租界的娱乐设施、商铺、烟馆、书寓堂子均在其控制之内。钟爱京剧的他，甚至为捧名角露兰春专设了一个剧院。

　　在发迹、晋身过程中，黄金荣如此如鱼得水，除了他过人的投机本领与玩弄权术的狡诈外，真正依赖的法宝，就是高人一等的处世哲学。在他的万千徒众里，有杜月笙，也有蒋介石；在他交往的人物里，有陈其美，也有黎元洪。黄金荣出入黑白两道，游刃于商界、军界和政界，而且将触角伸向金融、工业、新闻报业、教育等多个领域。黄金荣曾经资助过孙中山革命，他以接纳过困境中的蒋介石为契机与国民党联姻，并因此飞黄腾达，成为民国社会显赫一时的风云人物。他积极充当四一二大屠杀的刽子手，曾经参与组织共进会，为蒋介石冲锋陷阵，蒋介石亲自题了"文行忠信"褒奖这位黑色大亨。他与汪精卫和日伪之间保持着微妙的关系。他"脚踩四只船"，在国民党、日本人和日伪等众多关系中明哲保身，积极寻找生存空间。在旧时代行将结束的时刻，作为一个近代帮会的首领，尽管不可能从根本上转变其思想观念，但至少从现实利益考虑，黄金荣终于与新政权合作，写下了还算可取的一页。

本书是迄今为止最全面、最客观地描述黄金荣从小捕吏成为上海"闻人"的传记，以黄金荣的生平为主线，以珍贵的档案、史料为基础，全面而客观地讲述了黄金荣一生的兴衰起落，揭示了旧中国帮会势力与各派政治力量及其内部各系之间既联盟又彼此倾轧的黑幕，并从个人与时代的关系切入，由黄金荣的崛起、发展到衰落，从一个侧面反映出曲折、变化中的民国历史。

目录

第五章　流氓手段，风光无限

第六章　为"前途"入赘林家

第七章　敛财作恶，八面出击

第八章　通天有术，声威远播

第九章　"三大亨"中执牛耳

第十章　摆平三大案，玩转法租界

第十一章　"白掩黑"，掌控毒品市场

第十二章　重女色黄金荣"跌霸"

第十三章　陷足情场，两度离合

第十四章　城隍庙成了"黄氏家庙"

第十五章　"四一二"凶相大暴露

第十六章　巧取豪夺"大世界"

第十七章 顾竹轩挑战黄金荣

第十八章 与杜月笙斗法

第十九章 大流氓拒绝当汉奸

第二十章　最后的风光

第二十一章　无可奈何的选择

第一章
麻皮小子的捕快家世

黄炳泉巧破盗宝案

苏州是一座极美丽的古城，尤其每当小雨初歇之时，处处水逸草青，浓翠欲滴，煞是可人，而此时湿漉润泽又纤尘无染的青石板路，也成了苏州城中一道迷人的风景。幽雅婉约的青石板路，纵横交织，往来穿梭于大街小巷之间，同样也延伸进了非常著名的十全街。

十全街，原名为十泉街，《沧浪十八景图咏》一书中记载："相传淳熙年间（1174～1189年），江南大旱，里人造井于此，竟得十眼，涓涓然，晶晶然，冬暖夏凉，不溢不竭，于是众人喜而旱魃去。街因泉兴，泉因街名，十泉街之名自此远播矣。"直至清代，乾隆晚年自号为"十全老人"，因而此街改名为"十全街"。

十全街上有幢古式大宅院。宅主段葆青，据说是明朝后期一个宰相的后代，一生性情孤僻，唯独爱好古玩。段宅内有一祖传的密室，室内藏有很多珠玉陶瓷、名人书画等世上稀见的古物。如此重地，自是防守甚严，不仅门枢甚固，而且谢绝一切人等，就连段葆青的结发妻子也不准进入。段葆青自己每次进入密室时，也都要把密室的门反锁起来，真可谓小心翼翼。

段宅密室里众多宝物中有三件尤其价值连城——碧玉如意、彩绿翡翠如来佛和"荆轲刺秦王"立轴。"荆轲刺秦王"立轴出自元代大书画家赵孟頫之手，另外两件玉器则是明代著名玉工尚九郎的手碾作品。

这一天，段葆青再次悄悄地来到密室准备赏玩他那视之如生命的宝贝时，却蓦然发现那三件至宝不翼而飞了。霎时间，段葆青只觉得天旋地转，险些一下栽倒。

丢失重宝，虽然令段葆青心痛万分，但是他更奇怪的是，如此机密之处，自己从来没有允许任何一个人进来过，而那把钥匙也是一年到头没有一天、没有一刻离开过他的腰间，况且，这密室也不是仅仅得到一把钥匙、撬开一道锁就能轻易进得来的，因为门户的结构设计得十分精巧，需要拨通一串相当复杂的密码，打开了机关之后，才能够顺利进来。他反反复复地仔细观察着现场，但见门、锁、墙壁各处均皆完好，宝贝似乎是凭空消失的，这怎么可能呢？段葆青越琢磨越觉得蹊跷，只得到县衙去报案。

段葆青在当地可以说是名门望族，更加上他与苏州府尹关系至密，因此苏州府吴县的大小

1

官员们素来都对他尊重有加，对段葆青的案子，自然也是尽心尽力地去查办。可是，勘察了一个月，却一点儿蛛丝马迹都没找到。

吴县县太爷陶民全傻眼了，这要是破不了案，苏州府尹还不摘了自己的乌纱帽啊。束手无策之下，陶民全只能给属下施压了，他命令捕头洪锦方半月之内必须要人赃俱获，否则撤职查办。

县太爷没办法，缉捕班头洪锦方更没办法。他每天带着捕快、眼线明察暗访，城里城外、集市街巷、当押铺、古玩商店、段宅周围的住户、段宅的男仆女佣……可查的都查遍了，可问的也都问遍了，案情依然是毫无进展。

这天夕阳西下的时候，又奔波了一天的洪锦方坐在家门口，想着这份棘手的差事，不禁长叹了一声："唉！既然老天不想让我吃这碗衙门饭，那也只好认命了。"

垂头丧气的洪锦方只顾长吁短叹了，身边站个人他都没觉察到。那人拍了拍洪锦方的肩膀，说道："敢问兄弟是不是遇到什么麻烦事了？"

洪锦方猛地抬起头来，见到此人，心中的愁云立时散去了一半，大喜道："哎呀呀，原来是炳泉老兄啊！你可回来了，这下，我可就全仰仗你啦！"

这炳泉老兄是何许人呢？他就是本书主人公黄金荣的父亲——黄炳泉。黄家世居浙江余姚，祖上没有出过什么显赫的人物，直到黄炳泉这一代，才做出了点儿名堂来。1861年，太平军与清军在浙江激战正酣之际，黄炳泉为躲避战乱而迁徙到了苏州，经人介绍，进入了苏州知府衙门担任捕快，因才能出众，逐渐地升到了捕头的职位。黄炳泉因为工作勤恳，又确实有着很强的破案能力，因此在苏州府也称得上小有名气，人们对他的评价也颇佳，称之"性豪爽而慈祥，生平行仁积善明德"。

洪锦方在接手此案之时，也曾想到去找黄炳泉帮忙，可恰巧黄炳泉出差办案还没有回来，这下见了黄炳泉，也就将破案的希望寄托在他的身上了。

听完洪锦方对案情的介绍，黄炳泉当仁不让，第二天就赶到吴县衙门去报到，自告奋勇地接手了此案。

黄炳泉领了委帖和腰牌，又换上了缉捕吏役的衣服，就邀洪锦方一同来到段葆青家。面呈衙门复查公文后，两人来到密室。黄炳泉在密室内整整观察了一天，详细记录了失窃的过程和密室的装置。

翌日，黄炳泉又来到段宅，勘察一阵后，带走了两个年纪颇大、在段家多年的佣人。

在县衙内室，他见两个佣人吓得浑身发抖，就心平气和地说道："别害怕，带你们过来并不是就认定你们是坏人了，我只是想通过你们了解一些情况，你们主人家雇有几个佣人啊？"

听黄炳泉如此一说，这两个人果真不那么害怕了。他们详细地讲述了段家各个佣人的姓名、籍贯、雇佣日期和介绍人等，把段家每一个佣人的来龙去脉都说得清清楚楚。

黄炳泉听后沉思了片刻，又问："段家雇临时短佣吗？"

两人说："用的。两年前，小奶奶生小官人时，因为没有奶水，就托孙婆婆介绍来一个冯姑姑。小孩断奶后，主人见冯姑姑做事利落，甚是喜欢，就没让她走。可是，没想到，不久前的一个晚上，冯姑姑却得急病死了。"

黄炳泉点了一下头，又继续问："孙婆婆是个什么样的人？"

"孙婆婆为人很好，也深得主人欢心的。"

……

傍晚时分，黄炳泉结束了问话。段家的两个佣人临走时，黄炳泉再三叮嘱："不要将今天的事说与任何人听。"两个人唯唯诺诺地点头称是。

凭借多年办案所养成的直觉，黄炳泉感觉到案情就快有眉目了。第二天天一亮，他先派得力捕快悄悄去探寻冯姑姑的棺木，然后又派得力女捕快便衣打扮去接近孙婆婆。自己则再往段家去向段葆青询问密室密码的情况，昨天段葆青开密室时，他就有个疑问，先开锁后拨号，倒拨，顺拨，那么复杂，段葆青就会一直记得那么牢靠吗？或许这其中就隐藏着破案的玄机。

果如黄炳泉所想，为防忘记，段葆青备有一张拨号顺序表，平时就放在书房抽屉的隔层里。如果哪次忘了，他就拿出此表来对照着开启。

"冯姑姑来过你的书房吗？"黄炳泉这样问道。

"来过。"段葆青略作思索之后给出了这样的回答。

听了这句话，黄炳泉心里有数了。

黄炳泉回到班房时，查找冯姑姑棺木的捕快也回来了，他们报称冯姑姑的尸棺不见了。又过了片刻，探访孙婆婆的女捕快也回来了，她们报告说不但孙婆婆可疑，她那个叫翠花的干女儿也很鬼祟……捕快们的话还没说完，黄炳泉紧皱着的眉头就舒展开了，果断地命令道："立刻逮捕孙婆婆！"

孙婆婆很快就被缉拿归案，没打几下，她就招认了。孙婆婆说她只是个牵线人，盗宝的真正主谋是翠花和她那个姘夫万强。黄炳泉立即亲率十余名得力捕快连夜来到翠花家，将翠花捉拿归案。

回到县衙，黄炳泉张灯夜审。那翠花倒是嘴硬，任你威逼利诱，严刑拷打，就是不肯招出实情。灯影绰绰中，黄炳泉想出一计。他把翠花拖到另一个昏暗的房间里，指着壁角里一个黑乎乎的人说道："看见他是谁了吧，他已招供，你却还嘴硬，你真的不想活了？"

壁角里那人在昏暗的光线中转过头来，口齿不甚清楚地说道："招了吧，何苦受这皮肉之苦呢？"翠花不知黄炳泉用偷梁换柱这招儿，误以为大势已去，就把万强的情况和孙婆婆做"引线"、盗窃段宅珍宝、谋害冯姑姑、毁尸灭迹等一系列经过，以及窝赃地点等，全都招了出来。

原来这是由流传已久的秘密结社组织青帮的一个小头目万强所策划的一起"带线引劫"案。所谓的"带线引劫"，也就是经人引荐，令团体成员打入作案对象的内部，取得他们的信任从而得到必要的作案条件，再伺机劫取的一种犯案手段。这种手法用江湖话说又叫"软相架"。"相架"是青帮的一个"切口"（即暗语），是对犯罪活动的总称，而"带线引劫"因为不是强取硬夺，所以叫做"软相架"。参加"带线引劫"的人必须谨遵帮规，严守秘密，一旦走漏了半点儿风声，就必将遭遇"三刀六洞"，死得极为凄惨。

冯姑姑是万强的得力干将，胆大心细，处事谨慎，对青帮也是绝对忠诚，哪怕置亲生孩子于不顾，也一定要完成万强交给的任务。经孙婆婆引荐进入段家后，冯姑姑勤勤恳恳，任劳任怨，很快就赢得段家上下的一致称誉，段宅主人也对她逐渐地放弃了戒心，从而使她有机会弄到了段宅密室的密号顺序表，然后，她又千方百计地通过孙婆婆和翠花将密号顺序表通报给了万强。

案发前的那个晚上，万强亲自出马，扮作一个卖夜宵的小贩来到段宅。与冯姑姑接上头后，两人进入段宅密室，窃走了觊觎了很久的那三件无价之宝——碧玉如意、彩绿翡翠如来佛和"荆轲刺秦王"立轴。

事成后的第三天，孙婆婆借来段宅串门之机，用暗号通知冯姑姑夜半时到她家，翠花会在那里等她。当晚，冯姑姑如约来到孙婆婆家，翠花果然在那里。翠花拣一些帮中不起眼的消息通知冯姑姑后，递给冯姑姑一杯茶，对她说道："喝了这杯茶就赶紧回去吧，免得段家人生疑。"冯姑姑哪里知道那茶中投有剧毒，回到段宅，还没来得及上床，肚子就剧烈地疼痛起来，直疼得她额上汗珠直淌，满地乱滚。不多时，她便一命呜呼，暴死在地。

冯姑姑夜半暴毙，段家上下无不惊慌失措。段葆青立即令人将冯姑姑移到宅后，并派人通知孙婆婆联络冯姑姑的亲属速来认领尸体。早就在等待冯姑姑死讯的孙婆婆，立刻带着一名冒充冯姑姑亲属的帮内女同伙来到段宅，表演了一场假哭的把戏，将尸体领走。

段葆青珍宝失窃案终于真相大白，而此案的破获也让黄炳泉在苏州府变得更加知名。

喜得贵子，解除心结

黄炳泉虽说在事业上还算顺心如意，可是在家庭方面却不免有些凄凉，将及中年还孤身一人，没有家室。这在很大程度上与他早年生活不安定有关，直到在苏州站稳脚跟之后，才在媒人的撮合下娶了苏州邹家的一个女儿为妻。

邹氏第一胎就给黄炳泉生了个儿子。所谓"不孝有三，无后为大"，中国自古就有重男轻女的传统，儿子被看做传宗接代之人，女儿则是要出嫁的，以后也就是外家的人了。人们的思想观念普遍如此，黄炳泉自然也不例外，因此对长子的出生是喜出望外，这件事着实让他高兴了些日子。孰料，不过几个月的光景，这小少爷就生了一场急病，不治而死了。这令沉浸在得子的喜悦之中还没有多久的黄炳泉大哭一场，自己也跟着病了很多天才恢复过来。

两年之后，邹氏又生下了第二胎。夫人分娩之时，黄炳泉在门外等得不知有多着急，一心盼望着上天保佑，能让妻子再生个儿子。然而，接生婆从屋里一出来，黄炳泉看她的表情就知道自己的盼望落空了——生了个女儿。

黄炳泉给长女起名叫凤仙，又起了个乳名叫做阿宝。阿宝长大后嫁给了上海的一户开装裱店的姓邹的人家。

又过了好几年，邹氏才再次怀孕。这几年里，黄炳泉盼儿子盼得是一天渴似一天，可偏偏妻子却接连几年都没有身孕，如果怀孕了，哪怕最后又生个女儿，也会给他带来一种希望啊，可是妻子却连希望的机会都不给他了。而黄炳泉又自觉已经上了年岁，唯恐如若此时无子，以后也就再也没有生养儿子的机会了。如今见到妻子再次怀孕，人到中年的黄炳泉似乎一下子年轻了好几岁，脸上的皱纹仿佛都减轻了许多。邹氏本是个勤俭的妇女，不论春夏秋冬，一天到晚手里总是不停地忙着各种活计。在平时，黄炳泉看到妻子如此操劳，只是暗自欣喜，觉得自己真是觅得了一个好媳妇，可是现在的情形不同了，黄炳泉只要一见到妻子干稍重一点儿的活儿，就会连忙跑去接过来，唯恐妻子累着，万一因为活计重而造成妻子流产，他岂不是要悔死吗？总而言之，在这几个月里，黄炳泉对妻子可以说是照顾得殷勤备至，绝对算得上是模范丈夫。

不仅如此，黄炳泉还不止一次地携夫人到寺庙去烧香祷告，祈求佛祖、菩萨一定心存怜悯，赏赐他一个儿子，不要让他家宗庙断了香火。

黄炳泉战战兢兢地度过了这几个月的时光，总算迎来了妻子临盆的那一天。当黄炳泉在衙门里听说妻子快要分娩之时，立即以迅雷不及掩耳之势飞奔回家中。屋里面，接生婆正在照料着处于阵痛之中的妻子。黄炳泉在屋外踱来踱去，踱去踱来，那几个小时的时间简直过得比几年还长，而黄炳泉的心中也一直在默默地、反复不停地祈祷着。

也许是黄炳泉的真诚之心确实感动了天公，这一次，邹氏真生下了一个男孩儿。知道结果之后，黄炳泉激动得双膝跪地，泪流满面……

那一天，是清朝同治七年十一月初一，公历是1868年12月14日，那时中国还没有采用西元纪年，因此生日都是用传统的中历来计算的。

喜得爱子，黄炳泉自然欣喜万分，抱着还在啼哭的儿子，他真是看在眼里，喜在心里。这时，他又开始琢磨一个问题——给宝贝儿子起个什么名字好呢？他忽然想起了苏州流行的俗语"千金万银才是富，荣宗耀祖才算贵"，遂决定取其吉祥之义，给儿子取一个富贵的名字——金荣，而小名则称为阿荣。

在阿荣之后，邹氏又生下一个女儿，取名招弟，后来嫁给了一个叫做徐步洲的人。"招弟"这个名字，用意很明显，就是想让她再招一个弟弟来，这表明，黄炳泉得了一个儿子还是不满足的。中国人千百年来就有"多子多孙多福寿"的生育观念，这在当代的很多人看来是难以理解、更难以接受的，一大群的孩子围着自己，固然少了寂寞之苦，可是那会有多烦啊，更为重要的是，抚养那么多的子女会给自己带来多么重的负担啊？但是古代社会的情况不同，翻看一下中国人口史就会知道，直到清朝中叶之前的几千年时间里，中国的人口曲线都是起起伏伏，总体上来说人口数量是没有增加的。因为在古代，人们抵御灾难的能力很差，会有各种各样的原因造成人口的大规模死亡，正所谓"人生七十古来稀"，能够活到高寿、颐养天年的人是不那么多的，而且，农业社会需要更多的劳动人口，这就使得古代的人们普遍以多子为福。黄炳泉所持有的也是这种想法，不过，黄炳泉之所以让二女儿再招来个弟弟，还因为阿荣身体非常羸弱，他担心这个孩子也像第一个儿子一样活不长。

天遂人愿，招弟真的给家里又招来了一个弟弟，这也是黄炳泉与邹氏生养的最后一个孩子，取名木金。不过，没过多久，阿荣活了下来，木金却夭折了。

如此一来，金荣也就成了家中的独子。

在学堂

对于上学读书这件事，黄金荣是极不情愿的。可毕竟读书是一件要紧事，黄家虽然并非世代书香，但做文盲也是要不得的。在父亲的威迫之下，黄金荣总算进了学堂。

和当时的大多数孩子一样，黄金荣就学的地方是一家私塾。按照惯例，学生入学之时都要向中国教育的祖师——孔老夫子的画像叩头参拜，然后再来拜会自己的先生。进塾的年龄，没有严格的规定，可大可小，而私塾的规模也有着很大的差别。黄金荣第一次离开自己的家人，独自面对一个陌生的环境，看到周围大大小小的一些从不认识的孩子，不禁心里感到阵阵的恐慌，同时又对身边的一切感到新奇，而这种新奇感将他心中的紧张冲淡了不少。

对于新入学的子弟，先生当然是要先认识一下名字的，当先生看到"黄金荣"这三个字时，不禁皱起了眉头，同时又晃着头连说"不妥，不妥"，继而又讲道："这读书的人家，怎么可以给孩子起这么俗气的名字呢？我给你起个新的名字，叫'锦镛'好了。"说完，先生将"黄锦镛"这三个字写给黄金荣看。此后，黄金荣也就将"锦镛"作为自己的表字。

作为启蒙教学，学生们一般都是从"三百千"开始学起的。所谓"三百千"，也就是中国旧时最为通行的三种启蒙读物，分别是《三字经》、《百家姓》和《千字文》。学生们效仿着先生，摇头晃脑地朗诵着："人之初，性本善。性相近，习相远。苟不教，性乃迁……""赵钱孙李，周吴郑王，冯陈褚卫，蒋沈韩杨……""天地玄黄，宇宙洪荒。日月盈昃，辰宿列张。寒来暑往，秋收冬藏。闰馀成岁，律吕调阳……"

当然，并不是仅仅跟着先生鹦鹉学舌就可以的，学习过后先生是要进行考查的，要学会背诵和默写，这在聪敏好学的儿童来说，算不得难事，可是对于那些天性顽劣怠懒的孩子来说，就真的是一件难事了。更糟糕的是，如果背不出来，或者写不出来，是要接受体罚的。体罚的方式有多种，私塾先生最常使用的就是打手板。打手板的工具是戒尺，也就是一种比较薄的长木条。用这种戒尺来打人，是不会将人打伤的，可是打起来却特别的疼，小孩子挨打后都会哇哇大哭，也正因为如此，才能够很好地发挥儆戒的作用。学堂的这个老规矩可苦了黄金荣，入学之初，他没少和戒尺亲密接触过，手掌经常被打得火辣辣的，这哪里能让黄金荣承受得了呢？他承受不了，先生打他的时候更承受不了，当然不是心疼他，而是受不了黄金荣的哭。黄金荣哭的时候很少流眼泪，往往只是大声地干嚎，所谓"死得不凶闹得凶"。而且，黄金荣是屡教不改，先生见这样下去也不是个办法，只得赶他走。黄金荣的父亲为了此事特别备了厚礼向先生道歉，当然，在家里也是将黄金荣狠狠地教训了一顿。这样一来，先生碍于面子，普通人这样哀求还要给个人情，何况黄炳泉还是官府的捕头，也算是个有头脸的人物，再加上黄金荣也向先生诚恳地表示今后一定要好好表现。这样一来，先生碍于面子将黄金荣留了下来。经过了这一番闹腾，黄金荣也真是乖顺了不少，对于读书也用了几分心，学业也有所长进，不像从前那样一问三不知了。

然而，江山易改，本性难移，没过多长时间，黄金荣又恢复原状了，先生鉴于此前的教训，索性也就不怎么管他了，只是在迫不得已的时候才数落他几句，但是绝不再对他使用戒尺了。这样，黄金荣也就在学堂里过起了比较舒服的日子。

不过，要说黄金荣在读私塾期间的表现没有任何可圈可点之处，那也是有失公允的，令人嘉许之处，就是黄金荣的毛笔字。黄金荣在学业方面的其他表现都不佳，唯独毛笔字还差强人意，因此，先生也就难免对他的字多夸奖了几句。很少受到夸奖的黄金荣听到了先生对自己的赞许，也就不免产生一种深深的满足，由此，他在自己的运笔上就有意地多下了些工夫，五六年下来，黄金荣的毛笔字虽说谈不上有多高的造诣，但还真的有了几分起色。对于这件事，黄金荣晚年时还不无几分自豪地回忆说，他十五六岁时赚到的第一笔钱，就是在过年的时候给人写斗大的"福"字。

移居上海

黄金荣13岁这一年，发生了一件日后影响其终身的大事，这就是全家移居上海。

黄炳泉为何要从苏州搬走呢？主要原因就是他职业上的失利。黄炳泉是一个非常干练的捕快，因为业绩出众而升为捕头，后来，又升为江苏提标候补守备。如此一来，尽管算不得人红大紫，可也称得上是小有成就。但事情并非一直都那么顺风顺水，黄炳泉虽说是个名捕，然则道高一尺，魔高一丈，几个重大的盗匪团伙相互勾结起来，几个月来，接连制造了几件令官府非常棘手的案子。黄炳泉带着一班巡捕，即使用尽心力，案件也没有什么明显的进展。更为不巧的是，恰在黄炳泉被这些案子搞得焦头烂额之际，他的顶头上司又换了新人。官场里有句俗话，叫做"一朝天子一朝臣"，新官到任后，黄炳泉不仅失去了上级的支持，还因为办案不力受到很多责难。为此，黄炳泉颇有心灰意冷之感，加之自己年事已高，办赶起案子来也确实有些力不从心了，他想，不如索性就此辞职，免得到时候自己会走得更难堪。就这样，黄炳泉离开了衙门，也离开了他从事了半生的巡捕职业。

既然离开了一个地方，那么也就必然要选择一个新的地方搬进去。应当说，这件事情来得还是有些突然的，黄炳泉其实是不愿意搬离苏州的，中国有句古话，叫"上有天堂，下有苏杭"。黄炳泉对这句话是深以为然的，他打心底里喜爱着苏州，一迈出门槛，望一望眼前这历经3000年风雨沧桑的姑苏古城，就会有一种心足意惬之感。可是为情势所迫，再多的眷恋，也都只能忍痛将其割舍掉了。"鸟飞返故乡兮，狐死必首丘。"人们对着自己的家乡故土总是十分眷恋的，即使大半生都在外漂泊，到了晚年也想回归故园，甚至生前不能够回去，死后也要争取将遗骨埋葬在家乡的土地上。黄炳泉当然也有着这种落叶归根的浓重情结，既然要离开苏州，他首先想到的就是回到老家余姚去。然而，一个朋友的到来让黄炳泉改变了主意。

这个朋友叫薛班贵，因腿脚麻利而得到一个外号——飞脚。薛班贵与黄炳泉同为余姚人氏，两人是旧相识，交情颇厚。当年，为了避难，黄炳泉来到了苏州，薛班贵则去了上海。薛班贵到上海之后，在衙门里谋了个值堂差役做，依靠着一双"飞脚"，现如今在上海也还算打拼得红火。多年来，黄、薛两家一直保持着近密的往来。薛班贵闻知黄炳泉出了事，就抽空赶来苏州探望。

薛班贵的到来，令黄炳泉感到非常欣喜。简短的寒暄过后，薛班贵就问起了黄炳泉最近发生的事情，黄炳泉也不相瞒，将自己的情况详细地对好友讲了一遍。

薛班贵听了黄炳泉的述说，不禁长叹了一声："唉，不想炳泉兄今日竟有如此遭遇。如此说来，你在这苏州城是住不下去了？"

黄炳泉也是一声慨叹："嗨，人老珠黄，在官无用，护家也都不济事了，我黄炳泉也枉为一世名捕啊！"

薛班贵道："炳泉兄且莫叹息，还是说说你接下来的打算吧，你打算搬往哪里呢？"

黄炳泉沉思了一会儿，慢慢说道："说实话，我是真不想离开这里，可是事已至此，又能如何呢？至于到哪里去，当然也就是余姚老家了。"

薛班贵听了，略一思索，讲道："依我之见，与其回余姚，不如去上海。余姚虽说是故土，但是毕竟已经搬走这么多年了，想来炳泉兄那边的故旧怕是也没有谁了吧，这样即便是故土，可自己回到那里去，跟异乡人又有什么区别呢？可是你要去上海呢，安顿的事情就全包在老弟的身上了，咱们两家相互照应着，日子也会好些。另外，上海可不同那余姚啊，余姚虽然富庶，可是跟上海比起来，实在是个小地方，这大上海近年的发展，那真可说是蒸蒸日上啊。炳泉兄搬到那里去，不愁没有生路，不仅自己可以开开眼界，对少公子的成长也是大有好处啊！"

黄炳泉觉得薛班贵说得有道理，不免心动，当然他也还有着些许的疑虑，但是耐不住好友的殷勤劝慰，也就改了主意，不回余姚，而准备转迁上海。岂不知，他的这一决定影响了自己儿子的一生，造就了数十年之后叱咤风云的"中国第一帮主"。

第二章
裱画店里的无赖学徒

离开学业

　　1880年，也就是黄金荣13岁的时候，黄家由苏州迁到了上海。

　　黄炳泉在上海安家的地方是南市张家弄猛将堂的侧购屋，他选择这里的原因很简单，因为这里是朋友薛班贵照应得到的地方。在安顿下来的过程中，薛班贵确实出了不少力，够朋友义气。但是，别人帮助得再多，也代替不了自己的行动。落居上海之后，黄炳泉面临的第一件事，是如何维持一家人的生计。

　　黄炳泉当差多年，虽然没有积攒下太多的财富，但是备用的款子也还是有一些的，在薛班贵的撺掇之下，黄炳泉拿出了一笔银子，买了住宅东侧三牌楼的沿街房子，开了一家小茶楼，题名"悦来茶楼"。

　　茶馆开张之后，在很长一段时间里都是不冷不淡地经营着，不过，虽说生意算不上红火，眼下的日子也还应付得过。因此，黄炳泉对此也并不是太在意，而他很在意的是儿子的学业问题。儿子少小年纪，正是勤奋求学之时，如果因为搬家而耽误了儿子的前程，那自己的罪过可就太大了。所以，黄炳泉在上海稍一安定下来，就开始打点儿子的学业，出钱将儿子送到了猛将堂内的私塾读书。可是黄金荣原本就不喜欢读书，经过由苏州到上海的这一路折腾，将书本撂下了一些日子，就更是将读书的事儿抛到九霄云外去了。不过，尽管他有心想就一直这么松散下去，但总拗不过父亲的威严，因而还是勉强地再次走进了学堂。

　　在以前，黄金荣不务学业，也不过就是搞一些小淘气的把戏，可是到了上海之后就不同了，上海可确实比苏州繁华得多了，诚如薛班贵所说，这大上海的确是让人大开眼界。不过，繁华的上海给黄金荣所造成的影响可比对他父亲黄炳泉的影响大得多了，在一片灯红酒绿的声色浸染之下，黄金荣更无心进学了，对于念私塾，那就是三天打渔、两天晒网地应付着。一开始，他瞒着父亲，可是这事儿哪是长期瞒得了的啊，黄炳泉知道后，也为此动过几次肝火，但是几次下来，黄炳泉也清楚了，儿子根本不适合读书，儿大不由爷，他也是个半大人了，而自己则垂垂老矣，总不能看管他一辈子吧。黄炳泉经过反复的思索，这一天，终于和儿子摊牌了。

"金荣啊，你的学业进展如何啊？"黄炳泉用一副苍老的声音这样问着儿子。

"……"黄金荣不是没有见过父亲发火，可是在父亲对着他暴跳如雷的时候，他并不怎么害怕，这一次，父亲貌似很平静地质问他，却让他感到心里恐慌得很。父亲问自己的学业，那点儿事，黄金荣心里还没有谱吗？他知道，父亲对自己当前的景况不是不了解，以前，都是直接冲着自己来了，哪还用得着这么平和地提问呢？因此，他不知道应当如何来回答父亲的问题。

等了一会儿，没有听到儿子的声音，黄炳泉抬头看了看站在自己面前的儿子。

看着父亲望自己的凝重的眼神，黄金荣感到很局促，心里更加地不安了。

"怎么不说话啊？"黄炳泉又问了一句，用一种颇无可奈何的口气。

"这，这个，爹，你不是都，都知道了吗，咋还，还问呢？"黄金荣小心翼翼地嗫嚅着回答着。

父子两人沉默了片刻，空气仿佛凝滞了一般。

"唉，也罢！"黄炳泉一声长叹，接着说道，"金荣啊，你可知道，我这辈子可就你这么一个儿子啊，我40多岁才生了你，你还没成人，可是我已经老啦，本来嘛，都说望子成龙，我没指望你成什么'龙'，就是希望你能好好读书，将来也能光耀黄家的门楣，可现在我知道了，我想错了，你这个样子，对不起你爹的一片心啊！"

说到这里，黄炳泉的眼泪就要夺眶而出了。

长了十几岁，黄金荣还是第一次见到父亲这副样子，因此心里愈加不安了，禁不住两腿一软，"扑通"一声，给父亲跪下了。

黄炳泉知道自己的表情让儿子感到惶恐了，他本来也没有想到自己会这样激动，可是这样的情形，他又怎么能够让自己的心情静如止水呢。他想起了当年金荣出生的时候，自己感受到了一生之中从未有过的喜悦……他在唯一的儿子身上寄予了多么大的期望啊！这些年来，自己拼死拼活地卖着老命，还不都是为了儿子吗。要不然，自己已两鬓斑斑的，还又何必如此费心费力地去做那么多呢？他就是指望着儿子有一天能够有出息啊！可是看到儿子这种不务学业、游手好闲的样子，他感到很寒心。他自己这辈子也就是这么个样子了，自己没有能够飞黄腾达，他就自然而然地将这份殷切的期望转移到了儿子身上，可是现在儿子比自己还不如啊。也许，儿子将来不做个败家子，他也就该烧高香了。自己年轻的时候远徙他乡，晚来又搬到上海，一生也可谓不易，到了老年，对儿子的依赖心理也就更强烈了。可偏偏就赶上儿子不争气，而黄家门户又如此单薄，他心中因此备感凄凉。

万千的思绪在黄炳泉的心中翻腾着，折磨着他本来就颇感消颓的精神。尽管如此，黄炳泉还是不想在儿子面前表现得如此伤心，如此脆弱的，但是，他还是没能止住眼泪夺眶而出，眼泪从黄炳泉那满是皱纹的脸上流过，流进了黄金荣的心里。黄金荣第一次品尝到如此涩涩的感觉，禁不住自己也哭了起来，他的哭，不是像父亲那样静静地流泪，而是猛烈地抽泣起来。

黄炳泉见到儿子也哭了起来，心里更加感到不是滋味了，连忙俯身去搀黄金荣起来。可是黄金荣沉着身子，不肯起来，索性给父亲叩起头来。

"爹，儿子不孝啊，我向你保证，今后一定痛改前非，好好做人，再不荒废学业了！"黄金荣一边磕着头，一边将这话重复了好几遍。

黄炳泉总算将儿子搀了起来，他没有想到今天的谈话会产生这样的效果，虽然类似的话他听过不止一次了，此前，哪一次他发火的时候儿子不是这样保证的呢？可是这一次，毕竟有所不同，也许儿子真的可以就此浪子回头，如果那样的话，他今天的眼泪流得也值了。

黄金荣虽然性情顽劣，但是对父母却是孝顺的，他没有想到原来自己的所作所为是让父亲如此的伤心，因此自己心里也是异常的难过，他下了决心，今后一定要好好表现，让父亲对自己刮目相看。

因为这样的决心，黄金荣的表现确实有了很大的起色，有两三个月的时间里在学业上都很进心，然而需要注意的是，黄金荣如此的表现并非是心甘情愿的，而主要是出于对父亲所怀有的愧疚之感才这样的。如此刻板的读书生活，令黄金荣不知有多么的难受。江山易改，本性难移，这句老话说得不假。几十天的光景过去之后，黄金荣终于又恢复了先前的顽劣习气，即使偶尔还会想到父亲的眼泪，但是那种负疚感已经变得很淡薄了，这个时候，已经没有什么能够阻拦得住他对自己心中那种快乐而自由的生活的向往了。黄金荣故态复萌，令他的父亲黄炳泉感到了彻底的失望。这一次，他懒得自己出面了，而是让自己的妻子邹氏去对儿子说，如果不愿意上学，也就不必强求了。这对黄金荣来说，可是求之不得的好事，不过，他还是假意地推诿了一下。当然，他的母亲也知道他的心里是怎么想的，也不再对他进行什么劝说，而是很坦明地说了他父亲的交代，于是，黄金荣也就由此放弃了学业，终止了自己的学生生涯。日后，黄金荣在自己的履历表中文化程度这一栏填写的是"私塾三年"，这就是黄金荣的学历。

少年小赌棍

一旦离开了学堂，黄金荣就更逍遥自在了，虽说大体上也会帮助父母打点一些茶楼的生意，可是他的志趣显然并不在这里，而是悄悄地对一个行当变得越来越着迷，那就是赌博。若说黄金荣对学业不入门道，则他对赌博却颇有心得，显示出了不同寻常的天赋。起初，他只是在家中的茶楼里看大人搓麻将，虽然没有经过专门的学习，可是看了那么几天，他就已经对这套赌艺小为精通了，在一旁看着别人打麻将的时候，往往桌上的人还没有反应过来，他就会陡然大叫一声："和啦！"众人在惊异之余仔细看来，果真如此，于是不得不对黄金荣头脑之灵敏另眼相看。黄金荣每次听到夸奖之后都会感到一种少有的自豪之感，这是他在学堂上从未感受过的。这样一来，他对麻将就更迷恋了，变得更加地乐此不疲了。

然而，黄金荣对于麻将的浓厚兴趣决非止步于看别人玩耍，没过多长时间，他就忍不住跃跃欲试了，可是没有别人的邀请，他也不便主动地提出来，因此几个月下来，他也只不过是麻将桌旁的一个看客而已，从来没有参与进去。那么，为什么会出现这样的现象呢？答案当然在于父亲黄炳泉对他的约束，黄炳泉有言在先，断然不允许黄金荣上麻将桌，这一点，光临茶楼的顾客们也都是知道的，因此都遵守东家的意愿，不让这个少东家参与。可俗话说得好，常在河边走，哪有不湿鞋的呢？黄金荣天天都与麻将桌这样密切地接触，难保哪一天就由站着改成了坐着，由旁观者变成了当局者，黄炳泉对此也颇感忧虑，可是，既然要儿子打点茶楼的事务，就难免要与这样的场合接触，长此下去，终究不是个办法，那么，应该如何才好呢？黄炳泉打算让儿子离家去谋生，可是当他将自己的这个想法说给黄金荣听时，黄金荣的脑袋瓜摇得跟拨浪鼓一样，说什么也不肯离开家。黄炳泉见此情景，一时也没了主意，而妻子邹氏在一旁说道："孩子说的也并非不是，他才多大啊，这么小，就让他独自外出谋生，你怎么能放得下心呢？我们就这一个儿子，万一出点差错，我们这后半辈子还指望谁呢？依我看，就让他在家里待上两年，可是不管怎么说，他在家里，这一举一动的，你还都能看到，要是到了外边，怕是还不如在家里好管教的吧？你说呢？"黄炳泉转念一想，的确是这么个道理，也就听从了妻子的劝告，不再难为黄金荣了。其实，黄炳泉的担心决非杞人忧天，不久之后的一天，他在外出回来的时候，就见到了家中茶楼的一张麻将桌上端坐着他的儿子黄金荣。

黄炳泉刚一进来的时候，黄金荣还没有发觉，而一旁的人也正迷在局中，因此没有人提醒他一下。黄金荣一脸得意的神色，这不仅是因为他少有亲身上牌桌过赌瘾的机会，更因为他已经连赢了数局，因此正在兴头之上。可恰当此时，一个大巴掌照着他的腮帮子狠狠地扇了过来，一下子就将黄金荣从椅子上给掀了下来。再一看黄金荣的脸，一片红红的大掌印贴在上面，而嘴角的血也一直流到了脖子上。稍微愣了一下之后，黄金荣马上意识到父亲回来了，他在心里直埋怨一旁的人也不告诉他一下，弄得他如此狼狈，要知道，他在上桌之前可是特意关照过身旁的人提醒他的呀，可结果呢，还是没发挥出一丁点儿的作用来。事已至此，他能够怎么办呢？只能是跪在地上求饶，而旁边的人也都赶忙给黄金荣说着一些好话，说这都是他们的不是，往后一定不会再允许少公子上牌桌的，请黄掌柜千万息怒。黄炳泉当着顾客的面不好再发作，因而只是叫黄金荣去擦擦脸，然后照常干活，自己则回到里面的屋子歇息去了。

挨了这一巴掌，黄金荣的心里变得战战兢兢的，哪还有心思做活呢？他知道，父亲虽然一时饶过了自己，这件事却断然不会就此了结的，他不知道晚上父亲会和他怎样算账。因此，直到晚上的半天时间里，他一声都没吭，晚饭也没心思吃，只等着父亲来叫他。可是直到顾客们都散了，父亲也没有来找他，他的心里变得更加忐忑了，他想主动向父亲承认错误，可是又没有那个胆量。如果父亲教训了他一通，这事儿也就算完了，不管遭受了多么严重的惩罚，他的心里都会感到踏实。可现在呢，事儿还在这悬着，就仿佛屁股底下坐着一座活火山那样，真是有些坐立不安的感觉。

就这样，黄金荣夹着尾巴做人，着实委曲了好多天。在这些日子里，甭说上牌桌，他往牌桌的跟前凑都不凑一下了。但是，这样过活，滋味也实在是不好受，当脸上的伤痕逐渐褪去时，黄金荣又开始打麻将了。可是这一回，他吸取了上一次的教训，他在心里反复地告诫自己，挨了巴掌，就应该变得聪明些才是，牌桌要上，但是绝不能再被父亲捉住。那么，如何才能做到这一点呢？茶楼是父亲的天下，这块地儿就在他的眼皮子底下，在这里赌博可不安全，既然如此，也就只有到外面去寻找乐趣了。打定主意之后，黄金荣就开始琢磨着怎样从父亲的眼皮底下脱身。

这些天来，黄炳泉看着儿子时时处处都一副谨小慎微的样子，心里稍稍松了一口气，但是他并非不了解自己儿子的根底，他知道，这都是暂时的现象，是因为那一巴掌的作用期还没过去呢，等腮帮子上的指印下去时，儿子也就会把这件事给忘得差不多了，到那时，还不是又恢复了原来的状况？可如何才是一个长久之策呢？黄炳泉在苦苦地琢磨着这个问题。

黄金荣终于想到了对策，那就是在晚上茶楼的事务已经闲下来的时候，偷偷地溜出家中，去找自己的那帮小兄弟们，然后一起赌到半夜再悄悄回到家中，这样一来，自己过了赌瘾，而家人却毫不知觉，岂不快哉？然而，这也并非一个万全之策，刚开始的时候，黄金荣只是偶尔地趁夜里去外面耍一耍，可是一旦成了习惯，就几乎是夜夜如此了，而且一旦上了牌桌，常常就会煞不住，往往是闹到了天明才散场，可是黄金荣白天还得干活呢，他不能夜里出去赌，白天就躲在屋里睡大觉啊，但是这样黑天白天地都不得安生，他的身体又怎能承受得了呢？尽管他是强作精神，不想让别人、尤其是父母看出他在夜里做了什么勾当。刚开始黄炳泉以为儿子只是夜里没有睡踏实罢了，可是过了一阵子，他就发现儿子的精神状态接连几天下来都是如此，他就不能不生疑了。他想把儿子叫过来直接问，但是又觉着有所不便，就打算再观察几天。黄金荣这时也比往前变得精灵多了，他已经敏锐地察觉到了父亲对自己所产生的怀疑，他知道，自己应当收敛一些了。

于是，黄金荣把父亲又给糊弄了过去。不过，黄炳泉也不是那么好糊弄的，他知道儿子又跟他玩起了把戏，既然这样，那也就奉陪一下好了。这一天夜里，黄金荣终于按捺不住了，当夜幕已经完全落下的时候，他又悄悄地潜出了家门。出门之前，他还谨慎地向院里望了望，见到一切正常，才放心地走开。

一夜逍遥。

第二天，黄金荣在茶馆里碰着父亲的时候，只是低着眼，不敢去正视父亲，而父亲却对着他颇有意味地干咳了两声，他的心一下子就提到了嗓子眼，而脚下则偷偷地要开溜了。他刚刚挪出去没有两步，就听到了父亲那虽然有些苍老却依然威严十足的声音："金荣啊——"

"爹！"虽然黄金荣脚下想一溜烟似地跑掉，但是嘴上还不得不这样答应着。

"眼睛怎么这么红啊？是不是夜里没有睡啊？"黄炳泉这样问着儿子。

"啊！"听到父亲的问话，黄金荣的心不自觉地颤抖了一下，嘴唇也微微地张开了。他在思索着怎样回答，可是在他想好应对的答案之前，父亲先说话了。

"你是不是又在想着编句什么谎话来哄我啊？"

"啊，不不不！"黄金荣急忙进行否定。

"哼，"黄炳泉轻轻笑了一声，接着说道，"既然这样，那就实话实说吧。"

"这个，这个——"黄金荣支吾着，不知怎样说才合适。

"甭这个那个的，快说！"黄炳泉提高了嗓门，明显地动怒了。

这下让黄金荣更加不知所措了。不过，黄炳泉一抬高声调，就引起了客人的注意，和黄炳泉比较熟悉的，赶忙过来打圆场。

黄炳泉也觉得这里不是教训儿子的场合，于是将口气缓和下来，吩咐黄金荣："晚上到我屋里来回话。"

黄金荣唯唯诺诺地答应着，面对父亲的通牒，他是没有任何办法的，他只能费尽心思地琢磨着怎样来过晚上这一关。

一天的光景，说过就过，尤其是像黄金荣这样提心吊胆地过，倏忽之间，太阳已经跑到了山的那一边。

黄金荣在心里揣度着，听父亲的口气，十有八九是已经探听清楚了自己都做了什么，以父亲的精明，只有他稍一用心，这点儿事哪里能够瞒得过他？不如从实招了吧，这才是上策。对，就这么定了。至于后果呢，他想也没什么大不了的，这么多年来，父亲的"严刑拷打"他也没少经过，什么大险大难还能让他黄金荣发愁吗？想到这里，黄金荣的心稍稍放宽了些。

这一次，黄金荣对父亲没有隐瞒，坦诚地交代了自己夜里外出赌博的事情。对于这事，黄炳泉当然也是早就摸清了底细，他在细细地考量着儿子的坦白，觉得这一次儿子确实没有跟他弄虚作假，因此，他的气儿却是消去了不少。

令黄金荣没有想到的是，父亲这次表现得相当大度。

黄炳泉非常温和地对儿子说道："金荣啊，你这是何苦呢？"顿了一顿，黄炳泉接着说："你喜欢麻将桌，我不会难为你，你知道，我不让你上麻将桌，总归是为你好啊，但是既然你戒不了，我就不再强求了，但是你总不该这样夜里偷偷地出去啊！以后啊，只要你不影响正常的生活，就随便你好了。"听了这番话，黄金荣真是怀疑自己的耳朵出了毛病。他的两只眼珠不停地骨碌着，在思考着这到底是怎么一回事。

黄炳泉为什么要这样来处理儿子的赌博问题呢？难道他犯糊涂了吗？他已经想清楚了，这么多年来，这么多的事情，他在自己唯一的儿子身上付出了太多的心血。尽管儿子不敢违拗自己，可是，每一次的较量，表面上似乎都是他胜利了，而实际上呢？每一次他都失败了，儿子当前这个样子，哪一点符合他自己对儿子的期待呢？至于这一次，黄炳泉心里也十分清楚，他知道不能再强求了，如果再像往前那样去一厢情愿地要求儿子，会得到什么结果呢？儿子乖顺了几天，没过多久，就会故态复萌，到最后，还不是自己妥协吗？他忽然觉得，儿子比他要高明得多，因为在每一次父子对弈的过程中，乍看起来都是他做父亲的赢了，可真正的结局却是儿子赢。他不想再旧事重演了，一方面，自己已经变得愈加老迈，对很多事情已经是心有余而力不足了；另一方面，更是他对儿子黄金荣已经失去了信心，也因此，他感到自己的一生都很失败。想到这里，黄炳泉的心情变得十分黯淡。就在那一瞬间，他仿佛一下子老去了十几岁。

面对父亲的一反常态，黄金荣更不知道怎么做才好了，他并不傻，他的头脑在飞速地旋转着，在想着父亲为何这样说，难道父亲是在说反话吗？看着父亲那种凝重的神情，他觉着不是。

因而，他意识到事情的严重，问题远比他此前料想的要麻烦得多。他想向父亲承诺，以后再也不赌了，可是，他马上又在心里问自己，这样的承诺有意义吗？连他自己都不相信的承诺，又怎好去糊弄父亲呢？可他又不想就着父亲的话往下说，那样岂不是令父亲太失望了吗？

这一急，黄金荣额头上的汗珠就滚下来了。

黄炳泉看着儿子的窘态，很是无奈，只说道："算了，回去睡吧。"

黄金荣呆愣愣地立在那里，黄炳泉却悄然起身，离开了房间，只留下黄金荣独自站在那儿静静地反思着……

黄金荣打算做最后一次努力，一方面自己改过自新，另一方面也是送给父亲一番安慰。他很果断地与那些赌伴们断了联系，虽然这令他感到很痛苦，但是他觉得自己是不得不这样做的。听着朋友们的埋怨，他的心里变得更烦，但他这次是铁定心肠戒掉赌瘾的，他是真的想通过自己的优秀表现来赢得父亲的满意，他不想让父亲对自己感到失望。如果说此前年少不更事，那么随着年龄的增长，他此时已经懂得了自己对于父亲、对于这个家庭所具有的重要意义，他知道自己应当承担起什么样的责任。

可事情总是想来容易做来难，而且不论做什么，一旦成了习惯，一旦成了瘾，也就很难改掉了，而赌瘾也许就是其中最难戒掉的一种瘾。自从远离赌桌之后，黄金荣每当赌瘾发作之时，甭提有多难受了，那种滋味的痛苦程度，恐怕都不亚于戒毒时的人所遭受的折磨了。在强烈的赌瘾面前，黄金荣违背了自己对父亲的承诺，再一次回到赌桌上。

这次重回赌桌，黄金荣想，既然怎样也瞒不过父亲，也就不必偷偷摸摸的了。当然，在父亲面前，他也还是要表现得规矩些的，他的心中自有些分寸。而黄炳泉也早就料到会有这么一天，因此对于黄金荣赌博的事情也就不闻不问了。

如此一来，大家也倒过得安稳，黄金荣虽然几乎日日不离赌局，却也没有惹出什么事来，当然，在这么长的时间里，黄金荣也没有做出什么正事来。对此，他自己并不焦急，父母却不能不放在心上。

黄金荣虽然在赌博方面有着一定的天赋，堪称赌局上的高手，但天外有天，人外有人，他还是遭遇了翻船的那一天。因为几个兄弟与他对局的时候总是落败，就特地请来了一个高手，问黄金荣是否敢过上几手。黄金荣自恃身手不凡，在这种挑衅面前哪能屈服呢？当然是欣然应战。可是结果却很出乎他的意料，这一场下来，他使出了浑身解数，竟然始终没能扭转劣势，从傍晚时分一直赌到了次日天明，他是越输越惨，到后来，连身上的衣服都扒了下来，也还是没有转运，只得认栽了。经过这一次，黄金荣知道，自己并不就是天，想要真正立起一杆旗，还真得多学着点儿不可。

黄金荣拜师

黄金荣的这次败绩，在邻里之间很快就传开了，当然也没有绕过他的父亲。黄炳泉虽然没有亲眼见到黄金荣赌场落败的惨状，但是从人们绘声绘色的描述之中，也窥知了个大概。他对儿子虽然已经不再抱有什么令其改过的希望，但也并不想让儿子就此完全地信马由缰、无拘无束，不然，说不定哪天儿子会做出无法收拾的事情来。

在黄炳泉看来，儿子如此不成器，日后是断然闹不出什么名堂来的，让他学门手艺，将来能自食其力也就算了。可是让儿子去学什么呢？他与妻子邹氏商量着。邹氏说："依我看，就让他到姐姐的裱画店里学学装裱的手艺吧。"黄炳泉点头应承道："嗯，我看这主意行，到了他姐姐凤仙家，一来生活上有个照应，二来在那里金荣毕竟还有些拘束，不会太乱来。"

夫妻俩商量妥之后，就找儿子金荣说了。当时黄金荣对于自己将来要做什么可是从来没有打算过的，对于学装裱这种手艺将来会给自己带来一个什么样的前程，他也是没有任何的概念，但是他琢磨着，自己都这么大了，也不能一直就这么跟着父母混吃混喝，另外，他此前去姐姐家的时候见过那些装裱师傅们做活的过程，对装裱还有着一定的好感，因此他也就点头答应了父母的建议。

母亲给金荣打点好了包裹，不日之间，他就启程了。

这一年，黄金荣17岁。

黄炳泉以为把儿子送到了亲戚家，他的姐姐总能在生活上多照应他一些，另外呢，在裱画店学上一门手艺，虽说不能飞黄腾达，但终归也能养家糊口，维持生计，可是现实却并不像黄炳泉所打的如意算盘那么美，他又一次失算了。黄金荣在姐姐家里其实是吃了很多苦的，这并不是因为姐姐凤仙不肯照顾他，而是因为，虽说是亲戚，但亲姐姐在邹家不过是个小媳妇而已，并没有什么发言权，因而也就不能对黄金荣照顾得太过分，而且店里也有规矩。黄金荣来到姐姐和姐夫的家中，可不仅仅是弟弟和小舅子，更是一个学徒、一个雇员，所以他也得从打杂做起，不仅要做一些店里的事，甚至还要承担一些家务，其中就包括黄金荣最为讨厌的做饭和带孩子。不过，尽管生活上是辛苦了一些，可只要学到了手艺，那他也就总算没有白来，那么，黄金荣在姐夫家的裱画店中手艺又学得怎么样呢？

既是要学手艺，就总得有人教才成。为此，黄金荣就不免要拜个师父。姐夫的裱画店中有一位裱画司务姓赵，练了一手裱画的绝技，因而被称为"赵巧手"，也称"画郎中"。"赵巧手"不仅人总是打扮得干净利落，更为人称道的是，他的裱画手艺更是少有人能及，各种画幅到了他的手中总是能被装点得别开生面，他甚至还能够让一张幅面已经相当破旧画变得光鲜如新。

根据裱画店的规矩，来到这里的学徒首先要做的一件事就是拜师傅。当然，拜师不是一件随便的事情，不是你想拜谁就拜谁，得人家答应收你才行。在这方面，黄金荣的姐夫还是很照顾他的，他给黄金荣选了一个手艺最为出众的师傅，也就是"赵巧手"。要知道，"赵巧手"当时在裱画界已经有了一定知名度，因此向他求学的人非常多。但是，带徒弟、教手艺的事情，最忌讳的就是贪多，学徒一多，师父难免就照顾不过来，因而手艺的传授过程也就会受到影响。为了保持良好的声誉，"赵巧手"不仅要求自己的手艺精益求精，而且在收学徒这方面也是相当讲究。他在选徒弟的时候很挑剔，因此，能够入他法眼的学徒还真是少之又少。多年下来，"赵巧手"一共也没招收几个徒弟。后来更是放出话来，说不再收徒弟了。按理说，黄金荣这等角色是万万不能被"赵巧手"看中的，况且他已经说过自己不再收徒弟了，但是碍于黄金荣当老板的姐夫的情面，"赵巧手"还是很不情愿地收下了这个麻子脸的徒弟。不过，因为这种勉强，后面还是很出了一些问题的。

中国古代有句话说："一日为师，终生为父。"因此，拜师学艺是一件非常郑重的事情，是要举行正式的拜师仪式的，黄金荣虽然是走后门拜的师，但是在行拜师礼这一点上还是不能搞特殊的。按照规矩，这天早上，黄金荣姐夫家开的凌云阁裱画店里放了一把太师椅，"赵巧手"正坐其中，旁若无人地咕噜咕噜抽着水烟袋，神态悠闲。这时，只见一个大伙计领着黄金荣，来到了"赵巧手"面前，待黄金荣"三跪三叩"之后，正襟危坐的"赵巧手"停下手中的烟，向黄金荣点了点头，旁边的大伙计随即给黄金荣使个眼色，黄金荣心领神会，朝着"赵巧手"响亮地叫了一声"师傅"，然后在腰间一摸，掏出一个红纸包，快步走到师傅面前，恭恭敬敬地双手呈上。看到这个红纸包，"赵巧手"原本严肃的脸上露出了一丝笑意，顺手接过了红纸包。红纸包里放了两块银圆，虽不算多，可也不算少。拜师傅，送红包，这既是约定俗成的礼仪，也是拜师学艺必要的开销，意思是希望师父今后能够多多关照。

黄金荣的拜师仪式就这样结束了，接着，就要开始他的学徒生涯了。那么，拜了这样一个手艺十分了得的师傅，他这个徒弟将来又会取得什么样的学成绩呢？

裱画店里的学徒生涯

其实，黄金荣对于装裱这个行业并不陌生，因为他自小就经常去姐夫家玩，也不止一次地亲眼看到过"赵巧手"裱画的过程。那时，黄金荣对于裱画师傅清闲的工作是颇为羡慕的，他见到这些人每天吃完早点，坐在店堂里和人聊天，等到快要吃午饭了，才到里面作场去做准备工作。吃完午饭，午睡一个小时，然后才不紧不慢地开始裱画。而且那时作为加班的犒劳，还有一顿美味的点心作为夜宵……当初，也正是因为此前对于裱画这个行业有着一种不错的印象，黄金荣才没怎么犹豫地就同意来学习装裱。以前只是不经意地观看，现在，自己有了亲身体验的机会了，他想装裱这个行当还是蛮惬意的。哪知，事与愿违，自从进入裱画店向"赵巧手"磕头拜师那一天起，黄金荣就以为自己很快就能过上他此前所见到的那种令他羡慕的生活，然而，直到正式开始工作，他才明白现实与他原来想的差了有十万八千里远。实际上，黄金荣不仅过不上师傅那种悠闲的日子，生活上没有那么好的待遇，而且在辛苦地学习手艺之外，他还要帮姐姐做很多的家务：砍柴、烧火、淘米、洗菜、拖地、擦桌子等，也包括照看刚满周岁的小外甥金寿。总之，那些姐姐忙不过来的大大小小的杂务，黄金荣都得干。黄金荣作为家中的独生子，自幼娇生惯养，哪里吃得了这样的苦，冬天都累得汗流浃背，就更别提夏天了。再来说黄金荣的师傅"赵巧手"，因为对黄金荣瞧不上眼，所以对于这个老板给他派来学手艺的徒弟，是一直都不肯教授他正式的装裱本领的，却要黄金荣一直去做那些似乎没有终点的所谓的"准备工作"。这"准备工作"指的是什么呢？黄金荣在跟随"赵巧手"学艺的第一年中，基本上只做了两件事，那就是打浆糊和浸潢纸。

刚开始学手艺，师傅问黄金荣："阿荣啊，你知道干裱画这一行，头一件需要学会的事情是什么吗？"

"不知道啊。"黄金荣老老实实地回答。

"赵巧手"嘴边浮起一丝微笑，却不急着回答黄金荣，而是转身抽出水烟袋，一打火，袋嘴上的红火一闪一闪，而他的鼻孔处则是青烟袅袅。这时，"赵巧手"显出一副非常得意的样子。佛家有句术语，叫做"得大自在"，抽烟时的"赵巧手"仿佛就已经达到了那种不凡的境界。

"师傅，你说头一件需要学会的事情是什么啊？"黄金荣耐不住性子，怯怯地问着师傅。

"赵巧手"听了黄金荣的问话，依然不慌不忙，缓缓地吸了几口烟之后，才掷地有声地吐出三个字来："打浆糊！"

"打浆糊？"黄金荣听了，似乎有些怀疑。

"对，打浆糊。""赵巧手"随即肯定道。

打浆糊，那就打浆糊吧，做徒弟的，总得听师傅的话吧。于是，黄金荣学习装裱就从打浆糊做起。黄金荣心想，打浆糊岂不容易，就算自己没做过，有个三天两天也完全能学会了，哪知，他这一打，竟整整打了半年之久，弄得黄金荣连做梦的时候都在想着打浆糊。那么，这究竟又是怎么一回事呢？

很多人都有过打浆糊的经验。浆糊，人们又习惯称之为"浆子"，旧时还不流行使用胶水，自己家里要粘点儿什么东西，都会弄些面粉来和上水，再加加热，浆糊也就做成了，十分简单，甚至都用不着学。但是，这是普通人家打浆糊的情况，而对于装裱来说，打浆糊就不是那么一回事了，它已经成了一道专业化的程序。

装裱中的打浆糊说起来其实也并不难，可是它看起来简单，实际上却是很有些讲究的。具体说来，打浆糊分这样几个步骤：

第一个步骤是准备一个洗干净的大盆，或者是小锅，将干面粉倒入其中，加水调成糊状，最终的结果是要将面糊调得非常均匀，而且要除掉其中的面筋。这活儿看似没有什么技术含量，可却是相当见功夫的，做得巧了，就会不仅做得快，而且还会很省力，可是如果不会做，那也会出现费力又不讨好的情况，刚开始调浆糊时的黄金荣就是这样，要不然，他也不会专门跟浆糊打上半年的交道。

黄金荣坐在板凳上握着一根木棒一圈一圈地调，左右手换来换去，直到双手都累得动不了，可是调出来的浆糊还是不能够让师父满意，也或许是"赵巧手"有意刁难黄金荣，他常常找借口让黄金荣重调一桶。

做完了这一步，黄金荣已经累得几乎是筋疲力尽了，可是这还远没有完，接下来还有更为重要的一步。

制作浆糊的第二个步骤就是上火烧煮。煮浆糊的时候，要在已经调好的面糊中加入许多清水，让浆糊变成稀面汤的样子，然后再放在火上，一边烧煮，一边搅拌，直到面汤被烧成糊状。这时，再把已经变得很稠的浆糊倒进一个干净的容器中，接着倒入一些冷水，让浆糊冷却。

最后一个步骤是将冷却之后已成块状的面糊切下一块来放在筛子里，之后再加进清水调成稠度适中的浆糊，这样，可以用来裱画的浆糊才最终出笼。不过，加水这个环节是很有讲究的，调成之后，"赵巧手"会亲自用手指去试验，不仅要试验浆糊的均匀程度，还要试验浆糊的温度。因为调制成功的浆糊温度一定要适中，冬天不能太冷，夏天不能太热，只有这样才算是调好了。正因为如此，"赵巧手"做出来的裱画才能够成为行业中的精品。当然，要练就出这样的功夫来，没有多年的丰富经验是练不成的。从这一点来讲，"赵巧手"让黄金荣日复一日地做这种枯燥的"准备工作"，还是有一定道理的。

了解了其中的过程，大家会觉得，打浆糊原来也包含着很多讲究的。可是，别看打浆糊麻烦，与浸潢纸相比，打浆糊简直就是小菜一碟了。

那么，浸潢纸又有哪些讲究呢？

这一天，"赵巧手"站在裱桌边上，让黄金荣在对面站着，他用右手中指在茶杯内蘸了蘸，在桌上写了一个"潢"字，而后抬头问徒弟："阿荣，这个字怎么念？是什么意思？"

黄金荣只读过几年的私塾，学历很浅，况且就是那几年私塾，他也是读得极不认真，因此认字实在不多。见了这个字，黄金荣就犯了难，他想，如果去掉了左边的那三点水，他倒是认得的。是啊，他能连自己的姓都不认得吗？可是一加这三点水，那就让黄金荣摸不着头脑了，他只能支吾着，答不上来。

"赵巧手"看出了黄金荣的尴尬，心中顿时高兴起来。大家或许会奇怪，徒弟不认字，当师傅的不感到伤心也就罢了，怎么还会高兴呢？原来啊，这个"赵巧手"虽然装裱手艺在行业里数一数二，可是文化程度也是不高的，他自己认字也不多，当然了，这个"潢"字他是认得的，但这并不表明他比黄金荣更有文化，只是因为这个字跟他所从事的行业相关。一般来讲，对于某种事务一知半解的人才最喜欢卖弄，"赵巧手"就是这样一个人，他文化水平不高，却总喜欢在别人面前装出一副很有文化的样子，因此，见到黄金荣不认识这个字，他才会有一种喜悦的感觉，因为这使得他在徒弟面前有了卖弄的机会。他用一副极具炫耀的腔调对黄金荣说道："我们干裱画这行当的人，这个字不可以不认识哦。这个字你虽然不认识，但是你至少认识它的一半吧？"

说着，"赵巧手"用手将"潢"的左半边的三点水给遮了上，接着，他又说道："其实啊，这个字也念'黄'，跟你的姓同音。加了三点水的这个'潢'是什么意思呢？接下来我就给你讲一讲，你仔细听着，记住，这可都是咱们行业的基本知识，今天我问你不知道也就罢了，若是以后再有人问你，你再晃脑袋说不知道，那可就让人笑话了。人家可不只笑话你，更主要的是笑话我这个当师傅的啊，人家会说，这个'赵巧手'是怎么教的徒弟啊！"

　　说到这里，"赵巧手"故意咳嗽了两声，然后瞟了一眼黄金荣，他见黄金荣听得很认真，觉着很满意，接着又拿腔作调地说道："有一种叫做黄檗的树，它的汁水就是'潢汁'，裱画用的纸都是用潢汁浸染过的，所以就把这种纸叫做'潢纸'，裱画又被叫做'装潢'，你听明白了吗？"

　　"赵巧手"说完，又特意瞅了瞅黄金荣。黄金荣对这个师傅一向还是比较敬畏的，这会儿见师傅用一种很严肃的眼神看他，不禁紧张起来，虽然他实际上听得云里雾里的，可是口头上却"嗯嗯"地答应着，同时又含含糊糊地点了两下头。不管他这一回听没听懂，反正从这一天开始，黄金荣在学习裱画的道路上总算迈出了新的一步，他开始学着浸潢纸了。黄金荣想，浸潢纸总会比打浆糊轻松一些吧，可是等到他亲身体验的时候，才真正知道了浸潢纸的厉害。

　　跟打浆糊比起来，浸潢纸更难，在进学上都是讲究先易后难，也正因此，师傅才把浸潢纸安排在了打浆糊的后头。

　　浸潢纸的时候，一方面不能浸得太久，以免把潢纸浸烂，一方面又必须浸透，因为必须将色彩染透；而这颜色呢，既不能太深，也不能太浅，否则不同次数浸出来的潢纸对比起来，色彩也就不均匀了，就会影响到裱托的质量。这就要求，浸潢纸的人既要顾及浸得透不透，又要顾及颜色的深浅，这个火候初学者是很难掌握得好的，如果人再笨一点儿，那就更难做好了。但是，对于黄金荣来说，浸潢纸的难处还不止于此，更为要命的是，自从"赵巧手"收了黄金荣为徒之后，对浸潢纸提出了更为严格的要求：必须要用城隍庙头门内那口义井里的井水来浸潢纸，因为"赵巧手"对黄金荣讲，那口义井中的水质是最适合浸潢纸的了。那口义井是住在附近的人家合用的一口公井，形状非常特别，有品字形的三个大洞，同时可用三只吊桶提水。这井水，当然不是有人打了供黄金荣使用，而是需要黄金荣自己去打回来。从裱画店到义井有一段距离，因此黄金荣每天就的运动量增加了不少。这还不说，"赵巧手"还必须要黄金荣打来每天三更以前从井里吊起的头十桶水，因为那个时候的井水最清净，用来裱画是最合适不过的了。这个要求可把黄金荣害得不浅，不管冬夏春秋，他每天都得起个大早跑去挑水。黄金荣的姐姐虽然看着心疼，可是她也想，既是出来学艺，哪能不吃一吃辛苦，自己的弟弟在家里骄纵惯了，让他多吃一些苦来磨炼磨炼，也未尝不是好事，所以即使在冬天，她也每天还大早的时候就把弟弟从被窝里拉出来。黄金荣呢，在师傅的要求和姐姐的催促之下，虽然是满心的不情愿，却是一点儿辙都没有，他只得挑着两只空水桶，揉着惺忪的睡眼，孤零零地一个人赶到城隍庙头门，从那口义井中打水。黄金荣总是第一个到，吊了两桶水，匆忙挑回了店里，可是等他再回到义井，已经有人在那里吊水了，这可怎么办？眼见着师傅的要求没做到，他只能和别人商量，甚至吵架，可是都没有用。最后，还是姐夫教了他一个办法：多带几只吊桶过去，一次性地多提上几桶，然后把这些提出来的水放在井旁，警告那些打水的，谁都不能用，等第一担水挑完回来，他再将先前已经提上来的水挑回去……这个方法头几次还管用，黄金荣来回五趟，终于把浸潢纸的水缸给装满了。可是这方法用得久了，别人也开始不耐烦了，而且人家有时候需要急用，哪里还管是不是你黄金荣打的水，先用了再说。为此黄金荣还跟别人发生争端，有几次几乎打了起来。

　　别看黄金荣在外面很威风，在店里他可憋屈得很。姐夫希望他向"赵巧手"学手艺，有朝一日取代"赵巧手"的位置。可"赵巧手"也不是吃素的，总是趁黄金荣在打浆糊或浸潢纸的时候，单独一人做裱装中最主要的工作，等黄金荣打完浆糊、浸完潢纸，就只能看个裱画的结尾了，根本就不让他学到真功夫。这样一来，黄金荣可就两面都不讨好了，姐夫以为他不用心学，师傅则一直埋怨他笨。黄金荣一见这种情形，有些时候干脆破罐子破摔，啥事都不管，只顾自己消遣。他这样做，姐夫和师傅当然就更不督促他学习了，黄金荣也因此渐渐地失去了学习装裱的兴趣。

偷懒的好方法

　　黄金荣虽然大部分时间都在裱画店里忙这忙那的，但是他并非两耳不闻窗外事，而是对外面的世界非常感兴趣。一方面，裱画店里的生活很压抑；另一方面，外面的世界又充满诱惑，这令黄金荣的心开始不安稳了。

　　100多年前的上海，要数城隍庙一带最为繁华，这里吃喝玩乐，应有尽有，只要有钱，这里就是天堂。黄金荣累死累活，挣不了几文钱，每天只能闻着香的，看着靓的，听着别人的欢笑，却没有时间和财力去消受，打那时，他就经常咬牙切齿地暗自发誓：有朝一日一定要发达起来，发达之后好好享受享受。

　　又挨过去了半年，黄金荣终于从繁重的手艺和杂务中找到了一个偷懒的好方法。

　　话说姐姐凤仙忙里忙外，经常没时间照看儿子金寿，因此黄金荣带孩子的机会就很多。黄金荣虽说是一个大小伙子，带孩子倒是很有一手，很轻松地就能把外甥给哄得团团转，这样一来，她姐姐就更乐于将孩子交给他了。那时的小金寿已经会走路了，每天午睡起床后，金寿非得让黄金荣带他去外面逛一逛，否则就又哭又闹，不肯罢休。如此一来，姐夫也没办法，只得让黄金荣带着孩子出去逛一逛。黄金荣对于奉命带孩子出去这件事，还会装出一副心不甘、情不愿的样子，其实，他心里早已乐开了花，因为他正可以借此机会名正言顺地出去玩，从而暂时摆脱姐姐、姐夫和师傅的管束，毫无拘束地耍上一阵子。所以，与其说是他带外甥出去玩，莫不如说是外甥带他出去玩。

　　每当这时，黄金荣都会把小外甥举起来，让他的屁股坐到自己的肩上，两条腿放在自己的胸前，然后用手扶着外甥，神采奕奕地走出门去。

　　每次出去逛街，城隍庙都是黄金荣必去的场所，因为那里着实热闹，而且姐夫的裱画店也就在城隍庙的附近。逛完城隍庙，如果时间还早，黄金荣就会再来豫园逛一逛。

　　黄金荣每次游览城隍庙和豫园的时候，想到这富丽堂皇的豫园的主人，看到霍光大将军的神像，总是不免产生对当官者的羡慕，有权有势，有财有福，想要什么就能得到什么，活着享尽荣华富贵，死后还受到世人的顶礼膜拜，这才算是一个人物啊！

　　除了城隍庙和豫园，黄金荣还喜欢去石梁和得意茶楼。石梁是一座木栏石桥。据说，原来桥下的湖水上开满红莲，鸦片战争时期，英军占领上海，把司令部设在城隍庙后园。英军为了在湖里洗澡，把红莲连根砍断，从此就再也没有开过花。黄金荣每每站在桥上，总是幻想自己将来也能拥有一座花园般的豪华住宅。多年以后，他果真实现了自己的这一愿望，那就是建成于20世纪30年代之初的黄家花园，现在的桂林公园。

学徒生活的结束

　　转眼，3年的学徒生涯就这样过去了。话说这3年里，师傅不教给他真本事，姐夫又嫌他不用心，黄金荣可是受了不少罪，憋了不少气，他好几次回到家，都向母亲发脾气诉苦，可母亲总是耐心地劝导说："一个人要先苦后甜，将来才会交好运。"然后就给他烧一些大鱼大肉，好好犒劳一下自己的心肝儿子。可是母亲的劝导和美味并不能减轻黄金荣心中的苦闷和烦躁，他越来越强烈地渴望冲破这个笼子，冲向更高的天空，自由地翱翔。

　　满师那天，黄金荣的母亲邹氏为了答谢"赵巧手"对儿子的栽培，特地在裱画店办了一桌"谢师酒"。按照惯例，学徒期满，就应当升为司务了，可是作为裱画店的老板，姐夫心里也清楚，他对黄金荣是也没啥指望的，因为这个麻皮小子三年来并没有从"赵巧手"那里学到什么真本事，所以他原本设想的用小舅子取代"赵巧手"的计划就完全泡汤了。而"赵巧手"在谢师酒席上，先是客客气气地对黄金荣的母亲说了不少客套话，还一本正经地夸奖黄金荣做事认真、勤快，可是紧接着，"赵巧手"语气一转，说道："不过嘛，阿荣的手艺学得还不够到家，要做店里的当家司务，恐怕还有点困难，按照我的意思，今天咱们名义上满师，是不是委屈一下阿荣，再当一年学徒……"他转过头瞧了瞧老板夫妇的脸色，以征求他们的意见，然后说道："我这也完全是为咱们店里着想啊。"

母亲明白这三年来儿子受的罪，没有料到"赵巧手"会提出这么一个不合人情的要求，要想改变恐怕也难了。她实在是不知道该如何回答才好，一时拿不定主意，只能望着身边的儿子，只要他同意，自己也就没有二话了。

话说黄金荣，这些天来可是盼星星盼月亮，盼的就是"满师"这一天啊，所以这"谢师酒"他喝得可欢了，他以为从这一天起就可以不再受气了，就可以当上司务，对人摆架子、显威风了，过上享乐的生活。然而，听到"赵巧手"的那一席话，他欢快的情绪顿时一扫而光了，3年来积聚的怒气如火山喷发一般，再也抑制不住了，只见他重重地把酒杯砸到桌上，霍地站起身，两手插腰，瞪圆了双眼，几句脏话脱口之后，当即回绝了"赵巧手"的要求，吼道："今天夜里，我就卷铺盖走人！"说完，黄金荣又变得缓和下来，他拿起刚才放下的酒杯举到姐夫和"赵巧手"的面前，算是敬酒："姐夫和师傅的栽培，我黄金荣会一直记在心里。"说罢，他把酒杯挪到嘴边，脖子一伸，只听咕噜一声，一杯酒一口咽了下去。

黄金荣平时在店里既窝囊又笨拙，因此今天的这一番表现着实出乎大家的意料。姐夫和师傅都被他的鲁莽之举闹得两颊通红，很是尴尬，姐姐更是气得眼泪都出来了，还有坐在一旁的母亲，心里可别提有多紧张、多焦急了。她轻声地向儿子提醒道："阿荣，你嘴皮子痛快了，今后可咋办啊？离开这里，你能去哪啊？"黄金荣拿起酒壶，往自己酒杯里倒满酒，对着大家，连着拍了三下胸脯，充满豪气地说道："出笼的鸟，还愁没有飞的地方！"说完，又是一口就喝完了满杯的酒，随即转身走到里屋，把平时到城隍庙头门义井挑水的水桶一脚踢开，把浸潢纸的木桶也一把推翻，卷起铺盖，气呼呼地走出了店门，留下姐姐、姐夫、师傅和母亲等人惊愕地坐在酒桌旁，不知所措。

黄金荣原本打算先在姐夫店里干着，满师一两年后，等自己翅膀长硬了，再另寻出路。现在突然来了这么一个变化，还是有些意外的，不过他倒也不担忧，出了店门，就径直回了家，躺在小屋里，蒙头大睡起来。第二天一早，黄金荣匆匆吃了早饭，就到城隍庙找出路去了。

黄金荣又能找什么事做呢？他还是要去找一家裱画店，虽说他装裱的手艺没有学成，可是别的更是不会做啊。毕竟他在裱画店里是做过3年事情的，至少打浆糊和浸潢纸还是做得得心应手的。因此，他就开始一家一家地拜访起城隍庙一带的裱画店来，期望着能有一家可以收下他。

城隍庙有些裱画店的老板与黄金荣的姐夫比较熟，知道这个黄金荣并没有什么手艺，而且是自动辞退出店的，自然不会雇佣他。他在城隍庙碰了不少钉子，最后终于找到了环龙桥的萃华堂裱画店。萃华堂裱画店的老板叫黄全浦，徽州人，在上海人头不熟，又没有多少门路，只能在庙外开店。再说这萃华堂的作场司务，平时不主动找活，只有别的店铺活太多，忙不过来时，才转手揽到一些零星生意。黄金荣在姐夫的裱画店时，也曾好几次往来接送货物，与这徽州老板有些熟悉，而且老板知道他是"赵巧手"的徒弟，或许可以给店里带来一些客户，因此，黄金荣一说明来意，这个老板便爽快地答应留下他当司务，每月给九百文工资。这份工资虽然不高，却是他当学徒时的收入所无法比的。

第三章
从裱画师傅到衙门捕快

打定主意，监守自盗

　　萃华堂裱画店附近这一带，有很多赌场和妓院，一般来讲，赌场和妓院是流氓最常光顾的地方，正派人士最忌讳去那样的地方，可这倒合了黄金荣的口味。那个时候，他还没有染上嫖娼的恶习，不过，一到闲下来的时候，他就会跑到那些赌场以及设有赌桌的茶馆去徘徊游荡。很快，黄金荣就结识了一帮狐朋狗友，包括一个对他今后的人生产生了重大影响的人物——来自苏州的青帮"通"字辈头领陈世昌。

　　陈世昌，乳名福生，他是青帮"大"字辈张仁奎的徒弟。张仁奎，号锦湖，又作镜湖，山东滕州人，贩私盐出身，北洋军阀时期在冯国璋手下当过苏军第七十六混成旅任旅长兼通海镇守使（驻南通），后来到上海定居，招收了数百名徒弟，军阀、政客韩复榘、蒋鼎文、朱绍良、陈光甫等人都曾拜他为师，一时门庭颇为显赫，后期在上海成立仁社，更是与杜月笙的恒社和黄金荣的荣社鼎足而立。那时候，张锦湖在青帮中辈分最大，威信也极高，其后，当时已经号称"中国第一帮主"的黄金荣都向他递去了拜师帖子。当时，陈世昌就仗着师父张锦湖的势力，在上海小东门（现在的中华路、东门路一带）附近称霸一方。

　　陈世昌有一个绰号，叫做"套签子福生"。这个绰号是怎么得来的呢？所谓"签子"，指的是一种街头赌具，每套共有16支签子，每支签子上都缠有五四三二一数目不等的彩色丝线，赌客随意抽签，既可以赌大小，也可以赌颜色。一般来讲，陈世昌还会准备一些小商品，如果赌客获胜了，就可以得到某件小商品作为奖励，可是如果输了，不仅得不到什么东西，还要付钱给陈世昌。有时陈世昌也将签子插在地上，旁边放上一件物品，让路人花钱买竹圈来套签子，如果套中签子，该物品就归路人；如果没套中，那也就当做是花钱取乐了。因为陈世昌以"套签子"为生，他又有个小名叫福生，所以人们就送给了他这么一个绰号——"套签子福生"。陈世昌所做的这种街头买卖，只能骗骗那些过路的小孩子，赚不了多少钱，可是他偏偏又吃喝嫖赌样样都干，这点儿小买卖赚的钱是远远不够他花的，因此他生活开销的主要来源是做那些偷鸡摸狗、坑蒙拐骗的行当。

　　黄金荣自小就有赌博的喜好，而他与陈世昌相识，也正是因为臭味相投。陈世昌擅长赌博，麻将、牌九、押宝样样精通，在上海赌博界也是小有名气。黄金荣与陈世昌结识是在一间小茶馆的赌桌旁。

当时，黄金荣正站在一个赌客后面看打麻将，那个赌客的牌已经"放听"（麻将术语，在不同的地方含义有所差别，这里是指再来一张合适的牌就可以和牌了），他当时手中的牌是两张条牌，其他都是万牌。

赌客此时非常得意，因为他已经摸清，自己和的牌另几家都不要，谁抓到了，都会打出来，看来和是和定了，也许还能来个自摸。他的心里是这么乐呵呵地想着，可没想到站在他后面的看客却是皇帝不急太监急，黄金荣心里不停地嘀咕着：这么一副好牌，可千万不能浪费了，要和就和"清一色"（麻将术语，指打麻将时由一种花色组成的一副牌，和"清一色"时赢得会更多。在这里，黄金荣的意思就是让陈世昌将手中的条牌全都换成万牌）。想着想着，他不由自主地就嘀咕出声来："清一色，清一色。"前面的赌客听到了他的嘀咕声，心想：后面那小子野心大得很，我本想和一个小牌算了，他却还想和清一色，好，就看看自己今天的运气怎么样。于是，赌客放弃了和牌的机会，将条牌打出，手中全都换成了万牌。

这会儿，后面的黄金荣看得如痴如醉，仿佛是自己在打牌似的，嘴里又小声嘀咕起来："自摸，自摸。"前面的赌客一摸牌，果然是自摸。赌客心想：这小子真是我的财神啊！我可得认识认识他。因此，和了牌之后，赌客就大笑着回过头来对黄金荣说道："想不到！想不到！小兄弟还是个麻将高手呢！"

黄金荣当时还不知道，他前面的这个赌客就是上海滩知名的流氓——"套签子福生"陈世昌。

没过多久，陈世昌站了起来，回身对黄金荣说道："小兄弟能不能过来替我占个场？我去外面歇息一会儿。"

黄金荣手正痒痒着呢，听到这邀请，真是既受宠若惊又兴奋不已，可是那时他到底还是没有上过正式的台面，与这些玩精了的赌贼同桌，还是有点儿胆怯。

陈世昌也看出了黄金荣的心思，因此说道："输了算我的，赢的钱全都归你。"

有了这句话，黄金荣的勇气一下子鼓了起来，他兴奋地搓了搓手，一屁股坐了上去。凭着初生牛犊不怕虎的劲头，更加上先前就有过赌博经验，因此黄金荣与这些职业赌棍同桌，并不占下风，而且手气相当不错，连和了几副大牌，赢了七块龙洋和三只角子。陈世昌倒也爽快，说话算话，将这些赢来的钱统统放了黄金荣的口袋里，然后又贴到他耳朵旁边说了句："小兄弟，明天十点，到荣顺馆找陈世昌。记住了，不见不散。"说完，陈世昌便大摇大摆地走了。

原来，黄金荣经常到赌桌旁观阵，时间一长，陈世昌就注意到了这个满脸麻子的小青年。经过几次与黄金荣的接触，他发现，这个小兄弟虽然长相不敢恭维，但是根据他在赌桌旁的表现，特别是今天在他后面支招时候的情况来看，小兄弟头脑还是蛮灵活的，是一块可以雕琢的好材料，因此，他便决定好好地调教调教这个麻脸小子。陈世昌的这一调教，不但教会了黄金荣如何正式登上赌桌，还引导着黄金荣如何去玩女人，并且不久之后就开始带着黄金荣跟他一起抢劫分赃，把黄金荣这个初入社会的毛头小子完全引入了一个地痞流氓的世界。这是后话，暂且不提，现在还是来说陈世昌和黄金荣在荣顺馆相会的情景。

荣顺馆酒家一共两层，一楼是普通的坐席，二楼则是雅座，黄金荣在一楼没寻到陈世昌，就上了二楼，可是在二楼他也没有见到陈世昌的影子。

正在黄金荣四处张望的时候，一个小伙计跑了过来，问道，"小师傅几位啊？要吃点什么？"

黄金荣怯怯地说道："我来找人。"

"找人？"小伙计似有所悟，脸上立刻堆起了笑容，应道："哦，陈先生已经打过招呼了，您这边请。"说完，这个小伙计带着黄金荣来到了一个雅间。

黄金荣从没来过如此高档的酒家，又见到屋子里坐着好些人，正不知如何是好的时候，陈世昌从里面的圆桌旁站了起来，招呼道："小兄弟，快过来，大家正等着你呢。"

黄金荣这才小心地走了过去。

陈世昌介绍道："今天呢，也没别的事情，大家认识一下，几个好兄弟碰碰头、聊聊天、喝几杯，以后互相照应。这是老刀，这是虾头，这是三保。"然后又冲着黄金荣说道："这个小兄弟，今天算是咱们第一次正式会面，你自我介绍一下吧。不要紧张，在座的都是朋友。"

围坐在桌前的三个年轻人，这时一齐将目光指向了黄金荣。于是，黄金荣简单地介绍了一下自己："我叫黄金荣，现在在城隍庙外面萃华堂裱画店做事，昨天刚刚跟陈大哥认识，大家就叫我'阿荣'好了，以后还请兄弟们多多关照。"

黄金荣刚一说完，陈世昌立即招呼道："小二，上菜！"

这顿饭一直吃到下午两三点钟，黄金荣不仅结识了几个新的朋友，而且在赌博方面也有了不少新的收获，例如，他这时才知道了"出老千"是怎么一回事。当然，这次只是入门的一课，此后，陈世昌及其手下的弟兄还教了他更多的"赌经"。

自从与陈世昌结识之后，黄金荣就经常去陈世昌那里。有一次外出途中，黄金荣又绕道到陈世昌的家中，正碰上陈世昌与一个女人谈论如何才能赚到大笔银子。

等那女人走后，黄金荣也开口了："福生哥，像我干裱画这门生意，能有大笔的银子赚吗？"

"当然有了，据说一张明朝某某人的字画，值几百块大洋呢，即使是假的，卖个七八十块也不成问题。"陈世昌答道，同时表现出一副很内行的样子。

"真的啊，字画也这么值钱？我怎么就从来没有见到过一幅那么值钱的画呢？"黄金荣听陈世昌这么说，心里开始痒痒起来了，说道，"那以后要是想办法弄上几张，不就发财了？"陈世昌看似玩笑一样的话，黄金荣却当真了，从那时起，他就开始留意起作画人的朝代和姓名了。

凡事都很难经得起琢磨，你只要一琢磨，难免就会发现窍门。不久之后的一天，黄金荣还真就找到了一个监守自盗的机会。

苦肉计

自从陈世昌告诉黄金荣字画也能赚大笔银子之后，黄金荣就时刻留意着萃华堂裱的字画的作画人的朝代和姓名。黄金荣虽说文化不高，但毕竟也在裱画店里混过几年，对于字画方面的知识多多少少还是了解一些的，如今他又上了心，所以一幅字画到底值不值钱、值多少钱，什么朝代、哪个画家或者书法家的字画更珍贵，他的心里也大体有个数了。他仔细地注意了一阵子，可是令他失望得很，店里经他过眼的那些字画竟然没有一件是值钱的。

等了好多天，终于有一次，萃华堂接到了一笔生意，有一个下台的知县，叫仆人送来两幅明朝的画请裱画师来鉴定，其中一幅是明朝石涛的山水长卷，石涛可是中国绘画史上屈指可数的名家之一。萃华堂的师傅眯着眼睛，上下左右、前前后后端详了许久，得出结论：是真迹。与此同时，黄金荣也兴奋地得出他的结论：值大钱！于是他提前跟陈世昌商量好，在仆人取画那天干他一票。

仆人约定取画的前一天，画已经裱好了，为了拉回头客，萃华堂又在第二天早上赶着制作了两个精致的盒子，用来放画轴，作为萃华堂送给客户的赠品。

下午三点钟左右，仆人前来付款取画。陈世昌在萃华堂对面德胜楼的窗前坐着，盯着黄金荣在萃华堂的动向，然后给手下们使了个眼色，他们就四散开去，分头行动起来。

仆人付了钱，取了画，唠嗑似地说道："我家老爷还有一些字画需要裱装。"说者无心，听者有意，萃华堂老板一听，觉得这是个拉生意的绝好机会，便对金荣说道："阿荣，这两幅画价值不菲，客人一个人回不太安全，你送送他，把客人安全地送到府上。"然后，他又对知县的仆人说道："如果贵府还有需要裱的画，您也可以交给他一道带回来，已经是老主顾了，咱们可以给打个折。"

仆人倒也很客气，连连说道："不劳费心，不劳费心。"

"都老主顾了，不用客气，让他送送，不费事的，如果有要裱装的字画，也不用您再跑一趟了。"老板是铁了心要黄金荣护送。

黄金荣一听，立刻傻了眼，额头直冒冷汗。本来画一出裱画店，丢失与否，都与裱画店没有一点儿关系，黄金荣也正是想利用这个空子，叫陈世昌他们一伙人中途拦路抢劫。可是现在老板让他负责送画，他又无法推脱，处境两难。要是把画丢了，老板交给他的任务没有完成，黄金荣必然得负一定的责任；而要是把画安全地护送回府，自己在裱画店这边没了责任，却没外快可捞了。到底怎么办才好呢？黄金荣真是一筹莫展，可是愁归愁，老板吩咐的事情总不能不干啊，他只得硬着头皮上路了。

黄金荣走在前面，那仆人捧着画，跟在黄金荣后面。当他们走到文庙路附近时，只见路口有两个人横了一条长凳，拦住了去路，说前面在挖阴沟，这条路暂时不通，要过去必须绕道旁边的小巷子。

黄金荣知道这是陈世昌算计好的，在大街上明抢太张扬，而且容易失手，在小巷子里干这种事，既可避人耳目又容易得手。于是黄金荣乖乖地拐进了小巷子，那仆人只得跟着黄金荣，也拐进了小巷子。

当他们走到巷子的中间时，前后突然冒出四个人，个个手里拿着锃亮锃亮的刀子，向他们逼近。那仆人一见这情况，两脚一软，整个身子都瘫倒在地上，不停地发抖，两幅画便轻而易举地被持刀人抢走了。

黄金荣是负责护送的，不能眼看着画被抢走而坐视不管，他盯着在他面前晃来晃去的两把刀子，知道一场见义勇为的大戏就要开演了，便一晃身子，跳了过去，夺过一幅画，拔腿就跑，在小巷里转了个弯，确认仆人已经看不见他了，他才停下来，而差不多同时，那个抢到了画的同伙就追了上来。黄金荣一边呼呼地喘着粗气，一边急急地说道："我手里的这幅才是石涛的画呢，快换过来。"

同伙一听，赶忙接过了黄金荣手里的画，然后把自己手里的画交给了黄金荣。

他转身正要走，黄金荣却一把抓住他的手，说道："麻烦你往我胳膊上扎一刀，快点儿！"

这个同伙虽是地痞流氓，可是要在自己兄弟身上扎刀，还是下不了手。黄金荣看他手软，不敢下手，就急了，因为再磨蹭下去，被仆人看到了，那就坏事了，于是，黄金荣当机立断，一把夺过刀子，在自己的左臂上划了两刀，鲜血顿时就把一片衣服染红了。

等到拿着画的同伙已经走远了，黄金荣便大喊起来："有人抢劫！"随即用胳膊夹住"夺"回来的那幅画，右手紧紧摁住左臂的伤口，一溜烟逃回了萃华堂裱画店。

黄金荣"夺"回来的这幅画，虽然不是石涛的作品，但是他"舍命夺画"的英勇表现，得到了众人的赞赏，老板和伙计都不约而同地称赞阿荣是一条汉子。

"舍命夺画"的苦肉计使得这次行动干得天衣无缝，老大哥陈世昌对于黄金荣的表现也是佩服得五体投地。他越来越清楚地看到，当初他的眼光没有错，黄金荣这小子有魄力，前途无可限量，将来一定能在上海滩大有作为。

黄金荣光荣负伤，获得了两个月的休假。不久之后，陈世昌将石涛的珍品卖给了一个字画商人，获得了230块大洋。他拿了其中的115块，里面包括自己的一份之外，同时还负责其他兄弟的开销，而剩下的115块大洋就都慷慨地分给了黄金荣，毕竟在这档生意中，黄金荣的功劳是最大的。不过，尽管自己的功劳最大，可假如没有陈世昌的帮助，这笔生意也做不成，因此，黄金荣觉得陈世昌拿得那么少，自己拿得这么多，很有些过意不去，心里对陈世昌非常感激。可是不久之后，他偶然得知了一个消息，就不再那么想了。黄金荣了解到，原来那幅画不止卖了230块大洋，而是卖了280块，那少了的50块大洋哪儿去了？不用问，肯定是叫陈世昌给私吞了。

城隍庙听青帮史

黄金荣进了萃华堂后，因为自己没有什么真本事，所以只能在接货上多多表现，可是由于他拙劣的裱工，了解黄金荣的书画家往往不与黄金荣做生意，迫于无奈，他只能另找出路，于是他就到城隍庙一带的茶楼和酒家去招揽客户。

城隍庙一带熙熙攘攘，往来人员十分复杂，茶客、香客和商人云集于此。茶客自然要去茶楼喝茶，而香客和商人也往往去茶楼或者酒家歇脚或者谈生意。这里老字号的茶楼有宛在轩、东楼茶馆、得意楼等很多家。

宛在轩正如它的名字那样，不仅环境优雅，而且前来的茶客也大多是文人雅客，住在南市的一些书画家就经常到这里聚会，因此黄金荣往往来到这里都能够揽到一些生意。

至于在东楼茶馆，黄金荣的运气就没有那么好了。东楼茶馆位于城隍庙大殿旁边，楼虽小，人却很杂，其中以商人为主，有不少的行业在这里办"茶会"，互相打听行情，谈生意。这里的顾客常常以话来谈生意，同行之间讨价还价，行话满天飞，而且总是吵得不可开交。黄金荣本想来此接几笔生意，结果听着他们说的自己听都听不懂的鸟语，想插嘴也插不上，还常常被当成来偷听行情的同行而被赶出东楼茶馆。

此外，黄金荣还去过船舫厅、凝晖楼、鹤亭楼、绿波廊以及得意楼等，其中黄金荣最感兴趣的就是得意楼，因为它规模最大，茶客也最多。得意楼门口两侧的红漆柱子上挂了一对赭底金字的楹联，上联是"上可坐下可坐坐足"，下联是"你也闲我也闲闲来"。得意楼总共有三层，一楼都是些云游四方的商人和烧香拜佛的香客；二楼则和东楼茶馆一样，都是银楼、地皮、药材等行业办"茶会"和掮客聚集的地方；三楼则是些穿丝戴绸的阔少爷，也有妓女借着烧香拜佛的名义，上楼来与熟客幽会，或者是到这里来寻找新的客人。

黄金荣经常去得意楼接生意，可他发现进门左手边的一张大桌子边，每天始终只坐着相同的两个人，其中一个身穿长袍马褂，头戴一顶镶着翡翠的瓜皮帽，手里把玩着铁弹，与另一个人对比，显然是主人。他每次进门之后就直走到那张桌子旁，在朝南的位子上坐定了。而跟在他旁边的"小当差"，则先要伺候主人，等茶楼小二端来茶具，他把碗盖靠在茶碗的侧面，才恭敬地坐下。等他们坐下之后，进出茶楼的不少茶客，都会前来请安，有的甚至还下跪磕头，可那个老大模样的人物却始终一副面无表情、目光呆滞的样子，比城隍庙里的塑像还要严肃和冷漠。

这天，一个中年男子进了得意楼，看他的一身装束不像本地人。只见他左手拿着包袱，两脚跨过门槛，径直走到那张桌子前，拱手作揖。

坐在桌子旁的主人依然面无表情，只是稍稍动了一下牙齿，含糊地问道："请问老大，你在门槛里没有？"

"不敢，沾祖师爷的灵光。"那男子躬身答道。

"贵前人是哪一位？"桌旁主人继续问道。

"不敢，在家儿不敢言爷，在外徒不敢言师。敝家师姓翁，名上玉下瑞。"男子答道。

"贵帮是哪一帮？"桌旁主人再问。

"敝帮是江淮四帮。"男子回答。

说到这里，双方都沉默了片刻。黄金荣怕听不清楚，悄悄地靠近了一些，只见主人盖上了碗盖，先前严肃的脸上露出了笑容："敢问老大，贵帮有多少船？"

那男子拱了拱手，说道："不敢当，兄弟初来乍到，还望老大能够多多包涵。"

说完，他叫小二泡了一碗"镶红茶"，双手奉上，口中说道："兄弟先买一碗茶，敬奉老大。"

主人接过茶碗，用大拇指在碗盖上点了三点，作为答礼，然后给坐在一旁的"小当差"使了个眼色。

"小当差"随即从衣袖中摸出一串钱，双手交给了那男子。

黄金荣本来就对这位表情怪异、独占圆桌的茶客非常好奇，今天看到他们的这一番奇怪的对话之后，更是感到诧异难解，赶忙回到原座，悄悄地问正赶过来冲茶的小二。

小二竖起大拇指，带着一副满是敬慕的表情说道："他呀，可是上海青帮的'码头官'，相当于官府里的四品官呢！"

听店小二这么一说，坐在旁边的一位老茶客就打开了话匣子，对黄金荣讲起了"青帮"的历史：在清朝雍正年间，朝廷为了把从湖南、江西、浙江、安徽、江苏、河南、山东等地收缴上来的田赋，沿着京杭大运河运往京城，雇了水手二三十万人，造的船只有一万两千多艘，运的粮食每年有四百多万石。水手们多半是失去了土地的无业游民，他们风里来雨里去，一年到头只有六两的"身银"收入，这还不算，"漕标"和"卫军"还要欺凌压榨他们。中国人向来对艰难的生活有着强大的承受能力，可是一旦这种能够承受的底线都被打破，就只有奋起反抗了，这些饱受欺凌的水手实在忍无可忍，就开始秘密结社，将弱小的力量组织起来，跟官府对抗，保护自己的利益。安庆地区的粮帮水手最早开始进行这种秘密的结社活动，后来逐渐发展到各地，共有128个帮，人称"安庆道友会"，首领叫"当家"、"师父"、"老头子"或"前人"。据说他们曾和王伦等"绿林英雄"，以及"白莲教"、"捻军"等都有联系，互相配合，共同竖起反清的旗帜。当然，他们也仗着自己人多势众，欺负百姓，为非作歹。到了乾隆年间，江苏常熟人翁岩、山东东昌府人钱坚、浙江杭州人潘清这三个"天地会"道友，结拜为异姓兄弟，在杭州北新关外拱宸桥粮船停靠之处，各建了一个庵，吃素念佛，只要有漕运水手过往，都可以在此地借住，时间一长，水手们纷纷皈依，于是，翁、钱、潘三人将"安庆道友会"改为"安庆道义会"，包揽了清朝的漕运，不仅建厂造船，疏通河道，而且广收徒弟。他们以达摩、罗清、陆逵三人为"前三祖"，在杭州武林门外宝华山建立了家庙和家庵，订立了十大帮规，并以"清净道德、文咸佛法、能仁智慧、本来自性、圆明行理、大通悟学"二十四字作为家谱，从此，"青帮"算是建立了。青帮在内部组织上，在每一个码头，都设"码头官"一职，由当地青帮的"老头子"、"师父"担任，管理当地青帮的一切事务。他们既是帮里兄弟的保护人，又是不法之徒的纵容者，拥有至上的权势和地位。

当然，这个老茶客讲得不尽准确和全面，不过还是大体地讲出了青帮的来路。

讲完了这一通，老茶客又接着说道："眼前这位'码头官'，就是青帮前二十四代'理'字辈的'老头子'。"

那老茶客似乎还不尽兴，继续说道："他手下徒弟少说也有三千人，三教九流什么样的人物都有，每月都要送银子孝敬他老人家，当然，要是谁出了事，只要他站出来说一句话，没有摆不平的。你别看他整天一副面无表情的模样，门路可广着呢，神仙鬼怪都怕他三分。"接着，他又指指那个接了钱叩谢的男子，说道："这人是外码头的，按青帮的规矩，到一个码头，就要来拜见'码头官'，本地码头的'老头子'和兄弟还要尽到地主之谊，让他吃住三天，送钱周济。"

黄金荣听得入神，边听边伸长脖子，看着那个"码头官"，眼神里充满了敬仰之情。他真想走上前去，和那个大人物套套近乎，当然他更想投靠他，只要有了这样一个靠山，在上海滩谁还敢欺负他黄金荣？只可惜他一没有门路，二没有机会靠近，只能隔着茶桌投几眼钦佩的目光。

黄金荣有时也去二楼。这里的茶桌分左右两排，中间有一条又宽又长的过道隔开。那些参加"茶会"的商人和捐客们，不同的行业分坐不同的桌子，他们一面打着手势，一面说着"一只、二字、三旺、四测"等城隍庙地区特有的行话，等他们稀里哗啦地议完价之后，就匆匆回到自家店里，按照"茶会"议定的价格开张营业了。另一侧的师爷和捕快，也是三个一伙，四个一堆，或者办案，或者求情者用手比划着贿赂的数目，这些官老爷往往是空手而来，满载而归。

有一次，黄金荣借口推销苏杭雅扇与这些捕快套近乎，一开始这些捕快根本就不理会这个二十岁左右的毛头小子，后来其中一个姓梁的捕快得知他父亲过去也当过捕快，提起名字来还有几分耳熟，这才与他攀谈起来。黄金荣倒是相当大方，不仅给这些捕快每人送了一把苏杭雅扇，而且对方吃的喝的，不管多少，都由他请，因为初闯江湖的黄金荣知道，在这些人身上花的钱是不会白花的，将来是肯定能得到好处的。

巷子口的杏花

得意楼的那条巷子里住着一个叫杏花的姑娘，这个姑娘的身上有着与黄金荣接触过的风尘女子不一样的味道，那是一种清纯的女人味。她十六七岁的样子，长相虽然谈不上貌美如花，却也眉清目秀，而且身材苗条，对男人有着很强的诱惑力。黄金荣经常打这里走过，每次他看到这个水灵灵的姑娘，心里就难免生出邪念。然而，也许是命运特别眷顾黄金荣，不等他自己想出办法，上天就给了黄金荣一个绝好的机会。

这一天，黄金荣从杏花家的门口走过，突然听到里面传来女人的尖叫声："放手！快放手！"黄金荣侧耳一听，这不是杏花的声音吗？他来不及多想，几个大步跨过天井，一霎时就闯进了屋里，眼前的一幕把他给惊呆了，他看见两个小流氓正在调戏杏花，图谋不轨。

"放开她！"黄金荣大吼了一声。

两个小混混回过头来，上下打量了一下黄金荣，见原来是一个年轻的后生，个头不高，身子骨还算壮实，脸上的黑麻子由于愤怒的原因，都鼓了起来，特别是那双大大的眼睛向外凸着，简直凶神恶煞一般。一般人怕他这副样子，可流氓不怕。

"放开她？你是哪根葱啊？"两个小混混可没那么容易就被吓倒，反而向黄金荣呵斥道，"你知道他哥欠了我们多少赌债吗？说出来吓死你！"

"多少？不就是钱吗，你说个数！"黄金荣一副大英雄的样子，可实际上，他心虚得很，因为他知道，自己口袋里根本没有几个铜板。

"呦！想英雄救美是吧，那就拿出钱来，没钱就免谈。这是我们和她哥哥之间的公平交易，跟你没关系！"小混混叫道。

他妈的，这世上竟然还有这么没良心的哥哥！黄金荣心里这样暗暗地骂着，可是他又不得不盘算一番，自己身上没有多少钱，没法替人家还赌债，而打架的话，一对二，他又恐怕不是对手，况且那两个家伙看样子都是职业流氓，玩起狠的来，他们是敢动刀子的。这可怎么办呢？黄金荣脑袋瓜子到底是灵光的，既然不能硬来，那就智取，他眼珠一转，计上心头。

黄金荣的口气缓和了一些，说道："不瞒二位，杏花是小弟没过门的媳妇。你们放了杏花，改日小弟再给二位物色两个雏儿，'开苞'费小弟出，怎么样？"

那两个小混混没想到会是这样，他们心里怀疑着黄金荣的话是真是假，一时犹豫，并没有答话。

黄金荣一见他们犹豫，就知道有门儿，继续说道："大家都是道上混的，这次算是给小弟一个面子，我身上的铜钿呢，二位别嫌少，先拿着，回头再让我大哥'套签子福生'给二位打点一些。"黄金荣故意在说"套签子福生"这几个字的时候提高了音量，生怕那两个小混混没有听到。

这一招果然管用，那两个小混混一听黄金荣说出"套签子福生"的名字，不免心头一惊，想道：怪不得这小子那么横，原来他还有这个靠山。

这样一来，两个小混混交换了一下眼色，赶忙知趣地接过黄金荣手里的铜钿，说道："好，明晚酉时，得意楼见。"然后两人一道离开了。出于面子，也是为了威胁黄金荣，两人还抛下了一句："跑得了和尚跑不了庙，小子，你可别耍花招，否则休怪我们不客气。"

杏花纤弱的身体因为受到惊吓，一下子瘫倒在床边。黄金荣看着自己日思夜想的美人现在就近在咫尺，当即方寸全无，连忙跑过去热情地抱住杏花。而杏花呢，被眼前这个男人英勇的表现给深深地感动了。

"这位大哥，你怎么知道我叫杏花？"杏花羞答答地问道。

"我经常路过这里，听别人这么叫你的。"黄金荣老老实实地回答。

"可是……"杏花似乎难以启齿，等了一会儿，她才继续说道，"你怎么当着他们的面说我是你的媳妇儿？"

"我……"黄金荣也支吾起来，一时心急，开口说道，"如果你愿意，我就真的讨你做我的老婆。"

就像很多男人在女人面前许下承诺时的情形一样，黄金荣说这话时，完全没有经过脑子。尽管他已经二十出头，到了谈婚论嫁的年龄，他自己也已经有了一份可以养家糊口的工作，可是对于裱画的职业，他一来没有真本事，二来自己也并不满意，况且他还不认真工作，一有钱就沉溺于赌博和嫖妓，他这种状况怎么娶女人啊。

"大哥，你是个有责任感的男人，比我哥强多了。"杏花还沉浸在被救的感激之中，却并不知道黄金荣的本来面目。

杏花这句话令黄金荣很是感动。别的女人见了黄金荣，首先看到的都是他脸上的黑麻子，尽管嘴上不说，可是她们第一眼的眼神里透露的信息，黄金荣是非常清楚的。可是在他面前的这个女人眼里，黄金荣却是一个非常勇敢而且富有责任心的好男人，甚至还是一个英雄。

自那次遇险之后，黄金荣就和杏花好上了，两人开始频繁地约会，至于对那两个小混混的承诺，黄金荣早已经抛到了九霄云外。事实上，那两个小混混是害怕惹上"套签子福生"的，那一天临走时撂下的话不过是唬黄金荣一下罢了，况且那天他们从黄金荣这里也得到了一些好处，所以也就没有再来纠缠。不过，尽管那两个小混混的事情了了，黄金荣却并非就可以高枕无忧了，不久之后，另一个"冤家"就找上门来。

与"黑皮"较量

这天的黄昏时刻，天气阴沉沉的，西北风呼呼地刮着，路上几乎见不到行人。黄金荣带着刚刚揽到的活——一幅需要裱褙的名画，从得意楼出来，拐入一条小弄堂，正低头匆匆走着。冷不防从弄堂那边冲过来几个人，还没等黄金荣看清来人的面目，他就已被人摁倒在地上，接着就是一顿拳打脚踢。这些人猛打了一阵，抢走了那幅名画之后，迅即散去。其中一个人临走之时对黄金荣嚷道："你个黑麻子，也不照照镜子，竟敢欺侮到太爷头上来了，今朝先给你点儿厉害瞧瞧，以后再找你算总账！"

好汉不吃眼前亏，黄金荣知道自己打不过他们，当时没有多计较。可挨打事小，丢了画就没法跟店里交代了。他爬起来之后，用手帕擦掉嘴角的血迹，店都没回，直接就去了小东门陈世昌的住处。

黄金荣衣衫不整地出现在陈世昌的面前，陈世昌看到黄金荣脸上青一块紫一块的，着实吃了一惊，等黄金荣把事情一五一十说了以后，陈世昌才明白了其中的原委。

这究竟是怎么一回事呢?

原来叫杏花的那个姑娘，父母早已过世，家里只有哥哥长贵和她共同生活。虽然杏花生得很清秀，可她的哥哥却长得又黑又粗，因此被取了个外号叫"黑皮长贵"。"黑皮长贵"没有固定的工作，为了谋生，有时候卖卖苦力，有时候摆摆地摊，而更多的时候，则是做一些非法的行当，偷鸡摸狗，敲诈勒索，拦路抢劫，欺压良弱，什么坏事都做，因此附近的居民都是尽量躲着"黑皮长贵"，对他是敢怒而不敢言。

"黑皮长贵"几乎不在家里待着，整天在外面游荡，每天总要等到深更半夜才醉醺醺地回到家中，第二天日上三竿他才起床，胡乱地扒两口饭就又出门游荡去了。除了留一点钱给杏花日常开销外，他几乎不关心这个妹妹。

黄金荣自从勾搭上杏花后，经常傍晚时分钻进她家里，两人关上门，在屋里厮混，邻居见了，没有一个愿意管这种闲事，所以"黑皮长贵"也一直被蒙在鼓里。

一天傍晚，"黑皮长贵"突然提早就回家了。杏花知道是哥哥回来了，顿时吓得魂飞魄散，缩在黄金荣的怀里直发抖。

黄金荣毕竟也是有经验的，急忙套上裤子，穿好衣服，系上鞋带，麻利地从后窗跳出去逃走了。等到杏花点了灯，去开门时，"黑皮长贵"早已等得火冒三丈了。在"黑皮长贵"的逼问之下，杏花被迫说出了与黄金荣相好的事情。

"黑皮长贵"吃的就是敲诈勒索这碗饭，因此，他一边狠狠地将妹妹训骂了一番，一边在盘算着如何去教训一下这小子，趁机敲诈他一笔，于是，就上演了前述的那一幕。

当然，杏花随后也马上将这一情况跟黄金荣讲了，要他注意提防着点儿。黄金荣知道情况之后，却并怎么在乎，他想:我黄金荣流氓也不是见过一个两个了，还怕你什么"黑皮"、"白皮"不成。不想，今天还是叫"黑皮"给算计了。

听完黄金荣的描述，陈世昌思索了片刻，说道:"阿荣啊，你怎么惹上'黑皮长贵'了呢?这家伙可是个狠角色，发起疯来可不大好对付啊。"

"福生哥，我可不知道杏花是'黑皮长贵'的妹妹啊，我要是知道的话，借我一百个胆，我也不会和杏花上床的。福生哥，你可一定要想想办法救救我啊，把我那幅画给弄回来，要不然我可不好交差了!"黄金荣苦苦求道。

陈世昌站了起来，拍着胸脯说道:"你不要着急，大哥肯定会帮你，不会让你吃亏的。我一定想办法把'黑皮长贵'整一整，把你的画给弄回来。放心吧，有我'套签子福生'在，还轮不到他'黑皮长贵'称王称霸。"

"福生哥，你打算怎么处理?"黄金荣听了陈世昌的保票，虽然也相信陈世昌的能力，却还是有点儿不放心。

陈世昌说道:"对付这种人，就得让衙门里的捕快出马。阿荣，你在衙门里可有认识的人?"

黄金荣一听这话，高兴了起来，说道:"在茶楼揽生意时，我认识一两个捕快，但是没有太深的交情。福生哥，你能请得动衙门里的人吗?"

陈世昌听了，笑道:"哈哈哈，你放心，你认不认识捕快都无妨，我陈世昌在江湖上摸打滚爬了这么多年，这点儿关系还是有的!"陈世昌一边让黄金荣喝茶压压惊，一边与他商议对付"黑皮长贵"的办法，两人一直商量到深夜，黄金荣才回到店里休息。

黄金荣回到店里，一直想着白天被打的情景以及"黑皮长贵"放出的狠话。这一夜，他一宿没睡，想着，想着，门外已经传来了倒马桶工人的吆喝声："马桶拎出来！"黄金荣往窗外一看，天色已经亮了，本来就没心思睡觉的他一屁股坐起来，跟店伙计一道起来，打开店铺大门，打扫起店堂来。

这一天，黄金荣总是过得提心吊胆，傍晚，关门打烊，上好排门板，黄金荣连衣服都没换，就匆匆忙忙地去找陈世昌了。

黄金荣不敢再走小弄堂了，绕了个弯，迎着风雪，走进了荣顺馆，他跟陈世昌约好在那里见面。

黄金荣赶到的时候，陈世昌已经召集了一帮兄弟，而他进来后不久，又来了一个高个子的中年人，黄金荣一看，这不正是在茶馆里见过的李捕头吗？陈世昌一见李捕头进来了，大步上前，恭敬地称呼道："李大哥，您可算来了！"

觥筹交错之后，李捕头已经是红光满面，话也多了起来，他拍了拍坐在旁边的黄金荣的肩膀，说道："小阿弟啊，我在茶馆见过你，对你很赏识，况且陈大哥又是我的好朋友，他托我办的事就是我自己的事。'黑皮长贵'这小子尽干些坑蒙拐骗偷的坏事，我本来就早想教训教训他了，妈的，现在竟敢欺负到陈大哥兄弟的头上来了，我明朝就把他抓到衙门里，定他个拦路抢劫、敲诈勒索的罪，把他送到大牢里，看他还敢不敢来找你的麻烦！"说完，李捕头露出一口黄牙，得意地大笑起来。

回店的路上，风雪仍然很大，黄金荣听着呼呼的风声，踩着雪地一路往回走，嘴里还轻轻地哼起了小调，心里别提有多乐了。

没过几天，李捕头果然找了个借口，把"黑皮长贵"抓到衙门里狠狠教训了一顿，并且把他关了起来。另外，黄金荣被抢去的那幅名画也被讨要回来。当然，作为酬谢，黄金荣肯定是要对陈世昌和李捕头好好表示一番的。

"黑皮长贵"被抓起来之后，黄金荣算是松了一口气，终于又可以大摇大摆地从那个弄堂里经过了。可是令他没有想到的是，当天下午，杏花就在弄堂里拦住了他，哭闹着要他救出"黑皮长贵"，不管怎么说，那可是她的亲哥哥呀。这可把黄金荣给难住了，一方面，杏花的请求，他不好拒绝；另一方面，刚刚托关系把"黑皮长贵"抓了起来，还没感谢人家呢，又要请人家放人，这不是自己打自己耳光了吗？

黄金荣思来想去，为了杏花，只好咬咬牙再破一次财，在正兴堂请陈世昌和李捕头大吃大喝了一顿。正兴堂酒菜物美价廉，又是本地菜系，合陈世昌和李捕头的口味，而且还可以叫女人陪酒，所以虽然不是上等的餐馆，但还算过得去。这一顿饭下来，黄金荣总算是解决了问题。

"陈大哥的兄弟就是我的兄弟，抓放个把人，只要不是牵连大案子的人物，不过小菜一碟而已，放了就是了。"李捕头爽快地说道。

不出二日，"黑皮长贵"果然被放了出来，可是令黄金荣没想到的是，"黑皮长贵"对他没有一点儿感激之情，反而对他怀恨在心。在"黑皮长贵"看来，要不是他黄金荣突然出现，跟他的妹妹偷偷地好上了，就不会发生后面的事，他也不会在大牢里遭受皮肉之苦。但是经过这一回较量，"黑皮长贵"知道黄金荣在衙门里有靠山，再去硬碰硬断然是不敢了。好汉不吃眼前亏，"黑皮长贵"心想：惹不起，我还躲不起吗？于是，他带着妹妹离开了南市地界，躲到浦东老家去了。

杏花一走，黄金荣马上就像一个无头苍蝇，没了魂魄，围着杏花的家转来转去，可是杏花家的门始终紧紧地关着。他浑浑噩噩了有个把月，才逐渐地缓过来。后来黄金荣转念一想，这样也好，反正他本来就没想着要娶杏花，只是玩玩而已，而杏花倒是非他黄金荣不嫁，现在杏花走了，自己反倒自由了。当初看上杏花，也仅仅是因为她身上有着那种和他以前见过的其他女人不同的清纯的女人味，如今这种新鲜感早就不存在了，也就不再值得留恋了。黄金荣又想，这世上女人那么多，只要口袋里有锭子、票子，什么样的女人找不到，何必盯着她一个女人不放呢？只是为了这个女人，黄金荣可是花了不少铜钿，回想起来，也实在是心疼得不得了。

初入衙门

黄金荣从小就深受当捕快的父亲的影响，对捕快这种职业情有独钟。父亲昔日威风凛凛的捕头风采，跟黑白两道上往来的各路人物周旋起来游刃有余的本领，在黄金荣心目中留下了极深的印象。发生"黑皮长贵"这件事情之后，黄金荣更加充分地认识到，靠在裱画店里揽生意，一辈子也不会有多大的出息，还会时不时被社会上的流氓欺负，只有在衙门里谋个一官半职，才有可能出人头地。

于是黄金荣就有意地去结识李捕头以及上海县衙门里的其他捕快、书吏等，他们经常上得意楼喝茶闲谈，黄金荣有时就包揽了他们茶水点心的费用，黄金荣还经常上衙门去找他们，久而久之，就与他们混熟了。当然，这点小恩小惠，李捕头等人还是看不上眼的，要想在衙门里当差，还得备份大礼。好在他的父亲黄炳泉在苏州衙门当差多年，在上海衙门里也还有那么一两个认识的人，通过父亲的朋友，经过一番打点，家中拿出了一部分钱，黄金荣则是倾其所有，又向陈世昌和几个兄弟借了一些钱，这才备足了一份大礼，送到上海衙门里当权者的家里，请求他帮忙在衙门里谋一个职位。看到这么一份厚礼，再加上一些关系，同时也很重要的是，看着陈世昌的面子，人家总算把这事情给答应下来，告诉黄金荣可以放心，不出半个月，一定给他谋到一份值堂的差使。

果然，十几大后，黄金荣顺顺当当地得到了值堂的差使。

清朝县衙里的吏役，分皂吏、民壮和捕快三班。有的侍奉县令，有的守卫衙门，有的看守监狱，有的缉拿罪犯，有的站堂行刑，分工各不相同，而黄金荣所要做的，就是守卫衙门。

黄金荣原以为自己进了衙门，就可以和李捕头他们一样，整天在外面游荡，耀武扬威，欺负良弱，大吃大喝，还可以敲诈平民百姓，捞到不少油水，可他没想到的是，他初入衙门时，所当的这个值堂的差使，是三班中最低微的职位。轮不到公事时，就整天站在衙门的门口，听后差遣。他虽然一身装束与其他吏役没有什么差别：头戴暗红毡帽，身穿深灰长袍，右袍角撩起塞进黑腰带里，露出两条穿着扎脚裤、布袜双梁鞋的矮腿，挺胸收腹，看起来威风凛凛，实际上却是啥也做不了，只能吓唬吓唬小百姓而已。

黄金荣心想：我一心想进衙门，付出了那么大的代价，难道最后就是来干这种没有油水的活儿吗？于是他又是请客，又是送礼，好是一番打点。同时，黄金荣也想到，自己必须做出一些成绩来，一定要得到上级的赏识才行。因此，黄金荣开始更加卖力地工作，并且常常在李捕头面前表现自己。一段时间之后，果然见成效。经过一番苦干和讨巧，不久之后，黄金荣终于获得了升迁的机会。

这一天，黄金荣趁着到乡里去征收粮食，大吃大喝了一顿，还趁机榨取了一些民脂民膏。征完粮，早早地回到衙门，闲着没事干，他正想出去快活快活，正巧李捕头也哼着小曲回到了衙门里。李捕头一看到黄金荣，立马说道："呦，阿荣，打算出去溜达呢，先别急，这些天你站衙门口，很辛苦，也很卖力，今天跟大哥出去一趟，保准是个好差事……"

"什么好差事？"李捕头还没说完，黄金荣听到一个"好"字，就心急火燎地问起来，他敏锐的神经感觉到他的机会就要来了。

"看你急的，大哥我还没说完呢。"李捕头拿过来一条凳子，坐了下来，不紧不慢地对黄金荣说了这个好差事。

事情是这样的，虹口景云里住着一户黄姓人家，家里老大叫阿良，老二叫阿富。说起来，两人原本不是亲兄弟，弟弟阿富是从小被父亲的姨太太收养过来的养子。阿富身体不好，性格又软弱，还得了痨病，也就是结核病，这在当时可是绝症，姨太太心疼这个可怜的孩子，就在大前年给他讨了个贫穷人家的女孩子做媳妇。他的父亲已经在几年前去世，去年姨太太也离开了人世，她临死前把自己仅有的几个皮箱子留给了阿富。而阿良呢，整天在外面吃喝嫖赌，回到家里，看阿富性格怯懦，身体不好，况且又不是自己的亲弟弟，于是就经常欺负他。没过多久，阿良就把老父亲留下来的遗产挥霍一空，可是还得出去吃喝嫖赌啊，怎么办呢，就开始动起弟弟的主意了。他先是向弟弟借钱，阿富虽然不愿借，但是又怕这个凶狠的哥哥，可是阿良"借"了钱从来不还。久而久之，弟弟阿富的钱也被他挥霍光了。然后阿良又逼着弟弟拿着家当去卖，再后来，黄家很快就一穷二白了，阿富连家当也拿不出来了，阿良却还不回头，不顾手足之情，硬要去卖阿富的那几个皮箱子。阿富哪里肯啊，这几个皮箱子可是母亲最后留给他的遗物。狠心的哥哥看弟弟不答应，便动起了邪念。一天，阿良买了一些鸦片烟回来，逼着弟弟把鸦片烟吃了下去，可怜的阿富本来身体就不好，再吃下去这鸦片烟，不多时就一命呜呼了。害死了弟弟，阿良终于可以随心所欲地占有那几个大皮箱了。可哪知道，他打开箱子一看，里面是空空如也，什么都没有。这下阿良可狗急跳墙了，丧尽天良的他竟然把弟媳妇给卖了。这姑娘的父母知道之后，一纸诉状告到了上海县衙门，要求找回女儿，严惩丧心病狂的阿良。

黄金荣像是在听说书一样，安静得大气不敢出，听到阿良把弟媳妇卖了，他赶忙插嘴道："妈的，还有这样的大哥，居然比'黑皮长贵'还狠，这无赖把弟媳妇卖到哪里去了？"

"还能卖哪去，十有八九是卖到妓院里去了。"李捕头说道。

"那我们该怎么办？"黄金荣知道自己有活干了，兴奋地问道。

"我这不是正要跟你说呢嘛，县老爷把这个案子交给了我，我想了想，你进衙门之后，就一直在送公文，干得也挺卖力的，我是看在眼里，记在心里。可你也不能老是送公文啊，所以我就向县老爷要求，让你和我一起办这个案子。"李捕头很卖好地说。

"那就多谢李大哥的赏识和栽培了，小弟感激不尽！"听了这话，黄金荣心里别提有多高兴了，自己等待了这么长时间，不就是为了等这一天吗？

"那我们什么时候去调查？应该先做些什么准备呢？"黄金荣平静了一下情绪，继续问道。

"今天晚上早点儿睡觉，养足精神，明天一早我来叫你，你跟着我办几次案，就有经验了。"说罢，李捕头就和黄金荣一起离开了衙门。

第二天一早，李捕头带着黄金荣来到了虹口，找到了景云里，一路寻到了黄阿良的家，可是他家大门紧锁着，没有人在家。据隔壁的阿婆说，他一大早就出门了。于是他们就向阿婆打听黄阿良的弟媳妇的情况。

那阿婆说道："前几天早上好像还见过她，后来就再也没有看到过，按照阿良的说法，阿富死了之后，兰花就逃走了。嗨，这家人啊，算是毁了，阿富身体不好，早早走了，阿良又在外面吃喝嫖赌，他们家的事情谁都不愿意管。"

黄金荣头一次办案，既兴奋又新鲜，本来想着早点儿破案立功，可是这一趟没找到阿良，不知道接下去该怎么办，于是焦急地问李捕头："这兰花应该就是阿良的弟媳妇的名字了。阿良这家伙估计是听到了风声，跑了，接下来我们该怎么办呢，大哥？"

李捕头并没有回答黄金荣的问题，而是用行动告诉黄金荣该怎么办。他在景云里找了几个老人，打听阿良和兰花的情况，果然发现了一些蛛丝马迹，其中最重要的线索就是阿良有事没事就到福州路一带的妓院里去嫖女人。

得到这个线索后，他们立马就往福州路方向赶去，在路上，黄金荣又开始问了："李大哥，这么长一条福州路，两旁那么多妓院，就凭咱俩的人力，怎么能找得到阿良啊？"

李捕头拍了拍黄金荣的肩膀，说道："阿荣啊，干我们捕快这一行，一定要眼观六路，耳听八方。这福州路上的妓院虽然很多，但是并不需要我们挨家盘查，你得知道，像其他地方一样，这妓院也是有级别之分的，高级一点儿的妓院，俗称'长三堂子'，玩这种妓院里的女人，都得花大价钱，一般人是玩不起的，当然了，这里的妓女也绝对是琴棋书画样样精通，而且人也是长得年轻漂亮，绝对是物有所值；还有一种'幺二堂子'，等级就低了很多，价格自然也比'长三堂子'便宜；另外还有一种妓院，它的等级就更低了，这种妓院里的妓女，每到晚上，都被老鸨赶到马路旁去拉客人，俗称'野鸡'。刚才打听了兰花的长相，这兰花长得又矮又胖又黑，也就只能卖到'野鸡窝'那种最低级的妓院里才会有人要的。"

黄金荣听着李捕头的分析，对李捕头钦佩不已，自己一路上也在悉心学习。李捕头来到福州路上一条小弄堂里，黄金荣还没看清楚这弄堂的名字，李捕头就已经几个大步走到一家门前，俨然非常熟悉的样子。黄金荣环顾了这个弄堂，又窄又乱，心想：谁没事会跑这里来呀。

李捕头走在前面，黄金荣紧随其后，跨过门槛，沿着一个又陡又窄的楼梯上了楼。这地方非常昏暗，幸好楼梯上还挂了一盏铁皮洋灯，勉强看得见台阶。楼上只有两个小房间，其实原本只有一间，中间用一块木板隔开了，便成了两间。

两人走进房里一看，只见靠近窗口的地方，摆放着一张杉木八仙桌，桌面上油腻腻的，好像很久没有擦过了，桌上放着一盏洋灯，玻璃灯筒已经被熏得漆黑漆黑的了，灯罩也不知道哪里去了，洋灯的旁边放了一个大瓦钵，大瓦钵缺了一个口，可能是在地上摔过，里面满满地盛着一钵酱黄瓜，钵的旁边横七竖八地躺着几双毛竹筷子。靠着隔板的地方有一张木板床，一顶洋布帐子高高地挂在上面，一张杉木抽屉桌子摆放在床头，一些劣质化妆品非常凌乱地摊在桌子上。

黄金荣以前也跟陈世昌去过一些低级的妓院，可这么邋遢的妓院却还是头一次看见，倘若不是过来办案，他早就会一溜烟地跑出这种肮脏的地方了，可今天是过来办案的，只能先坐下再说。

没过多久，两个三十出头的女人上了楼梯，过来招呼他们，只见她们两个都是黄脸皮，眼皮耷拉下来，脚上拖了一双皮鞋，却没有穿袜子，似乎刚刚接过嫖客。这两个女人看见两个捕快来了，知道没有什么好事，不过还是故作镇定地问两位需要什么服务。

李捕头一脸严肃地说道："你们家老鸨在哪儿？快去把她叫过来！"

不一会儿，那老鸨就上楼来了。

李捕头问道："听说你这里来了一个新的姑娘，怎么没有看见呢？"

老鸨一脸的茫然，她在猜测李捕头这句话背后的意思，可是寻思了一会儿，还是没明白过来，迟疑片刻之后，微笑着说道："哪有这种事情，您是不是记错了，我家现在就只有这两个丫头，要是有新来的姑娘，一定会叫来伺候两位大爷的。"老鸨说话的时候，身后的那两个妓女正在叽叽喳喳地窃窃私语，老鸨给她们使了一个眼色，意思是让她们安静一点。

黄金荣的急性子脾气又上来了，狠狠地说道："我们不是来找女人玩的，我们是来调查情况的，你们最好给我老实点儿。"

"真的没有，官老爷，我哪敢骗你们啊！"那老鸨不动声色地说道。

李捕头紧接着问道："我听说，前几天有个姓黄的送来一个人，你怎么不老实交代？"

老鸨顿了一下，立刻明白了是怎么回事，随即连连摇头："有这事吗？我没听说呦……"

没等老鸨说完，黄金荣重重地拍了一下桌子，紧紧逼问道："这姓黄的不是什么好东西，他卖的人是他自己的弟媳妇，如果他把人卖到你这里，念你们不知情，只要老老实实把人交出来，我们不会为难你，还会帮你要回买人的钱。但是如果你不老实交代，就休怪我们不客气了。"

老鸨一听，连连说道："我真的没有见过这个人，我就是吃了熊心豹子胆也不敢跟官老爷作对啊！"

一直心平气和的李捕头突然也狠狠拍了一下桌子，震得桌子上的洋灯、瓦钵和筷子一阵乱颤。

这一拍着实把老鸨吓了一跳，慌慌张张地说道："您二位老爷的话，我们哪敢不听，如果他把人送到我这里来，我不但不会买，还会第一时间通知您二位老爷的。"

"看来你是敬酒不吃吃罚酒了，我已经打听得清清楚楚，今天你要是不把人给我交出来，我们就只能搜房子了。"李捕头也不耐烦了，板着面孔吼道。

老鸨显出一副受委屈的样子，说道："两位老爷，给我再大的胆也不敢骗二位啊，如果二位不信，那就只管搜好了。"迟疑了片刻，她又继续说道："我老实说了吧，这人确实送来看过，因为价钱谈不拢，就没有成交，所以他又带走了。"

"你说是实话就是实话？那你刚才为什么不说！就算是实话，你倒是说说看，他又把人卖到哪里去了？"黄金荣看到套出了一点线索，继续追问道。

"这个我可真不知道，这附近干我们这行的，多得去了……"老鸨一边说着，一边偷偷看了一眼李捕头和黄金荣，又补充道，"也许他把人卖到了南市一枝春街去了吧。"

这时，坐在一边旁观的李捕头知道能套出来的线索都已经套出来了，于是拍着桌子，一声怒吼："黄捕快！少跟她废话，先把她押送到老闸捕房再说！"

黄金荣先是一愣，马上就心领神会了，应付着正要动手。

这一来，可把老鸨吓个半死，连忙热情地招呼起来，还重重地骂两个妓女不会招待官老爷，然后从口袋里掏出一大把钱塞到了李捕头和黄金荣的手里，嘴里还不停地说着："两位官老爷，办案辛苦了，一点儿小意思，请你们笑纳，这件事情我一定再去打听，一有消息我马上就向你们报告！"

李捕头看到油水也捞到了，便给黄金荣使了个眼色，站起身来，狠声说道："看你还算配合，今天就放你一马，如果被我查出来人在你这里的话，可就不会这么客气了！"

老鸨一面连连应诺着，一面把他们送下了楼。

李捕头和黄金荣跨出门后，穿过小弄堂，大摇大摆地走上了福州路。

经过这么一回，黄金荣更是对李捕头佩服得五体投地了，对着李捕头说道："李大哥，你可真有一手，既套到了线索，又捞到了油水，佩服佩服。"

"阿荣啊，跟着我好好学吧，这里面的学问可多着呢。"李捕头听了黄金荣的恭维，得意地说道。

"是是是，我一定跟李大哥虚心学习。对了，李大哥，黄阿良这事接下来该怎么办？"黄金荣问道。

"怎么办？你说怎么办，还得继续查啊。不过呢，如果真像老鸨说的那样，阿兰被卖到南市一枝春街的话，那就比较麻烦了。一枝春街上'开门口'的是一个名叫阿金的女人，她年纪轻轻，交际圈却很广，是个不好对付的角色啊。"李捕头所说的"开门口"，指的就是拐卖妇女、逼良为娼、开设野鸡堂子或烟花间的勾当。

黄金荣没有想到"开门口"的竟然还有年纪轻轻的女人，不禁好奇起来，于是向李捕头问道："这阿金是什么人物？怎么有这么大的本事啊？"

"呦，阿荣，怎么，难道你对她有兴趣，她可是个有夫之妇哦，哈哈哈……"李捕头开玩笑地说道。

话说这黄金荣还真对阿金感兴趣了，当然这时候的兴趣并不是李捕头说的那种，而是怎样把兰花弄出来，以博得上司的赞赏，趁机获得提拔。从衙门出来之后，黄金荣马上去找陈世昌和其他的兄弟了，干嘛这么着急呢？哦！原来他是急着去打听阿金的消息呢。问过之后，其中一个兄弟还真的认识阿金，而且还有蛮深的交情呢。

那兄弟套近乎似地说道："这要是一般人让我帮这个忙，我可是断然不会答应的，可要是你阿荣让我帮这个忙，我怎么也得去试一试，或许阿金姐还真会给我一个面子呢。"

黄金荣闯荡江湖多年，自然明白那兄弟的言外之意，当即允诺道："兄弟够义气，今晚得意楼，我请客，等把兰花弄出来之后，我再重谢你。"

也许是这兰花实在长得太丑，亦或许是因为这兄弟与阿金的交情真是不一般的深，等这兄弟去了一趟一枝春街，兰花果然被放了出来。

这个连李捕头都觉得麻烦的案子，竟然被黄金荣轻松地解决了，黄金荣这下可立了大功，受到了上级的一番称赞。不仅如此，他还永远地脱离了值堂这个又苦又没有油水的差使，正式地当上了可以独立办案的捕快。

升为捕快

当上捕快之后的日子并不像黄金荣当初所想的那么如意，他虽然已经是捕快了，但也不过是捕快队伍中最低级的一个职员，远不能过得像李捕头那么风光。他经常要干一些杂活，最让黄金荣受不了的是，他得经常押解犯人或者押送公物到松江府去，从上海县城到松江府之间有着一段距离的，而黄金荣每每都是要徒步往返的，况且时间要求是相当紧迫的，很多时候他当天就得跑一个来回，其辛苦是自不必说的。

黄金荣由值堂升为捕快，总算可以不用站岗了，这一调动看起来好像升了一级，黄金荣也本想由此就可以过得很轻松、很风光了，可是他很快就发现，这简直连值堂的差使还不如呢，因为他三天两头地就必须半夜起身，手提着灯笼，背上雨伞，送公文或者押解犯人到松江府。不管是刮风还是下雨，只要有公文要送，或者有犯人要押，黄金荣就必须得按时送到，真可谓是风雨无阻。

这天，黄金荣接到第一份送递公文的任务，正打算准备一下，以便明天一早就动身起程。刚走出衙门不远，李捕头就追了上来，看似关心地说道："阿荣啊，送公文的差使我以前也干过，都是慢慢爬上来的，你要好好干，上海县离松江府得有一百多里路，靠你两只脚，可得走不少时间呢。这可是一门苦差事，明天早上你可得早点儿出发，要不然就得隔天才能赶回来了。"

"多谢李大哥的关心！"黄金荣嘴里应付了一声，心里可抱怨着呢，暗暗骂道：这个该死的家伙，我又是请客，又是送礼，花了那么多钱，竟然让我干一个跑腿的活，这一百多里路，真够我走的。好吧，那就走着瞧，"大丈夫能屈能伸"，我就不相信，我黄金荣会一辈子屈居人下，总有一天，我黄金荣也会飞黄腾达的！

黄金荣为什么这么痛恨李捕头呢，原来这一次他调动工作主要就是通过贿赂李捕头而完成的，他花出去的那些钱大部分都进了李捕头的腰包，可李捕头收了他的钱却不给他办正经事，给他分配这种苦差使，他心里能不骂这个家伙吗？可是他又不敢公开得罪李捕头，毕竟自己还是在衙门里干着，多一事不如少一事。

这天下午，他在街上买了几双耐穿的鞋和一把伞，还有一盏灯笼，又去大哥陈世昌那里转悠了一下，晚上吃了饭就早早地睡下了。

凌晨三点多钟，外面还是一片漆黑，黄金荣就已经整理好行李，起程上路了。

这外面是黑灯瞎火的，黄金荣提着灯笼走出了门。刚一开门，一股寒气扑面而来，黄金荣一连打了几个寒颤。继而，黄金荣耸了耸肩，扎紧了腰带，抖擞起精神，跨出了家门。街上一片寂静，偶尔会有一两个人急匆匆地走过，黄金荣除了能听见自己的呼吸声，就是自己的脚踩在石板路上发出的令人觉得颇有些诡异的声音。这时，天上挂着半弯月，在偶尔飘过的云层里穿来穿去，还有稀疏的星星映衬在天空中。黄金荣灯笼里的烛光一晃一晃的，映出来的人影忽长忽短，像鬼一般。

黄金荣倒是没有被这个恐怖的夜晚吓到，相反，他倒还有一些兴奋，第一次送公文嘛，总是感觉很新奇、很新鲜。他屁颠屁颠地来到了城门口，让守城门的官兵验过了对牌，官兵打开城门，黄金荣就走出城门，消失在茫茫的夜色之中。

这些对牌都是用竹子或者木头做成的，上面刻了文字，然后一分为二，双方各拿一半，检查的时候，对牌上刻的文字的笔墨必须丝毫不差地对合起来，才算是通过了。这种作为凭证的对牌，中国自古有之。黄金荣在上海县衙门当差的那个年代，凡是想要进出城门的人，必须要有对牌才能通行。

江南的冬春季节还是很冷的，寒气一直透到骨头里，尤其是夜晚，更是难受，这对于外地人是很不习惯的，不过黄金荣毕竟是生于斯、长于斯的纯纯正正的本地人，对这样的气候早习以为常了，再加上年轻力壮，所以并不很在乎。走着，走着，天色开始亮起来，黄金荣的身上也渐渐热乎起来。道路两旁是成片成片的田野，黄金荣只顾自己匆匆地往前走，并没有心思欣赏路旁的景色，等他赶到松江府时，已经是上午十点多钟了。

黄金荣按照李捕头的吩咐，将公文送到了松江府衙门的号房里，趁着等回文的空闲，他来到松江城里游荡。大街上车水马龙，行人络绎不绝，街道两旁商店鳞次栉比，各种商品琳琅满目，令人目不暇接。酒楼、茶馆、棉布庄、杂货铺、钱庄、当铺、衣庄等，各种店铺，应有尽有，街道两旁还有摆弄各种手艺的小摊贩，真是热闹非凡。

黄金荣看得如痴如醉，不一会儿，就来到了府城西南的醉白池。醉白池建成于清康熙年间，因为营造之人别具匠心，所以醉白池景致典雅，驰名江南，时至今日，那里仍保存有堂、轩、亭、舫、榭等多种古建筑，并保持着明清江南园林的基本风貌，曲栏横槛，回廊曲径，古色古香，甚是怡人。园林布局以一泓池水为中心，环池三面皆为曲廊亭榭，晴雨均可凭栏赏景。园子因为历史悠久，所以里面古木葱笼，亭台密布，古迹甚多，有历史艺术碑廊、周邦彦画像石刻、"十鹿九回头"石刻、《赤壁赋》真迹石刻、"难得糊涂"石刻等诸多艺术瑰宝，还有树龄在三四百年的古银杏、古樟树以及年龄在百年以上的牡丹。鉴此种种，醉白池是当地一个游览观光的好去处。

黄金荣信步走入园中，没走多远，就看见一座拱形石桥，石桥的两头有茅亭，上了桥可以看见荷花池，但如今时值冬春季节，池中只剩下枯枝败叶。据园中的游人说，每年的夏秋季节，满池的荷花竞相开放，甚是壮观。

过了桥就进入了内园，内园的中间有一个长方形的水池，奇异的石头和挺拔的树木环绕着水池。走过水池之后，一个草堂映入眼帘，一副匾额正挂堂中，上书三个大字：醉白池。

黄金荣虽然没读过多少书，但是这么多年闯荡江湖，倒也认识了一些字，又听旁边的游客介绍，才知道这个园子是清初松江画家顾大申所建，为的是纪念风流倜傥、逍遥自在的唐代诗人白居易，怪不得园子取名叫"醉白池"呢。

黄金荣走了好几个时辰的路，这时到底有些累了，丁是坐在池边的亭子里，边休息边靠着栏杆欣赏园中的景色。就在这时，一个恢弘的想法刹那间在他的脑海里一闪而过：有一天等我黄金荣也出人头地了，一定要造一个比这更大更美的园林，羡慕死别人。这个看似天真烂漫的想法，谁能想到在日后就真的实现了。

休息了片刻之后，黄金荣离开了醉白池，继续往东走，来到了方塔附近。黄金荣抬起头，看着眼前这座巍峨的宝塔。既然称作"方塔"，顾名思义，这座塔自然是方形的，它共有九层，四个角上都系了铜铃，只要有风吹过，总会放出"叮叮咚咚"的悦耳的铃声，就像一首美妙的歌曲，令人心情愉悦。

欣赏完方塔，时间已经不早了，黄金荣就找了家饭馆胡乱吃了些东西。肚子饱实之后，他就急忙回到了松江府衙门，从号房里接了回文。为了赶快回去交差，他稍作休整就又匆匆上路了。

从衙门出来，刚走到大街上，就看见一家衣庄门口围了很多人在看热闹，黄金荣很是好奇，也凑上去想探个究竟。只见衣庄的伙计一边拉扯着一个乡下人，一边破口大骂。黄金荣问旁边的一个读书人模样的看客是怎么回事，那看客说道："这个可怜的乡下人，刚才挑了一担粪，走过这家衣庄门口，不知道怎么回事，不小心将粪桶打翻了，溅到衣庄里面去了。这老实胆小的乡下人想帮衣庄打扫，可是他没有扫帚和水，所以请衣庄拿出扫帚和水来。可是这个衣庄的伙计，欺负他是乡下人，不给他扫帚，要他脱下身上的破棉袄来擦地，这穷乡下人哪能答应啊，可是他也没有办法，只是哭着求这个伙计。这不，这么多人围着观看，但是没有一个人站出来替这个乡下人说句公道话。"

看到这番景象，又听着那个看客的这番话，黄金荣边走边想：这个乡下人受人欺负，还不是因为没有钱！这个社会没有钱就什么都没有，不光什么都没有，还要被有钱人欺负，被欺负了还不敢吭声，也不会有人来帮你，所以，一定要想办法赚钱，才会不被别人欺负。

等他回到了上海县城，天色已经暗了下来，城门已经关闭。在他前面还有两个从外面赶回来、等着开门进县城的，他们喊了好一会儿，才有个官兵模样的人举了个灯笼，懒洋洋地走过来，打开城门，露出一条缝，对着城外的黄金荣等人没好气地喊了一声："对牌！"黄金荣把对牌交给了那个官兵，那两个人则从口袋里摸出一角小洋钱，塞给了那个官兵，守城人这才让他们进了城。

进城之后，黄金荣手里捏着对牌，看了看和他一起赶路的行人，心想：福生哥说得没错，哪个行当都有钱赚，这看门的小官兵也能偷偷地捞外快，没有对牌不要紧，只要有银子，照样可以进出城门。这钱啊，果然是个好东西，每个人都想着法子赚，想着法子花。

一转眼，春花秋落，半年时光过去了。黄金荣几乎是隔两三天就要在上海县和松江府之间来回跑一趟。就像这第一次行程一样，他每次都得背上雨伞，穿上蒲鞋，提着灯笼，凌晨三四点钟就要离家上路，晚上八九点钟才能赶回上海县衙门，这还是不带休息的，要是走累了，中间歇息一下，回来就更晚了。这样天天起早摸黑，有时还赶上刮风下雨，辛苦是不用说的。由此看来，其实黄金荣的骨子里还是有一股很坚韧的品性的，而这种品性也许恰恰就是后来助他出人头地的一个很重要的原因吧。

即使工作再繁忙，他也没有忘记他的大哥和恩人陈世昌，只要一有空，他就会到陈世昌的家里聊上一番。他也会偶尔抽空回一趟家里，去看看两位已经年迈的老人。这几年下来，父亲黄炳泉老了很多，身体也不行了。老父亲最关心的当然是自己的儿女，女儿已经出嫁了，连孩子都已经有了，自然不愁什么了，可是自己唯一的宝贝儿子黄金荣却丝毫没有一点儿要结婚的意思，黄金荣跟陈世昌在一起，在外面跟野女人鬼混的事情，老头子虽然眼睛和耳朵都不太好使了，却还是有些耳闻的。现在呢，儿子在衙门里当差了，也就更加忙得连影儿都见不着了，当然，同时也就愈加离开父母的管教了。

"金荣这孩子心里到底在想什么呢？我是老了，没什么想法，就是希望在死之前能够抱上自己的孙子。"黄炳泉经常这样自言自语地唠叨。

黄炳泉的妻子、黄金荣的母亲邹氏虽然也想早点儿抱孙子，可是黄金荣的脾气她是知道的，在黄炳泉还健康时，他还能管得住黄金荣，现在黄炳泉已经衰迈得不行了，就没人能管得住黄金荣了。因此，看着老头子的身体一天不如一天，儿子又如此浪荡，邹氏心里焦急得很，却又没有什么办法。

自从黄金荣开始频繁地前往松江府送公文，他就把铺盖搬到衙门里来了，一是为了节省一些房租钱，二是为了节省时间，晚上要是回来晚了也方便睡觉。可是自从他在衙门里任职之后，整天公务缠身，既没有时间打麻将，也没有时间嫖女人，晚上回到衙门里，躺在床上，他就独自抽着烟，寻思着什么。

他在寻思什么呢？

钱啊！黄金荣脑袋里整天都在想着怎样赚大钱，这么多年闯荡下来，他所懂得的最为深刻的道理就是一个人必须要有钱，因为只有拥有了足够的钱，才能在这个社会上站稳脚跟，才能不被别人欺负，才能去享受那些吃喝嫖赌的乐趣。当然，他还想女人，一个二十来岁的小伙子，正是身体容易冲动的时候，况且他此前已经有了跟女人接触的经历，所以冲动就更加的强烈了。在裱画店的时候，他还能跟陈世昌一起出去嫖几把，现在独自睡在衙门里的空床上，黄金荣真是寂寞啊。

且说黄金荣送公文，头几次外出，虽然早出晚归，但是他没怎么出过远门，看到小桥流水、路边田野里的各种庄稼、野菜以及松江府城里的车水马龙，还有一些新鲜感。可是日子一长，新鲜感退去了，再加上艰辛和寂寞，黄金荣就实在受不了这样的苦了，他想要一种更好的职业，一种既风光又不用这么吃苦的职业，比如说做捕头。但是衙门里的低级捕快，哪一个不想做捕头啊，可要想做捕头，只凭请客送礼，没有能力，没有业绩，那是行不通的，贿赂来一个捕头的职位可绝不像弄个捕快那么简单，况且他的顶头上司李捕头在那儿压着，哪有他黄金荣做捕头的份儿啊？因此，想来想去，黄金荣做出了一个狠心的决定——辞去捕快的职务，离开上海县衙门。黄金荣知道，自己为了进衙门，为了当上捕快，付出了多么大的代价，说得严重点儿，他为此几乎都达到了倾家荡产的地步，因此他现在突然把非常不容易才弄到手的捕快这个差事给辞掉，心里也是相当不舍的。可是不舍又能怎样，他实在是受不了这样的苦日子了，上海县到松江府那一来一回三百多里的路，他一想起来就头痛得不得了。俗话说得好，"长痛不如短痛"，"当断不断，反受其乱"，该做决定的时候，就不要那么瞻前顾后，犹犹豫豫的，所以，黄金荣最后是下了狠心，给县衙递交了辞呈，一走了之。

虽说走是走得痛快了，可对于黄金荣来说，更大的难题还在后头，离开了县衙，他就又失去了职业，没了职业，也就意味着没了饭碗。那么，黄金荣又将怎么解决他的饭碗问题呢？他开始苦苦地琢磨着自己的职业问题。回裱画店吗？那是万万不可以的，不说自己不喜欢那个职业，而且自己在上海裱画店中的名声已经是很不中听了，怕是也没人肯收留。当然，更重要的是，去给人家裱画，是没有什么前途的，既无权，也无钱，做那种职业，有什么意思？那么自己还能去做什么呢？自己一共就接触过两种职业，除了装裱，就是捕快，至于其他的，黄金荣还真不知道自己做不做得来，而且他想得更多的是，他所要找的那种职业，不但自己能够做得来，而且还能够做得好，也就是说能给自己带来金钱，带来权势，可是哪里有那么好的一个职业给他黄金荣留着呢……

想来想去，黄金荣最后觉得自己还是喜欢捕快这个职业的，特别是想到了当捕快的一些好处，比如说可以在办案的过程中捞取额外的油水，中饱私囊……只不过，县衙里的低级捕快地位太低，办案的事情不多，杂务倒是不少，弄得自己不仅没有办法风光，反倒累得不像样子，那么，可不可以换到另一个地方去当捕快呢？一旦打开了这个思路，黄金荣马上就有了重大发现——对呀，上海这块地方，不仅有中国的县衙，还有两个洋衙门啊，那就是法租界和英美公共租界。这两块租界都实行自治，中国的官府无权管辖，他们的警卫力量也都不依赖中国政府，而是自备的，也就是说他们都有着自己的巡捕房，并且为了便利，租界巡捕房的低级雇员大多都不是他们本国人，而是一些外国人，比如印度人、安南人等等，当然，其中最多的是中国人，而这也就意味着，他黄金荣是有机会进入租界巡捕房当差的。有了这个想法，黄金荣就开始上了心，想着自己怎样才能够成功地进入租界的巡捕房，供职于洋衙门，从而仰仗着洋人的势力来提高自己的地位和身份。正因为有了这个想法的出现，若干年后，上海滩这块土地才造就了叱咤风云的一代巨亨——黄金荣。

第四章
"三面光"，走红法租界

上海的租界

提到黄金荣的大亨生涯，就不能不提到上海的租界，因为没有上海的租界，就不会有后来的流氓大亨黄金荣。黄金荣之所以能够一度成为中国近代史上首屈一指的流氓大亨，靠的是三个背景，一个是帮会的背景，一个是国民党的背景，还有一个就是租界的背景。黄金荣攀附上国民党，那是1927年四一二事变之后的事情了，当时黄金荣已经六十岁了，而在此之前，他就是凭借自己在帮会界和上海法租界的强大影响力而发迹的。因此，要想很好地审视黄金荣的一生，就必须对中国帮会的情况和近代租界的历史有一定的了解。现在，我们就来介绍一下上海租界的历史。

所谓"租界"，顾名思义，简单的理解也就是租用的地界，而详细讲来，这个词并不像字面含义那样简单，而是专门指国家之间所建立的一种特别的土地使用关系。一般的，两个国家在议订租地或租界章程后，在其中一国的领土上为拥有行政自治权和治外法权（领事裁判权）的另一国设立的合法的外国人居住地，就是"租界"。租界的出现虽然是以两个国家之间协商的方式来确定的，但是这种协商一般来讲都不是平等的，因为显而易见，一块土地成为"租界"以后，本国政府也就失去了对该地的管辖权，因此，租界虽然名义上还是本国的领土，但实际上却成了外国人完全占有的地方，这是对于国家主权的严重践踏。而且，与一般的租借方式不同的是，"租界"这种"租"法一般都是不会付给租金的，或者只付给很少量的象征性的"租金"，所谓的"租界"实际上就是以暴力为后盾的一种强行占有。

对中国近代历史稍有了解的人对"租界"这个词都不会感到陌生，因为这个词语是跟中国近代的百年屈辱史密切联系在一起的。实际上，租界也并非中国所特有，在其他一些殖民地或半殖民地国家也出现过。

1840年，英国以战争的方式敲开了中国的大门，一场持续两年的鸦片战争以中国的彻底失败而告终，由此诞生的一个直接后果就是中国近代史上的第一个不平等条约——中英《南京条约》的诞生。《南京条约》当中非常重要的一项内容就是中国要向英国开放通商口岸，这次开放的通商口岸共有五个沿海城市，其中就包括上海。

上海通商之后，便有大量的外国了涌了进来，他们为了在中国建立活动据点，从而为各种侵略活动提供更多的方便，就迫切地需要一块属于自己的专用地。于是，1845年，中国领土上的第一个"租界"就在上海诞生了。

1845年，清政府苏松太兵备道宫慕久与英国领事巴富尔于这年的11月29日签订了《上海土地章程》。根据这个章程，南至洋泾浜（现在的延安东路）、北至李家场（现在的北京东路）、东至黄浦江、西至界路（现在的河南中路，1846年确定）的一块面积约830亩的土地被租借给英国，每亩年租金1500文。显然，这1500文租金不过是为了表示，这块土地英国可是有偿使用的，并不是"白占"。

这就是在中国出现的第一个租界——上海英租界。刚开始的时候，英国人还仅仅是在这块土地上居住和从事商业、宗教等方面的活动，而这块土地的领土主权、土地管辖权、司法权和行政权等还是归清政府掌管的，也就是说，起初的租界还真的就仅仅是"租界"而已。不过，很快问题就出现了。随着住在上海城内的外国侨民陆续迁入租界，巴富尔以防止华洋纠纷为名，与宫慕久协商后又规定，租界内不准中国居民居住，而后，规定进一步改得更加苛刻，华人只被允许白天进入租界做买卖，晚上必须回城，就连英国人雇的华人佣人也不得与主人同住。这样，英租界就逐渐具有了英国人专属领地的意味。

在英国人的带头作用下，1848年，美国人也在上海成立了一个租界，而第二年法国人也在英美两国租界的南面成立了自己的租界。就这样，上海在短短的几年间出现了英、美、法三块租界。从此之后，租界就在中国沿海各地以及几个主要的内陆城市相继出现。据统计，到1911年清政府灭亡前夕，中国共在10个城市出现了来自十余个国家的27块租界。

在中国这些设有外国租界的城市当中，出现租界最多的是天津，最多时有9个国家在天津设立租界，天津简直就成了中国的租界博物馆。

随着外国来华人员的增多以及活动范围的扩大，后来租界的性质就很不同于上海英租界刚刚设立时候的情形了。在上海英租界成立之后，英国当局不断要求增大权益，多次单方面修改《上海土地章程》，尤其是当发生动乱之际，更是乘机大肆扩张租界的管辖权。例如，1853年9月，上海爆发了小刀会起义，上海县城被起义队伍所占领，上海县令袁祖德被杀，道台吴健彰也被逮捕。这样，清政府在上海的统治就陷入了瘫痪，而英、美、法几国则乘中国局面混乱之际得渔人之利。9月9日，英美两国驻上海领事就派兵占领了中国海关，实行所谓的"领事代征制"。为了迫使清政府承认这一既成事实，第二年4月4日，英美两国联合出动军队，在泥城（即周泾浜，现在的西藏中路一带）向中国军队发动了攻击，击溃了驻守在那里的由江苏按察使吉尔杭阿所率领的清军。泥城之败使得清政府万分惧怕，而法国人也搭便车，一同参与进来。谈判的结果是，中国海关要聘请英美法三国税务司人员各一名，这就意味着中国的海关主权为外国殖民者所攫取。这一制度由上海开始，迅速扩及全国，这样，外国殖民者就全面把持了中国的海关，这种状况一直延续了半个多世纪，其中英国人赫德一人掌管中国海关主权的时间就长达50年之久。而就在小刀会起义的第二年，英美法几国联合强迫上海道台接受他们事先就已经单方面拟定好了的《上海英美法租界地皮章程》，也就是通常所称的《1854年土地章程》。这个章程对1845年中英之间的《上海土地章程》所做的一个最为显著的改变，就是取消了"华洋分居"的规定。他们为什么要这么做呢？原来，在小刀会起义期间，有大量的难民躲入租界避险，这令几国殖民者十分惶恐，他们最为担心的还不是这么多的中国人闯进来会打扰他们正常的生活，而是担忧事后清政府会以此为由将租界收回。可是，他们很快就发现，清政府根本就没有收回租界的意图，而与此同时，他们发现允许中国人在租界内居住还是有好处的，因为在与中国社会的某些上层人员接触的过程中他们感受到，华洋之间还存在着某种共同的利益，当然，这指的是那一小部分的上层社会的中国人而言。殖民者觉得与这些上层中国人进行较多的来往是能够给自身带来更多的好处，另外，他们心中怀有一个阴谋，那就是一旦中国人被允许进入租界，那么租界的人口就会大量增加，这就为日后租界的扩张埋下了伏笔，租界当局也以境内居民复杂为由而要求设立警卫机关和司法机关。由此，租界就几乎完全成了中国域内的"国中之国"。

1845年，上海英租界刚刚设立时的面积是830多亩，当时在上海居住的英国人还很少。据有关记载，租界成立两年之后，在那里居住的外侨也仅有100多人，100多人使用830多亩的土地是绰绰有余了，但是英国人并不满足于此，他们从一开始就伺机扩大租界的面积。很快，机会就来了。1848年，上海出现了"青浦教案"事件。这是怎么一回事呢？

1848年3月8日黎明时分，英国伦敦布道会教士麦都思、慕维廉和医生雒威林三人乘船到青浦县城去从事传教活动，向群众散发"善书"。不知怎地，有几个看守漕船的山东籍水手在向他们讨取"善书"的时候却遭到了拒绝，于是双方发生了冲突，一个水手被雒威林用手杖打伤了头部。见有同伴受伤，这些水手的火气就大了起来，回到船上叫了更多的水手来围攻这几个英国人。这几个英国人见势不妙，急忙开溜，但是跑到离县城东门外不到半里路的地方，就被追来的40多个手持撑篙、锄头、棍棒、铁链等器具的漕船水手给截住了。接着，这三个英国人就遭到了一顿猛击。不多时，青浦县县令听到了消息，赶忙派人来制止，这才从愤怒的水手中救出了三个英国人。县令一面派人将三个受伤的英国人送回上海，一面下令捕拿"凶犯"。很快，两名领头的水手就被官兵给带走了。

本来这就是一次中国人与英国人之间所发生的普通的纠纷罢了，闹事者归案之后，再给予受害一方一定的赔偿也就可以了，但是，富有远见的英国领事阿礼国却敏锐地意识到，这件事大有文章可做，因为他正可以此为突破口，为英国租界谋求更多的利益。阿礼国马上要求中国政府更大规模地捕捉"凶犯"，同时给予受伤的英国人以更多的超额的赔偿，其要求显然是非常过分的，令中国政府难以接受。于是，阿礼国马上命令英国进入上海的船只停止向中国交纳总关税，同时又派出军舰阻止漕船离港，并且还命副领事乘军舰到南京去要挟两江总督李星沅。这样一来，那些漕船水手也就难免会在心中产生巨大的恐慌。

其实，依据当时中英两国的相关协定，麦都思等三个英国人到青浦来传教属于违约远行，因为他们已经超出了当时所被允许的英国人在华的活动范围，但是阿礼国对此却一口否认，狡辩说中国应当对此次事件负完全责任。在中国政府严词拒绝其无理要求之后，阿礼国就公然动用武力进行威胁。当时中国政府因为在鸦片战争中的失败而非常惧怕英国人的军舰，所以只得被迫屈从。于是，在阿礼国的强压之下，清政府抓获了倪万年、王明付、刘玉发等10名漕船水手，将他们压到了黄浦。在提审前，这些"罪犯"还得一律在江海关前站笼一个月。阿礼国担心清朝官员对他们有所怜惜，所以又要求派英国官员去监视，使得那些水手吃尽了苦头。

"青浦教案"事件所造成的严重后果并不仅限于此，英国人乘此机会要挟清政府，将上海英租界扩展到了苏州河以南和周泾浜（现在的西藏中路）以东，面积增加到2820亩，是原来的3倍还多。此外，在此次事件当中，英国军舰公然驶入中国的内河。由此开始，中国的内河航运主权也逐渐丧失。

扩大租界范围的当然并不仅仅是英国，见到英国人扩张租界获得了成功，美国人也就坐不住了。1848年美国最初在上海虹口设立租界之时并没有议定范围，但实际上在英国租界进行扩张的同时，美国也将租界的领地做了大幅度的延展。1863年6月，美国更是自恃协助清军镇压太平天国有功，要求与清政府正式划定上海租界的界线，当然，在划界的过程中，租界的面积较此前增加了不少。这一年的9月，英租界和美租界进行了合并，统称英美租界，又称公共租界，由一个共同的工部局来管理。当时公共租界的总面积是7865亩。1893年，公共租界工部局通过越界筑路的方式，强迫上海道台对租界的北界进行了大幅度的延伸，使得公共租界的总面积增加至10606亩。1899年，英美租界又改称为国际公共租界，但是一般仍习称之为公共租界。但是，主要的变化并不是名字的改变，而是更名的同时租界的面积再一次扩大，并且这一次扩张的规模远远超越了前几次。扩张之后，东起杨树浦到周家嘴角，西至静安寺，南至八仙桥，北到上海、宝山两县的交界处，都是公共租界的范围，其总面积达到了33500亩。

与公共租界的情形相似，上海法租界也经历了由小到大的扩张过程。1849年上海法租界初设之时，其范围是城河浜（现在的人民路）以北、洋泾浜（现在的延安东路）以南、关帝庙褚家桥（现在的西藏南路附近）和广东潮州会馆（现在的龙潭路附近）以西，面积为986亩。1861年，法国人将其东南界址推进到小东门外的城河地区，面积增加到1124亩。1900年，法国乘八国联军侵华之际对上海法租界再一次进行了扩张。此后，东起城河浜，西到顾家宅关帝庙（现在的重庆中路和重庆南路北段），南自丁公桥、晏公庙、打铁浜（现在的方浜西路、西门路、顺昌路、太仓路），北至北长浜（现在的延安东路西段和延安中路的东段），都是法租界的属地，面积达到了2135亩。清政府灭亡之后，法租界当局与袁世凯进行政治交易，于1914年又将上海法租界向西推进到徐家汇一带，使得其面积达到了15150亩之多。

上海的法租界和英美公共租界经过几次扩张，后来其总面积达到了48650亩之多，这个数字对于现在的城区面积来说也许很普通，然而对于城市化程度极低的中国近代社会，四万多亩的土地还是相当大的。就当时的上海来讲，两块租界不仅占据了大部分的上海城区，而且其占据的都是上海最为繁华的地区，相形之下，中国政府所控制的南市和闸北两块地界都处于一种边缘化的状态。

有人会有疑问，既然外国租界也允许中国人居住和活动，那么租界和华界又有什么实质的差别呢？表面上看来，似乎外国租界的存在对于中国人的正常活动没有多大的影响，可是实际上租界对中国人的伤害却非常大。租界与华界的根本不同就在于，租界当局享有领事裁判权、治外法权等种种特权。这也就意味着，"租界"尽管名义上还是中国的领土，可实际上却成了外国人在中国的海外领地，中国人在租界活动，就相当于在外国活动一样，因此称租界为"国中之国"是极为恰当的。

租界对于中国的伤害绝不仅仅是在一个城市占据几千、几万亩的土地那么简单，可以说，租界就是外国殖民者在中国策划种种侵略活动的大本营。

外国租界当局在中国所从事的主要罪恶活动之一就是大规模地走私商品和贩卖毒品。鉴于中国与列强签订的不平等条约，中国政府对外国商品征收的关税已经很低，但是，外国商人依然通过种种的不正当手段来逃避关税，在这一过程中，租界无疑对那些非法的外国商人起到了很强的掩护作用。上海吴淞口外的趸船就是外国商人从事走私活动的基地。进口时，他们先把私货卸到趸船上，然后再将商船开进上海港进行报关，接着再设法把卸到趸船上的私货运到上海；出口时，他们将大量的丝绸、茶叶等商品先用小船偷运到吴淞口的趸船上，商船结关之后，他们再将那些货物运到商船上驶出上海港。此外，他们还通过以多报少、以高报低等方式来偷税漏税。比如说蚕丝，通常是以包为单位来计算关税的，走私的外国商人把原本是两包的蚕丝打成了一包，结果就可以少交一半的关税。此外，有些外国商人还会通过行贿的方式与中国官员进行串通从而偷逃税款。更有甚者，有一些刁钻的外国商人会在进口商品之后以该商品不能脱售为名，将其再运出去。当然，运出去的可就不是原来的商品了，包装一样，可里面的东西却换了，本来里面装的是出口的商品，结果他们却以退货为名逃脱了关税，不仅原本出口的商品不用交税了，他们还会去讨要先前交过的进口商品的关税，可谓一举两得。据统计，1850年在上海从事贸易的所有洋行中，只有区区5家交足了关税。由此可见，当时洋行的走私活动是多么的猖獗。对于这种情况，英国驻上海领事阿礼国曾直言不讳地说："我不得不承认……关于忠实征收中国皇帝在对外贸易上应得的一切海关税饷，条约已无异于废纸。"有人会问，既然外国商人的走私活动如此猖狂，中国政府就视之漠然吗？其实，当时中国上至皇帝，下至地方官员，对于洋人都是要敬畏三分的，都坚持多一事不如少一事的态度，因此明明知道有洋人在犯罪，也是能不管就不管的。

与普通商品的走私相比，对中国危害更大的则是非法的鸦片贸易。尽管中国在鸦片战争中战败，可即便是依据《南京条约》、《望厦条约》等不平等条约的规定，各国商人也是不能够在中国从事鸦片贸易的。《1854年土地章程》也规定，外国商人不准开设包括鸦片烟馆之类的"公店"。可实际的情形却与条约的规定大相径庭，当时在中国从事贸易的外国商人，很难找到一个不经营鸦片生意的，因为比起其他货物来，贩卖鸦片的利润要高得多。《中华帝国对外关系史》的作者马士曾揭露说："在中国的英美商家每一个人都充分利用了他们的资力去做毒品这项生意。"而为外国商人的鸦片贸易提供庇护的也正是租界当局。当时鸦片贸易的规模有多大？据记载，仅1848年和1849年两年当中，运送到上海的鸦片总值就达到了2285万银圆，比《南京条约》所规定的中国给英国的赔款2100万银圆还要多。由此可见，以租界为保护伞的外国商人对中国的经济掠夺是相当惊人的，并且鸦片不仅仅掠走了中国人的钱财，还严重摧残了中国人的身体，腐蚀了中国人的精神。

而与商品走私和贩卖毒品比起来，以租界为据点的殖民者在中国犯下的另一桩罪行可谓有过之而无不及的，就是大规模地掠夺华工。很多人知道广州、汕头、厦门等广东、福建一带是外国人贩运华工相当猖獗的地方，可实际上这种令人发指的罪恶活动远不仅仅限于广东和福建，在上海，外国人抢掠华工的事情也是屡见不鲜。上海通商之后，涌来的外国人越来越多，其中的绝大多数都是为"淘金"而来的，其"淘金"的主要方式之一就是贩卖华工。当时很多外国人口贩子在租界当局的庇护下，以开酒店为幌子，每每见到有合适的中国人前来饮酒用餐，就会在酒菜之中投下蒙汗药，这些中国人也就成了他们的囊中之物了。尤其令人惊骇的是，绑掠中国人的并不全是那些外国人口贩子，还有一些中国人为了钱而受雇于外国人绑架自己的同胞，这就使得受害者的规模扩大了。

那些中国人尽管是以各种不同的方式落入外国人之手的，但此后的遭遇却大致相同，他们会先被关押在"巴腊坑"里。巴腊坑是拘禁奴隶或犯人的场所。那些梦想着到外国当上等工人的中国人落入外国人口贩子的手中之后，所遭受的就是奴隶或者罪犯的待遇。他们被关押一定时间之后，当外国人口贩子觉得掠来的中国人的数量已经够装一船了，就会把他们转运到轮船上。在船中，他们是被锁在密不透风的夹板舱里的，那里的环境根本就不是人所能够忍受得了的，因此，华工在贩运途中的死亡率是非常高的，待轮船抵达目的地的时候，尚存活者往往不及一半，而其中还有很多是已经病得很严重的。

当然，以上并不是租界之罪恶的全部，居住在租界的外国人对中国人所做的其他坏事还有很多。比如说，趁火打劫就是洋人的拿手好戏，因为当时清政府的统治已经相当腐败，各地人民所举行的反清活动非常频繁，每到清政府与反清武装交手之际，也就到了洋人坐收渔利的大好时机。

租界并不仅仅为外国人的做恶提供了庇护之所，因为租界的存在，还使得很多中国人仰仗着洋人的势力而为恶一方，黄金荣就是依托上海法租界的势力而崛起的帮会流氓的杰出代表。可以说，中国的帮会势力之所以在上海会发达到空前的程度，与上海租界的支持和庇护是密不可分的。从后来的历史中我们也可以看到，租界消失之后，上海的帮会势力就迅速地走向了衰落。

结拜弟兄

早就已经是半个流氓的黄金荣，从捕快职务上退下来之后，很快就跟郑家木桥一带的小瘪三们混得火热。当然，黄金荣做郑家木桥小瘪三的时间并不很长，因为不久之后他就进入了法租界巡捕房，当上了堂堂正正的便衣探员，不过，即便是离开了这块是非混杂之地，黄金荣此后却一直都跟这块地方有着密切的联系，他身在衙门，却又与流氓为伍，是脚跨两界，黑白通吃。黄金荣实际上是一个很精明的人，若不然，他日后也不会取得那么大的成就。黄金荣身上所具有的那种精明，在他混迹于郑家木桥一带的时候就已经有了充分的表现。当时在郑家木桥一带混饭吃的大小流氓简直数以千计，同样是流氓，他们之间却还是有着很大区别的，黄金荣就是流氓当中非常与众不同的一个，跟普通的流氓比起来，黄金荣最为突出的特点就是，他有着"远大的志向"。黄金荣当时虽然表面上看起来也就是一个毫不起眼的小瘪三，可是他却藏有"远大的志向"。有句俗话叫做"有志者事竟成"，这句话当然是鼓励人们应当树立正面的远大志向，只要有了这种坚定的意志，做事就一定能够成功。其实，不仅做好事如此，做坏事也是一样的。一个人如果一门心思要做一件坏事，那最后也是肯定能做成的，对于黄金荣来说就是如此。黄金荣想做的是什么呢？他想当一个流氓，当然，绝不是瘪三一类的小流氓，而是能够一呼百应的流氓头领。黄金荣不仅产生了这样的想法，而且还会将自己的理想付诸行动，从而取得最后的成功。

黄金荣不满足于只当一个小流氓，但他也知道，摆脱这种小瘪三的身份，不是依靠天上掉馅饼所能够实现的，而必须依靠自己切实的努力和艰苦的奋斗。黄金荣意识到，想要成为一个大流氓，一个最好的办法就是不能只做流氓，还要使自己具备另一种更为堂皇的身份，比如说，当一个巡捕，而这也正是黄金荣当时汲汲以求的，他正想着如何能够到洋人手下去做事，如何能够进入租界的巡捕房当差。那样一来，他可就神气多了，他在衙门里可以是巡捕里的流氓，而出了衙门则可以成为流氓中的巡捕。一想到这里，黄金荣心里就美得不得了，甚至做梦的时候想到了这事都会乐醒。可是，梦做得美，并不代表现实情况就好，进入租界巡捕房并非一件易事，他必须得耐心地等待时机。在这等待期间，他就得暂时完全跟郑家木桥的小瘪三为伍。

混的时间一长，黄金荣对郑家木桥一带的小瘪三们方方面面的情况都了如指掌，这为他以后当上巡捕在此地办案提供了极大的便利。在此期间，黄金荣了解到，在那里混迹的小瘪三是分很多层次的，要想控制住这些小瘪三，就必须控制住他们的头领人物才可以。当然，那个时候他还没有那个实力，可是一旦他具备了那样的实力，也就是他在郑家木桥称王称霸、大显身手的时候了。黄金荣进入法租界巡捕房开始在郑家木桥办案之后，首先要做的一件事就是收买当地小瘪三中的头领人物。经过一番认真调查，黄金荣最后看中了两个最为得力的人手，接着就跟他们结为拜把兄弟，这两个人就是丁顺华与程子卿。按照年龄，黄金荣为老大，丁顺华为老二，程子卿为老三。三人结成流氓集团之后，很快就成为"郑家木桥小瘪三"中的霸主。

丁顺华，原本是上海南汇地区的农民，但他不是一个普通的农民，不仅长得身强力壮，更重要的是练得一身好功夫，三四个健壮的人一起上也不是他的对手。然而，当初丁顺华走的还是正路，他做着朴实的小生意，但是，他每日摇着柴船到洋泾浜来做生意的时候却屡屡遭到"郑家木桥小瘪三"的勒索。起初的时候，丁顺华不想惹他们，可是没有料到，自己的"绥靖"政策使得那些小瘪三变得肆无忌惮，以为他丁顺华是个软货。有一次，丁顺华在郑家木桥再次遭到一伙小瘪三的打劫，丁顺华忍无可忍，情急之下，抡圆了拳头，几下子就把那帮"小瘪三"打得哭爹喊娘。这下，小瘪三可知道丁顺华的厉害了。但是，打劫丁顺华的不仅仅是几个无能的小瘪三而已，他们的背后有着一个庞大的团伙，丁顺华身手虽好，怎奈好虎架不住群狼，当他下一次出现在郑家木桥的时候，上一次吃了亏的几个小瘪三找来了更多的瘪三，而且还特地请来了几个瘪三中的高手。这下子，可轮到丁顺华吃亏了，而更重要的是，以后只要他还在郑家木桥做生意，就免不了要受到这群小瘪三的骚扰和纠缠，这让丁顺华非常恼火。正当他一筹莫展的时候，一个人的出现彻底改变了丁顺华的命运，这个人就是程子卿。

程子卿，生于1882年，小黄金荣14岁，江苏镇江人，因皮肤黝黑，得了一个绰号"黑皮子卿"。程子卿早时读过几年私塾，后来因为家贫而辍学，去米店当学徒。程子卿长得很瘦，但是力气却大得很，扛着一二百斤重的两袋米，一口气就能走上十多里路。然而，尽管程子卿力气很大，在米店做学徒也很卖力，可是他却很快发现，当学徒的那一丁点儿的收入连起码的温饱都难以保证，因此，他干脆离开米店，跑到上海来闯码头。当时上海的码头中最热闹的一处就是郑家木桥，所以他就看中了郑家木桥的繁华，打算到那里去谋生。

来到郑家木桥之后，程子卿偶然遇到丁顺华，两个人的年纪差不多，处境也很相似，不仅都很贫穷，程子卿初来之时也时常受到那些小瘪三的盘剥，另外，两人还都有那么一把子力气，因而彼此大有惺惺相惜之感，很快就成为莫逆之交。

程子卿和丁顺华交上朋友之后，首先需要解决的一个问题就是如何摆脱那些小瘪三的欺侮。丁顺华打算采取躲的办法，可是程子卿认为那种办法太软弱了，而且他觉得，即使到了别的地方，也未免会遇到同样的情况，所以，他建议"以暴制暴"。丁顺华开始还有所顾虑，可是程子卿的意志很坚定，他耐心地给丁顺华分析了当时社会的形势，他明确指出，像他俩这样的穷人，如果走普通的道路谋生，这一辈子都不会有什么出息的，莫如顺势而行，不做弱者，而成为强者。最终，丁顺华为程子卿所说服，两人又联合了各自的一些朋友，仗着他们不凡的本领，合力将郑家木桥一带的小瘪三们逐一摆平，不久之后，就发展壮大为"郑家木桥小瘪三"中的首领人物。这时，他们已经完全摆脱了受人欺侮的境地，反而变成了欺压他人的恶霸。在丁顺华和程子卿的带领下，数以千计的小瘪三敲诈勒索，偷盗抢劫，无恶不作。当时，来此地贩运各种农产品的零散农民，都要给他们交上一笔"买路钱"才可以通行，而洋泾浜两岸的那些商家们，也要向他们交纳一笔数额可观的"保护费"方可平安无事。勒索之外，抢劫也是他们的"家常便饭"，他们还给抢劫活动立下了很多名目，诸如"抛顶宫"、"剥猪猡"、"剥田鸡"、"背娘舅"等等，这些名目听起来十分新奇，可是它们所代表的实际含义是什么呢？"抛顶宫"，指的就是抢劫路人的高级呢帽；"剥猪猡"，指的就是抢剥路人的衣服；"剥田鸡"，指的就是抢剥小孩的绒线衣；"背娘舅"，指的就是用绳套住被害人脖颈后，再背到角落里，待其昏迷即抢剥其衣服……如此种种，手法繁多，可见这些小瘪三对于抢劫活动之精熟。

郑家木桥一带的治安本来就不怎么好，现在又冒出了以丁顺华、程子卿为首的更富组织性的势力强大的流氓团伙，更搅得当地的老百姓和过往客商不得安宁。法租界的巡捕房三天两头就会接到报案，但面对这一桥跨两界的特殊情况，巡捕们所能做的也无过于耸耸肩、摊摊手，他们实在是无能为力啊。可是事情也不尽然，流氓的嚣张对于巡捕来说也并非完全是一件坏事，有的巡捕就能够很好地做到让流氓的势力为己所用，黄金荣就是其中的一个杰出代表。

那么，黄金荣是如何进入法租界巡捕房的呢？

"郑家木桥小瘪三"

"小瘪三"这个词很多人都不陌生，它是上海土语中最具代表性的粗口之一，指的是那些生活在城市底层、没有正当职业而以乞讨或偷窃为生的游民和乞丐，是一个带有明显的鄙视色彩的词语。那么，"郑家木桥小瘪三"又是怎么一回事呢？在当今的上海，已经没有"郑家木桥"这座桥了，不过，在一个世纪之前，那可是上海妇孺皆知的一座桥。

上海的延安东路原来是一条比较宽阔的河流，它是黄浦江的支流，叫做洋泾浜。洋泾浜向西经过周泾浜与苏州河相连，往东则汇入黄浦江。洋泾浜是因为通向洋泾港而得名的，早期以黄浦江为界分为东、西两段，浦西的部分称为西洋泾浜，浦东的部分称为东洋泾浜，但是后来东洋泾浜逐渐淤塞，不再是一条河了，洋泾浜也就不必再分东西，原来的西洋泾浜就被称为洋泾浜了。郑家木桥就是当年上海洋泾浜上的主要桥梁之一，其位置就在当今的延安东路和福建中路以及福建南路的交口一带。

郑家木桥是由美国传教士建造的。19世纪40年代，中国在鸦片战争中遭受惨败，与英国签订了丧权辱国的《南京条约》。依据《南京条约》，上海成为对外开放的5个通商口岸之一。此后，便有大批的外国人涌入上海，英、美、法这几个国家更是在上海开辟了租界，使得中国出现了"国中之国"。洋泾浜就是当时英租界和法租界之间的分界线。洋泾浜的两岸各有一条小路，南面的叫孔子路，北面的叫松江路。洋泾浜并不算很长，但是因为地理位置重要，交通繁忙，所以这条河流上面当时共建有9座桥梁，自黄浦江边数起，依次是：外洋泾桥（又称头洋泾桥，位于今外滩延安东路路口）、二洋泾桥（位于今四川南路路口）、三洋泾桥（位于今江西中路路口）、三茅阁桥（得名于当地的一座三茅阁道观，位于今福建南路路口）、带钩桥（位于今山东南路路口），接下来的一座就是郑家木桥，然后是东新桥（位于今浙江南路路口）、西新桥（法国人习惯称之为"八里桥"，而中国人则习惯称之为"八仙桥"，位于今云南南路路口），最后一座是北八仙桥（位于今云南南路以西）。最初，这9座桥中除了外洋泾桥是钢骨水泥构造之外，其他的8座都是木桥。

外国人在中国从事商业活动牟取巨额经济利益的同时，还向中国人传播西方文化，而其中主要的一项就是传播西方的宗教，因此，当时有相当数量的传教士来华。1848年4月，美国传教士泰勒和秦右受美国基督教监理会的派遣，各自携带妻子来到上海进行传教。途经香港时，秦右因为妻子生病留下来，泰勒夫妇先期抵达上海。泰勒到上海的任务是进行传教，而想要传教，必须要有相应的设施才能够正常地开展一些宗教活动，因此，泰勒抵达上海之后首先要做的事情就是找一块地皮来建造教堂。初来上海的泰勒人生地不熟，经过四处寻访，好不容易才在今广东路和福建中路一带购得了一块地皮，经过两年的建设，1850年，教堂落成，取名福音堂。福音堂的前面，正对着洋泾浜上的一座桥，人称"陈家木桥"，因为上海话里"陈"和"郑"同音，后来以讹传讹，"陈家木桥"就变成了"郑家木桥"。

清咸丰三年（1853年），上海爆发了小刀会起义。由于郑家木桥距离上海县城不远，附近街巷民房众多，适合掩护军队迂回包抄，因此，清军时常跨过木桥，向小刀会义军据守的县城发起进攻。一位叫郑爱比的美国传教士曾目睹了双方在郑家木桥附近交战的场景，他有过这样的记述："一队清军过桥后……县城里的义军迅速吹响警号，随即就放炮反击。双方势均力敌，不分胜负。不知是何缘故，双方后来开始谈判，不少清军兵勇还打算投奔义军，大约有五500左右在桥和城墙之间混乱地来来去去。这时，突然天降大雨，众人纷纷躲避。待雨止后，有的清兵回营了，但大多数人则进城加入了小刀会。一场激烈的交锋就这样结束了，只有两人受伤。"这是一次看起来很滑稽的战斗，但是不管在这一战斗中双方的战术如何，该事例至少说明当时的郑家木桥乃兵家必争之地。正因如此，郑家木桥在非常时期具有了与众不同的军事意义。大约半年之后，英国领事为了阻止战火蔓延到租界，下令拆除了包括郑家木桥在内的洋泾浜上的各座桥梁。后来，起义被镇压，上海又恢复了和平的环境。这时，桥梁被拆除的弊端马上就显露了出来，那就是南北交通为洋泾浜所阻隔。对于福音堂来说，它建成之后自然是要招徕各地的信徒的，但是南市老城的信徒到福音堂做礼拜的时候需要经过洋泾浜，没有桥梁是很不方便的，因此，泰勒又组织在郑家木桥原址上修建了一座长10米、宽4米的新的木桥，并且将其命名为泰勒氏桥，不过，中国人却依然习惯称之为郑家木桥。

1914年，英美公共租界和法租界共同出资实施洋泾浜填浜筑路工程，洋泾浜作为河流就在地图上消失了，而郑家木桥连同浜上的其他桥梁当然也就不复存在了。但是，桥虽然不在了，"郑家木桥"作为地名却被保留了相当长的一段时间。

那么，郑家木桥又是怎么跟"小瘪三"挂上钩的呢？这是由郑家木桥特殊的地理位置决定的。郑家木桥所在的洋泾浜是当时英租界（后来的英美公共租界）和法租界的分界线，而郑家木桥往南又是中国政府管辖的地界，这样，郑家木桥也就成了英租界、法租界和所谓的华界这三方交汇的特殊地带。当时，英租界、法租界和华界之间是壁垒森严的，其基本特点就是在各自的管辖区内分别享有独立的主权，英租界和法租界之内发生的事情，中国政府是不能进行干涉的，而英租界和法租界之间也是互不干涉的，中国的巡捕或者警察是没有权力到英租界、法租界去抓人的，英租界和法租界的警方也不能跨界办案，如果有特别的需要，必须得事先做好沟通、办好手续才可以。这样一来，郑家木桥这个三方的交汇处就成了一个"三不管"的地带。正是这种特殊的地理位置，使这里成为犯罪的温床。流氓窃贼利用两个租界以及华界之间各自为政的空子，在光天化日之下公开进行抢劫盗窃，大到货箱皮包，小到女子佩戴的耳环发簪。一时之间，郑家木桥成了上海滩上的一块著名的"祸地"和"匪窝"。而郑家木桥作为三方交汇地的这一特点不仅给犯罪活动带来了便利，也同样吸引着各地商贾，当时的洋泾浜上，各种运货的船只你来我往，非常热闹，岸上也是商号林立。很多不检点的商人在做完生意的闲暇就想消遣消遣，他们消遣的场所无非妓院、赌场和燕子窝（也就是吸食鸦片的地方），因此，时间一长，那里就变成了三教九流、各色人等的云集之处，其中就包括为数众多的流氓。清末的时候，因为抢占地盘和争夺生意，盘踞在小南门高巷头以黄姓（绰号"破烂污"）为首的一帮流氓与在陆家浜以朱姓（绰号"长脚"）为头目的一伙流氓曾发生火并，结果两败俱伤。其后，两伙的残存者一起涌入郑家木桥一带，坑蒙拐骗，聚众闹事，使得郑家木桥更因流氓活动猖獗而闻名，久而久之，人们也就将"郑家木桥"与"小瘪三"习惯性地联系在一起，诞生了"郑家木桥小瘪三"这一历史性的名词。

其实，"郑家木桥小瘪三"之所以闻名，在很大程度上还因为一些后来驰名海内的大流氓就是在那一带成长起来的。早年混迹于郑家木桥的所有小瘪三当中，最为知名的，当属后来成为流氓大亨的黄金荣。

达官贵人曹启民

原来，黄金荣在上海县衙门做事的时候，认识了一个重要人物——曹显民，他是法国驻上海副领事兼法租界总监华尔兹的翻译官。曹显民的祖父曹开云曾在清朝咸丰和同治年间做过松太道的盐运使，曹显民及其兄弟曹启民就凭借祖先的福荫，年轻时期得以赴法留学，在巴黎的一所天主教所办的教会学校读书。回国后，曹显民和曹启民兄弟就在上海法租界的天主教堂里做事。

当时，华尔兹不仅是驻上海副领事和租界总监，同时还是天主教在上海的主教，身份非常显赫，而给他担任翻译官的曹显民也因此身价倍增，同时，在曹显民的提携之下，他的弟弟曹启民在上海也是八面威风。

此前，黄金荣只与曹显民认识，而并不认识曹启民，因此，他去向曹显民求助是更为便利的，但不巧的是，曹显民那段时间去了法国，他无法与曹显民取得联络，所以，只有想办法去找曹启民帮忙了。那么，他是怎样接近曹启民的呢？经过一段时间的侦查，黄金荣发现了这样一个奥秘：曹启民当时住在上海旧城里面，每天去法租界做事，老北门都是他的必经之地，依照中国的传统规矩，过城门时"文官住轿，武官下马"，当时曹启民虽然乘坐的不是轿子，而是马车，但也同样得在过城门之前从车中走出来，过了城门，再进入车中。曹启民在车中的时候，黄金荣当然不便过去打招呼，可是他在过城门下车之际却是一个接近他的好机会。

这天，当曹启民的马车走到城门口时，突然有一个年轻人跑过来恭恭敬敬地为曹启民把车门打开，待过了城门，曹启民回到车中的时候，他又小心翼翼地将车门关上，然后非常谦谨地躬身而退。其后，接连几天都是如此，曹启民每次过城门的时候，都会碰到这个为他开关车门的年轻人。这样一来，曹启民当然不能不对这个年轻人予以注意。那么，这个年轻人是谁呢？他就是当时还是一个小流氓的黄金荣。

一来二去，黄金荣与曹启民变得熟识起来。经过攀谈，曹启民了解到，原来这个年轻人还是自己哥哥曹显民的朋友，而黄金荣又对曹启民竭尽奉承、巴结之能事，因此两人的关系很快就变得非常亲密了。

在与黄金荣交谈的过程中，曹启民自然会问到黄金荣当前的职业，黄金荣便借此机会说了自己此时无业可依，想请曹启民帮助疏通疏通，在法租界寻个差事的打算。曹启民当时对于黄金荣非常有好感，又仗着黄金荣与他哥哥曹显民之间的旧交情，因此对于黄金荣的请求满口答应下来。因为黄金荣此前曾做过捕快，所以到法租界来做事，去巡捕房是最恰当的了，而这也恰恰符合黄金荣的心意。但是，将黄金荣安排到巡捕房也要寻一个合宜的时机才可以，令黄金荣欣喜的是，没过多久，机会就来了。

上海租界的巡捕

在这里，我们不妨先了解一下上海租界巡捕的状况，因为黄金荣几乎一生都在上海法租界巡捕房任职，所以了解这些，有助于我们更深刻地认识黄金荣的人生经历。

出现在上海的第一个租界是英租界。英租界刚刚设立的时候并没有巡捕，而只是根据《上海土地章程》的规定，英国人可以在租界雇佣更夫。更夫所做的事情大家都熟悉，就是夜间的时候里里外外照看一下宅院，没事巡逻，有事报警。最初的更夫只有几个人，因为当时英租界一共也没有多少外国人居住。这些更夫由一个更长带领，更长的人选由英国领事和上海道台共同确定，而由英国领事来管辖。这也表明租界最初设立的时候，中国政府还是享有很多主权的。1848年，随着英国租界面积的扩大和人口的增多，更夫的数量也增加到20人，更长也增加了1个人。这种情况一直持续到1853年，该年，上海爆发了小刀会起义，有大批中国人涌入租界避难，为了维持治安，英租界当局从香港请来了8名欧洲籍的警察，这就是租界出现警卫力量的开端。一年之后，殖民者在与中国政府签订《上海英法美租界地皮章程》时有意将更夫与警察的身份混淆在一起，其目的就是为了增强租界的警备力量。由此，原来只管打更的更夫就变成了配备武装的警察。而同一年的"租地人会议"进一步规定，要筹款15000元来建设租界的巡捕房。从此开始，中国政府就失去了对租界的警卫管辖权。

租界最初的巡捕除了原来的几个中国籍的更夫外，都是来自欧洲本籍的。据记载，欧洲巡捕最初的人数是30人，后来1862年由于太平军东征，其人数增加至164人，到1870年又回落至112人。因为欧洲本籍的警力有限，所以租界当局就考虑招收外籍的巡捕，当然，首先考虑的就是中国人，此外，还有来自印度、日本等地的巡捕。1865年，英美公共租界首次招募华人巡捕，此后，华人巡捕的数量逐渐增加。到1882年，公共租界华捕的数量达到了182人，义和团运动的时候激增至571人。到1909年则已经达到了1149人，同时，印度籍的巡捕也已达到了数百人之多。进入20世纪之后，上海租界的日本侨民越来越多，所以公共租界又逐渐地招收了一些日本人来做巡捕。到1934年，供职于公共租界巡捕房的日本巡捕也达到了236人之多。据1930年的统计，公共租界的警卫人员共有4879人，其中华人占的比重最大，有3477人。而到了1937年上海沦陷前夕，公共租界全部13个巡捕房的工作人员更是达到了6452人。

以上是英美公共租界巡捕人数的变动情况，与之相应，上海法租界的巡捕也经历了从无到有、由少至多的发展过程。1856年，法租界成立了第一个巡捕房，当时仅有3个欧洲巡捕，其费用是由上海道台来支付的。第二年3月，因为上海道台拒绝继续支付法租界巡捕的佣金，法租界被迫将巡捕房取消。可是法国人觉得还是有设立巡捕房之必要的，于是在同一年12月又恢复了巡捕房的设置，并且巡捕的人数也增加到了12人，当然，其佣金是由法国人自行给付的。1869年，法租界巡捕房开始招收华人巡捕，后来又招收了一部分安南巡捕。1915年，法租界共有法国巡捕60人、安南巡捕200人，华人巡捕250人，其规模与公共租界比起来是小得多了。

我们都知道，黄金荣一方面在法租界巡捕房任职，一方面却又与黑势力为伍，在黄金荣的身上，警与匪两种身份很好地结合在一起。实际上，黄金荣并非特例，他代表的是当时上海租界特别是法租界巡捕房的普遍状况。其实，早在黄金荣入职法租界巡捕房之前，那些欧洲巡捕以及早期的华捕、印捕就已经开始与上海的流氓势力勾结在一起了。若不是这样，像黄金荣这等角色也是很难进入巡捕房的，他们之所以肯招黄金荣进来，在很大程度上就是看中了黄金荣与黑势力之间的密切关系，由此，黄金荣就可以充当法租界当局与上海黑势力之间进行联络的中间人角色，从而为租界当局攫取更多的利益。

那么，上海租界的巡捕们到底是怎样跟流氓势力勾结在一起的呢？本来，近代上海社会的犯罪现象就很严重，这正需要租界建立一支强大的警卫力量，可是租界的巡捕人数越增越多，而租界的治安状况却一直未见好转。因为，租界巡捕本身就是脚跨黑白两道的，他们既是"猫"，更是"大老鼠"。如果说混迹在社会上的那些瘪三是小流氓，那么租界的那些巡捕则可以当之无愧地被称作大流氓，黄金荣就是其中的典型代表，他既是租界巡捕房的领导人物，更是流氓队伍中的一个大头领。

租界的警卫队伍为什么会这么腐败呢？其实原因也不难想见，那就是这些人对于利益的追逐，而且当时的环境又缺乏对他们种种不轨行为的约束，所以就导致了这些巡捕为非作歹，肆无忌惮，比流氓还流氓。当时的租界市民普遍慨叹："西牢及捕之私刑，巡捕包探之敲诈，真是人间地狱。"用"人间地狱"这样的词语来形容租界巡捕的卑劣行径，可见租界巡捕房的黑暗。那些租界巡捕，特别是外籍的巡捕，对中国市民极尽欺压之能事，其作恶手段可谓五花八门，层出不穷。

诸如盗窃、抢劫、敲诈、强奸、走私、贩毒等罪行，租界的巡捕们是无所不涉，可以这样说，当时租界的每一种犯罪类型中都可以找到巡捕的身影。

法租界巡捕房的"包打听"

黄金荣央求曹启民之后不久，法租界巡捕房就再一次公开招考华人巡捕，黄金荣闻讯立即报名投考。巡捕房所谓的"招考"不过是一种形式罢了，因为它所考查的并不是投考者的真实本领，而是想了解一下你这个人有没有什么背景，只要你在法租界有熟人，或者是在社会上有一定的势力，那就好办得多了。黄金荣刚好具备这样有利的条件，他既有曹启民这样的贵人为他进言，又有着一定的黑社会背景，所以很顺利地就被录取为三等华捕。捕房此次招考共录取20名华捕，后来改组成侦缉队，人称"二十股党"，因为曹启民的推荐，黄金荣做了"二十股党"的领班。

就这样，黄金荣成了法租界巡捕房的便衣探员。因为便衣探员管的事情多而杂，方方面面的情况都需要了解，所以人们给这个职务起了个形象的别名，叫做"包打听"。黄金荣当上"包打听"之后，就被派在十六铺码头一带管理治安，在这里他地熟人熟，很快就因为破案有功而升了官。

就是在这个时候，黄金荣开始与丁顺华和程子卿相识。因为黄金荣当时是法租界巡捕房的探员，郑家木桥一带的治安工作正在他的负责范围之内，所以他很快就注意到了"郑家木桥小瘪三"中的头领人物——丁顺华和程子卿。然而，黄金荣想要做的，并不是如何打压丁顺华和程子卿的势力，而是想要借助他们的势力来提升自己的地位。他的意图是很好地利用丁顺华和程子卿的流氓势力，使得自己一方面在流氓界有着很大的影响力，另一方面在巡捕房也能够因为有弟兄在外而更加威风。那么，他首先要做的就是收服丁顺华和程子卿。当然，丁顺华和程子卿身为匪首，并不是那么好对付的，不过，黄金荣自有办法，因为他自己也是混混出身，深谙"小瘪三"那一套营生手段。经过一番认真的考虑，黄金荣决定采取"黑吃黑"的办法来收服丁顺华和程子卿。

黄金荣一连三日身着便衣，到郑家木桥一带仔细观察那些小瘪三的一举一动。经过这样的观察，再加上以往的经验，黄金荣很快就掌握了他们的出没规律和作案手法。这一天，黄金荣带着几名便衣巡捕，以突袭的方式抓获了一伙正要实施抢劫的小瘪三。正当他们要将这几个小瘪三扭送到巡捕房之时，丁顺华和程子卿气势汹汹地赶来救场，起初他们还以为是伙外的人来骚扰，但是黄金荣马上出示了法租界巡捕房的证件。"郑家木桥小瘪三"虽然猖狂，但是对于租界的警方他们还是不敢招惹的，因此只得给黄金荣赔上笑脸，请黄金荣多多关照。黄金荣见初步目的已经达到，便悄悄地约他们到三牌楼茶馆去"吃讲茶"。什么叫做"吃讲茶"？这是旧时上海黑社会的一种"切口"，也就是行话，指的是有争执的双方到茶馆里通过商谈的方式来解决纠纷。

来到三牌楼茶馆，一番客套之后，黄金荣便拿出了自己盘算已久的方案——丁顺华和程子卿约束手下的小瘪三，停止抢劫活动，对从郊区和外埠来的船只收取"管理费"，这笔"管理费"一分为二，一半孝敬给黄金荣，再由他分给巡捕们享用；另一半留给程子卿、丁顺华以及他们的手下。如果能够这样，黄金荣就可以保证法租界巡捕房不会再来干涉他们的行动。这其实是一个让几方都得益的方案，在法租界方面，是缓解了治安问题；在百姓方面，是此后可以减轻来自小瘪三们的骚扰；对丁顺华和程子卿以及他们手下的小瘪三们来说，可以免于受到法租界巡捕房的查办；而这个方案最大的收益者当然还是黄金荣本人。通过这一手，他不仅因为治安有功而提升了自己在法租界巡捕房的地位，为自己日后的高升奠定了基础，而且又结交了丁顺华和程子卿这两个流氓头子，使得自己在黑社会中的势力大为提升，另外，他还能够持续地得到大笔的孝敬费，不愁腰包会空下来。

黄金荣的这个方案令丁顺华和程子卿二人也感到很满意，虽说这可能减少了一部分他们抢劫的收入，但是如果租界巡捕房真的动了脾气，他们的日子也是很不好过的，因此，他们对黄金荣的这个办法马上接纳。接下来，三个人越谈越投机，走出茶楼之后就直接去了酒楼，相谈甚欢之余，三人共会于关帝庙，结为生死弟兄。

焚香燃烛之后，黄金荣、丁顺华、程子卿三人就结为拜把兄弟，按年龄来算，黄金荣最大，丁顺华次之，程子卿最小。此后，江湖上就有了"黄老大"、"丁老二"、"程老三"这几个称呼。

三人结拜为兄弟之后，丁顺华、程子卿因为有了黄金荣这个靠山，就更是雄霸一方了，黄金荣也因为这件事做得漂亮，在黑社会与巡捕房两方面都讨好，正式开始了他长达数十年的脚跨两界的巡捕兼流氓的显赫生涯。黄金荣晚年在"自述悔过书"中提到："做包打听，成为我罪恶生活的开始。"其实，这既是黄金荣罪恶生活的开始，也可以说是黄金荣发迹的开端。此后，黄金荣一方面与丁顺华和程子卿称霸郑家木桥一带，欺行霸市，聚赌狎妓，不但当地的商贾、摊贩畏之如虎，洋泾浜一带的其他流氓帮派也都服从于他们；另一方面又依靠手下的流氓充当眼线，为自己办案提供便利，甚至指使喽啰假造事端再加以平息，从而不断扩大其影响，取得法国主人的信任。正因如此黄金荣后来被法租界当局誉为"法租界的治安长城"。

在黄金荣的关照下，程子卿在1905年也进入法租界巡捕房做事，担任巡捕，后来升为刑事科政治组的探长。这个政治组专门负责收集国内政治情报和处理法租界的政治性事件。后来，随着工作的需要，这个政治组扩编为政治部，其主任就是程子卿。实际上，程子卿也并非一个全恶之人，他在法租界利用自身职务上的便利，有时也为进步人士及国民党左派做过一些有益的工作。然而，程子卿的这些明显带有"左倾"色彩的活动引起了国民党右翼分子的不满，他们开始对程子卿进行恐吓。1931年至1936年间，程子卿曾先后收到过七次匿名的警告信，最后两次还附有子弹。这些人给程子卿送上带有子弹的信决非仅仅是恐吓而已，对于其中的危险，程子卿是知道的，但是，在黑道上混迹多年的程子卿决不同于一般的小瘪三，他不是让人吓吓就会趴在地上站不起来的，更加之他的特殊身份，因此一方面加强了自身的防范，一方面却仍未断绝与左翼人士的来往。这样一来，那些对他不满的人可就动了真格，他们再一次给程子卿送上了子弹，只不过这一次可不是夹在信中的——一天晚上，程子卿在上海徐家汇路打浦桥附近经过时突然遭遇枪击，只是因为子弹打偏才躲过一劫。此后，程子卿上下班时，法租界巡捕房都会派人护送，这种情形前后持续了达半年之久，直到抗战爆发，程子卿才得以恢复平安的生活。1943年7月，汪伪政府"收回"法租界后，62岁的程子卿从此退休。1956年，75岁的程子卿病逝于上海建国中路的家中。

进入大自鸣钟巡捕房

再来说黄金荣。其实，在"耍鬼"立功之外，黄金荣之所以能够收到法租界当局的信任和重视，在很多程度上还是因为他办起事来特别卖力认真，当然，在法租界巡捕房任职的过程中，黄金荣也不是一直都顺风顺水的，他也遇到过一些风浪，甚至还一度被赶出过巡捕房，那是黄金荣刚刚进入巡捕房不久的一次圣诞节。圣诞节可是西方最为盛大的节日，按照规矩，巡捕房的各色人等都要去总巡克莱梅的办公室里拜年。那天，黄金荣的表现很与众不同，因为别人为了表示工作清廉，都穿着非常朴素，可是黄金荣却穿了一身崭新的衣服，显得非常气派。结果，就因为这身新衣服，黄金荣引来了克莱梅总巡的强烈不满，而更为严重的是，黄金荣对于克莱梅总巡的批评意见不仅不表示接受，反而还当面顶撞了总巡先生。这下，总巡可就发火了，一怒之下，将黄金荣赶出了法租界巡捕房。

黄金荣就这样离开了法租界巡捕房。但是，黄金荣在离开巡捕房之后又颇感后悔，他觉得自己真不该因为一时的鲁莽和气盛而得罪了总巡。要知道，他在法租界巡捕房虽然只是一个最底层的探员，但是对他个人来讲却是意义非常重大的，因此就想着要怎样才能重返巡捕房。他可以去给总巡赔礼道歉，但是黄金荣总觉着这不妥，一则克莱梅未必肯理他，再则那样做未免也太轻贱了，这让高傲的黄金荣难以接受。那么，又还有什么其他的办法吗？黄金荣忽然想到，他不是有丁顺华、程子卿这样的好兄弟吗？他们手下不是有着一干很得力的喽啰吗？他在法租界巡捕房之所以受重视，不也正是因为他对这些人有控制的办法吗？如此一想，黄金荣就有了主意，他何不充分地利用自己的这个优势，让法租界巡捕房主动请他回去呢？

在黄金荣离开巡捕房的一段时间中，法租界接连爆出了几件巨案。几家富商被强盗抢劫，绑了肉票，震惊了上海滩。法国巡捕房责令号称"西探一号"副总巡石维耶限期侦破。因案子难破，石维耶心中甚是烦恼。

这时，巡捕房就有很多人提出要请黄金荣回来，说只有那样才能很好地解决当前的治安难题，当然，其中不免暗藏着黄金荣安排的说客。不过，这种说法在巡捕房领导那里确实引起了很大的反响，渐渐地，石维耶副总巡就有了请黄金荣回来工作的打算。恰巧，这天石维耶在天香楼茶馆里，偶然遇到了以前跟随黄金荣给巡捕房担任过探员的临时助手徐福生，于是他就趁机让徐福生帮忙请黄金荣出山。徐福生当时已经是黄金荣手下的一个小喽啰，他知道黄金荣盼着巡捕房有人请他回去呢，因此，他听到了这个消息顿时喜出望外，立即就飞快地跑去找黄金荣。

不大一会儿的工夫，徐福生就已经来到了黄金荣的身边，只见他跌跌撞撞地跑进来，上气不接下气地说道："黄，黄先生，有好消息！法租界巡捕房来人了，石维耶副总巡请你马上去一趟，说是要请你回巡捕房的。"

黄金荣刚刚赢了不少的钱，这会儿正全神贯注地投入在赌局当中，因此并没有听清刚才徐福生说的话，于是，他忙问道："福生，你说的是什么事？不要着急，慢慢讲。"

"我在天香楼遇见了'西探一号'，他亲口对我说要请你出山呢！"

黄金荣被冷落了一阵子，虽然现在不愁吃不愁穿，日子过得闲悠悠的，但是毕竟不如在巡捕房那般威风，他正等待着有朝一日东山再起。现在有了消息，正合他意。

其实，这全都是黄金荣一手导演的，他一方面让手下的那些弟兄们在这段时间里集中闹事，一方面又贿赂巡捕房的熟人散布口风说只有请黄金荣回来才能摆平局面。现在，巡捕房果然上套了，他的意图马上就要得逞了。

黄金荣向徐福生问道："这是真的？"

"确实是真的！'西探一号'请你过去！"徐福生答道。

"好！他现在哪儿？"黄金荣接着问道。

"他就在天香楼等你！"徐福生回答。

黄金荣听到这里，一跃而起，将桌上的麻将一推，桌面上的钱也没有顾得收起来，虽然一向吝啬，这次却大方地说道："弟兄们，这些钱你们分了！"

然后，他一把拉起徐福生的手，说道："走，去见见他！"

黄金荣毕竟是吃过捕快这碗饭的，相当狡诈精明，他知道，自己在石维耶的面前可不能表现出那般欣喜若狂的样子来。因此，黄金荣开始努力平复自己的心情，等他踏进天香楼茶馆的门槛，心情已冷静了许多。他不卑不亢地向石维耶打招呼，两手一拱："石维耶先生，久违了！"

这时，石维耶已是打定主意要他回去，于是迫不及待地问道："黄先生何时动身跟我走？"

黄金荣却故意装作不懂他的意思，问道："石维耶先生这话是什么意思，你要我到哪里去？"

石维耶指指徐福生，急切地说："徐先生没告诉黄先生？我想请先生出山，协助巡捕房破案！"

黄金荣眉头一皱，沉思了片刻，然后，慢慢地吐出一句话："石维耶先生且稍候，金荣明天再给你答复！"

石维耶见黄金荣如此刁难，心中大为不悦，然而，为了缓解当前的难堪局面，他此时也只好委曲求全，于是，他无可奈何地说道："好吧，明天我等你的回音。"

为了表示诚意，"西探一号"石维耶第二天亲自登门造访，来到黄金荣的家中请他出山。于是，黄金荣这次相当体面地重返法租界巡捕房。

因为巡捕房需要黄金荣回去稳定局面，所以就给他开出了优厚的条件，其中重要的一项就是让他任意选择自己任职的巡捕房的地点。原来，上海法租界在大自鸣钟、嵩山路、喜钟路、贝当路、徐家汇、芦家湾等地设有多个巡捕房，而以大自鸣钟巡捕房为最大。这个大自鸣钟巡捕房正式的名称是法租界北区巡捕房，之所以被称为"大自鸣钟巡捕房"，是因为那里装有上海的第一台大自鸣钟。1865年，法租界公董局在原福州会馆旧址上建造了一座三层大楼，楼的中间有一座高高的钟楼，里面就装着一台大型的自鸣钟。这台大自鸣钟与外滩江海关大楼的大自鸣钟和跑马厅彩票楼的大自鸣钟鼎足而立，被称为"上海滩三大自鸣钟"。另外，这座楼前还矗立着法租界巡捕房前总巡麦兰的铜像，因此大自鸣钟巡捕房有时也被叫做"麦兰巡捕房"。大自鸣钟巡捕房因为规模大，涉及的事务也就更多，职权也就更大，并且在这里当差对于日后的晋升也是有好处的。这样，黄金荣当然会选择到规模最大的大自鸣钟巡捕房任职了。

返回法租界巡捕房之后，因为前一段时间里那些重要的案子大都是黄金荣派人制造的，所以他一回来，跟那边的弟兄打个招呼，法租界当然也就马上太平了起来。这让法租界当局觉得，黄金荣确实是一个不可缺少的人才，因此对他也就更加倚重了。而有了法国人做靠山，黄金荣的底气也就更足了，他在巡捕房做事可以更加随便一些，可以不穿制服，办案时可以不带手铐，甚至也可以不到巡捕房去办公，常到法大马路的聚宝茶楼吃茶。这样优哉游哉地混到了下午时分，才到巡捕房的固定位子去坐一坐，而一旁的人则要非常恭敬地向他问候，同时向他打探一些消息，交换一些情报。黄金荣控制着众多的流氓、小瘪三，他们活动于各处，消息的来源非常广泛，黄金荣给他们一些好处，就会从他们那里换回不少有价值的情报，因此，在这一点上，巡捕房中是无人能及的。所以，每当破案的时候，黄金荣往往都是功劳最大的一个。就这样，黄金荣在法租界巡捕房过着非常舒坦的日子了。逐渐地，他与"郑家木桥小瘪三"之间的距离越来越远了，而与流氓大亨之间的距离越来越近了。

黄金荣这一次重返法租界巡捕房，一干就是三十几年，再没有离开过，因此可以说，尽管黄金荣以流氓大亨闻名，但是几乎终其一生，黄金荣的正式职业都是巡捕房的工作人员。

四明公所的纠纷

提起"四明公所"这个名字，也许很多人会感到陌生，而说起"宁波会馆"来，大家可就熟悉得多了，其实，"宁波会馆"正是"四明公所"的俗称。所谓"四明"，乃是宁波的别称。历史上的宁波府治内，有会稽山兀然而立，其主峰之上，四穴昭然，形同窗户，透阳通明，所以称作"四明"。

清代康熙年间，随着海禁的部分解除，上海的沙船业迅速发展起来。沙船指的是一种平底、方头、方艄的海船，是我国最古老的一种船型，在唐宋时期就已经出现，并且在中国历史上相当长的时间内都是主要的海船种类，它的突出优点是特别适宜在水薄而沙多的浅滩航道上航行，也正因此被称为沙船。在沙船业的带动下，上海的商业贸易得到了快速的发展，及至乾隆、嘉庆年间，上海已是船舶云集、商贾辐凑的东南沿海地区最大的商业都市之一，吸引着大批外地人来此谋生。宁波因地理位置靠近上海，且地少人多，劳动力过剩，所以在很早的时候，就有大批的宁波人旅居于上海，从事着各种行当。随着宁波人在上海越聚越多，这些旅沪宁波人就产生了创建同乡会的想法，从而可以令同乡之间能够进行更好的联络和提供更多的扶助。乾隆末年，钱随、费元圭、潘凤占等宁波绅商采取"一文善愿"的方式以积累资金，开始为宁波同乡会的创建奠定经济基础。所谓的"一文善愿"，即规定："凡旅沪宁波同乡，每人每天捐一文钱，以三百文为一愿。"这一倡议提出之后立即得到在沪宁波同乡的广泛响应，他们纷纷慷慨解囊。这样，经过几年时间的积累，1797年，终于得以在上海县城西北二十五保四图的地方（现在上海八仙桥以东、人民路以西、淮海路以南的小北门一带）购买了一块面积达30多亩的土地，正式开始了宁波同乡会馆的建设。1803年，"建正殿五楹，廊庑必备，崇祀关帝，公所规模始具"，而"四明公所"的门额也就在这一年正式挂出。此后，1809年，四明公所又购买了附近的一些土地，"建丙舍三十楹，又推广义冢，并从宁波风俗，建一土地祠，奉祀土地"。

1844年，四明公所迎来一件大好事，在这一年，蓝蔚雯出任上海县令。为什么说这对寓居上海的宁波人来说是一个好消息呢？因为蓝蔚雯是定海人，定海现今在行政区划上属于舟山，但在当时，定海可是属于宁波府管辖的区域，所以，蓝蔚雯也是宁波人的一员。与上海县令有着这样的同乡关系，上海的宁波人做起事来腰板可就更硬了。四明公所的董事谢心、庄巨、方椿等人更是紧紧地抓住了这样的好机会，恳请县令蓝蔚雯将四明公所划入官方领属之下，这样做的好处是可以让公所免于税课，从而大大地减轻经济上的负担。蓝蔚雯这个人是很看重同乡情谊的，平时在公事之余，只要路过四明公所，他都要进来详细地询问一下宁波同乡在上海的各方面情况，因而这一次，面对同乡提出的这个并不令他感到很为难的要求，他欣然同意了，为此还亲自撰写了《四明公所义冢碑》一文来表达自己的乡梓之情。

四明公所的创立为在上海生活的宁波人提供了相当大的便利，可是好景不长，继1845年和1848年英美两国先后在上海设立租界之后，1849年，法国也在上海设立了租界，其范围是城河浜（今人民路）以北、洋泾浜（今延安东路）以南、关帝庙褚家桥（今西藏南路附近）以东和广东潮州会馆（今龙潭路附近）以西，面积为986亩，而四明公所也被划进法租界的范围之内。法租界虽然同意四明公所继续享有免交赋税的特权，可是对四明公所在辖地内修建墓地一事却甚为反感，他们认为"这些坟墓是传染疾病的巢穴"，并表示将不惜任何代价消灭这些坟墓。于是，围绕这一问题，法租界当局与四明公所之间展开了长期的纠纷。初时，法国人因为在这块土地上刚刚立足，在对待四明公所问题上没有采取过于强硬的态度。可是，1861年中国在第二次鸦片战争中失败之后，法租界规模得到了扩大，其势力也进一步增强，他们更加不把中国人放在眼里，面对四明公所对租界当局旨意的抵抗，他们不再有耐性了。1863年，他们明确提出要在四明公所的墓地上修筑马路。此讯一出，立即激起了居住于上海的全体宁波人的强烈抗议，在宁波人不肯示弱的强大声威面前，法租界害怕事情闹得过于严重而将这个提议搁置下来，但是他们清除四明公所墓地乃至将整个四明公所都从租界领地中驱逐出去的想法却并没有因此而消弥。1873年，法租界当局再一次公布计划：在四明公所的墓地上修筑公路。旅沪宁波人得知这个消息后，立即致信于法租界公董局，信中这样写道："我们认为，像这样筑路，势必使车马通行于死者之尸骨上，致使亡人的阴灵不得安宁，此乃亵渎之事。"中国人有这样的观念实属再正常不过了，可是在法租界当局看来，如果不毁掉四明公所的坟墓，在其上面修筑公路，那么就是对于他们的亵渎，是对于法国人尊严的亵渎。因此，尽管宁波人提出愿意承担因为修改线路而多花费的资金，可是法租界公董局却表示："我们对中国人敬奉祖先的观念自当表示敬意，但不能抛弃欧洲人讲究卫生的习惯！"这一次，法国人不肯再次毫无所获地收回成命，他们坚持己意，定要动工毁坟。一时间，法租界与四明公所双方的矛盾呈白热化趋势。

法租界终究不肯做出让步，双方一直僵持了数月之久。1874年5月3日，就在法租界即将破土动工之时，数以千百计的宁波人以及支持四明公所的祖国同胞，齐集到法租界路政管理所负责人的住所进行强烈的抗议。令大家都没有想到的是，当这个负责人出现在大家面前的时候，他不是要与抗议的众人进行商谈，而是冷酷地举起了手枪，随着一声枪响，楼下的一名中国人当场殒命。面对同胞的牺牲，群情激愤的中国人烧毁了该负责人的住宅，而法租界公董局则立即派出大批的巡捕前来镇压，越聚越多的中国人在气急之下将法租界公董局团团围住，法租界一方见此情形，又将法国军舰上的水兵调来控制局面。在这场法租界自设立以来与中国人所产生的最为严重的冲突中，有7名中国人被打死，受伤者则难以计数。这就是近代上海历史上有名的第一次四明公所血案。

尽管法租界态度十分强硬，可是在中国人团结统一的坚强意志面前，他们最后又一次选择了退让，放弃了在四明公所墓地上筑路的计划。其后，1878年7月17日，在法国驻上海总领事与中方签订的《四明公所公立仪单》中，法方同意："此后法租界内四明公所房屋冢地，永归宁波董事经管，免其迁移。凡冢地之内，永不得筑路。"这是法租界对四明公所享有保留墓地权利的正式承认，至此，法租界与四明公所围绕墓地问题所产生的长达二十几年的纠纷总算告一段落。

但是问题并没有真的就此结束，之所以将其称作第一次四明公所血案，也就意味着血案还有第二次。在四明公所与法租界之间发生第一次流血冲突时，黄金荣年仅7岁，而且当时他尚在苏州居住，因此这一次事件与他并无任何干系。但是在其后的第二次四明公所事件中，黄金荣可就跟它有关系了。

1897年，法租界公董局旧事重提，再次向四明公所提出平毁墓地的要求，这当然会遭到公所董事的强烈反对，事情一时又搁置下来。然而法租界一方并没有真正地退让，第二年5月，法国领事白藻泰向上海道台蔡和甫提出照会，上面说道："此地为贵国租予法国，即应归法国管理。且中外公例，地方不便之事，官厅可以改革。四明公所义冢逼近居民，人鬼杂处，易生疠疫，于我侨民实属不便。希道台阁下急速处理此事，一领事翘首以待。"

当时的清政府在帝国主义列强面前可谓处处都表现得俯首低眉，对洋大人的旨意是万万不敢违抗的，蔡和甫在接到白藻泰的这份照会之后，立即将四明公所的董事们召集到官府中，严令他们马上将在墓地中寄放的棺椁运送回宁波原籍，不得有丝毫的怠慢。面对道台的责令，四明公所的董事们感到倍加为难，严信厚、叶澄衷等会所的代表人物赶紧出面与法租界公董局进行严正交涉，可是几次下来，均是无功而返。就在公所这边对此感到十分焦灼的同时，法租界那边也已经等得不耐烦了。时间进入1898年7月中旬，白藻泰公然指使法国军队将修筑于二十年前的公所墓地周边的围墙强行拆毁，法租界这一次的矛头并没有仅仅指向墓地，而是同时指向了公所，他们欲将整个四明公所从租界范围内清除出去。一时间，四明公所面临着空前的危局。

面对咄咄逼人的法国军队，上海的宁波人没有示弱，他们立即组织起来，采取了大规模罢市和罢工的方式来抵抗法国人的暴行。要知道，在上海这块地方，宁波人决非一股可以小觑的力量，经过快速而有效的联络，在工人领袖沈洪赉的带领下，有30万宁波同胞参与到这场对法斗争当中。随着大批宁波人从各行各业的岗位上的撤离，上海一下子就仿佛陷入了半瘫痪的状态，遍及各个阶层的有序的日常生活在很大程度上都被扰乱了，尤其是宁波人在上海开设的近千家店铺全部停止营业这一举动，使得繁华的大上海顿时变得寂静萧条下来。

然而，看到宁波人的团结斗争，白藻泰不但没有后退，反而更进了一步。他觉得，面对这些气焰嚣张的中国人，用软的方式是不能够解决问题的，于是，白藻泰果敢地决定，调动法国水兵登岸，镇压抗议的中国人。与此同时，他也命令法租界总巡克莱梅率领全体巡捕出动，协助打击暴乱分子，黄金荣正是法租界巡捕房中的一员。

接到上级的命令，黄金荣陷入了两难之中，一方面，显然，法国主子的命令是不可违抗的，因为他不能丢掉这个饭碗；另一方面，对自己的同胞们施以暴力，也是他不愿做的。且不说他怀有多么深厚的民族情感，如果他参与到这场对旅沪宁波人的镇压活动当中，那么以后他在上海还怎么做人呢，在众多的宁波同胞面前，他又怎么抬得起头来呢？

正在黄金荣感到万分为难之际，他收到了一封便函，邀他当晚到六国饭店进行会面，而其署名是"和德"。来函之人是谁？他不是别人，就是后来在上海滩叱咤风云的商界大亨虞洽卿。

"阿德哥"虞洽卿

虞洽卿正是宁波镇海人氏，尽管当时他还远没有像后来那般大红大紫，可是在这场四明公所与法租界的严重冲突中，虞洽卿却扮演了非常重要的角色，而他在四明公所事件中的突出表现也为他赢得了广泛的美誉，为他日后事业的蓬勃发展奠定了良好的基础。现在，我们就来介绍一下虞洽卿这个人。

虞洽卿，名和德，字洽卿，人们习称之为"阿德哥"。阿德哥生于1867年，长黄金荣一岁。虞洽卿出生的时候，家境很殷实，他的父亲虞万丰本来是一个手艺不错的裁缝，生意很红火，可是后来却不幸走上了邪路，沉溺于花街柳巷之间，再也不肯正经做事情了。这样，时间一长，虞家也就坐吃山空了。虞洽卿的父亲在过早地葬送了自己性命的同时，也把虞家原本厚实的家业给败坏得所剩无几了。父亲虞万丰去世的时候，虞洽卿刚刚6岁，此后他就与母亲、姐姐和3岁的弟弟相依为命。家境的贫寒不仅使虞洽卿生活上很苦，而且也让他失去了读书的机会。幸好村里同族有一个好心的塾师虞民世，他见虞洽卿生得聪明伶俐，觉得是个读书的材料，于是就免费将虞洽卿收为学生。可尽管虞洽卿可以不花学费，他还是不能像别的孩子去正常地读书的，因为他身为家中的长子，要肩负起经济的重担。每天天刚蒙蒙亮的时候，虞洽卿就要赶个大早出门，到海滩去拾一些蛤蜊来卖些钱。当时拾蛤蜊的人很多，如果他去得不够早的话，蛤蜊就被别人拾去了。当然，虞洽卿不仅仅要拾蛤蜊，其他能够做的，他也都会尽量多做一些。尽管赚取的收入很有限，但是这些劳动却占据了他大部分的时间，因此，只有等天下雨不能出门干活的时候，虞洽卿才能去老先生虞民世的塾馆读书。虞民世见虞洽卿平日里的劳动非常繁重，下雨的日子不但不休息一下，还辛辛苦苦地赶来读书，因此深受感动，在教授方面对虞洽卿格外照顾。经过他的认真教导，再加上虞洽卿的聪敏，尽管虞洽卿用来读书的时间比别的孩子少，可是他的学业却比别的孩子长进得都快。

虞洽卿的童年就是以这样艰苦的方式度过的。1881年，虞洽卿已经15岁了，早已经出了私塾，可以全心力地为家务而操劳了，当然，那个时候他的家境依然很贫苦。这时，族叔虞庆尧见他们母子可怜，就帮助虞洽卿，送他到上海瑞康颜料行学生意。就这样，虞洽卿第一次离开了宁波家乡，也第一次来到了很快成为中国最大都市的上海。

据说虞洽卿刚到上海正赶上雨天，而且这雨一下起来很多天都没有停，他从家里出来穿的是一双布鞋，布鞋是怕水的，他怕布鞋沾了水被弄坏，而且这双布鞋是母亲为他精心缝制的，他舍不得在雨天穿。可是不穿这双布鞋，虞洽卿当时又没有别的鞋可穿，也没有钱买，因此虞洽卿连日里都光着一双脚在泥里走路，于是得到了一个绰号，叫做"赤脚"。虞洽卿的这段经历多年之后仍被人们广泛地谈论着，不过，那时的虞洽卿已经远远不再是初来上海时的那个穷小子了，而成了闻名上海滩的商人大鳄。不过，因为那段重要的经历，"赤脚"这个绰号却一直保存了下来，当然，人们此时出于对他的景仰，在"赤脚"后面又加上了两个字，由此，虞洽卿就成了一位"赤脚财神"。

虞洽卿从"赤脚"到"财神"的路经历了一个漫长的过程，尽管他很精明、很强干，可是真正想要创立一番轰轰烈烈的事业也不是那么容易的事情。

在瑞康颜料行，虞洽卿一做就是12年。这12年当中，虞洽卿没有一天是虚度的，充分体现了一个杰出的企业家辛苦拼搏的可敬的创业精神。鉴于工作非常出色，虞洽卿逐渐在商界树立起了自己的名声，因此也就不免有人过来"挖墙脚"。一次，上海最大的一家颜料行的老板舒三泰就动了"挖墙脚"的念头，派人来找虞洽卿，给他提出了远比在瑞康颜料行的收入丰厚得多的条件。舒三泰认为，商人都是趋利的，没有人不爱钱，商人尤其视钱财为生命，因此，只要给虞洽卿开出足够优厚的条件，事情就一定能够办成。然而，令他万万没有想到的是，自己的大洋却第一次失了灵——他遭到了虞洽卿的婉言回绝。第一次遭到拒绝，他还以为虞洽卿是想卖个关子，于是不久之后又派人去请虞洽卿商谈此事，并且说只要他能够来自己这里工作，就可以随便开条件。但是，虞洽卿根本就不在乎钱的多少，他很有礼貌同时又十分坚决地回绝了舒三泰，使得舒三泰从此断了这个念想。此事一传开，别人自然也不会再来自找没趣，挖瑞康颜料行的墙脚了。

虞洽卿的这种做法体现了他远高于一般商人的远见卓识，他知道，对于商人来讲，钱财当然十分重要，但是，虞洽卿同时也知道，商人的眼中绝不应当只有钱财，眼中只有钱财的商人绝对是二流、三流，乃至不入流的商人，而在一流商人的眼中，一定会在钱财之外还看到更多，其中，信誉就是最为根本的一项。中国人早就说，人无信而不立。对于一个商人来说，一旦失去了信誉，也就意味着断了自己的财路，以后的日子也就很难继续过下去了。虞洽卿深谙此理，因此他绝不会因为一时的利益而抛弃对他有恩的老板。昔日，一贫如洗的他初来上海，是奚汇如收留了他，如今，他如果就此为了赚取更多的钱财而离开奚汇如，不要说奚汇如会很伤心，就是旁人也会对他大加指责，说他是个忘恩负义的小人。一旦树立了这种名声，他日后还怎么在商界混下去呢？当然，结果未必会那样严重，俗言道，人往高处走，水往低处流。不过，虞洽卿认为现在还不到时候，因此自己不能就此离开奚汇如，离开瑞康颜料行。后来的事实证明，虞洽卿的这种做法是极为正确的，这不仅使他从此更为奚汇如所器重，也更为世人所称誉，为他此后驰骋天下奠定了非常好的声誉基础。

虞洽卿对于奚汇如的忠诚，也得到了奚汇如的回报。奚汇如只有一个女儿，自幼娇生惯养，视为掌上明珠，而奚汇如如此喜欢这个女儿，不仅因为这是他唯一的女儿，更因为这个女儿生得异常漂亮可人。虞洽卿在瑞康待得久了，就与奚汇如的女儿产生了情愫，彼此开始悄悄地来往。后来，虞洽卿托舒三泰向奚汇如提亲。奚汇如虽然一直非常欣赏虞洽卿，但是对于自己独生女儿的婚事他还是非常慎重的，因为这关乎着女儿一生的幸福，权衡再三，奚汇如才决定让虞洽卿做他的上门女婿，如此一来，虞洽卿就由瑞康颜料行的伙计变成了主人。尽管如此，虞洽卿心中也非常清楚，他将来是不会继承瑞康颜料行这份产业的，显然，奚汇如的这份家业将来是要交给自己的儿子继承的。所以，虞洽卿认为，瑞康颜料行终究不是自己的长久寄托之所，自己必须另外谋求新的生路。其实，经过多年的扩张，瑞康颜料行当时的经营已经具有一定的规模了，虞洽卿即使不是瑞康的主人，作为奚家女婿的身份也算得上是半个主人，在瑞康享有很高的管理权。可以说，在瑞康颜料行继续工作，虞洽卿不仅能够做到衣食无忧，而且还会过得比较富裕。实际上，虞洽卿想要离开瑞康颜料行，并不是因为生存问题，而是为了谋求更好的发展，心志高远又能力超凡的虞洽卿当然不会仅仅满足于经营一家颜料行，而此时已经是奚汇如女婿的虞洽卿完全不必有太多的顾虑，他可以放心地去闯荡一片完全属于自己的新天地了。

这样，虞洽卿一面将自己在瑞康颜料行的权力逐步地转移给奚汇如的儿子，一面开始放眼天下，寻求自己新的去处。经过一段时间的认真考察，虞洽卿确立了这样的认识，那就是当时最有实力、最有发展前途的行业是洋行买办。但是，洋行并不是随随便便就可以进得去的，要进洋行，起码要具备两个条件：一要会英语，二要交纳一笔不菲的担保金。那笔担保金他现在出得起，可是英语却是半点儿都不懂。为了成就当洋行买办的愿望，虞洽卿抓紧时间在基督教青年会办的英语培训班从零开始刻苦学习英语。经过一番勤学苦练，他终于学得一口纯正的英语，与洋人交谈得心应手。

这天，虞洽卿在街头碰见了一个洋人，这个人站在街边嘟嘟嚷嚷地说着一口外语，旁边围观的人都不懂他在说啥，只有虞洽卿知道他在说着什么。

原来这个洋人日前收到一份通知，是他失散多年的父母所在地的法院寄给他的。父亲已死，母亲已病危，通知他赶回去继承遗产。不料坐黄包车时，由于心急如焚，把通知书丢失在车上，因此母亲住地、法院名称乃至联系人等，他一概没记住。这个洋人当时反复说的就是，那笔遗产可值几万英磅啊。几万英镑现在听起来不算什么，可是在那个时候，几万英镑绝对称得上一笔巨款了，只要继承了这笔遗产，一个人即使一辈子不赚钱都够花的了。

虞洽卿听到了他的难处，就操着一口流利的英语过来安慰他，答应两天之内一定帮他找到通知书，洋人见他如此说，甚是感激。经过交谈，虞洽卿得知，这个洋人凯斯普诺，是英国的世袭贵族，在英国驻沪领事馆供职，同时还在租界工商局兼职，是英美公共租界当局的头面人物。虞洽卿闻听大喜，他立即把他得力的心腹助手洪雪帆召来，舒三泰也前来帮忙，分头去各黄包车行摸情况，第二天就把那份丢失的通知书给找到了。从此，他们两人成了好朋友。不久，由凯斯普诺给他当担保人，虞洽卿进入了德国商人开办的鲁麟洋行。开始的时候，虞洽卿仅仅是鲁麟洋行中的"跑楼"（也就是非正式的代理买办），但是由于工作业绩突出，他很快由"跑楼"升为正式的买办。

所谓"买办"，一般指的就是在殖民地或半殖民地国家中，替外国资本家在本国市场上服务的中间人和经理人，对于中国来说，买办就是外国资本家在旧中国设立的商行、公司、银行等所雇用的中国经理。在很多中国人的观念中，"买办"具有强烈的负面色彩，因为似乎一提到"买办"，就跟卖国联系在一起，以为做买办就是给外国人充当狗腿子来榨取中国人的钱财。

的确，有一些买办做了很多对不起民族和国家的事情，但是买办这个职业本身并不是天然地就与卖国联系在一起的，很多买办都是具有明确的爱国情感的，他们不仅没有成为洋人的狗腿子来压榨中国人，反倒还会利用自己的精明来想方设法地去赚洋人的钱。虞洽卿就是这样的一个典型的爱国买办，甚至可以这样说，虞洽卿当买办就是想打洋人的主意、赚洋人的钱，而他操纵洋人的手段简直堪称一绝。例如，有这样一件事：那时，颜料生意本大利微，市场逐渐萎缩，鲁麟洋行却逆流而上，想通过贷款进口的方式，趁此机会垄断上海的颜料业。虞洽卿得知这个消息后，立即抢先一步，将当时上海各洋行库存的颜料全部吃进，同时又大肆宣扬颜料业不景气的情形。为了迷惑视听，他还特意让人当众将一桶劣质颜料倾倒进阴沟里，结果，鲁麟洋行的100吨颜料到港之后，存押半年也无人问津，最后只得以极低廉的价格转手给虞洽卿。虞洽卿立即又利用自己在颜料业的强大影响，开始传播颜料价格即将大涨的消息，这就使得当时上海的各个颜料行疯狂地进货。那时颜料的货源已经全部掌控在虞洽卿的手中，价格当然也全由他说的算，他在让鲁麟洋行严重亏损的同时，自己净赚了几十万银圆，以至于人们将他称作"颜料业的经营之神"。

继鲁麟洋行之后，虞洽卿又先后在华俄道胜银行与荷兰银行供职，但是，成为一个大买办也绝不是虞洽卿的终极目标，他心中有着更为远大的理想。虞洽卿在实现自己人生理想的过程中所迈出的重要一步——1908年，他组织旅沪宁波商人在上海创办了四明商业储蓄银行（简称"四明银行"）。四明银行的成立是虞洽卿事业发展历程中的一个重要里程碑。

四明银行总行设在江西路34号。总董事为周晋镳，而实际初期负责人就是虞洽卿。四明银行集中了旅沪宁波人中著名工商业者的投资，是我国创办最早的一家民族资本大银行，它和浙江兴业银行一起成为浙江财界强有力的金融机构。四明银行开业不久，即被奏准享有钞票发行权。发行额为20万元，以后又逐年增多，主要流通在上海、汉口、宁波、温州、舟山等沿海、沿江城市。1910年，四明银行先后在汉口、宁波两地设立分行。1921年9月，四明银行又自建行屋，迁至北京路240号，并且陆续在南京、重庆、成都、西安设立了分行，在上海南京路、南市、西区、林森路以及苏州、杭州、绍兴、兰州、郑州设立了支行，在宝鸡、平凉设立了办事处，成为上海最大的商业银行之一。

虽然四明银行从创办的开始就有宁波帮工商业和钱业做坚强的后盾，日益壮大，但也受到外资银行的倾轧，一遇风潮，外资银行就拿四明银行印发的钞票来挤兑银圆，造成很大压力。而四明银行每次与外资银行挤兑风潮斗争中，都能够屹立不动，最终渡过难关，这与宁波同乡的团结互助以及虞洽卿的奔走是分不开的。当挤兑风潮来临时，虞洽卿就发动宁波同乡予以大力支持，凡宁波人开设的各大商店、钱庄、银号，都代为收兑四明银行的钞票。特别是钱庄，在挤兑风最猛烈时，许多宁波人开的钱庄就挂出承兑四明银行钞票的牌子。这样，才使风潮得以平息，使四明银行得以站稳脚跟。因此，四明银行发行的钞票很受人们的欢迎，成为和中国银行、通商银行并列的大家最受信任的银行。可见，虞洽卿对四明银行的创设和发展有着极大的贡献。因此，他和四明银行结下了不解之缘，只要虞洽卿有所求，四明银行必有所应，无论是虞洽卿资助辛亥革命中的上海起义、南京战役，还是经营航运业，都得到了四明银行的大力资助。

虞洽卿的事业，虽然规模巨大，但是他背负的债务也是相当可观的，他一开始经营航运业，就遭到外资的打击和压制。宁绍轮开航时，票价只有外轮的一半，即5角，并且表示永不涨价。可是这样，不但没有盈余，反而只有亏损。不过此举却得到了宁绍乘客的拥护，顾客都愿意乘坐宁绍轮，使得外轮生意清淡。为压垮宁绍轮，抢回独占沪甬航线的利益，外轮降低票价，把原来的1元降至3角，另赠送毛巾、肥皂等，以吸引顾客，招揽生意。为同外轮抗争，宁绍轮又把票价从5角降至3角，这当然使得宁绍公司陷入了更为严重的困境，每年亏折都在万两白银以上。以后，虞洽卿独资经营三北轮船公司，又遭到外资轮船公司的联合压制。直到第一次世界大战爆发，外轮因战事所需，纷纷归国，一时货多船少，才使虞洽卿的航运业得以正常发展，积累了一些资本。不幸，在开办宁兴轮船公司时，又受了外国资本家的骗，花了150万元向美资大业公司购买的两艘船，不合用，只好以30万元的价钱卖掉，损失了一大笔钱。第一次世界大战结束，外轮卷土重来，三北公司受到外资的打击更大，几濒破产，最严重时，三北公司的全部资财只值所欠债额的4/10。面对如此危难境遇，有人劝虞洽卿把三北公司卖给外商，以偿债务，但他始终没有放弃。

在帝国主义的侵凌之下，虞洽卿的航运业虽长期惨淡经营，但他仍能同外国轮船公司展开坚持不懈的斗争，这和四明银行对他的大力支持是分不开的，四明银行就是他坚强的后盾。三北公司大多数船只的买进，都是向四明银行进行抵押借款，一般先用5~10万元买进一艘旧船，经过修理、油漆、焕然一新，之后以20万元向四明银行做抵押借款，再去买进旧船，这样，才使虞洽卿的航运业得以日益发展壮大，不仅没有被外轮压垮，相反，他的船只还越来越多，与此同时，他的债也越欠越多。截止1936年底，虞洽卿向各处的借款，连本带息，一度高达500万元。到1937年，抗战开始，71岁的虞洽卿还是欠下一身的债，而四明银行是他最大的债主，共达300万元。所以，虞洽卿又得到了"借债大王"的绰号。

四明公所事件中的黄金荣

虞洽卿非常感念父老乡亲，按照母亲的要求，他在家乡开办了医院、学校，还修建了一条家乡通往宁波的铁路。此外，他在上海对同乡也每每都会提供慷慨的帮助。当年，蒋介石落难之时，他让蒋介石到上海交易所去避难，又把蒋介石的住处安排在自己的花园公馆里，还把蒋介石介绍给了黄金荣，使得黄金荣成为蒋介石的"老头子"。此后，他又积极协助蒋介石去广东投奔孙中山。当然，南京国民政府建立之后，虞洽卿在政治上和经济上都得到了蒋介石的回报。其实，蒋介石当年落魄上海之时尚没有什么名望，虞洽卿之所以如此大力帮助他，在很大程度上就是因为蒋介石是他的宁波同乡。从扶助蒋介石这件事上我们也可以看出，虞洽卿是极为注重乡党情谊的，也正因为如此，在1897年法租界四明公所危机中，时年三十一岁的虞洽卿能够挺身而出，带领同乡反抗法国人的强暴行动。在为自己赢来巨大声誉的同时，他也强有力地捍卫了中国人，特别是宁波人的尊严。

虞洽卿是宁波同乡进行罢工、罢市的重要发起者和组织者之一，而他在这次冲突中所做的另一件重要的事就是与黄金荣进行联络。

黄金荣的父亲是余姚人，而余姚亦属宁波，因此，从祖籍上来论，他和虞洽卿也算是同乡。二人此前曾谋过面，虽然谈不上深交，却也称得上是朋友。在这样的关键时刻，身为宁波人的虞洽卿来找他这位在法租界当差的同乡，黄金荣当然明白对方的来意。他为在发生这种大事的时候有人能够想到他而高兴，同时也为此感到忧虑，因为他深知，这个忙他是不能不帮，可帮起来却又很麻烦的。

当晚，黄金荣如约来到六国饭店，而虞洽卿似乎已经等候多时了。寒暄之后，虞洽卿很快就陈说了自己的请求，那就是恳请黄金荣在此次事件中一定要帮助宁波人，帮助浙江人，帮助中国人。黄金荣尽管在洋衙门里当差，可他毕竟是中国人，对于这样的请求，他是不合宜表示否定的，可是他一边在嘴上爽快地应承着，一边却在脸上露出了难色。对于黄金荣的处境，虞洽卿也很理解，他声明，此事的确有为难之处，但还是希望黄金荣能够见机行事，尽量提供力所能及的帮助，他又对黄金荣详细地讲说了此次事件当中的利害，劝说黄金荣切不可走错路。虞洽卿说的那些，其实黄金荣自己也未尝不知道，他原本就没打算在这一回给法国主子卖命，如今听得虞洽卿一说，索性就顺水推舟，做个人情，让虞洽卿和宁波同胞们放心，自己一定不会做有背良心之事，无论如何，他毕竟是一个中国人，是一个宁波人。

两人畅谈了许久，从酒店出来的时候，夜已经很深了。黄金荣一手接着上司的命令，一手接着朋友的托付，到底是哪一只手上的分量更重一些呢？他已经做好了消极执行镇压命令的准备，可是第二天的情景究竟会怎样，他的心里也是没有底的，而一想到法国军队那冷冰冰的枪口，他不禁为同胞捏了一把汗。

真正的冲突发生在1897年7月17日，这一天，荷枪实弹的法国水兵齐集到四明公所的前面，与前来抗议的中国群众两相对峙，而与法国水兵相配合的，还有法租界巡捕房的武装力量，其中也包括黄金荣带领的一支。事先，黄金荣已经吩咐过手下的弟兄，向他们慷慨激昂地陈述了一番民族大义，义愤填膺地告诉他们，中国人不能打中国人。可是，在法国租界一方，黄金荣毕竟只能算个小角色，他在这场冲突当中起不了决定性的作用，只能在一定程度上减少对中国人的伤害。

在冷森森的枪口的威胁面前，怒火冲天的宁波人没有退却，而法国军队的枪支也不是摆设，在必要的时刻，它们是要真的派上用场。在如此不均衡的较量当中，吃苦的当然只能是中国人，枪声响起之时，也是中国同胞血溅上海之日，在这一天的激烈对抗中，有17个中国人失去了生命，受伤的人则数以千百计。这是上海自外国租界开创以来所发生的最为严重的国际冲突。面对这样的不幸结局，黄金荣也感到很无奈，他只能这样安慰自己，自己已经尽力了，他没有做对不起中国同胞的事情，他的双手没有沾上中国人的鲜血，在中国人面前，他是抬得起头的。

第二次四明公所血案，留下了17条中国人的尸体，而环绕他们周围的，则是百千个同胞的热血。法国人罪恶昭彰的举动立即惊动了上海各界，中法关系一时陷入了僵局，而驻在上海的英、美等国的领事则出面调停，提请双方各自做出让步，从而达成和解。

眼看着事情变得越来越不可收拾，上海道台蔡和甫为了找到解决这场乱子的办法，命令书办查阅有关四明公所的案卷。结果，书办找到了一张于1878年贴出的有关四明公所的告示，该告示由当时的上海道台褚心斋和法国总领事联名出示，其内容（部分）如下：

大清国署江南海关监督分巡苏松太兵备道褚、大法国驻扎福州领事调署上海总领事李，为立据……今后法国租界内四名公所房屋冢地，永归宁波董事经管，免其迁移。凡冢地之内，永不得筑路开沟造屋种植，致损葬棺，由本总领事转饬公董局，令巡抚随时照料，以全善而效和好。

蔡和甫看到这个旧告示后，如获至宝，赶紧让书办抄写了一份副本带在身上，急匆匆前去拜访法国领事白藻泰。

当时，由于在上海的宁波人乃至浙江人的全面抵制，法租界内停电、停水、工人佣人罢工、商人罢市，甚至连粪便也无人处理，整个租界臭气熏天，法国人叫苦不迭。因此，法国人此时也正处于进退两难的境地，看到蔡和甫拿来的告示后，也便不再强硬，顺势作出了让步，同意将四明公所交还给宁波人。不过，法国人也不甘心，向蔡和甫提出今后四明公所内不得再掩埋新尸，旧坟也要陆续迁出，同时，蔡和甫还要将八仙桥附近的一块土地划给法租界。急于平息事端的蔡和甫立即同意了法国人的要求。

在各方的斡旋之下，8月10日，上海道台与法国租界当局达成协议，协议中承认了四明公所在法国租界的存有权。至此，中法双方围绕着四明公所发生的第二次激烈冲突又告一段落了。尽管看起来似乎法国人都服输了，而中国人则两次都取得了胜利，然而，这种胜利却是用鲜血和生命作为代价换来的，况且，这是中国人在原本属于自己的土地上与外国人争夺土地使用权，如此说来，中国人所得到的所谓"胜利"就显得有些荒唐了。

不过，不管怎么说，四明公所算是又一次保住了，与此同时，有两个人也在这场风波中捞到了很大的实惠，这两个人就是血案发生前夕进行过会谈的虞洽卿和黄金荣。此事过后，虞洽卿因为在此次斗争中的出色表现而在宁波同乡中乃至在整个上海都名声大噪，由一个不甚知名的商界新秀一跃而成为数得着的海上名人，而黄金荣则借此在中国同胞面前，特别是在势力强大的宁波人中间树立了良好的名声，这为其日后事业的蓬勃发展提供了相当大的便利。然而，这仅仅是当时的公众所了解的事情的一面，表面上看起来似乎黄金荣在此次事件中完全充当了一个大好人的角色，可实际上，他背地里干的一些勾当就很为人所不齿了。

第五章
流氓手段，风光无限

无事生非，策划绑架

在四明公所的纠纷事件中，黄金荣看上去似乎是夹杂在法国主子和宁波帮之间受夹板气，疲于应对。其实，黄金荣在这次事件中捞到了很大的好处。干他这个行当，街市太平，没有纷争，也就没有多少油水可捞了。因此，黄金荣的心里是唯恐天下不乱的。四明公所事件眼下遇到了一个转机，使得风波眼看就要平息，本来负责解决此事的黄金荣应该十分高兴的，但他却十分焦急。

在法租界当局和四明公所双方都准备做出让步，此次风波即将平息的时候，黄金荣的心却一下子凉了，他可是铆足了劲儿要借此次风波大捞一笔的。黄金荣对于白白错过这次发财的大好机会，很不甘心，于是，他回到寓所后，眼珠子一转，想到了一个歪主意。当晚，他召来李赞普和陈三林这两名亲信，如此这般地布置了一番，随即两人领命而去。当天夜里，四明公所的一位甘姓董事突然被闯入家中的几名匪徒给掳走了。原来，这就是黄金荣的主意，他想趁风波未平，浑水摸鱼，从这位甘董事身上敲诈出一笔银圆来。

甘董事家中主事的是一位后娶的年轻妻子，30岁不到。而今，突然发生了这种意外，一时间手足无措，只在家中抹泪。正在她不知所措的时候，有个宁波同乡听闻此事后，前来安慰了一番，还给她指出了一条道，说她可以去找找黄金荣黄老板，只要他肯帮忙，这事儿便不难解决。甘夫人一听，当天下午，便前去黄府求见黄老板。善良的她哪里知道，绑架她丈夫的恶人正是这位黄老板。

话说甘夫人来到黄家门口，说明来意后，黄金荣的一个手下就前去通报。这时，得到报告的黄金荣明白，这笔"生意"差不多稳赚一笔了。于是，他告诉亲信陈三林，要他负责接待一下来客，然后自己则躲在客厅旁边的帘子后面窥伺。

甘夫人见到陈三林后，立刻便泣不成声，将事情一五一十地告诉了陈三林，并说明了自己的来意。陈三林假惺惺地安慰道："甘夫人，你别过分伤心了，事情总会有办法的。黄老板昨天晚上因为公事在外面忙了一夜，早上才回家，现在还没起床，我叫人看看他醒了没有。"说完，陈三林便招呼同伴李赞普过去看一下黄金荣。

片刻之后，李赞普回到了客厅，回话道："黄先生说，自己还未洗漱，不便见客，让客人有事尽管同陈先生讲，只要陈先生觉得可以，他一定尽力帮忙。"陈三林一听，便含糊地说道："你既然找上门来，如果帮得上，我们一定会帮忙的。这样吧，让黄老板先帮你打探一下，看能不能得到些消息，你明天早上听信吧，到时你就派个下人来就行了，不必亲自来了。"甘夫人一听，自是不免又要千恩万谢一番，然后回去了。

第二天下午，甘夫人让自己的弟弟前来黄宅听消息，黄金荣在客厅里接待了他。黄金荣"开诚布公"道："甘董事的事情已经查探出来了，是虹口的一帮匪徒干的。"

"他们肯放人吗？"甘夫人的弟弟慌忙问道。

"怕是没那么容易，这帮人都是些心狠手辣的家伙，既然费劲绑了人，怎么会轻易放！"黄金荣装出一副无奈的样子，然后又进一步警告道，"如果硬来的话，一旦惹恼了他们，甘董事性命难保。"

"那他们到底想怎样？"甘夫人的弟弟一听，十分焦急。

"其实他们的目的倒也不在要甘董事的命，据说事情是这样的，在四明公所的纠纷过程中，宁波人这边被打死了17个人，宁波同乡会为此捐出了不少银子救济，但是管理捐银的甘董事却从中贪污了一笔。可这件事偏偏就走漏了风声，被一些匪徒给知道了，他们想要跟甘董事分享这笔钱。当然，这些都是道听途说而已。"黄金荣不动声色地说道。

"那他们要多少钱？"甘夫人的弟弟焦急地问道。

"这个我还不是很清楚，我是托别人打探出来的，现在我还不知道更详细的情况。"黄金荣一边紧锁着眉头假装思考，一边说道，"我看这样吧，你明天上午和你姐姐一起到大自鸣钟巡捕房的公事房来一趟，我让那位负责打探的朋友当面和你们谈谈。"黄金荣摆出一副仗义的样子。

甘夫人的弟弟看黄金荣如此"仗义"，自是又免不了说一番感激的话，然后，着重记下了黄金荣约定的时间和地点，便回去跟姐姐商议了。

翌日上午，甘夫人和自己的弟弟一起准时来到了大自鸣钟巡捕房的公事房。这次和黄金荣一起演双簧的是丁顺华。丁顺华"转达"了绑匪的话，要甘夫人拿出4000块银圆赎身。

黄金荣看到甘夫人漂亮的脸蛋，不禁动了恻隐之心，于是又"仗义"地回过头对丁顺华说道："顺华，你再去和那帮匪徒商量下，看能不能卖我一次面子，赎身费先付一半。另外，看是不是能安排他和家人见上一面，一切都由我担保！"

丁顺华一听黄金荣的口气，再一看他的表情，就知道了这话里面的含义，于是心领神会地笑着对这对姐弟说道："既然黄老板肯出面，料那帮匪徒也会给面子的，我会尽力跟他们商量，你们二位不必着急，等我的回音就是。"

甘夫人和弟弟自是对黄金荣更是感激，又是一番千恩万谢方才离去。

黄金荣的脸上不禁露出了奸邪的笑意，心知这笔买卖眼看就要做成了……

劫财，劫色，又卖好

两天后的下午，甘夫人按照约定的时间，在泥城桥下和坐车前来的黄金荣碰了头，开车的是陈三林。甘夫人上车后，车子朝着天通庵的方向开去，在闸北一带穿街过巷，绕了好一通，最后在一个小宅院门口停了下来。

当即，两个穿着短褂的年轻人便从小院里走出来接头。陈三林拿出一张纸条给他们看了一下，两人相互之间点了下头，便将甘夫人和黄金荣引到了院内。进入院内后，甘夫人和黄金荣的眼睛便被蒙上了一层黑纱，被两个匪徒牵引着带到一个阁楼上，然后才被解开黑纱。

甘夫人等了一会儿之后，只见两个绑匪将甘董事带进了屋内。甘夫人一眼看过去，只见丈夫衣服又脏又破，本来丰润的脸上没有一丝血色，目光呆滞。看到丈夫变成了这个样子，又想到几天来自己的艰辛，甘夫人一下子便哭着扑进了丈夫的怀里。甘董事毕竟是见过大世面的，没有过多地和妻子儿女情长，只是迅速地询问了事情的进展，当得知绑匪的要求后，要甘夫人回去后立刻筹钱，甘夫人只是含泪点头。

大约过了一刻钟，绑匪便在外面敲门了，接着又是那两个绑匪将甘董事带走了。甘夫人正准备出去，不料这时突然从外面又进来三名绑匪，不由分说便扑向甘夫人。甘夫人顿时感到惊慌失措，正要大声喊叫，却被其中一名绑匪从背后用一只手捂上了嘴，另一只手则在其胸前乱摸。同时，另外两名绑匪中的一个按住甘夫人挣扎的双臂和双腿，一个快速地将甘夫人的旗袍连撕带扯地给弄开了。

眼看甘夫人就要被三名绑匪给强奸了，这时，突然屋门被人一脚端开。原来是黄金荣听到隔壁的响动，知道情况不对，闯了进来。绑匪见黄金荣闯了进来，其中一名放开甘夫人，操起手边的一张椅子，便朝黄金荣扔了过去。黄金荣将身体一偏，躲过了椅子，椅子砸在墙上，一下子碎掉了。黄金荣借躲椅子的姿势放低身子，顺势来了个扫堂腿，将扔椅子的绑匪给扫倒在地。接着，黄金荣又上前一步，挥拳击向了正拉着甘夫人胳膊的绑匪，一下子将其打得鼻孔朝天地倒了下去。这时，捂着甘夫人嘴的绑匪见黄金荣来势汹汹，便松开了甘夫人，后退一步拉开架势，要和黄金荣格斗。黄金荣则摆出一个踢对方的假姿势，见对方向后退让着躲闪，则突然收起腿，一把抱起已经吓得呆若木鸡的甘夫人夺门而去。一口气跑出院子后，黄金荣立刻钻进了汽车，朝陈三林吼道：“快，快开车！”车子疾驰而去。

车子行驶出不远，黄金荣隔着车玻璃往后面望了一下，然后惊慌地说道：“不好，后面有辆车跟了上来，阿林，将车开到同春坊避一下。”

这时的甘夫人只是蜷缩躲在黄金荣的怀里，瑟瑟发抖。黄金荣一边紧紧地搂着她，一边骂骂咧咧：“这帮龟孙子，竟然打起这个主意来，你不用怕，有我在！”

车子开到同春坊后，黄金荣将甘夫人带进了自己提前准备好的一个房间里。在这里，他如愿以偿地占有了甘夫人。

一切都在黄金荣的操控之中，钱到了手，自然不会有什么耽搁。果然，第二天傍晚，黄金荣便和陈三林一起将甘董事“赎”了出来。此时，甘董事正失神地和黄金荣一起坐在汽车的后座上，前面开车的依旧是陈三林。

车子在从虹口出发后，先是一直往南行驶，然后过泥城桥后转了个弯，又沿着苏州河一直向东开到外滩，再又穿过四马路，绕来绕去，最终停在了老北门内的一个弄堂口。陈三林下车，和黄金荣一左一右地搀扶着甘董事往其中的一个门楼走去。

门是虚掩着的，陈三林一推，门便吱呀一声开了。只见院内灯火通明，烟雾缭绕，其中一个老太太正跪在地上拜一尊观音菩萨像，甘夫人和弟弟以及家中仆人则侍立两旁。看到三人进来后，甘夫人和弟弟赶紧迎上来接过甘董事。

进屋后，甘夫人招呼黄金荣和陈三林坐下，正在说着寒暄的话。突然，老太太走到黄金荣面前，扑通一声跪了下来，哽咽着说：“大恩人，我甘家今生来世都不忘您的大恩大德啊！”

黄金荣连忙起身搀起老太太，也凑了一些文绉绉的词儿说道：“伯母请起，这叫我怎么敢当？甘先生回来了就好！黄某老家余姚，和甘先生也算是半个同乡，帮这点忙不算什么，一家人不说两家话！”

黄金荣将老太太扶起，并将其在椅子上安顿好后，回头对甘董事说：“甘先生好好休息一下，我和阿林还有点公事要做，先回去了，改日再来看望你，你可要多多保重！”说完，两人便起身告辞，甘家上下起身送至门口，甘夫人也轻轻地说道：“黄老板的恩德，我们一定会报答的。"

"哈哈，大家相互照应了！"黄金荣笑着回了一句。

在回去的路上，陈三林一边手握方向盘，一边对黄金荣说道："大哥这招真是高啊，不仅赚到了钱和甘夫人，同时还让甘家人感恩戴德！"

黄金荣此时笑而不语，满脸得意。

"公子哥"与妓女

从绑架甘董事这一事件我们可以看出，黄金荣虽然身为法租界巡捕，实际上干的却是和盗贼绑匪一样的伤天害理的勾当，而且因为其有巡捕身份做保护，他做起坏事来更是卑鄙下流、无法无天。更为厉害的是，黄金荣不仅扮演着好人的角色来做坏事，同时以他为首还逐渐形成了一个规模越来越庞大的流氓团伙，有了这些帮凶，黄金荣行凶作恶就更是无所不用其极了。对于受害者来说，敲诈、抢劫一点儿钱财那都算轻的，如果严重一点儿，甚至都会被黄金荣一伙坑害致死。

在当时上海的南京东路上，有一座气势恢弘的古庙，里面除了作为正殿的观音宝殿之外，还有星宿殿、土地殿、城隍殿、猛将殿、关帝殿等众多的辅殿，这就是旧上海香火最盛的庙观之一——保安司徒庙。此庙是上海道教正一派的主要道观，初建于明朝万历年间，因庙内外围墙均涂着紫红色，所以人们习惯称之为"红庙"，后来也被称为"虹庙"。据说此庙前身只是个小土地庙，位于郑家木桥（今福建中路、福建南路一带），后在一场火灾中损毁，人们将其搬迁至四马路（今福州路），后来又因战事而迁到了南京东路上。迁至南京东路上后，因地处闹市，怀着保平安、求财、求姻缘、求子的心愿前来烧香叩头的善男信女每天都络绎不绝。

黄金荣也正是看中了那些往往已经积攒起了一笔不小积蓄的妓女所怀有的这种急于脱离火坑的心理，然后加以利用，又做了一起伤天害理的勾当。

在当年上海的一家"长三堂子"（上等妓院）里，有一个名叫惜玉的妓女。惜玉因为长相可人，亭亭玉立，顾盼神飞，一时间在社会上声名鹊起。上海的达官贵人竞相上门，为博红颜一笑，不惜一掷千金。如此几年下来，惜玉便积攒了不少积蓄。

可以想象，那些竞相在惜玉身上花钱的人都只不过是倾心于她的肉体，乃至只是出于比阔气挣面子的心理，而在惜玉的内心里，是感到孤单，期盼爱情。尤其是在她积攒起了这笔足够后半生花销的积蓄之后，就更是希望能够遇到一位可以托付终身的好男人，带自己脱离这没有真情的风尘世界。一个偶然的机会，她从同行姐妹那里听说了虹庙里的金秀英的故事，于是，便也抱着一线希望，时常前去庙里烧香，求神保佑自己遇到合适的姻缘。惜玉没有想到，她的举动都被"有心人"看在了眼里。

这天，妓院里突然来了一个二十几岁的男子，他长相英俊，风度翩翩，自称是某公司老板的公子哥。这"公子哥"对惜玉一见钟情，大献殷勤，几次见面后，便表示愿意带她离开妓院，和她终生厮守。惜玉对这"公子哥"也十分倾慕，心想自己正好这段时间常去虹庙拜神，并在半月前在菩萨堂前抽到了一只上上签，便遇到了这般好姻缘，看来这虹庙的神还真是灵验。有了这个"上天注定"的想法，惜玉对这段"姻缘"便更是珍惜了，全心全意地去爱这位"公子哥"。

不久，这"公子哥"便给了妓院老板一笔钱，将惜玉"赎"了身。于是，惜玉便将自己多年卖笑积累起来的各种财宝都放在一个珠宝盒里，又将珠宝盒放进一只箱子里，跟随"公子哥"离开了妓院。

"公子哥"带着惜玉在南京路外滩的一家高级饭店包了一个豪华套间，暂时住了下来。两人在里面如痴如醉地度过了半个月，这期间两人在极尽男女之爱之外，更是无话不谈。惜玉将自己多年来在风月场中积攒在心中的苦楚和寂寞一股脑地全讲给了自己的"情郎"，而"情郎"则是温语抚慰，表示十分理解惜玉的感受。这使得惜玉更是觉得自己找对了人，完全将一颗心交给了自己的"情郎"。

一天，"公子哥"假装无意中看到了惜玉的箱子，轻声地对她说道："惜玉，你这些金银珠宝老是放在这个箱子里也不是办法，太惹眼了，害得我们每次出去玩的时候都是提心吊胆的，太不安全！"

"是啊，我也觉得不安全，那该怎么办才好呢？"惜玉温柔地问道。

"你看这样行不行，干脆把它放到我爸爸公司的保险库里去，那是我爸爸专门用来藏钱财和重要账目的地方，绝对不会出问题。这样一来，我们就可以开开心心地过我们的二人世界了，你说好不好，惜玉？"

"好吧！那你就拿去藏好吧！"惜玉想都没想便同意了，说着就拿出了珠宝盒和身上的钥匙，交给了"公子哥"。

"你真乖！""公子哥"立刻高兴地抱着惜玉亲了一下，然后对惜玉又是一阵温存。温存过后，他对惜玉说道："我现在就去把盒子藏好，待会儿回来我们先出去逛街，晚上再一块去'米美高'跳舞。好好在家等我！"说完，"公子哥"又温情脉脉地在惜玉的唇上吻了一下，便带着珠宝盒离去了。

令惜玉万万没有想到的是，她直在屋里等了整整一天，也没看见"公子哥"的人影回来。她这才起了怀疑，正在她心慌意乱的时候，饭店的工作人员敲门进来对她说道："太太，您的先生中午打来电话退房，说他暂时不能回来，请您结账。"说着便递过来一张账单。

惜玉接过账单一看，一下子懵了，总共是420块大洋！而此时她可以说是身无分文了，别说420块大洋，就是四块也没有啊。顿时，惜玉眼冒金星，昏倒在地。

第二天，惜玉抱着最后一线希望，到"公子哥"所说的他"爸爸"所开的公司，但那个公司的老板根本没有这样一个儿子！

几个月后的一个冬夜，人们在南京路上的一栋楼宇的屋檐前，发现了一具瘦弱的女性尸体，有人辨认出这正是当初红极一时的妓女惜玉。据说在这个可怜女人的手中，还握着那只从虹庙的菩萨殿中抽来的上上签，令路人唏嘘不已。

再来说那"公子哥"。其实，他正是黄金荣手下的钱霍企。这一切都是黄金荣设下的阴谋，这一伙恶人知道惜玉积攒了一笔金钱，又见她总往虹庙中拜佛求姻缘，于是便布下了这个恶毒的阴谋，真可谓丧尽天良！在得到惜玉珠宝盒的当天夜里，钱霍企便带着那些财宝前往黄金荣家里，将珠宝盒交给黄金荣。黄金荣奸笑着将珠宝盒里的金银珠宝、翡翠玛瑙玩弄一番后，随手挑出了两个金钗丢给了钱霍企，说道："这件事干得不错，拿去吧！"随后便将珠宝盒藏在了自己的密室里。

勇擒"黑风"巨盗

通过一笔笔的伤天害理的"买卖"，黄金荣很快积累了许多钱财，他越来越尝到了一边做警探，一边做盗贼的好处。不过，到目前为止，供黄金荣差遣的那些地痞流氓、青洪帮弟兄与黄金荣之间大都还仅仅是一种出于利益上的考量而临时建立的勾结关系，并非他的死党，黄金荣用起来也就并非那么得心应手。于是，黄金荣很想建立一个死命效忠于自己的队伍，好展开拳脚，做出一些更大的"成就"来。很快，机会便来了。

　　这天，黄金荣像往常一样沿着老北门大街往北走着，不一会儿就快到了护城浜了。此时正值上午，市场上的各家店铺和沿街商贩正在做着生意，市民们则沿街挑选着自己想买的东西，一派热闹的场面。黄金荣正兴致勃勃地走着，突然听到背后传来一声"抓贼"的呼叫。黄金荣定睛一看，只见一个身穿蓝色短褂的人正抓着一个钱包，一路拨开人群往自己这边跑来，而其身后几十米外则有一个穿袍子的小商人模样的人正在拼命追赶，看来是这个年轻人偷了他的钱包。

　　黄金荣心下明白，定然是一些小瘪三来自己的地界上捣乱了。于是，他趁那年轻人跑过自己身边时，突然伸出一脚，勾了那人的脚踝一下。那小瘪三猝不及防，当即栽倒。小瘪三气急之下，正要回身骂人，一看对方是个巡捕，顿时不敢吭声了。

　　黄金荣呵斥道："你个瘪三，光天化日，竟敢抢东西，跟我到巡捕房走一趟！"那年轻人无奈，只得起身奔拉着头跟黄金荣走。他一边走，一边哀求道："巡捕大哥，您就放小弟一马吧，以后您说不定有用得着我的地方呢——只要您这次放了我，以后有什么吩咐小弟我一定照办！"

　　"你叫什么名字？是干什么的？你还有多少弟兄？"黄金荣看对方挺机灵，就问道。

　　"小弟叫李慕琨，靠摇柴船为生。我有个'割头'兄弟叫张阿金，原来是镇口肉店的学徒，我们手下有二十来个徒弟。"

　　黄金荣正想拉起一帮小喽啰，一听这话，就动了心。于是，他缓了下口气说道："好吧，我们今天也算是不打不相识，我就饶了你，你现在去将你的兄弟张阿金叫来，我们认识一下。"

　　原来，这李慕琨原本是个农家子弟，但从小心里便不安分，不知从哪里学来一手好拳脚，长大后便成了老北门一带的霸王。而那张阿金，则同样出身于上海郊区的农家，小时候读过几年私塾，后来耐不住性子，便进城以卖肉为生，与李慕琨相似，张阿金也练就了一身硬身板，无人敢惹。后来，李慕琨、张阿金二人偶然相遇，便臭味相投，认作兄弟，又收罗了二十几个小喽啰，在老北门一带，坑蒙拐骗，欺诈商人，勒索百姓。因为这伙人巧妙利用了这一带南北两侧分属两个租界的特点，作案之后就可以立即逃窜，所以两边的巡捕均拿他们没办法。

　　黄金荣对于李慕琨、张阿金这伙人也早有所耳闻，便想趁此机会将这伙人收入自己麾下，加以掌握利用，好作为自己敛财的本钱。

　　黄金荣跟着李慕琨来到他的住处后，发现室内家具简陋，只有一张床、一张桌子、几条凳子，别无他物。想必这些小混混平时也就是小打小闹，没什么大捞头，搞来的钱还不够吃喝嫖赌的，另外，这号人也是随时准备跑路，也没拿这里当长久的住处。李慕琨让黄金荣坐在一个凳子上后，便去叫张阿金了。

　　不大一会儿，李慕琨便带着一个穿黑色衣裤的年轻人进屋来了，此人身材高大，肩膀宽阔。黄金荣一看，便猜出此人就是张阿金。接下来，三人互相介绍了之后，便聊起来。三人喜欢干的都是类似的勾当，自然很容易谈到一块儿，再加上都想利用对方给自己牟取利益，因此半个小时下来，三人已经俨然是老朋友了，大有相见恨晚之意。

　　"黄大哥，我有个想法，不知当讲不当讲？"李慕琨看着黄金荣一脸诚恳地说道。

　　黄金荣也猜得出李慕琨想要说什么，但是他心想自己身为巡捕，地位高一些，还是想拿一把架子，于是他假装不明就里地问道："李老弟有话就直说！"

　　"我们今天有缘和黄大哥相识，大家又谈得这么投机，因此我想如果咱们能结拜为兄弟，那就好了。只是不知道黄大哥意下如何？"李慕琨说道。

　　"我觉得是个好主意！"还没等黄金荣说话，张阿金就先表了态。

　　黄金荣也看到时机已经成熟了，于是便爽快地答应了。李慕琨、张阿金二人见黄金荣点头，顿时喜出望外，马上张罗着出去准备结拜的用品。过了一会儿，两人也没弄来别的东西，只是不知从哪儿搞来了一只体格庞大的公鸡。然后，李慕琨又在屋里不知什么地方拿出了一瓶老白干和三个酒盅，倒上了三杯，张阿金将公鸡杀死，并将公鸡的血滴入酒杯中。然后，三人还各自咬破手指，将自己的血也滴入酒杯中，最后三人将酒一饮而尽。

经过这个简单的仪式之后，三人便算是正式结拜了，按照年龄排序，黄金荣算是大哥，张阿金为老二，李慕琨则做了老三。

接下来，李慕琨和张阿金又分头将自己的弟兄们叫来，向他们宣布这件事，并让他们拜见这个新任的大哥。这些小喽啰们看从此有了一个巡捕作为自己的大哥，觉得找到了靠山，都十分兴奋，恭恭敬敬地站了三排，向三位头领行叩头礼。黄金荣一看，的确有20多人，又如此恭敬，心里也十分高兴。行礼过后，有几个小喽啰便到外面去搞回一些鸡鸭鱼肉以及老白干，众人便围着桌子大吃大喝一番，算是庆祝。

自从黄金荣和李慕琨、张阿金二人结拜之后，有了二十几个小喽啰为自己效命，设圈套、演假戏以邀功的这一套做起来便更得心应手了。一段时间下来，黄金荣在巡捕房的地位更是不断提高。后来，他干脆想办法将这两人也拉进了巡捕房来当巡捕，从此，他在巡捕房的势力就更大了。

因为黄金荣在破案中经常立下头功，所以法国人对他非常看重，遇到棘手的案子，便往往指明交给黄金荣。这年秋天，法租界巡捕房又接到了一桩令人头疼的案子之后，总巡便将它交给了黄金荣。

事情是这样的，近年，太湖一带出了一个"黑风"大盗，此人头脑精明，又身怀绝技，因为常在月黑风高之夜作案，所以人们形象地称之为"黑风"。更为厉害的是，"黑风"不仅一人本领高强，他手下还有一伙弟兄，那些兄弟也个个精明强悍，使得"黑风"更是如虎添翼。这"黑风"带着自己的弟兄经常在苏州、无锡、昆山等地作案，官府与其较量多次，均以失败告终，十分头疼。最近，"黑风"又在常州抢劫了一个当地巨富，这巨富财大气粗，对于其他的财产倒不是很在意，只是对被抢走的一颗价值连城的夜明珠十分心疼。巨富看当地官府束手无策，只好尝试着花钱请法国巡捕房出面，希望能追回自己的宝贝。

法国人觉得这笔买卖油水很足，便要黄金荣负责破案。黄金荣知道这案子是个硬骨头，心里不是很乐意接，但是，对于法国主子的要求不好拒绝，况且，一旦办案成功，这可是个立功的大好机会，他也想借机显显自己的本事，所以还是应承了下来。

黄金荣接下案子后，便立刻调集自己巡捕房的手下和黑道上的朋友，双管齐下，很快便得到了消息。原来，"黑风"此次作案后，知道案情重大，不会像以前那样轻松过关，于是，他将自己的兄弟遣散开，让大家各自分头藏身，财宝则由他一人保管，藏在了他在苏州的相好妓女翠喜的家中。得到这个消息后，黄金荣立刻展开部署，先是找到熟识的上海县衙门的梁捕快，托他跟苏州当地的衙门打了招呼，让他们协助捕盗。之后，他便带了法国巡捕房和上海县衙门的公文与李慕琨、张阿金等人悄悄前往苏州城。

到了苏州城后，黄金荣一干人先是和当地衙门的朋友碰了头，同时派出眼线摸清了"黑风"的活动规律，最后制定出了一个捕盗方案。

这天晚上，正值南国清秋，皓月当空，微风拂面，黄金荣一行五人，穿着黑色紧身衣裤，匆匆沿着苏州古城的街道，目的地是城西枫桥镇。几人穿越上塘河岸畔的枫桥镇后，过了几条小巷，最后在一个只有一堵矮墙的院落外停下了。

黄金荣示意另外四个人在墙外等候，自己则快速攀上墙头，潜至窗外，用手指一沾唾沫，在窗纸上戳破了一个小洞。只见屋内正有一个三十几岁的壮汉坐在那里吃肉喝酒，旁边则有一个打扮妖艳的年轻女子，一边给他斟酒，一边卖弄着风骚。

那汉子已经有了几分醉意，迷离着双眼对那女子说道："我说翠喜，你可把大爷的东西藏好了，等风声过了，大爷我好好酬谢你。但要是出了岔子，可别怪我'黑风'翻脸不认人啊！"

"哎呀，'黑风'大爷，你就放心好了，借我一百个胆子我也不敢啊！再说了，我还指望着

'黑风'大爷您发达了我好跟着沾光呢！"

在外面的黄金荣一不留神碰倒了放在窗户旁边的一个篓子。本来声音很小，但那汉子却机警得很，立刻捕捉到了这细小的异响，只见他起身快速走到桌边，将蜡烛吹灭了，顿时屋内一团漆黑。

不错，这汉子正是巨盗"黑风"，此时正躲在自己情人的家中。虽说"黑风"这时已经吃了不少酒，但是作为一个精明的职业强盗，警惕的神经可是丝毫都没有放松的。闻听窗外有声音之后，"黑风"立刻察觉到有情况。吹灭蜡烛后，他定睛朝窗外看去，看到窗户上在月光照耀之下有一个模糊的人影。"黑风"大吃一惊，纵身便跳到了门口。黄金荣刚才怕被发现，背身靠在墙上，没敢朝里看，此时见门口有动静，才知道已经被发觉，待他想要前去堵门时，只见一个黑影已经从门里飞窜出来了。那"黑风"出门后，立刻飞上矮墙，沿着矮墙飞快地逃离。黄金荣来不及和外面的弟兄打招呼，便也跳上矮墙紧追了上去。

那"黑风"跑了一会儿，见来人在后面紧追不舍，便心生一计，只见他在奔跑中突然回转身子，一脚朝黄金荣踢来。黄金荣猝不及防，心下大吃一惊，一下子从矮墙上掉了下来，"黑风"则趁机转身继续逃跑。黄金荣在落地时脚崴了一下，只感到一阵剧痛，但他还是强忍着疼痛再次跳上墙头，继续朝着黑影逃窜的方向追去。可是一转眼，那黑影便消失了。

黄金荣追到刚才黑影消失的地方，发现原来这是一座寺庙。黄金荣变得踌躇不决起来，一时不知道应当怎样做。突然，从寺内传来了凝重的钟声，在寂静的夜里，这钟声显得格外庄严浑厚，震颤人心。

这时，大地在月光的照耀下，一片银白。忽然，黄金荣看到一个黑影窜出寺院北边的一个偏门，往北径直窜去。黄金荣没有丝毫迟疑，快速跑下钟楼，从寺院北门追出去。

追了一会儿之后，黄金荣被一条河挡住了去路，同时也不见了"黑风"。不过，定睛一看，他发现在河中央有一个人正在泅水渡河。不用怀疑，肯定是"黑风"，黄金荣略微迟疑了一下，便顾不得许多，也跳进了河里，朝着"黑风"的身后追了上去。但是，跳下河之后，黄金荣才心下暗暗叫苦，河水冰冷刺骨，刚才受伤的脚踝此时也感到如同针扎一般疼痛。而那"黑风"本是干水上勾当的，自然谙熟水性，很快便泅水上岸了。

那"黑风"泅上岸后，回头见黄金荣还在河中央挣扎，心想幸亏自己水性好，逃过了一劫，准备稍微喘息一下，然后沿着古运河一路向北，逃到无锡。没想到，就在这时，从河边的草丛中跳出两个人来，趁"黑风"喘息未定，突然从背后将其摁倒在地，并立即用绳索将他捆了个结结实实。

黄金荣好不容易爬上岸后，本来以为已经让"黑风"逃脱了，却惊喜地发现李慕琨和另外一名弟兄将"黑风"押到了自己面前。原来，另外几人在黄金荣进入小院之后，因久久不见动静，便心知有异，于是决定由张阿金带着一个弟兄在屋外堵截，李慕琨则带另一名弟兄前去接应黄金荣。他们因未寻见人，便料到"黑风"可能会泅水渡河，于是就提前来到对岸守候，结果将"黑风"逮了个正着。

黄金荣等押着"黑风"回到翠喜家，搜出了"黑风"窝藏的财宝。黄金荣拿起那颗夜明珠，只见其通体晶莹，透出一股柔和的绿光，果然是个价值连城的好宝贝。之后，几人便押解着"黑风"往苏州城赶去，这时天色已经逐渐亮起来了。

黄金荣等人将"黑风"押回苏州府后，将其暂时羁押在了苏州府的牢里，然后派人火速赶回上海，向法国主子报喜。回到了自己的老家，又值刚破大案，黄金荣一干人自然免不了要大肆庆祝一番，直玩得天昏地暗。

此案破获后，法国主子对黄金荣更是刮目相看，此后，凡遇大案或别人破不了的案子，巡捕房便将其交给黄金荣。黄金荣也不负主子的期望，大多时候都能成功破案。由此观之，黄金荣已经成了法租界当局十分倚赖的一个人物了。

"荣记共舞台"开张营业

却说黄金荣因为在法国主子面前的一系列功劳，他在法租界内已经俨然是显要人物，一般的华捕和在法国巡捕房任职的其他华人，见了他都要招呼或者行礼。他再也不用到十六铺、新开河一带上岗执勤了，只需要坐在大自鸣钟巡捕房的公事房里，对下面发号施令即可。

给法租界总监华尔兹当翻译的曹启民，原本是法租界的第一红人，如今看到这个当初给自己开车门的麻子地位越来越高，便也不得不对其和颜悦色，另眼相看了。而黄金荣自从地位越来越高之后，也就不再仅仅满足于去找流氓做些绑架勒索的勾当，而是盘算着想要做一些"正经"的买卖。很快，机会便来了。

在当时的上海北门城外有个戏院叫迎仙凤舞台，这戏院老板的名字叫何宝庆，是上海本地人。这戏院中等规模，内有700多张木凳座位，演出的戏班基本上是轮番更换，主要则以徽班（徽州地方剧）为主，偶尔也请海派伶人演一些连台布景戏，每次演出倒也座无虚席。但是，何宝庆最近却经营不下去了，寻思着想将戏院盘出。每次座无虚席，为何却经营不下去了？说来话长……

原来，虽然每次演出时座无虚席，但是，坐在这里看戏的观众，只有一半是正经买了票进来看戏的，另外的一半则都是些披着老虎皮的军警和地痞无赖。这帮人每逢戏院开演，也不买票，只是大模大样地径直往里走，谁敢阻拦？即使是不阻拦他们，这帮人还可能要吵闹场子或寻衅打架呢。所以说，这何宝庆根本就赚不到多少钱。事实上，为了解决这个问题，他也曾想过办法，曾邀请当时上海商界和流氓界都很有声望的虞洽卿做自己的替身，希望借助这个"钟馗"来将这些五荤七煞鬼挡在戏院外面。但是，令他始料不及的是，虞洽卿不但没有能够赶走这些五荤七煞鬼，反而增加了自己的额外支出。原来，虞洽卿既然当了戏院老板的替身，自然不肯白做人情，于是每当有些失业或初来上海闯荡的亲戚或乡亲前来求他找个职事时，他便荐到戏院来。而何宝庆自然不好拒绝，如此一来，戏院里人浮于事，支出更加浩大，债台筑得更高了。而且，现在的戏院由于年久失修，设施陈旧，下雨天则东漏西漏，刮风则直接穿堂。因此，好的戏班都不愿前来演出，如此一来，戏院的收入就更少了。到如今，那些债主看戏院的经营每况愈下，也都怕自己的债打了水漂，纷纷登门逼债。何宝庆于是找到虞洽卿，希望他能拉一把，为自己垫付一下资金，但遭到了拒绝。正是在这样的进退无路的情况下，何宝庆便想将戏院盘出了事。

打定了主意之后，何宝庆便有心寻找有实力买下戏院的人。可是，在当时，但凡开戏院、浴室、茶馆和旅社等行业的，绝不仅仅是有钱便能开的，而且还需要一个响当当的排头或者硬邦邦的后台，否则根本赚不到钱。因此许多商人有心收购，但了解情况之后，也不敢接这个烫手的山芋。于是，何宝庆找到了与自己有过一面之交的曹启民，让他帮自己物色一个符合条件的对象。

这天晚上，曹启民来到大自鸣钟巡捕房闲逛，突然想起了何宝庆所托的事情，又一想，在这儿任职的黄金荣不就正是一个合适的对象吗？于是他就找到黄金荣说："金荣啊，我有个买卖，不知你有没有兴趣做？"黄金荣便问道："什么买卖？"曹启民便将情况大致说了一下，最后又说道："现在何宝庆已走投无路，你基本上就不用给他钱，只要将他的债务接过来，他也就很乐意了。然后你再对债主们说明情况，有谁敢问你要钱！而戏院到你手里后，有谁还敢赖戏看！你就只等着收钱就是了。如此一来，岂不是一笔空手套白狼的好买卖？到时你可别忘了我啊！"说完便哈哈大笑。黄金荣一听，高兴得满脸的麻子都泛出了红光，随即跟曹启民约定第二天下午去和何宝庆见面。

第二天下午，曹启民安排何宝庆和黄金荣在聚宝茶楼里会面。黄金荣向何宝庆询问债主名单和金额，何宝庆便说道："至今为止，总共欠下地租、土木作、杂工薪金和借款等约五千元。债主们日日逼催，不再宽限，我也是没办法了才走此一步。"黄金荣沉吟了一下便说道："好，你今天回去将出盘的契约写好，明日带上契约，并将这些债主一起叫过来，我们当众签约，然后一起向债主们声明，这些债务由我来承担。"何宝庆当然知道黄金荣不是善茬儿，本想要对方除了承担自己的债务外，还要另支付给自己一笔钱，这下提也不敢提了。接下来，两人又说了一些具体的细节，便各自回去了。

次日下午，何宝庆果然按时带着昨晚请人写好的契约，并和自己的债主一起来到聚宝茶楼。债主们接到何宝庆的通知后，都以为自己的债能够今日得以偿还，一个个眉开眼笑。到了聚宝茶楼后，只见黄金荣已经在昨天的那个雅间里等候。黄金荣让债主们在外面等候，自己先跟何宝庆签订了出盘协议。黄金荣让手下将何宝庆的契约大声读了一遍，听后点了点头，然后便和何宝庆各自在上面画了押。

之后，黄金荣要何宝庆将债主们叫进来，让何宝庆和他们当众核实清楚欠债金额后，自己给每个债主出具了一张相应金额的借条。这些债主拿到借条后，以为待会儿就可以兑现了，一个个高兴地等在那里。

但没想到的是，当黄金荣给每个人写好借条后，用手一拍自己的胸脯对各位债主说道："好了，现在戏院出盘手续算是清楚了，从现在起，迎仙凤戏院已经是我黄金荣的了。各位债主，何老板欠你们的债也都由我来负责偿还，你们妥善保管好自己的借条，我过些日子一定将你们的债还上，放心，绝对不会落空！"

债主们一听，心里顿时便咯噔一下，面面相觑，半晌说不出话来。这时，他们才明白，自己手中的借条其实就是一张白纸，以后谁敢向这个阎王要债。因此，他们只好快快不乐地离开了聚宝茶楼。

在回去的路上，一个年轻一点儿的债主气愤地说道："这明明是想赖账嘛！当初是何宝庆欠我们的钱，我们还找他要去！"

"哎，我说你就自认倒霉吧，如果那麻皮知道了这件事，他岂会善罢甘休！"另一个老成持重的债主劝道。

这时另一个债主凑过来附和道："还是您老说到了点子上，这件事我们也就只能自认倒霉了。不过，话说回来，何宝庆也没捞着便宜。要是他把戏院盘给别人，除了还清我们的欠款外，他多少还能再落些钱。现在，他也和我们一样，只好吃个哑巴亏了！"

就这样，正如曹启民当初说的，黄金荣做了一笔空手套白狼的"买卖"。

黄金荣将接过迎仙凤戏院后，将其重新装修布置了一下，又将戏院的名字改为"荣记共舞台"，一般时候则简称为"共舞台"。那时，戏剧舞台上男女合演还不是很普遍，取名"共舞台"的意思，就是要男女"共"演。然后，黄金荣又到法租界副总监那里领了一张新执照，戏院就重新对外营业了。

过去的戏院，有两种特殊的位置，一种是正厅中的"官厅"，一种是花楼上的"包厢"。这两种位置都是看戏的绝好位置，服务也更周到一些，是专门为那些有钱的阔佬们准备的，当然，价钱也高得多。茶房们看到这些阔佬到来后，态度自是不同，打躬作揖，泡好茶，恭敬送上；另外将时鲜的水果，精选的瓜子，放在崭新发光的银盘里端上来。自然，这些侍候和奉承不是白做的，阔佬们是要用"小费"来换取这些的。

虽然价钱高一些，但是人家阔佬根本不在乎，所以这种"官厅"和"包厢"的戏票一点也不愁卖。于是，在过去的戏院中，便诞生了这样一种职业，名曰"按目"。所谓"按目"，跟现在的倒卖火车票的"黄牛党"有些相像，即替这些阔佬买票送票。这些人提前将戏票买好，在演出前等候在戏院门口，一看到坐汽车或是马车前来看戏的人，便急忙迎上去，口称"大爷"或者"少爷"，屈身打躬，奉承拍马，并亲自陪同阔佬进内就坐。当然，这样的戏票价格要比原价更高一些。

　　凡是戏院有新来的名角儿或好的剧目，这些头座戏票，便几乎都掌握在了这些"按目"的手中，并提前给自己所熟悉的阔佬们送了过去。阔佬们在这个过程中也体会到了自己相对于普通观众的优越性，因此对于这些"按目"倒也另眼相看。

　　在每年年终，戏院演出"封箱"戏时，这些"按目"也算是辛苦了一年，往往会借机向阔佬们请求一些"年终奖"。而阔佬们也知道，自己被人家如此奉承了一年，也不能太吝啬，于是，除了要加倍给此次的票钱外，还会额外给几块银圆作为犒赏。如此下来，这些"按目"一年倒也能得到一笔可观的收入。

　　黄金荣的共舞台一切准备就绪之后，马上就要开张了。

　　听说迎仙凤舞台经过一番整修，改成了"共舞台"，能够邀请来上海最好的戏班，而且其老板是法租界巡捕房的华捕黄金荣，在黑白两道都是响当当的，再也不会有人敢来看白戏，许多"帮闲"都想到"共舞台"来做茶房和"按目"。不过，这个职业虽然看上去有些低贱，但因为收入可观，对于那些穷人来说还是颇有诱惑力的，有许多人都想谋得这个职事。因此，要想得到这个职事，还得由一个有头脸的人举荐，并交上一笔押金。许多老板往往进行招标，谁交的押金多，就让谁干。当然，这所谓的"押金"是不退的。黄金荣凭借自己的名气，就在这些茶房和"按目"身上，赚了不小的一笔钱。

　　共舞台开张后，黄金荣为了一炮打响，派人专门前往京津邀请有名的剧团前来演出。而京津戏剧界的人，也对繁荣的大上海一直很向往，心想到了上海，一来可以开拓一下自己的市场，扩大自己的影响和名声，二来自己也可到大上海去长长见识，于是纷纷欣然答应。因此，当时的许多京津名角都正是受了共舞台的邀请，初次到沪演出的。当时一些有名的京剧演员，例如须生谭鑫培，小生金仲仁、程继先，青衣花旦王瑶卿，老旦龚云甫，武生杨小楼和吕月樵，架子花脸赫寿臣，小丑肖长华等，都曾来过共舞台演出。

霸占聚宝茶楼

　　黄金荣自将迎仙凤舞台搞到自己手里之后，尝到了这种"空手套白狼"的勾当的甜头，便将自己的目光又转向了一个新的目标——聚宝茶楼。

　　聚宝茶楼不是只供市民喝茶的一般茶楼，而是一家比较高档的消费场所，里面宽敞而豪华，在楼厅中间还搭有一个小戏台，每天都有本地的曲艺人定时说唱。至于说唱内容，则有时是东乡曲调，有时是浦东文词，有时则是小热昏或杂曲。在这里喝茶的顾客，只要买上一壶香茗，便可在这里一边喝茶，一边悠闲地听曲，可以悠哉游哉地打发光阴。除了大厅里的茶座之外，茶楼内还设有清洁的"雅座"和安静的"内室"，在这里，商人可以尽情地谈生意，会朋友。同时，这里还是有钱人抽大烟的安乐窝。正因如此，这里的生意很是红火。这茶楼的老板名叫史少卿，上海本地人。因其左眼角生有一块蓝色胎记，人们给他起了个绰号叫"蓝眼少卿"。

　　但是，自从黄金荣来到大自鸣钟巡捕房之后，"蓝眼少卿"便开始发愁了。什么原因呢？原来，这大自鸣钟巡捕房就在离聚宝茶楼只有百米距离的地方，黄金荣每天下午三点，都会准时来到聚宝茶楼，在雅座间休息。并且，他还经常召集一些狐朋狗友，在这里聚赌玩耍，策划阴谋。同时，他们还吞云吐雾，大声吵嚷，闹得"雅座"不雅，"幽室"不幽。那些老实的顾客看到这一班五煞七神长期盘踞于此，也就不怎么来了。这下可急坏了"蓝眼少卿"，可他却也不敢说什么，只能忍气吞声。

　　黄金荣在聚宝茶楼里混得时间长了之后，便有心将这里作为自己召见手下、策划抢劫的长久之地。于是，他便想找个借口霸占了这家茶楼。黄金荣初来时，见到"蓝眼少卿"还打个招呼，随口叫一声"史老板"。后来，随着自身势力的膨胀，便干脆摆出一副无赖相，连个招呼也懒得打，大摇大摆地便直奔雅座间了，甚至有时还对"蓝眼少卿"翻白眼，似乎嫌对方碍眼。后来，黄金荣就干脆想使用流氓手段彻底霸占这座茶楼了。

旧上海的流氓无赖敲诈勒索和强取豪夺的手段，基本上都是"装榫头"那一套，在青帮中，又将其称为"软胡子"，其大体的做法基本上都是移花接木，将没有凭据的事硬说成是有凭有据。具体而言，这种手法大致有三种：第一种是"栽赃入室"，即把盗窃来的东西悄悄放进你的家里，然后再去官府报案；第二种是"移尸入门"，将尸体搬到你的家门里或者家门口，让你有口说不清；第三种则是"勾奸买奸"，先用女人勾引你上钩，然后再突然"捉奸"。

帮会流氓使用这些手段伤害的对象，都是些当地富户或者客商大贾，这样才有油水可捞。一般而言，谁家遇到这种有预谋的圈套，往往有口难辩，只能忍痛认宰，以求息事宁人。而一旦不肯买账，对方则会顿时撕下面具，露出凶相，使你倾家荡产，甚至家破人亡。

黄金荣便是想要给"蓝眼少卿"装上这么一个"榫头"，使得他心甘情愿地将聚宝茶楼送给自己。这里是黄金荣的势力范围，要想给"蓝眼少卿"装个"榫头"，一点儿也不难。

这天早上，聚宝茶楼刚刚开门营业，便有一大帮流氓涌进茶楼里来，说是要吃茶。谁都看得出这帮人绝非怀着善意来的，但"蓝眼少卿"却不敢拒绝这帮流氓，于是便将这些人引到楼上坐下。还未坐稳，这帮人便开始大骂起来，值堂的小伙计还未将每个人的茶送齐，这帮人就已经开始摔杯揣桌，向着茶楼的伙计以及顾客大打出手，吓得"蓝眼少卿"赶紧找个隐秘的地方藏了起来。

这群流氓先是拳脚相搏，继而便个个掏出匕首和三角小斧等利器，大有拆了聚宝楼之势。"蓝眼少卿"只听得外面各种惨叫声混成一片，哪敢出来看一眼，只躲在楼下小间里瑟瑟发抖。

半个小时之后，这场恶斗才算是逐渐平息下来，那些流氓也都纷纷撤离了现场。这时，"蓝眼少卿"才到楼上去查看情况。一看，他便在心里连连叫苦，只见破桌子、断椅子到处都是，杯子、碟子更是碎了一地，更恐怖的是地上布满了鲜血，自己手下的那些伙计除了没在场的和腿快及时逃走了的，留下的那几个无一不被打成重伤，个个歪斜在地上哭爹喊娘地叫着，更有甚者是叫都叫不出来了，因为已经被打得昏迷过去。看到这样的惨景，"蓝眼少卿"当时也差点儿昏了过去。

出了这么严重的祸事，自己当然无法置身事外，"蓝眼少卿"只得硬着头皮去巡捕房报了案。没想到的是，巡捕房却指责"蓝眼少卿"在出事前不来报告，现在出了如此严重的后果才想起找巡捕房，因此吩咐一切后果都由他自己来负责。这样的做法当然是毫无道理的。其实，这都是黄金荣一手策划的，他早已经跟巡捕房打好了招呼，因此巡捕房当然对"蓝眼少卿"的事情置之不理了。如今，黄金荣看到"蓝眼少卿"已经被装上了"榫头"，心里知道绳子已经套在了"蓝眼少卿"的脖子上，只要自己一拉绳子，这聚宝茶楼就是自己的了。既然一切都准备就绪，黄金荣接下来所要做的也就是收绳子了。

"蓝眼少卿"在遇到这场飞来横祸之后，对聚宝茶楼已经感到"弃之可惜，食之无味"了。那些重伤者巨额的医疗费，疼得他牙关紧咬，心想要是再来一次，自己就只能关门大吉了。这天晚上，一家澡堂的老板荀利嘴来找"蓝眼少卿"。这荀利嘴早就投靠在了黄金荣这棵大树下，今天他就是为黄金荣当说客来的。

荀利嘴说道："史老板，最近这场横祸也够你受的了，真是倒霉啊！我早就琢磨透了，在当今这年月，当老板不如当伙计，说实话，我早就有心将澡堂出盘给人，做个伙计过太平日子。""蓝眼少卿"听了，点头称是。

第二天，又有一个叫阿乌有的人受黄金荣的委派专门找到"蓝眼少卿"说话。他对"蓝眼少卿"说道："史老板，你的事我听说了，我现在给你指条道，不知你愿不愿意。我听说黄金荣老板最近正在打算购进一个商号，所谓'识时务者为俊杰'，你不如将这聚宝茶楼送给他，借机也送个人情，眼下虽失陇土，将来还可得到蜀地。否则，情况已经很清楚了，恐怕你只能白白地丢了茶楼而已。大丈夫当断则断，可不要坐失良机啊！肺腑之言，你考虑下吧！"

　　"蓝眼少卿"听了阿乌有的"肺腑之言"，想起昨天晚上苟利嘴对自己的"忠告"，再想想自己目前的处境，便觉得自己似乎只有这一条路可走了。于是，他便一咬牙，将自己惨淡经营了半生的聚宝茶楼，忍痛送给了黄金荣。

　　就这样，黄金荣又"空手套白狼"地将聚宝茶楼夺到自己的手中。

第六章

为"前途"入赘林家

成了阿桂姐的靠山

上海是华东地区货物进出口的集散地，而上海小东门十六铺一带则是整个上海陆路和水路货物进出口的集散地，这里人口密集，商贾众多，陆上车水马龙，水上商船密密麻麻，货物堆积如山。这里无时无刻都是人声鼎沸，商船马达的声音、买方卖方的讨价还价声、搬运工的吆喝声等交织在一起，可谓热闹非凡。

从小东门城外一直延伸到东昌渡口一带，原来有一条通往黄浦江的支浜。支浜上有一座石桥，名叫"陆家石桥"。这一地区比较特殊，桥的北面由法租界管辖，桥的南面由华界管辖，而这条支浜两旁的居民，既不属于法租界管辖，也不属于华界管辖，属于双方管辖权的真空地带，因此，上海人有"陆家石桥两不管"的说法，这一点跟法租界与公共租界之间的郑家木桥一带是很相似的。

因为是"两不管"地带，这一带的社会治安就比较混乱，无照的赌场和妓院遍地都是；然而另一方面，"两不管"却又导致了两面都要管，妓院里的老鸨和妓女们，前脚刚刚把前来敲诈勒索的华界捕快送走，后脚就又迎来了法租界的巡捕。除了官老爷的光顾，一些地痞流氓也经常欺负那些没有靠山的妓院，因此，这里名为"两不管"，实际上却是两边都要管，只要背后没有强硬的靠山，就会成为"被管理"的对象。这"两不管"地带跟黄金荣又有什么关系呢？遭受华界捕快、法租界巡捕和地痞流氓三重压迫的妓女都需要找到一个强大的靠山才能在这"两不管"地带生存下去。再说黄金荣，虽然满脸的黑麻子，一般的女子见了恐怕躲闪都来不及，可是自从当了法租界巡捕房的华捕以后，就大不一样了，尤其在这"两不管"的地带，这巡捕的身份可是个抢手的招牌，谁要是抢到了这个招牌，谁就可以安安稳稳地做生意，而不用担心其他流氓和巡捕的骚扰了。

在陆家石桥的北面，有一个叫阿桂姐的女人，约莫二十四五岁的样子，她的丈夫叫马阿龙，两人是宁波老乡，还生有两个孩子。不幸的是，马阿龙几年前因为得了中风，一直瘫痪在床，几乎就是活死人一个。家里的男人倒了，一家四口人的生计问题就全落到了阿桂姐一个人的肩上，迫于无奈，她不得不做起了妓女这一行。阿桂姐长得也还过得去，尤其是涂上胭脂口红，穿上紧身的旗袍，那股风骚劲儿对男人有着很强的吸引力。可是光靠她一个人的话，一来不能拉到很多的客人，二来男人也会厌烦，所以她又拉上另外两个比她还年轻的女人与她一起做私娼。

这里商人、渔民、搬运工等来来往往，络绎不绝，阿桂姐自然不愁客源问题，只要她在脸上涂上胭脂，盘起发髻，屁股一扭一扭地走出门去，不用搭讪，自然就会有男人主动走过来了，更何况她左右两边还有两个更年轻风骚的女人帮她招揽客人呢。每次揽到客人之后，他们或者去旅馆开房，或者直接去阿桂姐的家中。如果是去阿桂姐的家中，她还能得到一些床铺钱，算是旅馆的开房费吧。这三个女人一台戏，生意倒也做得红红火火，不仅不愁生计，反而比她丈夫健康时挣得还多。

可是这些辛辛苦苦挣来的血汗钱，却会经常遭受那些巡捕和流氓的盘剥，等被敲诈勒索一番之后，也就所剩无几了。而且这些瘟神一旦上门伸手要钱，阿桂姐就只能乖乖就范，要是敢说个"不"字，就休想再在这一带混下去了。

为了摆脱那些巡捕和流氓的骚扰，阿桂姐一直在寻找一个后台，一个靠山，也不知道是哪门子姻缘，阿桂姐偶然遇到了这个满脸黑麻子的黄金荣，于是她用尽各种招数来勾引黄金荣。而黄金荣由于尚未结婚，寂寞难耐的他经常往妓院里跑，看到如此婀娜多姿的阿桂姐主动地投怀送抱，自然抵御不了诱惑，没过多久，黄金荣这条大鱼就上了阿桂姐的钩，和阿桂姐厮混在了一起。从此，黄金荣晚上就回到阿桂姐的家里过夜，白天则一大早出门办公，或者去四处游荡。阿桂姐呢，晚上陪黄金荣，白天则去招揽其他的男人。

自从引黄金荣入室之后，果然药到病除，那些巡捕和流氓再也不敢轻易踏上阿桂姐的家门了，见到这个麻皮巡捕在她身旁晃来晃去的，大家就都知道她衙门里有人，因此见到阿桂姐，也就不得不避让三分。住在附近的妓女看到阿桂姐找了个巡捕做靠山，心里可别提有多嫉妒了，可是她们又没有阿桂姐这样的眼力和运气，只能眼睁睁地看着阿桂姐逍遥自在，自己却依然无法摆脱困境。于是，一些与阿桂姐交情比较深的妓女，就开始打起了阿桂姐的主意，纷纷讨好阿桂姐，希望阿桂姐能够在黄金荣面前美言几句，帮助她们赶走那些经常来骚扰的流氓瘪三。阿桂姐倒也有侠士义气，替她的小姐妹们撑起腰来，这样一来，那些地痞流氓也就对她们不敢太嚣张了，而阿桂姐则成了这帮妓女中的老大，赢得了"女亨"的称号。

黄金荣每天晚上都回到阿桂姐的家里。阿桂姐虽然不是名正言顺的媳妇，但是对于黄金荣来说，生活在阿桂姐的温柔乡里，倒也舒心自在。而阿桂姐呢，虽然得面对黄金荣那一脸的麻子，可是毕竟从此有了依靠，因此也是相当满意。时间一久，阿桂姐对黄金荣也产生了一些感情，只要黄金荣在巡捕房里守班，每天中午阿桂姐都会叫自己的侍从金九龄将午饭送至大自鸣钟巡捕房。这个金九龄，十四五岁的样子，原先在十六铺一带过着流浪生活，阿桂姐就把他收到门下，让他干一些杂活。后来黄金荣发达起来，金九龄就拜了黄金荣为"老头子"，成了黄金荣手下的一员得力干将。再后来，等黄金荣做了法租界华人督察长之后，金九龄则当上了法租界花捐班班长。当然，这些都是后话了。

与阿桂姐拆姘

黄金荣当了几年巡捕下来，聚敛了不少财产，又拿着一些钱财去讨好他的上司，于是越来越得到上司的器重，不久，他就由一个普通的探员升为小有地位的探目。这样一来，他就觉着自己不再是一个普通的小衙役了。成了一个有身份和地位的人，因此，他就得顾及自己的面子问题了。黄金荣为了维护自己的面子，于是决定跟阿桂姐拆姘。

恰恰在这时候，黄金荣又看上了一枝春街上林家的独生女林桂生，于是黄金荣向阿桂姐提出了分手。

阿桂姐一听到这个消息，仿佛五雷轰顶，她对黄金荣表现得百般温存，希望能够让黄金荣回心转意，可是黄金荣根本不为所动，这下她就彻底被激怒了。别看阿桂姐一个女流之辈，发起疯来可是无人能敌，尽管现在的黄金荣自视甚高，阿桂姐可不管那么多，当街就指着黄金荣的麻子脸一顿臭骂："好你个黄金荣，现在发财了是吧？升官了是吧？看不上我了是吧？老娘不是什么好货色，你也不是什么好东西！现在想甩掉我，当初你怎么不睁开眼看看清楚，反而粘着我不放呢，男人没一个好东西，都是喜新厌旧的畜生。今天你敢甩掉我，我就敢骂街把你骂臭，你不是要升官发财吗？你不是要做林家的上门女婿吗？你不是怕我影响你的前程吗？好，老娘今后就天天骂，看影不影响你的前程！"

黄金荣分手的心已定，于是好声好气地与阿桂姐商谈起拆姘的条件。

骂归骂，气归气，阿桂姐也知道自己想要拉回黄金荣的心已经不可能了，干脆就狠狠地宰他一刀，于是她提出了以下两个苛刻的要求：黄金荣要带走她生的小老三，而且不许虐待；索要补偿费3000块银圆。

这种敲诈勒索似的要求，向来都是黄金荣向别人提的，如今一个女流之辈狮子大张口，黄金荣自然不会做这种亏本的买卖。

眼看着自己提的要求，黄金荣理都不理，阿桂姐怎肯罢休，她干脆一大清早跑到了大自鸣钟巡捕房的门口，看见黄金荣来了，就扯着他的衣服痛骂，然后就是在地上滚来滚去，完全不顾及自己的形象。黄金荣在巡捕房里有权有势，被这个阿桂姐缠得死去活来，背地里被别人笑话。面对这个泼妇，黄金荣是一肚子的火气，却也无计可施，万般无奈，他只能躲在公事房里，不敢出门了。但是躲得了和尚躲不了庙，阿桂姐天天到衙门口大闹不止，这么躲下去，终究不是个办法。后来终于经过一个好事的帮闲在中间斡旋，黄金荣将法租界当局发给他的一张大粪专办执照作为拆姘费给了阿桂姐，从此，黄金荣和阿桂姐彻底撇清了关系。

初登林家门

黄金荣花了九牛二虎之力，终于把难缠的阿桂姐给甩掉了。没有了后顾之忧，他就开始对一枝春街上林家的女儿林桂生采取行动了。这林家到底有什么来头，林桂生又是一个怎样的女子，惹得黄金荣如此急切地想要成为林家的上门女婿呢？原来，林家在一枝春街上做着"开门口"的营生，也就是专门做那些拐卖妇女、逼良为娼、开设妓院的行当。林家做这种行当，当然也是有靠山的，也就是跟黑道人物有着很深的交情。在当时上海的娼妓业来说，林家可是颇有名气的。

林桂生是林家的独生女儿，母亲早逝，从小跟着父亲在圈子里混，虽说是女流之辈，却是相当的精明和能干。如今父亲年纪大了，她更是要多负责，几乎是一个人打理着内内外外、大大小小的各种事情。现在，林桂生已到了适婚年龄，父女俩都希望快点了却这桩婚姻大事。但是林家有一个要求，那就是男方必须同意入赘，一来，如果女儿走了，这么大个家业，老父亲一个人肯定打理不过来；二来，招赘之后，家里还多了一个帮手。

黄金荣知道林桂生家的背景对于自己今后的发展有利，也就不在乎做上门女婿了，但是他自己出面又显得过于唐突，于是他就想到了旧友李捕头。黄金荣一跟李捕头说这事，李捕头当即爽快地答应了。

这一天，李捕头陪着黄金荣来到林家。出来接待的是林家的老爷子。老爷子一面寒暄着把客人迎入屋内，一面上下打量了一番黄金荣。

坐下之后，佣人就端上了茶水，李捕头抿了一口茶，向老爷子介绍起黄金荣来："我这位小兄弟叫黄金荣，在法租界大自鸣钟巡捕房做事，如今已经高升为探目，而且很受上司的器重，今后必定前途无量。今天呢，因为仰慕林老板的大名，特地前来拜见，今后还请林老板多多关照啊。"

"好，好，好！"老爷子一面点头微笑，一面继续偷偷地观察黄金荣。黄金荣正当盛年，长得又粗又壮，而且一副很精干的样子，只是脸上布满了密密麻麻的黑麻子。不过林老板也不需要自己的女婿长得很俊，在他看来，女婿有本事撑得起这个家业，那才是最重要的，而黄金荣恰恰符合这个要求。双方又东拉西扯谈了很多，老爷子还特意了解了一下黄金荣的家境，基本上还是满意的。当然，在黄金荣自身的诸多条件当中，尤其为林桂生的父亲所看中的，就是他的法租界巡捕房探目的这个身份，如果在租界巡捕房里有这么一个人照应着，那以后做事当然会方便很多的。而黄金荣呢，他早就盯上了林家，他知道，自己虽然已经是探目，可是想要继续发展自己的事业，背后必须要有一股强大的财力和人力的支持才行，林家的雄厚财力以及复杂的人际关系就是他想要依靠的势力。于是，你情我愿，大家谈得热乎极了。李捕头是个明白人，一看这情景，心里就有了数，也在旁边搭话凑热闹，气氛相当融洽。

老爷子用茶水、点心盛情款待了李捕头和黄金荣，送客时还特意说道："今天因为女儿有事外出不在家，有所招待不周，二位以后有空多过来坐坐。"李捕头和黄金荣应付着出了林家的院门。

出了门没多久，李捕头就对黄金荣说道："阿荣啊，你可要交桃花运了，看来林家老爷子对你挺满意的哦！"

黄金荣略带羞涩地说道："还不知道他女儿什么态度呢。"

李捕头大笑道："哈哈哈，看你急的，我看人不会错，小老弟，你多去林家串串门，我看好你！"

果然，不出几日，黄金荣穿上体面的衣服，拿着四瓶大同"梨花白"陈酿，两条英美烟草公司产的"三炮台"香烟，再次来到了林家。

林桂生早已从父亲的嘴里了解到一些黄金荣的情况，黄金荣这次又上门了，她决定亲自会会这个麻皮捕快。

其实，论长相，林桂生算不上美女，而且在道上混久了，她少了几分女人优雅的气质，多了一些精干和泼辣的性格。可是黄金荣恰恰需要这样的女人，倒不是他喜欢这样的女人，每一个男人都希望自己的女人是温柔体贴的，黄金荣虽然得到了提拔，但还是很不满足，他需要找个能够支持他继续升官发财的人，所以自己的女人要不光是个女人，还要是个贤内助，可以帮他出主意，帮他往上爬，这样一来，林桂生当然是个不二的人选。再说了，将来一旦飞黄腾达，还愁得不到年轻、漂亮、温柔的女人吗？所以目前来说，不管林桂生不漂亮也好，做上门女婿也好，都只是将来飞黄腾达的跳板而已。

另外，别看林桂生是个女流之辈，她的野心也不小呢。她之所以至今不嫁人，不是别人看不上，而是林桂生自己看不上那些男人。她需要的男人，一方面要有胆识，能撑场面，对自己的家业有帮助；另一方面又要能够被自己牢牢地抓在手心里。

至于林家的老爷子，自己苦心创下了这份家业，现在由自己的独生女儿来经营，可虽说女儿很能干，但一方面她毕竟是个女儿身，总归不太放心，家里还是需要一个男人撑门面的，所以才坚持要男方入赘；另一方面，自己年纪也大了，女儿也是女大当嫁，作为父亲也是希望快点儿解决自己女儿的婚姻大事，也好早点儿抱孙子。

所以说，这三个人是各怀心事，却又有着共同的利益，正是这种共同的利益使他们达成了协议。

但是，想要办成这一桩婚事，却还要过一关，那就是黄金荣的父母。黄家父母可是正经人，对于在黑道上混的林家，他们能够接受吗？

正巧，黄金荣回到巡捕房后，就收到了家里带来的口信，要他立刻回家。

黄金荣因为巡捕房里事多，和阿桂姐拆姘之后，又忙着接近林桂生，因此已经有一段时间没有回家看望父母了。上次回到家中，老父亲已经卧病在床，这次急着催自己回家，难道是父亲的病情又加重了？这趟回家，该不该向父亲提和林家的这门亲事呢？黄金荣心里寻思着，行动上不敢耽搁，收到口信后，就立即动身回家了，临走前，他还特地给老父亲买了几包他爱吃的苏州豆酥糖。

黄金荣的母亲一看见自己儿子回来了，眼泪就稀里哗啦地往下掉，絮絮叨叨地说着丈夫的病情和自己的担忧。黄金荣看着自己的母亲比上次回家看到的样子又瘦了一圈，心里很不是滋味儿，毕竟自己一直在外面忙碌，没有时间照顾父母，不免心生愧疚。他安慰了母亲几句，就几大步走进了父亲的屋内。

黄炳泉躺在床上，紧闭着眼睛，听到有人进了屋子，他就慢慢睁开了眼睛，看到是自己的宝贝儿子回来了，激动地把手从被子里伸了出来，不停地抖动着，嘴角动了几下，却发不出声音来。黄金荣弯下身体，耳朵贴着父亲的嘴巴，听到父亲微弱的声音，原来是叫他坐到床边。

黄金荣搬了一把椅子，坐到床边，看着衰老的父亲。老父亲这次病得着实不轻，脸上已经没有一点血色，黄金荣知道父亲已经熬不了太长的时间了，也就没有把与林家的亲事再向老父亲提起，以免老父亲一气之下驾鹤西去。老父亲身体非常虚弱，勉强睁了一会儿眼睛，没过多久就又昏昏沉沉地闭上了眼睛。黄金荣蹑手蹑脚地走出了房间，一出房间，他就和母亲商量起父亲的后事来，可是老母亲除了掉泪，还是掉泪。

没过多久，黄炳泉就与世长辞了。黄金荣回到大自鸣钟巡捕房，请了丧假，匆匆地赶回家里。他一面准备父亲的后事，一面清算自家茶馆的账目，现在家里只剩下一个老母亲，而且身体还不好，肯定没有精力去经营茶馆了，于是就遣散了伙计，把茶馆给关了。

黄金荣的母亲在丈夫死后，悲痛不已，再加上年老体迈，身体又不好，不久之后就也随着丈夫离开了人世。

父母在短时间内相继离开了，黄金荣精神上也遭受了很大的打击，尽管不孝，可他对父母还是有着很深的感情的。当然，悲痛归悲痛，作为家里唯一的儿子，他还得为自己的老母亲办丧事。为了尽到自己做儿子的孝心，他在漕河泾买了块坟地，把父母葬在了一起。

然而，等给母亲办完了丧事，黄金荣却忽然感到了一种前所未有的轻松，因为从此之后，自己就不再有任何牵挂了，也不会再有任何顾虑了，他可以做任何自己喜欢的事情，不做自己不喜欢的事情，而眼前最重要的事情，就是如何博得林家父女的欢心。

相约同游

为了博得林家父女的欢心，黄金荣煞费苦心，三天两头地往林家跑，要么陪林桂生父亲搓麻将、打牌九，要么陪林桂生逛街游玩。这年的农历四月初八，上海古刹静安寺有"浴佛节"活动，黄金荣就约了林桂生，前去观看。

林桂生为了与黄金荣的这次出游，把自己精心打扮了一番。黄金荣看到林桂生为了和自己出游，打扮得如此让人心动，心里早已兴奋得很，恨不得立刻就扑上去搂着她亲热一番，可是现在他必须忍住，毕竟他还是明白心急吃不了热豆腐的道理的。

"你今天很漂亮。"黄金荣不失时机地夸奖起来。

"少卖乖，难道我以前不漂亮？"林桂生有一点儿羞涩，又有几分泼辣。

黄金荣带着林桂生来到了静安寺，一路看着大包小包的游客和虔诚的或者不虔诚的信徒，而他们自己也在大佛前拜了拜，许下了各自的心愿。黄金荣一边走，一边还给林桂生讲着静安寺里的传说和历史。

逛完静安寺之后，林桂生又随着黄金荣来到了得意楼茶馆。在中国古代及至民国时期，去茶楼消遣的主要是男性，女性很少去茶楼喝茶，更少有一对男人和女人一起去茶楼的。所以当林桂生随着黄金荣踏进茶楼之后，不少人都将好奇的目光投在了林桂生的身上。林桂生毕竟是见过世面的人，面对这么多目光一齐聚集在自己身上，倒也没觉得不自在，而是很大方地挽着黄金荣的手臂找了一张靠窗的桌子坐了下来。

两人坐下之后，茶馆的小伙计不一会儿就端上了紫砂茶壶泡的茶水。

林桂生看着茶楼上人来人往，熙熙攘攘，贴着黄金荣的耳朵轻声问道："阿荣，这里生意这么好，都是来喝茶的？"

黄金荣答道："不是的，这茶楼里啊，人最杂了，各种各样的人都有，特地过来喝茶的倒是不多，这里很多都是生意人，你看他门一边喝茶，一边谈生意，用的都是行话，外人是听不懂的。有时候生意谈不拢了，他们还会对骂，甚至打起来。"

林桂生的头轻轻地靠在黄金荣的臂膀上，继续听着黄金荣说着得意楼和那些茶客的故事："你看，我们斜对面第三桌旁坐的那几个人是房屋代租的中间人，人称'白蚂蚁'。要是谈成一笔生意，他们就可以从中拿到百分之十的佣金，然后就在茶楼里喝茶，或去赌场赌博，或去妓院嫖女人。"

"你怎么知道他们是房屋代租的中间人？是不是瞎编出来骗我的？"林桂生用右手的食指指着黄金荣的鼻子，娇气地说着。

"我也是这里的常客，对这些事情再熟悉不过了。过去在裱画店工作，我就到这里来拉客人，以后到巡捕房做事，我就到这里来打探消息，办理案件。"黄金荣不无得意地说道。

"那你有没有去嫖过女人？"林桂生一脸严肃地问道。

"当然没有了，我可是正人君子！"黄金荣一本正经地回答。

"骗人！"林桂生发嗔道。

"没骗你！"黄金荣依旧一脸严肃地说道，仿佛自己说的确实是真话一样。

当然，像黄金荣这路货色，以前都做过什么勾当，林桂生就算不知道全部，也猜个八九不离十。何况她自己都干着贩卖妓女的勾当，因此对于黄金荣所说的，她也只当做笑话听罢了，自不会认真计较的。

两人就这样打情骂俏了好一会儿。这时，一个姑娘拿着一个篮子走了过来，黄金荣往篮子里一看，原来是瓜子、花生、粽子糖等小吃。这个小姑娘倒是挺有生意头脑的，她知道黄金荣的身边有个女士，那么他一定会买这些小吃哄自己的女伴开心。果然，黄金荣买了好几包给林桂生，由于没有零钱，黄金荣给了张大钞，还慷慨地说道："不用找了。"于是两人边吃边谈边笑，嘴巴　刻都没有闲着。

林桂生忽然看到茶楼的角落里有一个高起的台面，就好奇地问黄金荣："阿荣，那是做什么的？我听爹爹说茶馆里经常有人说书，那里是不是说书人坐的地方？"

"你这小丫头，真是聪明，那里就是说书人坐的地方，每天晚上都有，有时候早上还会加演一场。这里的说书生意很火爆，常常是座无虚席，还有人站着听呢，昨天晚上讲的是《杨乃武与小白菜》。"黄金荣细心地给林桂生讲着。

"你们男人真好，还可以过来听书！"林桂生羡慕地说。

"以后我常带你过来。"黄金荣答道。

"说话算话！"林桂生表示怀疑。

"算话！"黄金荣非常肯定地说。

……

愉快的时间总是过得很快，不知不觉就过去了个把钟头，黄金荣和林桂生走出了茶楼。外面人很多，两人在人群里挤来挤去，林桂生因为比较胖，怕热，刚挤了一会儿，额头、手心里就开始冒汗了。黄金荣倒是趁着人多紧紧地贴着林桂生，还趁机时不时摸她一把，林桂生也没说什么，只是顽皮地给他一个白眼。

逛着逛着，就到了中午，黄金荣请林桂生吃了鸡鸭血汤、桂花酒酿圆子等小吃，然后又陪着她到南京路跑马厅看了赛马。这些男人玩的东西，林桂生是没有接触过的，她玩得非常开心，对黄金荣也更有好感了。

入赘林家

黄金荣与林桂生继续谈着恋爱，在这段时间里，两人的感情不断升温，黄金荣的事业也继续发展，同时，他的社交圈也越来越广。谈到事业，在此前后，他从一个普通的探员升为探目；在社交方面，他先后结识了程子卿、丁顺华、李慕琨、张阿金等重要的流氓界人物，还与他们结拜为兄弟，这些人对于黄金荣今后事业的发展，起到了非常重要的作用。

黄金荣能够在法租界巡捕房站稳脚跟，并不断发展，一是靠了自己的手段和能力，二是靠程子卿等地痞流氓的鼎力相助，第三就是靠自己的未婚妻林桂生的精明能干。

林桂生确实不是一般的女流之辈，她既没有美貌如天仙的姿色，也不像母老虎那样对黄金荣严加管束，可是黄金荣这个嗜好吃喝嫖赌的男人，却被她管得服服帖帖的。在这段时间里，黄金荣除了有案子需要处理外，只要一有闲暇时间，就往林桂生的家里跑。

其实说来一点儿都不奇怪，因为这时的黄金荣毕竟还是以事业为重，他需要有一个能帮他出点子的人，而林桂生自小就在黑道上摸爬滚打，有的就是鬼点子，所以黄金荣越与林桂生接触，就越加认识到，他想要飞黄腾达，林桂生这个军师是万万不可缺少的，而且，林桂生通过贩卖妓女，攒了不少的钱财，这对于没有太多家底的黄金荣来说，也是非常重要的。

再说这时候的林桂生在上海滩的名气一点儿也不比黄金荣小。他的父亲起初其实并不希望她踏进黑道这潭浑水里面，他还是希望自己的女儿能通过读书步入社会上层，贩卖妓女毕竟不是什么高尚的职业，可是林桂生虽是女儿身，却生性好强、泼辣，对读书也没有什么兴趣。没办法，老爷子只能带着女儿闯荡江湖。

黄金荣的父母死后，他一直在服丧。等服丧期满了之后，林家老爷子就急急忙忙准备起黄金荣和林桂生的婚事来。黄金荣和林桂生经过这段时间的相处，也已经是如胶似漆，巴不得早点儿结婚，毕竟已经到了男大当婚、女大当嫁的年龄了。于是，一场隆重的婚礼即将开始，他们把婚礼定在了聚宝茶楼。那年，黄金荣33岁。

聚宝茶楼位于公馆马路中段东新桥的十字路口，原本就是一家高档茶楼，黄金荣从史少卿手中夺来之后，又经过了重新装修，所以更显气派，很适合新人举行婚礼。沿着楼梯走上茶楼，内部的摆设非常宽敞舒适，窗户三面都是临街的，不仅光线充足，而且可以观赏沿街的风景。茶楼里有"雅室"，供有钱有势的人单独享用，里面放着紫檀木的大床和大交椅，雕刻都相当精致。茶楼也相当人性化，夏天的时候，会在紫檀木大床上铺上凉席，冬天则铺上被褥，这样的服务虽说不是顶级的，但也算是相当周到了。

老爷子倒是非常要面子，自己独生女儿出嫁，怎么说也得让自己显摆显摆，于是他向黄金荣提了这样一个要求：结婚那天必须用八抬大花轿来迎新娘。

当然，岳父大人提的要求，黄金荣肯定是满口答应了。

那天，新娘林桂生坐着八抬大花轿，从林府一路吹吹打打，来到聚宝茶楼，路上的行人纷纷驻足围观，甚是热闹。

婚礼必定要请许多宾客，而黄金荣和林桂生可都不是一般的人物，因此，他们请的宾客也是相当有来头。法租界巡捕房的巡捕、华界的捕快、流氓头子、各种商铺的老板等纷纷前来祝贺，还有许多无名小卒为了巴结黄金荣、林桂生，也赶来参加他们的婚礼。

黄金荣和林桂生拜完堂之后，就向宾客敬酒行礼，接着宴席就开场了。黄金荣和林桂生绕着一桌桌的酒席向宾客们敬酒，也不时有宾客主动上前与新人敬酒，还有许多流氓自顾自地喝酒、猜拳，而戏台上的演员则卖力地表演着各自的绝活。这个酒宴一直闹到夜里三更时分，大家纷纷都觉累了，也感到尽兴了，这才陆续散去。

黄金荣虽然喝了很多酒，但是他头脑还是很清醒的。在酒宴上，他看到那么多大人物都是林家的亲戚或者朋友，知道自己的选择没有错，也料定自己将来一定会大有前途。

结束了婚宴，黄金荣已经累得不行了，一头栽倒在床上呼呼大睡起来。

婚后，黄金荣夫妇就住在八仙桥同孚里，那里是一楼一底的弄堂房子。十几年之后，才迁到了麦高包禄路（今龙门路）的林家老宅。

黄金荣与林桂生结婚的目的，就是希望借助林桂生的能力和关系网，为自己未来的飞黄腾达增加筹码。果然，此后，黄金荣、林桂生二人通力协作，占据了上海滩黑帮老大的地位。

学穿洋衣吃洋饭

1900年6月19日下午，法租界黄公馆的客厅里，黄金荣西装革履，脖子上还打着一个红色的领结，端坐在沙发上听一个年轻人讲课。

黄金荣平日穿惯了舒适的绸衫，今天突然穿上硬邦邦的洋装，全身上下都感到十分不自在，简直是在受罪。黄金荣自小就有自己的坐姿，不管是坐在椅子上还是沙发上，他都习惯盘起一条腿，将脚踝放在另一条腿的大腿上，一只手托住后脑勺；说话时，另一只手的大拇指还习惯性地向身体侧面不住地晃动。这副姿势，也可算是旧上海标准的"大亨"姿势了。

那么，黄金荣今天为何要放下自己的"大亨"姿势，而受这份洋罪呢？原来，6月18日，八国联军攻破了天津，巡捕房副总巡兼警务总监石维耶要开宴会庆祝，如今地位非同一般的黄金荣也在应邀之列。因此，他才专门请来一个经常跟洋人打交道的小买办，不仅要他帮助自己穿西服、打领结，还要他教自己学习一些洋人的礼仪，以免在出席宴会时出丑。

这小买办刚刚已经教会了黄金荣如何穿洋衣，他让黄金荣挺起胸脯正襟危坐地坐在沙发上后，开始教黄金荣如何吃洋饭。

小买办拿起一条事先准备好的雪白的餐巾，一边示范一边讲解道："这小餐巾，现在已经不时兴放在胸前了，也不时兴塞在衣领下，而是流行放在膝盖上。对了，等待上餐前，不能玩弄餐具，尤其不能玩弄餐刀……"这小买办知道黄金荣爱玩刀子，所以专门做了提醒。

黄金荣点头表示明白后，小买办又继续讲解道："第一道菜上来，主人一般会向来宾敬酒，客人也应该站起来回敬，这时手腕应该向着主人方向擎杯，这杯酒不用喝完，喝一口后，就可以拿起叉子叉菜，但要慢慢地。喝酒时，不可咂嘴，发出响声。吃东西时，也不可伸长脖子去吃菜，而要用叉子或勺子将食物送入嘴中。"

"他妈的，这不是活受罪吗！洋鬼子哪来那么多的规矩！"黄金荣一听，便骂上了。不过，他知道，这次自己要面对的是法国主子，自己撒泼不得。于是，他先是老老实实地将小后生刚才教自己的喝酒吃菜姿势试做了一下，然后问道："要是汤太热，能不能用嘴吹？"

"不行的，无论是汤还是菜肴，太热时，可以先放在面前的碟子上，放下刀叉等一下，也可以同身边的客人交谈几句，等它凉下来再吃，绝不可用嘴去吹！"小买办解答完疑问后，又继续开始讲解，"不可拎起餐巾擦脸，只能提起一只角，轻轻地擦下嘴唇……"

就在小买办给黄金荣讲解的同时，林桂生也在自己的房里接受一个贵妇人打扮的中年女人的调教。只见林桂生坐在梳妆台前，中年女人正抓着她的胖手端详她的手指甲。

"黄太太，您的手指甲可真好，表面红润光泽，根底还有个乳白色的小月牙。"中年妇女带着一口京腔说道。

妇人说着，用剪刀把林桂生的指甲前端剪成椭圆形，然后又给她涂指甲油，动作熟练而轻巧。

这样涂过之后，妇人说道："黄太太，您的手指又白又嫩又……"话说到这里，她刹住了车，没有将本来想说的"又粗"说出来，而是改口为"又是双福手，如果将指甲涂成鸭蛋形，两边再稍微留点空隙，就更好看了！"

林桂生因为自己长了双肉墩手，向来看不惯那些女人的纤纤细手，因为要陪丈夫出席宴会，才不得已将手加以修饰。而现在，经中年妇女这么巧妙地一修饰，林桂生发现自己的手指也可以变得纤细起来，心里颇为得意。

晚上，黄金荣如约挽着林桂生乘车来到宴会厅。大厅内富丽堂皇，天花板上吊着精巧的大宫灯，灯上颤动的流苏与闪闪发亮的地板相互映照，再加上低低垂下的天鹅绒的蓝色帷幔，让人感觉恍惚迷离，如在梦中。

巡捕房警务总监石维耶在门口将黄金荣和林桂生迎入了宴会厅，接下来，无非便是主人发言，碰杯，然后，宴会的主题——舞会便开始了。

爵士乐抑扬而不急不缓的声调响起来后，那些男宾们纷纷邀请了一位女宾，开始在舞池里跳起来。黄金荣和林桂生由于都不会这种时髦玩意儿，只能坐在角落里当观众。黄金荣注意到，石维耶总监用一种细碎的脚步走到一个贵妇面前，行了一个漂亮的屈膝礼，又退回原处。贵妇则小心地提起裙边，好像是要跨过一个水洼似的，用脚尖打着拍子，在大家的喝彩声中翩翩起舞。

黄金荣在下面看了一会儿之后，便有些不耐烦。林桂生的想法则和黄金荣不同，她看着那些像公主一样在翩翩起舞的贵妇们，心里羡慕得要命，心想：这才是女人该过的日子！

几支舞曲之后，黄金荣便开始打瞌睡了，林桂生在旁边则不停地提醒他，这样太不礼貌了，他这才勉强打起精神，没有睡过去。

第七章
敛财作恶，八面出击

青帮的演变

黄金荣的一生，与中国帮会有着密不可分的联系。那么中国帮会是怎样的一种组织，其由来又是怎样的呢？

提到中国近代帮会，人们一般都会提起两家，那就是青帮和洪门。

青帮并不是到了近代才出现的，而是由来已久，只不过因为青帮素来采取的是秘密结社的方式来进行活动，故其真实状况鲜为人知。

根据学者的研究，中国古代的秘密社会组织可以分为两大类，即秘密教门和秘密会党。秘密教门以宗教信仰的面貌出现，以师徒递传的方式组成，以宗教迷信作为维系内部团结的纽带。因为这里宗教组织没有得到官方的承认，所以又被称为"民间教门"；又因为其活动的秘密性质，所以也被称为"秘密教门"。青帮的前身罗教就是中国古代秘密教门的代表，此外，白莲教、闻香教、八卦教等也都属于秘密教门一类的组织。与秘密教门师徒相递的结社方式不同，秘密会党是以异姓结拜兄弟的形式出现的，通常以歃血结盟、焚表（即焚烧写有誓词的表文）结拜的方式来加入组织，以江湖义气作为维系内部团结的纽带，要求会众忠于誓言，恪守规约，严守会内机密。中国古代秘密会党的典型代表之一就是洪门，此外还有三点会、边钱会等。

提到青帮的起源，就不能不提到一个人，他就是罗清。根据现存的青帮秘籍，青帮自身一般都认为明代罗清是其始祖，因罗清曾拜金纯（号碧峰）为师，故又推金纯为第一代祖师。

罗清虽然被视作青帮的始祖，但是罗清创立的其实是罗教，而不是青帮，罗教发展为青帮是很久以后的事情了，然而不可否认的是，罗教在漕运水手中的流传是与青帮的形成是直接相关的。

罗清在世时，曾当过运粮军人，因此罗教在运粮水手中得以传播，是很自然的事情。继罗清之后，对罗教在漕运水手中的传播起重大作用的是翁岩、钱坚、潘清三人。根据清代文献记载："明季时有密云人钱姓、翁姓、松江潘姓三人流寓杭州，共兴罗教，即于该地各建一庵，供奉佛像，吃素念经，于是有钱庵、翁庵、潘庵之名。因该处逼近粮船水次，有水手人等借居其中，以至日久相率皈教。"另有记载说："漕船北运之初，此二人（指翁、钱）

沿途为人治病舍药，讽经祈禳，劝人持斋守法，死者敛钱瘗之，久而相率皈依。"由此可见，罗教开始在漕运水手中盛行起来，是明末清初的事情。需要注意的是，那时翁、钱、潘三人设庵传教，主要是通过宗教慈善活动进行的，并没有在水手中拉帮结伙之意。到康熙、雍正年间，水手罗教庵堂普遍兴建，形成了杭州和苏州两大中心。在杭州最盛时共有70余庵。雍正五年（1727年），浙江巡抚李卫查禁时，杭州北新关有庵堂30余处。至乾隆三十三年（1768年）再次查禁时，罗教庵堂仍有20余处。各庵都以始建人或改建人之姓氏命名。钱庵建立最早，且未经改建，故称"老庵"；翁庵由万姓人改建，故改称"万庵"；潘庵经王姓人改建，故称"王庵"。各新建庵对于三庵都有一定的从属关系。如李庵、刘庵、八仙珠庵、盘珠庵、刘庵、李庵、周庵、阎庵、石庵，"俱系钱庵分出"；刘庵、李庵、王庵、章庵、黄庵、虞庵、彭庵，"皆自翁庵分出"；清凉庵、王庵、刘庵，"系由潘庵分出"。除清凉庵习大乘教外，其余皆习罗教。江苏苏州的罗教经堂分为两大支。一支是罗教的分支石佛口王姓传下来的大乘教，有削筋墩老堂及分出之南堂、北堂、阎堂和罗桥经堂；另一支则是罗教正宗无为教，"由淮安钱姓传至凤阳阎姓，递传至苏州"，有西来庵及分出之马庵、阎庵和楼下经堂。各堂"所传徒弟及招接入教人等仍系粮船水手及内河驾船之人"。这些庵堂都是在康熙中叶以后建立的。淮安在历史上是漕粮交兑之所，由此看来，苏州的罗教庵堂与杭州的钱庵是可能有某种渊源关系的。

水手罗教庵堂的功能最初主要是传习罗教。供奉罗像、罗经的礼拜地方是庵堂的主要部分，如翁、钱、播三人在杭州建庵之时，只是"供奉佛像，吃素念经"。庵堂的附属部分是供水手居住之所，因该处逼近粮船水次，有水手人等借居其中，以致日久很多水手都皈依了罗教，由此而产生了其他功能："复因不敷（水手）居住，醵资兴建数十庵之多，庵外各置余地，以资守庵人日用，并为水手身故义（土冢）。每年粮船回空，其闲散水手皆寄寓各庵。"因此，庵堂的附属部分急剧扩大，苏州的10个罗教庵堂，构建的住屋竟达100余间。

水手罗教庵堂的发展与其他民间宗教庵堂的发展模式是相似的。如明代的长生教、元代的白莲忏堂以及20世纪在新加坡兴起的先天道庵堂，都是由田产或其他财产、信徒居住之所以及礼拜堂这样几个部分构成的。

由此可见，从雍正年间到乾隆中叶，水手罗家虽然遭到打击，但是并没有完全褪去其宗教色彩。雍正五年（1727年）李卫仅仅没收了庵堂的经卷和佛像，改为水手居住的"公所"，以为这样一来就可以改变庵堂的性质，但这实在是个愚蠢的措施，并没有达到预期的效果。有鉴于此，乾隆三十三年（1768年）清政府采取断然措施，没收经卷、铲平庵堂、驱散水手，这成为清代水手罗教向青帮转变的一个重要转折点。但必须指出，罗教与水手的单纯结合，只能形成一种宗教组织，而不能形成一个帮会组织。罗教之转变为青帮，还有待于漕运水手内部组织的变化。水手罗教转变为青帮，与明清两代漕运制度的变化有着密切关系。

漕运，即利用水道转运粮食，特指中国历代封建王朝为了供给宫廷消费、百官俸禄、军饷开支和民食调剂而将征自田赋的部分粮食运往京师或其他指定地点的经济调遣，这种粮食称为漕粮，运输的方式包括河运和海运，而在水道不通处，也辅以陆运。狭义的漕运仅指通过运河并沟通天然河道转运漕粮的河运而言。秦始皇北征匈奴时，曾自山东沿海一带运军粮往北河（今内蒙古乌加河一带），这可以看作是历史上最早的漕运。西汉开始，漕运变成国家的一项固定的经济制度，每年都将黄河流域所征的粮食运往关中，也就是都城长安地区。然而漕运路途遥远，又要经过三门峡河险，耗费巨大，后来汉武帝时期开凿了与渭河平行的人工运河漕渠，这才大大缩短了水运的路程。东汉时期，就更加便利了，因为建都洛阳，漕运路程较近，又不需经过河险，所以在很大程度上减缓了漕运的困难。隋代在自东向西调运漕粮之外，还从长江流域征粮调往北方。隋炀帝动员大量人力开凿通济渠，联结了黄河、淮河与长江三大水系，形成了沟通南北的新的漕运通道，也奠定了后世作为漕运主渠的大运河的基础。此后历代也都很重视漕运，为此，疏浚了南粮北调所需的水路网道，并且建立了漕运仓储制度。清咸丰五年（1855年）黄河改道，运河淤塞，漕运开始越来越艰难，同时随着商品经济的发展，漕运也逐渐变得不再是必需之举。光绪二十七年（1901年），清政府停止了漕运。历代漕运保证了京师和北方军民粮食的需求，有利于经济的发展和政治的稳定，但是辛苦的徭役和高昂的运费也给人民带来了沉重的负担。在历史上，青帮的形成正是与漕运的种种弊端紧密相关的。

明代漕运，"法凡三变，初支运，次兑运，支运相参，至支运悉变为长运而制定。"这里提到了漕运的几种方式："支运"，就是在淮安、徐州、德州、通州等段，由官军节节接运；"兑运"，就是由官军代运漕粮，百姓付予相应的路费和耗米；"长运"，就是由官军承担漕粮的全部运输。

综观明代漕运制度的演变，民运部分日益减少，而军运漕粮占主导地位，并最终取代了民运。明初的军运费用基本上由财政负担。但兑运、长运法实行以后，运粮军队按照规定从人民那里取得的运输费用，是否能应付实际开支，就成为一个大问题。于是，"军与民兑米，往往恃强勒索"，因官军有耗米行脚收入，故"司仓者多苛取，甚至有额外罚"。总之，各种弊端层出不穷，军运制度到明末已是岌岌可危了。

清初承袭明制，每5年编审一次运粮军籍，以阻止运军逃亡，维持军运制度，但毫无效果。到康熙中叶，军运制度终于发生了重大变革："康熙初每船运军十名，至三十五年（1696年）改定为一名，余九名选募水手充之。"这一变化对于水手帮会的形成具有重要意义。这时因为：第一，漕运水手的主要成份由军人变成了雇佣劳动者，原来的军事组织系统的管理办法不再适用，这就为粮船水手行帮组织的出现创造了有利条件；第二，由于存在着雇佣关系，就此而产生了雇佣和退雇、工钱多少、雇佣者内部的争雇及协调等一系列问题，需要水手们加强彼此间的团结；第三，这些雇佣劳动者主要是游民，没有家庭可以依靠，他们的归次住所、养老病死都需要水手之间的相互扶助。水手行帮组织正是适应了这些需要而产生的。

由于有关水手行帮组织的史料很少，我们目前尚无法确定它出现的确切年代。有的学者考证："粮米帮始于康熙四十五年（1706年）"，这个说法大约是可靠的，因为那正是运军制度改革十年之后的时间。根据我们现在掌握的材料看，嘉庆、道光年间在船帮中出现了一些类似包工头的"揽头"或"荐头"，他们是"一船水手之领袖，或数船之领袖也"。招募水手，处理事务，必须经过揽头的同意，负责押运的运丁无权过问船上事务。这表明水手行帮那时已经初步形成。但是，由于这些行帮组织不像江浙船帮那样有罗教作为组织凭借，远没有发展到足以垄断整个船帮的规模。而水手罗教与江浙船帮中的水手行帮相结合，则直接导致了青帮的产生。

从康熙三十五年（1696年）以后水手成份的改变，到水手行帮组织的酝酿、产生，罗教在江浙水手中的流传到雍正五年（1727年）的初次打击，宗教色彩逐渐淡化。这是两个互相交错的历史发展过程，青帮并不是水手罗教宗教色彩淡化过程的自然结果，而是这一过程与水手行帮组织的发展过程相结合的产物。

水手罗教的宗教色彩淡化，与水手成份的改变有着直接关系。雇佣水手的流动性较大，不像运粮军丁那样，与罗教庵堂有着长期的联系。嘉庆年间有人供称，江南船帮习教的人每年七八月间送香火钱到北京虎坊桥翠花胡同罗教佛堂，但清政府并没能找到这个佛堂，这说明水手罗教早已脱离了与原来教主的联系。乾隆十八年（1753年）水手缪世选在通州遇到罗清的后裔罗明中，"两下都要起身，也不曾拜从他"，并没有施行教徒对教主的礼节。经过雍正五年（1727年）李卫的取缔，许多罗教庵堂的经卷、罗像被没收，后来的管庵人对罗教的教义、经典也淡忘了。这使得罗教庵堂的宗教职能相对削弱，而作为"粮船水手回空居住之处"的功能相对增强，加速了水手罗教与水手行帮组织的融合过程。因各庵对于翁、钱、潘三个祖庵各有其从属关系，很自然地在江浙船帮内部形成了三大派系。乾隆三十三年（1768年）清政府对庵堂的取缔，迫使水手罗教把庵堂由陆地迁移到船上，出现了所谓的"香火船"。以香火船为中心，形成了具有宗教特色的水手行帮组织——青帮。

青帮分为翁、钱、潘三支，它们的传法与成份各有不同，反映了它们与水手行帮组织结合过程的相异之处。根据青帮秘籍记载："翁祖传贤不传子（字），钱祖传头不传子（字），潘祖传子（字）不传贤。"所谓"传贤""传头"，实际上就是收揽头、荐头为徒，而直接招收水手行帮中的头目为徒人被称为"老官"，他们可以迅速控制一条船、几条船以至整个船帮。因此，翁、钱二支，虽然"不甚收徒"，但在江浙船帮中的势力却极大，而潘庵一支则"广收义士为徒"，没有充分利用原有的行帮头目以控制水手，收徒虽多，但势力却较弱。青帮各支与水手行帮结合的程度、特点不同，对于后期青帮的发展影响极大。由于翁、钱两支较多地依赖于原来的水手行帮组织，在漕运船帮衰落下去以后，这两支便随之衰落，而潘庵一支则获得了迅速发展。

清代漕船雇佣水手，要求身家清白。由于翁、钱二支收徒的要求严格，因此，清政府对于青帮各支的观感也截然不同。陈文述写道："揽头之外，另有二种，一曰老鹤。老鹤者，老官也，即老庵也。一曰拜师，则所来咸称徒弟，新庵亦称潘庵也，潘庵之先本潘姓，老庵之先本翁、钱二姓。……迄今翁、钱两姓之徒，尚守其教，曾经犯案及滋事之人皆不收录，所来水手，尚听约束，是名老庵。潘则饮博淫盗，一切无禁，故人乐从之。积恶之滑贼，叛案之逆犯，日久稽诛之巨盗，杀人亡命之凶徒，胥混迹焉。是老鹤所部，贤于拜师者矣。"看来翁、钱二支的收徒规矩，是根据官府的法令而立下的。

青帮作为罗教与水手行帮相结合的产物，还反映在其香堂仪式上面。青帮的香堂仪式分小香堂、满香堂各种，仪式虽有繁简之别，但基本程序是一致的。入帮弟子由引进师引进，然后由传道师主持仪式，供奉翁、钱、潘三祖，唱焚香歌，拜本师，授以帮规、青帮知识，最后焚纸送祖归山。青帮的请祖焚香赞词、上供烧纸以及送祖礼仪基本上是模仿一般中国宗教的仪式，这是罗教的产物。而在香堂仪式上传授有关漕运的知识，如漕运各帮的名称、各省兑粮的米数、码头名称等，则是漕运水手内部旧有师徒关系的反映。这部分知识后来演变为青帮秘密知识的一个组成部分，在特殊情况下用以考察是否帮内人的身份。

香火船是早期青帮的权力中心。掌管香火船的称为"当家"，为一帮之首。由于翁、钱、潘三大帮各有其分支，同一大帮的分帮首领往往以香火船作为其议事场所，所以从香火船的分布大致可以看出青帮对于漕运水手的控制面。根据青帮秘籍记载，拥有香火船的主要有以下一些船帮：江淮四、兴武四、兴武五、嘉白、杭三、苏前、湖州头、常淮卫、正阳卫、吉安卫、德安卫、蓝山半帮等。而在同一船帮内又往往有多只香火船，这是青帮不同派别犬牙交错的表现形式。有的船帮规模较大，当家的往往有几个，分头船当家、腰船当家、后船当家。从香火船的分布情况来看，除正阳卫、德安卫、吉安卫和蓝山半帮外，其余均属江浙船帮。这与水手罗教传播的范围是大致相符的。清末民初"礼""大""通"三辈的青帮头面人物，几乎都是江浙船帮中的遗老遗少。因此，并不是所有的清廷船帮都转化为青帮，只有一部分与罗教发生密切联系并混合生长的、主要是江浙地区的船帮演变成了青帮。

在长期的发展过程中，青帮内部逐渐形成了公认的十大帮规：

一、不准欺师灭祖；

二、不准扰乱帮规；

三、不准蔑视前人；

四、不准江湖乱道；

五、不准扒灰放笼；

六、不准引水带跳；

七、不准奸盗邪淫；

八、不准以卑为尊；

九、不准开闸放水；

十、不准欺软凌弱。

作为清朝漕运水手的行帮组织，早期青帮的基本斗争方向仍局限于经济范围。首先是进行贩私活动。漕船贩私自明代以来即屡见不鲜。封建政府也采取过一些变通措施，"准许军丁和水手贩运一定数量的'土宜'"。运河是南北重要的交通运输线，一到漕运时节，商人托运、军丁水手自贩，往往使漕船超过法定的载量，造成搁浅，威胁漕粮运输。同时，漕船私贩淞盐北上，回空时又夹带芦盐南下，也威胁着清政府的食盐销售制度。为了防止上述弊端，清政府对漕船的稽查十分严格。而要逃避和抗拒稽查，必须依靠水手内部的紧密团结。

第二，索添工价。漕运水手的工价十分低廉，并遭到层层盘剥。"粮船水手，每年身工不过七千余文，原不足敷养赡"，而从兑费中提出贿赂领运千总、坐粮厅验米费用以及仓场经纪的费用即达二千六百两之巨。因此，水手"索加身工，纠众殴官，习以为常，恬不为怪"。在索添工价的斗争中，青帮起了重要作用。如道光五年（1825年）各帮在水运途中联合索添工价，浙江嘉白帮、杭三帮老官首先"传出一纸，名曰溜子，索添价值"，接着十余帮水手先后效尤，迫使运弁旗丁答应他们的要求。

第三，竞争就业机会。各个水手帮派之间虽然有其共同的利益关系，但是，当漕粮运输逐渐减少，他们之间竞争就业机会的斗争势必激烈起来。水手帮会成为水手内部竞争的天然的组织凭借。不过，水手行帮的上述斗争在乾隆以前几乎谈不上什么规模，直到道光年间才逐渐频繁和扩大。

青帮在政治上的消极态度是由其依附于清朝漕运制度的经济地位所决定的。他们"霸占帮职，视同己业"，这就势必把漕运看成自己的私利，竭力加以维护，并通过严厉的家礼、家法来保证漕运任务的完成，而把斗争局限于索添工价、抗拒查私、竞争就业等狭隘的范围。长期的走私经商活动、无休止的帮派斗争也使以游民为基础的青帮滋长了好逸恶劳、投机取巧、恃强凌弱等流氓恶习。以虔诚的罗教徒为主体的水手行帮，随着时间的推移，正日益失去其纯朴的本色，而转化为流氓集团。

洪门的由来

与青帮类似，作为一种秘密结社组织，"洪门"子弟之间的沟通和传递方式大多是以口头进行的，因此有关它的起源问题和早期历史并没有留下什么确凿的记载，但是人们给出了多种解答与猜测。

有人根据字形来分析，说："'洪门'就是'汉门'，因为丧失了中原的土地，所以在'汉'（繁体'漢'）字里要除去'中土'就成为'洪'字了。"

又有人说："因为明太祖年号'洪武'，所以才拿'洪'字来起名的。"例如，辛亥革命元老陶成章在《教会源流考》中就说："'天地会'即'洪门'……何谓洪门？因明太祖年号'洪武'，故取以为名。指天为父，指地为母，故又名'天地会'。"

当然，还有其他的说法，但是我们可以很容易地看出，无论是哪一种说法，"洪门"名字的由来都是与反清复明有关。有关这一点，孙中山先生在《建国方略》中说道："洪门者，创设于明朝遗老，起于康熙时代。盖康熙以前，明朝之忠烈士，多欲力图恢复，誓不臣清，舍生赴义，屡起屡蹶，兴房拼命，然卒不能救明朝之亡。迨至康熙之世，清朝已盛，面明朝之忠烈，变残废殆尽。二三遗老，见大势已去，无可挽回，乃欲以民族主义之根苗，流传后代，故以反清复明为宗旨，结成团体，以待后有起者可藉为资助也。此殆洪门创设之本意。然其事必当极其秘密，乃可防政府之察觉也。夫政府之爪牙为官吏，而官吏之耳目为士绅，故凡所谓士大夫之类，皆所当忌而须严为杜绝者，然后其根株乃能保存，而潜滋暗长于异族专制政府之下。以此条件而立会，将以何道而后可？必也以能全群众心理之事迹，而传民族国家之思想。故洪门之拜会，则以演戏为之，盖此最易动群众之观听也。其传布思想，以不平之心，复仇之事以表之，此最易使士大夫闻而生厌、远而避之者也。其固结团体，则以博爱施之，使彼此手足相顾，患难相扶，此最合乎江湖旅客无家游子之需要也。而终乃传以民族主义，以期达其反清复明之目的焉。"

孙中山先生在这段论述中，明确指出洪门"创设于明朝遗老"，是一个有着鲜明的"民族国家之思想"、以"反清复明"为政治宗旨的具有革命意义的秘密团体。孙中山先生的这种认识促使他积极向洪门靠近，甚全为了史好地借助于洪门的力量达到自己推翻腐朽的清王朝统治的革命目的，他自己也加入了洪门组织。

孙中山在对清政府感到彻底失望之后，于1894年11月24日在檀香山茂宜岛创立了革命组织兴中会。此后，孙中山觉得北美的华侨比檀香山要多，于是将反清革命阵地迁徙到了北美。到北美之后，孙中山很快就感觉到，洪门在当地华侨中有着极大的影响力，于是加强了与洪门人士之间的往来，后来在洪门前辈钟水养的介绍下，于1903年冬天正式加入了檀香山致公堂。檀香山致公堂就是当时北美最为重要的洪门组织。与孙中山同时入盟的有60余人，据传当时加入洪门的会员名册，现在仍保存在檀香山。在入盟仪式上，主盟人宣封孙中山为"洪棍"。所谓"洪棍"者，即洪门之"元帅"。

其后，为了更加明确反清的革命志向，孙中山又建议举行洪门总注册，并且代致公堂拟定新章程，从而使得洪门成为了一个真正的革命团体。这一举措推行之后，美洲华侨7万人共捐赠款项约21万美金，强有力地支持了孙中山先生的革命需要。华侨对于反清革命有着巨大的贡献，而这在很大程度上又是因为洪门这一组织的积极推动。孙中山先生曾经很感慨地说："海外华侨，若无洪门，则华侨民族意识，不能如此坚强。"

既然洪门对中国近代革命的发生和发展造成了如此重大的影响，那么其早期发展情况又是怎样的？这一团体在长期的演进过程中又形成了哪些文化特色呢？实际上，要想确切地探明这些问题并不是一件容易的事情，因为洪门高举着反清的旗帜，自然会受到清政府的严厉打压，而洪门成员为了更好地保护自身，就必须采取非常隐秘的方式来进行活动，所以洪门内部的运行情况外人知之甚少，并且也很少有文字记载流传下来。不过，历史还是在有意无意之间为我们了解洪门历史留下了某些线索。当年，乾隆皇帝为了镇压天地会，曾举东南数省之力搜求株究"洪门"会史，结果却是"查天地会名目狂悖诡诞，而起自何人何地，严切追求终无确据"。虽然如此，这次查究活动却为我们积累了约150万字的案牍材料，而正是这些令清政府感到缺乏价值的材料奠定了当今"洪门学"的研究基础。

有关洪门的创立时间有许多说法：一说是起于康熙十三年（1674年）三月二十五日；一说是雍正十二年（1734年）七月二十五日。据某些史料记载，洪门祖先谱系有"始祖""五宗""前五祖""中五祖""后五祖""五义""五杰""三英""二师"等，按照香堂上供奉的牌位，这些人分别是：

始祖：洪英、傅清主、顾炎武、黄梨洲、王夫之

五宗：文宗史可法、武宗郑成功、宣宗陈近南、达宗万云龙、威宗苏洪光

前五祖：蔡德忠、方大洪、马超兴、胡德帝、李式开

中五祖：杨仗佑、方惠成、吴天成、林大江、张敬之

后五祖：李式地、洪太岁、吴天佑、林永超、姚必达

五义：郑君达、谢邦恒、黄昌成、吴廷贵、周洪英

五杰：郑道德、郑道芳、韩龙、韩虎、李昌国

三英：郭秀英、郑玉兰、钟文君

二师：男军师史明鉴、女军师关玉英

洪门各派的组织形式虽然稍有差别，但都一致采取了封建等级制。洪门代表性的组织结构为"三十六步半"。"三十六步半"即三十六个等级，也是晋升的阶梯。有功劳者可得到晋级机会。但到中华民国前后，入会人士凭社会地位或捐献资产，也可越级晋升，乃至可"一步登天"升为"大哥"。不过一般情况下，只许一步步晋升。"三十六步半"具体讲来是三十六个"官职"加上"制皇"这半个"官职"。"制皇"为退居二线的前任山主，他虽无实权，但地位显贵，相当于太上皇。"三十六步半"职位共分八个大级别，称为八个排。顺序从一至十，但忌讳并避免开了四、七两排。

洪门编制中的"排"又称"行"，几排称为行几。各行官职名称为：

行一有制皇，龙头，坐堂、陪堂、盟证、香长、管堂、刑堂、执堂、礼堂护剑，护印，心腹，新一；行二有圣贤；行三有桓候，披红，插花；行五有红旗，黑旗，蓝旗，青刚；行六有花冠（巡风），巡山，镇山，附六；行八有白旗，八德；行九有九江，江口，检口，守口，斗口；行十有大、小么满，铜章，铁印。

这"三十六步半"等级的权限各有差别，职务安排上既仿照了《水浒传》中梁山泊的职务分工，又类似国家机构的缩影。它具有如下特点：分工具体，官职庞杂，等级森严，俨然是封建官僚体制的一种缩影。

洪门会内成员原来皆以兄弟相称，后来将"哥"改称"爷"，"山主"原称"龙头大哥"，后来大都称"龙头大爷"。山主拥有绝对的权威，各等级间具有封建家长制的统治秩序。在洪门中，下级要绝对服从上级。"家法"规定"红面视兄"者，也就是反抗上级者，严惩不贷。各级官职根据职位高低，享有不同的特权。这种封建等级制，缺乏权力上的制衡，于是形成龙头大哥的专制独裁。与这种组织制度相适应的是洪门的香堂仪式和严酷的"家法"。洪门的"开香堂"布置得仪式十分森严并且具有神秘色彩，不仅供有列祖列宗（前五祖、中五祖、后五祖等）的神位，还供有关羽、岳飞的神位，标榜其忠义精神。仪式上，龙头大哥会高唱"开山大令"，诗曰："……冒充光棍天下有，清查包袱要人头。不是愚下言语陡，大哥将令不自由。上四排哥子犯了令，自己挖坑自己跳。中四排哥弟犯了令，自己拿刀自己剿。九十老么犯了令，四十红棍定不饶。五堂兄弟请升帐，我今把令往下传。"

香堂内除了各种繁琐的布置外，一般还会放置这样几件有特殊象征意义的东西：高挂一盏红灯，灯下插七星宝剑一把，还放置着一尺、一秤、一镜，还有刻画着龙凤的棍棒一对。这几样物件各有其象征意义："一杆秤，称公平""厂面镜照邪正""一根尺量规矩""一盏灯照前程"，七星宝剑是用于杀尽贪官污吏的，龙凤棍是用于打翻清政府的。这些布置，除龙凤棍棒和七星剑具有反清的政治含意外，其余都在于维护组织制度。

为了维护组织纪律，洪门有代代相传的《十八本律书》，规定了一系列纪律和刑法。这《十八本律书》就是独立于国法之外的洪门"法典"。

洪门表面上有法可依，实际上则是龙头大哥的人治高于"法治"。龙头大哥有任意处死会员的至高权力。

洪门的刑法分为极刑、重刑、次刑、轻刑、默刑、降刑这几种。

极刑，就是"凌迟"，即以刀割至死。

重刑，就是沉水溺死，或挖坑活埋。

次刑，包括"剐刀"和"三刀六洞"两种。所谓"剐刀"，就是用刀自己割自己的肉；所谓"三刀六洞"，就是自己挖个坑，内插三把刀，刀尖朝上，自己对着刀尖猛扑下去，三把刀刺穿身体，造成六个洞眼。"三刀六洞"只用于上四排。

轻刑，即以"红棍"打四十或八十棍。打红棍只用于下四排。

默刑，称为"连根拔"，即撤消会内一切职务。

降刑，也就是降级。

由此可见洪门的刑法极为严酷，且简单粗暴。洪门审案分文场和武场，重口供，轻调查研究。洪门的刑法与维护封建性的制度和会内秩序是相适应的。青洪帮这些帮会是封建社会的产物，所以和历史上其他一切秘密结社一样，带有浓厚的封建宗法及迷信色彩，这些帮会在"组织上均有严格的复杂的等级与头目制度，……这种封建的落后的组织形式，正是便于野心家利用的条件"。洪门在历史上虽然大力支援过太平天国农民战争，积极参加过辛亥革命，但由于其制度上的封建性，限制了它的历史作用。

洪门崇尚儒家倡导的"三纲""五常""五伦""八德"等伦理道德，并将其作为洪门的道德规范和精神武器。"三纲"即"君为臣纲、父为子纲、夫为妇纲"；"五常"即"仁、义、礼、智、信"；"五伦"即处理君臣、父子、兄弟、夫妇、朋友之间关系的准则；"八德"即"孝、悌、忠、信、礼、义、廉、耻"。他们还将"五常"中的每一字都树立一位古人的事迹来作为榜样："仁"——帝尧的让贤，"义"——孟尝君养士，"礼"——周公制礼，"智"——徐茂公的神机妙算，"信"——关公封金挂印护嫂寻兄。洪门还用诗歌来称颂："君明臣良振朝纲，父慈子孝家道昌，夫贤妇顺多和睦，兄宽弟让降吉祥。""乾坤八卦定纲常，群臣义道为三纲，仁义礼智信为五常。"洪门自称"为求挽救人心，申大义于天下起见，若不从个人伦常方面入手，无法使节义申张，提倡五伦八德之教，由个人而家庭，及于国家社会，故组织极严格，违犯者即处以重刑"。此外，洪门的"十规要""三十六誓"中也都贯穿了儒家的传统思想。

洪门属于民间下层社会的秘密结社，长期以秘密活动的方式反对清王朝的反动统治，为了保持其组织不被敌人分化、瓦解，使会内不出或少出叛徒，就必须有一种加强内聚力的精神武器，而洪门成员文化水平都较低，他们创造不出新的精神武器，因此，洪门只能以历史传说中的"英雄"人物为榜样，将民间传颂的历史故事中的"忠臣""烈士""义士""侠客"的"忠义"精神作为维系会众和对敌斗争的精神武器。洪门会员在江湖上遇到"自家人"，互相行礼时，左右双手，各以拇指直伸，食指弯曲，其余三指直伸，表示"三把半香"。洪门会内崇拜的"三把半香"，来源于民间文学中的故事，第一把香是传说中的羊角哀和左伯桃的故事，效法他们两人舍身救友的义气；第二把香是《三国演义》中的"桃园三结义"的传说，标榜刘备、关羽、张飞三人的忠义精神；第三把香是《水浒传》中的梁山泊一百单八将的忠义精神；那半把香是《说唐》中秦琼和单雄信的故事，秦琼虽然对单雄信讲义气，但没能够为救朋友而死，单雄信被李世民杀害后，秦琼悲痛至极，痛哭多日，因而被称为"秦琼哭回半把香"。洪门就是以这"三把半香"作为团结会众同生死共患难的思想武器的。洪门《三十六誓》中第一誓即强调"以忠义为本"，正与崇拜这"三把半香"是一致的。在这些传说的"英雄"人物中，洪门又特别崇拜关羽。与崇拜关羽相联系，洪门的各项活动中反复歌颂"桃园三结义"，口口声声离不开"桃园"精神，甚至将参加洪门者称为"在园"。

另外，洪门受到《水浒传》的影响也极深，几乎各种活动中都有称颂"梁山一百单八将"和宋江等人的诗歌。例如，洪门《三把半香》诗歌称："三把半香根本香，梁山结义有宋江，聚齐一百单八将，不分男女摆战场，河北收来卢俊义，外有兵来内有粮，可得三把根本香。"洪门除较笼统地歌颂宋江与梁山一百单八将之外，还将自己会内的各级人物一个个比做梁山好汉。洪门的聚义地点也一律模仿梁山"忠义堂"这一名称。梁山泊杏黄旗上书有"替天行道"几个大字，而洪门也在多处自称"替天行道"。

洪门以儒家传统的教条作为会内道德准则和精神武器，这是由历史环境所决定的。以游民、小生产者为主体的洪门会众，在自然经济占主导地位的封建社会和半殖民地半封建社会中，他们不可能摆脱封建主义道德观念的束缚。因此，洪门会众虽大都属于受剥削者、受压迫者，但是他们缺乏阶级意识，他们对待历史人物没有阶级观点，而是充满了封建主义的正统思想，他们从未能真正了解历史人物，而只是盲目地标榜"忠臣""烈士""侠客"，将起义的农民骂成"贼"，将镇压农民起义的反动统治阶级的帝王将相称颂为"英雄"。他们基本上不歌颂梁山泊将领的造反精神而着重歌颂其"江湖义气"，他们区别"善"与"恶"的准则不在于历史人物的思想行为对社会发展是否有利，而仅仅在于是否"忠义"。实际上，洪门思想文化的这种落后性在很多方面都有所体现。

洪门的各种活动，如香堂仪式、应酬拜谒、联络方式、检查对方是否帮中人时，都配有诗歌，有时直接以诗歌代语言互相问答。洪门秘籍抄本以及其他文献资料中，反映各项活动的诗歌，数量奇多，约达数千乃至万条。这些诗歌除极少数看来出自文人手笔外，绝大多数来自文化水平低下的洪门会员，其特点在于粗、浅、俗、陋，但是它却较集中地写照了民间下层社会秘密结社的文化风貌，充分地反映出游民和小生产者的封建意识。他们没有改变社会制度的想法，仅有维护旧制度前提下的改朝换代意识。他们往往流露出一种以"山头主义"为主旨的拥戴本山头龙头大哥"称王称霸"的思想。同时，以自然经济为基础的小生产者缺乏扩大再生产的意识，存在着封建式的铺张浪费、虚荣排场的享乐意识。

洪门文化中的封建迷信色彩主要还表现为秘籍抄本以及口头传说中的许多神话，这些传说大都反映出洪门会众缺乏科学知识的"愚昧性"。例如，苏洪光死而复生，崇祯帝的宦官王承恩，"忠魂未散，乃奉佛祖达摩祖师传谕，附尸还阳，以尽'反清复明'的职志"这一故事。又如，"五僧"（即洪门前五祖）在河边见一"白石香炉"（也有的传说是河面漂着一白石香炉），炉底刻有"反阴复泪"（暗示反清复明）四字，并注明计重五十二斤，十三两，即为"五湖，南北二京，十三省"之意，众人见了，认为"天赐预兆，清室将亡，吾人举义，正其时矣"。这类传说显然是洪门首领为了发动群众"反清复明"而杜撰出来的神话。然而这些粗陋的神话，竟然能被洪门会众信以为真，能够起到发挥动员和鼓舞群众的作用，并能够在洪门会内代代相传，成为加强内聚和鼓动斗志的一种精神力量。

洪门不仅开香堂仪式一贯秘密进行，而且各种活动都披上了神秘的外衣。洪门制定了一套联络暗号、江湖隐语、茶碗阵、票布腰凭、特殊文字等，只供会内人员使用。这是为了对付清政府的侦缉追捕、严厉镇压所形成的一套秘密活动方式。

洪门各码头间进行联络之时，欲知彼此是否帮中人，第一步是手式，第二步是问答，第三步是"盘梁山"或"盘海底"。手式以暗号表示，问答常用语言暗号（隐语）。他们在衣、食、住、行及各种社会活动中用的隐语，达数千条之多。这些隐语大多数是在形象或意义上与原话有关，所以洪门会众并不感到难记。

为了对抗清朝官府的侦缉逮捕，洪门使用的文字也以特殊形式加以创造。这些字大都是将原字去偏旁，或改偏旁，或减少笔划，或变换形体或以数字合编，或拆字为句，或以数字为暗记。例如：

去偏旁字："川大丁首"实为"顺天行道"，"川大车日"实为"顺天转明"。

改偏旁字："反阴复泪"实为"反清复明"。

减省笔划字："关井足王"实为"关开路现"。

代用名字："兴孙唐气碧"实为"天日月云星"。

数字合编字：“羲”或“懂”实为“忠心义气”

拆字为句：“三八二十一”实为“洪”字。

数目字码暗记：“三六”为“新会员”，“七二”为“各头目”，“一百八”为“总首领”。

洪门虽然有着明确的革命目标，但是却将革命理想过于狭隘地限定为“反清复明”，致使他们在辛亥革命之后清王朝已经不复存在的情况下一时失去了前进的动力，也迷失了前进的方向。这时，随着商品经济的发展，洪门中不少人就跟社会腐败势力相结合，利用秘密活动的传统方式，经营鸦片走私，开设妓院赌场，从事绑架勒索，在帮会流氓化、流氓帮会化的趋向中，洪门遂在民间成了“流氓团伙”“黑社会势力”的同义词。

“空子” 开香堂

很早就有人建议黄金荣开香堂收徒弟，黄金荣本人也早有这种想法，只是鉴于时机还不成熟，这事拖了很久。如今，黄金荣的势力已经远非昔日可比，可以说是一呼百应，再没有人敢小视，于是，黄金荣便积极张罗起收徒的事情来。

不过，提起开香堂、收门生，还有一个很重要的问题需要解决，那就是名号的问题。中国近代，青帮和洪门是两大秘密结社组织，不过，青帮和洪门有着很大的不同，青帮吸纳新成员的方式是师徒相递，而洪门纳新则是以结拜兄弟的方式来实现的。另外，青帮是在漕运水手的相互扶助中产生的，青帮结社的主要意图是维护自身的经济利益，而洪门则以反清复明为宗旨，比青帮具有更强烈的政治色彩。虽然在历史上洪门通过高举反清复明的旗帜吸引了不少对清朝统治不满的下层民众入会，对洪门的发展壮大起到了很促进作用，可是，这一情形随着历史的变迁而发生了巨大的改变，那就是清朝灭亡之后，洪门反清复明的政治宗旨失去了意义，当初，这一口号被洪门视为一种最高的政治理想，而一旦这个最高的奋斗目标变得不复存在了，会内成员也就难免会感到很茫然。由于思想和认知方面的限制，洪门成员提不出具有广泛号召力的新的帮会宗旨，因此洪门的凝聚力在清朝灭亡之后受到了相当大程度的削弱，当反清复明的口号失去效力之后，洪门本身的存在似乎也随之失去了意义。再有，洪门兄弟结盟的方式与青帮的师徒相传比起来，成员相互之间的约束力较弱，这也使得洪门的内部凝聚力不及青帮。与洪门不同，青帮在清朝灭亡之后并没有受到多大的影响，反而因为当时的中国政府统治力量的薄弱而加快了发展的脚步，将帮会的发展推向了前所未有的高峰。这样一来，民国初年之时，洪门越来越衰落，而青帮则越来越强盛。在这种情况下，黄金荣当然更愿意靠拢青帮了。

黄金荣倾向于青帮，不仅因为青帮当时远比洪门发展的态势更好，而且也因为他早年就对青帮多有耳闻，甚至与一些青帮人士过从甚密，他的密友“套签子福生”陈世昌就是青帮“通”字辈的一个头领。这样，黄金荣当然会选择以青帮的名义来开香堂收徒。

可是，青帮内部有着严格的规定，那就是一定遵循师徒相承的制度，一个人成为青帮的正式成员，一定要有师父的带领才行，而在没有拜师之前，即使自己有心加入青帮，甚至以青帮成员的身份自居，那也只能被称作“空子”。“空子”既然没有拜师，本身也就是没有资格收徒的。不过，黄金荣毕竟非同一般人，他可以破这个例，也许，只有他敢于冒天下之大不韪，因为当时他的实力已经相当强大，就是青帮中那些“大”字辈的“老头子”们，也都惹不起他了。

可话说回来，尽管黄金荣打算以青帮的名义收徒，可毕竟他还没有拜过“老头子”，以“空子”的身份开香堂收徒属于名不正言不顺，于是，黄金荣别出心裁，索性自立“黄帮”。其实，黄金荣虽然号称要自立“黄帮”，可实际上不论他本人，还是旁人，都认为他实际上就是青帮的一员，这个"黄帮"，实际上就是青帮的一个分支，所以大家都把黄金荣视为青帮里的人。这样一来，青帮的规矩他当然得遵守了，全是从青帮那里模仿过来的，跟青帮并没有什么大的差别。

一切准备就绪之后，黄金荣正式开了香堂，做起了"老头子"，并且一次收纳门生就达上百人之多。黄金荣的一生当中开香堂的次数不仅一次，可是以后黄金荣收徒很少再有第一次开香堂的规模，一般拜师过程都很简单。除了那些通过开香堂的方式拜投到他门下的，还有一种方式是通过介绍人搭桥，投一个大红的拜师帖子，封一份赞敬金（一般比开香堂收的门徒要高一倍或者更多）给黄金荣，那就也算拜师了。实际上，黄金荣广收门徒，不仅仅是为了扩大自己的势力，更直接的，那是他敛财的一种基本手段，拜师的时候送上的那点儿赞敬金还是小事，以后逢年过节以及师父家中发生各种大事小情的时候，只要你还承认这种师徒关系，那就都得送上一份礼金，所以黄金荣每年从徒弟手中搜刮来的钱财就不是一个小数目，如每年过生日这样的大礼，那些门徒少则几十，多则几百，黄金荣一次就可以收入数万元之多。

拜访李休堂

黄金荣开完香堂，收完门徒，可谓春风得意，想想自己才30多岁，就成立了自己的帮会，成了上海滩上有权有势的"老头子"，真是风光无限，前途似锦。可当时他对帮会那一套东西还并不十分了解，而将来想在上海滩继续发展壮大，光靠一股蛮劲是不行的，必须要进行有效的管理，所以帮会的那套组织体系是必须搞清楚的，不光要搞清楚，还要切实地运用到自己的帮内。为此，他不得不去请教青帮的前辈——杭州青帮的首领李休堂。

有了这样的想法之后，他没有耽搁，立即写了一个帖子，拿了两根金条，没有坐车，也没有带随从，只身步行朝着李休堂的住处——六国饭店305房间奔去。

进门一见面，黄金荣就将拜见帖子双手呈上。李休堂接过了帖子，让黄金荣屋里面坐，黄金荣却不肯，非要李休堂先看过帖子，李休堂刚打开帖子一看，见上面恭恭敬敬地写着六个字："晚生黄金荣叩。"他连忙一边摇头，一边说道："要不得，要不得，你我都是兄弟，怎么能这样相称呢，这个我万万不能接受。"说着，他就要把帖子还回去。

黄金荣双手把李休堂递过来的帖子又推了回去，并从口袋里掏出两根金条，毕恭毕敬地放在桌子上，说道："请先让我把话说完。"

"那咱们坐下慢慢说。"李休堂做出了一个请坐的手势。

"前几日我开香堂，非常荣幸地把您邀请了来，这些年来，四川的洪帮，南京、扬州的青帮都办得红红火火，上海的'码头'却没什么动静，于是大伙起哄，非要推举我为'老头子'。但是您也知道，我是从巡捕房'包打听'混过来的，说实在的，对于帮会的那套规矩，我是一点儿都不懂。想来想去，就想到您了，您是帮里人，又是我的老前辈，而且我们还都是浙江老乡，所以这次我过来，诚心诚意地想请您帮忙，您一定要好好地给我领领路，"黄金荣坐了下来，诚恳地说着，他指了指桌上的两根金条，继续说道，"这两根金条，就是我的一点儿心意，礼轻情意重，希望您笑纳。"

黄金荣说的这一通话确实是实实在在，一点儿都没有客套的成分，李休堂也看出来了，但他也清楚，黄金荣这次送上重礼是来了解帮会的情况的，也就是帮会内部管理、控制的一套规矩，说白了，就是使"码头"不断兴旺发达的办法。李休堂看着这两根金光闪闪的金条，心想：你黄金荣要不是有求于我，会这样卑躬屈膝地来找我，再说了，你能白白递上两根金条来吗？想着想着，他心里暗暗一笑。

接着，李休堂说道："黄老板太客气了，你我既是同乡，又是兄弟，你的'码头'发达了，我也跟着沾光。再说了，你我沪杭两帮，还要一起打天下呢，何必这么客气呢？我的年纪比你大，如果你瞧得起我，就叫我一声大哥，你有什么事情不明白的，愚兄一定知无不言，言无不尽。"说完，他把帖子推到了黄金荣的面前，不过在黄金荣的再三恳求下，他还是接受了那两根金条。

黄金荣见时机已到，就开口请教了。虽然他曾经在城隍庙听过青帮的历史，但那毕竟只是只言片语，还是帮外人所言，所以他就问道："大哥，你给我讲讲青帮的历史吧。"

"这可说来话长啊。"李休堂停住了话茬，拉了拉墙上的一根绳子，那时候饭店还没有安装电铃、电话之类的东西，六国饭店就用一根绳子通出房客的屋子，连在茶房的铜铃上，只要一拉绳子，铜铃就会"叮叮咚咚"地响起来。

不一会儿，茶房来到了305房间，毕恭毕敬地问道："李先生，您有何吩咐？"

"沏两壶龙井，送一盘烟来。"李休堂说道。

"好的，李先生，您稍等。"茶房应着退了出去。

片刻之后，茶房拿着两壶龙井和一盘烟具进了305房间，然后转身走了。

李休堂将房门锁上，邀请黄金荣吞云吐雾了一番。也许是抽烟抽得渴了，他拿起茶壶，没有倒到茶杯里，直接拿着壶，壶嘴对着自己的嘴就"咕噜咕噜"地喝了起来。

过足了烟瘾，李休堂就开始滔滔不绝地讲起了青帮的起源、发展、帮规、家法、十禁、十诫等内容。

黄金荣如同听故事一般，连连点头应和，还不时地插话提问。

李休堂继续说道："在清朝雍正年间，皇帝招募百姓兴办水路粮运，后来在漕运水手中涌现出三个英雄，分别是来自江苏常熟的翁岩翁福明、来自山东东昌府聊城县后来迁居河南的钱坚钱福斋、来自浙江杭州武林门外哑叭桥的潘清潘宣亭。这三个人结成了异姓兄弟，他们就是青帮的祖师爷，翁岩、钱坚和潘清三人各设立了一个堂，分别是翁佑堂、潘安堂和钱保堂；各堂又设'六部'，也就是引见部、传道部、掌布部、用印部、司礼部和监察部；司礼部又定出'二十四辈'，依次分别是：清净道德、文咸佛法、能仁智慧、本来自性、圆明行理、大通悟学。"

黄金荣听到这里，又插嘴道："这个嘛，我听'套签子福生'说过，他是'通'字辈，在帮里属于第二十二辈分。"

李休堂借着抽烟后的兴奋，继续说道："清朝乾隆皇帝曾经微服出巡来到杭州，发现帮内管理有方，就赏赐了一根龙棍，上书'违犯帮规，打死无罪'八个大字，此棍就成了青帮的镇帮之宝。自那以后，凡是有重大违犯帮规的，都用这根龙棍杖打。"

"这么厉害啊！"黄金荣不由得羡慕起来。

"这些都是以前的事情了……"李休堂说道。

"那帮中人怎样维持生计呢？"黄金荣继续问道。

李休堂听了这句问话，不免笑了一下，说道："抢劫、绑架、盗窃、开赌场、开妓院、卖鸦片，什么都干，当然这里面的门槛可精着呢，远不止说说这么简单。"

接着，李休堂就跟黄金荣讲起了青帮发财致富的方法。

最后，黄金荣拿起茶杯，对着李休堂说道："李大哥，您的教导，我一定铭记在心，将来我的'码头'发达了，我一定不会忘记李大哥的。"

李休堂淡淡一笑，说道："帮里最重要的一句话就是'有福同享，有难同当'，只是老弟，你现在还不到四十五岁，就当了上海滩的'老头子'，等到你的'码头'发达了，恐怕早就把我忘到九霄云外了。"

黄金荣听了赶忙说道："李大哥，没有您的教诲，小弟哪能发达呢？将来小弟一定不会忘记您的。"黄金荣听到李休堂的一番恭维，说自己如此年轻就当了上海滩的"老头子"，心里得意极了。因为按照惯例，这帮内的"老头子"，不管是青帮还是洪帮，一般都是在四十五岁以后才有可能当上的，而他还不到四十五岁就当了"老头子"，并且还是远东第一大城市上海的"老头子"，这样的威风谁能比得了啊？

黄金荣听着李休堂既夸奖又羡慕的话，仿佛自己已经进入了未来的世界，在那个世界里，他在上海滩威风八面，一呼百应……当然，黄金荣也知道，以后还有很长的路要走，但是他这时候已经在心中暗暗发誓：自己将来一定要做"中国第一帮主"。

上海滩的"青帮十姐妹"

黄金荣开了香堂，收了门徒之后，就想把门面做得更大。当然，这门面越大，自己所能敛聚的钱财也就越多，而为了敛财，黄金荣可以说是无所不为。大家知道，黄金荣本人在流氓界赫赫知名，而她的老婆林桂生亦非善类，甚至早年在黑道上比黄金荣混得还显豁呢，要不然黄金荣也不会卑躬屈膝地入赘到林家去。如果说黄金荣是一个流氓大亨，那么林桂生则称得上是一个流氓女亨。虽然我们无法量化地判断在黄金荣早年发迹的过程中林桂生出了多大的力，但可以肯定的是，如果没有林桂生的大力辅助，黄金荣是难以有后来如此显赫之身价的。

林桂生本来就与黑道人士过往密切，成为黄金荣的夫人之后，与流氓打交道就更多了。与黄金荣有所差异的是，林桂生跟女流氓的关系要更为紧密，这也为黄金荣利用女流氓为自己敛取钱财提供了便利。

当时的上海有"青帮十姐妹"的提法，而林桂生正是"青帮十姐妹"之一，现在我们就来简单介绍一下这些青帮女流氓的事迹。

"青帮十姐妹"的头一位，就是常州人士史金绣，俗称"强盗金绣"，从这个绰号中我们就可以知道史金绣做的是什么勾当了。她能够名列"青帮十姐妹"的头一位，说明其能力非同小可。

史金绣的出身是很凄惨的，自幼就父母双亡，因为无人照顾，就被一个姓张的人家收养，做了张家的童养媳。史金绣的丈夫叫做张德成，比史金绣大十几岁，婚后二人到上海小东门陆家石嘴开了一个成衣铺，因为那一带是妓院集中之所，妓女为了招徕嫖客就需要在衣服上多进行打点，所以张德成、史金绣夫妇的成衣铺倒也生意不错，与此同时，史金绣跟那些妓女也变得很熟络。史金绣虽然出身寒微，但是为人刚正，因此在一些妓女跟嫖客发生纠纷的时候，她往往能挺身而出，为受害的妓女讨回一些公道。这样，时间一长，她在妓女中间就变得小有名气了，妓女们都亲切而尊敬地称呼她为"大阿姐"。但是，史金绣跟流氓打交道的次数多了之后，心思就不安分了，觉得正道来钱太辛苦，而且还免不了受一些瘪三的欺辱，所以史金绣仗着自己在妓女当中的名声，组织起了一支女流氓队伍，这也就是"青帮十姐妹"的由来。当然，这"十姐妹"不是一朝凑齐的，最开始只是两三个人，后来人数渐渐增多，直到凑足了十个人，最后才正式结为"青帮十姐妹"。

史金绣既然要做黑道生意，单凭自己的强横显然是远远不够的，她一方面要组建起一支队伍来，另一方面还要找个靠山。经过一段时间的观察，史金绣看中了一个叫做范开泰的人。这个范开泰因为在小东门一带经营乌木生意，所以人送绰号"乌木开泰"，但是这个"乌木开泰"并不是一个本分的生意人，而是跟青帮流氓勾结在一起，并且正式拜了"老头子"，名列青帮"通"字辈。当时范开泰不仅有着青帮背景，而且正值盛年，比史金绣的丈夫张德成还要年轻许多。张德成本来就比史金绣大很多岁，再加上烟瘾十分严重，所以史金绣很嫌弃他。现在她看中了范开泰，也就把张德成甩在了一边，虽然名义上还是夫妻，但是史金绣却公然离他而去，跟范开泰姘居起来。这个张德成本来就被鸦片烟害得很惨，再加上史金绣这样对他，一气之下一病不起，不久就一命呜呼了。从此，史金绣更是放开了手脚，毫无顾忌地跟范开泰厮混了。史金绣跟范开泰的结合，可以说是一种强强联合，两人走到一起之后，生意越做越大。这个史金绣虽说是个女流之辈，可是做起事来比那些男流氓还要狠辣，因此就得了个"强盗金绣"的绰号。

这"青帮十姐妹"中的第二位，就是"金钢钻阿金"。说起出身来，"金钢钻阿金"比"强盗金绣"要更凄惨。她不仅自幼就失去了父母，甚至连自己原本的名姓都不知道，从小到大，在人口贩子的手中几经辗转，最后嫁给了一个做金钢钻生意的老板做小妾，她的绰号也是这么来的。"金钢钻阿金"在江湖上浪迹的过程中，对社会上黑暗的事情体会得非常真切，这让她感到，只有自己比那些黑势力更为强大，才能够不受欺辱，于是就有意识地去结识一些黑道上的人物，特别是女流氓。在丈夫死去之后，"金钢钻阿金"就完全走到了女流氓的队伍当中，成为了"青帮十姐妹"中的二号人物。

接下来的一位，就是前面已经提到过的黄金荣的姘头阿桂姐。阿桂姐早年以私娼起家，在勾结了一批男女流氓之后逐渐积累起了自己的家业，后来就开妓院自己做了鸨母。黄金荣与她拆姘之后，作为条件，给了她一张贩卖粪便的执照，使得阿桂姐又多了一项产业。后来，她的儿子马老三子承母业，更是成了上海滩的"粪大王"。

第四位，就是大家最为熟悉的林桂生了。林桂生当年与黄金荣走到一起，可谓是珠联璧合，共同把一份家业经营得红红火火，使得偌大一个上海滩，无人不知黄金荣。

接下来的一位姓洪，因为在"青帮十姐妹"中排行第五，所以俗称"洪老五"。洪老五的父亲做的就是倒卖娼妓的生意，而她也女承父业，成年之后就做起了贩卖妇女的买卖。

洪老五之后，是"青帮十姐妹"中非常出色的一个，因为一双脚裹得特别小，所以人称"小脚阿娥"。"小脚阿娥"精通武术，别看一双脚小得似乎站稳都不容易，但是踢打起来几个男人都不是她对手的，这一点是"青帮十姐妹"中的另外几人所万万不及的。"青帮十姐妹"大多都有着做妓女的经历，"小脚阿娥"也不例外，她也是娼妓出身，但是因为拳脚厉害，又跟一群女流氓勾结在一起，所以一般的流氓都不敢占她的便宜。后来，"小脚阿娥"积累了一定的资本也就自己做起了老板，买了一些女子开起了妓院。

"青帮十姐妹"的成员当然每一个都是女流氓，她们的丈夫，往往也有着与她们相一致的流氓身份。其中，有的是先前就成了女流氓，而后又找了一个流氓的丈夫，例如林桂生，她在嫁给黄金荣之前就已经在流氓界有一定的名声了；有的则是因为丈夫是流氓，自己受到影响才成为流氓的，如李宝英就是这样。李宝英是上海人，丈夫陈六甲是一个房地产经纪人，当然，这只是他正面的身份，他还有一个身份，那就是青帮流氓，他一边做着房地产生意，一边则在那些流氓的帮衬之下为非作歹。在丈夫陈六甲的带动下，李宝英也成为流氓界小有名气的一员。

与李宝英类似，陈宝姐也是上海本地人，而且同样有一个具有青帮背景的丈夫。不过，李宝英与陈六甲是正式的夫妻，可陈宝姐跟她所谓的"丈夫"祝宝山之间实际上却是一种姘居的关系，当然，这在流氓界是十分常见的事情。

在陈宝姐之后，名列"青帮十姐妹"第九位的是苏北人沈扣珠。沈扣珠最早的职业是佣人，后来却转业去做私娼，再后来也找了个有势力的姘夫冯子宝，两人合伙做起拐骗妇女的行当，后来干脆连儿童也一起拐卖，可以说是罪恶深重。

"青帮十姐妹"中的最后一位是来自苏州的丁宝英。跟"十姐妹"集团中的其他人比起来，丁宝英的出身是比较好的，后来的经历也是比较幸运的，她以一个评弹艺人的身份嫁给了上海珠宝商人童容春。但是，丁宝英也不是一个安分的人，从当年在舞台上演艺的时候就跟一些匪徒勾搭在一起。嫁给童容春之后，更是借助丈夫的财力进一步扩张自己的黑势力网络，暗地里做一些害人的勾当，从而给自己积累起一笔巨额的黑金。

她们先是三两人之间彼此相识，后来经过相互介绍，逐渐地就串联到一起，最后聚成了10个人。在史金绣的提议之下，十人正式焚香跪拜，结成了异姓的姐妹。她们原本各自都有着一方势力，而结成了流氓集团之后就更加声威赫赫，无人敢惹了，别说一般的小瘪三，就是那些在黑道上混了几十年的大流氓也是轻易不敢给她们找麻烦的。那么，这些女流氓主要通过哪种手段来作恶呢？"青帮十姐妹"主要经营的是娼妓业，而她们做的又不仅仅是规规矩矩的贩卖肉体的生意，同时还会通过各种阴险手段来敛取钱财，特别是对于那些贪恋淫欲的男人们，下起手来可以说是毫不留情。

相对来讲，男流氓们更倾向于使用暴力手段来强行劫掠和勒索，而女流氓则主要会采取诱骗的手段来实现自己的意图，这种手段会让人觉得软绵绵的，但是其杀伤力却非常了得。在"青帮十姐妹"所运用的种种诱骗手段当中，"放白鸽"是其中最为常见的一种。

那么什么叫做"放白鸽"呢？

在"青帮十姐妹"当中，做"放白鸽"这个行当最为拿手的就是李宝英。通过本书前面的介绍大家知道，"青帮十姐妹"中的阿桂姐和林桂生都与黄金荣有着密切的关系，其实，这个李宝英跟黄金荣也是有瓜葛的。说起来，那还是黄金荣认识阿桂姐之前，一天他在执行任务的时候抓到了一个窃贼，而被盗的一方就是李宝英。当时李宝英正值芳龄，人又生得不错，所以黄金荣从此就盯上了李宝英，而李宝英却见黄金荣当时既无钱，又无势，对他一直很疏远，结果黄金荣到底是没有把李宝英弄到手。当黄金荣在黑道上的势力越来越大时，李宝英也成了上海滩最有名气的女流氓之一，而李宝英最为拿手的流氓手段就是"放白鸽"。

当时上海城隍庙有一家丹凤茶楼，属于上等的品级，因此依照当时的习俗，丹凤茶楼也会在每天下午和晚上都邀请一些艺人前来表演，这样一来，也就给李宝英在此下手制造了机会，因为她出于"放白鸽"的需要，专门养了一些色艺俱佳的女艺人。丹凤茶楼作为上等茶楼，前来消费的当然也都是些有钱人，而李宝英既然是要榨取钱财，当然也就得从有钱人身上打主意了。这天，她就盯上了一个经常光顾丹凤茶楼的富商。这个富商叫做温生，当时年约半百，前些年因为经营德国的进口颜料而成了一方巨富。同当时很多的上海人一样，温生也有个嗜好，就是听评弹，因此丹凤茶楼几乎每天都有上演的评弹曲目正合温生的胃口。

为了招徕生意，丹凤茶楼还特别为顾客提供"点唱"服务，如果哪个顾客看中了台上演出的某个女艺人，就可以将自己想点的女艺人和曲目的名号写在专备的木牌上，然后由店中值堂的递给后台，接下来该顾客就可以欣赏自己所点的女艺人表演的曲目了。当然，这种特殊服务也是需要特别消费的，一旦有某个客人出手格外大方，那么作为答谢，女艺人唱曲过后，还要亲自走到台下来向这位贵客致谢，甚至还会陪在那位客人身边坐上一会儿，以表达更为深切的谢意。

这天，温生在丹凤茶楼相中了一个新来的女艺人，经询问，得知她叫"小红艳"。这"小红艳"不仅唱腔十分优美，长相更是风流妖媚，而且她在台上献艺的时候又特别地冲着温生频递秋波，将温生弄得神魂颠倒，于是，温生破天荒地出了三块大洋请"小红艳"献唱。"小红艳"在献唱过后走下台来亲自向温生道谢，并且就势坐在了温生的旁边，娇羞地依偎到了温生的怀里。结果，温生从此之后就再也无法忘掉"小红艳"，每一天都要跑到丹凤茶楼来捧"小红艳"的场，当然每天的几块大洋也是少不了的。几日过后，"小红艳"声称为了答谢温生的恩情，邀请他到自己家中做客。这温生正巴不得找机会多亲近亲近"小红艳"呢，一听"小红艳"要请他到家中去，心里真是乐开了花，不过他嘴上还是假意推辞了两句。当然，"小红艳"既是真心想请他，温生也就不再坚持，于是跟"小红艳"约定第二天晚上到她的家中做客。温生想着，既然"小红艳"能够邀请他到自己的家里去，恐怕接下来也就会有好事等着自己了，因此他的心里甭提有多美了。第二天晚上，温生早早地就来到了"小红艳"的家中，当然，他此前并不知道"小红艳"住在什么地方，他是按照"小红艳"前一天告诉他的地址找来的。

温生十分惊喜地发现，这天晚上"小红艳"打扮得异常迷人，他看了第一眼就已经变得六神无主了。"小红艳"不仅仅以盛妆迎客，还给温生准备了一桌好酒菜。席上，"小红艳"殷勤备至，将温生照顾得十分周到，当时温生真想从此以后就一直住在"小红艳"的家里了。谁知，几杯酒下肚之后，"小红艳"却突然对着温生伤心地哭了起来，她对温生说，自己从小就无父无母，承蒙干妈的抚养才有今日，现今母女二人无依无靠，好不容易碰见了一个好人，因此愿意以身相许，嫁给温生做小妾。温生一听这话，高兴得都不知道该说什么好了。

此后，又经过"小红艳"的干妈与温生的进一步商定，"小红艳"就正式嫁给了温生。当然，几百块大洋的聘礼是不能少的。温生娶了"小红艳"之后，对先前的几房妻妾是理也不理了，整天都围着"小红艳"转悠，而且对"小红艳"是言听计从，"小红艳"要什么，他就给买什么，而"小红艳"倒也不跟他客气，不出一个月，贵重的首饰就要了十几件。这还不算，"小红艳"还干涉起温生家中的财务来，不久之后，他家的颜料行就落到了"小红艳"的手中。

当温生依然沉迷在新婚的幸福之中时，却突然发现"小红艳"失踪了，不仅人不见了，他给"小红艳"买的那些贵重的首饰也一件不落地全被带走了，而且颜料行的资产也都被她携卷一空。这时，温生才发觉自己被骗了。

实际上，这个"小红艳"就是李宝英门下所养的专施骗术的艺人之一。

"小红艳"失踪之后，温生当然得找人了，可是他马上就知道，"小红艳"哪里是什么无依无靠的评弹艺人，分明是青帮女流氓手中的一颗棋子，因此温生只能认栽了。

这种手段，就是所谓的"放白鸽"。

在"放白鸽"之外，"青帮十姐妹"所使用的最多的另一种骗术就是"仙人跳"。什么叫做"仙人跳"呢？这也是针对那些心怀不轨的男人所采取的敲诈手段。"青帮十姐妹"或者自己，或者命令手下的有姿色的女子，扮成良家妇女的模样到一些热闹的地方，特别是那些有钱人经常光顾的高档游乐场所徘徊，当选中了目标之后，就会往对方的身边靠拢，但是又要表现得恰到好处，绝不能让人家怀疑自己是妓女。如果对方过来搭讪，她就会说自己一个人在家中因为觉得无聊而出来散心，当然，说话的同时她会用有效的眼神、表情和动作来挑逗起对方的情欲。这时，对方往往也就会上钩，他会问女人的丈夫为什么不陪她，得到的答案一般就是丈夫出了远门，或者在外面做工，近日都不在家之类的说辞。这样一来，对方当然也就听出了门道，于是往往就会要求到她的家里陪她消遣消遣，而女人则一边表示难为情，一边又会欣然接受。接下来，对方也就会跟着女人来到所谓的"家中"，而正当他们欲行好事之际，就会有人突然破门而入，来者当然是女人的"丈夫"。这样，就发生了当场"捉奸"的好戏，那"丈夫"一般都长得五大三粗，手里又操着家伙，甚至还会带着几个帮手，所以来客根本就不敢抵抗，只能乖乖地任其摆布，不仅身上携带的财物会全都被掠走，甚至还得被狠狠地敲上一笔。这就是"青帮十姐妹"的惯用伎俩之一——"仙人跳"。

"青帮十姐妹"就是这样利用手下的女弟子通过各种骗术来敛取钱财的。

黄金荣在与阿桂姐姘居的时候，特别是跟林桂生结婚之后，跟这些女流氓就逐渐熟识起来，而他也觉得"青帮十姐妹"所玩的骗术是敛取钱财的好方法。只是在这方面，他比不得"青帮十姐妹"，因为他的手下弟子清一色都是男人。于是，他想如果要从事这方面的行当，还得从男人身上下手，而要钓那些男人上钩，就必须得女人才行，因此，黄金荣萌生出了收罗女徒弟的想法。

组建"黄氏锦军"

法租界雪弗利洋行的老板一家这天正在家中的餐厅吃饭，家中的女佣到楼上太太的房间冲开水时，忽然发现房中还有一位打扮入时的女客人正在看着一份西文的报纸，她对女佣说太太和她约好了下午一起去骑马。可随后当女佣对太太说起这件事情的时候，太太却对此全然不知，她根本就没有约谁出去骑马，而家中的来客是谁，她也一无所知。于是，太太急忙带着女佣赶到了自己的房间，可是刚才那个女客已经不见了踪影，同时，太太房中的贵重饰品以及名贵衣物等等也都不翼而飞了。显然，刚才那个"女客人"是一个飞贼。这个法国太太可是一个贵妇，特别是丈夫来到中国之后，更是搜刮了巨额的钱财，因此她的穿戴之物无不价值连城。其中最为贵重的一件就是一只5克拉的钻戒，贵妇对它是无比的喜爱，现在这只钻戒也被盗走了。

法租界巡捕房接到报案之后，石维耶总监立即命令黄金荣火速破案。上司的命令黄金荣不敢怠慢，于是马上率领一班弟兄开始破案。可是那个神秘的"女客"究竟是什么身份，黄金荣是一点儿也摸不着头脑，因此几天过去了，他是一无所获。

这天，杭州的李休堂因为有事到上海，所以顺便来拜会黄金荣。在交谈中，黄金荣就提到了这个案子，问李休堂是否能帮上什么忙。

李休堂说道："破案嘛，我并不在行，不过我可以给你提供一个线索做参考，据我的经验分析，这个'女客'想必是'锦军'中的人物。"

"锦军"这个词黄金荣以前是听说过的，这也是黑话中的一个专有词汇，他们把盗窃分作三类："黑线"、"白线"和"锦线"。"黑线"就是夜中作案；"白线"就是白日行窃；而"锦线"呢，它并不是指作案时间而言的，而是说这种行窃手段不是一般的偷窃，而是通过某种高明的手段进行伪装来达到行窃的目的，因为采取这种手段的一般都是女性，所以称之为"锦线"，而从事"锦线"活动的人物就被称作"锦军"。

听李休堂这样说，黄金荣问道："那么李大哥可有什么好主意来对付一下这'锦军'呢？"

李休堂笑道："'锦军'虽说是一群女流之辈，可实在不可小觑，依我看，与其强求，不如智取。"

黄金荣听了感到好奇，忙问道："喔，那李大哥快说说，如何一个'智取'法呢？"

李休堂说道："自古以来，这朝廷对待匪徒的办法，无外乎两种，一种是围剿，一种就是招安，对于'锦军'，围剿的难度太大，而招安则要可行得多。并且，如果金荣兄弟能够招安'锦军'，那么不仅此后办案方便，你也可以又添一条生财之道啊。"

听到这里，黄金荣是茅塞顿开，他一边连声叫好，一边对李休堂迭迭称谢。其实，他也早有组建一支"锦军"的意图，只是苦于一时半会儿没有机会罢了。如今趁这个案子与"锦军"打上交道的当口，他就正好从此下手，正式开始组建自己的"黄氏锦军"。

打定主意之后，黄金荣就更加紧了破案的进程，几日之后，终于发现了线索，有人打探到在外滩汇中饭店的门口见过一个年轻的女了，跟贵妇家中女佣的描述非常相像，觉得此人相当可疑。黄金荣得到消息后马上乘车直奔汇中饭店。经查证，汇中饭店303房间前天来过一个叫做周雅芳的年轻女客人，不过，她已经离开了饭店。

刚刚得到的宝贵线索一下子又中断了，黄金荣觉得非常晦气，但是他毕竟是有过多年办案经验的，不会这么轻易地就放弃有用的线索，他马上对饭店的工作人员继续盘问，果然又发现了新的线索。据说，305房间的客人曾到303房间去过，显然，他们是相识的，而305房间的客人还在。一查登记簿，305房间的客人叫做周尚义，是一个中年男子，黄金荣立即推测到，这个周尚义很可能就是女贼周雅芳的父亲，如果捉到了周尚义，周雅芳也就逃不出自己的手心了。

黄金荣猜得很对，周尚义的确是周雅芳的父亲，不过不是亲生父亲，而是义父。周雅芳是一个手段高明的女贼，而她的盗窃之术大多都是从义父周尚义那儿学来的。周尚义是苏州一带知名的大盗，他们父女不只在苏州行窃，而且也到外地流动作案，上海因为最是繁华富庶，有钱人极多，所以也成了周氏父女施展身手的最佳选择。他们一旦得手，便会立即溜走，警方根本就抓不到人。这次来到上海，他们便又物色了一个好人家，可是在得手之后周雅芳却意犹未尽，坚持要再做两笔生意再走。周尚义因为这几次作案都在幕后给女儿做策划，并没有直接出手，所以料想警方不会怀疑到他，没想到却让黄金荣给逮了个正着。

周尚义虽然是个窃贼，但还够得上义气，受了严刑拷打之后依然不肯供出他的女儿周雅芳，如此说来，"尚义"这个名字还是比较切合实际的。其实，周尚义很明白，如果把女儿牵连进来，那就只能给自己造成更大的损失。但是，周尚义骨头虽硬，可黄金荣还是抓到了他的一个弱点。他发现，周尚义有着很重的烟瘾，这烟瘾一发作起来，那真是一点儿也不比遭受酷刑更舒服啊。当然，作为在押的犯人，周尚义根本没有机会接触鸦片烟，黄金荣就利用这个弱点，通过鸦片烟的诱惑来收服了周尚义，使得周尚义乖乖地把什么都交代了。

那么，贵妇家中失窃一案到底是怎么一回事呢？

原来，周尚义对当时上海阔绰人家的生活状况掌握得十分透彻，他了解到，那些富裕人家午餐和晚餐都是非常讲究的，在用餐的时候，家人都会到餐厅中去，而佣人则在一旁伺候着，有的也会回到自己的下房去歇息一会儿。而一般在就餐的时刻，也是没有客人来访的，因此门房的守卫这时也往往会溜出去办一点儿自己的私事。周尚义就是看准了这个空子，让周雅芳乘门房无人看守的当口儿溜进法国贵妇的家中。周雅芳来到楼上女主人的房间，马上就动起手脚来收拾贵重的物品，却不料女佣突然闯了进来，她急中生智，赶忙抓起了放在床上的一张法文报纸。当然，她立即就恢复了平静，不慌不忙地应付着女佣人。这个女佣人见周雅芳如此大方地坐在女主人的房间里，又穿得如此华贵，只当她是女主人的一个好朋友，因此并没有起疑心。待女佣人走下楼去向女主人交代事情的时候，周雅芳则立即趁这个工夫卷携财物溜之大吉了。

听了周尚义的这番讲述，黄金荣心里实在是佩服，他想，如果能将周尚义、周雅芳收到自己的门下，那么得来的财物岂不就会有自己的一半？

让周尚义很出乎意外的是，他并没有被判刑，反而很快就被释放了出来，当然，巡捕房那边黄金荣早就用金钱给打通了，所以周尚义的案子也就没人再追究了。同样，周雅芳也不会继续受到巡捕房的追拿。黄金荣如此对周氏父女开恩，当然不会做赔本的买卖，他正要借此机会将周氏父女收罗到自己的门下，从此给自己效力。周尚义和周雅芳出于对黄金荣的感激之情，更加上投靠黄金荣对他们只有好处而没有坏处，所以就毫不犹豫地从此成了黄门中人，而周雅芳也就成了黄金荣门下的第一个女弟子。

周雅芳之后，黄金荣利用林桂生以及"青帮十姐妹"在女流氓界的重要影响，又仗着他自己名声在外，因此很快就组建起一支由女流氓组成的"黄氏锦军"队伍。从此，黄金荣的声势就更加壮大，而财路也更加宽广了。

插手"堂子业"

黄金荣在跟林桂生结合之后，特别是在组建了自己的"锦军"队伍之后，便开始将一双黑手向"堂子业"伸去。所谓的"堂子业"，是娼妓业的一种隐晦的称呼。

中国历朝历代都有妓女的存在，然而，中国的娼妓业发展到顶峰却是在近代，而近代中国娼妓业最为发达的地方又首推上海。

当时上海的娼妓业决非一种孤立的存在，它的繁盛是跟上海黑社会的猖獗密不可分的，几乎每一家妓院都与黑社会有着这样或那样的联系。

娼妓业在近代中国，特别是在近代上海达到了鼎盛的局面，决非偶然，而是有着深刻的社会原因的，而且其原因相当复杂。在这些错综的原因当中，最为根本的一点就是在帝国主义经济的入侵之下，中国乡民和市民的大批破产。民众的破产，一方面使得大量的妇女被迫出卖肉体，一方面游民阶层的数量剧增又给娼妓业的生长带来了有利的土壤。

因为娼妓业的繁盛，妓院的等级也空前丰富，各类各级的妓院达到十余种。其中档次最高的是"书寓"。"书寓"中的妓女长期学习各种技艺，特别是音乐技艺，她们给客人提供的服务以献技为主。严格来讲，"书寓"是不允许男客留宿的，也就是说"书寓"中的妓女只卖艺不卖身，因此称之为艺妓更为恰当。可是这种服务又与色相的出卖天然地联系在一起，特别是在世风日下之时，那种纯粹以卖艺为生的"书寓"就相当少见了，所谓的"书寓"普遍都沦落为实际上的妓院。

比"书寓"低一等级的是"长三堂子"，也称之为"长三书寓"，后一称呼直接表现出了这种妓院跟"书寓"的接近。"长三堂子"中的妓女也都是经过技艺训练的，而她们在卖唱的同时，也明码标价地公开卖身，当然，其价码都是较高的，不是一般的客人所能消费得起的。

妓女一般都是年轻的女性才可以做，一旦上了年纪，也就难以对那些男人产生吸引力了，但是也有一些很穷的男人找不起年轻的妓女，所以一些年老色衰或者是残疾丑陋的妓女还是有着一定的生意的。当然，她们一般是去不得正当的妓院的，只能在其他一些场所来进行肉体交易。其中有一种做法叫做"跑堂口"，因为这些妓女没有固定的工作场所，只能在旅馆的堂口接客，从一个堂口再流徙到另一个堂口。在堂口之外，还有一种低级妓女集中的场所是"钉棚"，也就是城市中的贫民窟。

中国妓女之外，当时上海娼妓业中也活跃着很多外国妓女，其中最多的就是日本妓女和俄国妓女。日本妓女是随19世纪60年代日本势力渗入中国的同时一起来到上海的，日俄战争之后，日本政府宣布禁止本国的妓女到上海谋生，但是仍有很多日本妓女悄悄地来到上海。1917年俄国十月革命之际逃到上海的俄国贵族，他们初来上海之时一般都有着一定的身价，可是他们因为既铺张奢靡，又不事经营，所以带来的钱财很快就被花光，之后，没有办法，男人们会沦落为低等的劳力甚至乞丐，而女人们则往往沦落为妓女。

旧上海娼妓业的繁盛与黑社会的猖獗实际上起到了互相推动的作用，可以说，娼妓业对于黑社会来说，就是与毒品和赌博相并列的一大产业。当时，以黄金荣为代表的上海黑社会势力在相当大的程度上操控着上海娼妓业的运行，几乎所有的妓院都与黑社会存在着联系，黑社会既是众多妓院的保护伞，又是很多妓院的幕后主人。当时娼妓业与黑社会之间的关系有多密切，我们从很多方面的事实都可以明显地看出来。黄金荣在与林桂生结婚之前就跟私娼阿桂姐姘居多时，而他的妻子林桂生也是经营妓院起家的，至于"三大亨"中的另外两个就更不用说了，杜月笙的二姨太陈帼英和三姨太孙佩豪，张啸林的二姨太张秀英，都出自娼门。当时他们不仅给妓院提供庇护，还几乎垄断了妓女的来源，因为大部分的妓女都是黄金荣等帮会头子派手下的流氓从各地掳掠而来的。而这些女性一旦落入了魔掌，就永无出头之日，直到失去了利用价值而被抛弃之前，她们一直都会作为一种敛财的工具而被妓院老板以及他们背后的黑势力牢牢地操控着，倘有叛逆之举，就会连生存的权利都被剥夺。总之，以黄金荣为代表的近代上海黑社会势力，对中国人民所犯下的骇人听闻的种种罪恶，完全可以说是罄竹难书。

"赌霸"生涯

这年上海的冬天有很长一段时间，风都刮得异常猛烈，几乎整个冬季，天空总是灰蒙蒙的，街道上经常是尘土飞扬，许多纸片、枯叶以及垃圾堆里的各种轻飘的东西，都迎着风在空中打转，而那些光秃秃或者尚有几片残叶的树枝则在风中漫无目的地摆来摆去。马路上偶尔出现的行人，都用手掩着脸，低着头，急匆匆地赶路。路旁也没有了平常的热闹，那些小摊和排挡都不见了，就连流浪汉们也不知躲到哪里去了，倒是有几个拉黄包车的还依旧守候在街角，等着生意上门。所有这些，令这个当时东方最大的都市看上去格外阴沉、萧条、无精打采。

熟悉当地气候的人都知道，上海刮这么大的风，是很少有的，可以说是几十年都难得遇见一次。在这样反常的天气里，许多行当都无法正常营业，就连那些以盗窃、抢劫为生的流氓们也都大有"休假"之意了，因为街上无人，他们也就没有对象去做那些偷抢拐骗的勾当了。

这些天，黄金荣这一干人，也闲着无事，每天都过得百无聊赖。于是，黄金荣便经常和几个门徒聚在家里打麻将。能跟"老头子"在一起打麻将，这些门生无不感到荣耀，纷纷故意将银圆"输"给老头子，逗"老头子"开心。

黄金荣这会儿已经一连和了三把，其中还凑成了一副清一色，一下子翻了三台，桌面上的银圆几乎都跑到黄金荣那里去了，在他面前高高地叠成了几摞。黄金荣自以为这些钱都是因为自己牌技高人一筹而赢来的，因此十分得意。他点上支烟，嘬在嘴里，趁洗牌的工夫，乐呵呵地问道："你们谁知道，这搓麻将的味道在什么地方？"

对于这个猝不及防的问题，几个门徒都各自说出了自己的看法，有的说是在于赢钱，有的说是在于凑成清一色时的成就感，有的说图的就是快活的滋味。

黄金荣听了这几个答案后，都感到不满意。他一边摇头一边说道："你们讲的都不对，要我说啊，这搓麻将的味道其实就在这摸牌的一刹那，一张牌上来，千变万化，让人捉摸不定，却又满是期待。搓麻将的味道就在这里，你们说是不是？"

"对对对，到底是师父的见解高明！"几个门徒听了无不点头称是。

不过，不容大家进一步再给他拍马屁，黄金荣又问出了一个问题："你们哪个知道，这麻将究竟是谁发明的？"

这个问题就更难回答了，因为一般的赌徒，只求玩得尽兴，赢得尽兴，谁会去关注麻将的历史啊。不过，恰巧的是，坐在黄金荣对面的马祥生出身于麻将世家，对于麻将是有一番研究的。

马祥生看两位师兄都不言语，知道自己露一脸的时候到了。于是，他清了下喉咙，慢条斯理地说道："说起发明这麻将的人，其实与我们上海还是能挨上点儿边……"

"你在吹牛吧，麻将和上海会有什么关系，你不会说是你们上海老马家祖上发明的吧？"一旁的顾玉书看不惯马祥生那得意的样子，故意插话道。

马祥生并没有理会顾玉书，而是继续讲道："明朝永乐年间，三宝太监郑和受皇上朱棣的委派去下西洋，那会儿打造的大小舰船有几百只，出发前就停泊在上海北面的浏河镇。后来，挑选了个黄道吉日，船队从浏河口出吴淞口，一字排开，驶往南洋。"

顿了一下，马祥生接着说："船队在茫茫的大海上行驶着，水手们感到很是无聊，郑和便让他们赌钱取乐。不过，船上并没有带赌具，大家便凑在一起琢磨出了麻将这种赌具。因为当时没有机器船，更没有小火轮，船只航行全靠风力。所以风向如何，是人们每天关心的头等大事，于是，牌里便有了东、西、南、北风四张牌。谁要是坐到这顺风，便能够翻一台。"

"恩，像那么回事儿，"黄金荣一边点头称赞，一边打出了一张六条，随即又问，"那你说说，这条子是怎么来的？"

马祥生答道："说起这条子来，跟绳子有关，绳索可是船上时刻都离不开的东西，撑起船帆要用绳索拉，靠岸后要用绳索抛锚，遇到了风暴，甲板上的货物也要用绳索固定，就连水手们睡觉也要用绳网来固定好。于是，大家便在麻将里放入了一至九条，这条子，代表的就是绳子。另外，麻将中的筒子，则来源于船上装淡水的竹筒。许多人在各自的岗位上都离不开，于是就把要喝的淡水装在竹筒里吊上去，就这样，产生了一至九筒。至于一万、两万，直到九万，则是船上人的工钱，出海前，每个人都分了几万铜钿……"

出身于赌博世家，果然是与众不同，马祥生将麻将的由来讲得头头是道，至少听起来还真像那么回事儿。黄金荣一边听着，一边不住地点头，等他讲完了，黄金荣停下手中的牌，对马祥生说道："阿祥，看来你对赌博的确是很精，这样吧，以后法租界的赌捐都由你来管吧。回头，我也准备搞一个赌场，搞得大一点的，花样呢，也多一点，让上海滩、苏州、杭州、嘉兴、无锡、南京的大佬们都愿意来咱们这儿耍，到时候也让你来帮我管着点，你看咋样？"

马祥生之所以投奔黄金荣，一个重要的目的便是想借助他的势力在上海滩开几个大赌场，从而日进斗金，同时也扬名立万，为马氏家族争光。这时，马祥生终于等来了黄金荣的这句话，心里当然是喜不自胜。因此，马祥生立即站起来，离开椅子对黄金荣一拱手，说道："师父，只要您信得过我。我保证每天都给您弄来至少几百块大洋。"

"好，那我就将这一头的生意全都交给你了。"黄金荣倒也很爽快。

果然，一段时间之后，黄金荣的几个赌馆就纷纷挂牌了，马祥生从此更成了黄金荣手下的大红人。

黄金荣之所以让马祥生去经营赌场，从马祥生一方来说，是黄金荣看中了他在赌博方面的精明；从黄金荣本身来说，则是因为当时法租界对于赌博产业是明文禁止的，当然，这种禁止仅仅是法律条文上的，实际上租界内的赌博产业是很泛滥的，不过，黄金荣毕竟是租界巡捕房的正式职员，他亲自出面开赌场，不仅法律上不允许，与租界当局的颜面也不好看，因此他只能自己做后盾而由他人出面来变相地经营赌场。那么法租界为什么既明文禁止赌博产业而实际上又纵容赌场的存在呢？明文禁止，是因为赌博业危害社会不可否认的，法国既以文明国家为标榜，就不能不遵从这样的公理；实际纵容，是因为他们通过租界内存在的赌博业可以为自己捞取大笔的钱财。因为开办赌场的行为是为法律所禁止的，所以那些赌场的经营都处于一种半地下的状态，而租界当局纵容赌场并不等于就置之不管，只有你向那些官老爷们孝敬了一笔不菲的礼金之后，他们才会纵容你的赌场在他的地界存在，否则必然是要坚决予以取缔的，因为这是法律上明文规定的。这就是当时法律的执行与否因金钱而异的双重标准。像黄金荣这样在法租界巡捕房做事的人，他开赌场当然是较为便利的，但他毕竟不是法租界的头号人物，这笔孝敬钱也是少不得的。当然，黄金荣自己得到的好处会更多。

在黄金荣的一生当中，赌博业是其一项基本的财源，他从开始入手赌博产业，一直到1931年福煦路181号赌窟的创办而达到顶峰，其经营规模不断扩大，经营项目也不断增多，麻将、牌九是最为常见的项目。此外，摇摊、番摊、回力球、挖花、轮盘赌、套签子、铜宝、花会、吃角子老虎等，应有尽有，而且每一种项目又都分为很多种不同的赌法，真可以说是异彩纷呈，对人的刺激性极强，一旦入足其间就会被强烈地吸引住，由不得你下次不再来光顾。

一般出入赌场的都是男性，为了更多地聚敛钱财，黄金荣、马祥生他们还想方设法地吸引女性加入到赌博的活动中来。当时的妇女虽然很少涉足赌场，但是寺庙却是她们经常出入的场所，而就在这些妇女一脸虔诚地烧香拜佛的时候，黄金荣、马祥生就会派出一些亲信门徒，特别是招募来的女流氓到她们面前招摇撞骗。他们一般是专备一只具有36根竹签"花会"人名的签筒。这"花会"也是赌博方式的一种，最初在道光年间起源于浙江，后来就逐渐地扩散开来，到了清末民初的时候，"花会"在上海就已经很流行了。"花会"共有36种花色，每一种花色都配有一个古人的名字、官号及其属相，那些古人也可能并非历史上真实存在过的，而官号一般都是皇帝、宰相等人们熟知的名目，至于属相，并不等同于我们常说的十二属相，而是孔雀、犀牛等。实际上这种搭配是没有任何意义的，只不过是一种赌博所用的符号而已。设赌的人一般会在一间屋子的木梁上挂起一卷画轴，而参赌者需自己选择一名古人并且押上赌注，再投到一个木柜里面。接着，设赌者当众将画轴打开，如果押对了画中所画的那个古人，就可以得到为数是所押赌注28倍的赢利。当然，这仅仅是其中一种最为简单的赌法，变换起来，赌法有多种。黄金荣、马祥生他们派到寺庙中的那些骗子所用的就是"花会"中的那种签筒，这些人会到那些拜菩萨、求佛祖的妇女面前进行"放子"。"放子"是一种技术含量很高的活计，一定要做得非常纯熟，不能让人家觉得虚假，不然露馅了，你的把戏也就要不灵了。尽管"放子"的具体手段各不相同，但是其基本过程和最终目的都是一致的，那就是让妇女抽中所谓的"福签"，之后当场就进行兑现，给予妇女一定的好处，一般就是若干金钱，然后就以此为基础鼓惑妇女说她当前正交好运，如果到场子（指赌场）里去试一试，保管会有很大的收获。结果，很多妇女就这样被骗进了赌场，而且果真灵验，一出手就能赢钱。其实，这根本就不是因为她们走运，完全是赌家设下的圈套，赌家在一开始的时候会让她们尝到一定的甜头，可是一旦见到时机已经成熟，那些妇女已经欲罢不能之时，他们可就不再客气了，此后，那些入赌的妇女所输出去的钱财就不知是先前赢进来的多少倍了。

当然，黄金荣、马祥生所要做的绝不仅仅是把人诱进赌场了事，在赌场内部，他们也会施展各种骗术，因此，在内人的操作之下，那些赌客最终只能是有输无赢。

总之，黄金荣就是以这些流氓手段逐渐树立了他一代"赌霸"的大亨地位，虽然他本人的赌技并不如何，但是那一大群赌技高超的赌场作手却全受他的操控，他是隐居幕后的最大赢家。

另外，黄金荣为了更大规模地为自己敛财，不仅将一双黑手伸向了娼妓业和赌博业，还悄悄地伸向了没有门面经营的"扒窃业"，收罗众多扒技精熟的门人组建了一支"黄门扒窃党"。

第八章
通天有术，声威远播

结交孙中山

在黄金荣的一生当中，有一件直到他的晚年都还颇引以为自豪的事情，那就是他与孙中山先生之间的交往。1951年，在一份未公开发表的"自述悔过书"中，已经84岁的黄金荣这样叙说道："我在四十岁光景，孙中山先生在上海革命是我保护的，中山先生到北京去的时候，我保护送他上车，临走的时候，中山先生对我说，上海的革命同志要我保护，所以后来我认得了许多革命分子，像胡汉民与汪精卫他们就在革命军打制造局的时候认识的。"而他对自己的亲信门徒程锡文等人也讲过："我一生之中讲义气，重朋友，连孙中山先生的革命，我也曾出过一些力。只要有困难我不会不帮忙。"

可以说，对孙中山先生的帮助，是黄金荣一生中最为光彩的亮点之一。

黄金荣所说的他的40岁光景，也就是1907年前后，那时，孙中山先生正在积极地从事反清革命，而上海是重要的革命基地之一。孙中山先生自1885年4月由美国檀香山首次抵达上海，直到1924年11月17日由广州经上海北上，前后30年间共来过上海达27次之多。作为中国革命先行者的孙中山频频出现在上海滩，可见上海对于中国革命具有非常重要的意义。那么，孙中山先生为什么会如此频繁地出入上海呢？其原因有二：一是上海有可供革命者栖身的地方，二是上海聚集着大批的革命人士。所谓的栖身之所，主要指的就是上海租界。上海的租界，虽然建在中国的土地上，但却是不受中国政府干涉的国中之国，而租界向来又以民主自由为标榜，对清政府以及后来的北洋政府对资产阶级革命者的残害和打击多有不满，因而允许革命者在租界自由地从事各项活动，他们甚至公开宣布：只要革命者不在租界私藏军火，所作所为不危害到租界当局的利益，就可以受到租界的保护，可以进行自由的往来。因此，上海滩的法租界中栖聚着大批的革命者，而负责掌管法租界治安的黄金荣当然也就与革命者不得不发生关系了。

对于革命者一方来说，他们希望能够拉黄金荣加入革命的队伍，这样，一方面可以为革命者提供更好的保护，一方面也更壮大了革命的力量；对于黄金荣来说，他也是非常乐意与革命者相结交的，因为他已经看出这些革命者是一股不可小觑的势力，说不定未来中国的局势就是由这批人来掌控的，所以交这些朋友没有坏处。而恰巧的是，黄金荣当时有一个叫做鲁锦臣的门徒同时也是孙中山先生所领导的同盟会的会员，有了这种双重的身份，鲁锦臣自然地充当起了革命党与黄金荣进行联络的中间人。

1906年4月21日，孙中山由新加坡抵达上海，这一次行程是严格保密的，因为在那个时候，孙中山先生已经成为清政府通缉的头号人物。既然局势非常险峻，中山先生就不得不格外谨慎，他试图与法租界取得联络，而刚好当时的法国驻上海总领事巨籁达对孙中山先生持一种十分欢迎的态度，表示会格外关照孙先生的安全。

1910年6月29日，孙中山先生再次秘密来到上海，到虹口宋嘉树的寓所会见陈其美。当时，革命活动在广东屡屡受挫，中山先生正为此而甚感忧愁，但是上海的陈其美给他带来了一个好消息："现在上海的青帮和红帮一样听命于孙先生，可以为革命所用。"孙中山闻听自然是非常欣喜，既然如此，与帮会头领见面也就在所必行了，而上海帮会界首要的人物，当然非黄金荣莫属。在此之前，孙中山对黄金荣早有耳闻，他知道黄金荣在上海法租界和帮会界都有着非同寻常的影响力，如果能够促使这个人为革命效力，当是中国革命的一件幸事。而黄金荣对于孙中山的大名更是崇仰已久，结识伟大的革命家孙中山也是他的一大愿望。

孙中山要想会见黄金荣，就得先找个介绍人，他想到了徐福生。徐福生是广东人，因为曾霸占天后宫的庙产而被人称为"闹天宫福生"，他很早的时候就投到黄金荣的门下，担任过共舞台的稽查，同时协助黄金荣贩卖鸦片。清朝末年上海的鸦片业几乎为广东商人所垄断，徐福生自然也就少不得与广东商人过从甚密，而广东商人中又有与中山先生相识者，通过这样的关系，徐福生认识了孙中山先生。

这一次，孙中山先约见了徐福生，向他阐述了中国革命的必要性，恳请徐福生能够为民族大义考虑，为国家和人民贡献出自己的一份力量。徐福生素来敬仰孙中山的人格，如今又亲耳聆听他的慷慨陈词，难免为之心动。孙中山随后明确提出自己的请求，希望能够争取在法租界乃至整个上海滩都有着很大势力的黄金荣参与到革命事业中来。为此，孙中山特地写了一把扇面，要徐福生转交给黄金荣，并向其传达希望有机会相识之意。黄金荣见到孙中山送给他的扇面，感到非常得意，对于孙先生的请求，欣然应允，于是约下了时间，开始了两人之间的第一次会面。

是日，徐福生陪同孙中山来到钧培里的黄公馆，黄金荣则早已经在门口恭候着孙中山的光临了。进入二楼的会客厅，宾主落座之后，稍一寒暄，孙中山便径入主题："孙某闻听黄先生在上海各界有很多关系，所以想有劳黄先生对朋友和同志们多加关照。"

黄金荣表现得非常豪爽，立即答应下来："那是当然，那是当然，以后孙先生但凡有用得着我黄某人的地方，尽管直说，只要我能够办到的，一定会尽力去办好。"

孙中山见黄金荣如此慷慨，不禁微微一笑，随后他向黄金荣讲述了革命的道理，详细地论说了推翻清朝统治和建立民国的重要意义。对于这番话，黄金荣听得个一懂半懂，但是他对孙中山的人是颇有好感的，所以丝毫没有感到厌烦。总之，这次会面非常成功，黄金荣表示自己对于革命事业的支持是责无旁贷，日后一定会鼎力相助。而在此后，黄金荣确实给孙中山和其他革命志士帮了不少的忙。

这次会面之后不久，黄金荣就拿出了1000银圆托徐福生转交给孙中山，并且还邀请知名企业家虞洽卿也援助了孙中山一笔钱。孙中山受到钱款后，为了表示感谢之情，特地致信给黄金荣。其后孙中山又曾数次写信给黄金荣，对这些信件，黄金荣也非常珍视，一直保存着，然而不幸的是，后来这些信件还是不知下落了。据黄金荣的秘书龚天健回忆，关于孙中山先生写给黄金荣的几封信件，他曾经在大世界游乐场经理杭石君那里见过。另外，据黄金荣的门徒程锡文回忆，黄金荣的亲信陆震中曾对他说，1937年底日军占领上海时，黄金荣要求秘书和账房等人整理物品，其中的一个铁箱子里面盛有很多的信件，在那些信件当中，他就见到过"孙文"的签字。尽管这些信件最终丢失了，但是孙中山与黄金荣之间有过书信往来却是不虞的事实。

在黄金荣结识孙中山的第二年，爆发了震惊中外的辛亥革命，当年年底，孙中山从海外回到上海，入住宝昌路408号（现在的淮海中路650弄3号），在此次孙中山寓居上海期间，黄金荣做了不遗余力的保卫工作，以致后来得到这样的称赞："辛亥革命，保护人民，维护地方，昼夜不息，海上得鸡犬不惊，先生之功有足多者。"这样的话，虽然说得颇有些过誉，但是在辛亥革命之后，黄金荣的确为革命出过一份力，这是应当给予肯定的。为此，后来中华民国政府还给黄金荣授予了文虎勋章，而黄金荣则非常得意地说道："我只是尽了在野之义而已。"

1910年12月29日，孙中山在上海被各省代表推选为中华民国临时大总统，约定于1912年元旦赴南京就任。为了表示对革命成功的祝贺，黄金荣特地令秘书杭石君起草一封贺信，再又令杭石君送往南京，面呈孙中山。

辛亥革命虽然取得了阶段性的成功，清王朝的统治已经土崩瓦解，但是革命力量仍然很薄弱，而据守在北京的袁世凯则趁机登上了中国历史的最前台。袁世凯一方面声称支持共和，一方面则威逼革命者将中华民国大总统的位置让给他。因为革命势力的发展不充分，孙中山不得不向袁世凯妥协，双方达成协议，袁世凯逼迫清帝溥仪逊位，1912年2月12日，清朝皇室颁布退位诏书，第二天，孙中山向参议院递交了辞呈，接下来，袁世凯当选为中华民国临时大总统，4月1日，孙中山正式辞掉了中华民国临时大总统的职位。

袁世凯窃位之后，很快就暴露出了假共和而真独裁的丑恶嘴脸，迅速地将古老的中国又推回到封建专制的陈腐道路上，这是以孙中山为首的革命者所不能容许的，因此辛亥革命之后，孙中山一刻也没有稍歇，继续辗转奔波，力图维护革命的胜利果实。在此期间，孙中山又曾多次莅临上海，而黄金荣则尽己所能地予以保护，特别是在1923年冬季的一次，孙中山由澳门从水路抵达上海，当时法租界头脑鉴于中国局势的复杂，不想介入过多，因而不允许孙中山上岸，为此，黄金荣亲自出面，与法租界当局据理力争，终于令孙中山一行得以在太古码头登陆，进入莫利哀路的寓所。其后，黄金荣又亲自陪同孙中山登上轮船离开上海，可以说，对于孙中山，黄金荣的确是做到了够义气，他与别人讲的那些自我标榜的话，并不完全是吹嘘。

当然，在与孙中山的交往过程中，黄金荣也不是什么实惠都没有得到，首先，他在上海乃至整个中国的威望因此得到了进一步的提高；其次，因为与孙中山的交往，他也结识了其他的一些革命者，这就为黄金荣的江湖又多打开了一条门路。

宋教仁遇刺

1913年3月20日的上海沪宁车站发生了一件惊天大案——中华民国政府农林总长、中国国民党代理理事长宋教仁遇刺。

1882年，宋教仁生于湖南桃源的一个耕读世家。在宋教仁出生之时，家里的经济状况已经比较拮据了，但是这并没有影响少小的宋教仁接受良好的教育。宋教仁天资极为聪颖，小小的年纪就显露出不凡的学识，从而闻名乡邻。1902年，21岁的宋教仁报考武昌文普通学堂时，以第一名的成绩入学。这个武昌文普通学堂，是当年的湖广总督张之洞亲手经办而设立的一所新式学堂，对当时民主革命新思想的传播起到了非常大的作用。宋教仁在此种新思潮的影响下，开始倾向于革命，也正是在这里，他结识了对他一生影响最大的一个人物，那就是后来身为中华民国开国元勋之一的黄兴。

黄兴生于1874年，长宋教仁8岁，与宋教仁同为湖南人，当时刚从武昌两湖书院毕业。1902年8月，21岁的宋教仁与29岁的黄兴在武昌相识，因为志趣相投，两人一见如故，立即开始了密切的往来，并且建立了终生不渝的伟大友谊。1903年11月4日，宋教仁以赴黄兴三十岁寿宴为名，与黄兴连同刘揆一、陈天华、章士钊等人在湖南长沙组建了革命团体华兴会，将"驱除鞑虏，恢复中华"作为华兴会的会旨，而黄兴被推举为会长，宋教仁则担任副会长。这标志着宋教仁已经正式走上了推翻清朝、建立民国的革命道路。

其后，在为期十载的革命生涯当中，宋教仁展现出了卓越的才华，逐渐成长为革命的中坚力量，与孙中山、黄兴一起成为中国革命的领军人物。

中华民国成立后，宋教仁在南京临时政府中担任法制院院长，成为孙中山的重要助手，然而，两人在国家采用何种政治体制这个问题上产生了严重的分歧，宋教仁主张责任内阁制，而孙中山则认为大总统制更符合中国的国情。争论的结果是采纳了孙中山的意见，不过，不久之后孙中山辞去临时大总统的职位，为了限制已经荣登临时大总统宝座的袁世凯的权力，在后来颁布的《中华民国临时约法》中还是将大总统制改成了责任内阁制。而宋教仁的人生命运，也就牵系在这一制度上。

1912年，同盟会联合国民公党、国民共进会、共和实进派等几个小型政党经过改组，更名为中国国民党，孙中山当选为理事长，而孙中山又委任宋教仁为代理理事长，国民党的实际工作由宋教仁来主持。经过宋教仁的积极努力，1913年初，国民党在参议院和众议院的选举中皆获得最多票数，从而成为国会第一大党。有了这一政治基础，依照《中华民国临时约法》，国民党就可以组建内阁，而内阁总理则是政府首脑，执掌政府的最高行政权，这必将极大地削弱大总统的政治权力，身为中华民国临时大总统的袁世凯，当然不愿意看着中国政治朝着这一方向走去。可是面对咄咄逼人的宋教仁，一向以强硬姿态示人的袁世凯，真的感到有些慌乱。袁世凯曾对后来极力鼓动他称帝的杨度说："以暴动手段夺取政权尚易对付，以合法手段取得政权，置总统于无权无勇之地，却厉害多了。"

辛亥革命之后，孙中山和黄兴一时间将主要精力投入到实业的发展上，在党政方面则是宋教仁独挑大梁。国民党在国会选举中的大获全胜，给宋教仁带来了极大的政治鼓舞，如果不出意外，不久的将来，他成为握有政府之最高权力的中华民国国务总理当成为顺理成章之事，可以说，与无可奈何的袁世凯比起来，此时的宋教仁正是踌躇志满，前景一片大好。

1913年3月中旬，袁世凯致电宋教仁，邀请其火速赴北京商讨组建政府之事。袁世凯与宋教仁之间，已经到了进行最后角逐的时刻。袁世凯在北京已经准备好了什么法子来对付宋教仁，而宋教仁又将如何与袁世凯过招？

1913年3月20日的晚上，上海沪宁车站，国民党要员黄兴、廖仲恺、于右任、吴铁城等人在议员休息室欢送宋教仁北上。经过一晚的畅谈，时针已经指向了10点40分，而宋教仁准备乘坐的是10点45分的列车，因此，大家起座，陪同宋教仁离开休息室，走进检票厅。就在宋教仁走到检票口之时，一个身影从售票房飞一般向这边冲过来，还没等大家反应过来以采取防备，"砰"的一声枪响，陡然间钻进众人的耳膜，宋教仁随即倒在地上，身上已经摊开了一大片殷红的鲜血，他极其悲愤地高呼着："我中弹了！有刺客！"在场的众人立时陷入一片慌乱之中，而当大家稍稍镇静下来之时，凶手早已不见了踪影。

离宋教仁最近的于右任赶忙伸手去搀扶，可是宋教仁已经昏倒下去，不省人事了。大家急忙以最快的速度将宋教仁送至老靶子路沪宁铁路医院进行急救。2天之后，1913年3月22日，宋教仁因伤势过重而溘然长逝。

宋教仁生前与黄金荣并未有过联络，而将这两个名字联系在一起，恰恰是因为宋教仁的遇刺身亡。

刺杀宋教仁案是经过黄金荣之手破获成功的，黄金荣对这次不凡的身手可得意了几十年，到了他八十几岁的时候，还对孙子黄起予讲起。

宋教仁案发生之后，各方立即做出了明确表态，要求迅速缉拿凶犯归案。北京的袁世凯在得知宋教仁遇刺的消息后，马上致电江苏都督程德全，明确指出，一定要将凶手按法严惩，以维国纪。袁世凯还发布命令，要求国务院从优议恤，并且对宋教仁做了这样的表彰："前农林总长宋教仁，奔走国事，缔造共和，厥功至伟。适统一政府成立，赞襄国务，尤能通知大体。擘画劳苦，方期大展宏猷，何遽闻惨变？民国新建，人才难得，该凶犯胆敢于众目睽睽之地狙击勋良，该管巡警并未当场缉拿致被逃逸，阅电殊堪发指。凡我国民，同深怆恻。"与此同时，正在日本考察的孙中山也在闻讯的第一时间致电国民党本部和上海交通部，命令国民党人务要合力查究宋案真相。而黄兴、于右任、陈其美等人也都急切要求上海租界当局对于此案予以严查，并且还悬赏了1万大洋。黄兴和陈其美在公告中称："此案发生虽在内地，难保该凶手不藏匿租界，应请执事严饬得力探捕，加意侦缉。如能拿获正凶，澄清全案，准备赏银1万元，以为酬劳。"与此相应，沪宁铁路当局也准备出5000元的赏金，希望速速侦破此案。

虽然各方态度明确，一致要求极速查明案件真相，将凶手予以法办，可是偌大的一个上海，人们连凶手的影子也没有看清，要想将其抓获，谈何容易！但是，令谁也没有想到的是，案情进展得居然异常的顺利，凶手在不日之间即被抓获。而在抓拿凶手的过程当中，黄金荣可是立下了头功。

在宋教仁遇刺的第三天，忽然有一个古董字画商人到公共租界巡捕房报案，此人名叫王阿发。据王阿发提供的线索，他在一周之前因为卖字画而去过应夔丞的家中，可是应夔丞却并无意买他的字画，而是拿出了一张照片给他看，说愿意拿出1000元的酬金，请他将照片上的那个人杀掉。要知道，当时的1000大洋可不是一个小数目啊，它具有相当的诱惑力。可王阿发也许是因为本性良善，也许是因为并不很缺钱花，也许是因为胆小怕担风险，总之，他没有接这笔买卖，而应夔丞也没有难为他，事情就这样过去了。可是震惊天下的宋教仁案发生后，王阿发在报纸上见到了遇刺者宋教仁的照片之时，吓了一跳——这不正是应夔丞要他杀的人吗？

王阿发口中叫的应夔丞，是此人的原名，而他当时已经改名为应桂馨。

如今，按照王阿发提供的情报，应桂馨就是刺杀宋教仁的幕后凶手，巡捕房所要做的，当然是迅速逮捕此人，当天，应桂馨就在公共租界的一家妓院被抓获。不过，仅仅是抓获了应桂馨本人还不够，与此案相关的证据也需要被搜缴出来，那么又要到哪里去找作案证据呢？无疑，首选地点就是应桂馨的家中，但是，这涉及一个问题，因为王阿发报案的地方是公共租界，可应桂馨的家却在法租界，公共租界的巡捕是没有权力进入法租界搜查办案的，因此，搜查应宅，还得有劳于法租界的巡捕。于是，寻找作案证据的任务也就落在了法租界巡捕们的身上，而这其中的领头之人就是黄金荣。

黄金荣接到法租界警务处总巡拉皮埃的任务之后，立即带人火速赶往新北门外徐家汇路文元坊北弄2号的应家住宅。这是一座三层小楼，楼门口悬挂着"江苏巡查长公署"和"共进会"两块牌子，有了这样的标志，黄金荣心里就更有了底。既然地方没错，那剩下的也就是搜查作案证据了。黄金荣命令手下将应宅团团围住，不允许任何一个人走出，然后推门而入，进行严格的搜查。

经过了小半天的时间，巡捕们将应家的角角落落都彻底地搜了一遍，可是却没有发现任何与宋教仁案有关的物件。这下让黄金荣着了慌，如果这样，岂不是兴师动众白忙了一场吗？就在黄金荣的额头上汗珠直滚时，一同前来协助办案的国民党上海交际处处长周南陔想出了一条计策，他向黄金荣示意之后，就走进了已经被软禁起来的应家女眷所住的厢房。应桂馨的几个老婆都蜷缩在厢房里，她们见到来势汹汹的数十名巡捕，都吓得哆哆嗦嗦，而看见周南陔进来，更是吃惊不小。可是周南陔进屋之后，并没有对她们进行恐吓，而是放低了声音，很温和地对她们说道："诸位嫂嫂，不要害怕，我是应大哥的知心朋友，在巡捕房里做事，刚才在巡捕房里已经和应大哥接过头，应大哥让我告诉你们，不要着急，他很快就会出来的，我在那边也会尽力照顾他的，所以请你们一定不要担心。但是现在，你们也看到了，巡捕房来人搜查，那些秘密文件一旦落入他们手中就麻烦了，所以应大哥托我找机会把那些机密文件转移出去，请你们相信我，把那些东西交给我。"周南陔这样一说，那几个女人倒是不那么害怕了，不过，她们对周南陔的话是将信将疑的，只是呆呆地望着他，并不回答。周南陔看到这里，小心地朝窗外望了望，然后又轻声说道："嫂子们请快点儿，不然一会儿那些东西真的落入了别人的手中，后果可就不堪设想了！"周南陔一边说着，一边表现出非常焦急的样子，额头上的青筋都凸显了出来。女人们见他真的很急，也就相信了他的话，可是要交出那关系到丈夫性命的重要文件，她们表现得还不是那么果敢。后来，一个较为年轻的女人说了话："这个，阿拉（吴语'我们'的意思）是晓得的，就在这里。"说着，她就要去取东西，而她旁边一个年长的女人又拽了一下她的衣袖，她回头看了一眼，转而又望了望周南陔，此时周南陔正用一种热烈期盼的眼神看着她，而拉她的那个女人顺着她的目光也看了一下周南陔。在周南陔急切的目光面前，她们终于屈服了。只见这个女人走到墙角，非常小心地打开了一块活动地板，从中取出了一个小箱子，颤颤巍巍地将其捧给周南陔，同时用一种非常低微的声音向周南陔说道："这位大哥，我家先生的性命可就交给您啦！"说着，女人的眼泪就扑簌簌地落了下来，弄得周南陔的心里也怪酸的，可是他没工夫儿跟着这帮女人一起感动，完成了任务之后，就赶紧带着这个小箱子去找黄金荣。

黄金荣见到周南陔载获而归，心中大喜，接过小箱子，打开一看，里面盛着厚厚的一沓文稿、信件和电报，其中赫然可见内务总长赵秉钧和其部下内务部秘书长洪述祖的名号。

搜查作案证据的目的已经达到，黄金荣就可凯旋了，可就在他将要离开应家的时候，凭其多年办案所形成的直觉，他觉察到了一丝异常之处，他在用眼光不经意地一扫那些被看管起来的人的时候，敏感地发现其中有一个人的神色明显有别于他人。黄金荣立即停下脚步，将目光对准了那个人，而那个人刚刚正准备目送黄金荣走出应宅，因而正和黄金荣的目光对在了一起。四目对视，此人的脸色顿时大变，立即以闪电般的速度窜出客厅，逾墙而逃。黄金荣哪能让这块已经咬到嘴边的肥肉就这么飞掉呢？他以最快的速度第一个追了出去，可是等他闯出客厅，那人已经翻过墙去。黄金荣顾不了许多，一刻也没有停留，冲着墙就扑了过去。怎奈他毕竟年纪长了些，而且身体又胖了些，这墙，竟然一下子没有攀上去。于是，黄金荣又做了一次努力，还是没有攀上去。

到了这个时候，黄金荣可是发了狠，他迅速地将碍事的外衣一下子甩出了很远，然后使出了看家的本领，再次纵身而跃，结果成功地攀到了墙上。墙是上来了，可是刚才耽误了这么两下子，那逃犯可能已经跑远了，再想赶他的影子，就不那么容易了。黄金荣站在墙头上往外一望，果真不见人影，可是见不着人影，他也不能就不追了呀。于是，黄金荣身子向上一用力，腾的一下，整个人就落在墙的另一边。可是他双脚踩到的却不是地面，而是软乎乎的一个人的身子，他吓了一跳，往下一看，原来那个逃犯并没有跑开，而是龟缩在墙脚的地方。为什么会这样呢？逃犯刚才在跳墙的时候因为太急，没有留心脚下，偏巧结结实实地摔在了一块棱角分明的大石头上，顿时就成了个瘸子，跑是没法跑了，于是他就想隐藏在墙脚下，或可躲过一劫，可没想到，黄金荣虽然没见到人，却也还是翻了过来。他见到黄金荣要跳过墙来，就急忙想再跑开，可是刚一挪动身子，却与从墙上落下的黄金荣碰了个正着，黄金荣胖墩墩的身子正好砸在他身上。

那么，这个逃犯是谁呢？他就是刺杀宋教仁的直接凶手武士英。

至此，刺杀宋教仁的案犯应桂馨和武士英皆被提获，而此时，距离宋教仁遇刺才几天的时间，案情进展之神速，令人难以置信。黄金荣在此案中立了大功，这为他在法租界地位的提升起到了相当重要的作用。

袁世凯是真凶？

黄金荣带着武士英和相关证据回到巡捕房，标志着宋教仁案已经暂告一段落，接下来的，主要就是审讯工作了，因而，黄金荣奉法租界公董局的命令，负责将武士英押解到公共租界北浙江路的会审公廨，此后，黄金荣又协助公共租界的巡捕对案犯进行看守。在审讯武士英的过程中，黄金荣再一次发挥了神捕的重要作用。

武士英原名为吴福铭，山西人士，曾到贵州求学，后来在云南的军营中做管带，可是因为队伍被裁撤，他失掉了职业，就想到繁华的上海来找口饭吃。就在他初来上海，还没有个着落的时候，却被一个姓陈的青帮分子看中了，这人看中的是武士英的行伍出身，认为他会有一定的利用价值。不久之后，经人引见，武士英结识了应桂馨，开始经常出入应家。提到刺杀宋教仁一事，武士英却闭口不言。

为了让武士英招供认罪，黄金荣又开始寻找案发现场的目击证人。经过几天的摸索，他终于物色到在沪宁车站酒吧里工作的一个西崽。西崽讲述了案发当晚他的所见所闻。3月20日那天晚上，在酒吧间服务的西崽见到有三个人的行迹非常可疑，只见他们不时地鬼鬼祟祟地向宋教仁等人所在的议员休息室窥探，其中有一个人就是被捉拿在案的武士英。面对确凿的人证，武士英不再抵赖了，他对刺杀宋教仁一事做了这样的交代：

不久前的一天，应桂馨邀请武士英到他的家里，给他出示了一张照片，也就是宋教仁的照片，但在当时，武士英并不知道照片上的人是谁，应桂馨是这样对他说的，这个人是一个无政府主义者，是中国人民的一大祸害，有他在，将来四万万的祖国同胞就会遭殃，因此，除掉他，就是为民除害，是为国家立了一件大功。同时，应桂馨向武士英承诺，事成之后，会送给他1000大洋作为酬劳。武士英当时还没有一份正式的职业，正缺钱花，有这么一桩好买卖，如何不做呢？而且他又是行伍出身，对于一条人命并不很当一回事，至于要杀的那个人究竟是谁，他并不关心，况且他也知道，这样的事，不便多问，自己只要去做自己应当做的事就可以了。

出于这种考虑，武士英将这笔交易接了下来。当然，此后，应桂馨向他详细讲述了动手的时间和地点，并且为他准备了枪支和子弹，还一并嘱咐了如何应对可能发生的意外情况。在行刺的当天，介绍应桂馨给他认识的那个姓陈的朋友才告诉他，他要刺杀的那个人姓宋，但是也没有说出名字来。那个姓陈的人又招来了两个人来陪同武士英，以防不测，并且送他们到车站，还给他们买了月台票。在候车室等了一阵子，见到有一行人从招待室出来，姓陈的朋友就将其中的一个年纪较轻的人指给武士英看，说那就是一会儿他要刺杀的人。将一切都准备妥当之后，那个朋友离开了车站，而武士英则如约履行了他的义务，趁宋教仁从检票口进入月台之际，从其背后开枪，一枪击中宋教仁的要害部位。见宋教仁应声倒地，他就迅速离开现场，混进人群，逃之夭夭了。

应桂馨得知宋教仁的确遇刺之后，连连夸奖武士英身手不凡，因此对他非常高看，他一下子成了应家的座上客。而直到他见到报纸上的消息之后，才知道自己刺杀的是什么人。因为宋教仁在中国的地位和影响非同一般，武士英的心里多少还是有些忐忑的，但是他料想，有应桂馨打点着，不至于出什么大乱子。可令他没有想到的是，刺杀宋教仁后的第三天，应桂馨就在妓院被抓获，而应桂馨被捕的当时，他也正在同一家妓院里，是亲眼目睹着自己在这场案件中的同伴被缉捕的。事情这么快就泄露了出去，是非常出乎武士英之意料的，他一时慌了手脚。就在他备感慌乱之时，那个姓陈的朋友又出现了，这一次，是要他到应家去报信，要他告诉应家做好防范的准备，千万不可将那些秘密文件给外人得了去。

于是，武士英急忙赶到应桂馨家来报信，可是他前脚刚一进门，黄金荣带来的一群巡捕后脚也就到了。夹杂在应家的仆人中间，武士英是躲也躲不得，逃也逃不得，他真不知道有多急，等啊等，熬啊熬，总算搜查完毕，眼看着这帮人要走了，他心里的石头可算着了地。可是没有料到，那个领头的胖巡捕却突然间又将他那非常毒辣的目光指向了自己，武士英情知不好，立即飞身跃出客厅，想要逃跑。接下来，就上演了黄金荣勇擒武士英的精彩一幕。

这就是武士英从被指使作案直到被捕入狱的经历，而这，当然不是案情的全部，武士英只不过是一个行刺的直接执行人，充当的只是一个杀手的角色，他背后的应桂馨才是宋教仁案的主谋。

应桂馨是如何策划刺杀宋教仁的，其动机何在？这就要根据从应家搜查出的那些密电和密信来揭示了。

就在宋教仁领导的国民党在国会选举中胜利在望之际，应桂馨与洪述祖之间来往的密电中出现了"激烈文章"的字样。何谓"激烈文章"，史学界对此有两种猜测：其一，应桂馨和洪述祖二人决定刺杀宋教仁；其二，他们企图从日本购买宋教仁以及孙中山和黄兴等人的劣史，从而在报纸上对革命党领袖进行丑化。

1913年3月，袁世凯与宋教仁之间的较量进入了决战阶段，而此时，应桂馨与洪述祖进行联络的电文中出现了"毁宋"的字样。对于"毁宋"，同样可以有两种解释，一种是在名誉上对其进行丑化，一种则是将其消灭。在应桂馨与洪述祖进行联络的同时，电文中还出现了另一个名字，那就是内务总长赵秉钧。赵秉钧是袁世凯的部下，那么，刺杀宋教仁，到底是不是由袁世凯指使的呢？

宋教仁遇刺之后，袁世凯与国民党双方进行了相互的指斥，袁世凯声称这是国民党内部争权夺利所致，暗指凶手为黄兴、陈其美等人，而国民党一方则指定凶手为袁世凯无疑。

前面说道，武士英已经将自己的作案过程交代得非常清楚了，可是很快，他又进行了翻供。他的翻供，不是在供词细节上进行适当程度的调整，而是将此前的供述全部推翻，声称刺杀宋教仁乃其一人所为，与应桂馨没有任何关系，并且否认自己见过应桂馨。同时，武士英还说，自己刺杀宋教仁是为北京政府除了一害，看起来，他似乎想让应桂馨与案件撇清关系，而将人们的注意力转向北京政府。武士英的这种供词，显然是荒谬而不可相信的。可以明确的一点是，他的翻供一定是背后有人指使。那么，这个指使之人又会是谁呢？就在人们等待着揭示出案情的真相之时，武士英却突然死亡，据说他是因为吞服了大量火柴头而中毒死的。武士英之死，是畏罪自杀，还是被他人毒杀？这也是无法确定的事情。但人们还是不约而同地将怀疑的对象认定为袁世凯，认为袁世凯想要杀人灭口，所以在武士英被移交中国法庭进行审判之前将其消灭。但是这种怀疑却是值得商榷的，因为当时袁世凯虽然是中华民国的临时大总统，可实际上他还并没有取得对全国的统治权，特别是上海，当时仍处于国民党的控制之下，袁世凯的势力难以介入，所以，武士英之死与袁世凯有关的可能性并不大。

武士英的死是不解之谜，而应桂馨的死则可令人为之一哂。在法庭尚未对应桂馨做出最后判决之时，他趁着二次革命期间上海局势混乱之际从狱中逃了出来，远遁至青岛的德国租界中。按理说，如果他是一个知趣的人，就应该从此销声匿迹，以保命为上，可是他偏偏就是一个不知趣的人，就在袁世凯镇压二次革命成功之后，他又不失时机地跳了出来，公开向北京政府发出请求"平反冤狱"的电文，他声称"宋教仁是主谋内乱之人却死有余荣；武士英为民除害反冤沉海底"，这当然是一种极不公平的事情，而他名义上是为武士英喊冤，实际上却是为自己争求平反。而应桂馨此番出山，其目的远非仅仅是求得平反而已，他还进一步向袁世凯邀功请赏，当在青岛从洪述祖那里强索报酬没有结果之后，他又从青岛跑到北京，写信给袁世凯表达他刺杀宋教仁的功劳，并且开出了现金50万元的天价筹码，与此同时，他还要求袁世凯授予其"勋二位"，将他当做国家的大功臣来看待。那么袁世凯是怎样对付应桂馨的呢？他要的这一切，袁世凯都没有给他，但是他也并非什么都没得到，他最后所得到的，就是一命归西。一天夜里，四个彪形大汉以搜查烟土为名闯入了应桂馨在北京的住所，其来意甚明，即为索取应桂馨的性命。幸而应桂馨当时并不在那里，他得知了这个消息之后，连行李也没敢回去拿就仓皇向天津逃去。尽管应桂馨的反应够灵敏，可终归命数已尽，就在火车开到京津之间的廊坊时，两个不速之客来到应桂馨所在的车厢，一顿乱刀下去，应桂馨当即毙命，死状极惨。后来有证据表明，杀掉应桂馨的两个人是北京执法处的郝占一和王双喜，而命令他们执行此项任务的人，大约不过于袁世凯。

　　总而言之，宋教仁被刺案扑朔迷离，至今未能确切地揭示出其真实过程究竟是怎样的。对于此案，跟随袁世凯多年的机要秘书张一麟曾做过这样的评语，他说："宋案之始，洪述祖自告奋勇谓能毁之。袁以为毁其名而已，洪即唆使武刺宋以索巨金，遂酿巨祸。袁亦无以自白。小人之不可与谋也，如是。"如果张一麟所言属实，则宋教仁案的真相大体可以推定如下：在宋教仁为组建政府内阁而奔波之际，袁世凯与赵秉钧等人谋划打倒宋教仁，是谓"毁宋"，但其初衷仅仅是想通过毁掉宋教仁的名誉而达到毁掉宋教仁之政治前途的目的，而并不是暗杀宋教仁。赵秉钧授意洪述祖处理此事，而洪述祖又将此事交与应桂馨办理。应桂馨的任务，就是搜集宋教仁劣史的证据，可是宋教仁根本就没有什么把柄可以给他抓，拖了很久，应桂馨都没有找到需要的证据，而政治形势却又一日紧似一日，在这种情势下，洪述祖就提高了"毁宋"的价码，而应桂馨为了得到这笔钱，则不惜铤而走险，在没有征得上线同意的情况下贸然行事，雇佣凶手杀掉了宋教仁。事发之后，袁世凯和赵秉钧有口莫辩，只能为这个不听话的部下背起黑锅。这样一来，袁世凯在心中对应桂馨是不会没有埋怨的，因而，后来他派人除掉找上门来的应桂馨，就是理所当然的了。当然，关于宋教仁遇刺案，即使以上这些推测都是真实的，也仅仅是事情的局部，而更多的真相，恐怕就要永远地湮没在历史的尘埃之中了。

援助革命党

　　上海是中国反清革命的核心基地之一，大批的革命志士在此频繁出入，而清政府对这些人当然是恨之入骨。在这种情形下，他们的人身安全自然成为首要问题。在这方面，黄金荣帮了革命者不少的忙。在辛亥革命前后的那一段历史时期，黄金荣与革命者之间过从甚密，为革命者做了很多保护工作。

　　胡汉民，生于1879年，广东番禺客家人，晚清举人，曾两度赴日留学，1905年9月加入中国同盟会，被推为评议部评议员，稍后又由孙中山指定为本部秘书，从此成为孙中山先生身边的一个主要助手，其后曾参加了黄冈起义和镇南关起义，为革命做出过重大的贡献。在辛亥革命后，在国民党的早期领导集团中，胡汉民也是一个不可或缺的角色，堪称国民党的元老之一。

　　在追随孙中山先生从事反清革命期间，胡汉民多次出入上海，鉴于孙中山以及其他一些革命党人与黄金荣已经建立的关系，胡汉民在上海工作期间也得到了黄金荣的关照。在1919年8月到1921年4月这一段时间，胡汉民一直在法租界从事写作活动，那里正是黄金荣的地界，有了黄金荣这棵大树罩着，胡汉民的确得到了不少的阴凉。而在国民党"一大"之后，胡汉民担任上海执行部常务委员和组织部长，工作地点也就设在法租界的渔阳里，这种选择，在一定程度上也与黄金荣的援助有关。

　　接下来要说的这个人物，就是大家更为熟悉的汪精卫。黄金荣说："像胡汉民与汪精卫他们就在革命军打制造局的时候认识的。"那么，所谓的"革命军打制造局"又是怎么一回事呢？

　　这个制造局，其全称为江南机器制造总局，是清末洋务运动的产物，1865年9月20日成立于上海，最初由曾国藩规划，后来由李鸿章操办创立，是上海规模最大的洋务企业，也是清朝末年最为重要的军事生产机构。在辛亥革命中，革命军光复上海所要攻克的最为关键的一个堡垒就是这个制造局。1911年11月3日，革命军在上海发动武装起义，第二天上午8时，江南机器制造总局被攻克，而这也标志着上海的光复。黄金荣所说的"革命军打制造局"，指的就是这一事件。当时，革命党的军事力量还很薄弱，因此，拉拢上海的帮会势力、争取到租界当局的支持对革命能否取得成功至关重要，也就是在这个时候，在法租界和上海帮会界都有着相当影响力的黄金荣结识了革命党中的重要成员胡汉民、汪精卫等人。

汪精卫，1883年生于广东三水（今佛山市三水区），本名汪兆铭，字季新，汪精卫是他的一个笔名，但是人们习惯以此相称。汪精卫早年亦曾留学日本，1905年加入中国同盟会，成为一名坚定的反清志士。1910年3月，汪精卫谋划暗杀清朝宣统皇帝的父亲摄政王载沣，却因密谋泄露而被捕入狱，被判终身监禁。在狱中，汪精卫充分表现出革命志士的正义和豪气，曾赋诗云"引刀成一快，不负少年头"，传为一时美谈。1911年10月，中国爆发了武昌起义，清朝的统治迅速土崩瓦解，汪精卫因此得以出狱。出狱后的汪精卫与袁世凯结识，两人相互赏识，接下来，汪精卫力主南北和议，主张孙中山辞职，而推举袁世凯担任中华民国临时大总统。1912年3月，汪精卫在上海与马来西亚华侨富商之女、同为革命志士的陈璧君女士结婚。其后，汪精卫频繁地往来于上海，与黄金荣之间有过一定的交往。

汪精卫虽然曾经拥护袁世凯担任中华民国临时大总统，主张革命党向袁世凯妥协，但他毕竟还是国民党这边的人，主要追随的还是孙中山。袁世凯因为要更进一步巩固自己的统治地位，急不可待地欲扫除革命势力，而在上海从事革命活动的汪精卫也成为他的重点打击对象之一。一次，袁世凯的部下要求法租界当局予以合作，派巡捕去望志路（现在的兴业路）捉拿汪精卫、陈公博等人，而法租界当局则吩咐黄金荣去办理此事。黄金荣接到这一命令后，并没有立即执行，而是先派遣心腹程子卿去给汪精卫等人通风报信，然后才带人去"扑空"。如此说来，黄金荣对汪精卫是有过救命之恩的。此后，汪精卫在上海担任由孙中山先生创办的《建设》杂志主笔，再又协助孙中山先生改组国民党，接下来担任国民党上海执行部委员和宣传部长，其间或多或少地受到过黄金荣的照顾。

与胡汉民和汪精卫比起来，杨虎与黄金荣之间的关系要紧密得多，彼此并不仅仅是普通的相识，而且还是称兄论弟的密友。后来，上海解放之前，在挽请黄金荣留在上海的过程中，杨虎发挥了重要的中间人作用。

杨虎是安徽宁国人，生于1889年，比黄金荣小21岁，两人可以说是忘年交。在1911年光复上海时，杨虎也曾经参加攻打制造局的战役，因为需要租界和帮会界的配合，黄金荣在此期间结识了不少的革命党人，但是他与杨虎相识的时间却要比此更早。黄金荣晚年时自述："杨虎是徐福生（共舞台稽查）介绍认识的，因为中山先生曾经叫我保护革命分子，那时候杨虎也是参加革命的。"黄金荣认识杨虎的时间，当是在辛亥革命之前，而其后杨虎在上海活动期间，因为与巡捕房头领黄金荣有着这层兄弟关系，他从法租界那里得到的关照就更是非同寻常了。

当然，黄金荣结识的革命党人远不止于上面的这几个人，他与国民党名流陈立夫、邵力子、叶楚伧、马超俊、褚民谊、王柏龄、桂崇基等人也都有过交往。直到国民党取得全国政权之前，这般人的革命活动长期受到清政府和北洋政府的打击和迫害，法租界虽然不受中国政府的管辖，可是身处其间，对于中国政府的意愿也不能全然不顾，因此有时也会遵从要求，查办这些革命党人。每当此时，黄金荣总是大事化小、小事化了地逢迎过去，对革命党人确实做了许多力所能及的保护工作。

黄金荣与陈其美

在与黄金荣之间有过密切往来的革命党人中，还有着一个不可小觑的人物，这个人就是陈其美。

陈其美，浙江吴兴人，生于1878年1月，少年时期身份低微，曾长期在一家当铺做学徒，后来又在上海的一家经营丝绸生意的商铺做过两年的会计，直到他30岁时，才在弟弟陈其采的资助下赴日留学。在抵达日本的当年冬天，陈其美加入了中国同盟会，并且随后又介绍了浙江同乡黄郛和蒋志清入会。蒋志清这个名字大家不熟悉，可是这人的另一个名字在中国可是家喻户晓，他不是别人，正是后来统治中国长达22年之久的蒋介石。

陈其美与黄金荣的相识，是经过杨虎介绍的。1909年，陈其美在上海天宝栈秘密设立反清机关，创办了《中国公报》、《民声丛报》等革命刊物，宣传进步思想。不久，天宝栈遭到清政府的破坏，陈其美就又将革命机关迁移至马霍路（今黄陂路）381号，而那里正是法租界的管辖范围。他之所以将办事地点迁移到这里，就是因为他找到了黄金荣这个保护伞。其后，黄金荣对陈其美在上海的活动多有庇护，特别是在肇和舰起义中，黄金荣帮了陈其美不少的忙。

二次革命失败之后，一方面，袁世凯加紧了专制独裁的步伐；另一方面，革命党人也在加紧策划反袁活动。1915年11月10日，陈其美成功地将袁世凯的部下、上海镇守使郑汝成击毙，紧接着，陈其美又谋划发动上海的海军举行起义。在这次起义中，蒋介石也是核心领导人之一，他制定了这样的军事行动方案："先争取一至两艘军舰起义，然后水陆并济，相互配合占领江南制造局和警察总署，方告上海起义成功。"而要想获得起义的成功，保证充足的军火供应是至关重要的，这个负责联络军火的人就是黄金荣的手下徐福生。

按照蒋介石的军事计划，陈其美先后争取了上海三艘军舰的加盟，即肇和舰、应瑞舰和通济舰。在这三艘军舰当中，最倾向于革命的是肇和舰，其舰长黄鸣球答应在起义中对陈其美给予全力的支持，陈其美则表示，起义成功后会任命黄鸣球为海军总司令。可不知是袁世凯听到了风声，还是事出巧合，正当陈其美等人紧锣密鼓地布置起义之时，1915年12月3日，袁世凯突然以海上巡阅为名要在本月6日之前将肇和舰调往广东。陈其美闻知这个消息，头顿时就大了，这意味着，起义必须提前发动，即使准备工作还没有进行完毕。

12月5日，陈其美、蒋介石、吴忠信等人在霞飞路（今淮海中路）渔阳里五号的革命总部坐镇指挥，而杨虎和陈可钧则率领三十多人乘坐上海资本家虞洽卿购买的汽艇强行登上停泊在高昌庙的肇和舰。比较麻烦的是，当时舰长黄鸣球并不在军舰之上，原因是在前一天晚上他应弟弟黄鸣凤的邀请去赴宴，结果晚上或许是酒喝得多了些，就住在了弟弟家里，从而错过了肇和舰起义。这事听起来比较蹊跷，但不管怎么说，杨虎等人还是成功地说服了舰上的官兵一致同意发动起义。非常离谱的是，杨虎一行人在成功占领肇和舰之后，却没有立即采取行动，去攻打江南制造总局，而是先开起了酒会庆贺一番，然后才去取炮弹。可是他们却无法打开存放炮弹的仓库，原因是管理仓库的士兵不在，没有仓库的钥匙。没有办法，后来杨虎只能叫人用大铁锤将库房的门强行砸开，而此时，距离他们占领肇和舰已经过去两个多小时了。当然，陈其美要占领的不仅仅是肇和舰，同时向应瑞舰和通济舰也派去了人。因为这两艘军舰是停靠在一起的，所以只派出了一拨人马，由孙祥夫带领。同样，这支人马也要乘汽艇才能抵达两艘军舰所停靠的黄浦江岸，可是他们乘坐的汽艇却在公共租界的码头被拦住，不允登岸，原因是这艘汽艇是新买的，还没有向海关登记过牌照。这样一来，占领应瑞舰和通济舰的计划也就泡了汤。在这两支队伍之外，还有一支人马被派去攻占警察总署，这一路的进展非常顺利，可是问题随后也出现了，为什么呢？警察总署里存放的枪支是不少，但是却几乎寻不到弹药，那么，起义军就只能使用自己带来的弹药了，可那点儿弹药哪里够啊。在这种情况下，本来就人少势弱的起义军更无法抵御来势凶猛的北洋军的进攻了。再来看肇和舰，正当他们刚刚向制造局发起进攻的时候，杨虎惊喜地发现，他们的援军到了，因为他看到了应瑞舰和通济舰向这边开了过来。

其实，它们过来可不是帮助起义军的，这两艘军舰的舰长已经为袁世凯所收买，是来攻击肇和舰的。正在杨虎感到高兴的时候，一发冲着肇和舰过来的炮弹就将他给打懵了，他呆愣了好一会儿才醒悟过来，赶来的不是友军，而是敌军。三艘军舰在江面上对峙了大约一个小时，肇和舰终于支撑不住了，舰上的人是死的死、伤的伤、逃的逃，没能逃走的当然都被活捉或者干脆当场就被杀掉了。起义军的首领杨虎因为会水，所以经过化装，跳船泅水而逃，可另一位首领陈可钧就没那么幸运了，战斗到最后一刻，壮烈地牺牲在肇和舰上。起义队伍这边几乎是全军覆没了，而渔阳里指挥总部那边也并非安然无恙。本来，总部建立在法租界，是较为安全的，可偏偏不知有哪位好事者向法租界当局进行了告发，要知道，这种暴乱可是租界当局所断然不能允许的，因此，租界头领立即命令巡捕房过去缉拿暴动分子，黄金荣自然也是执行此次任务的重要人物之一，但是，事发突然，他即使想帮助陈其美等人，时间上也是不允许的，不过陈其美等人还算走运，在巡捕们将渔阳里五号的大本营实施包围之前，他们已经仓皇撤离了。

这就是中国近代历史上一场闹剧般的肇和舰起义。

除掉袁世凯的爪牙

在肇和舰起义中，尽管黄金荣给陈其美提供了相当的帮助，但结果还是失败了，不过，此前黄金荣给陈其美提供的另一次重要协助，却是令陈其美获得了完全的成功，那就是1913年5月的暗杀徐宝山事件。

徐宝山，生于1866年，江苏丹徒人，出身贫寒，少年时即云游四方，因为力大无比又武艺超群，而被人称作"徐老虎"。后来，徐宝山成为江淮一带著名的大盐枭，盛时拥有部下达数万之众，而徐宝山也是青帮之中大字辈最有实力的一员，曾经接受清政府的招安而担任飞虎营的统领，其后，又靠近革命势力，在革命党推翻清朝的过程中贡献过重要力量。然而，徐宝山是一个无常之人，当他见到袁世凯的风头已经盖过革命党之时，又开始转而为袁世凯效力，大肆迫害国民党党员，由国民党昔时的革命盟友转变成为如今革命道路上的绊脚石。宋教仁遇刺后，以孙中山为首的革命党人策划发动二次革命，进行武装反袁，而盘踞江淮一带的徐宝山就成了推翻袁世凯统治路途上必过的关卡之一。当时，徐宝山手中握有的军事力量不可小觑，与其强拼是难以取胜的，因此，陈其美、张静江等人想到采取暗杀的办法来除掉这个袁世凯的得力爪牙。

有了暗杀徐宝山的想法，就要谋划具体的实施办法，而如何接近徐宝山则是其中最为关键的问题。徐宝山一生作恶甚多，树敌不少，为了避免遭到报复，他行止之间是异常谨慎的，一般人等是万难寻得下手机会的。如何破解这一难题，陈其美想到了同是青帮中人的黄金荣。

黄金荣因为素来不满徐宝山的为人，所以对于陈其美和张静江的这一请求立即应允下来。随后，黄金荣就开始琢磨起如何才能接近徐宝山这个难题。他派出了不少眼线去搜查关于徐宝山的一切情报，而从其中这样一条信息中黄金荣看出了门道：有人探知，徐宝山有一大嗜好，就是收藏古玩字画，与古董商人多有往来。黄金荣想到了在古董商人的身上打主意，他派人探查徐宝山都与哪些古董商人来往得较多。最后，黄金荣将对象瞄准了上海顾松记文玩店的姓艾的老板。

此后，黄金荣与陈其美、张静江之间经过商议，决定以送古董为名对徐宝山实施暗杀。可是，随后他们又得知，徐宝山在与古董商人进行交往的过程中也是十分的小心，并不与那些商人进行直接的接触，而仅仅是让人将货品给他送去，他如果满意了，就将东西留下，再付钱给对方，若不满意，就再将原物送还。这就让陈其美等人觉得更加麻烦了，经过一番苦苦的思索，终于有人想出这样一个主意——何不就将炸弹藏在花瓶之中给徐宝山送去呢？这个主意确实很妙，但操作起来还是有着一定难度的，因为普通的炸弹是不能够放进花瓶里同时又让人难以察觉的。为此，他们特地请了一个技艺高超的炸弹专家经过几天的精心研究，特制了一种可以很巧妙地放在花瓶中而又具有足够杀伤力的炸弹。

这边准备妥当之后，黄金荣就想办法寻得了艾老板的字迹，然后让人模仿此种字迹，写了封信呈递给徐宝山，说有一个"宋瓷钧窑朱砂红花瓶"想给他过过目，不知他是否有兴趣。徐宝山见信大喜，因为艾老板与他打过多次交道，从来没有出过什么问题，于是就让艾老板将花瓶派人送来。可令徐宝山万万没想到的是，就在他捧起这个花瓶还没有来得及仔细观赏、品辨真赝之时，"轰"的一声巨响，他的脑袋就被炸掉了半边。

陈其美遇刺身亡

陈其美曾经策划过多次暗杀，可不知生前是否想到过，自己最后也被暗杀。

1915年12月12日，陈其美发动的肇和舰起义刚刚失败，袁世凯就在北京宣布接受帝制，将国号由"中华民国"改为"中华帝国"。袁世凯当皇帝的野心终于得以实现了，可是他的称帝，也立即令他成为众矢之的，反袁的呼声变得越来越高了，12月25日，云南当局通电全国，宣布独立，并且发起护国军，一路所向披靡，而袁军则节节败退。就在西南的反袁活动取得重大胜利的同时，上海的陈其美也不甘示弱，很快从肇和舰起义失败的阴影中振作起来，策划了新一轮的起义。但是因为各方面的条件不够成熟，这一次起义又遭到失败，可是陈其美断然不会就此善罢甘休，他旋即又派遣杨虎和蒋介石去江阴发动起义，并且成功地占领了江阴要塞，宣布江阴独立。当然，由于力量过于薄弱，起义的成功仅仅坚持了五天就又在冯国璋军队的镇压之下以失败收场。不过，虽然陈其美接连发动的数次起义都以失败告终，并没有取得什么重大成果，但是这也足以令袁世凯因此而难以安眠，他越来越意识到，陈其美是一个相当危险的人物，有此人存在，自己是不会得到安生的。那么怎么办？袁世凯想到了钞票的力量，他给陈其美汇去了70万元巨款，想要陈其美因为品尝到钞票的甜头而就此屈服。但陈其美根本不为所动。

袁世凯见软的一套陈其美不喜欢，决定来硬的——悬赏500万元取陈其美的头颅。而直接负责此项任务的人，则是驻军上海的张宗昌。

陈其美有多年的经验，一路上是出生入死地闯过来的，他本人就是一个暗杀高手，当然知道暗杀的厉害，而自己面临的是什么样的处境，他心里当然也很清楚，因此，他也是时时小心、处处防范。从这个角度来讲，他也是一个反暗杀的高手，所以，想要暗杀他，可不是一件容易的事。不过，张宗昌还是抓住了陈其美的一个弱点，那就是革命党现在正缺钱花，他打算以钱为钓饵，将陈其美这条大鱼钓上钩。

说起缺钱的事情，就要讲一讲陈其美当时维持革命活动的经济来源。革命要想取得成功，在具有一定的军事力量之外，雄厚的财款支持也是最为重要的一个方面，而陈其美后来发动的多次起义都以失败告终，除了军事力量的薄弱，缺乏足够的经费支援也是基本因素之一。革命的经费一直都主要由上海商界来提供，可是在革命进行的过程中陈其美与上海商界之间逐渐发生了矛盾，并且这种裂痕越来越深。造成这种情形的原因有两个方面，其一，陈其美为了寻求足够的财源，做了一些过火的事情，例如，他为了弥补南京临时政府运营经费的不足，竟然非法地把前大清银行的总经理宋汉章抓捕起来，逼其同意把银行中的民商股份全由政府来接收，陈其美的这一举动引起了上海商界的强烈不满；其二，陈其美屡屡在上海发动起义，严重影响了上海地区正常的商业运作，这对当地各大商家的经营自然会造成很大的负面影响，因此，上海商界大都将陈其美视作社会动荡的制造者，开始逐渐地对他敬而远之了，当然也就不会再给他提供经济援助了。这样一来，陈其美从事革命活动就只能依靠商界中少数极为坚定的反袁分子以及一部分爱国华侨的捐助了，因此，经济景况大不如前。而陈其美又接连策划起义，需要的钱款又不是一般的多，所以经济紧张成为了困扰陈其美的一个首要问题。张宗昌恰恰就是看准了陈其美的这条软肋来实施攻击的。

这一天，与陈其美相识的国民党员李海秋递过话来，说上海鸿丰煤矿公司想要开发一块矿地，因而需要购买日本的机械，可是手头缺钱，该公司有意向日本商人贷款100万元，但是苦于没有介绍人，听说陈其美与日商有交往，如果他能够充当中间人促成此事，就会将贷款的30%作为回扣来酬谢他。实际上，这个李海秋已经为张宗昌所收买，而所谓的"上海鸿丰煤矿公司"也是子虚乌有。以陈其美的智识，本可以识破这一阴谋，可是有句成语叫做利令智昏，当一个人为某种事物而发狂的时候，他的理智就会被严重地削弱，此时的陈其美就是这样，他太需要一笔钱来支持自己所钟爱的革命事业了，因此，他在听到这个消息的时候，表现得就像一只饥饿已久的小猫嗅到了一条香喷喷的小鱼儿一样，根本就不会多想一点，循着香味就扑过去了，岂知，危险就在其中！

陈其美对李海秋提供的这条信息丝毫也没有怀疑，他没有对此进行一点儿核查就非常爽快地将这件事答应下来，并且约定于1916年5月18日在他的寓所法租界萨坡赛路14号进行签约。要知道，这个住所可不是外人轻易就能知道的，可是这一次，陈其美就这么轻易地将自己的秘密住址透露给了旁人，他真的是过于大意了，大意得完全丢弃了一个革命者所本应保持的素有的警惕之心。

5月18日下午大约5点钟的光景，李海秋如约来到萨坡赛路14号陈其美的住所，不过，他带来的可不是什么商人，而是五个杀气凛凛的刺客。陈其美一见情势不妙，急欲破窗而去，可是已经来不及了，他的腿是没有子弹的速度快的，随着几声刺耳的枪响，转瞬之间，一代枭雄陈其美就倒在了血泊之中，永远地告别了他一心所系的革命事业。

闻听陈其美的死讯，经他一手提携起来的蒋介石火速奔至案发现场，伏在陈其美的尸体上痛哭不止，伤心欲绝。事后，蒋介石为陈其美撰写挽联："天道无知，苦思公十年旧雨；中原多故，乃坏汝万里长城。"

孙中山先生对于陈其美的意外身亡也是万分悲痛，后来，他主张以国葬的盛仪来安葬这位革命元勋，但是上报给时任大总统的黎元洪后，却遭到了国会中某些议员的反对，结果国葬之事到底未能成行。

不过，尽管没有得到国葬之殊遇，但是也许令陈其美在天之灵可以感到欣慰的是，刺杀他的五个凶手迅疾被捉拿归案，并且都得到了正义的惩处，而这，在很大程度上还得归功于他的老朋友黄金荣，因为案件是在法租界发生的，缉拿凶犯的任务理所当然地落在了法租界巡捕房头领黄金荣的肩上。这一次，黄金荣再一次显露出他办案干脆利落的当行本色，以令人惊讶的速度将五个案犯全部缉获，其中一个叫做王介凡的凶手在缉捕过程中被当场击毙，而另外四人，再加上出卖陈其美的李海秋都得到了应得的法律制裁。

在陈其美遇刺19天之后，他的老对手袁世凯亦在一片唾骂声中病亡，这对冤家之间的争斗到此彻底划上了句号。

第九章
"三大亨"中执牛耳

高桥镇上的小瘪三

杜月笙，这是一个时至今日很多人都依然非常熟悉的名字，他是20世纪上半叶上海滩上继黄金荣之后迅速崛起的又一个流氓大亨，其声势之显赫，后来已经超过了老牌大亨黄金荣。那么，杜月笙是什么样的出身，早年有过哪些经历，他是怎样成为一代"上海闻人"的，他与黄金荣之间又有着哪些个人恩怨呢？

杜月笙其实本来不叫这个名字，他的原名是月生，虽然"月生"与"月笙"读起来一样，实际上却有着很大的差别。显然，"月笙"这个名字要比"月生"雅气得多，"笙"是中国的一种传统的乐器，这个字涵藏着深厚的文化意蕴。那么，"杜月生"是怎样变为"杜月笙"的呢？说起来，可能大家会感到意外，就如黄金荣当年在学堂由先生赐字"锦镛"一样，"杜月笙"的这个名字也得自于他人之手，不过，给杜月笙改名字的这个人可比黄金荣当年的那位老先生的名气大得多，这个人当年可以说是誉满海内，无人不晓，他就是著名的国学大师章炳麟，人们常常以号来称呼他，叫他章太炎。很多人会感到奇怪，章炳麟是受人景仰的一代大师，而杜月笙却是一个大流氓，这两个人怎么会扯到 起呢？其实，这两个人不仅相识，而且一度还走得很近。那么，这到底是怎么回事呢？杜月笙虽然是流氓出身，但是他不同于一般的缺乏见识的小流氓，甚至与黄金荣这样的流氓大亨也不同，杜月笙知道流氓尽管在社会上很吃得开，可实际上却很受人的鄙视，这是让杜月笙不能够容忍的，他觉得自己必须改变这种身份，不能让人们再以流氓的眼光来看他。那么，想要改变自己在世人心中的形象，需要做些什么呢？杜月笙在这方面是很用心的，成名后，他尤其注重给自己树立良好的形象，不仅要求自己的言行要文雅，对于徒众也多有约束，甚至规定自己的门生如果衣装不够检点，就不能够来见他，连粗口也都要避免。然而，杜月笙也意识到，仅仅是这些还不够，要想真正改善自身的形象，还必须要"攀龙附凤"。所谓的"龙"，指的就是官僚阶层；"凤"则指的是知识阶层。广为人知的是，杜月笙与那些权要人士有着广泛的接触，其中最为重要的两个人就是蒋介石和特务头子戴笠；鲜为人知的是，杜月笙与一干风流儒雅之士也有着密切的往来，例如，章士钊、黄炎培、杨度、江一平、郑毓秀、秦联奎、陈群、杨云史、杨千里等，都是他寻常的座上客，而章太炎先生无疑就是这其中最有名望的一位。

一位。

在杜月笙接近和笼络的高级知识分子中，章太炎因为国学大师的身份而格外引人注目。章太炎虽然学名远扬，但是比不得那些名商巨贾，经济一直算不上宽裕，生活很清苦，杜月笙正是抓住了这样的机会来向章太炎示好，结交下这位国学大师的。

章太炎生于1869年，比杜月笙大将近20岁，杜月笙发达之后，章太炎已经步入晚年。晚年的章太炎居住在苏州讲学，经济依然拮据。杜月笙久闻章太炎大名，一直想与其结识，以抬高自己的身价，只是苦于没有机会。后来章太炎的一个侄子在上海法租界与人发生了房屋纠纷，闹得不可开交，为此央托章太炎找人帮忙。章太炎无奈之下，就试着给杜月笙写了一封求助信。杜月笙因为正想着找机会去拜见章太炎，没想到这下章太炎却自己找上了门来，因此，他见信后喜出望外，自然是尽全力为章太炎的侄儿排忧解难，使得房屋纠纷中的双方都得到了满意的结果。有了这样一个机缘，杜月笙也就不愁去见章太炎而没有端由了。事后，杜月笙借机专程去苏州拜访章太炎。章太炎对于杜月笙的鼎力相助也非常感激，人家特地来拜访，自然要热诚以待。杜月笙这次来拜见章太炎，当然并非仅仅是想见上一面而已，他要真正结交章太炎这个朋友。既然有了这样的打算，那么初次见面，总要送上点儿什么才可以，但是，杜月笙也考虑到，如果直接呈送给章太炎，极有可能遭受拒绝，因为章太炎向来是不肯无端收受他人钱财的。于是杜月笙想了这样一个办法，在告辞的时候，他悄悄地将提前准备好的一张2000银圆的钱庄庄票压在了茶杯下面。在杜月笙走后，章太炎才发现这笔重礼。杜月笙的这次义举令章太炎深感佩服，此后两人之间多有往来，彼此成了密友。在章太炎的眼中，杜月笙已经不再是个流氓，对人提起杜月笙的时候，每每是一口赞誉之辞。章太炎给杜月笙所做的最为重要的一件事情，也许就是对他的名字进行包装，将"杜月生"改为"杜月笙"，这样，这个名字的品位可就上了一个层次。章太炎不仅给杜月笙改了名字，还为杜月笙修订了家谱。1931年5月，杜月笙的家祠落成，章太炎又亲自为杜月笙题撰了一篇极尽美誉之辞的《高桥杜氏祠堂记》。

对于章太炎与杜月笙之间的交往，人们有着不同的看法，有人认为，与杜月笙的往来是章太炎一生中最大的一个污点；可也有人不这样看，认为章太炎与杜月笙交朋友，是完全值得肯定的，因为杜月笙够义气，在他身上还是有着许多值得肯定之处的。不管怎么说，杜月笙与章太炎之间的交往让我们看到了这个流氓大亨的另一面。尽管杜月笙在成名之后竭力维护自己的声誉，但不可否认的是，在很多年前，杜月笙就是以"小瘪三"的身份混迹于社会的。

杜月笙生于1888年8月22日，比黄金荣小整整20岁。当年，黄金荣的父亲因为期盼着黄金荣日后能够"千金万银"和"荣宗耀祖"而给他起名"金荣"；相形之下，杜月笙的父亲却似乎没有对自己的儿子寄予那么高的期望，因为儿子是月圆那一天生的，所以就给他起名叫做"月生"。黄金荣是后搬来上海的，杜月笙则是上海的本地人，他出生在上海川沙高桥南杜家宅，如今这个地方属于浦东新区。杜月笙的身世其实是非常凄楚的，他出生之后不久，母亲就染病去世了，而在他刚刚四岁的时候，父亲杜文卿也不幸离世，于是年仅四岁的杜月笙就成了一个无依无靠的孤儿。我们可以设想，如果当初黄金荣的父亲不举家迁沪，就很难说会有后来的黄金荣；同样，如果杜月笙不是四岁的时候就失去了双亲，他大约也不会成为一介青帮大亨。

杜月笙曾这样回忆自己的童年："当时一个月学费只有五角钱，可惜因为家里实在太穷了，读到第五个月，先母缴不出学费，只好停学。"杜月笙在父亲死后由继母和舅父来抚养，不久继母又改嫁，他就完全成了舅舅家里的人。木匠出身的舅舅家事繁忙，为着生计而转徙各地，也无暇照顾杜月笙。这样，因为乏人管教，杜月笙逐渐跟社会上的一些小混混走到了一起，他自己也成了高桥镇上的一个小瘪三。

"水果月生"

杜月笙跟一群小瘪三混在一起，当然也就不求上进了，他开始跟几个朋友学着偷别人的东西，可是初学乍练，难免笨拙，有几次被人家当场捉住，因此挨过几次狠揍。有了这样几次惨痛的失败经历，杜月笙感到很灰心，但是偷东西给他带来的快感令他难忘，可是他又不敢去偷别人家的东西，于是想，为什么不偷自己家的东西呢？当然，杜月笙早就没有自己的家了，他的家，准确地讲是舅舅的家，杜月笙打定主意之后，就开始偷起舅舅家里的东西。他舅舅也不是傻瓜，丢了东西，一回两回地会感到纳闷，可是时间长了，自己家中出了贼还能不发现？这样一来，杜月笙当然是又没有好果子吃了。被舅舅教训过后，杜月笙会安稳那么一阵子，可是过了一段时间，又会犯起老毛病来。这样几次下来，舅舅对他特别恼怒，有一次因为情节较为严重，舅舅干脆把他赶出了家门，再也不认他这个外甥了。这样一来，杜月笙就真的成了无家可归的流浪儿了，那时他刚刚十二三岁，还做不来正经的活计，没办法，只得以偷盗为生了。经过一段时间的打磨，杜月笙的身手有了很大的进步，被人捉住的次数越来越少，而得手的次数越来越多了。但是，他那时还是一个小孩子，实际上他能够偷盗的东西很有限，另外，杜月笙那时经常会遭受一些流氓的欺辱，有时他偷来的东西自己还没有来得及"享用"，就又被别人抢了去。他虽然也有几个伙伴，可是并不常在身边，很多时候他都是一个人孤单地流浪街头。那段生活，是杜月笙一生当中最为凄苦的日子。因为仅仅依靠盗窃是填不饱肚子的，于是他开始乞讨，整日四处游走，过着漂泊的生活。

这一日，杜月笙偶然之间走到了上海十六铺一带，走到一家水果店的门外，望着哪些新鲜可人的水果口水直流。他已经有好几天没有吃饱过了，便走过去进行乞讨。店主人见他可怜，不禁发了慈悲之心，收下他做学徒。这对杜月笙来说本来是一件大好事，他当时提醒自己一定要改邪归正，再也不走歪路了。可是，一个人一旦走上了堕落的道路，再想悔改是十分艰难的。杜月笙被水果店收留之后极力告诫自己要规规矩矩地做事，可是终究还是没有控制住自己。一段太平的日子过去之后，他就开始在水果店周围行窃，当然，他这个外来者的身份马上就遭到了质疑，经过查证，果然问题就出在他身上。水果店老板本是出于好意收下了这个无家可归的孩子，没想到却招来了一个危害邻里的窃贼，盛怒之下，将杜月笙毒打一顿之后赶走了。这样，杜月笙又要流浪街头了。

一段时间之后，杜月笙又流浪回了高桥一带，他几次从舅舅家的门外走过，但是想一想自己曾经做过的对不起舅舅的事情，以及舅舅赶他时所表现出来的绝情，他觉得舅舅不会原谅自己，因此终究没有再回到舅舅家里。一个偶然的机会，他被一家肉铺的老板接纳，在那里当了伙计。这一次，杜月笙充分吸取了在水果店被赶出门的教训，改掉了偷窃的习惯。但是，旧的毛病改掉了，新的毛病又出现了。杜月笙虽然不再偷东西了，却染上了赌博的恶习，不能自拔，因而难免也就会影响到他的活计。这样一来，肉铺老板一气之下也把杜月笙给扫地出门了。杜月笙再一次失去了他的饭碗。

从肉铺出来，杜月笙又要面对吃饭的难题了，在伤心的同时，他又对自己在十六铺一带的日子感到很怀念，因而又溜回了十六铺。杜月笙此时觉得自己不能再这样混迹下去了，应当找点儿正紧事情做，但是，当时他身无分文，谁也都不认识，能够做什么呢？因为自己在水果店做过事，对买卖水果的事情熟悉，所以杜月笙就想自己也贩一些水果来卖。然而，要做买卖，当然是需要本钱的，虽说贩卖水果所需的本钱不多，可那时杜月笙连吃一顿饭的钱都得现凑，还哪有钱去做什么买卖啊？经过几天的认真观察，杜月笙发现水果店经常会剩下一些变质的水果，很多时候这些水果就被扔掉了，杜月笙观察到，那些被扔掉的水果虽然已经变质，但是其中有很多并没有全坏，也就是说那些水果中有一些还是有利用价值的。这样，杜月笙见到哪家水果店里有打算扔掉的烂水果时，他就主动找上门去把那些水果讨过来。因为本来那些变质的水果就是打算扔掉的，所以水果店的老板一般也就会答应杜月笙的要求，将那些烂水果白送给他。杜月笙收集了一些烂水果之后，从中精挑细选，选择一些还比较好的、没有过分变质的水果出来，然后再精心地对这些已经"衰老"得不像样子的水果进行一番"美容"，经过这番打点，水果的样子果然变得很不一样了，接下来，杜月笙再带着这些水果出售。当然，他不能去热闹的地方卖这些水果，因为那里有的是好水果，没人会来买他的烂水果，另外，毕竟是卖变质的水果，他不大敢去人多的地方。因此，杜月笙每次都是找一些偏僻的、本来没有水果买的地方出售他的这些经过了"美容"的变质水果。当然，这种办法不是长久之计，开始的时候这样做，实在是一种没有办法的办法，因为他实在没有钱去买新鲜的水果卖。一段时间之后，精明的杜月笙通过卖"美容"水果积累了一点儿资金，有了这点儿钱，杜月笙就开始进一些新鲜的水果来出售。当然，原来的无本的卖烂水果的生意他也还做着，只是新鲜水果所占的比重越来越大，等到本钱足够多了，他干脆也就不再去向那些水果店讨要烂水果了，而正式经营起了正当的水果生意。不过，他依然只能是走街串巷地叫卖水果，做一个流动的水果贩子，因为没有足够的本钱去开水果店。尽管这样，这时的杜月笙毕竟已经解决了生计问题，而他也因此得到了这样一个绰号——"水果月生"。

杜月笙虽然这时开始以贩卖水果为生，但是贩卖水果的活计非常辛苦，收入又相当微薄，仅仅能够勉强维持自己的生存。刚一开始，杜月笙的心里还感到很满足，因为毕竟自己不需要再以乞讨和盗窃来谋生了，可日子一长，他就变得不安分了，觉得这种卖水果的生意也是不值得依靠的，可是当时他又没有别的生路，只得依然天天卖着他的水果。同时他也开始与社会上一些不三不四的人往来，并且后来也加入了当地的流氓集团，当然，那时的杜月笙只是其中的一个小角色，是一个实实在在的小瘪三，没有几个人会注意到他。然而，这个身份低微的卖水果的小混混却在悄悄地蕴蓄着自己的力量，准备迎接着自己将来飞黄腾达的一天。

因为长期与流氓混迹，杜月笙自己未免也会染上一些流氓习气，不过，他自己本身也就是一个流氓，甚至可以说在几年前他还小的时候，就已经走上了流氓的道路，不然也不会被舅舅赶出家门了。不过，这时杜月笙的流氓生活已经跟几年前有了很大的不同，他由一个无意间走上流氓道路的少年，变成了一个有意识地向流氓道路靠拢的成年流氓。他虽然还做着水果生意，但与此同时也过上了一种典型的流氓生活，那段日子，掷骰子、押单双、推牌九、搓麻将，杜月笙是无所不赌，渐渐地，到了一日不赌就难受的境地了。于是他又拾起了赌博的旧业，而且开始染指嫖娼。当然，限于当时的低微地位，他当时的赌注都很小，而接触的妓女也都是一些低等的暗娼，不要说"长三堂子"那种高等妓院，连"幺二堂子"也是不敢问津的，只能去找那些价钱低廉的"野鸡"。

这天，他又打算去寻"野鸡"。刚一出门，就碰到一个三十岁上下的女人，她一见杜月笙，便笑眯眯地走过来，拍拍他的肩膀："喂，小兄弟，生意做得不错呀。"

杜月笙见这个女人脸上的胭脂花粉涂得血红，一时愣住了，随后尴尬地笑了笑。

这时，那女人眉眼一挑，说道："我是小东门的大阿姐，想请你到我店里帮点儿忙。"原来，这个大阿姐就是一家妓院的鸨母，她觉着杜月笙还算精明，就想把杜月笙叫过去给她打杂。

大阿姐经营的烟花间是一种低等的妓院，主要以在码头、街面上拉客为生。来往的嫖客以地痞、流氓为多，也有些乡下佬。杜月笙来到这里后，就暂且撇下了水果担子，开始在烟花间里打杂，代妓女拉皮条，为嫖客跑腿买烟什么的。

那时，上海滩的妓院几乎每一家都跟黑社会有着联络，妓女也纷纷跟黑社会势力结缘，她们这么做就是为了求得黑社会流氓的一些庇护，不至于受到嫖客的欺负，作为回报，她们对有关系的黑社会兄弟是白玩不收钱的。这天，杜月笙就遇到了来找大阿姐的一个贵客，此人就是十六铺流氓集团的一个颇有名气的打手，本名顾嘉棠，住在上海赵家桥，因为过去曾在北新泾种花，所以得了一个"花园泉根"的绰号。后来，杜月笙在黄金荣的支持下组建抢夺鸦片的"小八股党"，顾嘉棠就是其中的第一号。

在鱼龙混杂的上海滩，自从开埠通商之后，就有很多外商轮船在十六铺码头停泊。而这些轮船当中有一部分运的就是鸦片。当时，贩卖鸦片的生意在上海特别兴隆。因为一些燕子窝的老板与烟土商做鸦片生意时经常遭到抢劫，所以他们愿出高价雇一批流氓保镖。顾嘉棠等人独霸十六铺，专干这个买卖。这会儿，顾嘉棠看中了杜月笙，于是几天之后就把他拉进了自己的队伍，而正是因为这段交情，后来顾嘉棠成了杜月笙旗下"小八股党"的头号成员。

杜月笙投身青帮

在跟顾嘉棠混迹一段时间之后，杜月笙的心中逐渐有了远大的想法，想要干出一番大事业，不过，对于究竟要如何去实现这一人生宏愿，他的心里却一点儿谱都没有。经过一番盘算，杜月笙脑子一转，觉得不妨先从赌博做起。

打定了主意，杜月笙就去找赌摊，想跟人家学一学赌经。这天，杜月笙忽然觉得眼前这家赌摊的老板颇有些面熟，细一想，记起此人是曾在大阿姐的烟花间里见过面的"套签子福生"。于是，他连忙走上去，双手一拱，笑盈盈地招呼道："陈老板一向可好？"

陈世昌见是杜月笙，连忙招呼道："哟，月生，好久不见，现在可发财了吧？"

杜月笙听了，默而不答。陈世昌见杜月笙似乎有些不高兴，就很爽快地说道："月生兄弟看你这副模样，该是有什么心事吧，如果你信得过我，今天这个摊子我也不摆了，走，找个地方咱们喝两杯去。"

杜月笙近日里正愁没人解闷，今天见陈世昌这么诚恳地要求，也就立即欣然应允了。

两人找了一家小酒馆，几杯酒下肚之后，杜月笙直言不讳，把他如何被人和客栈老板吃瘪的事情，详细对陈世昌诉说了一遍。

陈世昌听了，哈哈一笑，说道："月生，这就是小事一桩，你大可不必在意。不过嘛，我有啥说啥，你靠大阿姐，到底是成不了气候的，如果你想要在上海滩混出个名堂来，就非得拜'老头子'，找靠山不可。那样的话，一旦有事，不要说师兄弟可以帮帮忙，就是闹出点儿大乱子，只要'老头子'一句话，还有摆不平的事儿？你知道，那些'老头子'的势力，哪个不是上通天、下通地的'码子'啊？到那时，你就再也用不着为这点儿小事儿发愁了！"

杜月笙听了，急忙问道："既然这样，那么陈老板能不能给兄弟指条门路？"

陈世昌见杜月笙精明强干，敢作敢为，便有意拉拢他，因此说道："月生，投身青帮怎么样？"

投身青帮？杜月笙虽然也在江湖上混了几年，可是说起加入什么帮派，他还是从来没有想过，他的心中从来就没有这方面的概念，因此听了陈世昌的这个建议，杜月笙不免觉得新奇，而此时他也正想在这个号称"阴阳地界"的上海滩找个稳妥的靠山，免得遇事吃亏，于是迫不及待地问道："陈老板的建议，我非常赞同，只是不知，这青帮可怎么个投法啊？"

陈世昌知道杜月笙对于青帮还完全没有什么了解，于是就大体上给他讲了讲加入青帮所需要的程序。

一般来讲，想要投身青帮，必须有青帮前辈进行引导，而且本人必须得写出一份入帮志愿书，内中要详切地陈述自己的入帮动机和意愿，这样，介绍人就可以带着这份志愿书交给"引见师"。那些有了入帮意愿却尚未正式入帮的人称为"空子"，而所谓"引见师"，也就是带着

"空子"去跟"老头子"见面的人。引见师如果表示满意，就会再给他介绍一个"布道师"。这个"布道师"所起的作用就是给"空子"讲述青帮的历史、宗旨、规定等，让"空子"在入帮之前能够对青帮的情况有一个大体的了解。这一"培训"过程结束之后，如果布道师觉着他的表现还算合格，那么这个"空子"此时就可以准备一份正式的拜师帖子了。拜师帖子一般都是在正中写上"信守不渝"这四个大字，"信守不渝"的上面写的是"拜投某某某老夫子大人门下"，下面写的是"自心情愿"四个字，而师父名字的旁边还得写上自己的曾祖、祖父和父亲三代人的姓名，在"信守不渝"的旁边要写上引见师和传道师的名号，在帖子的末尾则写上本人的署名。另外，拜师帖子的反面一般还会写着一句誓词："一祖流传，万世千秋，水往东流，永不回顾！"同时，跟这张拜师帖子附在一起的还得有一份贽敬金，其额数的多少视本人的具体情况而有所不同，但大多是10元或者20元钱。

接下来，也就是正式的拜师步骤了，因为在这种拜师仪式当中是要进行焚香叩拜的，所以青帮称此为"开香堂"。由于开香堂的仪式较为繁琐，因此"老头子"一般不会单独给一个人或者三两个人开香堂，而是等想要拜师的人凑够了一定人数的时候再共同举行一场隆重的拜师仪式。开香堂的时候，为了壮大声势，同时也为了帮内人相互认识一下，"老头子"一般都会邀请一些帮内的前辈和好友前来助威，因此每次开香堂都可以看做是青帮人士之间的一场盛大的集会。

经过了这些程序，"空子"也就正式成为青帮中人了。

陈世昌在讲述入帮仪式的时候，杜月笙听得特别认真。陈世昌看得出来，杜月笙对入帮是有着很强烈的意愿的，于是试探着问道："月生，如果不嫌弃的话，我收你为徒怎样？"

杜月笙听了，连忙谢道："承陈老板美意，若果能如此，月生不胜感激！"

此话一出，陈世昌哈哈大笑，拉着杜月笙的手说道："既然这样，恰巧我三天之后就开香堂，到时你一块儿过来就是了。"

杜月笙不禁愁虑道："三天之后，这时间也太短了点儿吧，我还没有找引见师，还没有认布道师呢，三天的时间这怎么来得及啊？"

陈世昌听了，又是一阵哈哈大笑，拍着杜月笙的肩头说道："那些规矩是说给一般人听的，如今你我既然已经相识，又还要引见师做什么啊。至于布道师，难道你不觉得我刚才就做了一回你的布道师吗？你要过来，什么都免了，到时你直接带着拜师帖子来找我就是了。"

杜月笙这时赶忙起身施礼，备加恭敬地答道："陈老板的大恩，月生实在感激不尽！"

陈世昌笑道："月生不必客气，三天过后，咱们就是自家人了。自家人，当然不用说两家话。"

杜月笙问道："那么，陈老板，到时我去哪儿找你呢？"

陈世昌眨眨眼睛，神秘兮兮地吐了一句："三日后开香堂。那天半夜，你到八仙桥小庙去找我。"

杜月笙明显地感觉到，陈世昌这个人对他是有好感的，因此他也就相信了陈世昌，将这事答应下来。虽然不知道有了陈世昌这样一个靠山，到底能够给他带来多大的好处，但至少可以肯定，以后遇到什么事情的时候来找陈世昌帮忙是没有问题的。而且陈世昌毕竟是正宗的青帮人士，有了这个人的带领和庇护，以后的事情也就会好办得多，自己的门路也就会更广。因此，望着扬长而去的陈世昌，想着今后有了背景就不会再受什么欺负，杜月笙的心中有种说不出的兴奋。

三天后的夜里，当杜月笙走到小庙前面的时候，那里已经聚集了十来个人，显然，他们也都是前来拜师的，当然，其中还有一个引见师。等了一会儿，见人都到齐了，引见师就让这些"空子"安静下来。随即，他伸手在门上轻轻地敲了三下，一会儿便听见里面有人高声问道："你是何人？"

　　按照青帮的规矩，在开香堂的仪式中，任何人都不能答错一个字。因此，引见师不慌不忙而又非常谨慎地报出了自己的姓名，随即又说道："我今天是带人特地来赶香堂的。"

　　里面又问道："此地抱香而上，你可有三帮九代？"

　　引见师答道："有！"

　　里面接着问："你带钱来了吗？"

　　引见师再答："129文，内有一文小钱。"

　　这几句对答，完全是照着青帮的规矩进行的，并无分毫差错，因此里面的陈世昌就吩咐庙祝（即寺庙中掌管香火的人）打开庙门。随即，引见师便把这十几个前来拜师的人领到了神案之前。等他们全都进来，庙祝就又将两扇庙门稳稳地关好。

　　杜月笙抬眼一瞧，只见大殿里香烟缭绕，烛火摇曳，又见到神台上放着17位祖师的牌位，正当中的一位是"敕封供上达下摩祖师之禅位"，而"老头子"陈世昌正端坐在一张靠背椅上，他的两旁则排列着两行陈世昌邀请来撑场面的青帮前辈。

　　杜月笙正看得愣神的时候，有人端来了一盆水，从本命师（也就是杜月笙等人所要叩拜的"老头子"）起，按着辈分次序，一一净手。净手这个仪式原本代表着沐浴，可实际上这仅仅是一种形式罢了。因为水只有一盆，可手倒有十几双，轮到杜月笙洗的时候，那一盆水几乎变成了烂泥浆，用那"水"洗了手，比不洗还要脏呢。不过，杜月笙并没有嫌脏，反而满心虔敬地洗了又洗。

　　大家按照规矩净好手之后，还要斋戒，又有一大海碗的水被人端了过来，接着大家又从本命师依次传下去，一人一口。喝过净水，就算斋戒过了，从而可以专心致志地迎接神祖了。

　　随后，抱香师走出行列，高声唱起了请祖诗："历代祖师下山来，红毡铺地步莲台，普度弟子帮中进，万朵莲花遍地开。"在抱香师唱诗的同时，杜月笙就随着其他人在各祖师的牌位前焚香叩拜。

　　唱诗之后，抱香师宣布："本命师参祖！"

　　这时，陈世昌离座就位，面向神坛，先默默念了一首大家都不知何意的神诗，然后自报家门道："祖师在上，弟子上海县人陈世昌，给诸位祖师敬香。"他报完姓名之后，又行了一个三磕头的大礼，而在他的背后，在场的所有人也全都跟着陈世昌一同向着神坛叩头。

　　接下来，杜月笙等新人就跟随着引进师参拜本命师陈世昌，再依次参见在场的各位青帮前辈。

　　而后，杜月笙等人又每人手持三炷香，一齐跪在地上，恭听传道师介绍帮内的历史。待传道师介绍完毕，本命师陈世昌俯望着那些跪在地上的新人问道："你们进帮，是出于情愿，还是人劝啊？"

　　新人们异口同声地回答："出于情愿！"

　　听了这话，陈世昌就厉声教训道："既是自愿，要听明白，本青帮不请不带，不来不怪，来者受戒，进帮容易出帮难，千金买不进，万金买不出！"

　　新人们诺诺连声地回答："是，是！"

　　到了这会儿，拜师仪式也就基本结束了，不过，如果本命师愿意，一般还会有最后的一项，那就是本命师训话。陈世昌这天兴致大发，滔滔不绝地讲起了青帮的帮规及帮内各种切口、暗号、动作、手势等等。

　　作为结束语，陈世昌说道："你们掌握了这些，无论走到什么'码头'，只要青帮人在，亮出牌号，就能得到帮助。但是如果用错了，那就会被视为冒充，会给自己招来杀身之祸。"

　　这些新人齐声答道："我们一定时时刻刻牢记师命，谨守帮规！"

　　末了，陈世昌说道："今后，你们就都是'悟'字辈的兄弟了，大家一定要相互扶持，相互帮助。"

这样，杜月笙就正式地加入了青帮。不过，加入青帮之后，杜月笙的生活并没有多大的起色，反而日渐沉沦，几乎天天都要去赌钱，甚至把正事都给搁下了。这样下去，杜月笙的日子当然是过得非常凄惨。那么，杜月笙又将遭逢怎样一个新的机遇从而扭转了他的沉沦之处境的呢?

杜月笙拜见黄金荣

俗话说得好："瓦片儿也有翻身的一天。"就在杜月笙混到山穷水尽无路可走的时候，他却突然遇到了一个大救星，一下子就招来了好运气。

此人名唤马祥生，绰号"饭桶阿山"，他平时很欣赏杜月笙的聪明伶俐、活络机警，可是如今看着杜月笙靠着陈世昌，变得贪吃懒做，沉沦于嫖、赌二业，马祥生的心里不禁暗暗觉得可惜。

这天，马祥生又在街上碰到杜月笙。看着杜月笙一副无所事事的样子，马祥生严肃地说道："你这样下去可不是办法，如果想做一些事情的话，我可以给你推荐推荐，只是不知你可有这个心思?"

杜月笙见是马祥生，赶忙笑着答道："马大哥有话尽管说。"

"八仙桥同孚里，"马祥生压低声音神秘地说，"黄金荣黄老板的公馆。"

此前，杜月笙就已经了解了一些黄金荣的事迹，他听自己的师兄弟说："陈世昌这人只有些皮面的功夫，跟黄金荣比起来，在上海滩不过是个小角色而已!"上海滩的小瘪三们心目中，对黄金荣一方面畏之如虎，另一方面又衷心仰慕，因为黄金荣不仅财势绝伦，而且高不可攀。所以此时，"黄金荣"三个字，在杜月笙心中也已经形成了响当当的招牌。因此，杜月笙对于马祥生的话在大喜过望的同时，又将信将疑。

看到杜月笙表示怀疑，马祥生严肃地说道："只要你信得过我，我就带你去见黄老板。同孚里距离民国路不远，一排两层楼的巷堂房子，里面住的，都是法租界了不起的角色。只要能够走进黄公馆，保你前途无量。"

杜月笙点了点头，答道："这我知道，那就麻烦马大哥给我引见了。"

果然没过几天，马祥生就来找杜月笙，要带着他去同孚里黄公馆见见世面。

由于马祥生事先已在黄金荣面前提过这件事，现在为了表示自己在黄老板跟前吃得开，有资格推荐人，所以这会儿又拍着胸脯大模大样地吹嘘道："有我在黄老板面前给你美言几句，管保黄老板会高看你一眼。"

杜月笙一听，当即大喜过望，对马祥生连声道谢。在他想来，自己时来运转的日子已经到了。

但是，眼看着到了同孚里的近前，杜月笙突然之间却又紧张了起来，他不知道一会儿见到黄金荣，自己应当如何表现。马祥生看出了杜月笙的心理，就一个劲儿地安慰他，可是杜月笙是一个字儿都听不进去。

走进黄公馆的那座大门，门廊下，天井里，来来往往，到处都是人。马祥生不停地打着招呼。杜月笙本来就很紧张，此刻更加迷迷糊糊，头昏脑胀。

总算进了黄公馆的客厅。这个客厅是中西风格的布置，杜月笙很快把目光落在了厅壁正当中的那幅真人大小的彩色名画上，这幅画就是《关公读春秋图》，画的两旁还有一副泥金绣字长联，写的是："赤面秉赤心，骑赤兔追风，驰驱时无忘赤帝；青灯照青史，仗青龙偃月，隐微处不愧青天。"

杜月笙正看得出神的时候，马祥生已经将杜月笙引见给黄金荣了。

呈现在杜月笙面前的是一个方头大耳、嘴巴阔长的矮胖子，论模样，实在不敢让人恭维，可是想起他的赫赫威势来，杜月笙又觉得心中发怯。

这时，只听黄金荣问道："你叫什么名字啊？"

杜月笙见黄金荣是带着一张笑脸来问话的，心里才踏实了许多，连忙答道："敝人姓杜，木土杜；名月生，月亮的'月'，学生的'生'。因为我出生在七月十五中元节月圆那天，父亲就给我取了这个名字。"——当时杜月笙的名字其实还是"杜月生"，将"生"改为"笙"是多年以后的事情了。

黄金荣见杜月笙一副很乖巧的样子，感到很喜欢，因此说起话来也就不免更加高兴了几分。而杜月笙也不再紧张了，在黄金荣的友好态度面前，他有一种如沐春风之感。

聊了一会儿之后，黄金荣就吩咐道："杜月生，既然你是马祥生介绍来的，暂且你就跟他一起住吧。"

听了这句话，杜月笙甭提有多高兴了，马上点头答应。

从此，杜月笙成了黄金荣门下的一个帮手。杜月笙非常珍惜这宝贵的机会，一下子仿佛换了一个人似的，嫖、赌两项，在很长一段时间里，他极力地克制着自己，而且沉默机警，事事留神，平时除了奉公差遣，经常足不出户。同时，杜月笙还是一个会用心去琢磨事情的人，为了得到黄金荣的看重和提携，他密切地注视着上自黄金荣，下至一般听差，每个人的生活习惯和脾气秉性，他不仅把这些都牢牢地记在心中，还尽可能地去揣摩测度，从而以此作为他在黄公馆当中应对一切人和事的准绳。这样一来，他当然很快就得到了黄公馆上上下下的一致欢迎。

杜月笙虽然此前对黄金荣各方面的情况都了解得很多了，但是在黄公馆仍有一些事情让他感到迷惑。这天，黄金荣的手下将一担担的棉衣裤挑进了黄公馆，数量足有两三千套。

转眼就到了腊月十五，满天的北风，寒入骨髓。黄金荣穿了一件新皮袍，满面喜色地出了家门。他的身后，是四个保镖，把马祥生和杜月笙也一起带了上，再后面是挑棉衣和抬银角子木箱子的人。

一到八仙桥，杜月笙不禁吓了一跳，只见桥旁的一大片空地里站满了人，总数有几千个。一个个衣衫褴褛，满面菜色，原来尽是些叫花子，他们一见到黄金荣一行的身影，立即欢声雷动。

在一片欢天喜地的喊叫声中，那几千套棉衣和很多箱银子都抬到了黄金荣的身边，由十来个人分别发放。叫花子不分男女老幼，每人一套棉衣，四角洋钱。

杜月笙现在知道了，这是在救济灾民，可是他心中又生起了疑问，于是向马祥生问道："那些棉衣和钱都是租界巡捕房给的吗？"

"不是，"马祥生摇摇头说道，"外国人管你这种事，是黄老板自己掏的腰包。"

既然这样，黄老板哪里来的那么多钱？杜月笙觉得面前摆着一个急切需要解开的谜团。不久之后，这个谜团终于被杜月笙解开了。

一天，杜月笙突然听到黄公馆里出现了窃贼，而且被盗的东西至关重要，以致把黄金荣给恨得咬牙切齿。几天后，马祥生在跟杜月笙聊天的时候提到了这个案子，他说："那桩闹家贼的案子查出来了，是伍乐城趁着一个亲戚来看他的时候，乘人不备偷了两块'红土'，事发之后，他害怕被查出来走不掉，就提前逃回了老家。可你说他傻不傻，他这一跑，那不就相当于不打自招吗？好在咱们老板大人有大量，'家贼'查出来以后，他别提有多宽容了，并没有追究这件事，说伍乐城也是实在因为穷才那么做的。听说啊，伍乐城已经用那两块'红土'卖了几百块大洋，已经在乡下买了好的宅院，真是白白便宜了那家伙。"

这下，杜月笙总算明白了，黄公馆中被盗的是"红土"，"红土"是什么东西呢？就是从印度运来的鸦片，黄金荣正是靠着这种秘密的鸦片生意来给自己牟取钱财的，怪不得他能拿出那么多的钱去赈济穷人。

有关黄金荣对于伍乐城的处理办法，杜月笙可不像别人那么好糊弄，他不相信黄金荣的度量真的就那么大。在他看来，黄金荣是一个极度爱财之人，能白白丢掉了几百块大洋而不追究？况且他是法租界巡捕房的名捕，连他自己家里都出了窃案，他能这么不声不响地就放过那人吗？

果然，很快就传来了一个消息，伍乐城回到老家之后没过几天就暴病身亡了。外人也许不知道他得的是什么病，但杜月笙知道，那病因都是从黄金荣这儿起的。黄金荣表面上无比大度，表示对此事不予追究，那是因为他害怕把这件事闹得沸沸扬扬而将自己私贩鸦片的事情泄露出去，可暗地里，他早就打定主意，将黑手伸向了伍乐城。

经过了这件事，杜月笙在黄公馆做事就更加恪守分寸，他从中也总结出了两个道理，一是"要想富，贩烟土"；二是"下不了毒手，干不成大事"。这样的想法，为杜月笙日后的崛起奠定了重要的思想基础。

黄金荣收杜月笙为徒

来到黄公馆的时间一长，杜月笙就逐渐发现，黄金荣对自己的老婆林桂生相当尊重，对于林桂生的各种吩咐大有言听计从之意。显然，林桂生作为黄公馆的"压寨夫人"，说话具有非同一般的分量，甚至比黄金荣的话更加管用。

这个重大的发现使杜月笙明白，只要讨得她的欢心，就能更有获得重用和升迁的机会。从此以后，他便在林桂生身上狠用工夫，从每一个生活细节做起，去讨她的欢心。

林桂生每顿饭后，杜月笙利用他贩水果时练就的一手绝活，给老板娘送上削得滚圆雪白的梨子或苹果；林桂生抽鸦片，他就亲手给她打出一只只不大、不小、不长、不圆的烟泡；林桂生搓麻将的时候，他也在一边帮着出主意，使眼色，还负责给林桂生递毛巾擦脸；甚至林桂生洗完脚，他都会帮着给林桂生修趾甲。当然，与林桂生之间的一些过于亲密的事情只有在黄金荣不在家的时候，杜月笙才敢做，也才方便做。

苍天不负苦心人，杜月笙如此殷勤，再加上他这个人确实精明能干，这就使他不能不博得林桂生的欢心。因此，林桂生就对杜月笙格外地派遣一些重要的差使，其中非常重要的一项就是叫他去黄金荣开的共舞台收盘子钱。

"盘子钱"是什么呢？戏馆里的前座和花楼包厢座位前，除了供给香茗之外，还会摆上果品供观众享用，而且是任你吃不吃都得付钱，因为来这里看戏的都是贵客，所以那价钱还非常昂贵，这是一笔好收入，行话就叫做"盘子钱"。不过，这份盘子钱是单派人收取的，而这份钱在上交戏院老板之外，收盘子钱的人自己也能获利匪浅。

接着，林桂生又派杜月笙到妓院去收月规钱，到赌场去"抱台脚"。这"抱台脚"，实际上就是赌场老板所聘请的保镖，杜月笙本来不善打，因此并不合适做保镖的工作。不过，林桂生的这种派遣只是名义上的，其实真正做"抱台脚"的那些人她早就安排好了，她给杜月笙挂上"抱台脚"这个名头，是想让杜月笙在既能得到"抱台脚"的好处的同时，又用不着真的去拼杀，显然，这是对杜月笙的格外照顾。

杜月笙的表现也让林桂生相当满意，他在收到这些钱款后，会把款子一分不差地如数上交给林桂生。

鉴于杜月笙进入黄公馆之后的种种出色表现，黄金荣最终正式收杜月笙为徒。此后的很多年时间里，杜月笙都是黄金荣门下最为得力的干将，直到杜月笙另立山头，势力逐渐超过黄金荣。

又经过了一段时间的考验，林桂生就开始将杜月笙视为心腹，把自己的私房钱也让他拿去放高利贷，甚至还让他参加了"抢土"的班子。

有一次，黄金荣把刚刚打探到的一条消息告诉了林桂生：一个南京大客商从租界买了5000两的印度烟土，分装10大包，正打算由龙华周家渡上船，从黄浦江水路偷运到嘉兴去。

林桂生立即派人出动去抢这批烟土，这一次，她把杜月笙也派了出去。

当时已经是深夜，徐家汇一带的路上已经没有了行人。突然，一辆马车疾驶而来，直跑到漕河泾离周家渡几百米远的一段路上才急停了下来，原来，前面有几根大木头交叉着正拦在路当中。

马车夫正要招呼座厢里的人出来把木头搬开，却只听"呼啦"一声，车夫的脖子就被套进了一支绳圈。绳圈一紧，车夫就被拖下车来。车厢里的人正要动作，却见几支手枪一齐对准了他们。

套绳圈的人就是杜月笙。他当年跟在"套签子福生"后面"抛顶宫"，抢别人的帽子，练就了一手非常麻利的甩帽子的功夫，而甩绳圈跟甩帽子的手法相通，他一练就会。

杜月笙初次参与抢土，还只是其中的一个帮手，而这次劫土的头头是一个绰号叫做"歪脖子阿广"的人。"歪脖子阿广"同手下人七手八脚地把四个押货的大汉和车夫结结实实地捆绑起来，然后从车上翻滚下几口酒坛子，一一敲碎，再从中扒出了一包包的烟土，随后，各人用麻袋一装，扛上肩膀，一声呼哨，就立时消失在夜色之中了。

半个小时之后，他们在徐家汇的一间小屋里聚齐，一点烟土数目，却意外地发现竟比黄金荣所说的多出了两包。

这时，"歪脖子阿广"灵机一动，将多出来的那两块烟土切成了几小块，然后每人一小块私下分了，并且威胁大家不可泄密。

当抢土的一班人马回到黄公馆之时，林桂生已叫人在厨房里备好了酒菜点心，她自己则端坐一张餐桌前静静等候着，她所等的主要就是杜月笙。

酒宴过后，林桂生让大家将麻袋里的烟土取出，一包包地放在桌上。她点过数后，觉得十分满意，就打出一包烟土，叫杜月笙切成了九份，随即说道："这趟买卖干得漂亮，每人拿一份吧。阿广双份，吃完了休息。"

最后，她又叮嘱了一句："月生，把货送到我房里去。"

说完，她上楼去了。

林桂生住在二楼，她的房间，除了黄金荣和贴身佣人以外，只有杜月笙可以进去。杜月笙将烟土搬进房里，按照林桂生的吩咐将烟土锁进了一个大铁箱。然后，杜月笙走到林桂生面前，从怀里掏出了一块烟土呈给林桂生，随即把徐家汇小屋里阿广带人私分烟土的事情悄悄地讲了一遍。

林桂生听了，气得柳眉倒竖，马上就要传"歪脖子阿广"前来问罪。杜月笙急忙拱手相劝，而后又在她的耳朵边嘀咕了几句。林桂生一边听着一边点头，这才没有传唤阿广。

第二天晚上，林桂生与黄金荣把金九龄、顾掌生、金廷荪、马祥生等几个大徒弟全都招到了身边。大家到齐后，黄金荣就开始审讯了，他要审的正是"歪脖子阿广"以及跟着他私分烟土的几人。

黄金荣沉着脸说道："好你个歪脖子，竟敢背着你老太爷私分烟土，还不从实招来，那多出来的两包哪去了？"

听黄金荣这么一问，"歪脖子阿广"以及跟他一起私自分赃的几人顿时吓得魂飞天外，当即齐刷刷地跪在黄金荣面前。

这时，黄金荣"啪"的一拍桌子，怒吼道："家有家法，帮有帮规，把'歪脖子'拖出去宰了！"

这下，"歪脖子阿广"更慌了手脚，他爬到黄金荣的跟前，一个劲儿地叩着响头，苦苦地哀求道："奴才下次再也不敢了，还请师父开恩啊！"

其余的六个人也纷纷叩头求饶。

这时，静坐一旁、冷眼观看的林桂生发话道："'歪脖子'，你真是不配当光棍。念在你跟师父多年的份上，就放你一马，免了'三刀六洞'，从此以后再不许踏入黄门一步。你走吧！"

林桂生转脸又对另几人说道："既然这主意是阿广出的，一人做事一人当，你们都起来吧，我不罚你们，分了的烟土，统统交上来，我就不再追究。不过，你们可得记住，下不为例。"

阿广和另外六人听了连忙叩头谢恩，之后灰溜溜地离开了黄公馆。

场面平静了下来，但是气氛依然凝重，黄金荣猛吸了几口吕宋雪茄，说道："这事以后由顾掌生来掌管吧。"他说的就是抢土的事情。

这时，林桂生又搭腔道："好的，不过，我看可以让月生一起帮着干，掌生有个帮手也就更稳妥了！"

黄金荣看了看杜月笙，说道："好，月生还是挺能干的。"

允准了杜月笙参与抢土的任务之后，也许是想考验考验杜月笙，黄金荣又说道："对了，'歪脖子'那婊子养的，要不是你师母菩萨心肠，我早就剁了他。现在死罪饶过了他，活刑可不能免的。月生，你去一趟，取下他的一根手指来。"

"这个——"杜月笙听了，不免有些迟疑

黄金荣板起脸来问道："怎么下不了手，不敢去？"

杜月笙知道，这是黄金荣在试探他的胆量，他不能在这样关键的时候退缩，于是急忙改口答道："不是，我只是想，这个'歪脖子'是否一出去马上就逃出上海滩，想是这会儿已经不见了踪影，我担心寻不到他。"

黄金荣将脸色缓和了一些，说道："你放心，'歪脖子'就是逃，也得逃到他老家去，可他是江苏青浦人，现在已经赶不上末班的航船了，今晚上他肯定走不了的，你现在就去，保管抓得着他。"

黄金荣一边说着一边又吩咐人取来了一把短柄的利斧，郑重地递给了杜月笙。

杜月笙接过斧子，转身放入一只蒲包里，披了一件夹袄，就匆匆出门了。

当时天气正寒，杜月笙从屋里一出来就打了个寒战，他立时有了主意，于是拐进一家熟食店买了些熟菜肴，又去买了两瓶高粱烧酒，一并放进蒲包里，接着就直奔"歪脖子阿广"的家中。

不出所料，"歪脖子阿广"果然还没有逃跑，他正躺在床上唉声叹气呢。杜月笙进门之后，阿广"霍"地一下从床上跳下来，头上直冒冷汗。他知道情况不妙，因为这一次正是杜月笙出卖了他，现在他来找自己，肯定没有好事。

可是杜月笙进门之后却表现得相当和善，他先把熟食打开摊在小桌上，再捞出一瓶白酒，而后拨亮了油灯，邀请阿广坐下吃菜喝酒，仿佛这是在杜月笙的家中。

阿广一边看着，一边在怀疑着杜月笙葫芦里卖的是什么药。不过，见杜月笙暂且没有恶意，他也不便忤逆杜月笙，因为现在自己刚被逐出师门，而杜月笙却是黄金荣手下的红人，得罪了杜月笙对他一点儿好处都没有，所以，尽管他心中对杜月笙相当愤恨，可是还得强作笑脸，陪杜月笙一同坐在了酒桌旁。

但是，阿广还是很不放心，他刚一坐下，马上又站了起来，然后去门外张望了一会儿，确认杜月笙没有带什么随从而只是一个人前来，他这才回到屋里，把门闩好，重又坐在了杜月笙的对面。

几杯酒下肚之后，杜月生不禁眼泪汪汪，一边从腰里摸出几块银圆递给阿广，一边带着哭声说道："我们两个师兄弟一场，今天你落难，小弟没有什么好相送的，权且带几块大洋送给大哥做盘缠。"说着，杜月笙的声音更是变得呜咽起来。

杜月笙这一哭，阿广此前心中对于杜月笙的恨意竟然一扫而光了，反而觉得杜月笙够义气，在自己落难的时候，只有他还能来看看自己。

阿广连忙推脱道："这不行，怎么好意思啊，月生你也不容易，还是把这钱收回去吧。"

杜月笙说道："这钱既然带来了，哪有收回去的道理，我们两个兄弟一场，难道连这点儿情面都没有吗？莫不是你嫌少？"

阿广忙说："哪里，哪里，既然兄弟你如此说，我也就不再客气了。"说罢，阿广也被感动得差点儿掉下了眼泪。

再饮了几杯酒之后，杜月笙说道："实不相瞒，我这次来找你，不单单是为你送行的，我还带着师父交代的任务。"

一听这话，阿广顿时惊了，他想，果然不出所料，这杜月笙的确是黄金荣派来的，因此，他马上就提高了警惕。

这时，杜月笙回身从蒲包中取出了那把斧子，往酒桌上一放，说道："这就是师父交给我的，他让我取下你的一根手指。"

听到这里，阿广立即做好了搏斗的准备，可是他马上又发觉，看杜月笙怎么一点儿也不像要动武的样子啊。

杜月笙又说道："咱们师兄弟一场，虽然有师命在上，但是这种不够义气的事情我坚决不能做。我今天只是把这事跟你说一下，并没有其他的意思，今晚喝完酒之后，你马上离开上海，不然师父难免会再派人来找你。"

阿广一听杜月笙原来是这个意思，不免又对杜月笙感激起来，他急忙问道："放过了我，师父那边你怎么交代？"

杜月笙答道："这个你不用管，我没有完成任务，是打是骂，我甘心受罚就是。"

阿广正色说道："事情没有那么简单，你来的时间还短，有些事情你还不清楚，别的事都还好说，可唯有这师命，是最不可违的。你既然接下了任务，就要全力办好，否则回去面见师父，后果不堪设想。"

杜月笙应道："兄弟不必多虑，想必师父不会那么不开情面的。"

阿广答道："这不是多虑，我可是亲眼见过师父怎么惩罚那些有违师命的人的，说起来你肯定会感到害怕。"

杜月笙说道："其实，师父原本是要派别人来做这件事的，只是我怕别人一来，兄弟你的手指就得断上一根，所以我才抢着接过了这个任务。我接手这件事，就是想让兄弟你十指全全地平安离开上海。"

见杜月笙如此够义气，阿广被深深感动了，他说道："既然兄弟你这样情深义重，我绝不会让你在师父面前为难。"阿广一边说着，一边就猛然抓起了桌上的短斧，"嚓"的一声就将自己左手的小指齐根切下，那手指离开手掌之后还在桌上弯动着，场面极其骇人。随后，阿广急忙从衣服上扯下一条布来将左手包扎起来。

就这样，杜月笙没有自己动手，就成功地取下了阿广的一根手指。他既伤了人，却还要人家对他感恩戴德，这一招可实在是高明，也唯有他杜月笙才做得出来。

杜月笙取回"歪脖子阿广"的一根手指之后，回到黄金荣和林桂生那里交差的时候并没有讲述办事的经过，也没有因为立功而洋洋得意的样子，只是若无其事一般。不过，这件事之后，黄金荣和林桂生对杜月笙就更加地宠信了，特别是林桂生，她觉得自己真是没错看人，而且这时她就已经隐隐地觉到，杜月笙的将来很有可能超越自己的丈夫黄金荣，成为上海滩新的第一霸主。

杜月笙的确是非同一般的精明，他先是为了取信于黄金荣和林桂生而告"歪脖子阿广"的密，之后又使用虚情假意、口蜜腹剑的办法轻松地取下了阿广的一根手指，既完成了师父交给的差事，又博得了阿广的满心感激，真是一举两得。由此可见，杜月笙计谋之高明和心肠之狠。

桂生姐重用杜月笙

名义上，杜月笙当时也是黄金荣所庇护之下的一家赌场里"抱台脚"的一员，虽然不必承担实际上的保镖任务，但是他既然领了这份钱，也就应当走走这个过场，经常到赌场来照看照看，何况杜月笙本人对于赌博也颇感兴趣。

赌场是一种藏污纳垢的地方，来这里消遣的既有达官贵人，更有流氓无赖，其中不排除大量的亡命之徒，因此赌场的突发事件几乎每日不断，所以才需要雇一些"抱台脚"来压阵。

杜月笙虽然不善打斗，可是处理那些突发事件，往往最好的办法并不是打斗，化干戈为玉帛是上策，而杜月笙恰恰就有这样的本领。

这天夜里，赌场里照例是顾客盈门，可正值"夜局"最热闹的时候，却突然从门外闯进五六个大汉，一个个紧绷着脸，看上去并不像赌客，他们每人手中都举着一个香烟罐。这立即引起了赌场工作人员的警惕。

"这帮人干啥来的？"主事者急忙问杜月笙。

杜月笙压低了声音说道："看样子是革命党。"

主事者一听说是革命党，急忙说道："革命党可喜欢在身上带炸弹，这在江湖上尽人皆知，难道说那些人手里的香烟罐装的是炸弹？"

杜月笙说道："我也不知道那些香烟罐里装的到底是不是炸弹，只是这件事情恐怕不好办，对付革命党不像对付流氓那么简单，弄不好会出大事的。"

听杜月笙这样一说，主事者更是吓得面如死灰，急忙央求杜月笙快想办法妥善地处理，并且表示多花一些钱也无所谓。

杜月笙应承下来，就代表赌场出面与那伙人进行交涉。

其中为首的一个大汉开口说道："我们只需要800块大洋回武汉，只要钱款凑齐，我们就立马离开，绝不与赌场为难。否则，我们手里的炸弹——"说到这里，他掂了掂手里的"香烟罐"。

杜月笙闻听，连忙说道："800块大洋，好说，好说。"随即，他看了看那大汉手里的"香烟罐"，说道："这个，麻烦各位还是收起来，要不然——，你看我们这里这么多的客人，是吧？"

那个大汉会意，向四周的几个同伴挥挥手，几个人举着香烟罐的手便都落了下去。

这时候，赌客们也已经发现了赌场里发生的异常现象，吆五喝六的嘈杂声戛然而止，更是有一些人见势不妙已经开溜了。

主事者这会儿也走了过来，吩咐道："月生，你快去账房支800块大洋。"

对于赌场来说，拿出800块大洋的现款还是不成问题的。那几个大汉接过大洋，用手掂了掂，之后刚才跟杜月笙对话的那个领头者一挥手，几个人便迅速离开了赌场。

主事者见几个革命党已经远去，才如释重负地说道："月生兄弟，刚才多亏了你，要不然这事可就不知得怎么收场了。"

其实，他哪里知道，这都是杜月笙一手导演的好戏。

原来，此前杜月笙就帮助过湖北的革命党人。那时候他在黄公馆里还是个进出后门的小打杂。但由于他朋友多，特别是流氓界的弟兄多，所以还是有着一定能量的。有一次，几个来自湖北的革命党人在上海被清兵追赶得走投无路，正是杜月笙出面帮助他们躲过了一劫。此后，杜月笙就多交了一群朋友。这次，他们在上海又遇到了严重的困难，不是被人追赶，而是钱已经用光，但是他们又急需返回武汉，因此又来找杜月笙帮忙。可是，杜月笙当时手中并没有多少钱，而一点零钱又全派不上用场，这让他非常着急。其实，他要想拿出一些钱来也容易，因为林桂生有很多私房钱都掌握在他的手里，但是那份钱他怎么能动呢？事情一旦泄露出去，自己还怎么让师母再信任呢？因此，一想到这里，杜月笙马上勒令自己打住。

杜月笙苦苦地思虑着，直到迷迷糊糊地睡去，似梦非梦之间，他突然想到了一个好主意，那就是跟几个革命党朋友合演一出"双簧"好戏。于是，赌场里就发生了革命党人携"炸弹"上门勒索，杜月笙出面成功化解危局的事情。当然，起初那些革命党朋友是不肯采用这种卑鄙手段来借钱的，可是杜月笙却劝道："这道理，分小道理和大道理，必要时刻，小道理一定要服从大道理。现如今处境险恶，你们早日离开才是大事，否则误了军国大事，那才是大错特错。"见几人还有疑虑，杜月笙又开导说："其实，你们完全不必多虑，开赌场这种买卖，那些钱难道就是正道来的吗？你们只当是做了一回惩恶扬善的事情也就好了。"几人听杜月笙说得有道理，更加之眼下也实在没有办法，所以也就只能做这一回半是勒索、半是诈骗的勾当了。

谁知，杜月笙骗走了赌场老板的800块大洋，可是赌场老板却从此对杜月笙更加倚重，给他的薪酬也翻了一倍。

这天午后，黄老板和林桂生正在会客室喝茶，忽然杜月笙进来汇报事情。哪知，林桂生对他汇报的事情并不感兴趣，却笑眯眯地说道："月生，恭喜你呀！"

一听这话，杜月笙是丈二和尚摸不着头脑，问道："我哪有什么喜事啊？"

林桂生答道："我跟你师父已经商量过了，如果你答应，就准备准备，几天之后就给你保媒，订下一门亲事，你看怎样？"

说起娶亲的事情，其实杜月笙自己早就有了这样的想法，只是觉得自己当前还没有混出个名堂来，所以也就一直没有去考虑这件事。如今听师母林桂生要给他保媒，虽然不知道女方是谁，却还是非常的高兴，而且这还不仅仅是娶亲的问题，同时也表示出师父和师母对自己的格外关爱，因此他是没有反对的道理的。

杜月笙答应下来之后，林桂生和黄金荣马上就送给杜月笙一套房子做婚房，甚至连聘礼都给他准备好了。这样，由林桂生和黄金荣全权操办，杜月笙迎娶了第一位夫人沈月英。

结婚之后，杜月笙肩上的担子就更重了，这不单是因为他现在做什么事脑子里想的都不能仅仅是他一个人，更因为林桂生交给了他更加富有挑战性的差事。先前，他只是在赌场里担任"抱台脚"，协助处理一些突发事件也就可以了，可是现在林桂生让他做全面的负责人，也就是黄金荣庇护之下的几个大赌场内内外外、上上下下、大大小小的各种事务要杜月笙全面负责，这就对杜月笙的能力提出了严峻的考验。

杜月笙走马上任之后没过几天就发生了一件大事。那天后半夜，赌场已经打烊了，杜月笙也该歇班了，他带着助手江肇铭准备回去歇息的路上，忽然听到有人求救，旧上海的街道一般都很窄，而且街巷的岔路也多，因此他们辨认了许久才寻到声音传来的地方。

当杜月笙、江肇铭二人走到一个拐角之时，就见到那里蹲着一个赤身裸体的男人。杜月笙立即明白了，这人是被"剥猪猡"了！

"剥猪猡"是帮会的一种"切口"，意思是抢劫过往路人，而且抢劫得十分彻底，金钱饰物之外，连被劫者身上的衣服也要剥光。因为赌场打烊都在午夜以后，而这些大赌场的赌客又多是些衣冠楚楚的阔佬，赢了钱的身上更是会有大笔的财物，所以这些赌客便成了抢劫者的最佳人选。另外，各大赌场的地址一般都会挑选在公共租界和法租界，或者公共租界跟华界，或者法租界跟华界的交汇处，因为这样的话，如果警方前来抓赌，他们只要一开后门，那些赌客就可以跑到另一个地界去，而警方也就只能到此打住了。不过，赌场的这种地理位置也给抢劫犯作案创造了便利的条件，他们同样会在抢劫得手之后马上流窜到另一个地界。因此，夜场赌客被"剥猪猡"的事件便常有发生，以致很多胆小的赌客不敢涉足夜场，而很多有钱的赌客来夜场的时候甚至会自己带着保镖。近来，因为"剥猪猡"之风甚嚣尘上，所以各赌场生意都受到了很大的影响，利润明显下跌。如何摆平那些"剥猪猡"的夜贼，这是杜月笙上任伊始所面对的一大难题。

这天夜里杜月笙与江肇铭二人在路上碰见的这个人就遭遇了"剥猪猡"，而且他还不是一般的赌客，杜月笙认得出，他是法租界一个头目的"小舅子"——一个被法国人包养的舞女的姘头，这原本是一种令人相当尴尬的关系，可是这家伙却趋炎附势，认了那个法国人为"大哥"，成了人家名义上的干弟弟。因为有法国人罩着，这家伙横行霸道，为恶一方，因此得了个外号叫做"癞皮狗"。

"癞皮狗"虽然只是一个小混混，他即使被人宰了也不是什么值得点评的大事，可毕竟他跟法国人有着那层特殊的关系，如果通过他的姘头吹吹风，那法租界当局怪罪下来，赌场的麻烦可就大了。虽说赌客被"剥猪猡"，这跟赌场没有直接的关系，可是不仅生意会受影响，而且毕竟人家是到赌场来消费的，赌场应当更多地考虑到客人的利益才是。

到底怎样才能解决这个问题呢？杜月笙又开动起他的脑筋来。

《孙子兵法》中说："知己知彼，百战不殆。"杜月笙虽然没有读过《孙子兵法》，但是这方面的道理他还是明白的。他知道，要想很好地解决"剥猪猡"的问题，就得摸清楚从事"剥猪猡"这个行当的到底都是些什么人？大家也许会感到奇怪，那些"剥猪猡"的当然都是些夜贼了，还用得着去调查他们的身份吗？其实不然，了解内情的杜月笙知道，当时上海黑势力猖獗，而黑社会的一大基本特点就是形成了大大小小的各种帮派，作为散兵游勇的黑社会分子只是少数，而且那些零散的流氓往往是掀不起多大浪头来的，可当前"剥猪猡"的现象这么严重，显然不是单个流氓的作为，这其中一定有带头的人。正所谓："射人先射马，擒贼先擒王。"只要能够把"剥猪猡"的头目找出来，那事情也就不难办了。找到了方法之后，杜月笙就将自己的手下全部动员起来，不多时，就打探出那些专事"剥猪猡"的流氓团伙的底细，其中有一个团伙的首领还是他相识的李阿三。了解到这些情况之后，杜月笙就让李阿三把另外几个"剥猪猡"团伙的小头目全都找来，大家一起坐下来讲条件。杜月笙推己及人，想着自己就是从这样的小流氓一步步爬上来的，因此对他们非常同情，他现在所要确定的办法是，既能保护赌场的利益，又能给弟兄们留下财路。

杜月笙到底是一个聪明的人，简直就没有他想不出的好办法，按照利益均沾的原则，他提出：弟兄们不能再给赌场的客人"剥猪猡"，而这份损失可以由赌场来承担，他可以跟各家赌场的老板商量，将每月盈利的一成拿出来给弟兄们分红。

这个办法一提出来，立即得到了夜贼方面和赌场方面的一致赞同。在于夜贼方面，他们不用再费力地去做"剥猪猡"的事情了，而同时钱财却一样到手，甚至得到的比原来的还要多；在于赌场方面，他们虽然割舍了一部分利润，可是因为消除了赌客的顾虑，生意是比先前红火得多了，从增加的生意中赚回来的钱比分给夜贼的那一部分多得多；此外，那些赌客也是非常高兴，因为他们从此去赌场寻乐，再也不用那么提心吊胆的了，而且有很多人连雇保镖的钱都省下了一大笔。所以，杜月笙这件事做得非常的漂亮。

没想到，刚解决了"剥猪猡"的问题，"大闸蟹"的难题又接踵而至。

"大闸蟹"是一种形象的说法，指的就是那些在抓赌之时被捕入狱的赌徒，会被巡捕房用绳子绑成一串，再押到马路上去游街，人们见他们一串串地绑着，觉得新奇又好玩，联想到大闸蟹身缚绑绳的样子，就开玩笑把那些游街示众的赌犯叫做"大闸蟹"。

当时，无论是公共租界，还是法租界；无论是高层领导，还是低层的办事人员，他们都会从界内开办的赌场那里捞取或多或少的外快，可是每每却还要做样子给大家看，兴师动众地去抓赌。其实，他们是想借抓赌之举从赌场和赌徒的身上榨出一些油水来。由此可见，那些洋大人的贪欲之心是没有满足之时的。

可是，不管怎样，人家是主子，既然在人家的地界上赚钱、做事，那就得对人家的任何发落都无条件地服从。每到此时，即使明知是敲诈，赌场的老板们和那些被抓的赌徒都得乖乖地孝敬孝敬洋大人。

本来，"大闸蟹"游街也不是什么新鲜的事情，既然赌场跟租界当局本来就有协定好了的密约，租界当局也不会做得太过分，所以让"大闸蟹"游街的事情并不经常发生。可是这一阵子却很反常，不知法租界当局犯了哪根神经，接连抓赌，结果，一批又一批的"大闸蟹"被捆绑着上街游行。普通的百姓看着高兴，可是那些赌场的老板就甭提有多火了，当然，负责照看赌场生意的黄金荣、杜月笙等人比那些赌场老板急得还厉害。街上每有一次"大闸蟹"出现，赌场的营业额就锐减一次，照此下去，只要"大闸蟹"们再到街上去"风光"几次，那些赌场就都得关门。这是比"剥猪猡"还更难对付的问题，因为从事"剥猪猡"的不过是一群小流氓，而抓"大闸蟹"的却是杜月笙他们惹不起的法国大人。

可是，不论问题是多么地难解决，既然端了这个饭碗，就没有撂挑子的道理，因此，杜月笙急忙将法租界各大赌场的老板都召到一起，要大家共同商议对付法租界当局频频出手抓"大闸蟹"的办法。

其实，这个办法还真是难想，如果好想的话，杜月笙那么聪明的人早就想出来了，还用得着开这种集会吗？

结果，大家我看你，你看他，干坐了一个下午，硬是没想出一个可行而有效的办法。

最后，还是杜月笙自己想出了一条避重就轻之计，只是，要想运用这条计策，必须征得黄金荣的同意，因为这个办法需要法租界巡捕房的配合。

事不宜迟，想出这个主意之后，杜月笙去找林桂生——在杜月笙看来，林桂生往往更好沟通，而且就私人关系来讲，他与林桂生是更为亲密的，所以很多时候杜月笙有事都绕过黄金荣而先找林桂生来商量。

这段时间，林桂生对赌场方面的事情也非常关切，这不仅是因为法租界当局接连抓"大闸蟹"影响了黄家的财源，更主要地是因为这件事直接关系到杜月笙的前程，因为杜月笙刚刚上任负责赌场的工作，如果没过几天赌场就纷纷倒闭了，那么杜月笙岂不是颜面扫地，以后还怎么让人高看他呢？

因此，一见杜月笙来找自己，林桂生一开口就关心地问道："你来找我，想必是有了应对的办法吧？"

杜月笙答道："办法倒是想出了一个，只是还要劳驾师母出面去跟师父斡旋一下，因为这涉及巡捕房的事情，我担心师父会不同意。"

林桂生一听，不禁又为杜月笙高兴起来，连忙应道："你师父那边自有我来打理，有什么办法，你只管放心准备去做也就好了。"

有了林桂生的允准，杜月笙心中的石头就落了地，因为他知道，只要林桂生答应下的事情，黄金荣一般都不会否定的。

其实杜月笙的办法相当简单，那就是要赌场为了顾全大局而忍痛割爱。当时赌场的经营分作"日场"和"夜场"，杜月笙的办法就是叫赌场牺牲日场，保住夜场，同时和巡捕房达成一致：只抓日场，不碰夜场。因为赌场夜里的生意要比白天火爆得多，所以保住了夜场，也就保住了主要的生意。

可是杜月笙的这个办法却引起了林桂生的质疑，她问道："如果这样的话，那谁还来日场赌呢？"

杜月笙答道："师母说的是，不过，牺牲了日场，总比关门要强得多吧？"

林桂生又问："问题是，白天没人上门，那还不仅仅是赌场丢了白天的声音，巡捕房那边白天也不会抓到人的啊？"

杜月笙苦笑了一下，说道："起码我们有赌台里的自家弟兄呢。"

林桂生问道："你是说，要赌场自己的人冒充赌客被抓去做'大闸蟹'？"

杜月笙无奈地说道："正是这样。"

林桂生马上又说："可是这也不妥呀，赌场里只有那么几个人，到街上游几回，大家不就都认出来了吗，这样作假也不是长久的办法啊？"

杜月笙说："如果被抓的次数多了，我们可以找些道上的其他朋友来客串，甚至还可以花钱雇一些人来做一下'大闸蟹'的。"

听到这里，林桂生叹道："唉，看来也只能如此了。"

于是，在黄金荣的斡旋之下，法租界巡捕房只在白天到赌场去抓人，而赌场每天夜间都照常营业。好在，这种状况并没有持续很久，过了一阵子，法租界当局对于"大闸蟹"也就没有那么大的热情了，况且，要是真的把那些赌场都逼得关了门，他们以后岂不也少了一笔重要的财源。因此，这段风波过后，法租界的各家赌场就又日场、夜场齐开，一切恢复如初了。

就这样，杜月笙刚一上任，就出手不凡，稳妥而出色地解决了"剥猪猡"和"大闸蟹"这两大难题。由此，杜月笙在上海帮会界迅速蹿红，逐渐踏上了一条平步青云的大亨之路。

"猛虎"张啸林

张啸林是浙江宁波慈溪庄桥（今宁波市江北区）人，生于1877年，本名小林，因为属虎，所以乳名叫做阿虎，后来又据此改名为寅，并且取号为啸林，而人们则习称张啸林为"猛虎"。1897年，张啸林移居杭州，进入杭州机房学习织绸，后来又进入杭州武备学堂。不过，张啸林并没有从此走上一条行伍之路，而是向着另一个方向发展了。

张啸林早年就是一个游手好闲之人，并且做过很多恶事，成为臭名昭著的一个地痞，后来更是与青帮流氓为伍，逐渐成为一个恶霸。1912年，上海公共租界的青帮头目季云卿来杭州游玩时结识了张啸林，两人立即成为"莫逆之交"。不久之后，在季云卿的建议下，当时在杭州已经很是潦倒的张啸林只身来到上海谋生，又在季云卿的帮助下在五马路（现在的广东路）一带吃赌场和妓院的俸禄，又拜投青帮"大"字辈头领樊瑾丞为师，名列"通"字辈，从此正式加入青帮。

与很瘦弱的杜月笙不同，张啸林的身材非常魁梧，有着一身的蛮力，而且做起事来心狠手辣，他的手下都敬畏地称呼他为"张大帅"。张啸林作为一个青帮头领，其优势不仅仅在于其自身的蛮横，更在于他所仰仗的靠山：一方面，青帮头子季云卿是他的至交；另一方面，后来担任浙江省长的张载阳是他在武备学堂时期的同学，浙江督军卢永祥也是他的密友，而当时主管上海军备的淞沪护军使何丰林则是卢永祥的直隶部下，因此，张啸林在帮会界、政界和军界都有着过硬的靠山。鉴于这样的背景，张啸林做起坏事来就更加肆无忌惮，甚至与黄金荣发生冲突都无所畏惧。当年，为了抢夺鸦片生意，张啸林与黄金荣的门徒金廷荪结下了仇隙，而黄金荣是金廷荪的后台，他当然要出面跟张啸林交涉。一开始，黄金荣是想惩治张啸林，可是当他了解到张啸林的不一般的背景之后，就改变了主意，转而想与张啸林修好，从而利用张啸林的关系来扩充自己的势力。同时，张啸林也想借助黄金荣在法租界和帮会中的强大影响力来壮大自身的实力。因此，在杜月笙的引介之下，黄金荣、张啸林二人很快结拜为兄弟。在强强联手的作用之下，不久之后，黄金荣、杜月笙、张啸林就成了上海滩帮会流氓中实力最为强大的三个人，被人们称作"三大亨"。

四一二事变之后，张啸林被蒋介石委任为陆海空总司令部顾问和军委会少将参议，不仅地位得到了很大的提高，更是攀上了蒋介石这棵大树。不过，张啸林与蒋介石之间的合作并非始终都是很愉快的，后来二人反目成仇。事情的起因是这样的，张啸林的儿子张法尧曾经留学法国，归国之后一时没有事做，在杜月笙的建议下到一家银行当差，可是张法尧不喜欢银行的工作，而是一心想要进入政界，过一过官瘾。因此，张啸林就带着儿子到南京去找蒋介石。因为在四一二事变及其以后的反动活动中，张啸林给蒋介石立下过很多功劳，所以他料想这点儿面子蒋介石还是会给的，但是他万万没有想到，蒋介石一口回绝了他。张啸林由此恨透了蒋介石，可此事也不能都怪蒋介石，因为他的儿子张法尧的名声简直比他还坏，弄这么一个人到自己的政府中来做官，这于面子上实在是不好看，因此，蒋介石才不顾跟张啸林之间的"交情"，没有答应张啸林给儿子讨官的要求。尽管蒋介石有着自己的难处，可张啸林却不这么看，因为这件事，蒋介石在张啸林眼里就完全成了一个忘恩负义之人。后来，上海沦陷于日军之手，张啸林没有响应蒋介石的号召，不仅没有积极抗日，反而投靠了日本人，把蒋介石视为敌人。张啸林以投靠日本人的方式来反对蒋介石，就不仅成了蒋介石一个人的敌人，更成为了整个中华民族的敌人，最终落得个身败名裂的下场，结局非常凄惨。

"三大亨"格局形成

张啸林本来不是上海人，因为在杭州落魄潦倒来到上海谋生，并且很快就跟上海的黑社会搅到了一起。当时，十六铺一带码头上的商船都是要向黑势力缴纳一定的保护费才能够安然无事的。因为但是这保护费到底交给谁，却是要因时而定的。因为上海黑社会的各个帮派之间虽然一般都划有彼此的势力范围，但随着实力对比的变化，以强欺弱的"黑吃黑"的现象也是经常发生的。当时，张啸林和杜月笙都想着在十六铺一带扩大自己的影响力，将这一方土地完全据为己有，因此就在向商船收取保护费的时候碰了个正着。一般来讲，遇到这种情况有两种处理办法：其一就是火拼一场，败者退出；其二就是双方和谈，彼此让步，达成一份双方都可以接受的协议。在双方的实力差别并不是很大的情况下，他们往往更愿意通过和谈的方式来解决问题，可是当时张啸林自恃有着卢永祥、何丰林等军界人物以及樊瑾丞、季云卿等帮会头领给他做后台，所以就想强行将杜月笙的势力从十六铺一带驱逐出去。杜月笙当然不会那么软弱地向张啸林屈服，但是当他了解到张啸林来头不小的情况之后，却大方地主动退出了十六铺，将这一带的生意和和气气地让给了张啸林，并且与张啸林结成了朋友。这样一来，反而让张啸林觉得有些过意不去，因此心里对杜月笙非常感激。

不久以后，张啸林又因为抢夺烟土生意跟黄金荣的徒弟金廷荪交手，正当黄金荣意欲报仇、兴师动众地去讨伐张啸林之时，杜月笙却突然出面向黄金荣进言，明确指出正可利用这一机会拉张啸林入伙，这样对双方都有好处，黄金荣听了深以为然，于是选择与张啸林和解。此后，这三人就站到了一边，互相以自己人来看待。当时张啸林的家眷还留在杭州，在黄金荣的诚挚邀请下，1919年，张啸林举家迁到了上海，黄金荣特别送给了张啸林一套豪华住宅。

黄金荣、杜月笙、张啸林三人走到一起之后，同声相应，同气相求，原本各自就实力不俗，再一联手，那当然更是雄霸一方了。逐渐地，这三个人就成了上海滩实力最强的黑势力头领，人们将黄金荣、杜月笙和张啸林统称为"三大亨"。

"三大亨"的出现，从根本上来说是中国帮会势力登峰造极的发展结果，如果脱离了近代上海特殊的社会环境，他们即使能干，也是难以成为影响力如此之大的流氓头领的。那么，当时上海都具有哪些社会条件最终孕育形成了这赫赫有名的"三大亨"呢？

"三大亨"虽然身上罩着多重光环，但是其最本质的身份无疑是黑社会头领，没有上海黑社会，也就无所谓"三大亨"之称。尽管"三大亨"在发迹的过程中与各方人士都建立了或亲或疏的关系，然而他们所依靠的最为基本的力量还是自己手下成千上万计的流氓分子。他们正是站在这些流氓的肩上而树立了自身的大亨地位。这里，我们就需要了解一个问题，那就是近代上海的流氓人员为何如此之多？从根本上来讲，这就源于中国近代社会所发生的剧烈变动。社会大动荡在历史上发生过多次，但是清末民初时期的中国社会所发生的变革，绝对是一场千年未有之巨变。经过这场大变革，不仅中国的社会性质发生了根本变化，社会结构也产生了极大的变异，而这其中最为突出的一点就是游民阶层的大量产生。当时，由于帝国主义的经济入侵、中国传统自然经济生产率的低下，以及清朝末年政治极度腐败，农民赋税极为沉重，这种种的原因造成了中国的农民和手工业者大批破产，他们不得不背井离乡，另寻生路。与此同时，上海由于鸦片战争之后开埠通商，外来资本大量涌入，使得工商业日益繁荣，这就与周边地区特别是农村地区的萧条形成了鲜明的对照，于是，数以万计的破产农民和手工业者就陆续地奔赴到上海来谋生。这就造成了上海人口激增的速度远远超过了城市本身的发展程度。上海虽然发达，但是还远不足以为这么多的外来人口提供正当职业，在这种情况下，上海就产生了大量的边缘职业者，而这些没有可靠生存来源的边缘职业者构成了上海黑社会成员的主体。

这些来到上海的外乡人，一方面是在本乡本土已经无法继续生存下去的情况下赶来上海谋生的，因此就不大可能再回去，因为回去基本上就意味着饿死；可是另一方面，他们来到上海，没有户籍，没有土地，没有职业，没有财产，甚至连个像样的住处都没有，他们没有出路可走，因而只能成为流氓无产者。并且，在当时社会秩序极度混乱的上海，他们所要面对的就是弱肉强食的血淋淋的事实，因此，为了能够在这块土地上生存下去，他们就必须与他人之间建立一种协助的关系，通过一种新的社会网络来为自己的生存打造出一片天地。而与这种落后的社会经济状况相伴随的是，这些游民队伍的思想意识更加的落后，他们的头脑中根本不具有任何先进的政治理念和道德观念，他们所选择的行为只能是梁山英雄式的以暴抗暴，并且一旦自己在社会上争夺到一定的有利地位之后，就会反过来去鱼肉同胞，所奉行的完全是丛林野兽一般的生存法则。这就使得他们普遍结成了黑社会组织，在自身是社会沦落的受害者的同时，又变本加厉地去报复社会，为害人民。

如果说游民阶层的大量存在为近代上海黑社会势力的繁盛提供了厚实的群众基础，那上海租界的存在则为黑社会势力的猖獗活动提供了最佳的庇护场所。因为英美公共租界和法租界的存在，近代的上海被分割成了一个"三界四方"的城市。"三界"，指的就是英美公共租界、法租界和华界；"四方"，指的是上海被分裂为四块地方，因为英美公共租界和法租界将上海城区拦腰截断，华界被分离为闸北和南市两块地方。当时，英美公共租界、法租界和华界之间的主权是完全独立的，这就给几方打击犯罪的执法活动带来了很大的困难，因为几块地界之间并没有矗立在那里的"国界碑"或者划在那里的警界线隔离着，平常人们是可以自由出入的，包括在逃的犯罪分子，可是执法人员要到对方的地界捉拿逃犯却一定要打好招呼，办好手续才可以。这样一来，办案的成本当然就提高了不少，办案的效率也大打折扣。因此，很多犯罪分子就利用了上海的这个地理特点，经常在一个地界作案之后就溜到另一个地界去，这样作案地的警方对他也就无可奈何了。特别是在几块地界交接的地方，更是犯罪分子活动最为集中的场所，其典型代表就是地处华界、法租界和公共租界交汇处的洋泾浜郑家木桥一带，在流氓、瘪三们看来，那里简直就是一个"三不管"的"警卫真空地带"，具有得天独厚的作案条件。黄金荣手下的许多爪牙，甚至他本人都有过在郑家木桥一带流窜作案的经历。

租界的存在对黑社会所具有的好处不仅仅体现在执法权力的分割这方面，更为重要的是，租界当局对于黑势力来说就是一顶最为得力的保护伞，甚至租界的外国侨民本身就是一些洋流氓。大家知道，黄金荣的正当职业是法租界巡捕房的工作人员，可是走出巡捕房之外，他就会摇身一变，成为一个流氓头子，正是有了法租界当局的大力支持，才逐渐养成了黄金荣这个上海滩的第一流氓大亨。当时居住在中国的外籍侨民自称从文明国家而来，可是他们所做的事情简直比盗匪还要卑劣。那些外国人不远万里、漂洋过海前来中国的共同目的只有一个，那就是榨取中国人的钱财。当年李鸿章曾指斥那些"洋大人"说："上半天勾通作弊之商人，下半天即可亲自赴道署商公办事，此日到关受罚之商人，即明日道台来释之领事。"李鸿章这话说得十分明确，那些上半天还做着一些见不得人之勾当的家伙，下半天就大摇大摆地做到官署里俨然成了正经人，今天还是一个应当受罚的案犯，明天却成了手握重权的领事大人。可以说，上海租界遍及上上下下的恶劣风气，其领事官实在是起了很大的带头作用的。

租界当局为了敛财所表现出的相当恶劣的一面就是大力培植烟、赌、娼等地下产业。烟馆、赌场、妓院对于社会的危害是举世公认的，租界当局自然不会不明白这一点，可是出于敛财的需要，他们就对其他的一切全都置之不顾了，公然贩卖烟业、赌业和娼业的营业执照。这笔财源当时是相当丰厚的，在租界成立前期工商业还不甚发达的情况下尤其严重。据记载，1865年上海法租界当局的年预算收入为10万多两，其中来自烟赌娼的营业执照收入有近5万两。虽然有时迫于公众舆论的压力，他们也会暂时宣布禁烟、禁赌、禁娼，但是其实际效果却恰恰相反，反而还会以禁令之名给自己捞取更多的钱财，因为既然那些产业是法律所禁止的，那么有谁想要"突破"法律开办烟馆、赌场或者妓院，当然也就需要租界当局的格外开恩了，而这笔"开恩费"也自然比原来办营业执照所需的钱更多了。租界当局的这种做法，使得近代的上海成了世界闻名的"毒品中心"、"花都"和"赌城"。

黄金荣、杜月笙、张啸林这"三大亨"就是在租界当局的庇护之下，通过大肆经营烟馆、赌场和妓院而发家致富的。

在此之外，"三大亨"集团在近代上海能够横行多年而长盛不衰，还有一个十分重要的原因，那就是近代中国政府的羸弱和政治的不统一。清朝末年以鸦片战争为开端，在帝国主义列强的侵凌面前历尽了屈辱，绝不是因为偶然的一两次战争的失败，而是有其必然性的，因为当时的清朝政府已经腐败到了极点。1862年，日本的第一艘官船"千岁丸"号来到中国上海，那些日本人在清军营房中所见到的景象是：那些士兵服装破旧，面目污秽，赤脚露头，衰弱无力，几乎跟乞丐一样惨不忍睹，不仅士兵这样，上海道台（清政府从三品的官员）的佩刀也锈钝得简直没法使用。军营里面是这样，军营外面的情况也好不到哪里去。当时上海县城有十座城门，每个城门都有士兵把守，可这些士兵是怎么把守城门的呢？他们白天利用守门的职权对百姓进行敲诈勒索，到了夜里则去喝酒、赌博、嫖娼和吸鸦片，即使轮到自己的班，也经常随便找个小瘪三塞他几个铜板去顶替。黄金荣当年就做过顶替守城门的士兵值勤这类的事情，而黄金荣做这种事所看重的并非那几个铜板，而是他在站岗的时候会表现得比那些真正的士兵还凶，有机会就对出入城门的百姓敲诈上一笔。这样的军队，如何能打得了胜仗呢？因此，清政府不仅对外打不了胜仗，对内也无法施行有效的管理。也正是因为政府的羸弱，那些黑势力才乘机而起，愈加张狂。

清政府是如此的腐败和孱弱，那么进入了中华民国时代呢？情况并没有好转，甚至对上海黑势力的发展变得更加有利了。清政府灭亡之后，中国就陷入了长期的分裂状态。先是孙中山领导的革命党与袁世凯的北洋政府进行对峙，袁世凯死后北洋军阀分裂成几大派系，彼此征战不断，而同时南方又存在着孙中山领导的革命政府一直试图北伐。其后，北洋军阀消失了，代之而起的是国民党新军阀的混战。在中国内部的纷争之外，还有着帝国主义势力的介入，特别是日本的大举侵华。总而言之，近代中国自清朝灭亡之后，这种政治上的分裂状态恰恰给黑社会势力的投机活动提供了便利，其典型的例子就是1927年的四一二事变。此后，以黄金荣、杜月笙、张啸林这"三大亨"为代表的上海黑势力就跟蒋介石领导的国民党攀上了关系，又利用自身与上海租界当局所建立的密切联系而左右逢源。因为政治上的不统一，中国不仅缺乏一个强大的政府对黑势力进行有力的打压，反而因为打击敌对势力的需要往往有求于黑势力，因此，"三大亨"就利用这样极为有利的政治时机使得自身长久地笑傲一方。

当然，在种种的外部因素之外，黄金荣、杜月笙、张啸林之所以能够在黑社会群雄当中脱颖而出，成为实力最强的上海"三大亨"，还取决于他们自身所具有的与众不同的素质和背景。黄金荣、桂月笙、张啸林这三人虽然跟其他帮会流氓头子没有本质上的区别，但是由于个人素质出众，最终却能够远超出其他帮会头领之上，成为"大亨"。

那么，黄金荣、杜月笙、张啸林这"三大亨"都具有哪些出众的素质呢？当时民间流传着这样一句话："黄金荣贪财，张啸林善打，杜月笙会做人。"人们对于"三大亨"的这一评价应当说是很准确的，但是这样的评价同时也是片面的。事实上，黄金荣的特点绝不仅仅是贪财，他做事最为突出的一点就是干练而果敢，处理起事情来非常利落，不失为一个闯荡江湖的老手。尽管黄金荣是一个臭名昭著的负面人物，但不可否认，他的身上是具有一定的领袖才能的。他能够从一个"包打听"做起，最后升到当时法租界巡捕房唯一的华人督察长，甚至被租界当局誉为"法租界的治安长城"，那绝不仅仅是凭借偷奸要滑的手段就能够做到的，没点儿真本领是不行的。杜月笙呢，就更不用说了，就个人素质而言，杜月笙明显高于黄金荣，这几乎是大家公认的，而这也正是杜月笙能够后来居上超越黄金荣，成为新一代帮会霸主的根本原因。杜月笙刚刚投到黄金荣门下的时候，不过是一个混迹社会的小瘪三，诚然，杜月笙早年的发展是跟黄金荣、林桂生的提拔和重用密不可分的，但是，投靠黄门的小混混那么多，黄金荣、林桂生为什么就偏偏最青睐杜月笙呢？答案只能有一个，那就是杜月笙的确非常能干，非常会做事，非常会做人。别的不说，单是他一手组建的"小八股党"，就为黄金荣抢土、贩土立下了极大的功劳。可以说，如果没有这支队伍的舍命打拼，黄金荣就不能够将自己的烟土业做强做大。当然，杜月笙本人也从中捞到了相当大的好处，他日后能够迅速崛起，直接依赖于从事烟土业所积累起来的雄厚资本。那么，张啸林呢，人称"猛虎"，确是名不虚传，其骁勇与凶狠之程度少有人能及，这一点，对于帮会中那些敢打敢拼的亡命之徒是有着相当强的震慑力的，这也是他能够跻身"三大亨"之列的基本原因之一。

"三大亨"在个人素质突出之外，还有一个非常重要的优势就在于他们各自都有着不同寻常的背景，这也跟他们具有敏锐的政治眼光是密不可分的。黄金荣为了实现自身的飞黄腾达，几十年中都牢牢地攀定了法租界巡捕房这棵大树，有了法租界当局的庇护，黄金荣做起事来就便利得多了。张啸林虽然原本跟上海租界没有什么关系，但是却有着足够硬的军阀背景，他之所以如此凶狠，在很大程度上是因为有卢永祥、张载阳等军界人物给他撑腰。杜月笙最初仅仅是一个一无所靠的小瘪三，可他却总是不失时机地为自身实力的攀升而四方打点，特别是通过四一二事变而为蒋介石建立了殊勋，从此有了国民党和蒋介石的支持，其他的流氓谁还敢动他？总之，"三大亨"个个都具有较强的政治敏锐性和较为宽广的政治视野，他们自青少年时代依次目睹了中国从晚清、北洋军阀和国民党统治的政治变迁，深受黑社会势力的浸染和熏陶，对本身卑下的政治地位深感不满，其行为和活动往往带有强烈的政治价值取向，这就使得他们远远高出于那些目光短浅、仅靠要小聪明来混世的平庸的流氓，最终成为流氓中的杰出人物。

"三大亨"更为出色之处还体现在，他们不仅注重硬实力的建设，对于软实力的提升也同样重视，特别是杜月笙，在这方面表现得尤为突出。他不仅广泛地结纳了政界、军界、商界等等对于黑社会活动具有密切关系的各领域的人士，甚至对于跟黑社会活动毫无瓜葛的文化界人士，也乐于去主动地结交，因为这样一来，他就更可以装点自己的门面，在某种程度上掩盖自己的污迹。

当然，"三大亨"在具有各自的优势之外，他们的发达与三人之间的通力合作也是密不可分的，若不是强强联合，恐怕上海滩很多人会相继崛起挑战他们的大亨地位，可正是因为他们紧密地团结在一起，形成了一股实力异常强大的力量，才会长久地稳坐江山，睥睨群雄。

第十章
摆平三大案，玩转法租界

识大盗巧救樊尔蒂

黄金荣随着自身势力的不断增长，所负责的治安任务逐渐地也已不仅仅限于法租界境内，而是扩展至了整个上海滩，甚至还将他的势力延伸到了上海之外的地方。黄金荣在上海之外的影响力到底有多大，这从他营救法国驻上海总领事馆书记樊尔蒂夫妇一事中可以看出个大概。

黄金荣从事巡捕职业数十年，一生所经历的大案小案不计其数，但这其中给黄金荣留下深刻印象的并不是很多，而令他一生都为此感到非常得意的案子就更是少之又少了。其中有两件倒是他一生中十分得意的：一件就是在太湖上营救樊尔蒂，另一件则是在山东临城特大劫车案中营救雷狄主教。

我们先来看一看营救樊尔蒂这个案子。说起此事，就不得不提到一个重要人物，他就是"太保阿书"徐天雄。

徐天雄，这个名字现在人们都感到很陌生了，可是在民国时代，这可是一个如雷贯耳的名字，他在江浙一带的名声，甚至不亚于黄金荣之于上海。徐天雄生于江苏东部一个叫做刘家堰桥的村子，也就是当今上海市金山区钱圩乡的横召村。他的出身很苦，祖上几代都是贫苦的农民，时常过着饥寒交迫的日子，在这样的家境下，徐天雄自然没有接受过什么正规的教育，不过早年他却有一个颇为文气的名字，叫做"徐书生"，也正因此，熟人们常常亲切地称呼他为"阿书"。"阿书"年轻的时候，正赶上中国风云巨变的特殊年代，也许是中国当年的乱世造就了他这样的一个草莽英雄。总之，徐阿书决定，不再吃这祖上嚼了八辈子的糠咽菜了。他决心做一番大事，从此改变自己的命运，为此，他把名字改为颇具豪气的"徐天雄"。

我们知道，农民起义往往与宗教信仰密切集合在一起，远至东汉末年的黄巾大起义，近至清朝末年的天平天国起义，就是分别利用了五斗米道和拜上帝教来号召和发动群众的，甚至在陈胜、吴广所领导的最早的农民起义时，就已经开始通过鱼腹出书、狐狸夜鸣等方式来制造谶语，从而为自身树立威信。与他们相似，徐天雄在图谋起事的时候，也为自身披上了一件宗教外衣，他的绰号"太保阿书"就是得自于他的宗教职业。所谓"太保"，是当时江浙一带的客家人对于一种巫师类的宗教职业者的称呼。徐天雄最早就是利用宗教信仰来建立自己的组织的。

民国初年，徐天雄联合平湖县新庙乡以屠宰为业的王启明（又叫王阿美），毅然揭竿而起，打出"替天行道"的"劫富济贫"的大旗，在刘家堰桥聚集了附近二三十个出身贫苦的农民，到平湖县衙前小镇袭击了国民党地方保安团，收缴了步枪4支和子弹大约100发，正式开始了土匪生涯。

虽然以徐天雄和王启明为首的土匪团伙在举事之初仅有二三十人的规模，但是他们在"劫富济贫"的过程中很快地壮大起来，不出半年的时间，就已经发展到超过千人的规模，20世纪20年代初，他们的力量更是达到了前所未有的巅峰状态。当时，在江浙一带若是提起"太保阿书"来，可以说是无人不知，无人不晓。

随着自身实力的壮大，徐天雄和王启明的胆子也越来越大，起事后不久，他们就打起了"天下第一军"的大旗，先后多次出击政府的武装力量，并且频频袭击土豪富商，然后将得到的钱财一部分充作军饷，一部分则分发给当地贫苦的群众。因此，他们得到了广大贫苦农民的热烈拥护，从而能在江浙一带横行多年，大旗不倒。由于"天下第一军"频频作案，而且手段残忍毒辣，所以地方官府和富商、地主们对他们是既愤恨、又畏惧，因此，他们也对"天下第一军"组织了规模越来越大的围剿行动。"天下第一军"虽说实力不小，人员众多，可终归不是正规武装，"战士"们没有受过严格的军事训练，而且他们的领头人又基本上是一些没有什么文化的农民，再加上武器装备跟不上，因而只能在小打小闹中占得一些便宜，一旦遇到大规模的战斗，就未免要频频吃亏了。与此同时，先前的那些打劫对象们又都纷纷加强了防守，使得他们的行动不再那么容易得手，所以他们的经费用度难免会出现紧张的局面。因此，他们在经费紧张的情况下，逐渐抛弃了"劫富济贫"的信条，开始变成了无论贫富，全都打劫，后来他们的打劫对象渐渐地由以富人为主转变成了以穷人为主。这样一来，他们赖以为后援的贫苦兄弟们就自然会对他们另眼相看了，而他们距离败亡的日子也就为期不远了。不过，这是后话。劫持法国驻上海总领事馆书记樊尔蒂夫妇时，正是他们如日中天的鼎盛时期。也正是在这样的背景下，黄金荣对于樊尔蒂的营救才显示出了充分的意义。

中国古谚云："苏湖熟，天下足。"又说："上有天堂，下有苏杭。"有了这样的盛名，外国人自然也会慕名而往。这一次，从法国来的樊尔蒂夫妇就来到了中国最美的一个地方——太湖，当他们心情颇佳地观赏着中国江南的美丽景色时，却发生了一件令他们一辈子都忘不掉的非常不愉快的事情——他们遭遇了强盗。

在当时的中国人眼里，金发碧眼的外国人可都是有钱人，而且当时的国际旅游还远不像现在这样发达，能到中国来的外国人十有八九并不仅仅是有钱，而且还有着一官半职。这样一来，他们的身价可就更高了。所以在徐天雄一伙看来，能劫持到一个外国人，那不啻于咬到了一块肥肉。不过，当时在中国活动的外国人还是很少的，他们也难得有机会钓着几条送上门来的"外国鱼"，然而，一旦遇着这样的机会，他们是会倍加珍惜的。

这天，徐天雄手下的几个兄弟在太湖周边活动时，不经意间瞄到了这一对在一群中国人中显得十分打眼的老外，他们相互嘀咕了一下，就打定了主意，然后就偷偷地紧紧地跟在了这对老外的身旁左右。这对正沉醉于太湖美景中的老外夫妇对此毫不知觉，一点儿防备都没有，当他们无意中走到了一个人迹罕至的地方时，突然听到了一声哨响，随即几个身强力壮的年轻汉子突然闪现在他们的面前，将他们的去路挡了个严严实实。樊尔蒂夫妇哪里见过这个架势，知道遇到了坏人，可他们手无寸铁，只能本能地进行呼救。一边喊着，一边与几个匪徒叽哩哇啦地说着一串对方根本就听不懂的法国话。几个匪徒哪里管他们叫唤的是什么，赶紧扑过来将他两人的嘴给狠狠地捂住，樊尔蒂夫妇还想挣扎，可是马上见到了明晃晃的匕首抵到了他们的喉咙下面，他们立时再也不敢做声了。

法国驻上海总领事馆的书记在中国被强盗劫持，这在法国一方来说可是丢尽颜面，他们立即照会上海法租界，要他们进行营救，而这营救的任务，自然也就落到了租界巡捕房的头上。在巡捕房中担任督察员的黄金荣听到这个消息，感到又惊喜又不安，惊喜的是，这可是一个在洋主子面前立功的大好机会；不安的是，事发地点远在太湖，并非他的势力所及，他真的有那么大的本事将樊尔蒂夫妇救出来吗？如果救不出来，这个大好的机会不就白白地浪费了吗？

很快，"太保阿书"那边递过来消息，开出的价码是40万大洋。这可绝对是个不小的数目，在中国向来趾高气昂的法国人哪里肯吃这个亏，他们当然不会同意这个条件，而他们更相信，凭借法国在中国的巨大影响力，成功救出樊尔蒂夫妇不成问题；可是他们也知道，绑架樊尔蒂夫妇的可是不服阎王管的山寨野匪，弄不好，杀人放血的事情他们可是完全做得出来的，因此，他们对此也感到非常焦急。但是，焦急归焦急，要想让他们就这么把几箱子的大洋乖乖地呈送过去，他们当然是绝对不肯的，除非到了最后真的无计可施的时候，而且，他们相信，土匪们不会很轻易地就撕票的。

就在法国人为此备感焦急的时候，黄金荣也为此事感到十分发愁，他一遍又一遍地念叨着："这事儿要是在上海就好说了。这事儿要是在上海就好说了。可是偏偏就在太湖，我是鞭长莫及哟，鞭长莫及哟！"见到他如此发愁，他的一个徒弟给他出了个主意，这个徒弟就是"小八股党"成员之一的高鑫宝。高鑫宝对黄金荣说："师父何必这么发愁呢，依我看，您的名声未必就仅仅限于上海滩哪。"黄金荣听得高鑫宝这样一说，大有茅塞顿开之感，他深吸了一口气，带着疑惑对高鑫宝问道："那，依你说——"高鑫宝急忙接过话来，说道："如果师父您信得过，弟子就往太湖跑这么一趟，以师父的名义，说上一说，没准儿呢，他们一听师父的大名，哪里还要什么40万大洋啊，说不定连4块大洋都不要了呢，还得好好地奉送我一顿好酒好肉呢！"黄金荣听到这里，不禁露出了喜色，仿佛"太保阿书"真的就会对他如此敬佩一样。可是他稍稍一得意，却随即又疑虑起来，因此他又把脸又沉了下来，想到，自己的名声真的有那么了不起吗？连远在太湖的土匪头子都买自己的账？高鑫宝见黄金荣还有疑虑，便赶紧劝说道："师父，这件事嘛，在弟子看来，还是成功的把握大。去年三月的时候，我往太湖那边去过一次，据我的考察，您在那边还是很有影响力的，提起您的名字来，是没有人不点头佩服的，人们可都以见过您感到荣幸哪。要是有谁说在上海跟您有过往来，那绝对是在人前高出一头的事儿啊。"几句话说得黄金荣频频点头，他听了这样的恭维，马上得意起来。喜形于色的黄金荣当即应允了高鑫宝的建议，叫他准备准备，第二天一早就起程去找"太保阿书"。当然，他也没有忘了嘱咐高鑫宝见到"太保阿书"等人可要千万小心。对于黄金荣的嘱咐，高鑫宝撂下了一句话："师父您就放心等着我的好消息吧！"

高鑫宝扔出了大话，那么，在徐天雄和王启明的眼里，黄金荣到底有多高的地位呢？还真让他说着了，多年活动于江浙一带的"太保阿书"等人对上海滩的大亨"麻皮金荣"是不仅早有耳闻，而且仰慕已久，只是苦于一直没有机会结识。这一次，黄金荣亲自派爱徒主动找上门来，这个人情他们认为是必须给的，因此，对于高鑫宝的到来，他们不仅慷慨地放出了这一对法国"肉票"，而且是分文未取，自己还搭了不少大洋来款待高鑫宝。从此之后，黄金荣对高鑫宝另眼相看，他自己也因此得到了法国主人更多的赏识，得到了不少特别的好处。

土匪孙美瑶

在黄金荣营救法国驻上海总领事馆书记樊尔蒂夫妇一案中，我们了解到一位重要的土匪头目徐天雄，而在令黄金荣感到更加得意的另外一件营救法国雷狄主教的重要案件中，则也涉及一个匪帮首领，这个人就是孙美瑶。

1923年6月7日的《晨报》上，曾有这样几段文字：

孙美瑶，年25岁，系大杆首孙美珠之胞弟，行五，小名孙五。孙本小康之家，又为当地之绅董，因受土匪及官兵两方之压迫，遂铤而走险。当时又孙五先发愤将自己房屋焚去，以为匪之决心。孙美珠于去年（1922年）7月15日，在西集被官军擒获，被杀。匪部推举孙五为首领。其人性如烈火，不若乃兄之和蔼可亲也。

孙桂枝，年44岁，系孙美瑶之叔，与美珠等同时为匪，充抱犊崮之寨主。所有该山之人票，均归其管理。此次因官军围困数月，水粮两绝，故由其侄带领各首领出此劫车之举，以期稍解山中之围，而救老寨主之命。

孙美松，年41岁，系孙美珠之堂兄，曾充毛思忠部下稽查员。其人极习滑，有事则逃，无事则回，故其匪性不若他匪之坚。

郭其才，年36岁，于前清光绪三十三年，曾投入陆军第四十五标充当兵士。退伍后，又入山东防营，携枪私逃为匪。于民国七年，由张敬尧招抚，编为连长。张败，遂与毛思忠、栗凤浩、郭安等投降王占元，驻扎武穴。后于民国九年叛变，重理土匪生涯。其人性忠厚而具胆识，匪目中之佼佼者。

上面的文字介绍了四个土匪首领，其中的第一号人物就是孙美瑶。孙美瑶是山东南部枣庄市山亭区阜城乡康宅村人，与出身贫苦的徐天雄不同，孙美瑶原本有一个很殷实的家境，可正是因为家境殷实，在那兵荒马乱的年月，土匪横行四方，官兵也四处搜刮，于是，孙美瑶便成了当地遭受劫掠的主要对象。多年来，没少受土匪和官兵们的殷勤"照顾"，可若说仅仅是一些钱财上的问题，孙家也许就这么一直忍下去了，谁叫咱生在这个世道上呢？令他们不可忍受的是，后来土匪们已经不再仅仅满足于临时"借"几个钱花了，而是开始了赤裸裸的绑架活动，孙家花了大把的银子才把被匪徒绑架去了的孙美瑶的父亲孙桂哲给赎回来。

在孙桂哲第一次遭受绑架之后不到两年，祸事就再次降临到孙家的头上，他又一次被"请"进了匪窝，自然，这一回，银子也没有少花。孙家虽然家底厚实，经过两次绑票也还未到倾家荡产的地步，可是他们也看清了形势，有了这第一次、第二次，就难免会有第三次、第四次，照这样下去，日子真是没法过了。想起这些年来所受过的欺侮，孙桂哲一时感到十分窝火，竟一病不起，不久之后就离开了人世。孙桂哲的死，令孙家的兄弟们感到极其悲愤，他们由此清醒地认识到，在这个世道上，善人是做不得的，好人没有出路，恶人却到处耀武扬威，做了一二十年的羔羊，可如今到了这步田地，是无论如何再也不能那样一如既往地任人宰割了。其中最为激愤的一人就是孙桂哲的五儿子孙美瑶，他第一个倡议自己人也拉起一帮弟兄占山为王，当然，并非所有的人都对这个意见表示赞同，尽管大家心中都怀有很深的愤恨，可真要说起落草为寇、铤而走险，他们还真有些迟疑和胆怯。于是，不愿落草的兄弟们带着分过的家产自谋生路，而坚定支持孙美瑶的孙家长子孙美珠和孙桂哲的弟弟孙桂枝则将几人分得的财产凑在一起，买了十几把枪，又招了几十号人，此后由孙美瑶点火，将家宅烧了，以表示一去不归，彻底断绝回家的念头——几十个弟兄就这样被"逼上梁山"了。

孙美瑶刚刚起事的时候，并不是匪帮的头号人物，因为当时他才刚刚20岁，既缺乏经验，又缺乏威望，因此，团队中的首要负责人是他的叔父孙桂枝，其次是他的大哥孙美珠，而他则是第三号人物。但实际上，孙桂枝更多地是为团伙的发展出谋划策，日常工作则主要交给孙美珠、孙美瑶兄弟来负责，相比起这小一辈的兄弟两个，孙桂枝的角色更像一个军师。

孙氏兄弟上山做了土匪之后，势力得到了迅速的发展，队伍很快由几十人壮大到几百人，规模增长到起初的十倍以上。随着这支队伍的声望越来越高，附近的几伙实力较为薄弱的匪帮也纷纷前来归附，于是，孙美珠和孙美瑶二人在山东匪界逐渐占据了首屈一指的地位。实力的迅速壮大令孙氏兄弟颇感欣慰，而他们也在对自身的前途进行着深远的筹划。1920年清明节那一天，孙美珠将各部首领召集齐全，公布了自己通过精心思考而做出的决定——这支队伍的性质并非土匪，大家切不可以将自己视作匪寇。孙美珠为自己的队伍起了这样的名号——"山东建国自治军五路联军"。这样，有别于其他的匪帮，孙美珠、孙美瑶所带领的这支队伍有了自己明确的政治主张——他们要实现山东的"自治"。尽管这在政府看起来是无比荒唐的事情，可是孙美珠对待此事却一点儿也不马虎。

正所谓树大招风，孙美珠的这支队伍壮大了之后，也引起了当地政府极大的恐慌和仇视，开始围剿他们。俗话讲，常在河边走，哪有不湿鞋的。亡命之徒的头颅是朝不保夕的，即使坐上了大头领的位置，其生命安全也是没有保障的。1922年7月15日这天，孙美珠在与当时山东混成旅旅长兼兖州镇守使何锋钰部队的一次作战中不幸被捕，随即遭受枪决。为示儆戒，孙美珠的头颅被残忍地砍下来，悬挂在津浦铁路的临城车站上进行示众。

孙美珠遇难后，他的弟弟孙美瑶自然成了新的帮主，而其队伍也更名为"山东建国自治军"，继续与政府军相抗衡。孙美瑶虽然年轻，但是起事之后长期跟在叔叔孙桂枝和哥哥孙美珠的身前左右，在多年的险恶斗争中积累了丰富的战斗经验，能力也得到了长足的锻炼。孙美珠死后，在孙美瑶的辛苦经营下，队伍的实力不仅没有削弱，反而有了更进一步的增长，极盛之时，队伍接近万人，其装备也相当精良，大部分战士都配备有现代的枪支，甚至还获得了几门小钢炮。而且他们的活动范围也远远超出了山东，在徐州、上海、南京、北京等多个大城市都设有固定的联络站，大有将触角延伸到全国的态势。

孙氏队伍的进一步壮大，引起了北洋军阀政府的更大恐慌，他们开始为剿除这支匪患而殚精竭虑，与此同时，他们也为孙美瑶布下了重重的天罗地网。这样，经过长期持续的大规模围剿，孙美瑶虽然颇具实力，但是毕竟山野起家，较之政府的正规军队，其军事实力毕竟还有着相当的距离，而且政府可以调动多种资源，从而获取更多的支持，占据更多的优势，这是孙美瑶的队伍所不可企及的。在政府军队的猛烈打击之下，到了1923年春季的时候，孙美瑶已经感到力不能支了，他的队伍的活动范围被严重地打压，以致最后只能苦守抱犊崮，而对于政府军不间歇的打击也只有招架之功，而无还手之力了。

就在孙美瑶陷入弹尽粮绝的危难之际，他决定铤而走险，谋划起了一场震惊中外的大劫持，这也就是发生于1923年5月的中国山东临城津浦铁路线上的特大劫持案。

外侨被绑架

1923年5月6日凌晨1点左右，山东南部的枣庄市临城附近的津浦铁路线上，和平常一样，周遭是午夜时分惯有的静寂，一切都在黉夜之中酣然地沉睡着，只有两个巡道工沿着闪着青色光芒的铁轨边着满是疲惫的脚步由北向南地缓缓走着。这大的月色非常明朗，即使没有路灯，也能够看得清前方很远的地方。然而，就在这貌似无比平静的场景背后，却蕴藏着巨大的风险，即将路经此地的人们毫不知晓，危险正在降临。

两个巡道工巡视了一番之后，完成了工作任务，就走回路边的一间扳道房里，叫醒了在里边休息的同伴，准备交班，同时，屋里还睡着一个配有枪支的铁路警察，这时他也醒了过来，几个人一起说了些闲话。在他们看来，这又是一个宁静而平常的夜晚。然而，就在他们毫无戒备之时，屋外已经有十几条黑影从铁道旁的麦田中神出鬼没般地钻出来，眨眼之间，就来到了扳道房的门口，而后，几个人守在外边，另外几个人则冲了进去。

"都不许动,谁动打死谁!"突如其来的一声怒吼,使得扳道房里原本恹恹欲睡的几个人如梦初醒,一时都愣在那里,不知该如何应对。面对几个匪徒一齐举起的那些黑洞洞的枪口,他们真的是不敢轻举妄动,生怕自己的一不小心引发了对方扳机的扣动。他们十分谨慎地偷偷谛视着贸然闯进来的这几个不速之客——其中一人的打扮显然与众不同,这人有三十多岁,手持一支手枪,将枪口恶狠狠地对着几名巡道工,而只有他穿着一身还算整齐的蓝绸衣服,至于另外手持长枪的几人,则衣衫褴褛,一副乞丐模样。

突然出现的这十几个匪徒来自何处呢?他们深夜时分闯进扳道房,究竟有何意图呢?要知道,那几个巡道工和一个铁路警察的兜子里可不是一般的干净,打劫他们可没油水。显然,来者的意图并非在这几个普通的铁路工作人员的身上,这些人之所以将枪口对准了他们,不过是想在接下来真正的好戏上演之前先行控制了他们,以免一会儿他们碍手碍脚。

巡道工们和铁路警察还没反应过来,几个土匪就已经极为熟练而麻利地将他们放倒,然后掏出事先备好的粗重的绳索将他们给紧紧地捆绑起来,并且为了防止他们叫喊,还扯了几块破布塞在几人的嘴里。

打理好这几个工作人员之后,几个匪徒就开始实施自己的特别计划了。他们从扳道房中翻出扳手、撬棍等工具,然后留下一个人看守,其他人便带着工具冲出门去,与外面的几人会合一处,开始撬铁路上的道钉,继而搬开铁轨,扔开枕木,不出多时,就将原本一段完好铁路线拆了五六十米。

看着破坏铁路的工作已经做得差不多了,那个为首的匪徒从怀中掏出一块金表,看了看时间说道:"任务已经完成,现在是2点20分,还有半个小时,弟兄们撤吧。"

说完,这些人就迅速离开了铁路沿线,眨眼之间隐没于铁路两旁的茂盛的麦田之中。等待由南京开往北京的一列特别快车。

这列特别快车是当时中国最豪华的列车之一,车厢分作一、二、三等。此趟列车经常载着很多外国旅客,而且这一次,外国旅客尤其多,在全部车厢共200多名旅客当中,外籍旅客有30多名,他们分别来自美国、英国、法国、德国、意大利、丹麦、墨西哥、罗马尼亚等多个国家,其中尤以美国人居多。在这些人当中,许多并不是普通的旅游观光者,而有着显赫的身份,例如其中的舍恩伯格小姐,她是美国蜚声遐迩的"石油大王"老洛克菲勒儿媳的妹妹,家世相当显贵,此外还有美国陆军军官艾伦少校和平杰少校以及美国著名报纸《密勒氏评论报》的记者鲍威尔等人。当然,在所有这些外籍旅客当中,其显贵者并非都是美国人,这三十几人当中有两名法国旅客,一个是贝吕比;而另一人身份尤为特殊,他就是来自法国的上海董家渡天主教堂的神甫裴雨松·雷狄,人们习称之为雷狄主教。雷狄主教此次北上,并非是为了赏景观花,他肩负着一项非常重要的任务,那就是赴天津筹建教堂,同时,他也随身携带了此次行程所需的一笔巨款。他原本是怀着一种相当愉快的心情赶赴中国北方名城天津的,然而他万万没有想到,他在双脚踏上天津的土地之前,就先在山东地界遭遇了有生以来最为严重的一次祸事。

凌晨约2点50分的时候,这列特别快车开到了山东临城与江苏沙沟之间的地段。这时司机突然极其意外地发现,列车前方大约百米处的一段铁轨被完全拆掉,情急之下,他立刻拉起刹车阀,列车随即发出一阵惨烈的怪叫声。伴随着车轮与铁轨之间因为剧烈的摩擦而生出的阵阵火花,车速迅猛地降了下来,但是列车刹车还是刹晚了,巨大的惯性推动着火车继续向前不停地行进着,机车、煤车、邮车、三等客车……车厢一节接着一节地驶出轨道。所幸的是,车厢仅仅是驶出了铁轨而已,并没有因此而倾覆,这样,车厢中的旅客不至于遭受过大的身体损伤。

日后,亲身经历过此次险情的《密勒氏评论报》驻上海的主编、曾采访过吴佩孚的鲍威尔在回忆这段不幸的遭遇时进行了这样的记述:

当我从睡梦中醒来时，我们的火车车速不足每小时10英里，我留意到那已是凌晨2点50分。我将头探出车窗外，环顾那伸向山东茫茫群山中的窄长山谷，并未发现有什么车站。突然，响起了一声手枪声，继而又传来了一串射击声，我赶紧停止观赏夜景，将我的旅伴法国人M.A.贝吕比先生喊醒，尔后我们俩一起向窗外望去。

旷野里似乎布满着带枪的男子，他们一边胡乱地放枪一边朝火车奔来。火车呀呀轧轧地停了下来。贝吕比和我的包里都藏着手枪，我们把枪取了出来，静待事态的发展。几乎就在同时，四处响起了砸窗声，当我们还没反应过来时，我们的车上已经挤上了许多土匪。面对这一大都的土匪，我们已用不上手枪了，所以当土匪们冲进车厢时，我们便把手枪交给了他们。

第一个闯进门来的土匪抓住我的左手，企图从我的手指上扯下金戒指。戒指戴得太紧了，在我还没能抽回手来将戒指卸下来交给他之前，他已把我拉到了走廊里。然后这帮土匪搜索了我们的包厢，席卷走了除被他们忽略的个人衣物外的所有东西。贝吕比和我穿上了衣服，静候着接下来的撤离。我们没有等得很久，四个土匪又转回来，左右开弓挟着我们的手，把我们拖下了火车。

火车四周的田野似乎成了一块旋风区。乘客们穿着睡衣、光着脚丫子被拉下车来，他们中有许多是妇女和孩子。一些土匪正在拉开旅行袋，扯下软卧车厢里的被褥。我们被驱赶着快速穿过一块麦地，至少有两个土匪看押着每一个人质，有的甚至还有另一个土匪在身后盯着，用枪顶着步履稍慢的人质们。

走了不足一小时的路程后，我听见了一名妇女的哭泣声。只见她每走一步，土匪都要用手中的步枪猛戳她一下。这位妇人是舍恩伯格小姐（美国石油巨子小约翰·洛克菲勒之妻妹）和麦克法登小姐的旅伴。我的同伴与我最终劝服了一名土匪让出一双他穿着的中式便鞋给了舍恩伯格小姐。在这之后，我们又听见一个小男孩正在路边哭泣，他约有8岁，赤着脚，披着睡衣，正哭唤着他的父母亲。他告诉我们，他是在离开火车不久被从父母亲身边拉走的。他的父亲是驻扎在菲律宾的美军少校R.平杰。这小家伙已是筋疲力尽，不时便被绊倒。一个土匪做了一个手势，像是要开枪打死他，于是我们把他举起来，将他放在我们背上。走了一阵后，我们发现了一头正在吃草的驴子，于是我们便指着这头驴子，说服了土匪让舍恩伯格小姐和那小家伙骑上。以后不久，我们便分开了。

直到破晓后，我们才看清了所有的一切。我们数了数，足有千余个土匪正行进在旷野里，一些土匪看守着人质，其余的则拖拉着从火车上抢来的东西。贝吕比和我是仅有的衣着整齐的，其余的人质都只穿着睡衣。骑在驴背上的妇女穿着睡衣，她们的头发在空中飞舞着。在沿着陡径向山顶爬行时，她们竭力抓住驴子，与此同时她们还徒劳地试图使自己少得可怜的衣服尽量保持得体。

8点钟时，我们后面响起了枪声。子弹从我们头上呼啸而过，打在了路边的岩石上。随后土匪们显然改变了计划，我们被赶上山去，并沿着另一座山的山脚行进。我们排成一路纵队，所有的人质被分散地夹杂在土匪的队列中，同时子弹在不断地飞来。一小时后，我们来到了一座陡峭的山梁下，土匪管它叫"黄牛山"。押解我们的土匪指点着那座山，一边大声吼叫着"爬上去"，一边用枪驱赶我们登山。太阳现在已升得很高了，尽管烈日炎炎，我们仍被逼着以双倍的速度翻越粗粝的石头，登抵山顶上天然的防御阵地中。我们的身边枪声一阵紧似一阵，但大多数人都已累得无暇顾及枪声了。

爬上山顶后，我们实际上跌撞进一个墙洞里，并尾随着第一监视小队蹒跚而行。我们这群人中大约有25个外国人和同样人数的中国人。在5英里外的一座山上，我们曾看见另一群外国人和监管他们的匪兵。我们在这儿待了一整天，期间不断地受到攻击。有几个土匪戴上了从赃物里挑出的女士帽，而另外一些人正试图穿上各种劫来的女装。有个无赖引起了我们特别的兴趣，他徒劳地尝试着在自己的身上为一只胸罩找一处系挂的好地方，最后他把它系在了腰间，将它当做了一个放香烟盒、照相机、肥皂和牙刷的盛器。我想土匪们一定收集到了至少25架照相机。他们用多种方法试着打开这些照相机，最后他们还是用石头捣开了相机，在检查过里面的胶卷后，土匪们厌恶地将它们扔在了一旁。有个家伙在一片粗话声中用他的匕首割开了自来水笔的两头，他想将这支镀金笔做成一只烟嘴。

我们因缺乏水和食物而挨饿。下午3点钟时，一个苦力肩挑着一桶水来到了山上，但还未等人质们能有机会喝到水，土匪们已凶猛地扑过去，喝光了桶中的水。下午晚些时候我们才得到一点点水，但这已是在土匪们喝够了之后。大约5点钟时，匪首给我们每人发了一枚鸡蛋。

大多数人曾认为，我们被带离火车是为了使土匪们更方便地打劫。打劫似乎是土匪们的主要目的，因为他们确实洗劫了火车，抢走了被单、毯子、床垫、炊具和餐车上剩余的罐头食品。他们甚至想从卧铺车厢的墙上撬下作装饰用的电灯插座。他们中的一人显然认为我的科伦那牌打字机机箱里藏有值钱的东西，所以把它带到了山顶。当箱子打开时，他为只发现一架打字机而感到极大的厌恶，于是他就用他的步枪枪托把打字机敲成了一堆废铁。这架打字机后被一个中国农民发现，并且由一个铁路官员送回到我手里。

直到我们抵达黄牛山山顶后，这才发现了土匪的主要目的。匪首之一的郭氏是位25岁左右的年轻小伙子（指郭其才，被认为是"临城劫车案"的幕后主谋），他接近一个能说点英语的中国人质，想要叫外国人为他写一封信。由于我是新闻记者，所以他们就选中了我。从那天起直到事情结束的38天中，我无意识地扮演了土匪代言人的角色。

我写的第一封信是给侯将军，一位想包围土匪的中国官军司令。我们坐在一堵石墙后面，子弹呼啸着从我们头上掠过。匪首手里拿着枪，在他告诉我要写些什么的时候，他手中的枪一直在我的周围挥舞着。我到现在还记得信的内容，信是这样写的：

官军司令侯将军：

"人民自救军"（孙美瑶等自称"山东建国自治军"，此处有误。——笔者注）的首领命令我们给你写这封信。要求你命令你的部队立刻停止射击，否则土匪就要杀死所有的外国人质和中国人质。

外国人质之代表鲍威尔

人质中的外国男人深深地为麦克法登小姐和科雷利小姐的处境感到担忧。科雷利小姐是一位意大利的年轻女郎，她为G. D. 穆索做秘书。穆索是一位杰出的意大利律师和上海的资本家，他也成了人质。科雷利小姐正与穆索先生合作写一本关于中国的书。麦克法登小姐光着脚走了这段20英里的路程，同时还要忍受严重的踝关节扭伤。我们决定说服土匪释放这两位女士。我们告诉郭氏我们想写封信给济南的美国领事，请求他让政府军停火。郭氏很高兴。当此信译成中文后，我们坚持要匪首释放这两位女士，并让她们带信给领事。郭氏同意了。所以科雷利小姐和麦克法登小姐当晚就被释放了。事后我们才得悉她们的向导迷了路，直到第二天黎明她们才到达火车站。我们最后看见她们时，她们正骑在一头驴上，冒着滂沱大雨穿越田野。

不知是写信去的缘故还是其他什么原因，枪声大约在我们被绑架的第一天，即5月6日星期日傍晚6点钟左右停了下来，土匪似乎担心要发生什么事。我们一致认为我们不会被扣押很久的，中国官军和外国军队将会前往营救我们。

约7点钟时，土匪们显然决定要再次转移，所以我们被命令从山的另一边跑下去。我们用流血不止的青肿的赤足，踩着粗粝的山石，全速地冲下山去。一阵大暴雨把我们淋了个透，它使土匪借着暮色悄悄地穿越了官军的包围圈。我们被反复地告诫不准说话，不准点烟。每位外国人质身边都有两个土匪"陪伴"。我们经过不少村庄，还能听到狗吠声，但官军却连影子也没有看到。约莫在晚上11点钟，我们来到一座荒凉的小村庄，并被赶进了一间中国式棚屋。这间棚屋显然曾被用作猪圈，但地上倒是新铺上了高粱秆。从凌晨2点50分起，我们就在一直不停地爬山，大家早都筋疲力尽了，所以当身体一着地，便都呼呼地睡着了。午夜时分，看守土匪又来驱赶我们上路了。他们让我们不停地赶路，直到第二天早上5点，尔后我们被囚禁在一处院落内。晨风刺骨，我们尽量用干草盖住自己，这样一直睡到早上8点。下午2点，我们又开始的行军可能是我们整个被绑架过程中最艰难的一次，因为我们不仅疲惫不堪，而且粒米未进。阳光越来越灼人，我们被步枪威逼着爬上了另一座山。那山可能有3000英尺高。途中只停过一次，在一条小溪边喝过一些溪水。

那天下午的晚些时候，当我们大多数人都快要崩溃的时候，我们又开始了另一次跋涉。我决定罢走，看看土匪们会如何反应。他们中的一个人用步枪顶着我的胸膛，示意我上路。我想自己到了忍受的极点，已经有点什么都不在乎的味道了，所以我索性敞开外衣，吆喝他顶上来开枪。这一举动有效地逼迫他摊牌，使他遭到其他土匪的嘲笑，更让他大失"面子"。这是个小头目，但却坚持用傲慢的方法激怒我们。他走开去，尔后招来六个土匪，接着我便遭到了好一顿棒打。在这整个过程中，那个小头目用手枪击打我的头部。我的肩上留下棒打印痕长达数周之久，每当抬起右臂时，我都会感到疼痛。尽管我遭了殃，但罢走还是达到了预期的效果，土匪最终为我们找来了驴子。

那晚所有的外国人质都被安排在一间棚屋的一头，而中国人质则在另一头。大约10点钟光景，门口传来一阵骚动声，随后一群土匪进来了，他们不知把什么东西扔出门外之后便走了。弗里德曼先生爬起来查看了一下，随后我们听见他大叫道："这是穆索先生，我想他已经死了。"穆索先生看上去确实像死了似的，他已昏了过去，正躺在路上的石头上。经过一阵艰难的交涉，我们说服了一个土匪给我们拿来了些水，并把水泼在穆索先生的脸上。我们成功地救醒了他，但不一会儿他又昏迷过去，而且余下的整个晚上他一直昏迷不醒。

在第一周的"旅途"中，土匪常常给我们薄饼吃。有一天他们带来了一些"三明治"，或者说是玉米面包肉卷，它由生洋葱、大蒜、胡椒和他们称作"肉糜"的东西配制而成。我们好多日子都吃这一混合物，直到我们中的一人对这种食物做了一次深究。原来这种"肉糜"是用蝎子，即这地区盛产的一种有毒昆虫剁碎而成。这种蝎子像蚱蜢，但在它们的尾部有刺，人如被它们刺中会引起舌头和嘴唇红肿。所以我们不再食用这种"三明治"了。一周的缺吃少喝使我们变得越发虚弱，正因如此，不难想象出当我们收到峄县的美国长老会送来的一些食物时，我们是何等的兴奋。

我们的这个匪帮由大约1500个配有多部旧式日造枪械的匪兵及两三百之多的随从组成。在我们被绑架后的第一周里，几乎每天我们都在山里转悠。我们第一次洗澡是在一条美丽的山间小溪中，这条小溪位于5月12日安置我们的"龙门观"旁边（此溪名为沧浪渊）。在这只有齐脚深的小溪中，我们都洗了次澡。村民对此很感兴趣，有两三百人围观我们洗澡。人们告诉我们说，我们是当地村民第一次看到的洋人。我们在"龙门观"里舒舒服服地歇息下来了；这座道观看起来像为土匪所拥有。该道观的道长告诉我们说，前些年土匪们为重建道观曾捐过2000元。我们在道观里待两三天后，一条由匪首带来的好消息使我们十分兴奋：美国领事将要来看望我们了。

我们很快发现美国领事不是别人，而是孙明甫，是美国商人，美国监理会传教士孙乐文之子，生于苏州。第一次世界大战期间，任北京美孚煤油公司经理。"临城劫车案"发生后，他受江苏督军齐燮元委派。由南京赶赴山东，与匪首孙美瑶接洽释放被绑架洋票之事。我们把他当做一位久别重逢的兄弟那样欢迎他，因为我们知道他以担任中国人的谈判代表而闻名。和他一起来的是南京派来的交涉员温世珍先生。因为几年前我就认识温先生，所以我便和他交谈起来，然而他却把手指搁在嘴边上，示意我别开口。我问孙明甫这是怎么回事，他告诉我他是作为"中间人"或者说是北方政府的非官方代表来此谈判的。他轻声地警告我们不要与温先生说话，也不要让人以为我与温先生相识，因为他担心土匪们可能会把他认作政府官员，而顿起歹意将他也绑为人质。

孙明甫建议匪首派两个人到铁路上去和山东省官员谈判有关释放我们的事宜。我们希望吉星高照，但我们注定是要失望的。与孙明甫和温先生一同回去的两个匪首从沿途的当地人那儿获悉北京的要员已经抵达了枣庄，而且他们估计如果这些要员是远道而来的话，他们肯定与北京政府已有所商定，所以，他们在最初的要求上又翻倍加码了。

于是就在那天的凌晨4点，我们又开始了我们的最后一段行程，最终到达了现已出名的囚禁地——抱犊崮的巢云观。在沿途的一个村庄里，土匪们招待了我们一顿猪肉。在中国，新鲜猪肉对外国人而言是忌食的，这是由于中国的猪不卫生。但是我们仍然享用了一顿真正的宴会。我们向一位中国主妇借了一只浅黑色的平底锅，此锅周长约有2英尺，有6英寸深。在锅里我们放入了切好的猪肉，放了些我们在路边找到的大蒜，最后加了些水，没有盐，但我们讨了些菜油。焖煮约两小时后，一锅美味的汤——一种甘美的饮料便"诞生"了，不夸张地说它救了我们的命。

就在我们刚跨过大约2000英尺高的分水岭时，押解我们的匪兵们指着远处的一座山兴奋地叫道："抱犊崮！"我们爬过陡峭而粗粝的花岗岩石阶。最后来到一座杂乱而荒芜的、石砌的道观前。这道观占地约有半英亩，由6～8间房组成，其中3间是正殿。"巢云观"易于防守，它位于一座峡谷的顶端，四周是险峻的绝壁，只有通过我们爬上来的那段石阶才能攀登上来。

另有一段在花岗岩上凿砌出来的石阶则通向山顶。那峡谷内葱绿一片，看上去煞是漂亮。道观的后面有许多花岗岩上凿开的山洞，它们显然是土匪用来贮存食物和弹药的。土匪们声称，这样一个洞就能居住3000人。

我们在这道观里实际度过了4周时间。

就在我们到达抱犊崮前几天，我们已听到了一支美国救援队到达枣庄一个小矿镇的谣言。我们大多数人都希望这支救援队是由来自天津和北京的美国士兵组成的。但结果却是由卡尔·克劳先生为首的一个团队，他是由上海的美国商会派来帮助解决我们释放事宜的，同时了解一下我们是否需要食物。克劳先生具有多年在中国的生活经历，他没有在外交场合空耗过多的时间，而是直接下乡召集来了一批中国农民，这些人愿意为75美分而步行20英里穿越土匪警戒线为我们送来一些食物。克劳先生还找来了一位在我们看来像是土匪的中国绅士，那人答应为2.5美元而来回40英里地替我们传递信件。我们的送信人由于在晚上9点离开枣庄，大约在第二天正午到达我们的囚禁地。

以后在枣庄的美国救援团为我们送来了由在天津的美国远征军和中国交通部提供的一些行军床、被褥和军用帐篷，中国交通部还在枣庄留下了一位负责官员。抱犊崮本是风景优美之地，但是环境实在与之太不相称。我们的最大难处是与昆虫共处。人们已知的各种跳蚤物以类聚地在抱犊崮"会师"了，而且因为多数古老的道观建筑先前曾被用作马厩，所以现在这些屋子里是虱子成灾。

当我们那儿来了位外国医生时，读者可以想象出我们当时的喜悦之情。这位就是从上海来的保罗·默顿斯医生，他是特地来看望穆索先生的。穆索先生由于摔倒及心脏病发作而正处于危险境地。默顿斯医生带了些急需药品，因此不出几天穆索先生就开始好转，而我们其他人也渐渐地恢复过来了。

土匪们一再威胁说，除非官军撤退，否则我们将会被安置到比我们现住的道观高出3500英尺的山顶上去。因为抱犊崮被土匪用做大本营至少已有三个世纪了，所以土匪自然会认为它是坚不可摧的。其实中国的省属军队在我们火车遭难时就已试图强行攻克山顶上的堡垒。一天，默顿斯医生建议我俩爬上山顶去探查一下，看管我们的匪首派了两名匪兵护卫我们。我只拿一些香烟，另外还把白兰地酒灌入了我的锡壶。在爬上500英尺高的悬崖后，我们分给两个匪兵一些白兰地酒。不多久我们尊贵的卫兵便呼噜呼噜地昏睡起来了。于是默顿斯医生和我开始丈量起抱犊崮的高度。我们花了2个小时到达了大约离山顶500英尺高的最险峻的部位，由于心脏虚弱，到达这儿后默顿斯医生再也不能走了，所以我就单独一人艰难地向上爬去。途中的多数路段像是办公楼的墙壁，而阶梯则由在山岩上凿出的粗糙的抓手穴及插入石缝里的木栓组成。在山顶上，有一扇硕大的、无人把守的木门，推开门来，我发现自己已站在了山顶上，而且我可能是第一位到达这一堡垒的白人。

山顶占地约2英亩，地面很平坦，有半英亩地是中国式的防空洞。我朝一个匪兵走去，他正莫名惊诧地瞪着我。当我递上香烟和白兰地酒后，他立即变得友好起来，而且主动带我去观光游览。在山顶的四周，土匪已建起了一堵胸墙，胸墙向下延伸有300～500英尺不等。我发现有几个在花岗岩上凿制出来的水池，其中似乎刚灌满了水，这些水可能是准备当我们被带上山顶后接待我们用的。

匪兵带我进入一个洞穴，在那里我所看到的一切令人终身难忘。令人窒息的洞中关押着许多中国儿童，他们被绑架来的时间从1年到3年不等，而开列的赎金从1000元到10000元不等。几天前，8个年幼的中国儿童被放了出去，所得的3800元赎金被用来购买武器。我看见的儿童的年龄在2岁到15岁之间。他们的境况是令人同情的，大多数人穿得破破烂烂，只有少数人还穿着绸缎衣服，这无声地证明了他们家庭的显赫地位。当我进入洞内时，有些人很害怕地挤到了屋子远处的角落中。但其他人颇为友好，并愿意接近我，但却被卫兵吓退了。我数了数，屋里有35名孩子。

尽管我多次担心土匪会把我囚在山顶，但我还是成功地"哄"住他们，直到我安全地走出门外。在这之后，我尽快地爬回到默顿斯医生等我的地方。我们弄醒了正酣睡的匪兵，尔后回到了道观里。在这次冒险中谁也没有受到伤害。

通过我们的学生翻译，我们发现有几百个孩子被绑架当做人质，而这几年土匪们的主要营生就是绑架孩子。我们的卫兵告诉了我们土匪残忍地对待孩子的许多可怕故事，不久这些故事被德国使团证实了。总之，很明显当土匪得不到赎金时，他们会报复性地把孩子扔下悬崖。这样做是为了向其他孩子的父母示威而迫使他们不得拖延交出赎金。

在"巢云观"里作为人质所度过的4周，毫无疑问是我们一生中最漫长的4周。

这就是历史上轰动一时的中国山东临城特大国际劫持案。此案的发生，是山东匪首孙美瑶走向衰亡的一个转折点，但却同时是上海枭雄黄金荣走向更加兴盛的一个转折点。

智救雷狄主教

临城火车劫持案一经发生，其消息就迅速传遍了整个中国，并且引起了上下各界的高度关注。大家之所以如此重视这次劫持案件，除了因为其规模非同一般，更因为这牵涉到国际争端——在被劫持的人质当中包含大量的外国人氏，如果处理不好，各外国强势政府必将对软弱的中国政府施以强大的压力，甚至有可能引发战事。因此，北洋军阀政府对于此案给予了极高的重视，务必致力于快速而且稳妥地解决此次意外事件。

其实，临城国际劫持案不仅在中国引起了巨大的轰动，在事发两天之后，全世界各主要报纸都在显要版面报道了这一爆炸性新闻。在案件发生的当天早上，民国政府总理张绍曾就收到了来自各个驻京外国公使的正式外交照会，由此，北洋政府和列强间围绕临城劫持案所展开的外交斗争也正式拉开了帷幕。

与此同时，各国驻华人员纷纷展开了各种援救行动。美国公使舒尔曼在发出照会的当晚，就已经到达济南，去了解现场情况。而作为各国公使团团长的葡萄牙驻华公使符礼德更是紧急召集公使团会议，协调各国意见。紧张的各国公使们最担心的事情是，临城劫持意味着一次义和团运动的翻版，二十几年前一度令帝国主义列强感到胆战心惊的义和团就是从山东爆发而走向北京的，义和团运动对于列强的沉重打击在二十多年之后仍然是他们挥之不去的噩梦。在这次会议上，各国公使表示出了对这一事件的不同态度。英国公使麻克类积极主张就临城劫持事件进行武力干预；意大利公使则更是公使团中最强硬分子，极力主张借临城事件这一契机对中国铁路、军队、关税、交通等进行全面托管，从而更加严厉地控制中国；可是日本驻华公使对临城事件始终保持着沉默的态度，令大家琢磨不清楚日本人心里究竟想些什么，也许在他们平静的外表背后隐藏着难以告人的阴谋。

5月8日这天，各国驻京公使团联合向中国北洋政府提出强烈抗议，并且利用这个机会向中国政府施加巨大的压力。

事态的发展已经远远超出人们的想象，临城劫持案大大突破了治安事件的范围，即将成为帝国主义列强扩大对华侵略的导火索。

当然，各帝国主义国家在琢磨着如何扩大对华侵略的同时，他们也为如何营救出落难的同胞而备感焦急——匪军与政府对峙了两天之后，根据美国记者鲍威尔的记录，土匪要求他立即给交通总长吴毓麟和督军田中玉写一封信，警告他们，除非立即停火，否则会将所有外国人质一律枪毙！

鲍威尔的信发出之后，政府的军队暂且停止了对匪军的围剿，因为他们知道，土匪如果真的被逼急了，可是什么事情都做得出来的，要是那些外国人质真的都被杀了，那中国政府可就完全无法向列强交代了。他们必须想尽办法尽快救出外国人质才好。

在这些外国人质当中，也包括法国人，其中尤为重要的就是雷狄主教。法国一方对于营救同胞一事高度关注，就在中国政府与土匪僵持之时，上海驻法国总领事葛礼邦已经亲自赶赴山东临城前线，并且宣布，如有知晓雷狄主教的下落者，赏银三千元；如果能够营救出雷狄主教，则会赏银一万元。在营救雷狄主教的过程中，上海法租界的巡捕房也承担着重要的责任。这样，在巡捕房中任职的黄金荣自然也涉身其中。

黄金荣觉得，这可是一个前所未有的立功的好机会，可是至于如何立下这件大功，他却是一筹莫展：上海距山东甚遥，远非其势力所能延及，况且土匪声势不小，一定是下了狠心来干这一票的，连北京政府都拿他们没办法，他黄金荣虽说神通广大，却也毕竟威力有限啊。黄金荣对此感到十分焦急，为了自己能够在此案中有出色的表现，他甚至还去城隍庙中烧过香，求过签，拜过佛。

不知道是黄金荣的诚心真的感动了佛祖，还是天缘巧合，就在黄金荣为了营救雷狄主教的事情感到万分焦灼的时候，他却十分意外地在另一件不起眼的小案子上发现了线索。

这是一件普通的失窃案，但是被窃的人却有着特殊的身份，此人名叫韩荣浦，是吴佩孚手下的副官。但令黄金荣感兴趣的并不是他跟吴佩孚有什么关系，而是他来自山东临城，对于临城的情况有着非常详细的了解。此次，韩荣浦受命自临城到上海购置一批物品，但是到了上海，他却懊恼地发现，自己的钱款被窃，于是他就去找在法租界当巡捕的一个姓隋的同乡去商量办法，这个姓隋的同乡就替韩荣浦报了案，并且因为他来自当前要案的发生地临城，就将他介绍给了黄金荣。

黄金荣对韩荣浦进行了热情的接待，因为韩荣浦长期在山东军界做事，经常与当地土匪打交道，对他们的事情了解得非常详细，所以从他的口中，黄金荣对于山东临城与劫持案相关的情况已经有了八九分的掌握。会面之后，黄金荣一面让韩荣浦回山东之后帮他打探雷狄主教的情况，一面自己立即派出得力人手火速赶往临城。

　　且说临城这边，令山东督军田中玉感到十分不解的是，这个在他眼里看来尚且乳臭未干的毛小子孙美瑶，竟然敢在抱犊崮这个偏僻穷酸的山区里闹出如此一件惊天大案，无论是为了赎金，还是为了壮大声势，或者是为了突破政府的围剿，他都不该有如此胆量的啊，因为在当时的中国，可没有人敢惹怒洋人。田中玉甚至猜不出临城劫持案解决之后，这个孙美瑶将如何收场，二十几年前的义和团捅了洋人的刀子，其结局怎样？他孙美瑶不会不知道吧，而以他孙美瑶的势力，比起当年的义和团来，还差得不知有多远呢，他难道就不为自己的结局考虑考虑吗？

　　事发之后，田中玉已经调集两万部队将抱犊崮地区团团包围起来。由于担心地方武装会与土匪串通形成合力，他甚至将自己的贴身卫队1500人也从济南调了来，部署到与土匪对峙的最前线，从而最大程度上壮大政府军的声势。这样，大规模的部队封锁了所有出入抱犊崮的通道，只要田中玉一声令下，两万装备优良的政府军就将对绑匪发起全面进攻，那样，被围困在抱犊崮山上的几千土匪将死无葬身之地。不过当然，田中玉不敢轻易下达进攻的命令，因为他首要的目标不是消灭土匪，而是保护外国人质的安全。

　　自从5月6日事件发生以来，各国的驻京公使团在短短数日之内接续召开的联席会议不下10次，他们向北洋政府发出多份外交照会。到5月16日，英国公使已经明显按捺不住了，他明确指出，如果情况继续恶化，应考虑向各国政府建议，调集各国驻扎在远东的舰队，在靠近事发地区的塘沽海域联合举行海军示威，以向中国政府施加切实的军事压力。

　　以英国公使为代表的帝国主义列强所提出的谋划，与二十几年前八国联军的所作所为如出一辙。不过这一次，有一个例外，那就是美国的态度显得比较特别。6月1日，美国政府致电驻华公使舒尔曼，通告了美国总统哈定的意见：尽量避免武力干涉。美国政府认为，只有在混乱和无序威胁到整个外国在华利益和外国人的生命财产安全时，才可以考虑武力干涉的可能性。显然，美国总统对此事的态度是更为慎重的，他并不想在遥远的东方与这个古老的大国发生直接的武装冲突，尽管各国一致认为中国的军事力量是不堪一击的，但是哈定认为，武力还是不可以轻易使用的，不到必要的时候，还是以和平解决的方式为上选。而与美国意见相为呼应，日本政府在此次事件中的态度也较为让人难以捉摸，自日本作为强国在远东兴起之后，一向将中国看作其势力范围，在侵略中国、获取自身特殊利益方面，日本常常扮演着列强中的急先锋，而且当时日本与英国存在着盟约的关系，它本应当更多地站在英国的立场上，可是在临城劫持案的整个交涉过程中，日本却一反常态，反而支持美国的温和策略。日本驻美大使为此还曾专门造访美国政府，强调日本不主张向中国派遣海军进行示威。日本之所以这样做，当然不是惧怕中国，更不是为了维护中国的利益，而是因为日本当时与中国北洋政府有着更为重要的利益勾结，他们不想因为这件小事而触怒了中国政府，从而影响到其更为广泛的在华利益。而至于美国，他们的想法自然又与日本不同，他们之所以不主张对中国采取武力示威的办法，是因为他们在鲍威尔从山上传递出来的报告中捕捉到这样的消息，他们知道这次劫持事件的性质是不同于当年的义和团运动的，劫匪的真实目只是为了钱，认为绑架外国人会有更大的油水可捞，所以他们才出此下策。这样一来，通过和平的手段就完全可以妥善地了结此事，而一旦动用武力，反而会把事情搞糟，弄不好，真个鸡飞蛋打，土匪虽然被消灭了，但是同胞的性命也全未保住。因此，美国公使认为，当务之急不是对中国施加军事压力，而是制止在前线手握生杀大权的山东督军田中玉贸然对土匪动兵。行伍出身的田中玉虽然不会对大局全然不予考虑，可是一旦头脑发热，冲突起来做了蠢事，那么想要再挽回可就来不及了。美国公使觉得，想要很好地控制田中玉，只有求助于北洋政府幕后的实力派人物——曹锟。

　　曹锟，直隶天津人，早年跟随袁世凯，曾为袁世凯鞍前马后立下了重大功劳，逐渐成为北洋军阀中的实力派。1919年12月，冯国璋病死后，曹锟被推为北洋军阀直系的首领。此时的曹锟正在伺机赶走身居总统之位的黎元洪，自己入主北京，而临城劫持案的发生，恰好给他提供了与列强讨价还价的重要筹码，因为山东正是他的势力范围之所在。

实际上，案发之后的第二天，也就是5月7日那天，曹锟就在保定秘密会见了美、法两国的公使，双方就临城劫持案一事达成协议。那就是，曹锟敦促田中玉放弃武力围剿计划，而后，美国公使又单独与曹锟密约，表示一旦曹锟当选总统，美国政府将立即给予承认，并提供全力的支持。

这样，在曹锟的干预下，政府军和土匪之间又转入谈判的状态。5月10日，孙美瑶将自己的开价通过一个叫杨毓洵的人质带下了山。

在孙美瑶开出的条件中，首要的一项就是要求北洋政府将他的土匪部众收编，同时以军饷的名义支付赎金，而在此之外，他所提出的一项令北洋政府感到最为吃惊的特殊条件是，孙美瑶要求北洋政府划出一块接近1万平方公里的中立区，由他自己率领的队伍对这个地区施行自治。按照孙美瑶提出的条件，这块区域划定在山东、安徽、江苏三省的交界地区，中原重镇徐州就在其中，而且尤其重要的陇海铁路与津浦铁路的交汇点也就在这个区域。

这个条件意味着什么？它意味着孙美瑶要在北洋政府的土地上列土封疆，划出一块名为"自治"实为"独立"的国中之国。要知道，津浦铁路历来都是英国划定的在华势力范围，而徐州又是吴佩孚的老巢，这个国中之国的条件，不仅将严重动摇列强在华的利益，而且北洋政府在中国的统治也会被扫尽颜面。尽管土匪们为了表达诚意而释放了扣押的妇女和儿童，但是谁都明白，这样的条件是北洋政府无论如何也绝对不可能予以接受的。因此，谈判陷入了僵局。

双方僵持数日之后，为了打破僵局，5月18日这天，孙美瑶在人质当中选出了在第一次世界大战中得过勇士勋章的雷狄主教，打算让他去向北洋政府递交最后通牒。雷狄主教接到任务哪敢怠慢，接受了任务之后立即在两名土匪的"陪同"之下下山报信。可是，在路上出了些问题，这个雷狄主教原本就是个养尊处优的人，与那些平日就在山沟沟里混的土匪大不相同，身子骨可远没有他们禁得起折腾，自上山这十几天来，他是吃也吃不饱，睡也睡不好；而且五月中旬的天气，山东临城一带的气温已经相当高了，雷狄主教每天风吹日晒的，本来他身体很肥胖的，却在这十几天的时间里体重减轻了几十斤；再加之他也上了岁数，因此在路上病倒了，说什么也走不了路。病倒个人质不要紧，可是这雷狄主教可是肩负着重要任务的呀，如今他走不了路，两个土匪也不能硬扛着他下山啊。于是，一个土匪留下来在路上看守他，另一个人则返回到一个哨所去向"蜂头"报信。

恰说在上海接受了营救任务的黄金荣此时也已经赶赴至山东，开始了密切的侦察活动。黄金荣因为乡土不熟，所以赶来之后就找了一些本地人给他带路。在押送雷狄主教中途返回来报信的那个土匪所到的哨所中，刚好有一个小名叫做喜子的土匪与给黄金荣带路的一个叫做李兴山的村民原本是邻居，相互熟识。这一天，当这个村民偷偷潜入到这个哨所附近活动的时候，意外地碰到了喜子。喜子是一年多以前跟随孙美瑶上山的，但是他上山没有赶上好的当口儿，正逢政府军对土匪加强围剿的危难时期，因此喜子这一年多以来的时间基本是在被围困中度过的，与家人的联系则是完全中断的。本来，喜子家中的日子也是没法过了，他才出此下策，铤而走险，临走时他说好了，到山上安稳下来马上就给家里回信，叫家里放心。可是自打他上山，家人就没有收到他的任何音讯，因此十分惦念，而时间一长，觉得凶多吉少，喜子八成是已经不在人世了。而他的这个邻居李兴山在喜子家人的托付之下，外出的时候也帮着留意过，不过也一直没有捕捉到有关喜子的消息，不想却在今天意外相逢了。旧友重聚，两人都十分高兴，热切地攀谈起来。

"嗨，这不是兴山哥吗，你怎么到这儿来啦？"喜子用一种非常热烈的口吻问了李兴山这样的话。

"哎呀，喜子呀，你先别问我，我跟你说啊，你这出去了一年多，怎么连个信都不给家里回呀。这一年多你家里人不知道有多着急，我在去外面走动的时候也没少打听你的消息，可是一直都不知道你的下落，我们还都以为你已经——已经死了呢。"李兴山也非常动情地对喜子说了这些话。

听到李兴山的诉说，喜子的眼泪就开始在眼眶中打转了，于是带着一种悲切的语调对李兴山说道："唉，我也不是不想家，可是你不知道，我这一年多的时间里啊，就甭提啦。虽说现在还有一条小命在，可哪一天不是在鬼门关的门口游荡啊，里边有'蜂头'看着，外边有官兵围着，我哪有个空隙给家里去信啊。"

说到这里，喜子深深地叹了一口气，然后接着说道："你就拿这些天来说吧，我们的大头领劫了一票外国人质，劫中国人也就罢了，没有多大的事儿，那外国人是有钱，可是那钱不好劫啊。当年义和团捅了洋人的刀子，结果怎样呢？将八国联军都给招来了。这一回呀，八国联军是还没来，可是光这中国政府的军队就把这个山包给围了个里三层外三层的。我看啊，这下大头领可是要吃不了兜着走喽，可倒霉的是，他作孽，我们这些小喽啰们也得跟着一起偿命啊。"

喜子一听李兴山悲叹起来，赶紧说道："兴山哥，这可不是谈话的地儿，一会儿要是被'蜂头'给撞见了，还以为我给外边私自串通勾结呢，不仅我要遭殃，你也够得麻烦，被扣押是轻的，挨了刀子都一点儿也不奇怪。你赶紧离开这儿吧，咱们以后再会，回去了别忘了给我家里报个平安啊。"

李兴山说道："嗨，我肯定把这个信儿给你带到。"

接着，李兴山一边张眼向四外望了望，一边说道："要说这地儿，我也不是不知道危险。我进来的时候，一路上不知见了多少政府的军队在那儿荷枪实弹地就等着开火呢，你说他们一点火儿，你们这边再一还击，我正好夹在当间儿，还不被打成了筛子？我之所以冒险来这儿，也是有任务的啊。"

听到这里，喜子马上变得警觉起来，他充满疑惑地问道："怎么，兴山哥，难道你有政府方面交代的任务？"

李兴山答道："政府倒不是，政府的任务咱不敢接，再说政府有事儿也麻烦不到我这个小民的头上啊。我是受了别人的托付。"接着，李兴山压低了声音向喜子问道："上海的黄金荣你可听说过？"

喜子点了点头，说道："黄金荣嘛，嗯，有所耳闻。难道你就是受了他的托付才冒险探山的？"

李兴山说："不错，正是啊。"

喜子问道："可他黄金荣远在上海，跑到这里来做什么，难道这件事跟他还有什么干系不成？"

李兴山答道："嗨，跟你简单说吧，黄金荣不是在上海法租界给洋人做事吗，在这次被劫持的人质当中不也有法国人吗。特别是有一个叫做什么雷狄的人，听说还有些来头，法国那边拿他可是颇当回事儿的，出了很高的赏金来营救他，黄金荣就是为了这个儿事来的。"

喜子点头道："喔，原来这样，不过，我看这事儿可是难办，你想，那些人质都被牢牢地看守着，伙计们看着他们就像看着自己的性命一样，哪里能让他们中的哪个轻易地被救出去呢？那几万政府军围了这么些天也都没有个法子，他黄金荣又有多大的灵通，能救出那个法国人呢？"

李兴山应道："说的也是，不过事在人为，既然接了这个任务，就总得试一试。"

说到这里，李兴山顿了一顿，颇有些迟疑地向喜子说道："按理说，尽管咱俩不是一般的关系，可毕竟你是山上的人，我不应该向你打探什么消息。不过，既然我受了人家的托付，还是想斗胆问一问，兄弟你可千万别见怪啊。"

喜子听了这话，一拍胸脯说道："嗨，我说兴山哥，你这话不就说远了嘛，咱们两家住了几辈子的邻居，有什么话不能说的？"

李兴山听了，很感激地点了点头，说道："不错，到底是兄弟，可我这样做却自私了点儿。不过，眼下的形势你也看到了，到最后谁输谁赢也是难说的事儿。要是你们山上最后败了，你但凡有个活口，也算在这件事上立了功，我可以让黄金荣帮你在法国人面前说说好话，法国人一高兴，你也就平安无事了。你说是不是呢？"

喜子半解半不解地冲李兴山点了点头。

李兴山赶紧接着说道："我就是问一问你，可知道那个雷狄主教的下落吗？"

喜子听了一皱眉，说道："嗨，那还用问吗，都在山里边压着呢。兴山哥，我可跟你说，你虽然是有事儿才过来的，但是也就到这儿止步吧。再往里面去，可比不得这外边了，里面的戒备可严着哪，弄不好，你吃了枪子可就啥都完了。"

其实，喜子之所以这样对李兴山说，并不是出于帮规的约束而对李兴山隐瞒情况，而是他作为一个小喽啰，的确不知道里面的动静，也根本就不知道那个雷狄主教这时刚好派出去送信了，现在正病倒在半途中呢。

李兴山觉得从喜子那儿也打听不出什么有用的消息，同时也更加感到营救雷狄主教的事情着实难办，十有八九，黄金荣的这件差事是要泡汤的。正当他想转步离开时，却听到喜子非常机警地轻声对他吼道："快走，我们'蜂头'过来了！"李兴山听了，也来不及去仔细观望"蜂头"，只是按照喜子指给他的方向，蹭蹭蹭，三步并作两步地钻到了一旁一个低洼处的树丛中隐藏了起来。他刚藏好了身子，就听到了那边喊起了话："嗨，喜子，别在这儿闲愣着了，有重要任务通知你，派出去送信的那个外国人在路上饿得不行了，你给他送饭去。"然后，喜子就跟随"蜂头"离开了这里，他们的谈话声也变得远了，李兴山也听不真切了。

李兴山此次上山，虽然没有打探得着有关雷狄主教的消息，不过也并非一无所获，他的收获就是最后听到了"蜂头"的那句话：有一个外国人派下山送信而病倒在路上了。若说在土匪的大本营中救出人来简直比登天还难，可是如果在路上把人给救出来还是很有可能的。尽管这个人不知道是谁，可只要他是外国人，就有营救的价值。

黄金荣到山东来也不是一天两天了，他天天苦苦地琢磨着营救雷狄主教的办法，但是一天一天地过去了，他派出的那些手下人和找来的那些当地人都没有给他带回来什么有价值的信息。这一天，他对于李兴山的此次侦查也是没抱多大希望的，果然，李兴山一回来，他就急切地问着："可有雷狄主教的消息？"见李兴山摇了摇头，他也跟着一起摇了摇头，然后就摆手吩咐李兴山下去。可是李兴山并没有走，而是凑到了黄金荣的近处，悄声说道："虽然没有打探到雷狄主教的消息，不过我这次去却还是有点儿收获的。"黄金荣听了这话，又看到李兴山那副神秘兮兮的表情，不禁来了兴趣，高兴地应道："哦，你说，其他有用的消息同样有赏。"于是，李兴山就把在山上如何遇到喜子，又如何听到"蜂头"交给喜子送饭的任务的经过详细讲了一遍，并着重建议黄金荣在外出送信饿倒在途中的这个外国人身上做文章。

黄金荣说道："可是我要救的是雷狄主教啊，其他的人，我没有必要冒这个险啊？"

李兴山辩驳道："依我看，并不是这样的。虽说那人不知道是谁，可既然雷狄主教身份重要，没准儿土匪派出送信的人选恰恰就是他呢。而且即使他不是雷狄主教，你把另一个外国人给救了出来，不也是有功嘛，而且说不定顺便还会有其他的收获呢。"

黄金荣觉得李兴山说得有道理，于是当机立断，立即找来熟悉路况的人，由他们带领着一同上山，去营救途中遇难的那个外国人质。

虽说有本地人带路，但是一派荒山野岭的，而且他们又不知道外国人质所在的确切地点，所以找寻起来也很费力。可总归功夫不负有心人，到底让他们在一座破庙里给找到了。

这是一座年久失修、早已废置不用的破庙，按理说是不该有人迹的，可是一行人中有人敏感地觉察到了庙里有人活动，黄金荣随即命令将这座破庙进行包围，而后带着得力的人手亲自潜入庙中。

却说这庙中果然有人活动，里面的人也发觉了有人进来，于是赶紧起身去查看，可是刚一走出门外，脑袋就被枪口给抵住了，他的另一个同伙也遭遇了同样的命运，于是乖乖地被绑了个结结实实。将这两个人绑了之后，黄金荣等人又小心翼翼地查看了一番，确保这里不再有其他的土匪了，才放下心来。这时，他们就听到了堂屋里面传来阵阵微弱的呻吟声，黄金荣赶紧循声找去，只见一个黄头发的外国人仰面朝天地躺在地上。他们知道，这就是李兴山所说的被派下山去送信的人质，于是小心地将这个外国人质救护起来，抬着他下了山。

这个外国人质虽然病得十分厉害，但是意识还是清醒的，知道是有人来救他了，于是叽里哇啦地讲了起来。黄金荣的随从中有懂法语的人，因为黄金荣多年在法国人手底下做事，身边是一定要有懂法语的翻译的，何况这次又是为营救法国人而来，懂法语的人更是得随时陪同了。因此，就有人听出了这个外国人讲的是法语，他对黄金荣这么一说，黄金荣是大喜过望，赶忙让手下问一问他到底是谁。这一问，真相大白——他就是法国人急欲营救的雷狄主教。"雷狄主教"——黄金荣听到这个名字，简直乐得要跳起来，他想，自己一定是祖上积下了几辈子的德行，才让他今天得到了这样天大的福分。

雷狄主教就这样传奇般地被救了出来，法租界和法国领事馆以及远在欧洲的法国政府自然对此感到万分高兴，而在高兴之余，他们不会忘了营救雷狄主教的首要功臣——黄金荣。黄金荣由此荣升法租界巡捕房的华人督察长一职。要知道，督察长这个位置可向来不是中国人所能染指的，加封黄金荣这个职位，完全是法国人对黄金荣的格外恩宠。黄金荣不但得到了督察长这个他人所企羡的职位，更为重要的是，随着他在法租界地位的提升，他在社会各界中的影响力也随之有了迅速的提高，这对他走向事业的顶峰起到了极大的推动作用。可以毫不夸张地说，成功地营救雷狄主教是黄金荣一生当中最为得意的一件事。甚至也可以这样说，如果没有这件事的成功，黄金荣日也就不会出现那种如日中天般的辉煌。

探目，督察员，督察长

可以说，黄金荣的一生大部分都是在法租界巡捕房度过的。1892年，他25岁即进入法租界巡捕房任职，当时的职务是便衣探员，也就是通常所谓的"包打听"。"包打听"是巡捕房的基层人员，完全是一个小喽啰的角色。不久之后，黄金荣便得到了提升，升为探目，也就是一个小领班。这样，黄金荣算是摆脱了最底层的职位，不过，这仍然是一个相当卑微的职务。而后，尽管黄金荣的工作是非常出色的，但是他在法租界巡捕房一待就是半辈子，其职务却没有得到继续的升迁。据可靠材料显示，直到二十几年后的1919年，黄金荣在法租界的任职依然是个探目。甚至到了1921年，当时黄金荣已经54岁了，当年10月5日的《申报》还报道说："日前，公共租界的电话公司接线员与法捕房探目黄金荣发生冲突，事后，电话公司迫于黄金荣方面的压力，将此接线员送往法租界会审公堂拘禁。但5日那天，公共租界的4个电话局的全体接线员以罢工抗议。受此压力，6日，英美大班到法捕房将该接线员保释，此事才算了结。"直到了1922年，黄金荣在法租界巡捕房已经从业达30年的时候，他才由探目升至了更上一级的华人督察员的职务。

大家难免要生出这样的疑问，以黄金荣之精明和干练，为何在法租界的升迁会如此艰难呢？在上海法租界巡捕房中做事的既有法国人，也有中国人，而法国人与中国人即使做同样的事情，其身份也是不同的：法国人是主子，中国人则是奴才，是二等公民。从法国来的人，到了巡捕房三天两日地就可以升至督察员、督察长，乃至探长的高职，对于中国人来讲，即使你的能力再出色，即使你的态度再勤恳，想要往上爬那么一步简直比登天还要难。黄金荣的职务变迁就是一个鲜明的例子。本来，对于一个中国人来说，能够当上探目也就已经不错了，也就甭想着再往上升迁了，但是黄金荣却在从业30年之后又高升了一步，这显然是相当特别的例子了。其原因，当然是法租界当局发现黄金荣对于维护法租界的治安秩序有着日益重要的作用，甚至在更大的范围上黄金荣都能给法国人帮上忙的。

事实上，黄金荣的确在维护法租界的治安方面有着不可替代的重要作用。据1922年3月18日的《申报》报道，前一天晚上黄金荣一夜连破两案，堪称名副其实的破案高手。事情是这样的：17日晚上7点的时候，刚刚升任督察员的黄金荣正带着徐阿东、任水扬、刘友法、张惠泉、李连生等一干部下按例巡查。当他们巡查至敏体尼荫路（现在的西藏南路）的时候，忽然发现了一个形迹可疑的人，于是立即围上前去盘问。那人见势不妙，竟然随手拔出了一把勃朗宁手枪进行反抗，但是手枪并没能将黄金荣等人吓住，这群训练有素的巡捕们仗着身手敏捷，也靠着人多势众，不费多大力气就将此匪徒抓获。经查核，此人姓徐，排行第三，人称徐老三。当夜黄金荣破获的另一个案件是，他率领徐阿东、韩邦达、杨振富、任水扬、王芝芳等一干巡捕，经过密切侦察，发现有一个盗匪在法租界作案之后，隐藏到法租界之外中国政府管辖的方板桥寿祥里69号，于是立即报告了该地警局，并且赶赴该地，与该地警员协同前往缉拿。这个盗匪发现有巡捕人员赶来之后，马上顶住了大门，然后试图越屋而逃，但是身手麻利的巡捕们早已潜入院中，将屋子前后围了个严严实实，他是插翅难飞的。黄金荣等人立即将这个匪徒逮捕，并将他押回法租界巡捕房候审。

在此一周之后，黄金荣又破获了大盗王小弟案。王小弟是上海当时非常知名的劫匪，专事抢劫，而且多次与巡捕真刀真枪地相对抗，曾经率众打死打伤警界人员达30多人，使得警界对他闻风丧胆，同时又拿他没办法，但是王小弟最后却栽在黄金荣的手里。这天，黄金荣的一个眼线向他报告，说经侦查得知，王小弟正躲藏在公共租界六马路（今北海路）的三江旅馆内。要是换了别人，即便知道王小弟居于何处，也是不敢轻易行动的，可黄金荣偏偏就有这个胆量，他就是想去会一会这个硬茬子。听到眼线的报告，他当机立断，带领沈德福、韩邦达、杨振富、任水扬等一干探员，又会同公共租界的老闸巡捕房一同出动，将王小弟及其同伙四人全部逮捕。这一消息一经公布，立即引起了整个上海的轰动，大家无不拍手称快，而法租界当局也自然对黄金荣更要高看一眼了。

当年的8月21日，黄金荣还破获了这么一桩发生在公共租界的凶杀案，案情是这样的：原本居住在法租界恺自迩路（现在的金陵中路）长安里的一个妇女在公共租界被人勒死后，被藏在一个木板箱里被扔弃。而黄金荣带领部下韩邦达等又是经过侦察之后火速破案，认定凶手王惠根，并且侦察到他的藏匿之所，将王惠根拿获归案。

总之，在上海法租界内外，黄金荣对于治安秩序的维持有着特殊的作用，他也因此博得了法租界"治安长城"这样的美誉。在法租界越来越倚重黄金荣的情况下，更加之黄金荣在营救雷狄主教一事中的特别功劳，1924年初，黄金荣最终更进一步，荣升法租界巡捕房督察长一职。黄金荣也的确没有辜负法国主人的赏赐，他在担任督察长的职位之时，治绩非常显著，可以举这样一个例子。1924年3月，上海一度接连出现杀人越货的相当恶劣的犯罪案件，租界总巡费沃利要求黄金荣火速破案，黄金荣与沈德福、杨振富、许培春、何土根、陈阿毛、任水扬、潘瑞福、王如枕等一批得力的部下经过严密的侦察，终于发现这伙歹徒藏匿于闸北与公共租界交界的一个地点。在与各方进行商洽之后，3月16日，黄金荣一干人等伙同各方警员齐赴罪犯藏匿之所，将十多个罪犯一个不漏地全部缉拿归案。这一案件的破获充分地证明了黄金荣非同一般的办案能力。

但是，黄金荣在升任督察长之后不久就宣布退休了。那是在1925年，也就是黄金荣当上督察长的第二年，据《上海名人传》中有这样的说明："甲子冬，先生以旧时足伤天阴辄发决意辞退督察职务，法当局一再坚留，先生不得已，勉允退职后仍遇事维持。"这也就是说，1924年冬季的时候，黄金荣便开始以脚上有伤，一遇到阴天就会发病为由想要辞去督察长的职务，而法租界当局则坚持挽留。这样，经过一番推辞，黄金荣在不得已之下勉强答应，虽然自己辞去了督察长的职务，但是如果法租界巡捕房需要帮忙的话，他还是会出来尽自己的一份力的。就这样，到1925年初，黄金荣辞去了在法租界巡捕房做了三十多年的差事。

黄金荣因何辞去督察长这一职务，他说脚上有伤，可能属实，但那并不是主要的原因，他之所以辞职隐退，主要还是因为他当时接连犯事：先是因为跟卢筱嘉争夺露兰春而栽了跟头，大失颜面；接下来又在与魏廷荣争夺吕美玉的过程中遭受挫败，并且这一次跌得更惨。魏廷荣比卢筱嘉父子更为厉害，他利用自己在法租界的有利地位，同时联合一批绅商，把黄金荣一直告到了远在巴黎的法国外交部，使得法国驻上海总领事都得因此而受审，至于巡捕房的总巡则更是因此而撤职。黄金荣的事情对于法租界高层造成了如此强烈的震动，可见他这一次可是闯下大祸了。法国外交部经过调查，确认魏廷荣等人所说的黄金荣经营烟赌等黑色产业，以及与流氓勾结从事抢劫、绑架等情况完全属实，因此向上海法租界施压，令他们撇清与上海黑势力之间的关系，不要做有损国格的事情。这样一来，黄金荣当然就难以有好日子过了，所以，在法租界的强大压力之下，黄金荣被迫找了个借口提出辞职。在这个原因之外，黄金荣当时也想到，自己在法租界的荣耀已经达至顶峰了，无论如何也不会再有更高的升迁了，所以也就索性撂下这个担子，况且这个时候辞职毕竟还能够顾及体面。辞职之后，黄金荣从此落得清闲，他打算开始安享晚年了。当然，黄金荣的晚年过得并不太平。

不过，黄金荣辞职以后，并没有就此断了与法租界当局的联系。1927年2月，经黄金荣同意，他又被法租界巡捕房特聘为高等顾问。尽管他不参与具体的破案活动了，但是却依然在相当大的程度上影响着巡捕房的实际运作。

结交袁克文

黄金荣一生结交甚广，而民国早期错综复杂、纷纭变幻的历史舞台又给黄金荣广泛结交各路人士提供了大好的契机。在这样一个历史时期，中国真是上演着你方唱罢我登场的一出又一出的政治闹剧，在一批人升起的时候，另一批人就沉落了下去，而一度荣升为帝王之家的袁氏，就是民国初年时由显达而沦为衰微的一族。1916年6月6日，身为中华民国大总统的袁世凯病逝，标志着袁世凯时代的结束，也意味着袁家由此走向了衰落。尽管他给自己的后代留下了巨额的财富，但是作为在中国历史上有着重要影响的袁氏家族已经不复存在。

在袁世凯众多的儿子当中，最为人所熟知的有两个：其一，就是一心想当太子的袁世凯的长子袁克定，袁世凯后来之所以改制称帝，袁克定是相当重要的怂恿者之一，以致袁世凯后来在遭受举国唾骂之时哀呼袁克定"欺父误国"。而另一个人，就是袁世凯的次子袁克文。1882年，清政府应朝鲜"事大党"的请求派军队进入朝鲜勘定叛乱，袁世凯是随军将领中的一员。此后，一直到1894年，袁世凯在朝鲜居住了长达12年之久，而袁克文就生于朝鲜，他的母亲是袁世凯的三姨太太朝鲜人金氏。与长兄袁克定不同，在父亲称帝这一问题上，袁克文持反对态度，也正因为这一点，当时正处于皇帝梦之中的袁世凯对这个儿子没有好感，一气之下竟将其软禁在北海。然而，在袁世凯死后，走上江湖的袁克文却博得了更大的名声，后来与张镇芳之子张伯驹（其生父为张锦芳，后过继给伯父）、爱新觉罗·载治之子溥侗和张作霖之子张学良共称为"民国四公子"。在"民国四公子"身份外，袁克文还有另一种重要的身份，那就是青帮大字辈的"老头子"。

袁克文虽然天资颖慧，但是却也有着很大的缺点，那就是生活上放荡颓靡，嫖娼、赌博、吸食鸦片，他是无所不为。为了躲避家里的纠纷，袁克文离开了北京，来到了上海。

初至上海的袁克文，举目无亲，无依无靠，但是，他也并非一无所有，至少，他的身上拥有这样三重珍贵的资本：身份、才名和金钱。论身份，他是当今袁大总统的二公子，虽说因为家庭的矛盾而一时躲了出来，但是父子关系并没有消失；论才名，时年24岁的袁克文可以说是风华正茂，倜傥不羁，诗文兼美，书画俱佳，博闻广识，才艺非凡；论金钱，袁克文视金钱如粪土，如果说别人愁的是怎样才能赚到钱，那么袁克文则愁的是如何才能将钱花出去。有了这三种资本，孤身一人的袁克文想要混迹于上海滩也就不难了。

不过，资本是资本，如何将资本很好地利用起来，还需要一个过程。当时的上海滩，正是帮会势力臻于极盛之际，袁克文很自然地看中了帮会这一块。刚到上海没多久，他就与文人朋友步屋林一同拜兴武六帮（青帮中的一个名目）的"老头子"张善亭为师。入帮之后，论起辈分来，袁克文属于青帮中的"大"字辈。当时的上海，青帮中高于"大"字辈的人已经没有了，所以袁克文在青帮中排列的是最高的辈分。

袁世凯大总统的二公子在上海加入了青帮，成为了轰动一时的重大新闻。远在北京的袁世凯虽然对此感到恼怒，但是鞭长莫及，索性也就由他去了。

加入青帮之后的袁克文，在上海就有了靠山，然而他也非常清楚自己这个"大"字辈是怎么来的，那就是靠自己的身份、才名和金钱，而在青帮之中，尽管辈分很高，可实际上却没有什么真正的影响力。在这种情形下，袁克文将目光瞄向了青帮中声名显赫的黄金荣，他是经过韩荣浦的介绍与黄金荣相识的。对于袁克文的友好表示，一向以广交四海宾朋为乐事的黄金荣自然非常欢欣。于是，黄金荣与袁克文很快就有了第一次的谋面。

初次见面，袁克文表现得极为大方，他带了十枚金币送给黄金荣作为见面礼。要知道，这些金币还不是普通的金币，这是前不久袁世凯刚刚出任总统之时特地聘请英国的高级工匠铸造的，上面铸有袁世凯的头像，属于高等纪念金币，数量非常稀少，常人求得一枚已不大容易，而袁克文一出手就送上了十枚，这令黄金荣不得不对袁克文高看一眼。当然，喜欢这些金币的不仅仅是黄金荣一个人，与其一同接待袁克文的杜月笙对这份厚礼也爱不释手。见杜月笙如此喜欢这些金币，向来吝啬的黄金荣这次竟然也学着阔绰了一把，将其中的三枚送给了杜月笙。

对于来自袁克文的厚遇，黄金荣和杜月笙也投桃报李，经常大摆宴席，隆重接待远程到来的袁二公子。更为重要的是，在黄金荣的关照之下，袁克文住进了法租界非常奢华的高档公寓，往来出入都有多名来自安南的巡捕进行保护。这下，袁克文可就再不用为自己的人身安全担忧了。

没有了父亲约束的袁克文在上海过的日子十分逍遥自在，赌博成为他的家常便饭。在这一方面，黄金荣尤其能够投其所好，将袁克文招待得不亦乐乎。黄金荣自己对赌博也是嗜爱非常，而今遇到了这个同样好赌的袁克文，欢喜得不得了。但与袁克文不同的是，黄金荣与其在赌桌上交手的时候，大有醉翁之意不在酒的味道，因为他注意到，与其他赌家显然不同的是，袁克文可是带着一座金山在赌。袁克文是爱赌不爱钱，黄金荣则是爱赌更爱钱，这样一来，两人在赌桌上可就正好形成了互补，在共同大过赌瘾之时，黄金荣也没忘了打袁克文口袋的主意。刚开始赌时，袁克文的运气非常不错，几天下来，囊中充实了不少，尽管他并不在乎自己赢得多少钱，但是赢钱却更激发了他赌博的热情。随着赌桌上的好运频频，他的出手也变得越来越阔绰，投入的赌注是越来越大，可渐渐地，他发现自己的好运已经悄悄地溜走了，代之而来的是接连的背运，他前些天赢进来的那些钱，以更快的速度又都输了出去。接着，他就开始折本了，可是赌兴正浓的袁克文哪里肯理会适可而止的道理呢？他继续将赌注越押越大，直到自己口袋中的钱如流水一般海量地涌入赌友的腰包之中。其实，他哪里知道，开始的时候他并没有那样好的运气，而后来的时候他也更没有那样坏的运气，这一切，都是黄金荣预先设好的圈套：一开始，故意让袁克文尝一尝甜头，勾起他的赌瘾，引他进入状态，而当他已经完全地陷入其中时，再反过来与事先就串通好的同伙们暗中动手脚，从而将金钱大把大把地从袁克文的口袋中掏出来，再满心欢喜地揣进自己的腰包中。这就是黄金荣等人在赌桌上所做的卑鄙勾当。

然而，金钱再多，也总有个限量，袁克文虽富，却也经不起他这番折腾。到上海住了几个月之后，袁克文做事就已经不能再像先前那么大度了，因为从北京带过来的钱已经被他挥霍得所剩无几了。照这样下去，他在上海可没法继续过日子了，被迫之下，只能以卖字的方式填补一下自己的口袋。好在，不久之后，北京方面传来了好的音讯，袁世凯表示此前所发生的不快完全是因为一场误会，对他不会进行责罚，而恳请他立即返回北京。这个消息对于袁克文来说不啻于一根救命的稻草，他没有其他的选择，只能是听从父亲的旨意，返回北京。尴尬的是，他此时手头所有的钱财，连从上海回到北京的盘缠都不够了，结果还多赖黄金荣赠送给他5000元作为路上之用。黄金荣的这种义气之举，令袁克文非常感动，其实他怎会想到，若不是黄金荣，他断然不会沦落到如此凄惨的境地。

这就是青帮大亨黄金荣与袁世凯的二公子袁克文之间进行交往的一段经历，尽管黄金荣在赌桌上诈取了袁克文不少的钱财，不过，也应当承认的是，在袁克文居住上海期间，黄金荣还的确是给他提供了很大的帮助。对于黄金荣来说，与袁克文之间的交往主要还不是给他带来金钱上的收益，更为重要的是这进一步张扬了他的名声，使得他在江湖上的影响力变得更大了。

蒋介石入黄门

在黄金荣的众多门徒当中，最为著名的有两个人：一个是后来居上、青胜于蓝的杜月笙；另一个就是其后执掌中国最高权柄达22年之久的蒋介石。

蒋介石是如何成为黄金荣的门徒的呢？多年之后，黄金荣在他的"自白书"中说："蒋介石是虞洽卿介绍给我认识的。"虞洽卿当时是一个相当有影响力的人物，而正是因为有着这么高的身份，他所推荐的人黄金荣才不会拒绝，因此，蒋介石就成了黄金荣的门生。

实际上，黄金荣与蒋介石之间的关系是非常密切的，蒋介石曾经两次亲自去给黄金荣拜寿的事情就是明证。但是他在"自白书"当中，有关他与蒋介石之间的交往，黄金荣提到的却不多。显然，江山易主，黄金荣不便过多地渲染他与蒋介石之间的亲密关系。关于蒋介石拜投黄金荣为师这件事，同为黄金荣门徒的青帮"通"字辈人物黄振世是这样讲述的："蒋介石初在陈英士部下，陈死后，蒋在政治上失去靠山，乃与戴季陶、陈果夫从事物品交易所的投机买卖。因投机失败，处境十分狼狈。蒋乃决定离开上海到广州去投靠孙中山先生。因迫于债务，又缺乏路费，由虞洽卿介绍他去投拜黄金荣为师。黄见此笔交易好做，不但不收蒋介石一笔压帖赞敬，而且送给蒋介石大洋二百元作为路费，助其成行。"

在虞洽卿的引荐之下，黄金荣接见了前来求助的蒋介石，然而，蒋介石此次前来并非仅仅是与黄金荣谋个面而已。按照虞洽卿的建议，他与黄金荣的初次见面，也是他的拜师礼，因为虞洽卿觉得，一旦蒋介石有了黄金荣徒弟的这种身份，别人也就不好为难他了。这一天，就在钧培里的黄公馆二楼大厅，蒋介石郑重地跪在黄金荣面前，叩头行了拜师大礼，并且向端坐在太师椅上的黄金荣双手呈上大红的拜师帖子，上面写着："黄老夫子台前，受业门生蒋志清。"当时，"蒋志清"是蒋介石的正式名号。

蒋介石拜黄金荣做"老头子"的新闻立即在上海滩传扬开了，而蒋介石的那些债主们当然也就知道了这对他们来讲意味着什么，蒋介石向黄金荣投去了拜师帖子，他们投给蒋介石的大洋可就再也收不回来了。果然不出他们所料，不日之间，这些人就受到黄金荣的邀请去参加酒宴。当然，这酒可不是白喝的，喝了黄金荣的酒，就要赏人家的面子。酒过三巡之时，黄金荣就从主位上站起身来，指着站在他身旁的蒋介石高声向众人宣布："如今，志清是我的徒弟了，以后如果有得罪大家的地方，还请诸位看在我的薄面上多多包涵；如果说志清现在还欠哪位的钱，不必去难为他，大家也都知道他现在的境况，只要说个数，尽管向我这个当师父的来要好了，我会一个子不少、连本带息地如数偿还大家，所以，现在，志清身上的债务就全转到我的身上来好了。这个事体，就这么办，大家说可好？"

黄金荣的话说得漂亮，可是众人哪个不知，老虎嘴里怎拔牙？他所谓的将债务转到他的身上，也无非是向大家宣告，这笔债，从此可就一笔勾销啦！若真有哪个不知趣的将债讨到黄金荣的门上，那讨回的果子是什么滋味鬼才知道呢。

黄金荣刚一说完，一旁的虞洽卿又站起来打圆场道："我看，没什么大不了的，诸位就当给我个面子，这件事，到此为止，不要计较了，也就当做帮志清一把了。将来他有了转机，也一定是不会忘了大家的。"

黄金荣和虞洽卿这两个重量级的人物相继发话，众位债主又还能有何话说呢？他们只能顺水推舟，卖个人情，纷纷开口表示此前的债务就全当它不存在好了。当然，同时也对黄金荣和虞洽卿这两个大亨恭维了一番，对两棵大树荫蔽之下的蒋介石也奉送了很多赞美之辞。

酒席散后，蒋介石身上沉重的债务也就随之一扫而光，变得无事一身轻了。

蒋、黄二人的结识，对蒋介石来说，拜黄金荣为师，初衷就是要借助黄金荣的威望和能力来化解自己的债务危机，至于攀上了黄金荣这棵大树，自己以后就有了更好的依靠却是在他考虑之外的事情；对黄金荣来说，收蒋介石这个徒弟，并且帮他解决债务问题，则主要是鉴于跟虞洽卿之间的交情，赏老朋友一个面子，而对于蒋介石，他那时并未多加注意，他万万想不到，短短的几年之后，自己不经意间收下的这个徒弟竟然平步青云，登上了中国政界和军界的最高层。那时，他们师徒之间的地位可就翻转过来了，以致黄金荣都不敢承认蒋介石曾经拜他做过"老头子"了，这是后话，暂且不提。

招待下台总统黎元洪

黎元洪，在民国历史上绝对是一个大名鼎鼎的显赫人物，然而他还与青帮大亨黄金荣交过朋友这件事情可能就鲜为人知了。

说起这件事，还得从民国早期中国错综复杂的政治斗争讲起。袁世凯死后，中国政坛上一时没有可以操控全局之人，先前由袁世凯一人统领的北洋军阀主要分裂为三大派系，即以段祺瑞为首的皖系、以冯国璋为首的直系和以张作霖为首的奉系。各系军阀你争我夺，轮流掌控着北京政府。

接替袁世凯担任中华民国大总统的是原副总统黎元洪，但是同样身为大总统的黎元洪却没有取得与袁世凯当年同样的权力。当时担任国务总理兼陆军总长的段祺瑞处处与其颉颃，黎、段二人之间展开了所谓的"府院之争"（"府院"即总统府和国务院），这场争斗的结果是引来了1917年的张勋复辟。1917年5月下旬，黎元洪和段祺瑞因为是否要解散国会这一问题而使得彼此之间的矛盾日趋激烈化，以致段祺瑞打算动用武力强迫解散国会，同时逼迫黎元洪下台。为了进行自保，同时打击段祺瑞的势力，黎元洪招引驻守徐州的地方军阀、长江巡阅使张勋率兵入京。张勋接到黎元洪的邀请真是感到喜出望外，他之所以如此高兴，不是因为受到了大总统的格外赏识和器重，而是因为借此他可以在黎、段二人之间的这场鹬蚌之争中得渔翁之利。他接受了黎元洪的命令，迅即率军入京，但他可不是来支持黎元洪的，他是想将段祺瑞赶走的同时也将黎元洪拉下马，而由此产生的权力空位由谁来填补，张勋心中早有打算，那就是已经退位五年的前清末代皇帝爱新觉罗·溥仪。就这样，继段祺瑞被免去国务总理的职位后，黎元洪又被迫宣布解散国会，再接着，他这个大总统也被张勋轰下了台，而张勋则将一个政治小丑般的溥仪推上了历史的舞台，令他第二次坐上了龙椅，重新成为大清帝国的皇帝。然而，张勋的如意算盘虽然一时得逞，最终却引火烧身。复辟的消息一经传出，举国哗然，张勋立即成为众矢之的，招来的不仅仅是唾骂之声，同时还引来了段祺瑞的"讨逆军"。在段祺瑞所组织的迅疾的军事打击之下，张勋一手导演的复辟丑剧仅仅上演了12天就草草收场，好不狼狈。

赶走了张勋的段祺瑞重新回到国务总理和陆军总长的职位上，而且声威变得更高，虽然此后担任大总统的是原副总统冯国璋，但是掌握政府实权的却是段祺瑞。因为段祺瑞拒绝恢复《中华民国临时约法》和国会，遭到了民主革命人士的强烈反对，孙中山先生很快在广州成立了护法军政府，就任非常大总统，公开与北京政府相抗衡，并且宣布由北洋军阀所控制的北京政府为非法政府。在这种情形下，段祺瑞决定推行武力统一的政策，意欲挥兵南下，但是段祺瑞的这一决定却遭到了以大总统冯国璋为首的直系军阀的阻挠，但是段祺瑞固执己见，坚持用兵。然而不久之后，与南方军队作战的前方将领王汝贤通电段祺瑞，请求停战议和，一时陷入非常孤立之境地的段祺瑞被迫辞去陆军总长的职务，随即又辞去国务总理一职。不过，职务虽去，实力犹存，很快，段祺瑞就在一干颇具实力的军阀、政客的共同请求下接受冯国璋的任命，重新回到原来的职位上。但是北洋军阀内部各个派系之间的争斗远未结束，并且这种权力之争最终无可避免地演化为激烈的军事冲突。1920年7月，直皖战争爆发，这是北洋军阀内部派系之间所发生的第一次大规模的军事交锋。战争的结果是皖系首领段祺瑞兵败去职，并且避居天津，而北京政府则为直系和奉系所操控。

不久，直奉两系之间又继续爆发了权力争夺战，结果是直系获胜，原大总统徐世昌被直系首领曹锟和吴佩孚指斥为非法，因而被迫下台。这时，应直系军阀的邀请，黎元洪再次出任大总统一职。但是，黎元洪这一次出台，并不像一些外人所认为的那样：黎元洪德高望重，合当出任此职。实际上，他之所以能够有再登总统宝座的机会，完全是因为直系军阀对他的利用。当时，直系新胜，立足未稳，若由自己人出面来当总统，怕是对外界不好交代，所以就请了黎元洪来撑场面。在这样的背景下当上的总统，黎元洪当然不会拥有名副其实的权力，因此，他这个大总统是做得非常窝火的。尽管黎元洪对自己的这种尴尬的处境非常不满，意图对其有所改变，但是他无法与曹锟等人进行实力相称的较量，因为他没有自己的嫡系部队。这样一来，他就成了一个光杆总统，是无力与直系军阀相抗衡的。不仅权力受限，他这个总统的位置也是不长久的，一旦直系军阀在北京立稳脚跟，黎元洪也就连这个面子上的总统都做不下去了。黎元洪第二次就任大总统一年之后，也就是1923年的6月，他就在直系军阀的逼迫之下愤然辞职。而后，曹锟通过"贿选"的方式成为新一任的中华民国大总统。

黎元洪被迫下台之后，心中对曹锟等人自然是愤愤不平，因此到天津之后立即通电各界，积极从事反对直系的政治活动，企图能够重归大位。这时，在第一次直奉战争中失败的张作霖、被直系赶走的段祺瑞以及在广州向曹锟政府发难的孙中山组成了反直的三角同盟，三方协议，准备在上海召开国会。1923年7月中旬，两百多位议员齐聚上海，积极筹备组建新的政府。而天津的黎元洪则在章太炎以及左右亲信的极力劝说之下，经过长达数十天的观望和徘徊，终于在9月8日离津南下，赴赴上海，与诸位同仁共商国是。这一次抵达上海，黎元洪受到了黄金荣热情而隆重的接待。

当时，黎元洪虽然声望颇高，但毕竟是一介卜野总统，因而，对于黎元洪的到来，在上海的各界名流中，有很多人是表现得颇为冷淡的，然而，黎元洪此次来沪，却引起了一个人的特别注意，这个人就是黄金荣。

黄金荣为何如此与众不同，对黎元洪的到来格外在意呢？这一方面要归之于黄金荣素来的习性，他一向喜欢广迎八方好友，《论语》中有一句话，叫做"有朋自远方来，不亦乐乎"，这句话用在黄金荣的身上是极为恰当的；另一方面，像黄金荣这种需要打通多路关节的帮会势力，是向来都以结友不结仇为处世原则的，只要是没有实质的利益纠葛，他们就会以友好的面目示之，交下这个朋友。这样一来，他们才可以脚踏八只船，即便翻了一两只，他们也依然能够在江湖上安然无恙。所以，上海帮会界的头号人物黄金荣对黎元洪的光临是举双手欢迎的，闻知黎元洪要来上海的消息，还没等他离开天津，黄金荣就率先与黎元洪的驻上海代表进行了联络，表示会在黎元洪寓沪期间全力保障他的安全，并且会尽量为其提供方便。

在天津的码头上起锚三天之后，也就是1923年的9月11日，黎元洪携夫人黎本危（本名危文绣）以及秘书刘钟秀等人在上海登岸。黄金荣充当起了极为热情豪爽的东道主，为黎元洪一行人举办了盛大的接风酒宴，黎元洪好不感激。而后，黄金荣的爱徒杜月笙又主动提出，将自己刚刚在杜美路（现在的东湖路）购置的一幢小洋房提供给黎元洪及其家人居住，并且亲率一干人等日夜进行严密的防护，对黎元洪服务得无微不至。而黎元洪对黄金荣、杜月笙的美意当然不会无动于衷，为了表示感谢，黎元洪将一套崭新的陆军上将军服赠送给黄金荣。黄金荣对这套军服喜欢得不得了，当场就穿在身上展示给众人看。在此后的几年里，黄金荣偶尔心情一好，还会穿起这套军服来享受一番，而且他还会装模作样地踱起八字官步，看他那副满面春风的得意神色，俨然他自己就是一个真正的陆军上将了。当然，赠送黄金荣礼物的并不仅仅是黎元洪一人，其他受到其热情招待的黎元洪的家人和属下也纷纷有所表示，例如，黎元洪的夫人黎本危就赠送了黄金荣一套全部用纯银镶钻而成的十分名贵的鸦片烟具，黄金荣爱不释手。同时，黎元洪当然也不会遗漏了杜月笙，为表谢意，他特地吩咐自己的秘书长饶汉祥为杜月笙题写了一副对联，赞曰："春申门下三千客，小杜城南尺五天。"杜月笙得到他的墨宝，黄金荣知道了不免眼红，因此又特地托人请饶汉祥为自己亲笔写了一个斗大的"福"字，黄金荣将其郑重地贴在家中堂壁之上，这才心满意足。

黎元洪虽然在黄金荣这里受到了极为热情的接待，可是在其他人那里他可就没有这样的待遇了，尽管他一到上海就立即与章太炎、唐绍仪、李烈钧、岑春煊等一干名流频频会晤，可是结果却不甚理想。诸多的国会议员云集上海，可是一坐到会桌上，就表现出极大的分歧，大家各怀心思，根本就谈不到一块儿去，因此组建政府的事情始终被悬置着。黎元洪这位两度莅任的前大总统，虽说依然存有一定的政治影响力，可是要想左右全局，那力量就差得太远了。尤其重要的是，当时在上海具有强大势力的皖系军阀卢永祥、坐镇东北的奉系军阀张作霖等实力派人物以及江浙绅商，对黎元洪等人欲在上海组建新的政府从而与北京政府相抗衡一事，都持强烈的反对态度，这样一来，这些国会议员们的处境就变得非常尴尬了。而且在这些国会议员当中，他也很不受待见，成为众人共同排挤的对象，甚至开会时都不被允许去旁听，更别提他能发表什么意见了。遇到这种情况，黎元洪只能自认倒霉，十分悲哀地大呼："我又上了他们的当了！"

在政治事业备受打击的情况下，黎元洪只得将精力转向娱乐方面，从而排忧解闷，进行自我消遣。当然，在这方面，黄金荣也没少帮他的忙，可在事业上却帮不上他什么大忙的。无奈之下，黎元洪只能考虑着离开上海了。11月8日，也就是来上海大约3个月之后，黎元洪夫妇以疗养为名乘坐高丽丸号客轮离沪赴日，从此，黎元洪也就彻底告别了中国政治舞台。1928年6月3日，65岁的黎元洪因脑溢血病逝于天津。

第十一章
"白掩黑"，掌控毒品市场

"大八股党"

1838年8月，时任湖广总督的林则徐在上呈清帝的奏折中这样写道："当鸦片未盛行之时，吸食者不过害及其身，故杖徙已足蔽辜。迨流毒于天下，则为害甚巨，法当从严。若犹泄泄视之，是使数十年后，中原几无可以御敌之兵，且无可以充饷之银。"林则徐的一片切中肯綮的肺腑之言，深深地感动了道光皇帝，于是有了第二年珠江口岸的"虎门销烟"。然而，"虎门销烟"并未能够完成禁烟的任务，远在万里之遥的英国对中国的禁烟行动立即做出了强烈反响，为了继续获得来自中国的大批白银，英国政府断然决定采取武力的方式来摧毁中国的禁烟决定。于是，中英两国之间爆发了一场因鸦片问题而导致的长达两年之久的战争，中国历史上称之为第一次鸦片战争。中国在战争中的一败涂地使得此前禁烟的全部努力都化为乌有。相较于中英《南京条约》中的赔款、割地等屈辱协定，也许这场战争的失败给中国带来的更大损失还不是这些，它给中国造成的更大的危害是，此后的一百年间，鸦片成为中国社会的一大公害。近代社会，中国人之所以被某些洋人侮蔑为"东亚病夫"，在很大程度上就要归因于鸦片。鸦片烟在中国的流行，不仅夺取了中国人大量的钱财，更毒害了中国人的身体，腐蚀了中国人的精神。

在中国罪恶的鸦片贸易中，上海居于核心性的地位，在长达百年的中国近代史中，上海都是中国的毒品交易中心。毒品交易，俗称烟土业，又与上海的帮会势力有着千丝万缕的联系，原因显而易见，对于这样一种蕴藏着暴利的黑色行业，寻求某种势力的庇护是理所当然的事情。事实上，上海烟土业的主要经营者就是帮会中人。进入民国时期，中国更是陷入长期的混乱之中，政府势力薄弱，而帮会势力则日益猖獗。烟土这个黑色行业，就一直为青帮集团所控制，其中的领潮者，前期有"大八股党"，后期则为"小八股党"取而代之。

"大八股党"，原本称为"八股党"，只是后来又崛起了"小八股党"，为了与之相区分，人们才习惯称之为"大八股党"。所谓的"大八股党"，指的是以沈杏山为首的主要从事鸦片走私活动的一个帮会流氓集团，因其核心成员有八个人，所以称之为"八股党"。

"大八股党"的八个成员分别是：沈杏山、季云卿、杨再田、包海筹、郭海珊、于炳文、谢葆生和戴步祥。

同黄金荣一样，沈杏山也是端着一只洋饭碗的，他同样在上海租界的巡捕房当差，不过，他供职的不是法租界巡捕房，而是英美公共租界的巡捕房，与黄金荣相同的是，他也是帮会中人。辛亥革命之际，沈杏山瞅准了这个大好机会，利用种种手段迅速扩充了自己的势力，凭借他在租界和帮会中的双重有利地位，将公共租界中原属英国租界的一半领地牢牢地控制在他的手中，而他自身所从事的主要行当就是烟土业。开始的时候，沈杏山所干的勾当根本不是从鸦片交易的过程中进行牟利，而是进行赤裸裸的抢劫。当然，这种勾当做得越久，难度就会越大，因为那些鸦片商人面对他们的劫持是不会毫不防范的，所以后来沈杏山就改换了一种较为温和的方式，与控制鸦片贸易的潮帮商人谈妥，他们负责包接包运，其实也就是收取保护费。为了进一步增强自己的势力，"大八股党"与公共租界的谭绍良、尤阿根、陆连奎等华人探长都建立了非常友好的利益同盟关系，而他们又不惜重金贿赂了上海的两股基本的缉私武装——水警营和缉私营，并且他们还通过这两个营进而打通了军队的关节，使得上海的军队亦能派出化了装的士兵沿途对鸦片商人进行有效的保护。当然，"大八股党"也少不了让公共租界的警务处"利益均沾"，在金钱这种强力粘合剂的作用之下，彼此结为一体，形成了上下同心的大好局面。这样，经过数年的奋斗，以沈杏山为首的"大八股党"集团几乎垄断了上海的鸦片贸易，日日不断地将大把的钱财纳入囊中。

在"大八股党"集团中，季云卿的地位仅次于首领沈杏山。他是江苏无锡县石塘湾人氏，生于1868年，早年曾学做银匠，后来又相继开设过茶馆和戏院，但是经营如此的产业并不是季云卿的所长，不论是茶馆，还是戏院，都是开张没过多久就因为严重的亏本而迅速转让给了他人。结果，经商数年，季云卿不仅没有积攒下多少钱财，反而赔进去了不少银子。不久之后，处于窘境之中的季云卿来到上海，投拜到青帮"大"字辈头目曹幼珊的门下，从而成为青帮"通"字辈的大流氓，当然，这仅仅是开始的时候，后来发达了的季云卿则由"通"字辈转为"大"字辈的一员。在经商的时候季云卿频频吃紧，可是进入青帮这片广阔的天地当中，他却如鱼得水，很快成为上海帮会界有头有脸的人物。他不仅与沈杏山结成了异姓兄弟，而且与后来的上海滩流氓"三大亨"黄金荣、杜月笙、张啸林也都过从甚密，尤其与黄金荣之间更是称兄论弟。在广结四方高人的同时，季云卿也红红火火地在上海以及自己的家乡无锡开设起了"香堂"，广收门徒，逐渐将一大批出身于政客、党棍、劣绅、兵痞、流氓等三教九流收纳到自己的门下，从而成为青帮之中门徒最多、势力最强的"老头子"之一。依靠着这些爪牙，季云卿可谓无恶不作，绑票勒索、贩卖毒品、开设赌场、包揽讼事、抢劫钱财、经营娼业等等全都不在话下。概而言之，只要是有利可图的勾当，就没有让他季云卿犯忌的。不仅如此，一旦能够为自己谋得个一官半职，季云卿是绝不会放弃大好的捞钱机会的。1927年，季云卿经过多方打点，如愿以偿地当上了江浙两省禁烟检查处处长，在职仅仅半年的时间，季云卿就通过敲诈和受贿等方式侵吞了60余万元的巨款，以当今的市值来说，这相当于上亿元人民币的大案。然而，季云卿最为人所诟病之处还不是这些，他一生之中最大的劣迹是日本侵华期间的落水。

1940年3月，汪精卫在南京成立了伪国民政府，而在此之前，为日本人服务的汉奸机构——位于沪西极司菲尔路76号的特务组织也在丁默邨、李士群等人的筹谋之下成立起来。在这个特务组织中，作为两个最高领导人物之一的李士群，就是季云卿的得意门徒，而季云卿也在李士群的拉拢之下很快落水，成为沦陷区汉奸的代表人物之一。李士群的最终下场是被日本人毒死，而季云卿则更早地了结了他罪恶的一生。在国民政府军统急欲除掉的"名汉奸"的清单中，季云卿的名字赫然在目。当时，上海帮会界的几个大亨，黄金荣闭门不出，坚持拒绝为日本人做事，在关键时刻没有丧失民族大节；而杜月笙则更是远遁香港，又辗转至重庆，积极从事着抗日活动；至于投日叛国的张啸林，则在此前已经为军统人员除掉。在上海滩青帮三大亨躲的躲、逃的逃、被杀的被杀的情形之下，季云卿实际上成为了上海帮会集团中首屈一指的人物，对于局势有着强大的影响力，因此，军统急欲除掉这个声威正隆的民族败类也就是理所应当之事了。当然，季云卿不会不知道自己是什么处境，他高度重视自己的人身安全，绝不轻易出门，一旦外出也必然是让保镖们里三层、外三层地围个水泄不通，因此，要想打他的主意可不是一件容易的事情。然而，在此种关键时刻，一个向来少为人知的人物担当起了暗杀季云卿的重任，这个人，就是民国时期的绝顶杀手之———詹森。

詹森本名尹懋萱。此人当时为国民党军统上海站除奸团成员之一，但是与军统的其他杀手不同的是，詹森素以"独行侠"著称，来去无踪，在关键时刻之外，平时与军统并没有什么联系。军统之所以派他去暗杀季云卿，首先当然是中意于他不凡的身手，另外也是因为外界很少有人知道他，由他去执行任务，可避免打草惊蛇。其实，詹森最初的刺杀对象并不是季云卿，而是当时中国的头号汉奸汪精卫，不过，对于受到重重保护的汪精卫是极难下手的。当汪精卫在上海召开所谓的"国民党第六次全国代表大会"之际，詹森曾经只身潜入险地，怎奈丁默邨、李士群等人早有防备，将汪精卫隐藏得不露踪影，使得詹森错过了暗杀汪精卫的机会。而后，军统就将暗杀目标重点指向了76号魔窟的主要靠山——季云卿。

1939年9月19日下午，随着一声清脆的枪响，青帮大亨、落水汉奸季云卿在南成都路晋德坊2号的寓所被詹森击毙。季云卿罪恶的一生终于走到了尽头。

"小八股党"

上海滩各帮各派的人士早就垂涎贩卖鸦片这种一本万利的"好生意"了，但是，这种"好生意"可不是什么人都做得来的，必须要有特殊的手段，尤其要有特别强大的实力才能够做得来。正因为贩卖鸦片需要很高的条件，所以民国初期，上海的烟土业长期为以沈杏山为首的"大八股党"所把持。不过，正所谓"人无百日好，花无百日红"，"大八股党"虽然实力颇强，可这并不意味着他们就能够长久地江山稳坐，当黄金荣和杜月笙的势力逐渐强大起来之后，沈杏山一伙很快就遇到了强劲的对手，而"大八股党"在上海烟土业中的领头地位也随之转移到了以黄金荣为后台、由杜月笙直接领导的"小八股党"的手中。

与沈杏山的做法类似，为了争夺上海鸦片的提运权，同时也是为了争夺对整个上海地区的控制权，杜月笙在黄金荣的支持下，在大约1918年的时候就从十六铺、郑家木桥等流氓基地找来了顾嘉棠、高鑫宝、叶焯山、芮庆荣、杨启棠、黄家丰、姚志生和侯全根这八个人，组成了一个新的"八股党"。为了跟沈杏山等人的"八股党"相区分，人们称之为"小八股党"。那么，"小八股党"取代"大八股党"的过程又是怎样的呢？

当时，杜月笙的势力还远没有黄金荣强大，他还是给黄金荣做事的一个门生，处于自身事业迅速上升的阶段。由于杜月笙乖巧伶俐，深得林桂生和黄金荣的欢心，所以他在黄公馆的地位迅速上升，由一个小伙计成为黄金荣夫妇的得力助手，最后成了黄金荣面前举足轻重的大红人。在自身地位提高的同时，杜月笙很清醒地意识到，如果能得到黄金荣更进一步的重视，那就必须给黄金荣立下更大的功劳才成。那么，怎样才能在黄老板面前建立更大的功勋呢？想来想去，杜月笙就把心思放到了利润最高的烟土产业上。

大家都知道，黄金荣是一个贪财的人，事实上，他也早就对沈杏山一伙的烟土生意眼红了，只是碍于条件不成熟，不便去抢那座金山罢了。而今听杜月笙这么一说，黄金荣当然是欣然同意。其实，黄金荣从事烟土产业有一个很大的不便之处，那就是他当时是法租界巡捕房的正式职员，因此由他出面来经营烟土生意毕竟不妥，而且从法律上讲也是说不通的，也正因此他才长期没有涉足烟土业。可是如今有办法了，因为他可以在背后给予支持，由杜月笙去直接经营和管理烟土产业，而自己则当一个幕后老板。

在黄金荣的支持下，一个新的"八股党"很快就在杜月笙的手中组建起来了。

此前，杜月笙虽然有了一大帮铁杆弟兄，但真正能成为左膀右臂的人手却没有几个，因为他当时还处于黄金荣的门下，如果大张旗鼓地去张罗自己的人马实在是不合适，因而这次有黄金荣的支持，对杜月笙来说无疑是一个千载难逢的好机会。

不久，杜月笙便拉起了一支为数八个人的精干队伍。这八人中，第一位是杜月笙的老朋友，人称"花园阿根"的顾嘉棠。顾嘉棠长得方头大耳，个子不高，却有着霹雳火一般的脾气和猛张飞一样的个性，是"男儿由来轻七尺"那种类型的侠义人物。

第二位是高鑫宝，他因为早年给外国人当球童，所以练就了一口流利的英语，并且长期的捡球训练还使他反应异常敏捷。论起头脑的灵活和随机应变的能力，在"小八股党"中无第二人可与高鑫宝相比。

第三位是叶焯山，他小名"阿柄"，又因为早年曾在美国领事馆开汽车，所以人称"花旗阿柄"，"花旗"，指的就是美国国旗。叶焯山最为出众之处是枪法精准，具有百步穿杨的惊人功夫。

第四位就是当时已经有了一定名气的芮庆荣。芮庆荣祖上世居上海曹家渡，以打铁为生，他不仅生得膀阔腰圆，膂力过人，而且自幼练就了一身过硬的功夫。同时，芮庆荣的脾气也非常急躁，大有路见不平、拔刀相助的"拼命三郎"之风。

以上四人便是日后闻名于上海滩的"小八股党"中的"四大金刚"。

另外四位是杨启棠、黄家丰、姚志生和侯全根，他们都是早年卖气力的工人出身，后来因为企羡江湖中人的奢侈和阔绰，才走上了黑道。可是以前做的那些事情都是小打小闹，既没有大的收益，也不觉得有多刺激，所以他们巴不得有个一试身手的好机会。

在杜月笙的主持下，这9个人八拜结交，成了拜把弟兄。

于是，杜月笙有了自己的铁杆核心队伍"小八股党"。此后，八个人多年来都是一条心，流血拼命地跟着杜月笙打拼天下。

在看重情义之外，杜月笙从不放松对这些兄弟的要求，他严格地训练自己和他的"小八股党"弟兄们。等到杜月笙带着"小八股党"成员出现在黄金荣和林桂生面前的时候，他们十分惊奇，因为他们忽然发现，一向文质彬彬，甚至有点儿弱不禁风的杜月笙，竟然是一个堪当筹谋划策的军师角色，他在这样短的时间内就组建起一支如此剽悍凶猛的得力队伍，着实让人刮目相看。

而令黄金荣和林桂生感到更加惊奇的是，此前他们忧心的"抢土"的困难，竟然转眼之间得以顺利地化解。

在当时的上海滩，抢烟土已不是那么容易的事情了，因为有势力强大的"大八股党"牢牢地把持着。不过，细心的杜月笙还是从中看出了破绽，那就是"大八股党"的八个头目，如沈杏山、季云卿、杨再田等人，如今已经坐拥万贯家财，妻妾成群，儿女成行，因此便不再想去拿脑袋作赌注，过去那种生死不顾的广命的劲头也就逐渐消失，他们开始选择一种相对稳妥可靠又不冒多大风险的敛财方法。这就意味着，"大八股党"在很大程度上已经不再是当年的那群狼虎之辈了，他们的保守和退缩给杜月笙的出手创造了良好的机会。

见一切都准备得差不多之后，杜月笙和"小八股党"的兄弟们通过各种途径打探沈杏山他们抢烟土案件的内幕。因为杜月笙和"小八股党"此前就在十六铺码头一带混过，所以黑道上颇识得一些，因此，只要肯花上一些小钱，就不愁耳目不够灵通。不过多时，他们就把沈杏山一伙偷运烟土的情况了解得很透彻了。

1842年，中国因为在鸦片战争中失败而与英国签订了《南京条约》，条约规定上海为通商口岸，此后，上海就成为鸦片商们在中国最大的转运站。那些鸦片烟由远洋轮自吴淞口运来，烟商们为避开军营与关卡，就在吴淞口将鸦片装入麻袋，抛入水里。随着退潮，河水倒灌，顺水势退入黄浦江。然后，烟商们雇人用舢板小船捞取货物，或者让预先埋伏在岸边的人用竹竿挠钩拖上岸来。一些抢土贼也如此效仿，而这种抢土的办法就被称作"挠钩"。

"挠钩"都是在水上进行的，而鸦片上了岸之后，抢土贼也依然有办法，那就是"套箱"。当时，鸦片登陆之后都会被存放在十六铺向西不远的新开河一带，因为那里正是公共租界、法租界和华界三界交接的地带，便于躲避警方的盘查。那些烟土商为避人耳目，会将鸦片装在煤油箱里，可是抢土贼却完全知晓里面的蹊跷，他们会事先布下眼线，等到装着鸦片的煤油箱进栈之后，他们就会用马车运进去一批木头箱子，待看守者疏忽之际，就会麻利地将木箱子套在煤油箱上，然后徜徉而去。

此外，还有少数流氓，因为势单力薄，不能到码头和货栈去抢，便拦路打劫单身的烟客，以打闷棍的方式来抢鸦片烟，这在江湖上称之为"硬爬"。

杜月笙得知了抢烟土的来龙去脉，非常高兴，他马上就要寻找机会，带着自己的"小八股党"弟兄大展身手了。

抢土，运土，卖土

很快，杜月笙和他的"小八股党"施展身手的机会就来了。

这天，大概是晚上八九点钟的时候，有个人匆匆地从外面跑进黄公馆，慌慌地报告林桂生说：有一宗土货，装在一只大麻包里，原本已经得手，并且交人雇黄包车拖到黄公馆来了。谁知断后的人都到了，可运货的人却始终没有到，很可能是出了什么岔子。来人请林桂生快些派人去查。

林桂生一听，顿时勃然大怒，因为这显然是有人在动他们的主意。可是，发怒归发怒，实际问题必须立即解决，当时黄金荣不在，那些得力的手下这会儿也都各自办自己的事情去了，而这种动家伙、拼性命的差事，只有能干的人才派得上用场。抬眼看了一下，眼前只有一些打杂工的佣人，这下子，林桂生有些着急了。

林桂生正焦急之际，一个人却突然走到了眼前，谁呢？正是她的得意弟子杜月笙。

刚才的事情杜月笙都看在眼里，可是，看着林桂生那副火急火燎的样子，杜月笙心里却暗自高兴，因为他觉得这是天赐良机，自己立功的时候到了，这个机会是万万不可错过的。于是他走上前来，对林桂生说道："师母，能不能让我去一趟？"

林桂生听了这话，先是一愣，随即又仔细地打量了一番杜月笙。在林桂生看来，论起办事的能力，那杜月笙没得说，可是眼下的这事不同一般，看样子不是要嘴皮子事，很可能要跟对方硬拼。杜月笙虽然精明，但是身体并不强壮，并不是什么打架斗殴的料子。因此，对于杜月笙能否顺利地完成这个任务，林桂生表示怀疑。不过，看到杜月笙能够有捋虎须的胆子，她还是感到很欣慰的。这样，林桂生一方面对杜月笙表示赏识，另一方面却又担心他会出什么事，因此并不想派杜月笙去干这件差事。

杜月笙看出了林桂生的心思，于是急忙向林桂生保证道："师母尽管放心，我不会出什么事的，请你相信我。"

林桂生虽然还有疑虑，但是当时家中的确无人可派，也就只能勉强点头同意让杜月笙去办这件事。不过，她还是关切地问道："要不要再派几个人帮助你？"

杜月笙这一次是下了决心在师父、师母面前露上一手的，因此他决定不带任何帮手，自己一个人单枪匹马，也来一次"单刀会"，看一看对方到底能把他怎么样，看一看自己到底有没有资格在这个江湖上闯荡。因此，他一方面对林桂生的关照表示感谢，一方面却又拒绝了林桂生的提议，说道："不必了，这点事情，我一个人就够。"

杜月笙办事向来利落，一旦做出决定，肯定是说做就做，绝不会有一秒钟的耽搁。接下任务之后，他很仔细地问清了报信者运送"麻袋"所走的路线，然后，从林桂生手中接过一支手枪，又从自己的床下拿出一把匕首，插在裤腿里，便疾步地跨出大门，消失在茫茫的夜色之中。

看着杜月笙出门，林桂生一下子变得格外担心起来，杜月笙可是她跟黄金荣最为中意的弟子，也是最为得力的干将，万一这次杜月笙出了点儿什么闪失，那就太不值得了。不过，林桂生也想到，走在这条道上，不经历些风险怎么能成呢？但凡算得上一号的人物，哪个不是刀光剑影里闯过来的呀，因此，让杜月笙多一些历练和考验也不是什么坏事。就这样，林桂生坐在黄公馆中静候杜月笙的消息，但是，她毕竟很放心不下，又派人去接应杜月笙，并且嘱咐一旦有什么意外，一定劝告杜月笙小心从事，不可过于鲁莽。

且说杜月笙，来到弄堂口，挥手找了一个熟悉的车夫说了个地方，然后跳上车，说了声："快！"黄包车就飞奔起来。

在黄包车飞跑着的同时，杜月笙坐在车上，脑子也飞快地转着。他想：这"黑吃黑"的烟土贼带着一麻袋的烟土，一定不敢在法租界停留，肯定会往公共租界那边跑。这样，杜月笙就判明了追赶的方向。然后，他又细细地计算出了时间和路程，想好了之后，他立即吩咐车夫："快点儿，往洋泾浜那边跑！"

洋泾浜是法租界和公共租界的交界处，一道小河沟，浜南是公共租界，浜北是法租界。杜月笙想在那贼进入公共租界之前，在法租界的地段拦住他。

当时夜已经很深了，街灯都已经熄灭了，四周格外地沉寂。杜月笙坐在人力车上，紧紧地握着手枪，他虽然是一个人独闯险关，却并不感到担心害怕，而是机警地耳眼并用，在夜幕中像猎人一样搜寻着任何一点蛛丝马迹，不放过任何一个可疑的人影和声响。

突然，他发现前面不远处有一个黄包车正在步履艰难地向一条胡同拐去。杜月笙马上意识到其中的不寻常，这大半夜的时候路上是少有行人的，而看样子那个车上拉的东西又那么重，所以极有可能载的就是烟土和抢土的贼人。于是，杜月笙催促自己的车夫以更快的速度猛追上去。

果然，他这一追，前面的车似乎察觉到了异常，也加快了脚步。不过，尽管都是加快了步伐，但是明显前面的那个车子要比杜月笙的这个车子重得多，速度明显没有杜月笙的车快。因此，很快杜月笙的车就追到了距离前面车子很近的地方。前面那车见势不妙，马上拐了个弯，想绕道另一个巷子而甩开杜月笙的车，可无济于事，刚一过拐角，杜月笙的车就已经拦在了前面。

这时，杜月笙轻巧地从车中跳出来，同时举起手枪，冲着那个黄包车中坐着的人，非常镇静地说："兄弟，干嘛这么慌张，我只是来送送你的，快下来歇一会儿！"

车里的人见已无法逃脱，也就不再让车夫继续跑了，当然，在杜月笙的手枪面前，车夫也是不敢跑的。

车里的人气愤地问道："你是什么人，凭什么拦我的车？"

杜月笙听得出来，那人虽然装得气势汹汹，可实际上声音却很没底气，由此杜月笙也推断出来，他的身上是没有手枪的，不然他就不会先问话，而一定会先开枪的。想到这里，杜月笙就完全放心了，因为自己手里握着枪，占着明显的优势，对方只能乖乖地束手就擒。

这时，杜月笙对那个已经累得气喘吁吁又吓得战战兢兢的车夫说道："你不用害怕，这不关你的事。不过呢，还得有劳兄弟，请你把车子拉到同孚里黄公馆。我赏你两块大洋，保证不追究你什么！"

一听这话，车里的人连忙向杜月笙讨饶，说道："兄弟高抬贵手，这货我不要了，一点儿没动，你原样带走，去黄公馆的事儿，就算了吧。"

杜月笙听了一笑，说道："早知道这样，你先前想什么了？"

车里人说道："小人实在不知这是黄老板的货，要不然，小人哪敢动这个心思啊，还请大人您开开恩，放我走吧。小人我也实在没有办法，以后但凡您有什么事，只管吩咐一声，小人赴汤蹈火，万死不辞。"

听着他的苦苦哀求，杜月笙问道："这么说，你是真的只想保住这条性命，其他什么都不想要了？"

车里人急忙回答："小人哪敢跟您说什么假话，你就高抬贵手，小人家中还有老小，你就可怜可怜吧。"

杜月笙答道："我可以放过你，不过嘛，你不能现在就走，这黄公馆还是必须得走上一趟的。不过你放心，只要你表现得乖巧，我保证你会平安地出来。"

车里人听了，迟疑道："这——"

这时，杜月笙冲着车夫吼道："还愣着干什么，赶快跑起来！"

杜月笙一声令下，那个车夫只得载着抢土贼按照杜月笙说的方向开始赶路，而杜月笙的车则紧紧跟在后边。

半路上，杜月笙遇到了自家的人，原来正是林桂生派来接应的。来人见杜月笙已经顺利地完成了任务，不禁拍手称快，与杜月笙一起押着抢土贼回到了黄公馆。

杜月笙初次出马，人赃俱获，干得非常利落，这令林桂生十分满意，她再次觉得自己到底有眼力，没有看错人，这杜月笙的确是一个可塑之才。

林桂生本以为杜月笙一见到自己，便会绘声绘色、滔滔不绝地向她夸耀一番抓贼的经过，可杜月笙表现得相当平淡，就仿佛什么事都没发生过一般。这样一来，林桂生对杜月笙就更加高看一眼了，因为她很清楚地知道，在帮会界人士当中，立功之后却又不居功自傲，这样的人实在是太难得了。由此，林桂生断定，这杜月笙是个能成大事的料子，将来功业绝不会在会黄金荣之下。

杜月笙把那个抢土贼交给了林桂生来处置，这贼人表现得还算乖巧，林桂生会意，对那个贼人只是臭骂了一顿，骂过以后也就叫他立刻滚开了。

午夜，黄金荣带着保镖一回来，就听林桂生给他讲述了杜月笙单枪匹马、人赃俱获的事，因此对杜月笙大大地夸奖了一番。同时，黄金荣也意识到，杜月笙是一个可以独当一面的干将，也就是从那一天起，杜月笙在黄金荣心目中的分量更重了。

当然，杜月笙解决这件事仅仅是小露一手，接下来，他可就要带着自己的"小八股党"兄弟大干一场了，他们的主要打击目标就是以沈杏山为首的"大八股党"。

跟前些年相比，现在的"大八股党"就变得更难对付了，因为他们接货运货的方式又有了很大的变化。当时那些烟土商们早已大发其财，资金十分雄厚，因此会以每艘十万银圆的高价来包租远洋轮船，将烟土直接从波斯口岸运到上海，每船所载烟土都有上千吨之多。这些运土外轮抵达吴淞口外的公海之后，"大八股党"这边早已接到电报，将接货的舢板排成队，由便衣军警荷枪实弹，沿途保护，前往接应。小船装货之后，依旧列队而行，经高昌庙、龙华而进入公共租界。沿途岸边，更是布满了守护着的便衣军警。

在这种情况下，再也没有"挠钩"、"套箱"那样方便的抢土的机会了，但杜月笙自有办法，第一次下手，就收获颇丰。

这天深夜，北风呼啸，天寒地冻，黄浦江面风波荡漾。远处，吴淞口外无声地升起了两颗信号弹，随着两道白光划开黑暗的夜空，这边岸上顷刻间就涌现出很多人影，迅速沿江岸拉开战线。这时，只见江面上荡着舢板，列队驶向吴淞口。紧接着，又有两颗同样的信号弹从江边升起。

很快，那些舢板载货后，依旧列队驶离吴淞口。最后一只舢板没有装货，舢板上是专门负责巡视海面动静的军警。

不料，就在几个人四处张望、巡视的时候，他们所乘的舢板突然无声无息地翻了，几个人还没来得及哼上一声，便都被按到了江底。

随即，队列中的最后一只舢板也被翻了过来，而舢板中的麻袋则全都浮在了江面上。这时，不知从什么地方划来一只小船，将麻袋一只只地钩近，拖上小船。转眼之间，小船便箭一般地向岸边驶去。

运土的就是"大八股党"一伙，而抢土的就是"小八股党"。

这一次，他们抢到的一船烟土就价值几万银圆，这使得杜月笙和"小八股党"感到异常的振奋。

回到黄公馆，林桂生和黄金荣见到了这一袋袋的烟土乐不可支，而杜月笙在他们面前却一点儿也不声张，当然，他的这笔功劳是被黄金荣和林桂生牢牢记在了心里。

此后，杜月笙带着"小八股党"抢夺烟土屡屡得手，这大大鼓舞了杜月笙从事烟土生意的信心，也使得他不再满足于这种零星的散抢，而是要进一步扩大行动的规模。于是，他向黄金荣和林桂生进言道："依我的看法，当前的形势对我们非常有利，从事烟土这种一本万利的好买卖是正得其时，不过当然也有困难，我们要想在烟土这个行业独霸上海滩，就必须先得摆平'大八股党'。"

实际上，杜月笙要想摆平沈杏山一伙，难度还是很大的。当时，"大八股党"的成员为了寻求庇护，纷纷或明或暗地投靠于上海的缉私机构：水警营和缉私营，还有公共租界的巡捕房。他们倚仗手中有的是金银钱钞，上下买通，很快就钻进了这些缉私机构的核心部门，占据了高级职位，甚至有人还担任了这两个"肥"营的营长之职，从而彻底地控制了这两个缉私机构，使得所谓的"警营"完全变成了"贼营"。这样一来，当"大八股党"把水陆以及公共租界的查缉烟土之大权都牢牢地抓到了手中之后，就不但自己私贩鸦片，而且还化暗为明，公然出面向烟土巨商大量收取所谓的保护费。"大八股党"的这种做法受到了潮州烟土帮的热烈欢迎，因为从此以后，有缉私部门的保护，他们的烟土买卖也就变成一种"合法化"的经营了。

可是在"大八股党"和那些大烟土商们得意的同时，黄金荣却失意得很，他早就认识到经营烟土是一本万利的生意，可是碍于"大八股党"的势力，黄金荣一直被屏蔽在上海烟土行业的主流之外。其实，"大八股党"很不把黄金荣放在眼里，因为他们依仗的是公共租界，相形之下，黄金荣所依仗的法租界就显得面积比较小，而地少的同时，人口也就少，这样，黄金荣的影响力自然也会受到很大的限制。另外，当时的鸦片商和烟土行多半都开设在公共租界，而法租界很少有烟土栈。因此他们认为就算有些法租界的朋友来抢几麻袋烟土，发一笔小财，那也微不足道，所以他们都觉得黄金荣在烟土这个领域是成不了气候。可是万万没想到，在黄门当中突然就蹦出来一个此前闻所未闻的杜月笙，而他们很快就栽到了杜月笙的手里。

其实，尽管"大八股党"不是很把黄金荣看在眼里，但是因为黄金荣在法租界有着很大的影响力，他们在很多时候还是需要黄金荣照顾一下的，所以也就免不了经常跟黄金荣打打交道。沈杏山等人认为，遇到麻烦的时候，只要对黄金荣略施好处，黄金荣也就不会不买他们的账，是不会为难他们的，可是他们低估了黄金荣的胃口，因为黄金荣决非他们这一点点小恩小惠就能够喂得饱的。

这一天，沈杏山手下的人在法租界贩运烟土的时候就被黄金荣逮了个正着。要是在以往，沈杏山前来跟黄金荣打个招呼，同时给点儿好处也就会了事的，可是这一次，事情却并不那么简单，因为黄金荣和杜月笙这时已经有了新的盘算，他们决定从此不再跟沈杏山等人进行这种自己占小便宜却让对方吃大利的合作，因此，黄金荣将所截获的烟土全部扣下，并且杜月笙出面让沈杏山手下的人带话回去："有饭要大家吃，你们'八股党'不能一口独吞，坏了江湖上的义气！"同时，黄金荣也着重嘱咐道："你回去告诉沈大哥，就说这桩事我黄某是爱莫能助。手下的弟兄们要靠烟土生意来养家糊口，让沈老板他们独吃，那弟兄们就要饿断肠子了。"

黄金荣和杜月笙由此就向沈杏山一伙发出了挑战的信号。

收买谢葆生

送走了沈杏山手下的人，黄金荣又有些担忧起来，他问杜月笙说："我们既然拒绝同沈杏山他们合作，话都已经说出口了，那就要拿个办法出来，总不能让他们看咱们的笑话啊！"

杜月笙听了，深沉地点了点头，说道："这件事师父请放心，我一定会想出合适的办法来对付沈杏山他们那些人的。"

黄金荣听杜月笙如此说，才略略地放下心来，耐心而又焦躁地等待着杜月笙的答复。

这天，有人向林桂生报告，说公共租界巡捕房的探目沈杏山和水警营缉私队的郭海山、戴步祥、谢葆生等人，利用工作之便，从"抢土"到包运烟土收保护费，全都给包了下来。收到的浮财，除了一部分奉送给洋人外，其余全落入了他们自己的腰包。现在，他们个个都肥得嘴角流油，个个都富得腰缠万贯。这人在汇报的时候显然是对沈杏山一伙流露出一种非常的艳羡之情的。

林桂生听完，啪地一拍桌子，愤愤地说道："这块肥肉，绝不能让沈杏山那帮人独吞！"随即，林桂生就对陪在一旁的杜月笙说道："月笙，我限你三天的时间，一定想出个办法来对付沈杏山。"

其实，这时杜月笙已经有了主意，只听他胸有成竹地说道："师母不必动怒，沈杏山他们也做得实在是太过分了，要发财，大家发，凭什么土财就全给他们占了去？不过师母放心，他们的好日子已经马上就要到头了，我现在有个主意，还得请师母定夺。"

停了一下，杜月笙接着说道："既然要做，我们就来点儿狠的，对沈杏山他们，我们要做的是釜底抽薪。不过嘛，要这么干，还得先解决一个问题。"

林桂生问道："什么问题？"

杜月笙答道："就是得找个内应，这样办事才方便。"

"内应？这一时三刻恐怕难找啊。"林桂生听了不禁有些犯难。

这时，杜月笙悄悄地说道："其实要想做的话也不是很难，师母还记得上一次我们放人的事吗？那些人当中有一个叫做谢葆生，是和沈杏山在一起的。"

林桂生答道："谢葆生，当然记得，他不就是'八股党'成员里的一个吗？"

杜月笙说道："没错，正是这个人，我们要找内应，就可以从这个人身上下手。"

林桂生听了不免怀疑，问道："哦，你就这么有把握？他跟着沈杏山干了那么多年，哪是三言两语和几块大洋就搞得定的？"

杜月笙听了"哈哈"一笑，说道："看来师母对谢葆生这个人还是了解不多，据我的推测，把这个人搞到手并不难，我们试一试，应该是没什么问题的。"

那么，既然杜月笙在策反谢葆生这件事情上如此自信，谢葆生到底有什么弱点让杜月笙抓住把柄了呢？

事情得从两年前早春的一天说起。

那是一天的午后，正是聚宝茶楼的上客时分。一个中年汉子进来之后就拣了张靠窗的桌子坐下，随即叫了一壶乌龙茶。可是茶端上来了，他并不急着吃，而是将那茶盏的盖取下来，侧在茶盏的左边，使得盖顶向外，盘底朝里。跑堂的回头一瞧，心里就有数了，他懂得这是青帮中的规矩——挂牌，也就是一种接头的暗号。因此，跑堂的随即上楼去报告茶楼的掌门人顾玉书。

黄金荣很器重顾玉书，自己将聚宝茶楼占据之后，就派顾玉书来掌管这座茶楼。其实，以黄金荣为后台，由顾玉书直接经营的这座聚宝茶楼不仅仅是一个商业场所，它还有着另外一个重要的功用，那就是作为白相人与帮会的联络地点。这天早上，黄金荣就派人关照，说近日可能有人来"讨账"，对他们不必客气。

楼上的顾玉书听到报信后，就在裤腰上插了把匕首，然后左手里擎着两颗鸭蛋大小的钢球，"叽咯叽咯"地捏着踱下楼来。他先在这个来客的茶桌边由左到右，逆时针方向地兜了一圈，才站到这个来者的对面，突然问道："老大，你可有门槛？"

这当然是帮会界的行话，而对方也自然是早有准备的，只见他恭恭敬敬地站起来，两手一拱，答道："不敢，是沾祖师爷的光。"

"贵前人是哪一位？贵帮是何门号？"顾玉书接着问道。

"在家，子不敢言父；出外，徒不敢言师。敝家姓陈名上江下山，是江淮四帮。"来者从容地答道。

顾玉书听了，眼睛一眨，心中有了数，他知道，这来人属于青帮，想必就是黄金荣所说的讨债鬼找上门来了。而尊奉师父的命令，他就得给这人一点儿颜色看看。想到这里，顾玉书便追问道："老大顶哪个字？"

来客答道："在下头顶二十一，身背二十二，脚踏二十三。"

"那么，老大是'通'字辈了！"这时，顾玉书这才拉开桌边的椅子，在对面坐下，又一伸手，说个"请"字，示意对方也归座。接着，顾玉书盘问道："老大在哪个码头发财？"

来者回答："一船漂四海，四海即为家。"

按照青帮的规矩，问到了这里，对方也就应该亮底了，但是，这个汉子却还是这么含糊其辞的。顾玉书正想发作的时候，对方却反问道："请教老大烧哪路香？顶的是哪个字？"

这两句话却把顾玉书给问住了，怎么回事呢？因为当时黄金荣虽然在青帮中已经很有名气了，自己也收了很多门徒，可是到那时为止，他却从来都没有拜过青帮的哪个头领做"老头子"，这在青帮人士叫起来也就是"空子"，"空子"可是没有字辈的，不仅黄金荣自己没有字辈，他收的那些徒弟们也都没有字辈。所以当对方问起自己的字辈时，顾玉书就不知如何回答了。

那么，双方在见面的时候为什么要这样相互地盘问根底呢？因为他们在做交易的时候，必须得先摸清对方的来路及其在帮中的辈分，这样界定了身份之后才方便讲谈条件。

顾玉书一时懵住了不要紧，这个来客可不干了，他见顾玉书答不上来，以为对方是一个假冒的角色来诓自己玩玩的，顿时两眼冒火，霍地一下站起来，怒声问道："敢问老大贵帮有多少船？"

顾玉书那时在道上也已经混过多年了，对于来客的心思他当然很了解，于是赶紧应道："一千九百九十只！"

来客又追问道："打的什么旗？"

顾玉书紧跟着答道："进京百脚旗，出京杏黄旗，初一、十五龙凤旗，船头四方大红旗，船尾八面威风旗。"

来客再问："船有多少板？多少钉？"

顾玉书答："板有七十二，谨按地煞数；钉有三十六，谨按天罡数。"

说道这里，两人突然"哗"的一声拉开了椅子，各自往后退了几步，随即就摆开了架势。这时，散在旁边喝茶的一些茶客也都跟着乒乒乓乓地踢倒了凳子，掀翻了桌子，呼啦一下子分别站到自己人一边，立时形成了两个阵营。与此同时，有一些人就从袜筒里或者腰上拔出雪亮的匕首来。而在这些人之外，那些不相干的真正茶客见了这副架势，早已吓得夺门而去了。

正在双方剑拔弩张的当口儿，忽然有一个人气喘吁吁地奔进门来，大声叫道："大家都不要动手！"

众人一看，进来的是个年轻的后生，形貌上突出的特点是大脑袋上长着一对惹眼的招风耳。来者不是别人，正是黄金荣的爱徒杜月笙。

一见杜月笙闯来，顾玉书就暗叫晦气，为什么呢？看杜月笙的那副样子，再听他所喊的，顾玉书就知道杜月笙是来进行和解的。这本来是一种救场的行为，可是在顾玉书看来，杜月笙却是来搅场的，因为顾玉书正想借此机会显一显自身的能耐，给师父黄金荣立个大功，可是杜月笙这一来，岂不就全都没戏了。因此，顾玉书对杜月笙气恼地说道："'水果月生'，你来搅什么？这儿不关你的事，快走开！"

可是杜月笙既然来了，哪能让顾玉书两句话就给打发走呢？只听杜月笙不慌不忙地对顾玉书说道："我来同这位老兄会会。"

顾玉书听了这话，急忙说道："这桩事，师父交给我办了，就不用你来帮忙了。"显然，顾玉书不想让杜月笙抢了自己的生意。

这时，杜月笙说道："可是师母刚才让我出面来同客人会一会。"

顾玉书听了急忙问道："有对牌吗？"

杜月笙答了一声"有"，随即一扬手，一支翡翠金簪就已经飞过了几张桌面，"啪"的一声牢牢地扎在顾玉书面前的那张茶桌上。

顾玉书一见这支金簪，顿时就没了脾气，因为他知道师母在黄家的分量，在很多时候，林桂生说的话是比黄金荣还管用的，因此，他只能遵照师母的意旨，让杜月笙出面去跟来客会谈，于是他转身朝手下人摆了摆下巴，说了一声"撤"，那些喽啰便一哄而散，杜月笙却非常斯文地说道："刚才的事，全仗老大包容。敝帮手下人有脱节之处，敝人转禀敝家师。朝廷有法，江湖有理，光棍不做亏心事，天下难藏十尺身。该责便责，该打便打，你我一家人，请息怒。长可以截，短可以接，小弟慢到一步，先上一碗礼茶奉敬老大！"

说着，杜月笙打了个响指，跑堂的听到动静急忙跑来伺候，马上，一盏上好的茶水就呈到了来客的面前。

那来客见杜月笙如此客气，火气也就消了许多，一边接过茶杯，一边说道："幸会，幸会！"

这样一来，茶楼里的气氛顿时就变得非常轻松了，杜月笙仅仅三言两语，就起到了化干戈为玉帛的作用。

接下来，原来准备来这儿开打的那些"茶客"也都归了原位，坐下去继续喝起茶来。

杜月笙见大家已经安静下来，就对那个来客一挥手，说道："请老大上楼，有事情商量！"

原来是这样的一件事情，一个云南客商从十六铺水路带进一只皮箱，里面藏有八大包的上等云土。黄金荣探到了这个消息之后，马上去找林桂生商量，林桂生则当机立断，一刻也没有耽搁地让徐福生带了五六个弟兄，把那个皮箱给抢了过来。

可"螳螂捕蝉，黄雀在后"，惦记着那八大包云土的并不仅仅是黄金荣一伙人，他们在劫了云土回返的路上，不想又遇到了公共租界的一伙人，结果八大包云土又全被劫走了。当时为了争夺那个皮箱，双方可是发生了一场激烈的恶战，而公共租界来的一个弟兄因为撤退得慢了一步，就落到了徐福生等人的手里。

这一天来到聚宝茶楼的客人，就是为了交涉这件事而来的，那伙来自公共租界的流氓正是沈杏山的手下，而这个来客就是沈杏山的代表、"大八股党"成员之一的谢葆生。

黄金荣的意思是，让顾玉书扣住来人，连同昨夜抓住那一个一块儿做人质，再让对方用劫去的八大包云土来赎这两个人质。如果对方还手，就不妨来他个"三刀六洞"，反正是在自己的地界，人多地熟，不怕斗不过对方。

黄金荣的这个主意不久被杜月笙了解到了，他觉得这主意不妥。但是杜月笙很会做人，他知道如果直接找黄金荣讲，那会让师父很下不来台，弄不好还会起到反面的效果，于是，杜月笙就悄悄地将这件事跟师母林桂生讲了，他不仅否定了黄金荣的办法，还说出了自己的主意。林桂生觉得杜月笙的想法远比黄金荣的打算更为高明，于是就从头上拔下一支翡翠金簪递给杜月笙，派他立即赶到聚宝茶楼处理这件事。杜月笙授命之后，片刻也不敢耽搁，急匆匆地就奔向聚宝茶楼，果然，就在一场大战即将发生的关键一刻，杜月笙如同及时雨般地出现在了现场，从而避免了一场凶杀恶斗。

回过头来再说杜月笙跟来客交接的事情。

两人来到二楼，各自落座之后，杜月笙先介绍了一下自己，然后开口问道："请问兄弟尊姓大名？"

来客答道："兄弟姓谢名葆生，此次就是为了被你们抓了的那个弟兄来的。那批云土，是从我们公共租界运过来的，我们派人一直跟踪盯梢，正打算动手的时候，却没想到让你们的人抢了先。本来嘛，隔山打猎，见者有份，你们来抢，倒也没什么，但你们不该关了我们的弟兄，现在，我正式提出，请你们放人，并且赔礼道歉。"

杜月笙等对方说完，忙说："这实在是一场误会。实话不瞒你老弟说，这批云土从云南一起程，我们就知道了，一直护着它到上海。光棍不断别人财路，不能说从你们公共租界过，就是你们的啊？大家都在上海滩上混饭吃，有话好说，人也好放，只是，这八大包云土要原封归还。再说，我们黄老板就是不比你们沈老板强，但也不能比你们沈老板弱吧，真要撕破了脸皮，到头来恐怕就只能是两败俱伤，对谁都没有好处。就为了这八包云土，值得吗，你说是不是？正所谓天涯何处不相逢，今天，我们权当是交个朋友，你交土，我放人，你看怎么样？"

谢葆生想了想，说道："杜老兄的话倒是有些道理，不过嘛——"

杜月笙一看谢葆生的表情，就明白了他的意思，其实杜月笙早已准备好了，于是从怀中摸出了五块大洋递给了谢葆生。果然，谢葆生一见到这几块大洋，立即就变得眉开眼笑，连连称谢，并且说一定会把话儿带给沈杏山。最后，黄金荣放人，沈杏山还土，两下里算是平安无事。

如今，杜月笙对林桂生说道："谢葆生那家伙是个见钱眼开的软蛋，那次临走时我给了他5块大洋，他就千恩万谢了不知有多少遍。你想一想，要是我们给他根条子，还怕他不上钩？"

林桂生的脸上这时已经没有了怀疑的神色，而是笑得两眼眯成一条线，对着杜月笙吐出一个字："成！"

得到了林桂生的允准，杜月笙就开始布置行动了。

3天之后，正是黄昏时分，法国人开办的上海逸园跑狗场门口车水马龙，异常热闹。7点钟左右，一辆轿车开到门口，从车上跳下来两个人，一个是顾嘉棠，一个是谢葆生。在顾嘉棠的引领之下，谢葆生来到跑狗场的看台之上，而杜月笙已经在那里恭候多时了。

杜月笙从座上起身寒暄道："谢老板多日不见，一向可好？"

谢葆生一见是曾经给过他好处的杜月笙，也显得特别客气，连忙打拱作揖地应道："托杜先生的福，托杜先生的福啊！杜先生的恩情，我谢某人可是一直牢记在心啊，这会儿又让杜先生破费，请我看跑狗。"

杜月笙答道："既然已经是朋友，就不必这么客气，这都是一点小意思。昨天，有个法国朋友送来几张跑狗票，请我凑凑热闹，我一拿到门票，就想起了谢老板。前一阵子，我一直瞎忙，也没抽出空来去看望谢老板，还请您多海涵啊！"

谢葆生急忙说："哪里，哪里，谢某人能受到杜先生的邀请，实乃三生有幸啊！"

杜月笙听了微微一笑，说道："今天呢，没有别的事情，就是约你出来开开心，也趁这个时候，聚一聚，碰碰头。我晓得你喜欢跑马，可是跑狗也是很有趣的。来，怎么还站着呢，坐，坐，大家都坐下吧！"

说完这话，杜月笙和谢葆生两人并排坐下，而顾嘉棠则坐在了杜月笙的背后。

谢葆生是第一次看跑狗，因此新鲜感非常强烈，伴随着一阵西洋乐器的打奏声，只见一些半大的孩子每人牵着一只狗走入赛场。谢葆生数了一数，一共有12只狗，这些狗的身上都穿着彩衣，每只狗彩衣的颜色都是不同，而且彩衣上还有编号，这些狗进场之后就列成一排，等候在场地的中央。

谢葆生正看得入神，冷不防杜月笙问道："谢老板，你猜一猜哪只狗会中头彩啊？"

谢葆生听了，回答道："嗨，要说赛马，我还懂点儿门道，可是这赛狗，我这可是第一次见，哪里有那种眼力啊？"

杜月笙说道："谢老板不用这样谦虚，这俗话说，隔行不隔理嘛，你既然会相马，也一定会相狗的。马和狗虽然种类不同，但还是有共通之处的嘛，你不妨猜猜看。"

听杜月笙这样一说，谢葆生迟疑起来。正在这时，有赛狗票推销员走到了他们面前，恭谨地问道："先生，是否需要补买彩票？"

杜月笙见状，回头对身后的顾嘉棠爽快地吩咐道："这样吧，嘉棠，每号买5块钱的。"

"好！"顾嘉棠一边应着，一边从皮包里取出一张60块银圆的庄票，付给了推销员，然后接回60张彩票，理得整整齐齐地递给了杜月笙。

60块银圆，那可是一大笔钱啊，要知道，先前杜月笙仅仅用了5块大洋就把谢葆生给糊弄得乐颠颠的，而今谢葆生见杜月笙买起彩票来一出手就是60块大洋，能不吃惊吗？他也是在江湖上混了多年的人，可是还从来没有见过这么大方的主子，因此不免对杜月笙很有些刮目相看了。

杜月笙已经注意到了谢葆生的表情，他心想，要的就是这个效果，看来今天你这条鱼是非上钩不可啦。

谢葆生还在发愣的时候，杜月笙笑呵呵地对他说道："谢老板不要误会，我也不是常来这里的，平时这事那事忙得很，难道有空来玩一趟，既然来了，何不玩个痛快呢？兄弟虽然算不得阔绰，但是这点儿钱还是用不着吝惜的。"

杜月笙一边说着，一边将那整整齐齐的一叠彩票递到了谢葆生的手里，随即说道："这些彩票嘛，每一只都押5块，总有一只会中头彩的，就送给谢老板，讨个吉利吧。"

谢葆生见此情形，会受宠若惊，连忙再三地感谢道："真是却之不恭，受之有愧呀！杜先生对我的好处，一辈子忘不掉。以后杜先生有什么差遣，只管吩咐就是。"

杜月笙听了，心中大喜，因为自己的目的已经初步达到了，但是他脸上却装得一本正经，很轻松地说道："谢老板不必多想，我就是为了交您这个朋友，大家聚在一起，开心开心嘛。"

谢葆生还想再说一些感激的话，却突然听到了电铃的响声——赛狗即将开始了，因此他也不便再多说什么，只是专注地盯着赛场。

隔了一分钟左右，铃声又响了一次。随即，跑道的端线上，忽地跳出一只大白兔。这只兔子一出笼，就循着跑道风驰电掣般地跑起来，紧接着，短线的闸门一开启，那12只赛狗就都追着兔子拼地往前飞奔。

那种场面的确是格外精彩，谢葆生因为第一次见，所以看得更加着迷。

那只大兔子在众人的吆喝声中终于成功地绕场跑完了五圈，到了终点之后，它却倏地消失了。谢葆生并不了解内情，可是常来看赛狗的杜月笙却知道，那其实并不是什么兔子，而是一只看起来很像兔子的狗，这种狗是西洋人专门培育出来的，突出的特点就是跑得极快，由这种狗来做赛狗的领狗是最合适不过的了。当然了，这种狗异常的名贵，而且数量相当稀少，在一般的场合都是无缘一见的。

那只兔狗到达了终点之后，霎时间，另外的狗也都纷纷抵达了终点：第一只是7号，第二只是10号，而第三只是2号。

稍后，场中央的旗杆上升起了一块布告牌，上边写着得奖号码：7号头奖、10号二奖、2号三奖。

随着布告牌升起的同时，全场都轰动起来。

谢葆生这时看得意犹未尽，还在愣神，却忽听一旁的杜月笙冲他说道："怎么样，谢老板，还算精彩吧？"

谢葆生稍后回过神来，应道："那是当然，可比我以前看的赛马精彩多了，要不是杜先生请我来，我哪里知道上海还有这么好看的玩意儿啊。"

杜月笙笑道："既然谢老板这么喜欢，以后只管常来。门票嘛，谢老板不用自己买，来之前跟我打个招呼就行，我要是没工夫，就派兄弟给你送去。"

谢葆生连忙客气地说道："哪里敢如此叨扰杜先生啊，门票我自己来买就是了。"

杜月笙回道："谢老板不必多心，我们跟这里的法国人还算混得熟，他们经常会有一些票送给我，所以你要是过来，分一张也就是了，并不麻烦我什么的。"

谢葆生应道："那就仰仗杜先生以后多关照啦！"

杜月笙笑道："哪里，哪里，说起这话，我杜某人可是要多仰仗谢老板的啊！"

说完，两人相对哈哈大笑起来，显然，双方都非常开心。

临走之时，杜月笙向谢葆生祝贺道："祝谢老板发财！"

谢葆生满怀感激地回道："发财也是托杜先生的福啊！"

杜月笙说道："谢老板，我让嘉棠兄弟送送你，我那边还有事情，就不远送了，我们后会有期。"

说完，杜月笙冲着谢葆生两手一拱，就隐没在汹涌的人群当中了。

就这样，杜月笙用区区60块大洋，就将谢葆生给收买了。有了这一次的交情，以后再找谢葆生说话可就方便多了。

几天之后，杜月笙就开始对沈杏山下手了。

这天夜里，黄浦江码头上一艘客轮刚刚到港，旅客纷纷下船上岸，而公共租界的水警与缉私队员则拦在出口处，逐个搜查违禁物品。

这时，有两个中年男子从岸边走上跳板，来到了客轮上。随即，一个手臂上搭了条白毛巾的茶房迎了上来，打躬作揖地问候他们。待问清了姓名之后，那个茶房就带着他们来到了头等舱的门口，用手指在门上叩了三下，接着喊道："洋行的两位大先生来啦！"

只听屋里一个中年男子的声音应道："请进！"

原来，这两个人就是沈杏山手下的郭海珊和戴步祥，他们都是"大八股党"的成员。

两人进门后，不到一刻钟的时间，各提了一只大皮箱出来，后面还跟着一个穿长衫、戴金丝边眼镜的中年汉子。他们三个来到船尾，用一根很粗的绳子拴住大箱子往下放。再看下面，正有一只舢板在接应着。舢板上的四个人接住了大皮箱之后，就将它们放在了舢板内几捆稻草的下面。然后，一个人用竹篙对准轮船尾股一点，另一个架起支橹来，舢板就直往浦西方向摇去。看着舢板远去，船尾上的三个人才放心地走下跳板，摇摇摆摆地上岸去了。

舢板划到江心的时候，却意外地遇到了一只乌篷船横在那儿挡住了去路。舢板上的几人感觉情况可能不妙，但又无法躲避，只能尝试着从乌篷船的旁边擦过去。但是，正当舢板划到乌篷船一旁的时候，船里面忽地跳出六七个蒙面大汉，其中有两个用篙头钩住小舢板的舷帮，其余几个则都亮出了手枪，上前狠狠地逼住了舢板上的四个人。

就这样，舢板中的两只大皮箱被抢了去，而小舢板上的几个人因为有人用手枪抵着，都不敢动弹，只能眼睁睁地看着人家抢走了这批货，又眼巴巴地看着这条乌篷船扬帆架橹，飞也似地向吴淞方向驶去。

这只乌篷船驶过外白渡桥以后，往东摇到公平路码头就靠岸了，而岸边早已等着一辆汽车，坐在驾驶室里的人正是杜月笙。

等两只皮箱搬上车之后，杜月笙很平静地问道："今晚的事没露馅吧？"

"绝对没有，他们还没明白怎么回事，我们就已经无影无踪了。"回答的人是"小八股党"之一的顾嘉棠。

杜月笙听了，满意地点了点头，说道："好，大家干得不错。"

接着，杜月笙又问道："舢板上总共有几个人？"

顾嘉棠答道："四个。谢葆生肯定在里面，还有一个好像是季云卿，另外两个我就不认得了。"

杜月笙听了一笑，说道："嗯，谢葆生这事做得漂亮，明天你找人送根条子给他。"

说到这里，杜月笙就启动了汽车，载着两只大皮箱直奔同孚里黄公馆。

那两只大皮箱里装的当然是烟土，而这次打劫事件正是杜月笙与谢葆生联合策划的，有谢葆生做内应，杜月笙对沈杏山一伙的行踪自然是掌握得十分准确，于是成功地劫持了这两大皮箱的上好烟土。这可以说是"小八股党"与"大八股党"之间的第一场交手，结果是"小八股党"全胜。

这次失手，令沈杏山暗暗吃惊，他实在是想不出上海滩有哪一个人敢跟他如此叫板，况且，就算那人有如此胆量，他们的行动都是严格保密的，对方怎么会对自己这边的情况掌握得如此确切呢？沈杏山派人四处察访了几天，却一无所获，而在进行调查的同时，沈杏山在接货的时候也更加小心，为了做到更加保险，他把接货的地点改到了吴淞口，接货的方式也有所变化，但是，这些都没有用，烟土再次被劫，对方就好像有一只眼睛在天上盯着一样，自己的一举一动都瞒不过人家。这下，沈杏山不禁起了疑心，难道自己的队伍中有了奸细？沈杏山马上又否定了这个想法，因为那些个弟兄可都是这么些年跟着自己出生入死地闯过来的呀，哪能这么轻易地就被人收买，哪能这么轻易地就背叛自己呢？可是沈杏山又实在想不出别的原因，如果真是自己的队伍中有了内奸，那麻烦可就大了，想到这里，沈杏山不禁打了个寒颤。

"万国禁烟会"与公共租界禁烟

正在沈杏山因为迭遭杜月笙所率领的"小八股党"的沉重打击之时，又发生了一件对他来说非常不利的事情，那就是公共租界宣布禁烟。

其实，上海租界关于禁烟这个话题的议论早已有之，早在1909年，就在上海外滩的汇中饭店召开过"万国禁烟会"。

鸦片战争前夕，中国吸食鸦片烟的人已达到了200万人之多，并且其人数处于急剧增加的状态。深受烟毒之害的中国，自雍正皇帝开始就曾多次下令禁烟，但是效果都不尽理想，直至1839年林则徐所率领的"虎门销烟"才真正地打出了一记重拳。然而，以英国为代表的所谓"文明国家"则看重鸦片的"经济价值"，力图通过鸦片贸易掠夺中国的财富，进而打开中国市场的大门。经过两次鸦片战争，中国被迫接受一系列屈辱条约，放弃禁烟政策，在西方列强的炮舰外交下，鸦片成了"合法化"的"洋烟"。到1906年，中国土烟产量达到创纪录的58万担，价值2.2亿两白银，进口洋烟价值达3000万两白银，中国一年吸食鸦片合计耗费2.5亿两白银。全国吸食鸦片的人数多达2500万，中国成为了世界上最大的鸦片生产国和消费国。

随着两次鸦片战争和中日甲午战争等一系列战争的相继惨败，面对日益严重的烟毒，身受鸦片毒害的中国人知耻奋发，社会各界纷纷发出禁烟的呼声。海外华人也积极创办禁烟团体，募捐禁烟资金，召开禁烟会议，并借助报刊强化舆论氛围，呼吁同胞尽快戒除烟毒。海外的维新派和革命党人更是大力主张和支持禁烟。在朝野舆论的一再呼吁下，清政府于"新政"之时，被迫改弦更张，重新开始禁烟。从1906年9月起，清政府相继颁布了一系列禁烟上谕和法令，开始了中国历史上第二次大规模的禁烟运动。

当时，禁烟已经发展成为一种国际运动，英国虽然凭借鸦片获利甚巨，但是对于国际舆论也不能全然不顾而一意孤行，另外，当时美国在禁烟运动中发挥了比较积极的作用。美国虽然也从事鸦片贸易，也向中国输入鸦片，但是其规模比英国的鸦片生意要小得多。再有，更为重要的是，那时美国的经济实力已经超过了英国，相对英国来讲更需要广大的海外市场来支撑自己强势的经济发展，因此担心烟毒在中国的流行会严重削弱中国人的购买力，所以美国更加赞同中国政府推行禁烟政策。此外，鸦片在当时美国的殖民地菲律宾也成为一大公害，而这严重危害着美国政府的利益，这也促使美国对于禁烟的态度更加积极。

在这样的情况下，应清政府的请求，美国觉得很有必要在远东召开一次国际会议，共同商讨禁烟问题，而这时英国政府也深深为鸦片问题所困扰，在其向海外大量输出鸦片的同时，国内也出现了很多吸食鸦片的人，这使得英国国会内部也出现了强烈的禁烟呼声。因此，由美国总统罗斯福倡议，各国经过进一步的磋商，最后确定于1909年2月1日在中国上海的汇中饭店召开一次国际禁烟会议。

是时，共有来自中、美、英、法、德、俄、日、意、荷、葡、土耳其、暹罗（今泰国）和波斯（今伊朗）等13个国家的41名代表参加了这次会议。因与会国家众多，所以这次会议通常被称作"万国禁烟会"。大会从2月1日到26日，共举行了14次正式会议，最后通过了力行禁烟的9款决议。

就这样，在林则徐领导"虎门销烟"整整70年之后，中国再一次推行了禁烟政策。不过，"万国禁烟会"虽然最终达成了与会各国一致认同的协议，可是会后协议执行的效果却不尽人意，而且各国推行禁烟的力度也参差不齐。因为向中国推行鸦片贸易的最主要国家就是英国，所以清政府认为英国应当在禁烟方面做出表率，为了更好地履行禁烟协议，1911年5月8日，中国与英国又单独签署了一份《禁烟条约》，这一条约规定，此后英国要逐步关闭在中国境内开设的烟馆，并且到1917年的时候，英国向中国出口的鸦片应削减为零。

当黄金荣、杜月笙与沈杏山激烈地争夺上海的烟土生意时，正值英国履行中英《禁烟条约》的最后日期，也就是说，到了那个时候，上海英美公共租界内的烟馆都将关闭，而英国也将停止对中国鸦片的出口。我们知道，上海法租界是黄金荣的势力范围，而沈杏山的势力范围则限于公共租界，公共租界一禁烟，他的生意就肯定会受到严重的影响。尽管实际上公共租界的禁烟政策推行得并不彻底，很多烟馆仅仅是没收了执照而已，但是这依然造成了公共租界境内烟土业的严重萧条。与此形成鲜明对比的是，上海法租界却趁着英美公共租界推行禁烟之际，对法租界内的烟土业有意地推行放任政策，以期将公共租界内的烟土业大规模地转移到法租界境内，这样，法租界当局就可以通过规模增加的烟土业来获取更为丰厚的财源了。显然，这样的情形对于立足于公共租界的沈杏山是相当不利的，而对据点设在法租界的黄金荣、杜月笙一伙却是相当有利的。

趁机摆平沈杏山

公共租界禁烟的举措对于沈杏山一伙的打击相当大，而黄金荣和杜月笙却为此高兴得不得了，他们干脆来了个一不做二不休，趁机将沈杏山扳倒。

为了达到这个目的，黄金荣、杜月笙、金廷荪三人就开始密谋起来。

杜月笙说道："事不宜迟，公共租界虽然这会儿禁烟的风刮得很紧，可那些英国人、美国人从烟土生意中也没少捞油水，难保他们以后不会变卦，到那时恐怕局势就又对沈杏山有利了。我们现在一定要紧紧抓住这个机会，将沈杏山彻底扳倒。"

黄金荣接道："月生说的不错，我今天找你们过来，就是要商议这件事，看来沈杏山的好日子已经到头了。"

金廷荪也应道："师父和月生说得对，我们一定要在公共租界禁烟这个当口把那些烟土商行全都迁到我们法租界来。不然，这阵子一过，谁敢说那些贪财的英国佬不会变卦？"

黄金荣听了一笑，说道："这就叫做英雄所见略同啊，只要我们同心协力，再加上这么好的形势，他沈杏山这回可是想不倒都不行啊。"

这时，杜月笙说道："的确，现在形势对我们非常有利，不过，我们也不能掉以轻心，公共租界的那些大土商跟'大八股党'合作已久，如果沈杏山不肯松手，这个事情办起来就会有些麻烦。"

黄金荣说道："此言不假，那么你们两个说，我们到底该怎么对付沈杏山呢？"

杜月笙略作沉思，接着说道："我们坐在这里干想，恐怕难以想出什么周到的主意来，我看不如先探一探沈杏山的口风，如果他肯让步，那么话都好说；如若不然，那我们就给他来狠的。"

黄金荣低头说道："嗯，我看月生这个办法不错。廷荪，你的意见呢？"

金廷荪应道："月生一向办事稳妥，不妨我们就先把沈杏山请来问一问。"

黄金荣一拍大腿，叫道："好！"

三人议定之后，马上派人给沈杏山送去了请柬。

沈杏山虽然与黄金荣之间多有矛盾，但还是接下了这份请柬，此时黄金荣等人在打他的算盘，同时他也在盘算着黄金荣一伙的心思，也想探一探黄金荣一伙到底是个什么意思。

为了表示诚意，黄金荣将会见的地点选在了公共租界四马路（现在的福州路）的倚虹楼，因为那里是沈杏山的势力范围，可以消除他的顾虑。

第二天晚上，黄金荣带了四个人去赴宴，除了他的心腹杜月笙和金廷荪外，还有专门冲锋陷阵、充当保镖打手的顾掌生和马祥生。

等不多时，沈杏山果然如约而至。尽管"小八股党"的抢土使沈杏山心里很是不快，但是双方到了这会儿还没有撕破脸皮，特别是沈杏山跟黄金荣之间，两人见面依旧像往常一样嘻嘻哈哈地谈笑风生。

这次会面，双方各怀心事，黄金荣是想让沈杏山屈从让步，而沈杏山是怎么想的呢？尽管当前公共租界禁烟的风声很紧，可沈杏山依然以为公共租界当局还是会像往前一样，只不过一时摆个姿态罢了，等这阵儿风一过，一切就又都恢复常态了。明摆着，烟土产业可是一个暴利的行业，英国人、美国人能白白地放着钱不赚，把那大把的票子、大堆的银子都拱手送给法国人吗？谁会干那样的傻事啊？所以，沈杏山心里还是抱有很大希望的，他正等待着东山再起的时机。不过呢，话又说回来，毕竟当前的形势对他很不利，公共租界这边儿嚷着禁烟，法租界那边儿却又对烟土商们大招大揽，分明是想借此机会垄断上海的烟土业。这样一来，以法租界当局为靠山的黄金荣势必乘风而起，而他沈杏山则必将失势，即使说公共租界的禁烟持续一段时间之后就会松口儿，可就是这么一阵子的时间，也足够让黄金荣他们翻身，让他沈杏山倒台。为此，沈杏山想借这个会面的机会，跟黄金荣通融一下，让他的大队人马到法租界避避风头，甚至从此就在法租界扎根。当然，他需要给黄金荣一定的好处，不过他知道，只要自己的烟土生意还在，给黄金荣填补一点儿是完全不必在意的。但是他也想到，黄金荣并不是那么容易通融的，况且，即使黄金荣这一关过得了，杜月笙那一关也未必过得了，因为跟黄金荣比起来，杜月笙更不是什么善类。因此，前来赴会的时候沈杏山的心中也是非常忐忑的。相比之下，黄金荣、杜月笙等人却镇静得多，因为主动权掌握在他们手里。

双方照面之后，并没有一开口就入正题，酒过三巡之后，金廷荪这才说道："沈老板，听说公共租界现在禁烟禁得很严厉，所以公共租界的那些烟土商们全都准备搬家，要搬到法租界来，而且英国政府答应了中国，从此以后再也不往中国出口鸦片了。这样一来，沈老板的日子是不是就不大好过了呢？"

金廷荪的话语中分明充满着挑衅的意味，若是在平时，沈杏山早就翻脸了，可是现在毕竟形势对自己不利，是自己有求于人的时候，把事情办砸了对自己是没有好处的，因此他强压怒火，故作笑脸地对金廷荪说道："金先生这么说可就不对了，大家都知道，这上海禁烟，那也不是禁了一回两回了，可是禁了几十年，一直禁到现在，又怎么着了呢？现在公共租界禁烟，那还不是一阵风的事啊，等这阵风过去了，还是一切都跟往前一样，这是谁都明白的事情，所以那些烟土商搬家之类的事情，都是谣传，你们万万不可相信。"

这时，杜月笙笑着说道："据我所知，事情恐怕未必真的就像沈老板说的那样，我们已经掌握了切实的材料，现在公共租界的烟土业已经萧条到了极点。虽说这禁烟不是一次两次了，但是沈老板也要知道一句话，叫做今非昔比，以前是做样子看的，未必就说明这一次也是做样子，我看哪，这一会英国可是要来真格的了。"

沈杏山尴尬地笑了一笑，说道："人家都说杜先生是一个有见识的人，这会儿怎么也跟那些小家子一样，听风就是雨呢？你出世才几年，论起经历来，你可还得跟着我多学一学的。"

杜月笙斜眼看着沈杏山，带着冷笑问道："沈老板可不要欺负我杜某人年轻啊，这常言道，后生可畏，沈老板的大名，月生早就知道，可如今看来，却是有些名不副实啊。"

杜月笙这样一说，当时就把沈杏山给激怒了，他用力一拍桌子，叫道："你是说我沈杏山徒有虚名？"

杜月笙赶忙笑着答道："哪里，哪里，沈老板且莫恼怒，我杜某人怎敢说您的不是？只不过，这当下的形势，还请沈老板看清楚，否则走错了路，后悔可就来不及了。"

沈杏山听了杜月笙的话哈哈大笑，说道："要说走错路，应该是我教训教训你才对，用不着你这个乳臭未干的毛小子来训导我。"

杜月笙接道："这不是训导，我只是想请沈老板尊重这样的事实，当下公共租界禁烟的事情，社会上无人不知。即使别人不了解内情，鱼在水中，可是冷暖自知，沈老板和你的手下人现在是一种什么处境，你不用揣着明白装糊涂。大家都是门内人，你的情况我们不是不知道，所以沈老板没有必要藏着掖着，我们今天请沈老板来赴宴，并没有别的意思，只是想听一听沈老板到底是什么想法。"

杜月笙的这一席话，说得沈杏山哑口无言，过了好一会儿，黄金荣才开口打圆场道："月生不要这样急躁，有什么话大家慢慢谈。"然后，黄金荣又冲着沈杏山说道："沈老板，后生们性子急了些，还请沈老板多担待。"

这会儿，沈杏山根本没有心思跟黄金荣客套，他深切地感受到今晚的局面对自己相当不利，看来不拿出点儿厉害给杜月笙看看是不行的。想到这里，沈杏山反问道："既然话已经说到这儿了，我也就不再拐弯抹角的了，沈某人当下的日子的确吃紧，因此还望黄老板能够雪中送炭，多加关照。现在，我也想听一听诸位是个什么态度。"

黄金荣问道："喔，那沈老板说一说，你想让我们怎么个照顾法呢？"

沈杏山说道："这个黄老板应该是很明白的，那就是借地一用。"

金廷荪插话道："按沈老板的意思，是想把你的队伍转移到我们法租界来喽？"

　　沈杏山答："没错，正是此意。当然了，我不会白用黄老板的地方的。"

　　这时，杜月笙又开口了，对沈杏山说道："哎呀，沈老板毕竟是沈老板，大难临头，却还不肯断了美梦。自古以来，谁的地界就是谁的地界，哪有借用这种说法？我想问一问沈老板，在前些时候，我们想借沈老板的地界用一用，你会是什么反应呢？"

　　沈杏山抬眼瞪着杜月笙，心想：这着实是个难缠的家伙，黄金荣手下有了这么一个人，看来自己应付起来可得多加小心了。

　　杜月笙见沈杏山没有回答，接着软中带硬地问道："沈老板的意思，不会是跟着那些烟土商到法租界，继续吃保护费吧？"

　　沈杏山的心思被杜月笙看得很准，他今天前来赴宴就是想跟黄金荣商量这件事情的，可是现在被杜月笙这一反问，却又觉着这话着实有些说不出口了。

　　杜月笙接着说："沈老板也是个老江湖了，怎么盘算起事情来一点儿也不周全，你们公共租界的弟兄杀到了我们法租界这边来，那以后还让我们怎么抬头做人呢？这面子上的问题，沈老板可不要光考虑自己啊，你说是不是这个道理呢？"

　　沈杏山觉得自己不能再沉默了，于是一下子站起身来厉声问道："那你的意思是……"

　　杜月笙正色答道："我们要接管那些烟土商。"

　　沈杏山听了，仰天大笑，说道："接管？好大的口气！大家都知道黄金荣门下有个能干的徒弟叫做杜月生，今日一会，果然名不虚传。不过，你打别人的主意可以，想打我沈杏山的主意，那我可以明确地告诉你，你姓杜的看错人了。"

　　杜月笙冷笑道："看没看错人，很快就会让事实来证明。俗话说，识时务者为俊杰。沈大老板既然号称一世英杰，也应该识点儿时务才对，如果不知好歹的话，撕破了面子，大家都不好看，对不对？"

　　霎时间，宴会上的火药味变得极浓。黄金荣并不想这会儿就跟沈杏山大动干戈，于是赶忙说道："沈老板，快坐下。月生，你也不要这么急。大家都先冷静冷静，先听我说两句可好？"

　　听黄金荣发话，沈杏山才避开杜月笙那副咄咄逼人的架势，扫视了一下在场的诸人，然后缓缓地坐了下来。

　　黄金荣清了清嗓子，对沈杏山说道："事情既然已经到了这个地步，沈老板还是应当多考虑考虑接下来的办法。这并不能怪我们，我们并不是逼迫沈老板，只是想跟沈杏山联手，共同揽下上海滩的烟土生意，请沈老板不要多想。"

　　沈杏山答道："到底是黄老板，说话就是大方，我沈某人也正是这个意思。只是不知按黄老板的意思，我们是怎么个联手法？"

　　这时，杜月笙又开口说道："沈老板今天怎么这么糊涂，话都已经说到了这里，却还是不明白，难道沈老板是在装糊涂不成？"

　　沈杏山瞪了杜月笙一眼，随即又用目光去询问黄金荣。

　　黄金荣会意，开口说道："只要沈老板一句话，我们就两下全都相安无事，公共租界迁到法租界来的烟土商，请沈老板就此跟他们解除合作关系，否则到时候大家兵戎相见，于双方的脸面都不好看，至于沈老板的损失嘛，我们会做一些补偿的。沈老板意下如何呢？"

　　原来，黄金荣虽然说得客气，可实际意思却跟杜月笙完全一样。这下，沈杏山明白了，他们是早已串通好了，今天请自己前来，就是要自己点这个头儿，可是，这个头儿他能点吗？

　　沈杏山冷笑道："既然黄老板的意思也是这样，那我沈某人就明说了吧。这天下是哪个打下来的，他们自会跟牢哪个，旁人休想插手！"这话的言外之意太明白了，那就是烟土商走到哪里，他沈杏山就会保护到哪里！这也是他此番赴会的目的。

　　听了这话，杜月笙应道："此言恐怕未必，正所谓：'天下熙熙，皆为利来；天下攘攘，皆为利往。'那些烟土商们到底跟着谁，这可不是铁板钉钉的事儿，他们是哪儿对他们有好处，就会奔哪儿去的，莫不是你沈老板要强行绑定人家不成？"

沈杏山咬着牙说道："杜月生，你不要欺人太甚，我沈杏山这么多年，在江湖上可不是白混的！"

杜月笙听了一笑，心想：这话你跟别人说去，或许还能吓唬住几个，可今天你对我们说这话，那才真是找错了人呢。

这时，金廷荪问道："那么，沈老板是想敬酒不吃吃罚酒喽？"

一个杜月笙就已经够沈杏山对付的了，这会儿又冒出个金廷荪来，他后悔自己今天怎么没多带几个帮手。

但是，沈杏山在江湖上也是响当当的一号，他不能因为人家这么几句话就给震慑住，于是大叫道："天塌大家死，看我沈杏山的日子不好过，你们就想趁火打劫，没那么容易。"

杜月笙应道："天塌大家死，这话又说错了，依我看哪，这塌下来的只是公共租界的天，砸的也只能是你沈杏山。再说，这怎么能叫趁火打劫呢？是公共租界禁烟，禁了沈老板的生意，我们只是顺势而为罢了，难道这有什么过分的吗？"

沈杏山答道："难道这还不算过分吗？局面是我姓沈的打下来的，财路是我姓沈的开通的，这个财香，别人接不过去！"

杜月笙冷冷地说道："那要看在谁的地盘上！"

杜月笙的这句话相当简洁，可是却说到关键点上。的确，要是在公共租界，那黄金荣、杜月笙想跟他沈杏山抢生意，还真就做不来。但是到了法租界，情形就完全颠倒了过来，现在烟土商纷纷迁到了黄金荣的地界，他沈杏山想过来硬拼，岂不是太不明事理了吗？

就在沈杏山与杜月笙二人唇枪舌剑之时，候在一旁的顾掌生和马祥生这两位职业打手也早已虎视眈眈地盯着沈杏山。而这时，黄金荣却像老僧入定一般，半睁着眼睛，一言不发，静静地看着杜月笙的精彩表演。

沈杏山也明显地感受到，对方火药桶都已经准备好了，只等着黄金荣一声令下，马上就会引爆。到了这会儿，沈杏山真是一点儿办法都没有了。他知道，在席上黄金荣他们是不能把自己怎么样的，可问题是今天他必须得表个态，而且躲得了初一，躲不了十五，如果自己今天不把话说明白，日后事情就会更加麻烦。

想到这些，沈杏山镇静了一下，向黄金荣问道："黄老板，咱们打开天窗说亮话，这个保护权我还真就没有打算放，因为这笔保护费对于我的重要性，黄老板想必也清楚。依我看，咱们能不能商量一个更好的办法呢？"

黄金荣这才睁开眼睛，平声静气地说道："喔，如果有更好的办法，那当然好，沈老板不妨说说看。"

沈杏山，想了一会儿，说道："这样如何，收来的保护费，我分你们一半可好？"

这在沈杏山来说，可以说是一种相当了不起的让步了，但是黄金荣他们哪里会答应，此前几人已经商议得十分确定了，这一次就是要把沈杏山彻底扳倒。

听了沈杏山的这个主意，杜月笙开口说道："沈老板就别痴心妄想了，这本来就全是我们的生意，要分的话，也是我们分给你，怎么反成了你分给我们呢？"

一听杜月笙开口，沈杏山的心中变得更加不安了。

杜月笙接着说道："这不涉及什么分成的问题，现在公共租界的几家最大的烟土商都准备迁到法租界来，你想必不会不知道这些事情的。我劝你还是早点儿把保护权放手，我们也好给他们安排场子。你跟我们黄老板都是老朋友了，不要因为这件事而闹得大家不愉快。"

沈杏山这时总算明白，黄金荣今晚设的就是鸿门宴，他是带着几个帮腔和打手来向自己讨要烟土商的保护权的！这如意算盘也打得太精明了！

然而，沈杏山虽然对黄金荣等人的做法十分恼恨，可这个道理他不是不明白，眼下公共租界禁烟，烟土商的生意大受影响，他们要走，自己是不可以强拦的，而他们转移到了法租界，没有黄金荣的允准，自己是不可能顺顺当当地接着收取保护费。如果自己一意孤行，那么势必会跟黄金荣一伙发生严重的打斗，而论起实力来，他还真就未必胜得过黄金荣，特别是黄金荣最近在杜月笙的帮助之下，声势发展得特别快。况且，退一步说，即使自己最后胜了，那也肯定是元气大伤，而鹬蚌相争，渔翁得利，打倒了一个黄金荣，其他的匪帮就会乘虚而入，到那时，自己岂不是更吃亏？

看今天的架势，黄金荣、杜月笙他们是不达目的誓不罢休了。沈杏山又想，自己已经年过五旬，论起家业，也足够后半生享受的了，又何必再大动干戈，拼死拼活地去抢夺呢？因此，沈杏山最后只得点头同意，将那些由公共租界转到法租界的烟土商的保护权转交给黄金荣。

其实，就算沈杏山不肯让步，"大八股党"中的另外几人也未必愿意继续为他卖命。一方面"大八股党"已经发足土财，那种打拼的劲头早已迥异当年；另一方面，这八人之间也存有很多的矛盾，远非铁板一块了，谢葆生被杜月笙收买就是这种情况的鲜明反映。因此，在这种各有各的小算盘的情况下，若经历一场变故，他们很难再拧在一起了。而"小八股党"则大不相同，他们个个年轻气盛，充满锐气，势头正强，而且在杜月笙的领导下，人心归一，又有黄金荣做靠山，绝非"大八股党"可比。所以，无论从哪方面来讲，沈杏山的烟土生意这时都已经是做到了头。后来黄金荣、杜月笙虽然吸纳沈杏山加入了三鑫公司，但沈杏山在三鑫公司中仅仅是一个不甚重要的下手而已，而公司的大权则牢牢地掌控在黄金荣、杜月笙等人的手中。

由此，黄金荣、杜月笙一伙就彻底扳倒了沈杏山，从此开始独霸上海滩的烟土生意。

成立三鑫公司

这时候杜月笙抢土的大手笔，已不同于黄公馆早前的零星抢土，因此，黄公馆中已经没有足够的地方来储存这些烟土了，这时，杜月笙物色到了一个囤积烟土的好地方，那就是潮州会馆。

潮州会馆位于三马路（今汉口路），地处偏僻，房屋幽深，人迹罕至。会馆后面是一排排阴风凄凄的"殡房"。殡房里的棺材排列成行，有的装进了客死异乡的尸体，有的还是空棺，是一些做善事的潮州人买来存放在那里，以备同乡救急用的。

杜月笙买通了会馆的管事人，此后就将抢来的烟土存放在殡房里的空棺材中，可是，会馆里的空棺材很有限，随着杜月笙抢土规模的越来越大，烟土很快就又没有地方存放了。而在这时，一些土行因为不满"大八股党"保护下的土商任意抬高鸦片的价格，纷纷前来与杜月笙进行交涉，表示希望杜月笙能够给他们提供更为廉价的货源。

在这种情况下，杜月笙的野心就被刺激得更加膨胀起来，他有了一个新的想法，那就是创办自己的烟土公司。

杜月笙知道，黄金荣碍于身份，不会答应公开贩卖烟土，于是他避开了黄金荣，先去找林桂生商量。

林桂生向来非常看重杜月笙，杜月笙每有什么提议，她都会认真倾听，这次听完杜月笙的想法，林桂生马上点头赞同。

林桂生同样担心黄金荣会持反对意见，因此吩咐杜月笙暂且不要让黄金荣知道。

既然要开办公司，首先就涉及投资的问题。对于这一点，林桂生也很清楚，因此别的事还都没说，她就先问杜月笙："开这个公司需投资多少？"

杜月笙答道："要买幢房子，装修装修，再预备些办货的本钱，加上手里的货，我估算两三万银圆就可以吧。"

林桂生听了，说道："好。那么，哪些人入伙，各人又负担多少的股份，这些你都考虑过吗？"

杜月笙回答："首先，不管老板知不知道，都要算一股。另外呢，师母你也算一股，我一股，金三哥一股。每股五千，这样，也就有了两万的股本。"

杜月笙这里所说的"金三哥"就是金廷荪。金廷荪是浙江宁波人，先前是素有"长江一只虎"之称的青帮"大"字辈头领王德霖的关门弟子，后来才转投到黄金荣门下。他因为有个小名叫做"金阿三"，所以杜月笙对他素以"金三哥"相称。在黄公馆，杜月笙和金廷荪是走得最近的弟兄，而且同是黄金荣和林桂生的心腹大员，两人一文一武，在黄公馆的各项事务中发挥着举足轻重的作用。金廷荪心思缜密，善摸行情，又精于盘算，堪称黄公馆唯一的"理财家"。因此，一说到合伙开公司，杜月笙不能不想到金廷荪，而林桂生对于杜月笙的推荐当然也是完全同意。

听了杜月笙的意见，林桂生给出了自己的看法，她说道："我看不如这样，我跟老板只算一股。你一股，金廷荪一股。每股出一万，一共3万块钱。3万块钱运作起来肯定比两万块钱要宽裕。你说呢，月生？"

杜月笙听林桂生这么一说，却皱起了眉头。林桂生跟杜月笙相处得久了，对杜月笙的脾气秉性也了解得很深入，她一见杜月笙皱眉，就知道是怎么回事了，于是问道："月生，有什么难处吗？是不是手头的钱不够？"

杜月笙点了点头，说道："确实，我手头现在没有那么多的钱，都怪我平时太不知俭省，所以一到有事的时候就要难堪了。"

林桂生微微一笑，说道："这有什么关系，我可以给你垫上。这样吧，你还是拿五千，另外的五千我给你出，等赢利之后，你再还我。"

杜月笙听了，对林桂生万分感激，他觉得林桂生这么好的一个女人跟了黄金荣真是有些可惜了，黄金荣那一脸的浅麻子，五短的身材，哪里有一点儿配得上林桂生呢。由此，杜月笙在心中对林桂生就更为亲近了。

杜月笙在林桂生这里通了声口之后，就马上来找金廷荪。

这会儿金廷荪正在混堂里"水包皮"。杜月笙找到金廷荪，如此这般一说，金廷荪一听，也是立即拍板赞同。于是，两人随即就商议起有关公司章程等诸项事宜。

商议了半天，金廷荪忽然说道："嗨，你看，咱们说了这么多，却把一件大事给落下了。"

杜月笙忙问："是哪件大事呢？"

金廷荪说道："我们还没有给公司起个名字呢？"

杜月笙接道："喔，这还真是，我们一定得给公司起一个好名字。"

金廷荪问道："月生，你可有什么好名字，说出来听听？"

杜月笙想了一会儿说道："叫'三鑫'如何？"

金廷荪忙问："'三鑫'？"

杜月笙肯定道："对，'三鑫'，就是一二三的'三'，三个金字的'鑫'。"

金廷荪问："可有什么来头？"

杜月笙说："我是从你的名字那儿想到的，你姓金，既然你是公司的创办者，在公司的名字上当然应该有所体现，而且咱们老板的名字当中也有一个'金'字，这样我就想到，只有一个'金'字还是不够的，那么不妨就凑成三个'金'，成一个'鑫'字，这样，不仅跟老板和你的名字相符，而且字面也非常吉利。"

金廷荪听了，连连叫好。于是，他们就将这个烟土公司的名字定为"三鑫公司"。

在杜月笙和金廷荪二人的热烈张罗之下，三鑫公司就要准备开张了，但是在开张之前却突然发生了一件不利的事情，那就是北洋政府又下达了禁烟令，并且还派遣了禁烟专员张一鹏亲自到上海来督查。他们的三鑫公司虽然设在法租界里，可是如果没有中国政府的配合，那生意也是不大好做的，为此，他们感到非常有必要对张一鹏逢迎一下。

依照金廷荪的打算，对张一鹏一定要狠狠地孝敬上一笔，可是杜月笙认为，当前北洋政府在社会舆论的强烈影响之下，所派出的专员恐怕未必一点儿钱财就可以打发得了。金廷荪听杜月笙这么说就犯难了，问道："那难道我们就等着让他开刀吗？"

杜月笙答道："当然不是，我们不仅要送他一笔大洋，还要送张大专员一个好名声。"

金廷荪听了有些不明白，忙问："这好名声，怎么个送法？"

杜月笙一笑，说道："这个嘛，我自有办法，咱们且先看一看动静，来日好好地宴请一下张专员。"

张一鹏一到上海，立即受到了上海烟土业人士的热烈欢迎，不仅顿顿大排筵宴，而且到手的大洋也足够据实。可尽管如此，张一鹏却并不十分开心，因为他这一次来上海督查禁烟，可是有徐世昌大总统的钦令的，他如果一点儿事都不办，怎么回去向总统交差呢？但是，一见到那些大洋，他的心就立即软了下来。不过，张一鹏也知道，他是不能一直这样下去的，因此，几日过后马上来了个大变脸，不再收受那些烟土商的贿赂，而是要严格执行中央政府下达的禁烟命令，而且是下了决心一定要有所收获，这样才好回去交差。然而，当张一鹏真的用起心来做事的时候却发现并不像此前他所想象的那样如意，几天下来，他找了一些人盘问情况，可都一无所获，这不禁让张一鹏感到烦恼起来。

就在这时，张一鹏突然接到了一张印制精美的请柬，邀请他的人正是当前上海烟土业最为重要的人物杜月笙。

跟其他讨好张一鹏的人做法不同，杜月笙宴请张一鹏，选在了一品香旅社的一个高级套房里。一品香旅馆是建于清朝道光年间的一家老式旅馆，旅馆的服务人员都是秀丽婀娜的江南美女，这使得一品香旅馆在上海颇有声誉。其实，杜月笙之所以选择在这里宴请张一鹏，是因为他早已经打听好了，这个张一鹏不好烟，不好赌，却唯独喜欢美女，而一品香应该正合张大专员的胃口。

果然，张一鹏来到一品香旅馆，当即心情大悦，觉得杜月笙的确是一个办事周到的人。

由一个江南美女带领，张一鹏来到了一间高级套房，他见到偌大的厅堂里只有一个人，不觉略略一惊。他上下打量着，这人长得瘦瘦高高的，最为突出的特点就是一双大耳朵非常惹人注目，而这人的年纪嘛，约摸也就三十岁。

此人正是杜月笙。

见张一鹏进来，杜月笙赶忙起身迎上去，一脸赔笑地说道："杜某在此略备薄酒，不成敬意，望张专员海涵。"

张一鹏也客气道："敝人久仰杜先生大名，理应登门拜访，却让杜先生破费，实在不敢当。"

杜月笙连忙回道："张专员是徐大总统的钦差，公务繁忙，哪里有得清闲呢？杜某早想请张专员过来赏光，也正是虑及这一点，所以迟至今日方才要张专员前来一聚的。"

顿了一下，杜月笙又说道："杜某冒昧地问一下，张专员这次来沪，恐怕也会遇到一些困难的吧？"

张一鹏看着杜月笙，微微笑了笑，说道："实不相瞒，不怕杜先生笑话，敝人到沪数日，还不曾见到一丁点儿鸦片烟的影子。请问杜先生有何见教？"

杜月笙随即说道："张专员可能有所不知，现如今在上海做烟土生意的，但凡没点儿实力，没个靠山，怕是一天都混不下去。张专员找来了解情况的那些人，恐怕对烟土业多少都有染指，所以嘛，他们当然是不会将事情告知张专员的了。"

张一鹏应道："喔，原来如此，那么依杜先生之见，我应当如何打开这个切口呢？"

杜月笙笑了笑，说道："实话跟您讲，我看您这个事情是不好做的，上海的这些烟土商们，那一个个都是大有来历的，绝不是一纸禁令就可以解决问题的。"

张一鹏说道："话虽如此，但是我既然奉徐大总统之命亲赴上海，总也不能空着手回去啊。"

杜月笙忙答道："张专员的难处，杜某早就知道，因此我们早就有所准备。对明人不讲暗话，想必张专员也有所耳闻，我杜某人也是发过烟土之财的，张专员此次执行公务，定然不愿空手而归，所以我已经准备好了100箱烟土送给张专员处置。这样，张专员回京也好跟徐大总统回话了。不知您意下如何呢？"

杜月笙如此直截了当，让张一鹏又一次深感意外。在张一鹏看来，杜月笙的办法不失为一个周全之计，只是嘛，他回去交差，也并不仅仅是这100箱烟土就完全可以解决问题的，还得有实际的案宗才行。而这一点，杜月笙也已经料到了，就在张一鹏迟疑之际，杜月笙又奉上了一份上海烟土商家的名单。杜月笙这个名单并列得非常巧妙，挑出来的那些烟土商，都是实力较软的，都是他这个小专员能管得了的，而对于那些势力通天的大土行，那些碰一下便会惹一身麻烦的，杜月笙都给有意地略掉了。当然，那些与三鑫公司有关系的烟土商，杜月笙也是一个都没有列在单子上。

到了这里，张一鹏就一切都明白了，他正要答话，杜月笙就又递给了他一张庄票，价值5000大洋。看了这些，张一鹏还哪有一丁点儿的理由不满口答应呢？

当一切准备就绪之后，就差这最后一步了，那就是通知黄金荣。黄金荣见杜月笙和金廷荪竟然背着他，没用他的任何支持就办起了这么大的事情，真是满心佩服，慨叹这两个徒弟真是没有白收。其实，他早就想着把自己手中的烟土生意做强做大了，只是一则限于公职，二则苦于缺乏人手，才迟迟没有出手，现在有杜月笙和金廷荪出面来做这件事，正合他意。当然，三鑫公司的各项具体工作全是由杜月笙和金廷荪来主持的，而黄金荣只是做幕后的老板，一般只参与公司重大的决定。

这时，杜月笙忽地又发现，还有一个关口需要打通。当时运送烟土进入法租界，必须得走自吴淞口到龙华这条路，而沿途都是淞沪护军使衙门的天下，水警营、缉私营、警察厅全都虎视眈眈，哪一炷香烧不到，或者烧得不好，都会受到钳制。这个关节打不通，运输方面说不定还要走"水里抛、顺江流"的老路。那样的话，抢土事件会卷土重来，不但对土商不好交代，更会使到手的财香大打折扣。唯有打通关节，攀上淞沪护军使，方可以财运亨通，利市三倍。

那么，怎样才能打通淞沪护军使这个衙门呢？杜月笙想到了一个人，那就是张啸林。张啸林跟浙江督军卢永祥和淞沪护军使何丰林的关系非同一般，张啸林打点起这方面的事情，那还不是小菜一碟吗？因此，黄金荣、杜月笙马上出面拉张啸林加盟三鑫公司。不久之后，正式以三鑫公司为阵地，上海滩帮会界形成了实力最为强大的"三大亨"集团。

三鑫公司的运作

三鑫公司最初是在杜月笙和金廷荪的主持之下成立的，所以公司的主要负责人就是杜月笙和金廷荪。杜月笙担任三鑫公司的经理，而金廷荪则掌管三鑫公司的财务，至于黄金荣，实际上充当的是幕后老板的角色，一般并不参与三鑫公司的具体工作，但是却暗中统揽全局，并负责出面与法租界当局进行联络，最突出的贡献便是赢得了法租界巡捕房总巡费沃利等人的大力支持，否则，三鑫公司是万万办不成的。另外，三鑫公司还有两个副经理，分别是张啸林和范回春，范回春协助杜月笙和金廷荪的工作，而张啸林在三鑫公司中的作用主要是联络浙江军阀和上海军警势力，专事与淞沪护军使何丰林、淞沪警察厅主任秘书刘春圃、镇守使署秘书长江干廷、缉私营统领俞叶封等人进行沟通，从而确保其烟土运输能够一路平安。再有，顾嘉棠等"小八股党"的成员，还包括最终被黄金荣、杜月笙采用"怀柔"之术纳入组织的沈杏山等部分"大八股党"的成员也都是三鑫公司的骨干力量。

三鑫公司的总部设在法租界惟祥里，正门位于法大马路上，也就是现在的金陵东路196弄。这个地理位置的不远处就是黄金荣办公的法租界大自鸣钟巡捕房。公司在正门口设有铁栅栏，里外共有三道，有岗哨和安南巡捕昼夜值勤，内共有5幢房子，除一幢用作办公室，其余皆为仓库。公司后门在火轮磨坊街（今盛泽路53弄）。此外，公司还有多处办事处。公司还在法租界的腹地杜美路（今东湖路）建立了大型的鸦片仓库。另外，三鑫公司的分支机构实际上还应包括法租界内外的相关烟土行和烟馆。

最初的三鑫公司吸收潮帮土商八大家和本帮两大家加入，包括郑洽记、郭源（元）茂、郭煌盛、老裕昌、郑协记、郭晋徐、老大云、老洽记（兴）、同昌、洪昌（后两家是本帮），到1925年的时候则发展为21家。三鑫公司所承保的鸦片主要是波斯土、川土、云土和北口土。波斯土在高桥的东海滩提货；云土先运至四川，再和川土一道运抵宜昌，最后沿着长江来到上海隆茂码头；北口土则在怡和与金利源码头上岸。提取法租界洋商和法国军队的鸦片，保护的重责自然落在法租界当局的治安武装力量身上。这时的黄金荣会派出巡捕房几百名安南巡捕押运鸦片，还会出动警车到处巡逻，总是弄得声势浩大。总之，鸦片从起运到进入库房，沿途都有严密的保护，从而确保万无一失。如果是潮帮、本帮商人的烟土到达，船只会在何丰林的荫庇下把鸦片从吴淞口运到十六铺或在淞沪护军使署附近开驳上站，不受任何人检查，再由杜月笙派"小八股党"包运到法租界。当时他们为了避免路人的眼目，每到鸦片烟车辆经过街道的时候，所控制的电灯会突然熄灭，直到那些车辆顺利通过。由此可见，何丰林对于三鑫公司的烟土运输是多么的配合，在他的这种公开掩护之下，三鑫公司的胆大妄为已经达到了一种惊人的地步。当然，能做到这一点，其中张啸林是有着很大功劳的。

而当车辆进入法租界后，就更不用说，自然又会有黄金荣派遣的巡捕进行护送。这些巡捕的费用，是黄金荣从保险费中支付的。名义上有500人，费用数万元。实际上并不足500人，空额全由法租界巡捕房的领导给吃了。随着鸦片运量的增加，名义上的人数甚至达到过1000至2000人，费用也达到10~20万元。这笔费用自然不可能由三鑫公司掏腰包，而只能算入鸦片保险费，让"郑洽记"、"郭源（元）茂"、"同昌"等鸦片贩卖商人来出。而商人们则会因此提高出售烟土的价格，往往每多付出一成保险费，鸦片的售价就能上涨15%。鸦片入库后，由公司盖上条戳，还有法租界巡捕房开出的盖有戳记的收条，而烟土商则付给三鑫公司占鸦片总值10%的保险费。烟土商交纳保险费后，无论在押运还是库存期间发生的一切被劫被盗等损失，都由三鑫公司来承担并照价赔偿。

三鑫公司的另一项业务是垄断法租界的鸦片贸易，这是鸦片买卖从地下探头的重要表现。公司与法租界当局协商规定，凡法租界内销售的烟土，都必须贴上三鑫公司的"三星"印花，否则不得出售。这种收取鸦片印花税的行为就是一种变相的鸦片公卖。只要让出一部分利润，就可以得到法租界当局和帮会势力的双重保护，烟土商对此当然是欣然接受，况且，事实上这部分损失也可以通过提高鸦片售价的办法弥补回来。因此，烟土商们被纷纷吸引到这样的依附关系中，这就进一步助长了三鑫公司的势力。

直接参与鸦片的贩卖也是三鑫公司敛财的一个重要手段。三鑫公司实际上是一个集几十家烟土商行、上万家烟馆和零售土行为一体的庞大集团，其中也包括直属的鸦片买卖机构，如中华烟馆、宝裕里烟馆等。三鑫公司将中外烟土商的鸦片批发给法租界里的一些烟土行，特别是那些大烟土行，以获得更多的利润。正是因为有着得天独厚的官方背景和经济实力，所以三鑫公司既能保运，又能包销。除了借助军阀的保护向各地贩卖鸦片，三鑫公司也同时包销来自各方军阀的鸦片，所获利润有的是三七分成，有的是四六分成。

再有，收取"烟枪捐"，即对烟馆所征收的一种特别营业税，也是三鑫公司获取金钱的一个重要项目。1927年，仅法租界的烟馆至少就有六千多家。1928年，根据中华国民拒毒会《拒毒月刊》的记载，上海法租界的烟馆数量更是增加到了八千多家。如此庞大的烟馆数量不正是一个敛财的好机会？于是，法租界内的大小烟馆，纷纷都要向三鑫公司缴纳"烟枪捐"，因为只要缴纳了"烟枪捐"，在遇到流氓骚扰或巡捕冲击等事件的时候就会得到三鑫公司的保护，如果有所损失，三鑫公司会全额赔偿。此外，三鑫公司旗下的百余名检查员，对各烟馆的烟枪实行严格的管理清点，代巡捕房收取烟枪执照费。如发现有隐瞒少报数量的，轻则罚款，重则撤照禁营。

总之，三鑫公司利用自身的多方优势，不仅将自身的毒品网络覆盖了整个上海法租界，而且也延伸到了公共租界和华界，甚至其影响已经远远超出了上海地区。

鉴于三鑫公司的钱财来源和利益分配的复杂情况，要想准确地计算出三鑫公司的收入是一件困难的事，况且三鑫公司的经营性质也使得相关的记载公开度较差。不过，我们仍然能够通过一些零星的资料来了解一个大概。亲历者郁咏馥在《我所知道的杜月笙》一文中讲道："总的说来，三鑫公司每年的收入，总有几千万元。"再有，根据《字林西报》1923年8月10日的报道透露："目下私运之风益盛，仅吴淞一埠，每月上岸者常在一千箱以外，每箱平均藏土二千八百盎斯，以每盎斯取费一元计，则该团收入每箱有二千八百元，每月至少得二百二十五万元，而每年约有三千万元。"另外，根据程锡文《我当黄金荣管家的见闻》一文记载："三鑫公司代捕房收取烟枪执照费，每支烟枪收执照费每月几角钱，后来涨至几块钱。那时一个烟馆至少有十几支烟枪，大的烟馆有几十支，仅法租界内就有烟馆一二万家，每月收入就有几十万元。"由此可知，三鑫公司每年收取烟枪执照费这一项的收入就有数百万元。此外更有比烟枪执照费的收入要高得多的保运费的收入，当时三鑫公司监运鸦片的收费为鸦片总值的10%，这样，每年所得的保护费就有百万到千万不等，如果再加上印花税收入和自设烟馆的盈利，三鑫公司的年收入肯定是有几千万元的。

有关三鑫公司的收入状况，澳大利亚学者布莱恩·马丁博士也做出了自己的推算，我们可以进行参考。马丁博士在《1926年前上海鸦片交易和三鑫公司的设立》中介绍，1925至1926年间三鑫公司的收入情况："据说这家'大公司'年盈利5600万元，日进斗金的状况是不言而喻的。"而后，他又进行了具体的计算，根据当时不确切的统计，上海的21家潮帮烟土商为了使自己在上海和江苏的生意不受当地帮会流氓势力的抢劫，每家每月都会付给三鑫公司5万元的保护费，这一项的年收入就是1200多万；三鑫公司向上海60家鸦片批发商收取月费，根据生意大小分成10组，费用从每月300元至7000元不等；三鑫公司的收费中还包括通过公共租界和华界的运输费：从太古和招商局码头运往法租界每盎司0.13元，从浦东、吴淞、杨树浦和虹口码头运往法租界每盎司0.26元。另外，还有数额不小的烟枪捐，但是烟枪捐这项收入因为过于琐碎和不确定而无法进行统计，而不包括烟枪捐，以上三项的年总收入约为19173586元。当然，这只是三鑫公司年收入中的一小部分。据估计，三鑫公司自己直接从事烟土生意每年的所得可以达到4000万元，这样一来，其年收入的总数就会达到大约6000万元，与传闻的5600万元较为接近。当然，因为货币制度和货币价值的变化，仅仅给出了五六千万元这样一个孤立的数字，我们也许还是难以明白三鑫公司当年的收入到底价值几何，不过，通过比较的方法来进行观照，我们就会认识得很清楚了。

那么，三鑫公司到底有多富裕呢？根据档案记载，1916年，中国的国家财政总收入为2.95亿元，直到1925年也仅仅增加到3.45亿元，而三鑫公司当时一年的收入就相当于中国政府全年财政总收入的14%~20%。由此观之，三鑫公司真的就是"富可敌国"。

然而，在这样惊人的收入背后，其利益分配的"网络"也是惊人的。三鑫公司名义上的职员约有150人，在公司内部按照"大三股、中六股、小八股"的原则分红。所谓"大三股"就是黄金荣、杜月笙、张啸林这"三大亨"，他们每年所得都要在上百万元左右，其中又以黄金荣的实际所得最多。所谓"中六股"是"三大亨"最亲信的心腹或是三鑫公司各项业务的骨干，包括金廷荪、范回春、徐采垂（杜月笙的机要秘书）、沈杏山、顾嘉棠、叶焯山等六人。而所谓的"小八股"就是"小八股党"的顾嘉棠和叶焯山之外的几个成员以及和他们身份相当的公司中的其他重要成员。在这些骨干成员之外，那些挂名"烟枪检查员"的虾兵蟹将们，每月也可以从三鑫公司拿到几十元到几百元的好处，当然，他们依借三鑫公司所获得的收入并不限于这些，因为这些"烟枪检查员"在"办公"的同时还会私自克扣一部分烟捐，并且还经常会对烟馆进行敲诈，这部分收入也是很可观的。在通常的分红和薪水之外，三鑫公司的所有职员还有"三节"的分红，每到春节、端午节和中秋节的时候，他们都会有一笔丰厚的红利，即使是一个普通的杂役，每次也可分得六七百元，而上点儿层次的职员则会分到数千至数万元不等。

以上仅仅是三鑫公司内部的收入分配情况，而比内部的利益分配更为繁杂的是对外部的分配，因为三鑫公司的整条产业链上牵涉到了方方面面的众多关系，所以三鑫公司的外部利益分配相当复杂。

首先当然就是法租界当局。撇去与鸦片有关的常规税收这一块，在法租界内，上至"太上皇"法国总领事、公董局董事、巡捕房总巡，下至巡捕房的一般工作人员，都要按照职务的高低和对三鑫公司"贡献"的大小，分得一份。

其次，入主上海的军阀也无一例外地分享着三鑫公司的经营所带来的巨大利益。无论是卢永祥、何丰林，还是齐燮阳、孙传芳、张宗昌等人，对三鑫公司所到之处皆大开绿灯，极力保护，而他们之所以会如此开恩，当然是因为其背后与三鑫公司有着互惠互利的"黑色交易"。

另外，三鑫公司为了占尽便宜后不落人口舌，对沪上帮会的头面人物也极尽讨好之能事。杜月笙等人为此特别列出了一份名单，上面写着张树声、高士奎、曹幼珊、刘登阶、梁绍堂、步章五、程孝周、樊瑾丞、阮慕白、李琴堂、荣华亭、袁克文、张蔚斋、李春利、周盖臣、吴省三等一长串的名字，凡是名单上所列的人物，三鑫公司都会每月给每人送去300大洋。除了这些大流氓头目，分布在各大码头上的帮会流氓也曾收到来自三鑫公司的"月规钱"。

在以上各界的人物之外，三鑫公司还会不时地向各家报纸的记者朋友们"表示表示"。至于其他偶有涉及的人士，三鑫公司也都不会薄待。

总之，三鑫公司在内外利益分配上确实是照顾得极为周到，真正做到了"利益均摊"，只要你给公司出了一份力，公司就会毫不吝惜地给你一份更为丰厚的回报。

事实上，三鑫公司的收入越高，其惠及面越广，对于国家和人民的危害就越大。三鑫公司是中国近代流氓势力与毒品产业紧密结合的产物，这种结合将近代中国的毒品之泛滥和流氓之猖獗双双推向了一个历史的新高峰。首先，作为贩毒机构，三鑫公司在毒品的生产和消费之间营建了一个活跃的、强势的中间环节。20世纪20年代后期，中国的吸毒人数达到了8000万之多，成为世界上最大的毒品消费国，这其中就有黄金荣等人所开办的三鑫公司所做出的一份"重大贡献"。再者，作为帮会势力控制下的贩毒机构，三鑫公司不仅为黄金荣、杜月笙、张啸林这"三大亨"集团的维持和壮大提供了重要的经济保障，他们更以鸦片利益为交换，促使中外政治势力为流氓帮会的发展铺平了道路。20世纪30年代初，黄金荣、杜月笙、张啸林这"三大亨"集团膨胀为中国最大的黑社会团体，他们在自身"事业"达到顶峰的同时，咄咄逼人地向政界、工商界、娱乐界等领域全面渗透，而这主要依靠的就是三鑫公司的巨大能量。最后，三鑫公司以鸦片活动为中心，将近代中国社会的几大势力进行了一种奇特的整合，租界当局、军阀、帮会势力在互相联系、互相受益和互相牵制中运动，使得他们不仅在经济方面，同时也在政治等其他方面，形成了一个多元的利益网络和同盟，而这种恶势力同盟的形成又使得中国近代社会的黑暗与腐败程度大大地加深了。

第十二章
重女色黄金荣"跌霸"

名伶露兰春

自然界中有潮涨潮落、日升日落的自然规律，人生也免不了辉煌与没落的交替更换，所以人们总说，打江山易，守江山难。当一个人的事业到达顶峰的时候，也就预示着他就要开始走下坡路了，黄金荣也不例外，只是谁都没想到，这个转折竟然来得那么突然、那么快。到底是什么使黄金荣跌了这么一个大跟头呢？简单地说，就是两个字：美色。

这件事情还得从一个叫露兰春的女人说起。

露兰春生于1898年，汉口人，自幼丧父，无名无姓，后来由黄金荣的徒弟、一个名叫张师的翻译官收养，取名露兰春。黄金荣和林桂生结婚之后，通力合作，在上海法租界雄霸一方，当时的露兰春还只是一个七八岁的小女孩。因为张师是黄金荣的徒弟，黄公馆就成了露兰春小时候经常去玩耍的地方，那时候，她就长得小巧可爱，聪明伶俐，一双水灵灵的大眼睛，粉嫩粉嫩的小圆脸，天真无邪的表情，她还特别嘴甜，管黄金荣叫"公公"，管林桂生叫"奶奶"。所以公馆上上下下的人都喜欢这个小姑娘。

等年龄大一点儿之后，她就不常来黄公馆了。一次，她的养父张师带她去剧院看戏，发现这姑娘对唱戏很感兴趣，于是就在家里请了个老师教她唱戏，谁知道她唱文武老生，练刀马功夫，一点就通，一学就会，没过几天，就已唱得有板有眼，老师连连夸奖露兰春是块唱戏的好材料。那时女唱男角才刚刚兴起，露兰春唱生角，尤其是武生，口里的唱腔、身上的功夫，样样精通，学了没几年，就已经可以登台了。张师知道，做唱戏这一行，得有个坚实的后台，才不会被别人欺负，于是他就想到了多年不见的师父黄金荣，便带着她前来拜见黄金荣。黄金荣已经几年没有见到露兰春了，这一次见面，着实吓了一大跳：好一个绝代佳人！两道秀眉修得细细弯弯，一双明目炯炯有神，雪白的肌肤，苗条的身材，外面披了一件粉红滚黑边的旗袍，那姣好的体态在旗袍的包裹下露出迷人的曲线，犹如一朵带露的牡丹、出水的芙蓉。露兰春踩着轻盈的步伐，款款向黄金荣走来，优雅的仪态里透出一股清纯的女人味，迎面向黄金荣扑来。"公公好！兰春向您老问安！"露兰春甜甜地叫了声，一口地道的京腔令人倾倒，声音里都带着少女的清香。这时，黄金荣已经看得两眼发直，根本就没听见露兰春说了什么，过了半天他才扭过头来对张师说道：

"张师啊张师，没想到这姑娘长得这么漂亮了，真是女大十八变啊！"此时，黄金荣已经被露兰春深深地吸引住了，坐在旁边的林桂生倒是没有在意，毕竟黄金荣可是露兰春的"公公"啊，况且两人相差了有30岁呢。她只是轻轻地点了点头，就去忙别的事情了，而就是这个称呼林桂生为"奶奶"的女人，后来竟取代了林桂生，成为黄公馆的女主人，也使黄金荣从此走上了下坡路。

林桂生和黄金荣结婚后，凭着她缜密的心思，广泛的人际关系网，为黄金荣打拼天下，起到了不可磨灭的作用，可以说，没有林桂生就没有黄金荣的今天，所以在黄公馆里，林桂生一直是一个主事的内当家，即使黄金荣已经成为大亨，他仍然对林桂生畏惧三分。但是，黄金荣实在被林桂生拘束得太严了，也难免憋得慌，而且此时的林桂生早已经人老珠黄，青春不再，再加上黄金荣霸业已定，觉着林桂生已然没有那么大的用处了，偏巧这时候就跳出一个露兰春来，因此黄金荣心里就开始动起邪念来：一定要把这个美人搞到手。但是林桂生毕竟还是女当家，而且黄金荣对她一直都有几分敬畏，所以他也不敢明着干这种事。

这时，黄金荣的徒弟马祥生看出了黄老板的心思，于是，就开始拍起马屁来。一天，他向黄金荣献策道："师父，咱们的'九亩地'可是个好地方，咱们为什么不利用起来呢？"

"那儿的四周不都是咱们的店铺吗？那块地空着就空着吧，还有什么可用的？"黄金荣不解地问。

"师父，那里原来是个破舞台，如果装修一下，改成个新的大舞台，凭着那里繁华热闹的街面，生意肯定非常红火。"

"修舞台？有什么好的？费钱，费时间，还费精力，没什么搞头！"黄金荣并没有领会到马祥生的言外之意，不耐烦地说，"我看还是算了吧。"

"师父，目前露兰春小姐不是正在寻找唱戏的舞台吗？在外面搭别人的班子，一来，露兰春小姐唱戏不方便；二来，师父过去看也不方便啊，要是让她来咱们家的舞台唱戏不是一举两得吗？"

这几句话可是说到黄金荣的心坎里去了，说得黄金荣眉开眼笑。说行动就行动，经过一番精心的筹划以后，一座新的共舞台就在华法交界的"九亩地"上动工兴建了。在黄金荣的催促下，施工队伍日夜兼程，加班加点，很快，共舞台就建成了。黄金荣继续实施着他的计划，开始对露兰春大献殷勤起来，他让露兰春在共舞台登场，挂头牌，竭力捧她出道。露兰春登台唱戏，黄金荣亲自下戏院为她捧场子，带着一帮人为她喝彩叫好。

露兰春学艺精湛，说学逗唱做打，样样精通，人又漂亮，又有气质，在共舞台上一夜唱红，名声响遍了法租界乃至上海滩。

共舞台从此场场爆满，生意越来越红火，人们争着抢着来一睹露兰春的风采。黄金荣更是得意，他派人到各大报馆打通关系，要他们重点宣传露兰春。

在黄老板的关照下，报纸上每期为露兰春登的戏目广告，都放在最抢眼的头版头条，而且"露兰春"三个字，每个都有鸭蛋般的大小，生怕别人看不清楚似的。从此，露兰春摇身一变，成了上海滩家喻户晓的明星，身价倍增。

黄金荣继续对露兰春大献殷勤，几乎到了无微不至的地步。露兰春去戏院，黄金荣派车了、出保镖，保接保送。露兰春休息，黄金荣在共舞台边上为她修建了一个休息室，独门小院，装饰如同行宫一般。

露兰春一举成名，黄金荣非常高兴，要摆宴席庆祝，露兰春当然得应邀赴宴。然而她并不知道，黄金荣这次酒宴是另有企图的。

在宴会上，黄金荣看着露兰春美若天仙的模样，早已剥去了正人君子的伪装，露出一副色相，而宴会上的陪客也都是黄金荣的跟班，在酒宴上极力撮合黄金荣和露兰春。

露兰春一介女流之辈，对于黄金荣的霸占意图无可奈何，只好委曲求全。不久，黄金荣将钧培里7号的房子粉刷一新，将露兰春安顿在了那里。

这期间，也有人过来在露兰春面前替黄金荣做媒，被露兰春拒绝了，可是现在的她，已经身不由己。露兰春被安顿在黄金荣的房子里，就成了关在笼子里的鸟，已经动弹不得了。不久，黄金荣就来到了露兰春的住处，硬是上了露兰春的床，而这一切，林桂生都还被蒙在鼓里。

黄金荣在外面"偷鸡"，自然不能让家里的母老虎林桂生知道，可是如何才能既在外面偷女人，又瞒着林桂生呢？黄金荣自有妙招。他到巡捕房写了一份公文，盖了个印章，说是到外面办案子，多少天不能回家，实际上，他却天天在露兰春钧培里7号的房子里逍遥自在。

若要人不知，除非己莫为，而且家里的林桂生也不是个省油的灯，没过多久，这件事情就被林桂生知道了。

卢公子喝倒彩

黄金荣得到了露兰春这个绝代佳人，正是春风得意的时候，半路却杀出个程咬金，和他夺起女人来，而这起情场风波还引起了上海滩黑帮中的巨大变动。

到底是什么人物，敢和黄金荣抢女人？

他就是浙江督军卢永祥的儿子——卢筱嘉。

卢筱嘉当年刚刚22岁，作为卢家公子，自然免不了公子哥的习气，年少气盛，风流倜傥，总是一身白绸衫裤，带着两个跟班出入于酒肆、剧院、舞厅等场所。卢公子还有一个爱好，就是听戏，他长居上海，对当地旦角名伶如数家珍。露兰春走红之后，各家报纸大肆报道，自然也逃不过卢筱嘉的耳朵，于是他就带着跟班，来到了共舞台听露兰春唱戏。

卢公子说是来看戏，其实醉翁之意不在酒，他真实的意图是看人。自从卢筱嘉来到共舞台看到露兰春之后，就对眼前这位婀娜多姿的女人动了心。露兰春虽唱的是生角，但是她的一举一动、一吟一唱都流露出女人的妩媚和娇柔。卢筱嘉第一次听露兰春的戏时，露兰春刚一出场，一个无意的飞眼就把卢筱嘉的心给勾住了，从此，卢公子天天到共舞台来看露兰春唱戏，他对露兰春的爱慕之情也越陷越深。

这一天早晨，卢筱嘉起床后洗漱完毕，就吩咐阿旺把早点拿来。这个阿旺是专门负责卢筱嘉早点的一个二十来岁的小伙子，心思缜密，长期伺候卢筱嘉，对主人的心思一猜即准。他把早点放在桌子上，故意在下面压了一份《晨报》，这种报纸专门报道上流社会、娱乐圈中的奇闻异事，供那些有闲阶层的人们消遣娱乐。

卢筱嘉端起早点，同时眼睛瞄了一下垫在下面的报纸，黄金荣大肆宣传的鸭蛋一般大小的"露兰春"三个字赫然映入他的眼帘。他抬眼望了一眼阿旺。阿旺毕恭毕敬地站在旁边，说道："少爷，今天可是有露兰春小姐的戏啊！"

卢筱嘉说到："我看到了。"说罢，两人会心一笑。

接着，卢筱嘉又开始愁起来："露兰春，露兰春，我怎么样才能把你追到手呢？"随后，他对着阿旺问道："阿旺，你一向鬼点子多，你倒是说说看，怎样才能赢得露小姐的芳心呢？"

"哪个女人不爱金银珠宝？更何况像她这样的梨园戏子，给一点儿小恩小惠，她肯定会动心。但是……"阿旺说到这里，突然停住了，下面的话不知道该讲还是不该讲。

"但是什么？"卢筱嘉转过身来，看着阿旺说道，"你倒是快说呀，你想急死我呀。"

"少爷，恕我阿旺多嘴，"阿旺一边偷偷观察着卢筱嘉的神色，一边说道，"这个露兰春小姐可是黄老板的意中人哪！"说这阿旺心思缜密，一点儿都不假，他知道少爷对这个露兰春有意思，就偷偷地把露兰春的情况都调查了一遍。紧接着，阿旺把露兰春的身世、和黄金荣的关系以及黄金荣如何看中露兰春、如何为她捧场宣传等事情都一一讲述了一遍。

卢筱嘉听完之后，摆出一副阔少爷的姿态，不屑地说道："不就是那个'麻皮金荣'吗，有什么了不起的，年纪一大把了，还想老牛吃嫩草，我今晚就去共舞台找露兰春，看看这黄金荣到底有什么能耐！"

于是，卢筱嘉当晚就带了两名跟班，早早来到共舞台。在包厢坐定之后，卢筱嘉叫过来一名跟班，让他把一枚金丝钻戒送给后台的露兰春小姐，并且约她戏散之后一起吃饭。

这天晚上，露兰春发起了小烧，也许是这几天来，白天要在舞台上唱戏，晚上还要遭受黄金荣的骚扰，实在是太累了。卢筱嘉又来这么一个举动，实在让她头疼。她现在已经是黄金荣的女人，而且每次戏散之后都是黄金荣派车接送，如果去和卢筱嘉约会，怎么向黄金荣交代呢？可卢筱嘉又是浙江督军卢永祥的儿子，大名鼎鼎的"四大公子"之一，论起权势来，一点儿不比黄金荣差，当然也是不能得罪的主儿啊，这可怎么办呢？最后，她只得先收下了这枚戒指，而约会之事，则推迟说今晚有事，实在不能赴约，委婉地拒绝了。

露兰春身体不适，卢筱嘉的邀请又分了她的心，而此时，戏台上已经响起了锣鼓声，要上场了。她慌乱地站起身来，走到门口，深呼吸几下，使自己镇定了一些，方才出场了。

这天晚上，露兰春反串小生，演岳飞的《镇潭州》。大剧院里，绅士、名媛、阔少、太太们坐在包间里，喝着茶、吃着点心，一边闲聊着，一边等着戏。黄金荣坐在座上，正得意洋洋地眯起眼睛，哼着小曲，左手夹着一根燃了半截的雪茄，右手扶在椅子的扶手上。这共舞台一开张，他既抱得美人归，又赚了不少钱，自然神采飞扬。只是由于天气热，再加上人多，黄金荣的脸上不住地往下淌汗。

戏院里一个打杂的看见黄老板热得直淌汗，就跑前跑后地伺候黄金荣，又是用蒲扇扇风又是递湿毛巾。黄金荣接过毛巾正要擦脸，忽然听到一声怪声怪气的喝彩："唷，好——"

黄金荣放下毛巾，朝喝彩的方向定睛一看，原来是包厢里一位公子哥模样的人正拉直了嗓门叫好呢。黄金荣把眼神拉回到戏台上，露兰春刚从"出将"门上场，甩了一下水袖，移步到舞台中央，想要把腰上的垂带踢上肩头，连踢三下，都没踢上去。卢筱嘉因为黄金荣霸占露兰春，正憋着一肚子的气，今晚过来，本身就是来会会黄金荣的，说句难听的，就是来砸场子的，看到露兰春还是没有踢上去，立即又怪声怪气地喝起倒彩来："唷——好——小乖乖，真是好功夫！"

露兰春一听有人喝倒彩，忙抬起头朝卢公子方向看了一眼，投了一个飞眼，意思是本人不才，请多多包涵。可这卢公子却还是不给面子，仍然一个劲地起哄："唷——哈哈哈！好极了！"

台上的露兰春听着卢公子的嘲笑声，看着那么多人都盯着她，心里紧张极了，动作也走样了，再加上身体不适，身子一晃，顿时感觉头晕目眩，几乎要昏过去了。

"别着急啊，再踢啊！"卢筱嘉的随从也起了性子，跟着主子一块儿哄闹起来。

戏院里的其他看客并不敢起哄，因为这毕竟是黄金荣的地盘，还有一些人也知道这台上的是黄金荣的女人，不过，他们虽然自己不参合，却料到来者不善，一场好戏就要上演了，于是，他们都在静静地等待，等着看一看黄金荣会怎样收拾那个不识相的公子哥。

而卢筱嘉呢，越来越嚣张，得意洋洋地喊道："名角又怎么样？连这点儿功夫都没有？啊，哈哈哈……"

再看看黄金荣，他早已被卢筱嘉的行为气得火冒三丈。卢筱嘉正想继续叫嚷，右边腮帮子上"啪"的一声，挨了一记响亮的耳光子。原来黄金荣已经命令手下跑到了卢筱嘉的包厢里了。黄金荣怒骂道："妈的！在上海滩竟然有人敢在老子头上拉屎，怎么拉的，我让他怎么吞下去！"黄金荣手一挥，一群磨刀霍霍的打手就冲进了包厢，黄金荣的这群打手本来就是一些地痞流氓、市井无赖，在黄金荣的地盘上，一般没人敢闹事，所以他们一直有劲儿没地方使，手脚正痒痒着呢。这下可好，终于有了施展拳脚的机会，个个都像见了不共戴天的仇人一样，也不管他是谁，对着卢筱嘉就是一顿拳打脚踢，拳头就像雨点一样落在卢筱嘉的身上，卢筱嘉被一群人围着，想逃也逃不掉，只能活活挨了一顿揍。

卢筱嘉带来的两个跟班本来见到主人被欺负，想上来帮忙，但是看见这些打手个个凶相毕露，下手毫不留情，而自己又寡不敌众，只能龟缩在墙角不敢动弹，即使是这样，他们也被这帮打手毒打了一顿。这一帮打手继续打着，一点儿都没有要停止的意思，只要黄金荣不喊停，他们是不会住手的，即使打死也无所谓。

卢筱嘉刚才很威风，这下被打得直喊爹娘，他活到这么大，还没有人敢动他一根汗毛呢，结果今天被打成这个狼狈样，被打得鼻青脸肿不说，这个脸怎么丢得起啊。黄金荣呢，这时候并不知道这个挨揍的小子是浙江督军卢永祥的儿子卢筱嘉，否则给他一百个胆儿，他也不敢如此放肆地毒打卢公子。

卢筱嘉几人已经被打得毫无反抗能力了，而黄金荣依然是一副怒目圆睁的样子，脸上的黑麻子因为愤怒而颗颗突起，打手们打了好一会儿，他才叫停。接着，在黄金荣的示意下，打手们就把卢筱嘉拖到了黄金荣的面前。黄金荣刚要骂人，看了一眼这被打的人，突然变哑了，原来，他认出了卢筱嘉，因为他们以前晃过几面。

这下可怎么办？黄金荣虽说是黑帮大佬，但也只不过能在普通百姓面前逞逞威风而已，而那卢永祥是什么人物，浙江督军！他的势力范围有多大！论实力，那是一个在天上，一个在地下。

黄金荣怔了一下，马上又回过神来，心想：如果当面赔礼道歉，这卢筱嘉必定会得势不饶人，那自己还有什么面子可言，况且又容易被误认为自己明知是卢筱嘉还敢这样放肆，岂还得了？于是他就假装不认识卢筱嘉，轻描淡写地说了一句："本大爷大人有大量，放你一马！"

卢筱嘉被打得全身是血，笔挺的西装已经被撕得不成样子了，他缓了缓，咬牙切齿地说道："好你个姓黄的，咱们走着瞧！不叫你尝尝本少爷的厉害，我就不姓卢。"说罢，卢筱嘉转过身，出了戏院，两个跟班也一瘸一拐地跟在后面，消失在黑夜之中，。

黄金荣遭绑架

卢筱嘉给露兰春喝倒彩，砸共舞台的场子，结果挨了黄金荣的打，落荒而逃的消息不胫而走，迅速在上海滩传开了。大家知道，卢筱嘉肯定不会就此罢休，人们都睁大着眼睛等着看卢、黄二人的好戏呢。

挨了打的卢筱嘉连夜就跑到杭州，向父亲浙江督军卢永祥求援去了。一到杭州，卢筱嘉直奔督军府。府门前的两名站岗的士兵认出了卢筱嘉，当即行了一个军礼，大声叫道："大少爷！"卢筱嘉没有答理，大步走进客厅。卢永祥正在与郑秘书下棋呢，看见自己的宝贝儿子脸上青一块紫一块的，不禁心疼起来："筱嘉，你这是怎么了？"

卢筱嘉看到父亲，忍不住放声大哭起来，边哭边把事情的来龙去脉跟父亲说了一遍。

"好你个麻皮，敢在老子头上拉屎，筱嘉，别哭！我一定给你出这口气！让他黄金荣知道老子的厉害！"卢永祥气得差点儿晕过去，愤愤地说道。说罢，他立即叫身边的郑秘书给上海淞沪护军使何丰林发了一份电报，让他好好教训教训黄金荣，为卢筱嘉出气。

再说黄金荣，打了卢筱嘉之后，知道自己闯了祸，回到黄公馆，一个劲儿地长吁短叹。林桂生看他这副模样，并不知道两人其实是为了露兰春才打起来的，在一边嘲笑黄金荣："呦，我说黄老板，打了一个毛头小子就吓成这样了？"

黄金荣虽然心里害怕，但还是扔不下面子，又被林桂生这一激，心里的怒气就上来了，脸上的黑麻子一颗颗地突了起来，往桌上狠狠一拍，大吼道："哼，老子会怕他？老子闯江湖的时候，他小子还在吃奶呢！"

第二天，黄金荣给法租界巡捕房打了个电话，要所有华捕到共舞台来，同时，他手下所有的保镖也倾巢而出，聚集在共舞台。这一天，共舞台如同铁桶阵一般，戒备森严，各个进出口都有全副武装的华捕把手，戏院内部还有保镖巡逻，寻找着可疑的看客，严防有人捣乱。

那些前来听戏的看客们见此情景，哪里还有听戏的兴致，一个个担惊受怕，生怕出什么乱子，祸及自己。

可是，华捕和保镖等了一天，直到戏散，都没看见卢筱嘉的身影，黄金荣这才松了一口气，其实，他心里也清楚，自己根本不是卢公子的对手，只是全上海的人都在看着这出好戏呢，自己必须摆出一副毫不示弱的样子。既然卢筱嘉没有出现，黄金荣当即把手一挥，打道回府。接下来的几天时间，共舞台一直风平浪尽，可是黄金荣不知道，平静过后，一场暴风雨即将到来。

话说何丰林接到卢永祥的电报之后，哪敢懈怠，但是他也知道事情刚结束，黄金荣必定高度戒备，严阵以待，此时贸然行动，恐怕起不到很好的效果。所以他特地等待了这么几天，等黄金荣放松警惕了，他就要采取行动了。

这天，黄金荣刚吃完晚饭，就大摇大摆地来到了共舞台，身边只有四个贴身保镖。共舞台今晚要首演《枪毙阎瑞生》。这出戏讲的是阎瑞生诱骗、杀害妓女黄莲英的故事，是根据一件轰动一时的社会新闻编的新戏，露兰春饰妓女黄莲英。

戏院打人的事情已经过去了好几天，黄金荣看卢筱嘉没有什么行动，果然放松了警惕。戏院里的看客们也都忘了这件事，包厢里，太太、小姐们打扮得婀娜多姿，手拿檀香蒲扇，与公子哥、阔少爷们眉来眼去，互相挑逗，诱惑；桌子上，茶水、香烟、糖果、点心摆得琳琅满目；平民百姓凑在一起谈论着最近发生的一些奇闻异事；跑堂的、卖点心的、小混混们在人群中来回穿梭着，共舞台整个一片热闹的景象，大家都在等待新戏开场。

只听见一声锣响，露兰春踩着小碎步上场了。由于新戏首演，她今天从上到下的行头是全上海最时尚、最前卫的打扮，那一举一动、一吟一唱，尽显妩媚和风流，一出场就博得了一个满堂彩。黄金荣也眉开眼笑，乐不可支，他翘着二郎腿，左手夹着雪茄，右手搭着椅子扶手，脑袋一晃一晃，看得入迷……

戏唱到高潮时，台下的观众一次又一次欢呼鼓掌，叫好声一波又一波，黄金荣也眯着眼睛，看着露兰春那一扭一扭的小蛮腰，不禁想起了晚上自己搂着这个小美人的快活场景。突然，十几个便衣闪电一般来到他所在的东花楼包厢前，两个人上前揪住他的两只胳膊，黄金荣一惊，正要使出功夫甩开，一个穿着白色西装的青年跟上来，掏出手枪顶住了黄金荣的光脑袋，弯下腰来，轻蔑地说道："姓黄的，久等了。"

黄金荣睁开眼睛一看，吓了个半死，哆哆嗦嗦地叫道："你，你——"

没错，那个身穿白色西装的青年就是卢筱嘉。

卢筱嘉冷笑一声，手一挥，十几个便衣就动手打起来。几个便衣上来就"啪啪"两下给了黄金荣两记耳光，打得他晕头转向，眼冒金星，耳朵"嗡嗡"地响。随后一个便衣朝他的肚子上踹了一脚，黄金荣捂着肚子，退后几步，疼得蹲了下去。

"姓黄的，你不是一直都过得挺逍遥的吗？本少爷今天就让你尝尝什么叫苦，什么叫痛！"卢公子刚说完，十几个便衣又围上去给了黄金荣十几个耳光，好几个飞腿。戏院里的看客看到这种情景，立刻乱成了一团，四散奔逃。

黄金荣带的那四个贴身保镖只有一双拳头和一把匕首，而对方手里有枪，而且人数也占优，所以只得蹲在角落里，不敢动弹，乖乖地被便衣军警制服了。

卢筱嘉看打得差不多了，便大手一挥，两个便衣顺势把黄金荣架了起来，往外面拖。被往外拖的过程中，黄金荣这才发现，所有的路口都有拿着手枪的便衣军警守着，戏院里的人也都老老实实地坐着，没有一个人敢出来救黄老板。拖出共舞台之后，黄金荣看到戏院门外停了一辆轿车和好几辆军用卡车。卢筱嘉进了那辆轿车，黄金荣则被扔到了有几个士兵持枪把手的卡车上。轿车启动之后，长长的车队沿着霓虹灯闪烁的街道，风驰电掣地驶向了设在龙华的淞沪护军使何丰林的司令部。

"洋场"以外的沪南地区是军阀的地盘，护军使何丰林就是这里的土皇帝。何丰林为人处事非常圆滑，他心里明白，凡是称得上"亨"字号的人物，无一例外，背后都有洋人支持，所以对于这些纠纷，他坚持中庸之道，凡是都不能做得太过头。这一次卢永祥叫他替卢筱嘉出气，将黄金荣绑架到自己的司令部来，也只是想给他点儿苦头尝尝，趁机敲诈这个"大亨"一把，而并没有置他于死地的想法。否则，他在上海滩恐怕也不太好立足了。

黄金荣被绑架之后，被关在何丰林的私人地牢里。这个私人大牢设在何公馆后花园一座假山下，不走进太湖石堆起的小门，谁也想不到下面还有一个如此恐怖的世界。地牢很高，上面用太湖石筑成，不时会渗下水滴来，地面上铺了一层干草，墙壁上也是凹凸不平的石头，上面的缝隙漏下一点阳光，成了唯一的光亮。

忽然，地牢的铁门被打开了，一个士兵走了进来，端了一碗米饭，放在地上，扔下一句："吃饭。"

黄金荣看了看伙食：一碗糙米饭上放了几根萝卜干，旁边一双筷子，仅此而已。

"这是人吃的饭吗？"上海滩黑帮大佬黄金荣怎么能忍受这样的待遇，他家里的猫、狗吃得都比这个强。

"给你吃的就算不错了，黄老板！这里是何公馆的牢房！可不是你的黄公馆、共舞台，还是识相点儿，免得饿死！"士兵冷冷地说道。说罢，士兵把牢房的大门重重地关上了。

黄金荣看着那个士兵扬长而去，不由得怒火中烧，要是在平时，有人敢和他黄老板作对，早就脑袋搬家了，可是如今，一个小小的士兵都敢对他如此放肆，黄金荣不禁感叹起世态炎凉来。他看了看地上的这碗饭，真想一脚踢开，可是他实在饿得不行了，再怎样也得保住命啊，正所谓大丈夫能伸能屈，他终于端起了饭碗。

刚吃了几口，黄金荣就实在咽不下去了，于是把饭碗撂下。然而过了一阵子，饿得实在是受不了了，只得再将饭碗端起来，继续吃那难以下咽的饭。可是没想到，吃着吃着，他却觉得这碗饭越来越香了，最后，他竟然狼吞虎咽地把这碗饭吃了个精光，肚子却还没有填饱，反而更觉着饿了。黄金荣看了看空碗，又看了看地牢的门，心中的怒火再也遏制不住了，他突然拿起碗往门上重重地砸去，撕扯着嗓门喊道："王八蛋！把我放出去！我出去以后一定饶不了你们！我的人在哪里？啸林，月生！你们在哪里？快来救我！"

黄金荣的喊叫声引来了几个士兵，他们靠在大门上喊道："他妈的，关起来还不老实！你要是再喊，休怪我们再让你吃苦头，你还是识相点，自己也少受点罪！"

黄金荣正想继续痛骂，结果被士兵用毛巾堵住了嘴，这下可好，彻底喊不出来了。

上海滩黑帮大佬黄金荣在共舞台被人绑架了，这可是个天大的新闻，第二天，大街小巷的人们就纷纷议论起此事。黄老板竟然在自己的地盘上遭人毒打，还被人拖走，这种事情一出，黄金荣可是丢尽了颜面，不光他自己没脸见人，就连他的徒弟、徒孙都觉得脸上无光，以后还怎么在上海滩立足啊？

这一次绑架事件，使雄霸上海的黄金荣风头大减，由此开始，逐渐地走上了下坡路。

分头营救黄金荣

等卢筱嘉一伙人带着黄金荣走了以后，才有人去把绑在黄金荣那四个贴身保镖身上的绳子解开了。那四个保镖一解开绳子，立即回到黄公馆，向女当家林桂生报告情况。

保镖灰头土脸地回到公馆，说要求见黄夫人，有急事禀告。林桂生看此情景，知道定是什么大事，于是让保镖到楼上来讲。

保镖们匆匆上了楼，看见林桂生正坐在客厅的沙发上逗鸟玩，身上穿了一件家常的月白缎子旗袍。林桂生不紧不慢地说道："什么事？说吧。"

"老板娘，老板，老板他……他被绑架了！"其中一个保镖吞吞吐吐地说道。

"什么？"林桂生一下子从沙发上跳了起来，连连问道，"到底怎么回事？是谁干的？快说！"

另一个保镖就把黄金荣在共舞台看戏，卢筱嘉带人闯入，毒打了黄金荣，并把他带走的经过一一叙述了一遍。

林桂生气得火冒三丈，她这才明白那天晚上黄金荣的担心还是有道理的，这卢筱嘉果然不好惹。她满肚子的气没地方撒，于是狠狠地扇了保镖几个耳光，骂道："你们这群饭桶！养你们是做什么用的！平时威风八面的，到需要派上用场的时候，你们做什么了，连老板都保护不好！"

林桂生对着保镖就是一顿臭骂，骂完之后，她却也想不出什么主意，急得像热锅上的蚂蚁一般。那几个保镖更是一群莽夫，除了打架斗殴时能派上用场，叫他们出主意比登天还难，只能战战兢兢地站在一旁，不敢吱声。

"一群饭桶！都给我滚！去，你们马上给我把杜月生和张啸林叫来。"林桂生一边骂着，一边吩咐他们。

此时，杜月笙和张啸林还不知道发生了什么事情，林桂生叫他们过来，他们不敢耽搁，匆匆来到了黄公馆。两人刚一进门，林桂生就迎了过来，焦急地说道："月生，啸林，你们可来了，都快把我急死了！"

平时林桂生从来不会如此着急，总是一副镇定自若的样子，似乎没有什么能够把她难倒，可是今天她却亲自跑出来迎接杜月笙和张啸林，而且脸上流露出极度的焦虑和恐惧，两人心中暗暗一惊，不知道发生了什么特别严重的事情，令桂生姐如此失态。

两人恭恭敬敬地行了个礼，问道："出了什么事情，这么着急？"

林桂生答道："你们先上楼，进客厅再细说。"

三人上楼之后，林桂生瘫倒在沙发上，显然，她已经筋疲力尽。来不及叫佣人倒茶，她就急忙说道："老板今晚在共舞台被人绑架了！"？

"什么？"杜月笙和张啸林二人闻听此言不约而同地惊叫了一声。黄金荣可是上海黑帮的大佬，法租界华捕的一把手，谁有这么大的胆子，敢绑架黄老板。再说，要是真被绑架了，黄金荣可是栽了个大跟头了，他今后可怎么在上海滩混啊，还有什么威望领导他的众多兄弟，称霸上海滩呢？

"哪个王八蛋，有这么大的胆子，敢绑架我们黄老板？我去把他宰了！"张啸林一听，急性子脾气就上来了，紧握着拳头，怒目圆睁地问道。

"是卢筱嘉这个王八蛋。他仗着他老子是浙江督军，就把老板给抓去了，简直是欺人太甚了。我一个妇道人家，能有什么办法？所以就把你们叫来，赶快想个办法把老板救出来。"

张啸林一听卢筱嘉这个名字，立刻就瘪了，他也知道卢公子不好惹啊，如今黄金荣被他绑了去，确实很难办，他转过头看了看杜月笙。杜月笙平时鬼点子多，可是这时，他也皱起眉头来，想不出个办法。看到杜月笙和张啸林这两个黄金荣最得力的帮手都想不出办法来，林桂生可真是慌了，她扯着嗓门喊道："亏老板这么器重你们，现在他出事了，你们却一点儿办法都没有？"

张啸林是个直脾气，看到林桂生冲着他们这样发火，他也觉得对不住，于是站起身来，硬着头皮说："明天我就去何丰林家走一趟。"

林桂生见张啸林说话了，可是杜月笙始终没有开口，她就又问道："月生，你有什么主意？"

杜月笙也站了起来，谨慎地说道："卢筱嘉背景很硬，我们不能贸然行动，既然啸林兄说去找何丰林，不如就先让他去探探口风，再做定夺。"

林桂生想了想，知道目前也只能先这样了，于是他们就商量好，明天先由张啸林通过亲家俞叶封去何丰林家求情。不过，林桂生毕竟老谋深算，他知道张啸林这一趟把握不大，于是，第二天一早，她就亲自前去拜访黄金荣的老朋友——道胜银行买办、大名鼎鼎的虞洽卿。

虞洽卿早已听说了黄金荣的这个情况，林桂生一来，没等开口，他就知道必定是来请他帮忙的。虞洽卿很清楚，这件事不好处理，因为毕竟卢筱嘉不同于别人，当然，换了别人，也是万万不敢绑架黄金荣的。见到林桂生，虞洽卿故意装出什么都不知道的样子，热情地招呼道："呦，黄夫人，真是稀客啊！什么事劳您大驾？"

林桂生早已急成了无头苍蝇，那里还顾这些礼节，看到虞洽卿，就开门见山地说道："虞先生，金荣这次落难了，我实在没有办法了，只能过来求您帮他一把。您要是能救他一命，今后金荣和我都为您做牛做马。"

"黄夫人，您这是哪儿的话，金荣兄与我是莫逆之交，只要我能帮得了的，我一定鼎力相助，但是不知金荣兄遇到了什么困难？"虞洽卿客气地说着。

"哎！"林桂生长长地叹了一口气，就把事情的经过详细叙述了一遍。

虞洽卿听完之后，紧锁着眉头说道："这卢公子可不好对付啊，看来得找何丰林，让他放黄老板一马。"

"可是我们金荣与何丰林没有什么交情，所以我迫不得已才来找您帮忙！"林桂生很焦虑地说道。

"黄夫人，您先别着急，我这就去何丰林家，向他求情！"虞洽卿说。

"多谢虞先生了！"林桂生谢过虞洽卿之后，就离开了虞府。

林桂生一走，虞洽卿就坐车前往何公馆，虽然他知道这一趟希望不大，但是林桂生来求情了，他就必须有所表示。

何丰林知道虞洽卿的来意之后，对虞洽卿说："卢公子受了委屈，督军很生气。这件事我是做不了主的，得卢督军说了才算。"

虞洽卿听了何丰林的话，知道是自己的面子不够大，于是知趣地离开了。

再说张啸林，他去找亲家俞叶封，俞叶封经常往何公馆跑，两家关系还不错，对何公馆也比较熟悉。俞叶封看到亲家找上门来，请他帮忙，自然不好推脱，就带着他去了何公馆。俞叶封来到何公馆，没等下人通报，就直接拉着张啸林走过客厅，奔向了深院内宅。两人绕过假山，穿过月洞门，来到了一座佛堂前，佛堂里飘出一股淡淡的清香。张啸林好奇地问道："亲家，你带我来这里干嘛？"

俞叶封偷笑着说道："这是何老太太的佛堂。"

"我是来找何军使的，找何老太太做什么呢？"张啸林不解地问。

俞叶封悄悄地说道，"啸林兄啊，听说何军使是个孝子，你为黄金荣求情，当然得先找何老太太了，只要老太太金口一开，还有办不成的事吗？"

张啸林这才明白亲家的用意，不禁佩服亲家果然是密探出身，连上司的情况都调查得如此清楚。两人走进佛堂，看见何老太太正在闭目养神，手里拿着佛珠，嘴里念着佛经。两人站在一边，不敢发出声音，只能静静地等待。

大概一个小时之后，何老太太终于睁开了眼睛，发现旁边站了两个人，其中一个还是俞叶封，着实吓了一跳，惊讶地说道："俞统领，丰林今天不在家吗？你到我的佛堂来做什么？"

"叶封今天特地来向伯母请安，"俞叶封恭敬地说道，又介绍起身边的张啸林来，"这是三鑫公司的总经理张啸林先生，他有事情想请伯母帮个忙。"张啸林也赶紧施了一个礼，然后把黄金荣的事说了一遍。

老太太听说是来求情的，根本就没听张啸林说了什么，又闭起了眼睛，对俞叶封和张啸林说道："老身不管政事，有什么事你们找丰林吧。"说完，又拨起她的佛珠，念她的经了。

张啸林是个急性子，听何老太太这么一说，正想开口说话，俞叶封急忙用肘顶了他一下，让他别多嘴。俞叶封接着说道："老太太，既然这样，那我们去找何军使，不打扰您了。"说完，他就拉着张啸林出了佛堂。

张啸林看何老太太不肯帮忙，着急地问道："那我们去找何军使？"

俞叶封悄悄地对张啸林说道："亲家，何军使上面还有督军，我们说是没用的。这次我们是来找何老太太的，主要是来探探何老太太的态度，既然没有说动老太太，只能让黄夫人再跑一趟了，两个女人也许好说话一点。"

张啸林听俞叶封这么一说，就急忙离开了亲家，回到黄公馆报告情况了。

林桂生也是个聪明人，他知道这次是非得她亲自出马不可了。听说何老太太信佛，她灵机一动，从自己的保险柜里取出一尊精美绝伦的金观音，还把黄金荣敲诈来的一个竹节罗汉拿了出来，精心地包装之后，又带上几根金条，坐着车就往何公馆奔去。

何老太太一看见"观音"与"罗汉"这两件稀世珍宝，还听说是送给自己的见面礼，开心地两眼眯成了一条线。林桂生趁机套起近乎来："何妈妈，我一直都想来看您，可一直没有合适的机会。刚巧不久前我得到了这两样宝贝，放在我那儿也没什么用，所以就想着拿来孝敬您了。何妈妈是个信佛的人，这两样宝贝放在您这里才是它们最好的归宿。"

何老太太捧着这两样宝贝，爱不释手，高兴地说道说："好，好！黄夫人，您这也是有佛缘啊，佛主一定会保佑您的！"

林桂生又拿起手帕煽起情来，悲伤地说道："何妈妈，我从小就没有娘，看到别的孩子有父母疼着，就羡慕得不得了。何妈妈，您不嫌弃的话，就认我做干女儿吧！"

何老太太开始还想拒绝，可是看着眼前的这两样宝贝，再加上林桂生那一张嘴，何妈妈长、何妈妈短的，叫得老太太都不好意思拒绝了，没过几个小时，老太太便认了这个干女儿。后来，林桂生提出放人，老太太一口答应下来，可是，何丰林带回话来："黄金荣这条命可以暂时保住，但要放人，需要卢永祥的批准。"

林桂生一听，就叫张啸林快马加鞭赶赴杭州，见卢永祥去了。

张啸林拜会卢永祥

林桂生之所以叫张啸林去杭州见卢永祥，是因为之前张啸林和卢永祥早就是老朋友了，并且在三鑫公司开张之后，他们的联系就更加密切了。张啸林为了确保鸦片运输的顺利进行，曾经和浙江省长张载阳、浙江督军卢永祥签订过一个协议，约定后者为三鑫公司的鸦片运输提供保护，三鑫公司则支付张载阳和卢永祥保护费。

为了拉拢卢永祥，张啸林还主动提出在莫干山送卢永祥一套别墅。做出承诺之后，张啸林一直没有忘记这件事情，买地、设计、施工，一直紧锣密鼓地进行着。到黄金荣被抓之后，别墅已经建成了，就差内部的装修了。张啸林原来打算等一切都办妥之后，再去找卢永祥，现在黄金荣的事一出，他只能提前去找卢永祥，先把别墅送上了。

张啸林带上地契、别墅的图样等资料匆匆地奔赴杭州浙江督军府。到了之后，他先找到签押房姓何的师爷，送了他二两上等的印度产的鸦片。可是师爷却说卢永祥到绍兴视察去了，并不知道什么时候回来。

黄金荣被关在大牢里，多待一天，就多受一天的罪，一刻都不能等，于是张啸林提出要去绍兴找卢永祥，何师爷收了张啸林的好处，自然很愿意帮忙，于是两人随便扒了一点饭，就坐上火车去了绍兴。

两人到了绍兴，又扑了一个空，原来卢永祥去府城的中观庵青藤书屋参观了。等他们到了书屋，卢永祥就像跟他们捉迷藏似的，又去了城外的东湖。两人再去东湖，卢永祥又去了大禹陵。两人于是雇了一条船，划了十五里的水路，才到了大禹陵，这回一打听，卢永祥总算没有走，还在大禹陵。

何师爷轻声对张啸林说："张老板先在外面等一下，我进去禀告一声。"同时，他还嘱咐道："大帅在外面视察，您说话一定要注意分寸，千万不要扫了他的兴。"

在大禹陵外面，张啸林不忘巴结卢永祥身边的人，给每个士兵都发了一包香烟。

何师爷进入庙内，看见卢永祥正坐在一把太师椅上，他指着前面的空石亭，对左右陪同的人说道："我考考你们，这'穴'字下面一个'乏'，怎么读？它是什么意思？"

这些武将出身的人字都不认识几个，这么偏的字他们就更不认识了，还有几个虽然认识这个字，但是为了衬托卢永祥的学识，都故作不知道，所以大家都默契地摇摇头。

卢永祥看见何师爷进来了，问道："发生什么事了？你怎么大老远跑过来了？"

何师爷走到卢永祥身边，弯下腰贴着他的耳朵说道："上海的张啸林张经理上次答应送您一套别墅，他已经办好了，特地给您送来地契。他就在外面等着呢。"

卢永祥一听是别墅的事就乐了，心想：这张经理倒是真记在心上，我还当是一句玩笑话呢。这样一来，以后夏天可就不用在杭州这个火炉里过了，可以去莫干山清凉清凉了。

卢永祥对何师爷说道："快叫他进来吧。"

不一会儿，张啸林就进了庙里。卢永祥客气地说道："张经理，你大老远从上海赶过来看我，欢迎欢迎啊！"他正要起身迎接，被张啸林几个大步上来就给按住了："大帅，小弟哪里敢当，您请坐！"

"对了，刚才我问身边这些随从，这亭子的匾额上的三个字怎么念，什么意思？结果他们都不知道，张经理可否知道啊？"

张啸林抬起头，看了看那个匾额，上书"空石亭"三个大字，亭子里还放了一块大石头。他说道："大帅，这个字好像念'扁'吧，不知道对不对？小时候我听说过大禹的故事，好像他下葬时，就是用这亭子里的大石头绑住绳子往下放棺木的，这个字就是这块大石头的名称吧？"张啸林虽然知道这个字的读音和意思，但是在卢永祥面前也不能太过张扬，连用了两个"好像"。

"到底是个文化人，哈哈，生意做得好，学识也渊博。"卢永祥称赞道。

"多谢大帅夸奖！"张啸林客气地说。

这时，陪同人员看到天色已经暗了下来，就问卢永祥是否该回府城了，城里的乡绅们准备了几桌酒席，正等着大帅回去呢。而卢永祥却提出了一个古怪的想法，要在附近的农家吃一顿便饭，以显示督军的亲民姿态。这可把陪同人员吓了一跳，赶紧吩咐人去寻找一户拿得出手的富裕人家，准备了一桌酒菜。

绍兴人喜欢吃梅干菜，当地还有"梅干菜，白米饭，吃到老死永不厌"的说法。卢永祥在农家吃的第一道菜就是梅干菜蒸焖肉。卢永祥夹了一块尝了一下，连连说道："好吃！好吃！你们浙江人就是比俺们山东人聪明，这不起眼的梅干菜能做得这么好吃。张经理，你是浙江人，说说看，这道菜是怎么做出来的？"

"这梅干菜蒸焖肉，需要一层五花肉，一层梅干菜，再一层肉，一层梅干菜，一大碗总要叠上四五层，再倒一点绍兴黄酒，洒一点白糖，在灶上蒸，蒸到肉酥烂。这样做出来的梅干菜蒸焖肉香味扑鼻，肥而不腻，入口即化，色香味俱佳，无论是做下酒菜还是下饭菜，都是绝对的美味，"张啸林说得头头是道，在饭桌上，他也不忘恭维卢永祥，继续说道，"但是，在过去，农民都吃不饱，穿不暖，所以很少有人家有这样的美味吃，现在在大帅的治理下，百姓安居乐业，生活质量都提高了，这样的菜就成了家常便饭了。"

卢永祥听了张啸林这一通话，乐得眉开眼笑，把梅干菜吃了个盘底朝天，五花肉却没怎么动，也许是平时大鱼大肉吃惯了吧。

这一顿农家饭，卢永祥等人吃得很开心，气氛也很活跃，但是杂人太多，所以张啸林一直没有机会跟卢永祥谈黄金荣的事。

第二天下午，卢永祥回到了杭州督军府，邀请张啸林见面。张啸林把地契给了卢永祥，又打开别墅的图样，介绍了一番。

卢永祥拿着地契，看着图样，心里很是满意，他假装客气地说道："这地价和别墅的造价要多少银两？你先算好，我叫账房付款。"

"大帅，这是我孝敬您的，怎么能要您的钱呢？您要是给我钱，就是瞧不起小弟了。"张啸林谦恭地说道。

"好好好，那我就恭敬不如从命了。今晚，我请你吃西湖大餐。"卢永祥说道。

"大帅，您的心意我心领了，但是，小弟有急事，需要马上回上海。"张啸林这才开始引人正题。

"什么事情这么着急？"卢永祥问。

"不瞒您说，这次我赶来看您，是因为有一件事，需要您帮忙。"张啸林严肃地说道。

"什么事？你说吧。"卢永祥说。

张啸林于是就把黄金荣的事一一交代了一番。

卢永祥其实早就已经料到了张啸林这次来访是跟黄金荣的事情有关的，只是故作不知罢了，听了张啸林的讲述后，他说道："哦——，这样啊。这件事嘛，不是我护着小儿，实在是他黄金荣不识抬举。俗话说得好，打狗还得看主人，他这分明就是不给我面子嘛，我也就是让他稍微吃点苦头，让他以后知道什么事情该做，什么不该做。现在既然你替他求情，那我就饶他一命。"

张啸林一听卢永祥的话，心里非常高兴，心想这事总算是有着落了，说道："大帅，您的大恩大德，张某永记在心，日后必将重报。"

卢永祥笑了一笑，往门外喊了一声："来人啊，把郑秘书叫来。"

郑秘书来了这后，卢永祥叫他拟了一份电报。卢永祥看了一下，签上了自己的名字。然后递给张啸林，说道："这样可以了吧。"

张啸林看了看，连连说道："可以，可以，谢谢大帅！"

当晚，张啸林就连夜赶回了上海。

杜月笙孤身闯虎穴

张啸林回到上海之后，也不知道为什么，黄金荣还是迟迟没有被放出来，黄老板手下的徒子徒孙们开始着急了，黄金荣一倒，他们可就失去了靠山，以后在上海滩还怎么混呢？于是，他们对杜月笙说："杜先生，老板在大牢里受苦，我们不能不管，只要您一声令下，我们立即就去端了何公馆，把老板救出来。"

而杜月笙却打着自己的算盘，一方面，黄金荣曾经是自己的师父，现在是自己的大哥，必须得救，否则自己就背了一个不仁不义的罪名；另一方面，黄金荣被关的时间越长，就跌得越惨，自己上位的机会就越大。另外，何丰林是个军阀头子，要是弟兄们去把何公馆砸了，那自己以后的日子也不会好过了。所以，杜月笙希望何丰林多关黄金荣几天，等时机成熟了，自己再找个妥善的办法把救黄金荣出来。于是，他对弟兄们说道："不行，你们千万不要乱来，我自有办法。"

林桂生、张啸林等人出马，都没有把黄金荣救出来，个中的原因，杜月笙也猜到了几分。何丰林是个军阀，他把黄金荣关起来，一来要给卢公子出口气，二来也想乘机敲诈黄金荣一把，所以现在只要给了何丰林足够的好处，放人就是忱沓烧碌氛虑榠恕 于是，杜月笙带上10根金条，只身一人，去闯虎穴了。到了何公馆外，杜月笙把金条交给警卫，请他进去通报，说三鑫公司总经理杜月笙求见。

警卫就进去禀告了，并且把金条给了何丰林。

何丰林以为他是过来闹事的，就问道："他带了多少人？"

"就他一个人。"警卫回答。

"一个人？一个人也敢来闯我何公馆，我倒要看看他杜月生有什么本事！"何丰林表面上一副盛气凌人的样子，其实他对杜月笙还是挺敬佩的，他摸着10根金灿灿的条子，心想：这个杜月生果然是个人物，明事理，会办事。接着，他对警卫说道："你去告诉杜月生，让他到小书房见。"

不一会儿，杜月笙进来了，确实只有一个人，没带保镖，也没带武器，气宇轩昂地站在门口。

"杜老板，快请进，欢迎，欢迎！什么风把您这位大忙人吹到了我的府上啊？"何丰林装起糊涂来，旁边还站着卢筱嘉。

"何将军，卢公子，杜某久仰大名，一直想前来拜访，但总没有机会。"杜月笙非常体面地说道。

"杜老板真是太客气了，您这大名在上海滩如雷贯耳，您来我府上是我的荣幸啊！"何丰林笑着说道。

"将军驻守上海，保一方平安，人人称颂不已。今日我有幸亲眼目睹将军的风采，此生无憾！"杜月笙愈加恭维起何丰林来。

"哪里，哪里。何某一介武夫，没见过世面，还望杜老板见谅啊！"何丰林也跟杜月笙继续客套着。

两人你一来，我一往，互相恭维，谈得很投机，卢筱嘉坐在旁边，看不下去了，插嘴道："杜老板说一直没机会过来，那这次是什么机会把您给吹来了？"

杜月笙并没有理睬卢筱嘉，他端起茶杯，揭开盖子，把飘在上面的茶叶吹到一边，轻轻地抿了一口，然后盖好盖子，把杯子放在桌面上，不紧不慢地说道："何将军，您是个爽快人，我也喜欢开门见山。今天来拜访，是有件重要的事要和您商量。"

何丰林暗暗一笑，心想：还不是为了黄金荣吗？来求人就是来求人，还说得这么好听。他心里这么想，可脸上却不露声色，一本正经地说道："不知杜老板要商量什么事情？"

"我们想要办一个公司，想请将军入股。"杜月笙故意先不谈黄金荣的事情，先给何丰林一点好处，这样一来，在黄金荣的事情上，自己就有了主动权。

"入股？"杜月笙不谈黄金荣确实很出乎何丰林的意料，但是说到钱，何丰林就两眼放光，他说道："那需要我投多少钱呢？"

"分文不要，只要将军赏脸，股份我们奉送。"杜月笙一脸严肃地说道。

"这怎么好意思呢。"何丰林一笑。

"将军的名望可比银圆值钱多了，"杜月笙继续说道，"我和张啸林张老板、黄金荣黄老板筹集了1000万资金，准备开一个名叫'聚丰贸易公司'的烟土公司，从事鸦片贩卖。如果你和卢督军愿意加入，所得红利，五人平分，你俩不必出钱，只需向部下打个招呼，保护鸦片的运输就可以了。"杜月笙所谓的"聚丰贸易公司"，实际上指的就是三鑫公司，他对何丰林这么说只不过为掩人耳目，换个名头罢了。

何丰林作为军阀，虽然握有重兵，经常敲诈勒索百姓和商贾，但是那点儿收益是不能与大公司的收入相比的。这一次，能够入股杜月笙、黄金荣等人办的公司可是个发财的大好机会，而且入股都不需要掏钱，这无本的买卖打着灯笼都找不到。于是何丰林当场就答应了。

卢筱嘉虽然因为黄金荣的事情，对于杜月笙还是心有芥蒂，但是谁不想发财呢？于是，他也替他的父亲答应了这件事。

"但是，还是请何将军和卢公子大人有大量，先把黄老板放出来啊。"杜月笙终于奔向了主题。

何丰林已经收了好处，不便说话，他看了一眼卢筱嘉。

卢筱嘉说道："放人可以，但必须满足我的三个条件。"

"好，卢公子，不要说三个条件，就是三十个，我也答应你。"杜月笙爽快地答道。

于是，卢筱嘉狠狠地说道："第一，露兰春必须亲自上门敬酒赔罪；第二，共舞台上的打手要向我叩三个响头；第三，在上海所有报纸上登一条新闻，说黄金荣在龙华地牢里吃萝卜干饭。"

杜月笙一听，火气就上来了，恨不得当即抽这个卢公子两记耳光，但是他必须忍着："卢公子，您提的条件我当然没有话说，不过嘛，不如您先听我讲一讲，咱们先分析一下您提的这三个条件到底对您有没有好处，您看怎样？"

卢筱嘉一听，说道："你这什么意思？"

杜月笙不慌不忙地解释道："那我就来说一说。第一，露兰春已经名花有主，一介女流之辈，您大人有大量，又何苦为难她，如果您不介意，不如我把会乐里的头牌小木兰送给卢公子；第二，共舞台的保镖也都是上海滩的好汉，其中还有我的徒弟，叫他们向你叩头，即使真叩了，心里也是不服的，还不如叫他们在杏花楼为卢公子摆一场酒席，当面道歉；第三，报上的消息可不可这样说，卢公子前往杜公馆赴宴，杜月笙敬酒三杯。大家和气生财嘛，您说这样好不好？"

卢筱嘉看这三个条件也都过得去，但是就这么答应，也太便宜他黄金荣了，于是又说道："既然杜老板换了三个条件，那我再加一个，让露兰春到我这里赔罪三天。"

杜月笙迟疑了一下，心想，露兰春是黄金荣的女人，答应了，恐怕不太妥当。

这时，何丰林也发话了："让露兰春陪我们公子三天，我就把黄老板放了。"

杜月笙听何丰林也这么说，看来是没办法了，陪就陪吧，不过是一个女人而已，当务之急是把黄老板救出来。

就这样，杜月笙凭着自己的胆识和才智，只身入虎穴，救出了黄金荣。

第十三章
陷足情场，两度离合

林桂生大砸醋坛子

黄金荣终于被放了出来。被关了五六天的黄金荣一回到家，看到林桂生正在家里焦急地等待丈夫的归来，不由得既感动又哀伤，这些天来，林桂生为了把黄金荣救出来，也是吃不下，睡不着，想尽了办法，虽然最后还是张啸林和杜月笙把自己救出来的，但是黄金荣心里知道，最担心自己的还是他的结发妻子林桂生。林桂生看到丈夫回来了，既高兴又心酸，丈夫在地牢里受了那么多罪，她为人妻的，实在是心疼。

经历了这一桩灾祸，黄金荣惊魂未定，就在家里老老实实地待了几天，休养精神。林桂生还以为黄金荣变得老实了，再也不会去外面拈花惹草了，从此，两人就可以更加恩恩爱爱了。为此，她还暗暗有些高兴，正所谓"祸兮福之所倚，福兮祸之所伏"。

可是她完全打错了算盘。俗话说，江山易改，本性难移，黄金荣没待几天，就又开始思念他的露兰春了，于是他就找了个借口，说公司里有事，又去找露兰春了。林桂生一个人在家，闲来无事的时候就喜欢和侍候她的佣人阿四姐拉拉家常。

"太太，您就不怕老爷这次出去，又是去拈花惹草了？"阿四姐服侍林桂生已经有二三十个年头了，所以说话也没有什么忌讳。

"他说公司里有事需要他办。"林桂生并没有起疑心。

"太太，老爷要是去公司，怎么不带着其他人，就他一个人去了？还有，我发现他还带了一包蜜枣，老爷可是从来不吃蜜枣的，他会带给谁吃呢？"细心的阿四姐这样说道。

听完阿四姐的这番话，林桂生开始恼火起来："难道这个麻皮又去找那个戏子了？"

阿四姐还继续煽风点火："上次就是因为这个露兰春，老爷才得罪了卢公子，被关在地牢里受了那么多罪。这一次不知道又要闹出什么事情来？"

"什么？上次的事情是因为露兰春？"原来林桂生虽然知道黄金荣与露兰春有染，但并不知道被绑架就是因为露兰春。这下可好，林桂生的醋坛子完全被打碎了，心想：好你个黄麻子，被绑架竟然还是因为那个戏子露兰春，亏我为了把你救出来，想尽了办法，耗尽了精力。这就算了，现在倒好，才在家待几天，就待不住了，又去找那个戏子了！

林桂生想着想着，气就不打一处来，无尽的委屈在心里憋着，突然抑制不住，就放声大哭起来。阿四姐这才发现自己说漏了嘴，这下可闯了大祸，把林桂生这个炸药包点着了，黄公馆可就不得安宁了。

林桂生哭了好一会儿，等她哭累了，把眼泪一擦，嘱咐公馆里的下人："等老爷回来之后，把大门锁上，不许他离开。"

在黄公馆里面，林桂生才是老板，黄金荣也怕林桂生，所以林桂生这么一发话，公馆上上下下都严阵以待，就等黄金荣入套了。

此时的黄金荣并不知道黄公馆里发生的事情，他直到天黑了，才坐上车回到了黄公馆。下车之后，他哼着小曲，大摇大摆进了门。黄金荣双脚刚迈进门槛，背后的下人就把大门一合，上锁了。黄金荣怒目圆睁，正想发火骂人，看门的轻声说道："老爷，是太太吩咐的。"

黄金荣一听这话，心想：怎么回事？难道是我今天去找露兰春的事情被她知道了？黄金荣心里有些害怕，蹑手蹑脚地上了楼。

林桂生已经恭候黄金荣多时了，见他上来，并没有说话，而是背对着黄金荣生闷气。

黄金荣柔声柔气地说："我说老婆，今天是怎么了？谁惹你生气了？"

看到黄金荣还在装腔作势，林桂生再也忍不住心里的怒火了，劈头盖脸就对黄金荣一顿臭骂："好你个黑麻子！你当我是聋子是不是？原来你坐大牢就是因为那个戏子，早知道老娘就让你永远待在大牢里别出来了。现在刚被放出来，又思念那个戏子了，你忘了她把你害得多惨了？你忘了我是怎样千辛万苦把你救出来的？现在当老板了，翅膀硬了，就不需要我了，就可以乱搞女人了，有本事你不要瞒着我啊？"林桂生与黄金荣结婚多年，从来没有像今天这样破口大骂过。

黄金荣看见林桂生这架势，知道她正在气头上，也知道林桂生的脾气，于是不理她，躲进了自己的卧室里避风头。

林桂生不许下人开门，自己还在家里看着，黄金荣就被软禁在了公馆里，一直没有机会出门。一天，林桂生出门应酬赌局，黄金荣乘林桂生不在家，这才偷偷地出了门，开着汽车来到了三鑫公司。一到公司，他直奔总经理杜月笙的办公室。进了办公室，他连连挥手让其他人离开，自己一屁股坐在沙发上，喘着粗气。

杜月笙看着黄金荣这副样子，就问道："金荣大哥，出什么事了？"

黄金荣吞吞吐吐，不知道怎么说。

杜月笙也急了："你倒是快说呀。"

黄金荣挠了挠头皮，说道："唉，桂生跟我闹，闹得真是不可开交。"

杜月笙小心地问道："是因为露兰春的事情？"

"嗯。"黄金荣有些难为情地点了一下头。

杜月笙随即劝道："大哥，你跟桂生姐都那么多年的夫妻了，犯不着为了一个露兰春伤了夫妻感情啊。"

"不，"黄金荣似乎被露兰春迷得鬼迷心窍了，对着杜月笙说道，"露兰春我是要定了，既然现在被老太婆知道了，我就光明正大地娶露兰春做老婆，她不答应也得答应。"

杜月笙着实吃了一惊，在他眼里，黄金荣是不敢对林桂生说一个"不"字的，这次，为了露兰春，他竟然一改往日的脾气，开始跟林桂生叫板了。黄金荣堂堂大亨，娶个三妻四妾也不为过，即使林桂生再霸道，如今人老珠黄，恐怕也没什么资格去反对，但是别看露兰春只是一个戏子，却是很有心计的，而林桂生更是一路辅佐黄金荣成就霸业，这两个女人恐怕很难在一个屋檐下生活，这样一来，两个女人的斗争就不可避免了。杜月笙不想卷入这件事，虽然他知道黄金荣的来意，却不露声色地推脱道："这件事情恐怕很难办啊。"

黄金荣一看杜月笙都不肯帮他，也不顾及自己的面子了，竟然向杜月笙哀求起来："月生，这一次你一定要帮我，桂生姐她最听你的话了，你去跟她说，只要把露兰春接进来，我还是让她当家，她还是一家之主。"

杜月笙看黄金荣都这样求自己了，只能答应去说一下了。黄金荣心里的石头这才落了地，说了一句："月生，就等你的回音了。"然后，黄金荣就离开了公司。

黄金荣与林桂生离婚

两天之后，杜月笙果然来到了黄公馆。黄金荣看见杜月笙来了，就有意回避了。杜月笙就吞吞吐吐地把黄金荣交代的事情跟林桂生说了出来。林桂生听到黄金荣的想法，心里憋着的火气就上来了，但是面对杜月笙，她还是沉住了气，只是苦笑一声，然后问杜月笙："你觉得呢？"

杜月笙没想到林桂生会如此平静，他小心翼翼地说道："露兰春进了门，也许能收住大哥的心，所以我赞成。"说完，他偷偷看了一眼林桂生的脸色。

林桂生也冷冷地看了杜月笙一眼，说道："他要讨小老婆，我并没有吃醋的意思，别说娶二房，就是娶到十房八房的我也不计较，我林桂生绝不是容不得老板身边有别人，但他要讨露兰春，我坚决不同意。为什么呢？我并不是不讲道理，你知道吧，露兰春是谁啊？她是张师的干女儿啊。那张师又是谁啊？他是你大哥的徒弟啊。以前，露兰春来咱们家的时候，都管老板叫'黄家公公'，所以，论起辈分来，我是露兰春的奶奶。要是老板讨了露兰春做二房，那我成什么辈分了？我由她的'奶奶'一下变成她的'姐姐'了。要我和她姐妹相称，这成何体统？讲出去岂不让人笑掉大牙？月生，你说说是不是这个理儿？我林桂生到底讲不讲道理？你大哥他娶露兰春是应该还是不应该？"

林桂生就这样回绝了杜月笙，当然，实际上回绝的是黄金荣。林桂生的这种回绝断没有一点儿作态的意思，而是实实在在的，是没有任何回旋余地的。

林桂生这边是这种态度，而黄金荣那边呢，他又是非要讨露兰春不可，这黄金荣和林桂生，都是自己的大恩人，杜月笙夹在中间，真是一筹莫展。没办法，面对这种尴尬的场面，三十六计，走为上计，杜月笙就找了个借口，说道："桂生姐，公司里面还有事，我先走了，有机会我再劝劝大哥。"说完，他正要溜走。

"慢！"林桂生突然发话了，"月生，我知道是黄麻子叫你来跟我说的，我不为难你，你告诉黄麻子，露兰春和我，不是她走，就是我走。如果露兰春进门，从今往后，我与黄麻子一刀两断，老死不相往来。"

杜月笙还以为自己听错了，又问了一遍道："桂生姐，如果大哥非娶露兰春不可，那你真要跟大哥离婚？"黄金荣和林桂生做了半辈子的夫妻，两人一起打天下，风风雨雨都过来了，现在却因为一个戏子而离婚，杜月笙有点儿不敢相信。

"如果他非要讨露兰春，这婚是非离不可了！"林桂生坚定地答道。

说完，林桂生转身进了自己的房间，"砰"的一声把门关上了。

黄金荣一直在隔壁偷听，听到林桂生要与自己离婚，他虽然感到吃惊，却一点儿都不觉得惋惜，反而非常高兴，就如同长期受压迫的人突然被解放了一般。

第二天一早，林桂生就搬出了黄公馆。杜月笙倒也讲义气，他念林桂生对自己有恩，为了报答林桂生的知遇之恩，就在西摩路为林桂生租了一栋房子，里面的家具摆设都保持着黄公馆的样式。

黄金荣讨露兰春心切，林桂生一走，他立即就用大花轿把露兰春迎进了黄公馆。露兰春本身就年轻漂亮，再一穿上新婚礼服，化上盛妆，简直是绝世美女：亭亭玉立，风流妩媚，齐眉的刘海，稍稍带了一点儿卷曲，头上插了一只盘发髻，周围还围了一圈茉莉花，衬出一头乌黑亮丽的秀发，花香人更香，身上披了一件大红绣凤的旗袍，满身的珠光宝气，透着那么一股娇贵。黄金荣看着这么一个美人终于可以完全属于自己了，真是心花怒放。为了讨好新娘子，他摆了一场盛大的宴席，持续了三天，还请了法租界所有的头面人物前来赴宴，黄公馆一时间宾客盈门，热闹非凡。

在酒宴上，宾客们纷纷祝贺黄金荣和露兰春，尤其是黄金荣的得意门生顾掌生闹得最起劲。他拿起酒杯，来到黄金荣与露兰春的酒桌前，对着这一对老夫少妻，谄媚地说道："掌生敬二老三杯。老板属龙，老板娘属鸡，龙戏凤，凤附龙，真是天生的龙凤配啊！"说完，顾掌生"哈哈哈"地一通大笑。

露兰春被顾掌生说得面红耳赤，而这种羞涩的神情更增添了她的妩媚。黄金荣听着顾掌生讨好的话，看着身边娇气的新娘子，乐得眉开眼笑。突然，他想到了一个主意，就对露兰春说道："兰春，今天是个大喜的日子，你给大伙唱上一段，让大伙开心开心。"

露兰春本来就羞涩的脸上因为黄金荣的这个提议更加泛起了红晕，她慢慢地站起身来，轻轻地唱道："三尺雕翎箭，能开方上弦，弹打飞禽鸟，英雄出少年……"

这是《天霸拜山》里的一段唱腔。露兰春一身大红装束，穿金戴银的扮相，使得这个"黄天霸"更加妩媚动人，俏丽风骚。酒席上掌声和喝彩声不绝于耳。宾客们越听越有兴致，纷纷叫嚷着："再来一段，再来一段……"

酒宴上热闹非凡，有两个人却似乎与这种热闹没有什么关系。一个人是杜月笙，他也去参加婚宴了，但只坐在角落里默不作声，片刻之后，他就悄悄退出了黄公馆。此刻，他并不为黄金荣感到高兴，却在想着一路扶持着黄金荣壮大的林桂生，不由地产生了一种莫名的伤感和惋惜，不知不觉，他竟然朝着林桂生的住处走去……

另一个寂寞之人自然就是林桂生，因为容不下另一个女人，她与黄金荣离婚了，这是不是太刚烈了呢？不，其实она很清醒，做了这个选择，实在是非常明智的。且不说她不能忍受婚礼上那令她心痛的热闹和之后与黄金荣新太太永无止境的钩心斗角，再者，黄金荣既然肯为娶露兰春而不惜跟自己离婚，就意味着夫妻缘分已尽了。

从1900年结婚到1920年离婚，林桂生与黄金荣共同生活了整整20年的时间。在这20年当中，黄金荣由一个普通的流氓而发展成为上海第一大亨，走的是一条顺风顺水、蒸蒸日上的道路，而这与林桂生的大力辅助是分不开的。如果没有夫妻二人这琴瑟和鸣的二十年，很难说会有如今的黄金荣。但是，黄金荣终究因为贪恋女色而最后与发妻分手，两人分道扬镳之时，在某种意义上也就预示着二人的辉煌生涯已经走到了顶点，接下来等待他们的，将是更加暗淡的前程：林桂生此后虽然拥财万贯，但当时失去了黄夫人的名衔，此后也就不再受人瞩目、不再拥有往日的风光；黄金荣呢，不出数年，他这"中国第一帮主"的称号就变得名不副实了，因为一颗业界新星正在骤然升起，并且迅速地掩盖了黄金荣的光芒，那时，人们再提起上海滩的"三大亨"来，就不是黄、杜、张，而是杜、黄、张了。

与黄金荣离婚之后，林桂生就住进杜月笙给她准备好的位于西摩路的一幢小洋房。离开了黄公馆，她也就不再是黄金荣手下众多门徒、帮差的师母和老板娘了，因此也就没有了往前那种一呼百应的局面，从而难免产生一种失落之感。对于这一时期的林桂生来讲，最可慰藉的是有一个人并没有忘记她，那就是多年来她亲手提拔和栽培起来的杜月笙。林桂生搬到西摩路之后，杜月笙经常去看望她，对她嘘寒问暖，桂生姐感动不已。此后，尽管林桂生和黄金荣之间是"老死不相往来"，但是她与杜月笙之间却一直保持着密切的联系。近30年之后，杜月笙在上海解放前准备远徙香港之际，最后看望的一个人就是林桂生。杜月笙一直不能忘记，没有林桂生对他的鼎力扶助，世上就不会有这样一个杜月笙。

尽管在为了迎娶露兰春而不惜与林桂生离婚之时，黄金荣表现得很果决，但在内心之中，他对林桂生还是有牵念的，只是，当时色迷心窍，为了能够将露兰春娶进门，一切他都在所不惜。可事后，黄金荣一冷静下来，是不可能不反省反省自己的作为的。他知道，这么多年来，林桂生给自己提供的帮助对自己事业的发展是多么的重要，在很多事情上，如果不是林桂生打点着，仅凭他黄金荣是做不到那么周全的。实际上，黄金荣并没有想跟林桂生离婚的意思，他并没有想到林桂生在对待迎娶露兰春那件事的态度是那么的果决，他不想失去林桂生，可是那时话都已经说到那个分上了，他也不便再退缩了，况且如果在林桂生这边屈服了，他在露兰春那边又怎么交代呢？在当时的情况下，他只能二选一。此后，黄金荣虽然因为得到了露兰春而欢喜，却也因为失去了林桂生而感到失落，特别是在遇到一些事情的时候，原本，很多事不需他过手，林桂生这个"贤内助"就全替他打点了，可是现在呢？露兰春做了黄公馆的女主人，然而那副担子她挑得起来吗？黄金荣为此也经常感到烦恼。另外，他在内心中对林桂生还是有着很深的感情的，毕竟是一起风风雨雨地生活了二十年的夫妻啊，突然说分就分了，他也很感伤。于是，黄金荣就想到，林桂生是不是也会有这种想法呢？她是不是也因为离婚的事情而感到后悔呢？自己有没有可能再将她请回黄府呢？想到这些，黄金荣就动起了心思，吩咐手下去打探林桂生的情况，暗中监视林桂生的一举一动，想看一看林桂生现在的态度，从而决定是否还有挽回的可能。但是，林桂生哪是一般的女人，黄金荣的这点儿小动作怎么会瞒得住她呢？她也猜到了黄金荣的心思，但是林桂生当初选择离婚决非一时的冲动之举，因此，她绝不会后悔，也绝不会再回到黄金荣的身边。

面对黄金荣的"骚扰"，林桂生使出了让黄金荣始料不及的一招——林桂生将一纸诉状告到了法租界会审公堂，声称"时常有人在门外窥探"，控告有人进行恐吓活动，当然，她没有直接指出那是黄金荣所为，而是说"究系何人不能指实"。但是，这根本不用林桂生自己指出来，此事一经调查，马上真相大白，那些窥探者都是她的前夫黄金荣派去的。黄金荣没有办法，只得到公堂受审，他辩解说："本人身为巡捕，哪里会做知法犯法的事情呢？我只不过是想打探一下她的生活情况，想让她知道我的苦心，从而能够回心转意，根本没有什么恐吓之类的意思。"黄金荣说自己想让林桂生回心转意，这倒是真心话。不过，林桂生根本就不理他，表示根本就没有什么回转的可能，并且警告黄金荣不要再使用一些卑鄙的伎俩来引起是非。这下，黄金荣对林桂生可是不再抱一点儿希望了，他此后再也没有派人去窥探过林桂生，也没有再跟林桂生进行过任何联络，两人是真真正正地断了此生的缘分。

其后的几十年中，一直到去世，林桂生都在上海过着隐居的生活。

薛家二少爷

婚礼过后，露兰春过上了黄太太的生活，当起了老板娘。黄金荣对于这个娇妻百般疼爱，露兰春身上穿戴的、手里玩的、屋里摆的，全都是最时髦、最名贵的，她提出的任何要求，黄金荣都尽力满足她，可是从此她也离开了舞台，不再为观众献艺，完全成了黄金荣的专属品。但是露兰春毕竟还年轻，她怎么能忍受独自守在黄公馆的寂寞生活呢？渐渐地，那些金银珠宝不再能引起她的兴趣了，而她早已与当时上海的花花世界结下了不解之缘，此刻，她又想回到她过去的粉墨生涯。

蜜月过后，露兰春越来越想要回到共舞台继续演出，觉得在那个舞台上唱戏，得到别人的喝彩，才是她这个年轻生命的价值所在。黄金荣也已经看出了这种苗头，可他当然是不愿意的，他怎么能忍受自己的娇妻站在台上，被台下的一帮男人用色迷迷的眼光紧紧盯着呢？于是他只能装着没有看出露兰春的心思。

可是长此以往，露兰春终是难解心中的苦闷，为了给露兰春解闷，黄金荣就建议，不妨收个徒弟，露兰春一想，有个徒弟可以教总比没有事做要好。于是，经人介绍，露兰春收下了一个十五岁的女徒弟，这个女徒弟后来离开黄公馆北上，又拜余叔岩为师，经过刻苦学艺，终成一代须生泰斗，她就是被誉为"冬皇"的京剧名伶孟小冬。有趣的是，露兰春的这个徒弟后来嫁给了黄金荣当年的徒弟杜月笙。不过，这也并不奇怪，露兰春和孟小冬都是伶界的翘楚，而黄金荣和杜月笙又是最为强势的流氓大亨，当时上海的舞台戏院多为流氓势力所把持，露兰春、孟小冬这类色艺俱佳的坤伶自然很容易被黄金荣、杜月笙这样的大亨所看中。

然而，尽管有了孟小冬这个女徒弟，可时间一长，露兰春还是觉得寂寞，依然想往着舞台生活，因此渐渐地又变得郁郁寡欢起来。终于，露兰春憋不住了，开口对黄金荣说道："我开始学戏、唱戏，已经有十几年了，我对舞台的感情很深，让我这么长久地离开舞台，我会闷死的。我现在已经是你的妻子了，只不过去台上唱戏而已，谁还敢对我动手动脚呢？"

露兰春都这么说了，黄金荣纵使一百个不愿意，也不敢惹自己的娇妻生气，而且她说的也在理，所以只能很不情愿地答应了。果然，黄金荣的担心是不无道理的，露兰春上舞台之后没过多久，又惹出了一场风波来。

露兰春不仅戏唱得好，更重要的是她美若天仙的外表，使得上海滩不少阔少爷为之倾倒，但是如今，她已是黄金荣的正派夫人，原先那些想要有所行动的人只好望而止步。当然其中也有痴情者敢动黄太太主意的，他就是上海首富颜料大王薛宝润的二公子薛恒。作为薛家的二公子，自然免不了公子哥的习气，年少气盛，风流倜傥，出入于酒肆、剧院、舞厅等场所。薛恒自从看到露兰春之后，一直对她情有独钟，不能自拔。

露兰春再次登上了戏台，薛家二少爷欣喜若狂，每晚都在共舞台包了个正厢，看露兰春的戏，不，准确地说，是看露兰春的人。再次登台的第一晚，露兰春唱《枪毙阎瑞生》，薛恒得知消息之后，赶在戏开始之前派人送给露兰春一个大花蓝，里面夹了一张镶着金边的名片，香气四溢。

此时的露兰春可不是当年的小丫头了，她看见薛公子送来的大花篮，用两个手指夹住那张名片看了一眼，淡淡地一笑，就扔进了垃圾桶里。

等戏散了场，露兰春卸了妆，换了衣服，准备回家，却看见薛公子来到了后台，毕恭毕敬地向她行了个礼。露兰春仍然摆出一副阔太太、大明星的架势，正眼都不瞧他一眼就离开了。

但是薛公子并没有被黄太太的名号和露兰春不屑的态度吓退，只要有露兰春的戏，他每晚都去共舞台看，每晚都送礼物。日子一久，露兰春竟然对薛公子产生了一些好感，不知道她是被薛公子的执著感动了，还是被他的勇敢打动了，毕竟在那些花花公子中，只有薛恒敢于对她表示爱意。

露兰春虽然已经是权倾上海的黄金荣的正牌夫人，可黄金荣却已经到了暮年，而露兰春正是思春的年纪，整日陪着一个老头子，而且还是个满脸黑麻子的老头子，总觉得生活中缺少了一些激情，缺少了一些乐趣。

其实黄金荣对露兰春是相当体贴的，露兰春提出的任何要求，他都尽力满足，这不，连露兰春想要继续上舞台的愿望，黄金荣都答应了。但是岁月不饶人，他毕竟是一个年过半百的老头子了，实在难以讨得露兰春的欢心。而露兰春，过去被黄金荣包养时，是何等的温柔体贴，如今成了黄太太，对待黄金荣也来了个180度的大转弯，经常发脾气不说，甚至已经开始厌倦黄金荣了。

一天，戏散之后，薛公子又出现在后台，一身笔挺的西装上洒着法国名贵香水，恭敬地给露兰春行了个礼，淡淡的清香与温柔的问候一齐向露兰春袭来，要是一般的女子早就招架不住了。露兰春对着他，淡淡一笑，竟然开口说话了："唔，薛先生，你身上好香哟。"

那勾人的笑容、勾人的声音，使得薛恒神魂颠倒，他想要走上去搭话，却被保镖挡住了，只能眼睁睁地看着自己朝思暮想的人儿坐上轿车离开了。

受到了露兰春的激励，薛恒对露兰春更加殷勤了。第二天，露兰春正在后台化妆，娘姨手里拿着价值1000银圆的香水，对她说道："这是薛公子送的。"

露兰春闻了一闻，知道是薛恒昨晚用的那种香水。她若无其事地对娘姨说道："请薛先生在戏散之前来一下，你和跟班不用等我了。"

随后，露兰春又多加了一句道："不准多嘴。"

那娘姨自然知道露兰春的意思，知趣地应了一声，就退了出去。

薛恒得到消息之后，兴奋地忘乎所以，根本就没有心思看戏了。锣鼓刚敲响，他就出了包厢，偷偷地溜进了露兰春的化妆间。露兰春是黄老板的夫人，她的化妆间是一个独立的房间，并没有其他人。薛恒坐在门外的沙发上，紧紧盯着化妆间那扇小门，心却早已飞进了化妆间里面。

锣鼓停了之后，门"吱呀"一声被推开了，风骚动人的露兰春就站在门口，那绝美的曲线倚靠着门沿。薛恒一下子从梦幻中醒了过来，霍地一下站起身来，正想走过去。露兰春突然尖叫起来："哪个大胆的，敢闯到这里来！"她转身就要喊人。

这下可把薛恒吓坏了，他一个箭步冲上去，拦住露兰春，战战兢兢地说道："是，是小姐让，让我过来的呀。"

其实，露兰春这是在故意逗她，她似乎还没有满足，继续威胁道："你就不怕黄金荣黄老板知道之后把你的皮给扒了？"

谁知道薛恒"扑通"一声跪在了地上，苦苦哀求道："小姐，我对你是一见钟情，为了你，我上刀山，下火海，也在所不辞！"

其实，露兰春对薛恒也已经心生好感，听薛恒这么一说，更是春心荡漾，她轻轻地把薛恒扶了起来，试探性地说道："即使你现在说的都是真的，也保不齐以后你会变心，男人都一个样。"

薛恒抓住了露兰春的纤纤玉手，另一只胳膊一把搂住了她的腰，说道："我薛恒对天发誓，绝不会对小姐有二心，否则就遭天打雷劈，不得好死！"露兰春赶紧捂住薛恒的嘴，心疼地说道："谁叫你发这么毒的誓！"她看到薛恒搂住了她，一点也不反抗，娇柔的身子倒在了薛恒的怀里。

薛恒见露兰春并不反抗，就搂着她走进了里屋。露兰春一直被黄金荣管束着，如今终于躺在了自己心爱的男子怀中，压抑许久的春心被彻底地激发了出来；而薛恒对露兰春更是痴情已久，他做梦都没有想到露兰春竟然会对他投怀送抱。两人干柴烈火，度过了一个美妙的夜晚。

露兰春自从走上舞台之后，从被黄金荣包养到成为黄金荣的正牌夫人，都不是自己愿意的，而她也一直渴望一种两情相悦的恋爱感觉。现在和薛恒在一起，她才真正感受到了那种恋爱的兴奋和喜悦，这种感觉是黄金荣这个老头子给不了她的，因此，在她与薛恒的世界里，她几乎忘记了黄金荣的存在。

可是纸是包不住火的。一次两次还能掩人耳目，日子一长，却难免会走漏风声。露兰春每天都要去唱戏，唱完戏又不回家，一来二去，终于还是被人知道了。杜月笙最先知道了这桩事，他手下的耳目众多，消息灵通，但是他碍于老板的面子，不敢声张。后来更不得了，张啸林也知道了。号称"猛虎"的张啸林可是个急性子，又对黄金荣忠心耿耿，他立刻就气得火冒三丈，把露兰春和薛恒骂了个狗血喷头："露兰春这个骚货，竟敢瞒着黄老板在外面找小白脸，还有薛恒，你个不识抬举的家伙，不就是个卖颜料的吗，敢动黄老板的女人，我看他是不想活了。这小子，不要让我碰上，碰上一次，我揍他一次！"

这些话，张啸林虽然没有当着黄金荣的面说，但还是传到了黄金荣的耳朵里。黄金荣哪能不生气，可是他已经被露兰春迷得不知所以了，竟然不敢对露兰春发火，只是找了个借口，板着一副麻子脸，冷冰冰地对露兰春说："以后你出门不管有什么事，都必须让我知道。"

露兰春倒也沉得住气，不露声色地反问道："为什么？"

"现在外面乱，绑架抢劫的事情多有发生，万一你被人绑了去，不是塌我的台嘛。"黄金荣也不希望事情闹大，想通过这次旁敲侧击的警告让露兰春收敛一点。

露兰春也听出了黄金荣的言外之意，可是她非但没有收敛，反而做出了更加大胆的事情来。

差点儿栽在露兰春手里

1923年6月中旬，露兰春与黄金荣结婚大约两年半的时间，然而，露兰春此时已经与薛恒公子私下里的过往十分密切了，这场婚姻正面临着危机。恰巧这时又出现了一件大事，那就是山东临城发生了一起特大国际火车劫持案。为了营救被劫持的法国人雷狄主教，黄金荣受法租界巡捕房的差遣去了山东临城。黄金荣一离开上海，露兰春就立即通知薛恒，让他赶紧准备车辆、船只和其他一些物品，打算两人远走高飞，从此过上逍遥自在的生活。

露兰春要与薛恒私奔，她当然不会两手空空地离开黄公馆。黄金荣为了讨好露兰春，把黄公馆各保险箱、珠宝柜的钥匙都给了她，她也一点儿都不客气，将黄金荣的地契、债券、金条、珠宝等席卷一空。不过这些财物再怎么值钱，也是有限的，但是，在露兰春带走的东西当中，有一样对于黄金荣来说却是万万不能丢的东西，那就是黄金荣保险箱里的大皮包。这个皮包里到底放了什么呢？原来里面有数不清的文件，文件的内容包括各种暗底账簿、与各界私下往来的重要函件，以及江湖上的秘密、官场上的罪证，如果把包里的这些文件公开出来，足够上海各级法院、治安机构忙上几年，那黄金荣以后也别想在上海滩混下去了。

黄金荣从山东回来，以为露兰春在共舞台唱戏，就直奔共舞台去了，在共舞台没见到露兰春，他又回到家中。到了家里，黄金荣惊呆了：保险箱被打开了，里面的黄金、珠宝、美元全都不翼而飞，最为重要的是，那个藏着无数秘密的大皮包也不见了。保险箱和珠宝柜的钥匙，天底下只有两个人有，一个是黄金荣，另一个就是露兰春。黄金荣一看到这个空荡荡的家，就知道露兰春跟那个薛二公子带着他的财富和大皮包溜了。

黄金荣顿时觉得天旋地转，眼冒金星，一屁股坐在沙发上，长长地叹了一口气，不知如何是好。他万万没有想到露兰春这个小小的戏子，竟然有如此的心机，敢从黄公馆逃跑，还带走了他所有的金银珠宝，就连那个绝对不能外泄的大皮包都不放过。

露兰春带着大皮包逃走了，黄金荣一开始像丢了魂似的，没了主意，好一会儿，他才缓过来。此时，他脑子里第一个想到的就是杜月笙，于是就把杜月笙叫了来，跟他商量对策。

杜月笙说道："露兰春这个戏子，实在是不知天高地厚，不过要找到她并不难，关键是那只大皮包，绝不能让别人知道皮包里的秘密，更不能落到别人的手里。至于大哥和露兰春的婚姻，大可也不用伤心，上海滩美女如云，她这么对你，你又何必自取烦恼，以后再换一个就是了。"

"月生老弟，你有能力，自打我认识你那天我就知道这点了，这件事你就看着办吧。只是不要出了差错，一定要办得圆满，包里的文件一件都不能少。"黄金荣说道。

"大哥，我一定狠狠教训一下这对狗男女，把你的文件找回来。"杜月笙应道。

"我只要她取走的东西拿回来就行了，至于露兰春，既然她变心了，就随她去吧，不要难为她。"看得出，即使说露兰春已经背叛了黄金荣，可黄金荣却还是对这个女人心存怜惜的。

"大哥，我办事，你就放心吧。"杜月笙说这话时，明显地感觉到黄金荣经历这一连串的打击，已经是大有颓意了，他似乎已经看到在不久的将来，他杜月笙就会取代黄金荣成为上海滩新的霸主。

其实，露兰春和薛恒的事情，杜月笙早就知道了，而且他也知道露兰春是个有心计的女人，所以一直有所留意。露兰春一逃，他立刻派人跟踪，很快就在苏州发现了露兰春和薛恒的踪迹，但此时不能贸然行动，因为这件事事关重大，一旦皮包里的文件外泄，将会引起上海滩的轩然大波，于是他继续派人严密监视露兰春和薛恒。

杜月笙等到时机成熟，就开始收网了，他让徒弟们把薛恒拖到外面毒打了一顿，而露兰春，他遵照黄金荣的意思，并没有怎么处罚。

后来经过杜月笙的调停，黄金荣和露兰春在上海会审公厅办了离婚手续，露兰春也交还了她拿走的全部财物，包括那个大皮包。

这件事情总算是有惊无险地解决了，可是自那以后，黄金荣在上海滩的霸主地位就渐渐旁落了，取而代之的是他曾经的徒弟——杜月笙。

黄金荣与露兰春之间的婚姻只维持了三年的时间，这段婚姻一开始其实就隐伏着巨大的危机，黄金荣通过强迫手段让露兰春变成他笼中的"金丝雀"，结果是强扭的瓜不甜，能够守住露兰春的人，却无法守住露兰春的心，到头来只能落得个鸡飞蛋打。这一次离婚，当事者双方因此而受到的伤害比黄金荣跟林桂生离婚那一次还要大，黄金荣因为露兰春的出走，不久之后又去追求名伶吕美玉，结果再次遭遇强敌，因而比跟卢筱嘉争夺露兰春的时候跌得更惨，他甚至因此而不得不退出刚刚坐上的法租界华人督察长这一高位，而且此后，黄金荣对女人心灰意懒，再也没有结过婚。当然，跟黄金荣比起来，露兰春所受到的伤害更大。离婚之时，黄金荣提出了两个条件：一、露兰春今后不准离开上海；二、露兰春今后不许再登台演出。黄金荣为什么要提出这两个条件呢？因为他知道，自己与露兰春之间已再无情感可言，他不想就这么轻易地放过露兰春，自己一定要能够继续控制露兰春，而要控制露兰春，就得让露兰春待在上海才方便，上海可正是他的势力范围啊。第二个条件用意就很是明显了，如果露兰春再登台演出，那人们就会指着台上的露兰春说："看哪，台上的可是黄金荣以前的老婆，黄金荣因为争夺她，被卢筱嘉绑了过去，蹲了好些天的大牢，后来他好不容易把露兰春娶到了手，结果露兰春在外面又勾三搭四的……"这样一来，黄金荣的脸还往哪儿放？为了保全一下自己的面子，所以黄金荣不允许露兰春此后再登台献艺。

露兰春离开黄金荣之后，很出乎大家的意外，她并没有嫁给薛恒，而是嫁给了唱老生的同行安舒元。这是什么原因呢？其实说来也并不奇怪，当时，露兰春、薛恒二人刚刚遭受黄金荣的严重打击，惊魂未定。黄金荣知道，露兰春跟他离婚，虽然萌因由来已久，但是直接原因无疑是露兰春跟薛恒之间的私情，因此，黄金荣恨透了薛恒。这时如果露兰春再毫不顾及黄金荣的感受而立即跟薛恒结婚，那么很可能会遭到黄金荣的报复，后果是不堪设想的。露兰春虽然钟情于薛恒，但是她并不糊涂，为了保护自己，当然，也是为了保护薛恒，她只能忍痛暂且离开薛恒。这样，在黄金荣看来，自己失去了露兰春，可薛恒那小子也没有得到她，那么他的报复心理也就不会那么强了，也就会饶过薛恒这一回。露兰春嫁给了安舒元一来是为了遮掩黄金荣的耳目；二来，她从此离开了舞台，找一个唱戏的老生来陪伴自己，也可排遣一下自己寂寞的心情。

露兰春虽然暂且嫁给了安舒元，可是她的心还是向着薛恒二公子的，一段时间之后，大家觉得先前的风浪都过去了，露兰春和薛恒很快旧情复燃，又开始私下往来。对于露兰春和薛恒的情况，安舒元非常了解，他知道，黄金荣要是得知了这件事，是饶不了这两个人的，说不定自己都要受到牵连。这样一想，安舒元索性就来了个成人之美，跟露兰春协议离婚，许她自由。露兰春和薛恒二人自是对安舒元的宽宏之举深表感激，可是安舒元望着这对钟情的人儿，心里却有着一种不祥的预感，他只能嘱告露兰春和薛恒多加小心。露兰春和薛恒辞别安舒元，不久之后就举办了婚礼，尽管做了低调处理，但是黄金荣对这事当然是不可能不知道的，一听露兰春又跟薛恒跑到了一起，他顿时就火气冲天，马上派人去监视露兰春和薛恒，准备寻机进行报复。

　　露兰春虽然渴望重返精彩的舞台生活，可是慑于黄金荣的淫威，她一直严守着约定，离开黄金荣之后，也就同时远离了舞台，当然，她在内心之中对于自己的演唱事业是一日也未尝忘怀的。露兰春是这样一种心态，而社会上的许多听众也是对露兰春当年那出色的唱腔非常留恋，特别希望有朝一日能够再次听到露兰春那美妙的声音。因为听众有这样的要求，上海一家电台在举行开幕式的时候就打算请露兰春出面唱上几句。接到这个邀请，露兰春非常高兴，一方面，她有了向听众展现自己歌喉的机会；另一方面，她由此知道听众还没有忘掉自己。但是，在考虑是否接受这个邀请时，露兰春犹豫起来，因为她不能不顾及当年黄金荣所提的条件——不能再登台演出，不能再登台演出……露兰春一想到这里，心里就格外烦乱。想了一阵子之后，她忽然发现，这只是一次电台开幕式的演出，算不得正式登台，况且，黄金荣也未必会知道这件事。其实，露兰春哪里知道，她的一举一动早就被黄金荣盯着多时了，她要做点儿什么，黄金荣还能不知道？然而，抱着这种侥幸的心理，露兰春还是接下了这份邀请。那天晚上，她在精心打扮之后，正要跟丈夫薛恒出发，却突然接到了朋友打来的电话，告诉他们电台周围已经有黄金荣的手下人把持。一听到这个消息，露兰春真是吓得浑身颤抖，去电台献唱的事情自然是化为乌有了，幸亏朋友及时提醒，要不然，真要到了电台，真不知道会出现什么场面呢。恐怕自己在台上没出彩，薛恒却要在台下先出丑了。这件事发生过后，露兰春和薛恒做事更加小心，过着一种深居简出的生活，这让黄金荣很难找到把柄。然而，狠毒的黄金荣并没有因此而放过露兰春和薛恒，因为只要想到他们两人在一起，黄金荣的心里就会感到格外不舒服，如果不将这两个人拆散，黄金荣简直是睡觉都不安生。黄金荣在苦苦等搜求着报复的机会，不久之后，机会终于来了。

　　1927年4月12日，蒋介石发动了反革命事变，大批的共产党人遭到了血腥的屠杀。黄金荣觉得，这是一个打击薛恒的好机会，他赶忙向国民党特务部门告密，指证薛恒是共产党员。这下，可要了薛恒的命，他在毫无防备的情况下，被国民党特务突然抓去，尽管他与共产党之间没有任何瓜葛，但是在黄金荣的嗾使之下，薛恒还是被打得死去活来。所幸的是，薛恒毕竟也不是一个平头百姓，既然号称薛二公子，家中也是很有势力的，不然，他当初也不会有胆量去追求露兰春。薛恒入狱之后，家人四处奔走，八方贿赂，总算找人说情让薛恒能够活着从牢里出来。不过，虽然薛恒保住了性命，可是由于在狱中遭受的酷刑过于狠毒，又加上心中悲愤不已，竟一病不起，不久之后就一命呜呼了。薛恒死去之后，露兰春伤痛欲绝，在巨大的精神打击之下，很快也病倒，在薛恒刚刚死去没过多久的一天，就也凄然离开了人世。就这样，在与黄金荣离婚三年之后，露兰春就因为黄金荣的迫害而悲惨地死去。

争夺吕美玉

　　和露兰春离婚之后，黄金荣很快就又一次陷入了情场风波，他又看中了一个伶人，想把她弄到手。然而，这一次与上一次不同，在上一次，尽管他栽了很大的跟头，但毕竟最后得到了露兰春，这一次，他不仅栽了跟头，最终也没有得到他想要的人。不仅如此，他的法租界华人督察长的职位甚至也因此而不保。总之，这一回，他的面子跌得更大了。

　　跟露兰春一样，吕美玉也是一个京剧演员。黄金荣看中的人物，当然也是很漂亮的。吕美玉到底有多漂亮呢？从当时的这样一件事中我们可以猜想一下。

　　20世纪20年代中期，华商上海华成烟草公司出品了一种"美丽牌"香烟，这个牌子的香烟问世之后，很快就成为中档烟中的畅销品，并且久盛不衰。"美丽牌"香烟之所以能够如此成功，其中的原因当然很多，但是其中不可忽视的一条是，"美丽牌"香烟切切实实地打出了"美丽"

这张牌，它的商标格外吸引人，因为上面是一个地地道道的大美女，这个美女不是别人，正是京剧红伶吕美玉。"美丽牌"香烟商标上的照片，就是在演出京剧时装戏《失足恨》中的半身剧照。当然，华成烟草公司在借助吕美玉的美丽来给自己的产品做广告的同时，"美丽牌"香烟的畅销也对吕美玉起到了很好的宣传作用，使得吕美玉更加变得广为人知。而吕美玉在出风头的同时，当然也招来了很多男人的垂青。不过，能够染指这样一个名媛的男人，实力自然是不俗的。在垂涎吕美玉的众多男人当中，黄金荣是最有实力的一个。那么，黄金荣又是怎么发现吕美玉这个美人的呢？是因为"美丽牌"香烟吗？并不是，黄金荣认识吕美玉，还是在戏台上。

吕美玉之所以能够成为一个京剧名伶，在很大程度上得自于父亲的遗传和家庭的熏染，她出身在一个演艺家庭，父亲吕月樵是天津人，是当时著名的京剧老生。吕月樵生有三个孩子，吕美玉为长女，她的下面还有两个弟弟。长弟吕玉坤也投身于演艺行业，后来成为著名的话剧和电影演员，曾经由于主演话剧《秋海棠》而红极一时。幼弟吕美君和姐姐吕美玉一样是京剧演员，主扮青衣，吕美君还曾经拜认京剧大师梅兰芳为师。如果说吕美玉出众的演艺才能得自于父亲，那么她美丽的容貌则主要得益于母亲的遗传，吕美玉有着一副非常清秀的脸庞，从小便很受众人喜爱。不过，吕美玉身世还是很不幸的。当时伶人的地位还比较低，又加上自身的一些原因，吕月樵在事业上取得了一定的成就之后，竟在演艺生涯中逐渐变得很不得意，中年以后更是穷困潦倒，于此同时，吕月樵的意志也变得格外的颓唐，因此他在54岁的时候就过早地病故了，而那时他的几个孩子还都没有长大成人。吕月樵对于当时伶人的低下地位有着刻骨铭心的悲痛感受，所以，他在临终的时候紧紧握着妻子的双手嘱咐道："凤仪啊，一定不要再让孩子们唱戏了。"吕月樵的这句临终遗言可以说是语重心长，跟吕月樵共同生活了多年的时凤仪当然也理解丈夫的苦衷，若是在正常的情况下，她无疑会遵守丈夫的遗嘱，让孩子们远离舞台，不去涉足演员这个行业，但是，吕月樵临终的时候，家境已经非常窘困，他扔给时凤仪的是一副难以对付的烂摊子，最为不堪的就是数额不菲的债务。面对着债台高筑的困难局面，时凤仪简直不堪重负，丈夫已经离世，而两个儿子年纪还很幼小，不得已，她只能教女儿学戏。吕美玉不仅长得美丽，而且生性聪明，一出戏，教上几遍就能学会。不久之后，吕美玉也和此前的露兰春一样，走入荣记共舞台演出，同时，也走入了黄金荣的法眼。

吕美玉登台之后，由于她扮相美艳，演技活泼，所以非常受观众的欢迎。当时有一个名叫王芸芳的坤伶从徐州来到上海，带来了一出时装京剧《失足恨》，她在戏中扮演女学生和少妇，在上海的戏迷中造成了很大的轰动。鉴于这种情况，经过一段时间的学习，不多日子后，吕美玉也在共舞台上演出了自己的《失足恨》，因为她在技艺上不输于王芸芳，而在扮相上却远胜于王芸芳，所以吕美玉版的《失足恨》给戏迷们带来了更大的审美享受，也在戏迷中引起了更大的轰动从此名噪上海滩。

吕美玉成名之后，由陈楚湘当老板的华成烟草公司为了借助名人效应来宣传自己的产品，在没有征得吕美玉和她母亲同意的情况下，就私自将吕美玉在京剧《失足恨》中的剧照用作公司的新产品"美丽牌"香烟的商标。果然，陈楚湘的这个算盘打得很成功，"美丽牌"香烟推出之后，立即风行一时，很多人不管这种烟的品质如何，就都冲着吕美玉的美丽而购买了"美丽牌"香烟。华成烟草公司借助吕美玉的名人效应为自身带来了很大的收益，但是这种未经沟通即暗自使用其照片的做法显然侵犯了吕美玉的肖像权。"美丽牌"香烟风行于世之后，很快就引起了吕美玉母亲时凤仪的注意，经其询问，吕美玉事先也不知道华成烟草公司使用她的剧照来做广告的事情，因此时凤仪勃然大怒，马上聘请了律师向法院起诉，要求华成烟草公司立即停止侵权行为，并且向吕美玉赔偿损失。这时，"美丽牌"香烟已经在全国各地城乡中畅销，如果此时更换了商标，销售状况必定急转直下，华成烟草公司无疑会因此而遭受巨大损失，所以这个商标是不能换的，吕美玉的照片是依旧要用的。最后，在法院的调解之下，双方协商的结果是：华成烟草公司每生产一箱"美丽牌"香烟，吕美玉都从中抽取十元的权益费。当时，"美丽牌"香烟的年销量已经接近一万箱，吕美玉仅此一项每年就可以获取接近10万元的收入。在当时每担米（156斤）售价大洋4元的状况下，10万元的财富意味着什么？如果以米价的标准来衡量，那时的10万元大约相当于现在的1000万元，每年1000万元的广告收入，就现在来讲也是相当可观的了。因此可以说，吕美玉是中国最早的、最为成功的"商品代言人"。

吕美玉演艺事业的成功给自己带来了相当大的名气，而华成烟草公司侵犯肖像权诉讼案更使得吕美玉名噪一时，但是不久之后发生的一件事，更使得吕美玉成为当时人们关注的一个焦点。这件事就是发生在黄金荣和魏廷荣这两个大腕之间的对于吕美玉的争夺战。

吕美玉在共舞台上当红之时，黄金荣已经与露兰春离婚，正处于一种懊恼之中，他对女人感到非常灰心，认为女人都是靠不住的，而就是在这种情形下，吕美玉的出现重新点燃了黄金荣胸中的热火，使得黄金荣心中那份已经死去的激情重新燃烧起来。黄金荣仗着自己财大势大，觉着把一个女人弄到手是易如反掌的。当初争夺露兰春的时候，在军阀卢永祥父子都介入的情况下，最终还不是让他给得手了吗？可哪知道露兰春没过几时，竟然跟薛恒那小子勾搭上了，最后竟然从自己的富贵窝中飞了出去。想起这些，黄金荣不禁又痛恨起露兰春来，同时，他就更加地移情于吕美玉，开始打起吕美玉的主意，开始向吕美玉奉献殷勤。

对于黄金荣表示出的"好意"，吕美玉当然明白是怎么一回事，先前露兰春的事情她也是知道的。就长相来讲，黄金荣一脸的恶相，更加上那张麻皮脸，让面容秀美的吕美玉感到特别不舒服；就年龄来讲，黄金荣当时已经是一个年过半百的糟老头子，而吕美玉却正当芳龄；在此之外，黄金荣的名声也很差，虽然权势很大，可谁都知道，他就是一个大流氓，嫁给一个大流氓，怎么能是出身清白的吕美玉所能情愿的呢？不过，纵然是有着一千种、一万种的不愿意，吕美玉却不大敢违拗黄金荣的"求爱"之举，因为自己就在人家的地界上吃饭，一旦惹恼了黄金荣，不仅饭碗会被砸掉，甚至人身安全也会成为问题。对于这个道理，吕美玉和她的母亲时凤仪都是非常清楚的，但是如果说就此屈服麻皮金荣，不仅吕美玉不愿意，就是她的母亲也是极不情愿的。就在母女二人感到左右为难之际，救星从天而降。

这个救星是谁呢？他就是魏廷荣。

与黄金荣不同，魏廷荣是一个正派人物，他出生于1890年，比黄金荣小着22岁，因此，当黄金荣已经是一个老头子的时候，魏廷荣却是风华正茂。当然，与黄金荣比起来，魏廷荣的优势不仅仅在于年龄，他的相貌要比黄金荣中看得多。如果说黄金荣长着一副大流氓的面相，那么魏廷荣则是一副英俊长相，就凭借这一点，他也会得到很多女子的倾心。不过，魏廷荣决非仅仅是年轻又英俊而已，更为重要的是，他有着不同一般的身份和地位。魏廷荣是一个富家子弟，自幼得到了良好的教育，而且魏廷荣勤奋好学，学业出众，后来更是远赴欧洲留学，而在欧洲的留学经历对他日后事业的发展助益颇大，魏廷荣不仅因此学到了现代的商业知识，同时也熟练地掌握了法语，因为他留学的国家正是法国，这一点为他日后在法租界的发展带来了相当大的好处。回国之后，魏廷荣在上海从事工商业和地产生意，担任中法银公司经理。因为家资雄厚，更加上自身杰出的商业素质，魏廷荣的事业很快就获得了腾飞式的发展，短短的几年之间就在上海最为繁华的徐家汇一带拥有了大量的地产，成了一个著名的地产大鳄。因为会说法语的优势，与法国人打起交道来就更加自如，而魏廷荣又深谙交际之道，所以非常受法国人的欢迎，从法国人那里得到了很多的帮助和支持，当然，他也会向法国人致以很多友好的表示。总之，魏廷荣与法国人之间的交往是一种互惠的过程。因为与法国人之间的特别关系，魏廷荣后来又出任法租界商团司令、公董局临时行政委员会首任华人委员等职务，可以说是法租界的一个大红人。而魏廷荣不仅自身实力强大，他的岳父家在上海也颇有名望。他的妻子是上海总商会会长、买办巨商朱葆三的女儿，朱葆三在当时的法租界乃至整个上海也算得上是一手能遮半边天式的人物。正是有了这样不凡的实力和特殊的背景，魏廷荣才敢向上海的老牌大亨麻皮金荣叫板，与其公开对峙。

在吕美玉进入黄金荣的彀中之时，魏廷荣对吕美玉也是慕名而往，开始对吕美玉频频献上美意。魏廷荣的突然出现，使得吕美玉看到了希望的曙光，因为她可以借助魏廷荣的势力来摆脱黄金荣的纠缠。魏廷荣的介入，对黄金荣来说不啻于半路杀出个程咬金，他一下子就火了，拍着桌子发狠道："一定要跟魏廷荣决个高下。"于是，20世纪20年代中期的上海滩就上演了一场非常精彩的"双荣夺美"的好戏。

不过，发狠归发狠，真要办起事来，黄金荣还是不糊涂的。他知道，魏廷荣之所以胆敢如此嚣张地向他这个上海大亨挑战，那也是有备而来的，自己实力雄厚，可人家也有着过硬的后台，因此，对待魏廷荣，他就不能像对付一般的平头百姓那样随便耍耍流氓手段就可以了，所以，黄金荣在跟魏廷荣进行较量的时候反而有些畏手畏脚的。

其实，论起实力来，黄金荣丝毫不比魏廷荣逊色，即使说从财富上来比较，二人不相上下，但是就门下人手这一点来讲，魏廷荣可是远远比不上黄金荣的，只要唆使几个得力的干将做做手脚，黄金荣不愁魏廷荣不惧他。诚然，黄金荣的确可以那么做，他也想到过这一类的办法，可是他对此却颇有顾虑，他为何如此顾虑重重呢？并不是因为绑架了魏廷荣会有损他的名声。其实，这种绑架的事情在于黄金荣来说是家常便饭，他早就因此而臭名昭著了，还在乎多这么一回？黄金荣真正在乎的还是魏廷荣的后台，那么，魏廷荣的后台是什么呢？那就是黄金荣也同样需要仰仗的法国人。魏廷荣之所以能够在法租界如此神气，在相当大的程度上是因为得到了法租界当局的支持。正因为跟法租界当局有着特别密切的关系，所以黄金荣就不敢轻易地去动魏廷荣，假如因此而惹恼了自己的法国主子，那可就得不偿失了，为此，黄金荣在跟魏廷荣争夺吕美玉的时候并没有咄咄逼人，而是表现得相当保守。事实上，在黄金荣与魏廷荣之间的这场争端中，法租界当局是偏向于支持魏廷荣的，虽然二人都为法租界所倚重，但是两人的角色毕竟有所不同。

在法租界的支持之外，吕美玉本人的态度当然也是非常重要的。就个人的品质来讲，吕美玉当然是绝对会选择魏廷荣的，现在魏廷荣在与黄金荣的争斗之中又占了上风，那么她自然也就公开亮出了自己的态度，打算嫁给魏廷荣。这一下，黄金荣就更难办了，如果他胆敢违拗吕美玉本人的意思而强行索婚，那就更不得人心了，况且他又未必能够真斗得起魏廷荣，闹不好会两败俱伤，很不值得的。不就是一个漂亮女人吗，干嘛非她吕美玉不可呢？当初对于露兰春，付出了那么大的代价弄到手之后，又怎么样呢？没过两年，还不是跟一个小白脸私奔了吗？想一想露兰春，这个吕美玉难免也是同一路货色，黄金荣可不想再做一次"赔了夫人又折兵"的蠢事了。为此，黄金荣最后做了让步，他"大方"地来了个成人之美，同意吕美玉嫁给魏廷荣，退出这场"情战"。

在黄金荣做出让步的情况下，魏廷荣和吕美玉最终如愿以偿，结为夫妻，虽然吕美玉只是魏廷荣的小妾，但总比嫁给麻皮金荣那个恶煞般的糟老头子强多了。不过，事情并没有就此完结，精彩还在后头。魏廷荣知道，黄金荣这个流氓大亨，这么些年来不是白混的，虽然他已经表示不再为难吕美玉，可是天知道他说的到底是不是真心话。魏廷荣心想，黄金荣是不会就这么善罢甘休的，因为这不符合黄金荣的性格。魏廷荣心想，干脆一不做二不休，先下手为强，在黄金荣进行报复之前抢先采取措施，就此扳倒黄金荣，让他再无还手之力。

于是，魏廷荣派遣了一些得力助手去收集黄金荣为非作歹的一些情报，然后将黄金荣的那些丑事在《真理日报》上透露给法租界高层，那些法租界就此了解到，原来黄金荣是这么一个货色，竟然背地里做了那么多见不得人的事情，于是，黄金荣在法国人眼中的形象一落千丈，马上大失人心。为了起到更为强大的宣传作用，魏廷荣还跟法租界的高层人物进行联络，将《真理日报》的发行范围由上海法租界扩展至法国首都巴黎，并且加大宣传力度，将报纸广为散发。黄金荣的劣迹由此在巴黎也广为传扬。法国人在中国的租界竟然用这么一个恶徒来做华人督察长，说出去实在是很不中听，因此，法国外交部就跟上海法租界当局进行了沟通，要求撤换黄金荣。与此同时，魏廷荣又多次向法国政府控告黄金荣，直接揭发黄金荣广收徒众，发展恶势力，招摇撞骗，开设烟馆、赌局，经营妓院，为害民众等一系列的罪行，因为这些都是确查有实据的事情，所以黄金荣无法进行抵赖，由此，黄金荣在法租界的地位可就不保了。在租界当局的频频施压之下，他不得已之下，于1925年3月以患有足迹为由辞去了法租界巡捕房华人督察长这一职位。这个职位可是黄金荣在法租界辛辛苦苦地熬了漫长的三十几年才最终到手的，如今上职还不到一年就被迫要离职而去，他实在是心有不甘。但是事态已经发展到了这个地步，他也是无可奈何，只能利用自己的优势想办法东山再起，而同时他恨透了魏廷荣，决计要寻找机会报复魏廷荣。

令黄金荣没有想到的是，在他辞去了督察长的职位之后，魏廷荣依然没有就此罢手，在法租界一些士绅的支持之下，魏廷荣又向法国政府揭发了最近发生的黄金荣的一条劣迹——黄金荣在平济利路（现在的济南路）法藏寺前的广场上为法租界巡捕房刑事科长夏才立庆祝六十寿辰而大摆宴席，当然，大摆宴席这没有什么，问题是，黄金荣借此机会逼迫法租界的商民为夏才立敬献寿礼。据说当时被迫送上寿礼的商民达到万人之众，黄金荣这次得罪的人数之多可以想见。为此，那些受到过迫害的商民旧账、新账一起算，在魏廷荣的号召之下，联合控告黄金荣，巴黎方面为此特地召上海总领事柯格林查问，质询上海法租界与中国恶势力之间的不正当关系。经过法国外交部的调查，商民的控告完全属实，为此，巡捕房的总巡费沃利上尉被撤职后调回法国，而改派法泊尔中尉来接任，又特地派遣了职业外交家饶伯泽为副手。从法国政府的这番人事调动可以看出，黄金荣这下可确实是惹下大祸了。法泊尔到任之后，一改弊政，开始大力查禁烟赌，法租界的烟赌产业因此而一度变得非常萧条。在法国政府雷霆震怒和法租界当局严厉施压的情况下，黄金荣当然要有所收敛。后来，黄金荣利用自己门生众多、恶徒遍野的优势，故技重施，接连制造了一系列的重案，搅得法租界上下不得安宁，致使租界当局不得不聘请他回到巡捕房继续任职，后来又接受黄金荣的请求，任命他的门徒金廷荪为华人督察长，使得黄金荣在法租界依然享有强大的影响力。当然，这是后话，在法国政府对租界巡捕房进行人事大调动的同时，黄金荣的确遭受了很严重的打击。不过，正所谓百足之虫，死而不僵，黄金荣虽然在跟魏廷荣进行较量的过程中迭迭挫败，但是实力并未受到根本的损失，依然是上海帮会界公认的大亨。有了这个基础，黄金荣也就不愁有朝一日能够东山再起，而黄金荣再次崛起之时，也就是魏廷荣要遭遇不测的日子了。

黄金荣东山再起

黄金荣离开法租界巡捕房，从华人督察长这样的高位上走下来，无疑会变得失落。黄金荣之所以能够成为上海滩流氓帮会界的一代大亨，就是因为当初他成功地走进了法租界巡捕房，从此一方面利用自己在法租界的权力来控制流氓，一方面又利用自己跟流氓的特殊关系来抬高自己在法租界的影响力。可是现在呢？离开了法租界巡捕房，这就意味着他丢掉了自己在租界的权势啊！在巡捕房中的权力和在帮会界的势力就是他的两条腿，可现如今呢，他就只剩下一条腿了。只有一条腿，走路怎么能够走得长远呢？黄金荣想，这样下去不是办法，必须想办法重新找回自己在租界巡捕房中的权势。

黄金荣与一般的人不同，有的人从官位上退下来，那可能就真的是威风扫地，一败到底了。但是黄金荣不同，他在法租界巡捕房里任职长达三十多年之久，已经为自己培养起了一支强大的势力，现在，不要说他自己，就是他的徒弟，有很多那在大上海也是叫得响的人物，所以说，黄金荣还是黄金荣，虽说一时走了霉运，但只要实力还在，就不愁没有东山再起的那一天。

其实，黄金荣也知道，租界当局虽然一时因为这些事要把他给赶走，但是他真的走了租界当局很快就会受不了，要知道，他黄金荣可是法租界的"治安长城"，没了"治安长城"的保护，租界的治安很快就得崩溃的。果然，黄金荣离职之后没有多久，法租界的治安状况就变得混乱不堪，完全可以用乌烟瘴气来形容。因此，很快就有人向租界当局提议把黄金荣请回来。但是，租界当局当时正想把黄金荣赶走呢，哪能他一辞职就又马上把他请回来呢？这样做岂不让人笑话，而且巴黎外交部那边刚刚落定此事，要他们严格查办，他们这时就把黄金荣请回来，跟外交部怎么交代？所以，租界当局并没有接受这样的提议，而且他们不相信，租界的治安离开了黄金荣就无法维持局面，因此，他们严厉督促巡捕房总巡法泊尔和督察长沈德福整饬租界治安，可是三令五申之后，租界的治安状况并没有明显起色。没有办法，他们只得将前总巡费沃利又请回来，可是依然无济于事。一段时间之后，租界当局又把沈德福撤掉，换上了任水扬来当督察长，但还是无法操控局面。总之，在黄金荣辞职之后一年多的时间里，法租界巡捕房几经调换人选，却始终无法扭转租界混乱不堪的治安局面。最后，没有办法，他们只得去请黄金荣出山。

黄金荣正等着这一天呢，他走之后，租界的治安一下子乱了起来，诚然不排除有一部分犯罪分子利用巡捕房人事发生变动的时机大肆作案，可其中更主要的原因是黄金荣在捣鬼。这种伎俩，他用了已不是一回两回了，嗾使喽啰到处破坏以此来彰显自己的能力，抬高自己的身价，这简直可以说是黄金荣的一项看家的本领。他从巡捕房一走，就坐在家中看租界当局的好戏。当然，这戏也不是白看的，因为尽管他使指使的那些人大都是他的徒子徒孙，但人总是不能白用的，这银子的表示还是要有一些的，所以这段时间里黄金荣也是没少破费，不过嘛，从很多敲诈勒索的事件中他也能够赚回一些，从而能够弥补一些损失。

1927年2月，终于有人登门了，来人带来了两封信件——法国驻上海总领事那齐亚亲自写信给黄金荣，信中说道："金荣先生台鉴：执事在法捕房办事多年，经验丰富，望继续赞助一切，所有关于租界治安各端，仍希随时详告总巡费沃利君为盼，此颂日祉。"同时，总巡费沃利也致信黄金荣："奉法总领事函开，阁下对于本租界之安宁各问题，深资臂助，鄙总巡颇为倚重，是以阁下为顾问，以便襄助一切，实于中华市民方面多多宣劳，是所厚望焉。"但是，黄金荣面对租界方面送来的这两封言辞恳切的来信，却摆起了架子，复信说自己足疾尚未痊愈，实在不便出面维持，拒绝了租借的回请。

黄金荣当然很希望自己能够重返巡捕房掌权，但是他之所以敢摆这个架子，就是因为他有着十足的把握，租界方面在遭到此次拒绝之后，一定不会甘心，还会再次前来的。而租界方面呢，也懂得黄金荣的心理，他就是想给自己多挣些面子，那好，就满足他的虚荣心吧，反正走这个又不花钱。于是，巡捕房总巡费沃利就亲自登门拜访，指出："现在时局不清，租界治安极为重要，念黄君前在捕房，办事多年，经验甚富……请即再行出任，维持治安。"黄金荣却依然推辞，说自己年迈，而且又值商业忙碌，诚恐顾此失彼。此后，租界方面又再三邀请，黄金荣见火候已到，自己已经找足了面子，遂正式复出。黄金荣回到巡捕房的那天，总巡费沃利特地通知巡捕房的全体成员齐集一处，进行训话，他说道："现奉总领事命令，因租界治安极为重要，黄金荣先生在捕房办事有年，对于租界情形，非常熟悉，是以黄先生复职。已蒙黄先生允许，甚为欣幸，此后尔等遇有一切公事，均须尊请黄先生妥为办理，不得违背，且须服从黄先生指挥一切。"黄金荣对费沃利的这番训话颇感满意，他客气地答道："鄙人蒙那齐亚总领事及总巡费沃利先生等青睐，属再复任，但鄙人对于租界一切治安，如力所能逮者，自当尽力效劳，务望诸同志共同匡助，保护租界市民治安，以期无负委托。"

就这样，黄金荣重又风风光光地回到了法租界巡捕房，不过，他此次复职不是重新担任督察长，而是以年迈为由，出任巡捕房高等顾问的职务。至于督察长这一职位，黄金荣另有安排，在他的建议下由自己的徒弟金廷荪来担任。金廷荪生于1884年，当年44岁，正当盛年，从年龄上来说比黄金荣担任督察长更为合适，而且金廷荪能力不俗，尤其在理财方面，在流氓帮会界很少有人能够比及得上，他先后担任过法租界的华人纳税会委员、公董局华人委员、广东大戏院老板等重要职务，另外，拥有大批的房地产业，在法租界乃至整个上海滩都是数得着的人物。正因如此，黄金荣非常看重金廷荪，而金廷荪对黄金荣也是忠心耿耿，所以更加得到师父的信任。这样一来，黄金荣虽然不是督察长，督察长却得听从他的领导，他简直就是一个"太上督察长"。在金廷荪出任督察长的职务以外，巡捕房的政治部主任程子卿，探目陈三林、丁永昌、鲁锦臣、曾九如等人也都是黄门弟子，因此，黄金荣这个高等顾问决非一个虚衔，表面上不掌有实权，可比那些握有实权的督察员、督察长之类的人物所享有的权力还要大。所以，黄金荣躺在自己的烟榻上非常得意地宣称："这法租界还是我'麻皮金荣'的天下。"

绑架魏廷荣

黄金荣在法租界东山再起之后，马上就将自己打击的矛头指向了当初令他失势的"罪魁祸首"——魏廷荣。

魏廷荣在上海法租界的权势和财力非同一般，他当年之所以敢横刀夺爱，从黄金荣手中将吕美玉争抢过去，就是因为他的实力并不在黄金荣之下，真要较量起来，黄金荣并不是他的对手，所以当时黄金荣不忍也得忍了。可是几年过后，形势发生了一定的变化，黄金荣在法租界的东山再起，与此同时，杜月笙也日渐崛起，其实力变得与魏廷荣不相上下。正所谓"一山不容二虎"，在实力逼平魏廷荣之后，杜月笙就越来越觉得魏廷荣是自己前进道路上的一大障碍，联想到前几年的"双荣夺美"事件，杜月笙打算联手黄金荣扳倒魏廷荣。

黄金荣与杜月笙各怀鬼胎，一拍即合。虽然二人之间也存在着矛盾，但是在打击魏廷荣这个问题上却是无比一致、毫无分歧的。两人商议之后，决定以绑架的方式来报复魏廷荣。

1929 年7月24日上午10 时50分左右，魏廷荣携同三个幼年子女乘自备汽车从设在朱葆三路（今溪口路）和爱多亚路（今延安东路）交口的中法银公司正向西行驶着，突然，夺路出现了四个持枪的绑匪，魏廷荣只得让司机停车。车停下之后，绑匪先将司机和三个孩子赶下车去，然后纷纷钻进车中，用浸了蒙汗药的手帕将魏廷荣蒙住，随即载着魏廷荣疾驰而去。

车行驶到了南码头，绑匪们将已经昏迷了的魏廷荣从车里抬出，又抬上了一条小船。经过两三个小时的行程，抵达位于浦东远郊的南汇县六灶村的地保樊庭玉的家中。绑匪们选择这个地方是经过了精心考察的：六灶村的周围河流纵横交织，一片水网将村落重重地围住，除小船之外，没有任何交通工具可以跟外界相通。而樊庭玉也是他们事先就买通了的，他们一来看樊庭玉老实可靠，二来看樊庭玉是当地的地保，别的村民不敢来寻他的麻烦，另外，最为重要的一点是，樊庭玉的叔父樊仁根也参加了这次绑架事件，是四个绑匪之一。

绑匪们把魏廷荣带到樊庭玉家中也就离开了，剩下了那些个日子，魏廷玉也就只能跟樊庭玉打交道了。

因为魏廷荣身份显赫，他被绑架的消息立即惊动了整个上海，法租界和公共租界的巡捕房以及华界的警察局马上开始十分紧张地部署侦破任务，决定将各车站、码头、关口、要隘等全都封锁起来进行严密检查，同时还利用流氓帮会分子试图从黑社会内部进行突破。但是多日过去，都没有得到什么结果。

绑匪们绑架魏廷荣之后当然要跟魏家进行联络以索取赎金。魏廷荣被绑三天之后，他的原配夫人即朱葆三的长女朱二小姐收到了一封绑匪的来信，信中约她当天夜间去杭州碰头，并且严肃警告她不许向警方报案。在送信的同时，绑匪向朱二小姐面交了魏廷荣亲笔写的一张纸条，还出示了魏廷荣随身佩带的一块金壳怀表作为信物，以此说明魏廷荣还好好地活着，要家中人准备赎票款项。送信的绑匪不仅仅是送信来的，还向朱二小姐敲诈了1000元钱作为"见面礼"，但是这个绑匪以及信件当中却没有告之勒赎的金额。

朱二小姐以及魏廷荣的爱妾吕美玉都不敢怠慢，赶紧以各种方式筹集资金，准备不惜代价地将魏廷荣平安地赎救回来。然而，此后的一段时间之内绑匪却神秘地消失了。绑匪消失不要紧，她们可就因此再不知道魏廷荣的消息了，丈夫到底是死是活，她们心里一点儿数都没有，而且时间越长，她们就越感到紧张和惶恐。在魏家的人焦虑成一团的时候，警方也忙得不可开交，可是一个月的时间过去了，大家都没有得到有关绑匪的一丝音讯。

8月24日这天，也就是魏廷荣被绑走一个月之后，忽然有一封署名为"大侦探密告"的信邮寄到贝勒路（今黄陂南路）天祥花园魏宅，信中说："廷荣被绑去至今无信，侦探捉强盗只捉外人，所以自己人做绑匪，侦探天大本领也捉不住。这个人是商团教操官，是自己人，只是手里没有钱，所以他就横了良心做绑匪，绑自己连襟。"

朱二小姐接到此信之后大吃一惊，因为信中明确指出绑架魏廷荣的人是他的连襟，这个连襟就是朱二小姐的小妹朱九小姐的丈夫赵慰先。赵慰先早年也曾赴法留学，回国之后经过舅舅朱竹坪介绍认识了魏廷荣，魏廷荣就将他安排在中法银公司当职员，以后又请他在法租界义勇团当教操官。那时魏廷荣已经与朱二小姐结婚，而赵慰先又经常出入魏家，所以就认识了常到姐姐家去的朱葆三的小女儿朱九小姐。时间一长，两人互生情愫，后来就结成了夫妻。

赵慰先寄居在魏家的时候，表现得非常老实、正派，不仅穿着打扮很朴素，而且说自己不会抽烟、喝酒、赌博。但是，万万没有想到，与朱九小姐结婚之后，赵慰先完全变了一副模样，不仅抽烟、酗酒，还经常到杜月笙开设的赌场里去狂赌，刚刚过去了两三年，就把朱家陪嫁的数万家产败了个精光。钱虽然输光了，但赵慰先恶劣的习性却并没有因此而改变，于是做起一些见不得人的勾当，可赵慰先很快就发现，仅凭那些小来小去的事情远远不能满足他的胃口，所以他就开始盘算一件大事。想来想去，他就将关注的对象确定为自己的连襟魏廷荣。对魏廷荣下手，不仅仅是因为魏廷荣很富有，还因为彼此的关系密切，不会惹人怀疑，同时他对魏廷荣的行动情况又非常了解。

接到这封信件之后，朱二小姐回想起近日的一些情形，也明白了个大概。在她和吕美玉筹集赎金的过程中，赵慰先一直在密切地打探着，此前她还以为这个妹夫是出于热切的关心才如此，因而心里对赵慰先还很感激，可是现在知道，完全不是那么回事。之前赵慰先一直在对她们说筹集的赎金不够，一味地要求她们再多筹集一些，朱二小姐就奇怪，绑匪没有说出赎金的数额，你怎么就知道赎金还不够呢？原来他跟那些绑匪是一伙的，绑匪之所以没有一开始就说下赎金的额数，就是想通过赵慰先这个内线来看一看魏家到底能够拿出多少赎金，他们想通过赵慰先的催促，将魏家的资产弄得片瓦无存。想到这些，朱二小姐恨不得立刻吞了赵慰先，可是气恼归气恼，朱二小姐做事还是很有分寸的。她现在就这样去找赵慰先是毫无用处的，反倒会让赵慰先得到了风声，使得他有了防范的机会，因此，朱二小姐和吕美玉商定，此事暂且密不外传，而只是将信件交给警方。

警方接到这封信之后，并没有立刻对采取行动。因为单凭这一封信件实不足以证明赵慰先就是绑匪的同伙，如果行动不周，反而会打草惊蛇，所以不如先封锁消息，只是暗中监视赵慰先的行踪。

就这样，又是20多天过去了，案情依然没有什么进展，不过，因为另一个案子的破获却意外地使得此案有了眉目。

9 月15日上午，公共租界康脑脱路（今康定路）304 号发生了一起凶杀案，落网的一个凶犯恰巧也参与了绑架魏廷荣一案，在审讯的过程中他交代了隐藏魏廷荣的地点。于是，公共租界警方与法租界警方进行沟通之后，金九龄立即率人赶往六灶村营救魏廷荣。

这时距离魏廷荣被绑走已经有50多天的时间，在这50多天的时间里，魏廷荣一直都住在樊庭玉的家中，当然，更准确地说，他是被藏在那里的。魏廷荣在樊庭玉家中过的是什么样的日子呢？为了防止魏廷荣逃跑，他的手脚一直被结结实实地捆着。一般的时候，他都躺在一张床上，樊庭玉会给他盖上被子，把绑绳都遮住，偶尔有邻居到樊家来串门看到魏廷荣的时候，樊庭玉就说是自家的亲戚在此养病，而邻居们也就信以为真。魏廷荣呢，此时他虽然全都看得一清二楚，但他不敢表示什么，因为他知道自己是掌握在人家手中的，一旦有哪个动作不规矩了，就难免会承担严重的后果，而且他也知道，在这里是根本无法逃脱的，也是没有办法向他人求助的。樊庭玉对魏廷荣还是很友好的，一日三餐都照顾得不错，当然，一般时候彼此不会讲什么话，即使偶尔讲上一两句，也是完全无关痛痒的那种话。就这样，魏廷荣在这一个多月的时间当中一直安稳地待在樊庭玉的家中，除了绑匪偶尔会过来查看一下情况，就再也没有其他的声息了。

然而，当中西探警突然闯入樊庭玉家中之时，樊家却空无一人。这又是怎么一回事呢？

原来，9 月15日的傍晚，樊庭玉的叔父、绑匪之一的樊仁根突然来到樊庭玉家中，说康脑脱路有人被捕，巡捕房已经得知魏廷荣藏在这里，最迟明天就会赶来，因此，樊仁根要樊庭玉立即逃出六灶村进行避难，至于对魏廷荣的处置，樊仁根扔下了两个字——撕票。也许是因为时间非常紧张，樊仁根并没有亲自去撕票，而是将撕票的任务留给了樊庭玉。可是这样一来就出了问题，樊庭玉本来是一个善良的人，而且通过与魏廷荣之间这么多天的朝夕相处，虽然彼此没有什么过多的了解，但是他明显地感觉到魏廷荣是一个好人，而魏廷荣对樊庭玉这么长时间的精心照顾也是深有感激，因此两人之间就这样产生了一种非常微妙的朋友式的情感，这个时候突然要撕票，樊庭玉还真就下不去手。同时，魏廷荣也跪在地上苦苦地哀求樊庭玉救他一命。樊庭玉虽然心存善念，可他也不是一个没有头脑的傻子，他做善事是需要考虑后果的，如果放了魏廷荣，他的叔父以及那些同伙岂能饶他？对于樊庭玉的这个顾虑，魏廷荣给予了恳切的答复，他对樊庭玉说明了自己的身份和地位，说只要樊庭玉能够将自己救出去，他就一定有办法保护樊庭玉后半生的人身安全，而且还会负责养活樊庭玉终生。魏廷荣的这种答复使得樊庭玉最后痛下狠心，决定不杀魏廷荣。于是，两人商定，先一起奔赴苏州，到魏廷荣的舅舅王晋康的家中暂且避难。随后，魏廷荣又通过舅舅进行联系，在上海法租界义勇团的保护之下，回到上海家中住了三天，然后又远遁至北平。当然，魏廷荣在自己逃难的同时也对樊庭玉做了妥善的安排，报答了樊庭玉的救命之恩。

魏廷荣在逃出虎口之后很快就与上海法租界警方取得了联络，经过警方的努力，又逮捕了参与绑架的另外3名绑匪。1929年10 月 4 日，法捕房将四名案犯押往会审公廨受审，最终宣布各押西牢五年，期满后驱逐出境，送内地官厅按律究办，另外再由几名犯人共同负担，赔偿被害人纹银一两。然而，这个案件远未到此结束，因为落网的还仅仅是几个直接执行任务的绑匪而已，他们与魏廷荣素不相识，对魏廷荣的底细一点儿都不了解，是不可能单独作出绑架魏廷荣的决定的，其幕后必定有人指使，而且根据魏廷荣的显赫身份来判断，指使者一定也是大亨一级的人物。另外，在"大侦探密告"所传达的信件当中明确指出赵慰先参与了绑架魏廷荣一案，可是到了现在，除了那封神秘的来信，警方并未发现其他任何相关的证据表明赵慰先与此案有关联。在这种情况下，赵慰先当然还是逍遥在法外的。

由于无所破获，这个案子就这么撂下了。如果没有其他的发现，也许这个案子就会到此为止，再不会有下文了，后来的一件其他案子再次牵动起了魏廷荣被绑架一案。

1931年6月，公共租界巡捕房在处理其他案件中的一名人犯蔡维才的时候，意外得知此人曾在两年前参与了绑架魏廷荣的事件。法租界巡捕房闻讯之后，马上要求公共租界法院把蔡维才移交到法租界，就魏廷荣被绑一案重行侦讯。在这次审讯中，蔡维才不仅供出了参与策划和实施绑架的另外几名案犯，而且着重指出此案的真正教唆者是赵慰先。于是，法租界巡捕房立即逮捕了相关案犯。本来，逮捕对象中是包括赵慰先的，可是赵慰先当时已离开了上海，正在苏州担任财政部税警独立第六营营长，因此巡捕房一时无法将其逮捕。

而在这些案犯被缉捕之后，正赶上会审公廨要撤销，于是直到8月7日，蔡维才等人才被押解到新成立的法院进行审讯。这时，蔡维才却翻了口供，说此前在巡捕房的口供被外国翻译给译错了。这显然是不可能的事情，蔡维才要翻供，推测起来只有一种可能，那就是审讯的耽搁其间受到了某种势力的引诱或者威胁。当时，由魏廷荣委托为代理人的徐延年律师向法庭请求对被指为主谋犯的赵慰先拘案法办。苏州并非法租界巡捕房势力所能延及的地方，于是法租界巡捕房请魏廷荣状请法院补办到内地捕人的手续，并要魏廷荣派其长子魏元生陪伴巡捕房的工作人员一同携公文赴苏州。这样，由苏州吴县公安局侦缉队协助，8月21日，在赵慰先乘坐自用包车驶过三多桥附近之时，由魏元生拦车指认，巡捕们逮捕了赵慰先。第二天，赵慰先被押赴上海，并于24日被押解到法庭归案审讯。当天，由捕头鲍尔弟及译员王均把一干案发押到法庭与赵慰先进行对质。那些案犯众口一词地供认此人就是赵慰先，并且说曾亲耳听到赵慰先谈过魏廷荣为富不仁故要将其绑架的打算。但是赵慰先却坚决不承认那些指证他的人与他相识。此后，法院又两次开庭，在此期间，几名案犯的口供发生了戏剧性的变化，有人依然坚持原来的说法，指认赵慰先就是绑架魏廷荣的始作俑者，可是又有人变了口风，说赵慰先没有参与此案，还反指魏廷荣派人去狱中探视，唆使他要报出赵慰先来，他一开始拒绝了魏廷荣的请求，可是因为没有抵抗住利诱，还是供出了赵慰先，事后又觉得于良心不安，所以又改了口供，决定尊重事实。当然，这种翻供被魏廷荣的律师和巡捕房一致认为是反诬，不过，这种反诬也明显是受人指使的。那么绑架魏廷荣以及前前后后影响此案正常审讯的总后台又是什么人呢？

赵慰先通过他的辩护律师，提出了财政部税警总团的公文，辩称不论赵慰先是否犯了罪，因为他具有现任军官的身份，都不应当接受通常法院的审判。因此，1931年11月28日，上海第二特区地方法院宣告判决，对蔡维才等案犯以共同掳人勒赎罪，分别判处无期徒刑或年数不等的有期徒刑，而对赵慰先却宣告暂且不予审理。一年半之后，1933年5月30日，设在法租界境内的江苏高等法院第三分院才准备把一直在押的赵慰先提庭，宣布移送淞沪警备司令部归军法审判。

然而这时，法租界巡捕房却又应魏廷荣的要求，突然撤回了对赵慰先的控诉。这又是怎么一回事呢？

赵慰先被捕后，朱葆三家的人都万分气愤，主张对其严办，唯有赵慰先的妻子朱九小姐不断地向魏廷荣求情，她多次跪在自己的姐姐、魏廷荣的妻子朱二小姐的面前进行苦苦哀求。此外，当时担任上海社会局长的赵慰先的胞弟赵班斧更是"断指写血书"，想以此促使魏廷荣"做感情的俘虏"，请求法租界巡捕房把对赵慰先的控诉撤回。就这样，魏廷荣最后撤回了对赵慰先的控诉。不过，法租界巡捕房在宣告撤回控诉后却仍把赵慰先移解到淞沪警备司令部。赵慰先很顺利地通过了军法会审，于1933年6月15日由淞沪警备司令部和军法处当局判决宣布无罪。虽说淞沪警备司令部事先就得到了赵慰先的好处，而且魏廷荣又表示对此事不再追究，但赵慰先之所以能够如此顺利地被无罪释放，恐怕更主要的还是因为背后有得力靠山帮助他打通了淞沪警备司令部军法部门的关节。

令人大跌眼镜的是，赵慰先获释之后，不仅不对魏廷荣的宽容表示感激，却反咬一口，不顾弟弟赵班斧在法租界巡捕房所出具的书面声明中提出的"保证慰先决不对于魏君有所误会"的诺言，在上海各报上以大字标题登载启事，说他被逮捕幽禁完全是因为魏廷荣唆使已被判刑的罪犯诬告他赵慰先以及"上海名人某公"所致。赵慰先自己供出了此前在案件的前后过程中从未出现过的"上海名人某公"，这就说明，赵慰先找人绑架魏廷荣的事情的确是有后台的。

随后，赵慰先就以教唆诬告的罪名向淞沪警备司令部军法处起诉魏廷荣。魏廷荣并不是军人，按理说，军法部门不应当受理此案，可奇怪的是，淞沪警备司令部军法处却遵从了赵慰先的要求，连续两次签发传票，甚至还直接派出便衣进入法租界魏廷荣的寓所传唤其到庭候审。法租界巡捕房自魏廷荣遭绑架之后，就经常派遣巡捕在魏宅的周围执行警卫工作，所以淞沪警备司令部军法处在第二次派人到魏宅传唤魏廷荣的时候，反被法租界的巡捕给扭进了巡捕房。这样一来，军法处可就不答应了，他们立即以魏廷荣"托庇租界妨碍公务"为名下达了通缉令。然而，中国军方是不得擅自进入租界捕人的，所以赵慰先只得请淞沪警备司令部把他提出的反诉移送到法租界的上海第二特区地方法院核办。同时，他又向该法院提了自诉状，控告魏廷荣和其子魏元生分别犯有诬告等罪行，要求法院从严惩处。而与此同时，法租界当局也派出了顾问律师到法庭上要求参加诉讼，其目的显然是保护魏氏父子。由此可见，魏廷荣与法租界当局的关系确实非同寻常。

正当魏廷荣与赵慰先之间再次陷入僵局之时，上海帮会界的一个首领徐朗西出面劝说魏廷荣不妨"烧点锡箔灰退鬼了祸"，也就是让魏廷荣花钱免灾。他一方面建议魏廷荣拿出3万元钱交给赵慰先去安排警备司令部里的人，另一方面又请朱竹坪去劝赵慰先。在征得双方的同意之后，徐朗西出面请客，魏廷荣、王晋康、朱竹坪、赵慰先等人一齐到场。魏廷荣当场打开了一只装着3万元现钞的箱子，由王晋康点交朱竹坪，再由朱竹坪转交赵慰先。从此，淞沪警备司令部军法处就不再对魏廷荣进行通缉了。至此，这一案件以永远"延期审理"而彻底了事。

从事件的整个过程来看，魏廷荣成功地脱离了虎口，保住了性命，而且也没有因此被弄得倾家荡产，这已经算是很幸运的了。可是从另一方面来看，魏廷荣作为被绑架的受害者，最后却稀里糊涂地损失了3万元钱去消财免灾，这实在令人不解，而明明在此案当中负有重要责任的赵慰先最后却逍遥法外，并且还白白地赚取了3万元钱的赌资。在此而外，此案的幕后主谋也一直没有公开露面，至于接受法律的惩罚那就更谈不上了。

那么，赵慰先对魏廷荣实施绑架的后台又是什么人呢？尽管赵慰先没有说出那人的具体名姓，而只是以"上海名人"来代指，但是魏廷荣已经猜出来是谁了。这个所谓的"上海名人"，就是在法租界乃至整个上海滩势力迅速崛起的"三大亨"成员之一——杜月笙。魏廷荣为何如此推断呢？任何事情的发生都是有其原因的，当时，杜月笙的发展势头正猛，特别到了1929年的时候，杜月笙已经荣任法租界公董局的华人董事，这是华人在法租界所能享有的最高地位。这些迹象令同样身为法租界公董局华人董事的魏廷荣感觉到，比起黄金荣来，杜月笙是一个更为强劲的对手。大家都知道，在一定的范围之内，资源总是有限的，所谓"一山不容二虎"。一旦有了"两只虎"，它们势必就会因为对资源的争夺而斗得头破血流。魏廷荣深谙此理，他知道杜月笙崛起之后，必定会在各方面与自己展开激烈的竞争，为了避免那种难堪局面的出现，魏廷荣利用了自身的各种优势对杜月笙进行一系列的打压。不仅在魏廷荣的眼中杜月笙是一个强大的对手，在杜月笙的眼中，魏廷荣也是一个最具实力的对手，他知道，如果自己想在法租界乃至整个上海滩称雄，就必须扳倒横在自己前面的一座大山，而这座大山就是魏廷荣，因为在当时的法租界，魏廷荣而外已经没有第二个人能够与他相抗衡的了。魏廷荣在事后所写的材料中说："我和杜月笙之间向有矛盾，古话说'两雄不并立'，那时在法租界我和杜月笙各有一部分势力，而法国领事比较信任我，在杜月笙看来，我不能成为他的心腹，就必然会成为他的敌人。事实上我是不肯和他同流合污的，在某些方面还和他对立。"杜月笙在经营烟土和赌场以及组织"自卫团"武装等方面，都遭到过魏廷荣的反对。另外，四一二事变之前，杜月笙等人在组织"中华共进会"的时候也曾想拉魏廷荣入伙，可得到的却是魏廷荣的回绝。由此，杜月笙对黄金荣、张啸林说，魏廷荣自以为是上等人，看不起他们帮会界。可尽管如此，杜月笙还是没有放弃对魏廷荣的拉拢，他曾经对魏廷荣表示，有意结为异姓兄弟，可是得到的又是魏廷荣的冷落。这就令杜月笙彻底丢弃了将魏廷荣转变为自家人的打算，从而开始盘算着如何扳倒魏廷荣。1931年6月，杜月笙举行家祠落成庆典，各界要人皆去祝贺，凡是数得着的人物几乎没有不到场的，可魏廷荣本人并未亲自去祝贺，这就使得杜月笙极为不满。总之，鉴于种种原因，魏廷荣和杜月笙之间的矛盾变得越来越尖锐。

在几年之前，杜月笙的实力跟魏廷荣比起来还是有着一定差距的，可是随着这几年中的迅速崛起，杜月笙觉得自己扳倒魏廷荣已经没有问题了，何况还有着黄金荣的辅助呢。就这样，他与黄金荣联手策划了绑架魏廷荣一案。

其实，在案犯的供词当中也已经显露出了杜月笙的影子。一个叫做朱竟成的案犯在法庭上受审时，曾供述绑架魏廷荣的动机："并非完全为金钱问题，实缘原告魏廷荣，身为教友，不应娶伶人吕美玉为妾，又将吕之照相刊印于'美丽牌'香烟上卖钱，又将义勇团名义在法国公园内捐募所得之款，匿不报销，又开中法银公司及交易所，紊乱金融等种种不良行为，故此起意绑架，惟民人等实际上确有强暴行为，违反法权，而对于主义上，并不为罪，实寓有警惕原告之意思。"朱竟成的这番话，说明他们绑架魏廷荣首先并不是为了索取赎金，而主要是因为一来魏廷荣不应该娶吕美玉为妾，二来魏廷荣不应该在法租界发展得势头太大。这岂不是纯粹的流氓话语吗？魏廷荣娶吕美玉，与你朱竟成等人何干？他在法租界内开公司、办交易所，又哪里冒犯得着他们呢？这两件事与朱竟成之流不相关，与另两个人却是关系十分密切的，哪两个人呢？一个是黄金荣，一个就是杜月笙。具有一定法律知识的人都知道，在推断一个人作案的时候，是要寻察其作案动机的，而一般来讲，作案动机是与切身利害直接相关的，而魏廷荣娶吕美玉，遭受打击最大的人是谁呢？当然是抢夺吕美玉失败的黄金荣啦。而魏廷荣在法租界扩展势力所妨害到的第一个人又是谁呢？当然是杜月笙了，因为当时杜月笙正在积极谋求着自己在法租界的独尊地位，而魏廷荣的存在与其势力的扩张正是杜月笙取得独尊地位的最大障碍。所以，从作案动机上来考察，黄金荣和杜月笙是绑架魏廷荣的最大受益者。另外，从作案条件来说，绑架魏廷荣所能够引起的轰动并不比绑架杜月笙或是黄金荣更小，在某种意义上讲，绑架魏廷荣就会闯下一场巨祸，那么这个巨祸一般人当然是不敢闯的，也只有"巨人"才能够有胆量、有实力去闯巨祸，而当时的上海滩能称得上"巨人"或者"大亨"的人屈指可数。

事后，魏廷荣自述："凭着我当时在法租界的地位，一般的匪徒如果没有强有力的人撑腰，怎敢动我的手。"正是因为他与杜月笙之间的深刻矛盾，杜月笙"势必要拿点颜色给我看看"，而又"适逢赵慰先有绑架我的企图，经过一些绑匪的串连，于是杜月笙就成为这一案件的幕后人物了"。魏廷荣又说："赵慰先和杜月笙原非素识，但是赵从淞沪警备司令部释放出来后，就和他的妻子朱九小姐经常在杜家出入，杜还介绍他在淞沪警备司令部当副官长。""赵慰先被释后，登报指责我要绑匪朱竟成诬扳赵慰先和'名人某公'。朱竟成在法庭上只说我要他扳举赵慰先，并没有说我要他扳举'名人某公'。在声明中，赵慰先却把杜月笙扯上，若果没有杜的授意，赵敢这样做吗？"

总之，从被绑架者魏廷荣所提供的材料和其他多方面的迹象来看，绑架魏廷荣的幕后操纵者就是杜月签。杜月笙当时和法租界当局的关系非常密切，可以说是和魏廷荣在法租界的势力不相上下，但是他所掌握的帮会势力却远超过魏廷荣手下义勇团的势力，另外，他在租界之外和国民党当局军警各界都有密切的关系，并且在金融界和工商界也有很强的影响力。由此看来，虽然魏廷荣的经济力量不在杜月笙之下，但是其政治势力，特别是社会势力却远不如杜月笙。而杜月笙就是借着这些优势，出手策划了这场绑架案。

其实，魏廷荣被绑案幕后不仅有杜月笙的背景，还有黄金荣的背景。自从魏廷荣从黄金荣手中夺去美女伶人吕美玉之后，黄金荣一直耿耿于怀，伺机报复。早在争夺吕美玉刚刚失败的时候，黄金荣就曾与杜月笙、张啸林等人策划过绑架魏廷荣，只是由于魏廷荣的周围有义勇团保镖护卫着，同时又受到法租界巡捕房的保护而难以得手。后来，当杜月笙的势力逐渐崛起之时，两人在对待魏廷荣的问题上目标一致。于是就借助魏廷荣的连襟赵慰先萌生邪念的机会拉其入伙，由赵慰先直接出面去安排绑架的事情，而杜月笙和黄金荣则在幕后多方活动，不仅使得赵慰先毫发无恙，而且在赵慰先被释放之后反诬魏廷荣，最终又让徐朗西出面，以调停的名义迫使魏廷荣拿出了3万元钱，算是在魏廷荣已有的伤疤上又割了一刀。

最后，这个案子算是不了了之了，由此我们可以看到，当时上海的帮会界对于正当的司法程序有着多么恶劣而严重的影响。

经过这次打击，魏廷荣变得行事极为谨慎，不敢再像以前那样大张旗鼓地去扩展自己的势力，也不敢公然跟杜月笙和黄金荣作对，从此屈服于杜月笙和黄金荣的势力，甚至就此退出江湖，过起了隐居的生活。由此，黄金荣总算出了一口恶气，而杜月笙则开始独霸法租界，乃至整个上海滩。

多年以后，魏廷荣感慨地说："我才39岁就辞去一切职务，蛰伏在家里，深居简出，偶然出门，总是提心吊胆，瞻前顾后。直到解放后，我才敢大摇大摆地出门，想往哪里，就往哪里，夜里放心大胆地睡觉，即使有人敲门，也毫不恐慌。在新社会里生活，安宁愉快，我体会得特别深刻。"

第十四章
城隍庙成了"黄氏家庙"

黄金荣行伪善

中元节，也就是农历七月十五那天，原本是城隍庙最为热闹的一天，可是1924年的中元节对于上海城隍庙来说却是一个灾日。

那一天下午，上海城隍庙正在举行巡会，当城隍神巡行到老北门外接轩里的时候，喧闹之中却突然有人喊道："失火啦！失火啦！城隍庙里失火啦！"人们循声望去，果然见到城隍庙里浓烟冲天。

城隍庙是如何起火的呢？原来，庙里有个看管大殿香火的张道士。这个张道士有抽大烟的习惯，七月十五那天下午因为犯了烟瘾，就悄悄出去抽大烟了。在平时，庙里看管香火的并不仅仅他一个人，若是他走了，还有其他很多人会照看庙里的香火。但是这天不同，因为城隍神要出巡，其他照看香火的人都跟着城隍神一同出巡了，而留在庙里照看香火的就只有这个张道士了。张道士自己去抽大烟了，但是他也并不能将城隍庙扔下不管，于是他就随便找了个人过来帮他照看一下香火。可是张道士没有想到，他找来的这个人根本没有照看香火的经验，将香客们点剩下的香火和蜡烛全都扔在最近的一个大香炉里，结果这个大香炉烧得越来越旺，过些时候火焰竟然蹿到了殿顶的木梁上。因为正是炎热干旱的暑期，当天的太阳又特别的足，加上城隍庙都是一些木结构的建筑，所以，上海城隍庙就在这场火灾当中毁于一旦。

城隍庙虽然失火被毁，但是人们的生活中却依然是需要城隍庙的，出巡的城隍神不能就此无家可归啊。因此，马上就有人商议重修城隍庙。对于这件事，反应最快的要数黄金荣等人了。事发之后，黄金荣马上联合杜月笙、张啸林、刘鸿生、钱新之、范回春等上海帮会界的重要人物和工商界的知名人士组成了"上海城隍庙董事会"，开始集资重建城隍庙。

在集资的过程中，黄金荣非常慷慨地一人独捐5万元，而另两个大亨杜月笙和张啸林则都捐出1万元。

大家都知道，在"三大亨"当中，黄金荣是最为吝啬的一个人，对钱财向来看得很重，而此次他出手如此大方，岂不令人意外？其实，黄金荣有自己的打算，他之所以会捐出这么多，决非仅仅是行善，更主要的是为自己牟利。

重修城隍庙一共历时17个月，于1926年7月竣工。重建的城隍庙大殿高16米，广14米，深21米，与此前的木结构建筑不同，重建的城隍庙完全是钢筋混凝土建构，不用一砖一木，即使再发生火灾，也不必担心被焚毁了。不过，建筑的用材虽然更换了，但是表面上看去，却依然是彩椽画栋，翠瓦朱檐，仍旧沿续着中国古代庙宇固有的仪制。

据史料记载，重建的城隍庙大殿的前后供奉着秦裕伯、霍光和陈化成这三位城隍爷，虽然城隍庙并不十分宽敞，但这个大殿还是非常恢宏的。在供奉三位城隍爷的大殿之外，最为重要的就要数后殿了，因为后殿供奉着城隍娘娘——懿德夫人，故这个后殿通常又称娘娘殿。另外，大殿的西侧有一幢三层高的水泥楼房，楼中辟有星宿殿和阎王殿，供奉众多神仙。有了这众多神仙的福佑，城隍庙的香火十分旺盛，几乎每天都是香客济济，只见在一片氤氲的香烟之中，来此祈福的香客们或烧香，或磕头，或祈祷，或求签，各个都是一脸的虔诚。而围绕着城隍庙也形成了一个商业中心，来此求神拜佛、经商购物、旅游观光者日众，使得这里更成为上海的一大名胜。这正是黄金荣看中城隍庙的原因，他肯花费重金来重修这城隍庙，一方面是向借此机会来树立他"慈善"的名声，另一方面则更是想让城隍庙这块宝地成为他的生财之所，因此，那捐出的5万元钱，既是善款，更是投资，而且是一笔回报非常丰厚的投资。

黄金荣出资重修上海城隍庙，在当时的上海是一件非常了不起的事情，而对于城隍庙本身来说更是非同小可。按照惯例，重修上海新城隍庙的"功德碑"是一定要立的。在重修之后的城隍庙中，就有着由一块纯白大理石打造的功德碑，上面刻着如下碑文："邑庙本是地方神主，保境安民，咸仰德泽。不幸重罹大火，庙宇尽付一炬，致使神无所依，胜地为之逊色。筹金无措，欲兴无力，蒙慈善家大善士黄金荣先生乐善好施，慷慨解囊，捐助五万元独资建造庙殿。其结构不用一砖一瓦，一竹一木，设计新颖，别具宏伟，殿貌巍峨，始有今日之壮瞻。特勒石以志其功德。"

黄金荣向来是好脸面的人，建这样一块功德碑，也正是他出资重修城隍庙的初衷之一。

当然，黄金荣拿出那5万元钱所要换回的绝不仅仅是一块功德碑。他虽然喜欢好名声，但他也知道，名声的事情都是虚的，而钱财的事情才是实的，他出资重修城隍庙的主要目的并不是为给自己赢来什么善名，而是要从中得到实在的好处。因为城隍庙是黄金荣拿钱重新建立起来的，所以重建之后，城隍庙的产权自然也就归属于黄金荣了，从此，上海城隍庙就成了黄金荣的一座"家庙"。

因为城隍庙一带有着旺盛的人气，所以商业非常发达，能够在这里经商一般都会赚取非常丰厚的利润。黄金荣拥有了城隍庙的产权之后，就将他的徒弟们安插进城隍庙的管理部门，而受到城隍庙管辖的周边的商家以及来此做生意的众多流动摊贩从此就开始受控于黄金荣及其门徒了。他们一方面从各种商贩手中收取重额税金，另一方面更是通过各种流氓手段对他们看中的商号进行残酷的打压，从而达到由自己人经营的目的。黄金荣虽然为了重修城隍庙而花费了5万元钱，但是城隍庙修好之后不到一年的时间，就已经通过各种方式得到了几十万元的回报。所以说，黄金荣的此一善举实在是一件名利双收之事，他既成了一个大善人，又做了一笔好买卖。

黄家总管程锡文

黄金荣因为重修城隍庙而给自己增加了一个好财源，但是，他并不直接去管理城隍庙的事务，而是委托给一个人去管理，这个人就是黄家的总管程锡文。

黄金荣为何会派程锡文去管理城隍庙呢？这一方面是因为他对程锡文的非同一般的信任，无论从能力上来讲，还是从忠诚度上来讲，在黄金荣眼中，程锡文都是一个信得过的人，因此他才能够给黄金荣当了几十年的管家。但这并非全部的原因，另一方面，还是因为程锡文与上海城隍庙之间早有关联。说起来，程锡文能够认识黄金荣，都是因为城隍庙的关系。

民国初年的时候，程锡文的父亲在上海城隍庙附近开设裱画店，而程锡文从小就在店里帮忙。当时城隍庙内有五个有势力的"白相人"——所谓"白相人"，指的就是一些游手好闲又为非作歹的流氓式的人物。因为这五个白相人的名字中都有个"生"字，所以人们就称他们为"五生党"。五生党中有个当过律师、后来开象牙店的薛连生。有一次，薛连生带了一张任伯年的学生画的松鹤图，想要程锡文把任伯年学生的名章改为任伯年的图章，显然，经过这样的篡改，画的价值可就大不一样了。但是程锡文还是懂得行业规矩的，对于这种犯忌的事情他是不肯做的。薛连生既然有了那样的打算，当然是不会轻易放弃的，他对程锡文再三央求，同时许给了程锡文一笔可观的好处，终于使得程锡文同意帮助他造假。经过这件事，薛连生与程锡文的关系就变得近密了，薛连生经常到处夸奖程锡文的手艺好，并且还把史金绣介绍给程锡文认识。史金绣是当时知名的白相人范开泰的妻子，那时范开泰在上海开设乌木行，人称"乌木开泰"，他的弟弟范回春也是一个白相人，兄弟俩在上海都很有名气。史金绣比范开泰兄弟的名气更大，是当时非常闻名的女"白相人"，人称"强盗金绣"，是上海女流氓中数得着的头面人物，也是当时上海的"青帮十姐妹"之首。程锡文就是经过史金绣的介绍与黄金荣相识。因为史金绣的丈夫范开泰当时是城隍庙的董事，所以程锡文就由他们夫妇带进城隍庙去管理一些事务。程锡文很会巴结，很得史金绣的欢心。开始的时候，史金绣叫她小弟弟，后来两人之间的关系变得越来越密切了，史金绣见程锡文年纪还很轻，干脆就让他拜自己为"干娘"。能够认下这样一个强女人做自己的干娘，程锡文当然求之不得，而史金绣对他当然也更是另眼相看，对他变得愈加照顾。

程锡文虽然已经进入城隍庙中做事，但他家的裱画店依然在经营着。为了让程锡文多赚些钱，史金绣就让他挑些好的书画卖给黄金荣和黄家的亲戚朋友。这样，程锡文就开始在黄金荣家进进出出，而程锡文这时显示出他善于巴结的能事来，他不仅极力争取黄金荣的好感，同时对于黄家的大小佣人也进行交结，从而博得了黄家上下的一致满意。这为他日后进入黄家并且在黄家长期立足打下了良好的基础。

一来二去，程锡文与黄金荣之间的关系变得越来越近密了。当时，门单户薄的程锡文非常想攀上一棵大树从而摆脱贫贱的日子，而流氓大亨黄金荣正是他心中理想的人选，因此，一旦时机成熟，程锡文就顺理成章地拜投在黄金荣的门下，做起了黄金荣的弟子。黄金荣对于收下程锡文做弟子这件事也是相当满意的。师徒关系建立之后，他马上将家中的一些事务交由程锡文管理。程锡文曾经长期经营裱画店，又在城隍庙中管过事，所以管理起黄家的事务来可以说是驾轻就熟，而奉承逢迎又一向是他的擅长，所以他很快就赢得了黄金荣非同寻常的信任，成为黄金荣的总管家。

上海城隍庙变成黄金荣的"家产"之后，因为程锡文曾管理过城隍庙的事务，所以黄金荣就派他去管理城隍庙的日常事务。程锡文没有辜负黄金荣的期望，将城隍庙管理得井井有条，当然，最为重要的是给黄金荣赢来丰厚的钱财。在这一点上，程锡文是做得非常成功的，使黄金荣每年都能够从城隍庙这块宝地上获取几十万元的收入，与此同时，他自己也是赚了个钵满盆满，主仆二人可谓各得其所。

黄金荣的旧派生活

19世纪中期以来，中西交流迅速扩大化，尤其是19世纪末期之后，西风东渐之势愈加明显，洋务运动、戊戌变法、辛亥革命、新文化运动，这一场接着一场的政治运动和思想革命，给古老的中国的带来了越来越多新的气息。一方面，很多新派人士已经实现了完全西洋式的生活，另一方面，更多的人则仍然沉浸在旧式的生活习气当中。新派人士与旧派人士在生活方式上形成了鲜明的对比，而这样的对比在中外文化交流涉及面最高、层次也最深的上海体现得尤其明显。民国时期的上海，新派人士普遍的生活状态是：看电影、跳舞、吃西餐、喝咖啡、遛狗等，而旧派人士普遍的生活状态是：孵茶馆、泡混堂、听大书、看京剧、吃本帮菜、喝老酒等，两派之间可谓差异迥然。黄金荣是一个典型的旧派人士，他过的也是地道的旧派生活。

当时上海用"皮包水，水包皮"来形容那些旧派人士的生活方式。所谓"皮包水"，指的就是喝茶，而"水包皮"指的就是洗澡。当年上海旧派人士的喝茶、洗澡跟现在大有不同，他们往往不说"喝茶"，而是说"孵茶馆"；也不说"洗澡"，而是说"泡混堂"。所谓的"孵茶馆"，就是说那些人到茶馆一喝起茶来，简直就像鸟孵蛋一样沉稳，一坐就是小半天儿，甚至有一整天都在茶馆里度过的。同样，"泡"字的意思也是时间长。这种"孵茶馆"和"泡澡堂"式的生活是当代习惯了快节奏生活的人所难以想象的，但是黄金荣当年的确过的就是那种懒散、奢靡而又荒唐的生活。

当然，在"孵茶馆"和"泡混堂"之外，黄金荣还有很多其他的生活内容，其中最为重要的一项就是听京剧。黄金荣一生经营了多家戏院，戏院上演的剧种虽然有多种，但京剧无疑是占有绝对优势的。在民国时期，上海京剧演出之盛况在很多时候都超越了北京，成为全国之冠。黄金荣一生喜欢听戏，对于京剧尤其入迷，不仅喜欢听，自己有事没事的时候也会来上那么几嗓子，虽然唱得不怎么样，但也能够自得其乐。黄金荣不仅喜欢京剧，对于京剧演员也是情有独钟，他一生当中花过最大力气追求的两个女人都是京剧名伶。

此外，黄金荣几乎终其一生都不曾离开的一项生活内容就是抽鸦片。在旧时中国，吸食鸦片害得很多人倾家荡产、妻离子散，但是对于黄金荣来说，决不会出现那样的问题，因为黄大老板腰缠万贯，抽几口鸦片花出去的钱，实在是九牛一毛，不值一提。很多人因为吸食鸦片而使得身体变得十分羸弱，黄金荣一生都有抽大烟的习惯，那么他又怎么能活到86岁的高寿呢？黄金荣虽然嗜好鸦片，可以说是每天都不离口，但是他吸食鸦片还是很讲究的。黄金荣抽鸦片，严格遵守着三条原则：第一条，只抽大烟，而不吸海洛因，也不打吗啡，简而言之，是除了鸦片之外，就不再接触其他的毒品。吗啡、海洛因等毒品的主要成分与鸦片是一样的，不过，跟鸦片比起来，那些毒品的毒性是更加厉害的。黄金荣深知这一点，他虽然每天都吸毒，可是他给自己划了一条线，跟毒品的接触仅仅限于鸦片，决不越雷池一步。但是，仅仅如此还是不够的，大家知道，很多人也是只抽鸦片的，可同样中毒很深，远没有黄金荣那么神气，这又是什么原因呢？这是因为黄金荣抽的鸦片跟一般人所抽的鸦片是不一样的。黄金荣只抽上等的印度鸦片和云南鸦片，因为这两种所含的生物碱比较多，香气浓郁而毒质较少。此外，黄金荣在吸食鸦片的时候一定要掺合燕窝、人参和珍珠粉。因为它们与鸦片发生种种的化学作用，可以大大降低鸦片对人体的毒害作用。

黄金荣的子嗣和家庭

黄金荣虽然娶过两任妻子，但是并没有亲生的子女。中国自古有话："不孝有三，无后为大。"传统思想根深蒂固的黄金荣对于后代问题当然也是十分重视，而随着自己事业的发展壮大，黄金荣对此也就更加感到烦恼，如果没有子女，自己的庞大家业日后有谁来继承呢？

因为与林桂生结婚之后多年都没有生养，所以黄金荣就领养了一个儿子，小名福宝，大名黄钧培。对于认领养子一事，黄家对外是保密的，只说是林桂生自己生的，但总不乏有知情人会走漏风声。

不管怎样，黄金荣总算是有了儿子，有了继承人的。据说，黄钧培长得非常招人喜欢，因此黄金荣和林桂生都对他十分疼爱，1919年，黄金荣还出资支持黄钧培以中法学生会的名义（因为当时黄钧培是中法学生会的负责人）创办了中法义务学校。黄金荣和林桂生也很早就给黄钧培定下了亲事，新娘不是别人，就是林桂生先前的养女——李志清。

李志清生于苏州，父亲叫做李祥庆。当年，李家过得非常破落，一天，林桂生到苏州挑选妓女，李祥庆将当时还非常小的李志清卖给了林桂生。林桂生见李志清生得容貌秀美，而且做事也非常机灵，就没让她去做妓女，而是将她认做"干女儿"。后来，林桂生与黄金荣结婚，李志清一直与他们生活在一起。

黄钧培和李志清长大了之后，在林桂生和黄金荣的主持之下，同出一家的二人结为夫妻。看着一对小儿女团团圆圆的，黄金荣和林桂生也松了一口气，尽管他们不是自己亲生的，但是能够有这样出众的儿子和儿媳，他们也感到满足了。

然而，好景不长，黄钧培结婚后没过多久突然病故了，年纪轻轻的李志清一下子就成了寡妇。此后，李志清终身都没有再嫁，而是一直留在黄家，林桂生跟黄金荣离婚之后，她也一直在黄家居住，直到1949年上海解放前夕迁至香港，后来又去了台湾。

李志清因为备受公婆的宠爱，加之自己也的确精明能干，逐渐成了黄家的总管，特别是财务方面。

大约1921年的时候，黄金荣跟林桂生离婚，而与京剧名伶露兰春结婚。然而，黄金荣与露兰春之间的婚姻却仅仅维持了三年。两人在三年的婚姻生活当中也没有生育子女，不过，也许是因为早就知道黄金荣不能生育，露兰春与黄金荣结婚后，露兰春的父母（实际上是养父母）就给她领养了一个儿子，取名为黄源涛（或作黄沅涛）。

黄源涛后来仗着黄金荣的势力飞黄腾达。在抗日战争中，黄源涛曾接受黄金荣的安排，在第三战区驻沪办事联络处担任大队长。抗战胜利后，黄源涛又成为淞沪警备司令部义务稽查第四大队大队长。黄源涛远远不满足于担任什么大队长之类的职务，他真正喜欢的是父亲的那种流氓大亨的角色。凭借黄金荣的这个强大的后台，黄源涛也效仿其父，广收门徒，为非作歹，个人生活上也是花天酒地，荒淫程度更甚于他的父亲。黄金荣上了年纪之后，因为只有这么一个儿子，就有意培养他来做自己事业的继承人，将自己手中最为重要的产业"荣记大世界"交给黄源涛来负责。黄源涛的妻子是江苏海门茅家镇的沈阿三的长女，他们婚后育有一子二女。

在黄钧培和黄源涛之外，黄金荣还曾认养过一个儿子，这个养子本姓麦，名正学，又叫麦根，原籍广东。麦根的父母都是贩卖毒品的人，在上海法租界从事毒品交易时被捕获，后来死在监狱里，而他们的儿子麦根则由公审会堂判给了黄金荣做养子。李志清对这个麦根非常不满，而这也影响到黄金荣对于麦根的态度，从而没有正式将他认作儿子，黄金荣只是收留了他，让他在大戏院干活。

黄钧培与李志清没有留下后代，李志清此后也一直没有再嫁人，但是她认养了3个小孩，包括两男一女，分别是儿子黄起予和黄起明，以及乳名唤作囡囡的女儿。黄起予生于1922年，曾担任志诚证券号（地点在九江路的慈淑大楼）的经济人，后来娶一个姓郑的女子为妻，在上海解放之前生有两个女儿。1952年，黄起予迁到了香港，其后又在李志清的安排下一度返回上海帮助黄金荣料理资产。黄起明1929年出生，是一个基督教徒，成年后，黄起明娶了来自浙江南浔的一个姓张的女子为妻，生有一儿两女。

在这些家人之外，黄公馆里当然少不了大量的佣人。黄金荣死后的几年中，家人和佣工全都陆续地迁出了黄公馆，先前人口众多的黄公馆已经变得空空如也，曾经辉煌了大约半个世纪的黄公馆随着一代大亨黄金荣的死去而很快即消失在了历史的烟尘之中。

黄金荣的慈善事业

黄金荣作为旧上海的头号流氓，因为大肆经营黄、赌、毒等公害产业而臭名昭著，但是，黄金荣留给世人的并不完全是这肮脏的一面，他用那些通过各种途径搜刮来的钱财进行办学、赈灾、济贫、援战等慈善活动，从而给自己戴上"大善士"这顶高帽子。

具体说来，黄金荣所做的慈善事业主要有以下这几方面：

创办学校。黄金荣支持自己的义子黄钧培于1919年以中法学生会的名义在麋鹿路（今方浜西路）创办了中法义务学校。大家都知道，黄金荣没有亲生的儿子，向来迷信的黄金荣以为这是自己作恶太多所造成的恶果，因此他让义子黄钧培来创办这所学校，主要目的就是为了通过这种善举来使自己的子孙兴旺。不幸的是，黄金荣认下的义子在他之前死去了，这令他感到十分伤心，同时对自己所做下的坏事也更加地感到不安。因此，黄金荣决定扩大自己行善的规模，不仅继续支持中法义务学校，并对其进行扩建，其名字也改为竞雄义学，并迁到蓝维蔼路（今肇周路）。1924年，竞雄义学一分为二，分别称为金荣公学和金荣义学。1930年春，两所学校又合二为一，并且更名为金荣学校，地址也迁到康悌路（今建国东路）。1931年，学校再度更名为金荣小学校，由黄金荣担任董事长，杜月笙、金廷荪、黄源涛等人担任该校的董事。1945年抗战胜利之后，黄金荣进一步弘扬了他的善举，通过整顿人事，扩大了董事会，黄金荣仍然担任董事长，而丁永昌、朱义培、金立人、姚松如、高霭周、张仁忠、陈建廷、陈福康、黄振世、黄源涛、黄起予、黄起明、杨春华、骆振忠等14人都是董事会成员。黄金荣特地出重金聘请了一批学有所长的教师进行执教，还增加了免费学生名额，这些举措得到了时人的广泛赞扬，为黄金荣赢得了美誉。

募捐赈灾。黄金荣被称为"上海滩最狡诈的守财奴"，是上海"三大亨"中最为吝啬的一个，但是每当遇到有重大灾害发生的时候，黄金荣却会登高一呼，带头募捐，显得比谁都大方。1922年，浙江杭县、嵊县和金华县发生水灾，黄金荣为此组织了一批京剧名伶进行"九班合串"的义演，为救济灾区筹集善款。1924年江浙战争时，黄金荣与杜月笙、张啸林等人又发起成立了"江浙善后义赈会"，在报纸的首版打出巨幅广告，再次以"九班合演"相号召，将义演所得捐给在战争中受难的灾民。1928年6月，黄金荣又与杜月笙、张啸林、王晓籁、蒋泊器等人为救济广东水灾而在共舞台举行义演。在黄金荣的历次赈灾捐助当中，最为著名的就是1931年时对于苏北灾民的援助。1931年暑季，苏北地区发生严重洪灾，整个苏北里下河地区都被淹没在一片汪洋之中，因灾直接死亡的人数就有7万多。这次百年不遇的特大水灾对黄金荣的触动是很深的。当年冬季，黄金荣将自己64岁寿辰所得寿礼5万多元全部捐给了灾民。一时之间，人们纷纷对黄金荣刮目相看。

援战救难。1932年"一·二八"事变之后，为支援淞沪抗战，黄金荣与史量才、杜月笙等发起成立"上海市民地方维持会"，史量才任会长，黄金荣、杜月笙、张啸林等为理事。该维持会积极为中国军民的抗战活动进行募捐，对十九路军的自卫反击给予了很大的支持。事后，十九路军总指挥蒋光鼐将军非常感动地回忆说："淞沪之役，我军得民众莫大之帮助，近者箪食壶浆，远者输财捐助，慰劳奖励，永不敢忘。此同仇敌忾之心，使吾人感奋欲涕。"1932年4月19日，黄金荣还领衔与徐李龙、杜月笙、王一亭、王晓籁等联合致电打响抗日战争第一枪的黑龙江省主席马占山，对他的抗日之举表示最大的嘉许，同时会给予全力的支持。马占山在回复黄金荣等人的电文中说道："占山今已决心誓雪此耻，秉国府之意旨，率部属而奋斗，以与沪上各军，遥为声援……幸赖诸先生与诸同志，大声疾呼，唤醒民众，齐赋同仇，誓为后盾，将来长期抵抗，终必成功。"全面抗战爆发后，随着各界救亡运动的蓬勃兴起，1937年7月22日，黄金荣与杜月笙、潘公展等上海工商界巨头，以及社会各界名流联合上海市商会、市民联合会等13个机关团体，发起成立了"上海市各界抗敌后援会"。"八·一三"淞沪抗战发生后，黄金荣与虞洽卿、闻兰亭等人又组织筹建了"上海市难民救济委员会"，黄金荣在其中担任副主任。看到涌入法租界的大批难民无家可归、露宿街头，黄金荣又把自己的产业贡献出来，把康悌路（今建国东路）的金荣学校设立为"上海战区难民临时救济会第七收容所"，把全上海最热闹的娱乐场所"荣记大世界"设立为第十四收容所，还特意安排了自己的弟子童子剑进行负责。"大世界"开放数日，就接纳了数千难民，使得"大世界"被装得满满当当，然而仍然有着大批的难民陆续地投奔而来。见到这种情形，黄金荣又把自己经营的共舞台、黄金大戏院、荣金大戏院等多个大型娱乐场都腾空出来接待难民。难民入住之后，黄金荣还每天支出钱物用于购买食物、设立诊所等，他还在南市老西门、城隍庙等处施舍米粥给穷人和难民。为了救济难民，"荣记大世界"等娱乐场所停业达一年有余。1938年，黄金荣又同虞洽卿等人聘请程砚秋等一批名角在黄金大戏院义唱3天，所得票房收入全部捐给了难民救济协会。另外，同年8月份，黄金荣再次与上海帮会界人士联合发起义演活动，参与者每人认购了2000元的戏票，共筹集了16万元资金用于难民的安置。这些善举为黄金荣赢得了巨大的声誉。

扶困济贫。黄金荣发达之后，每年冬天都会准备一批棉衣和一些银角子分发给广大的穷人。另外，黄金荣还创办或资助过一些慈善机构。例如，1926年，黄金荣联合杜月笙等人创办了"上海乞丐收容所"，并且曾先后资助过救济妇孺总会、浦东医院、上海孤儿院、老人堂等多家慈善组织。

黄金荣的慈善行为不是一种很单纯的举动，其中的动机是比较复杂的，大多时候的善举都并非是纯粹的行善，而是掺杂着浓重的功利因素。不过，他的善举还是在很大程度上推动了当时中国社会慈善事业的发展。

第十五章
"四一二"凶相大暴露

北伐军总司令蒋介石

1921年底，蒋介石在黄金荣的资助下南下广州投奔孙中山，继续参与革命事业。那时，蒋介石虽然已经投身革命多年，也曾做出过一定的成绩，但是在众多的革命前辈眼中看来，蒋介石依然是一个不甚知名的后生而已，然而在1926年的时候，蒋介石却已经集国民革命军（当时又称北伐军）总司令、国民政府军事委员会主席、中国国民党总裁、国民党中央执行委员会常务委员会主席等大权于一身。这一变化是令人惊奇的，那么，在这短短的几年之间，蒋介石是如何迅速实现他奇迹般的人生之崛起的呢？

蒋介石的发迹，其根源还在于得到了孙中山先生的信任和支持。1921年底，蒋介石应当时孤立无援的孙中山之邀请，赴广州与其筹谋北伐事宜，但是因为阻力太大而未能实现。此后，蒋介石一度离开广州。但不久之后，陈炯明突然反叛，率部炮轰广州的孙中山总统府。孙中山一时间陷入了极为艰难的境地，他函电蒋介石："事紧急，盼速来。"危急之时，蒋介石没有辜负孙中山先生的厚望，他收到急电之后，马上再次赶赴广州，于1922年6月登上了孙中山先生当时避难的永丰舰，协助孙中山反击陈炯明。在被困期间，蒋介石侍立孙中山左右，与其同生共死，并最终于8月10日护送孙中山安全地离粤返沪。正是这一经历，为蒋介石后来的崛起埋下了伏笔。脱险之后，蒋介石又及时利用这一机遇，亲自撰写了《孙大总统广州蒙难记》，并请孙中山本人作序。于是，蒋介石顿时声名鹊起。同年10月，蒋介石被孙中山派任为东路讨贼军第二军参谋长。1923年2月，又被孙中山任命为大元帅府大本营参谋长。

1923年8月，蒋介石奉命率领"孙逸仙博士代表团"赴苏联考察学习军事、政治和党务。回国之后，蒋介石染上了目疾，以致"不能阅书，不能治事，愤欲自杀"。于是，蒋介石离开了当时的革命中心广州，跑到了风平浪静的家乡浙江奉化溪口小镇去养病。1924年2月29日，蒋介石又接到了孙中山先生请他出山的电报："沪执行部转介石兄：军官学校，以兄担任，故遂开办。现在筹备既着手进行，经费亦有着落。军官及学生远方来者逾数百人，多为慕兄主持校务，不应使热诚倾向者失望而去。且兄在职，辞呈未准，何得拂然而行？希即返，勿延误！"孙中山的电报，使蒋介石在失落之中得到很大的鼓舞。

此次蒋介石回到广州之后，担任了在中国历史上有过重大影响的黄埔军校的校长，不过，这其中还有一段插曲。关于校长的人选，孙中山等人最初的决定是程潜，而安排蒋介石和李济深来作副校长。然而蒋介石得知这一人事安排之后，深为不满，不愿在程潜之下，又跑到上海消极对抗，并派国民党元老张静江去找孙中山说情。这样，孙中山才在5月3日最终任命蒋介石为黄埔军校校长，兼任粤军总司令部参谋长。孙中山的这一任命，可以说是蒋介石事业生涯中的具有决定性意义的重大事件。从此之后，蒋介石开始真正掌握了兵权，并且迅速地走向了最高权力的宝座。

1925年7月1日，广州成立了国民政府。1926年7月4日，为了完成孙中山的遗愿，实现国家的统一，国民党中央在广州召开临时全体会议，通过了《国民革命军北伐宣言》：

本党从来主张用和平方法，建设统一政府，盖一则中华民国之政府，应由中华人民自起而建设；一则以凋敝之民生，不堪再经内乱之祸。故总理北上之时，即谆谆以开国民会议，解决时局，号召全国。孰知段贼于国民会议，阳诺而阴拒；而帝国主义者复煽动军阀，益肆凶焰。迄于今日，不特本党召集国民会议以谋和平统一之主张未能实现，而且卖国军阀吴佩孚得英帝国主义者之助，死灰复燃，竟欲效袁贼世凯之故智，大举外债，用以摧残国民独立自由之运动。帝国主义者复饵以关税增收之利益，与以金钱军械之接济，直接帮助吴贼压迫中国国民革命；间接即所以谋永久掌握中国关税之权，而使中国经济生命，陷于万劫不复之地。吴贼又见国民革命之势力日益扩张，卖国借款之狡计，势难得逞，乃一面更倾其全力，攻击国民革命根据地，既使匪徒扰乱广东，又纠集党羽侵入湘剿本党至此，忍无可忍，乃不能不出于出师之一途矣。

由此，中国近代史上一场旨在消灭军阀、统一国家的北伐战争正式打响。

孙中山逝世之后，国民党的最高领导权很快落到掌有军权的蒋介石手中，北伐战争的最高领导者也正是蒋介石。

北伐战争开始的时候，段祺瑞已经下台，而以张作霖为首的奉系军阀控制了北洋政府，同时，整个东北地区和华北的部分地区也都属于张作霖的势力范围。另外，直系军阀吴佩孚占据着湖南、湖北与河南三省，以及河北、陕西的部分地区。另一个新兴的直系军阀孙传芳则占据了长江中下游的江西、福建、安徽、浙江和江苏五省，其中包括当时隶属于江苏的上海地区。因此，北伐的主要对象就是张作霖、吴佩孚和孙传芳这三派军阀。

退还门生帖子

1927年3月26日，北伐军总司令蒋介石抵达上海。在此之前，黄金荣曾找过当年蒋介石投到他门下之时的介绍人虞洽卿，因为黄金荣觉得自己与"总司令"之间的这种师徒关系会给蒋介石带来尴尬。虞洽卿听了这事却并不慌张，他对黄金荣说道："这有什么要紧，这又不是你的错，蒋总司令应当感激你才是，怎么会有其他的想法呢？如果你觉得这种师徒关系不太方便，那找个机会把门生帖子退还给蒋总司令也就可以了。"黄金荣一听，觉着也是这么个道理，于是就等待着机会准备把门生帖子还给蒋介石，从而取消这种令他深感不安的师徒关系。

蒋介石来到上海之后，驻扎在南市董家渡附近。那天，蒋介石要进入法租界，当他带着庞大的卫队和两辆军车经外马路转过一枝春街，准备进入法租界爱多亚路的时候，遭到法租界安南巡捕的阻拦，他的车辆和护卫人员也被扣押。这一消息很快传到了黄金荣那里，他赶忙跑到租界巡捕房，与程子卿一起向巡捕房的头目进行解释，而由于事关重大，巡捕房当时表示也不敢擅做主张，而是打电话向法国领事馆进行请示。领事馆方面感到事态严重，指示巡捕房方面让黄金荣出面调解。黄金荣建议，先让被扣押的两辆军车开进法租界游行一圈，然后开到八仙桥钧培里黄宅，巡捕房同意了黄金荣的主张。军车进入黄宅之后，黄金荣非常热情地犒劳了蒋介石的卫队，这些护卫人员一个个喜庆而归。黄金荣就这样将此事迅速地化解了，而且还讨好了蒋介石身边的卫队。

因为此事，黄金荣得到了蒋介石的一番盛赞，并且马上就在虞洽卿的陪同下去探望黄金荣。黄金荣这时是万万不敢再以"师父"的身份自居的，而是一口一个"总司令"地叫着。他对蒋介石说："总司令亲自到我家来是我的光荣，过去的那段关系已经过时了，那张红帖我找出来交给虞老送还。"蒋介石谦虚地说道："先生总算先生，过去承黄先生、虞先生帮忙是不会忘记的。"当然，尽管蒋介石如此客气，黄金荣还是坚持着把那张门生帖子交还了蒋介石。不过，蒋介石此后对黄金荣依然是以师礼相尊。事实上，那时的黄金荣已经开始显露出颓势了，很多时候都是杜月笙站在前台，大家再议论起来的时候，往往会把黄金荣给丢下，倒是会先提到杜月笙的。而正因为蒋介石的抬举，黄金荣才又再次风光起来，也由此得到了别人更多的尊重。

其实，蒋介石拜访黄金荣，决非仅仅为表达谢意，他此次来到黄宅是有要事相商的。什么"要事"呢？那就是要黄金荣充分调动起自己在上海帮会中的影响力，协助他进行反动活动，蒋介石知道，帮会流氓在上海有着相当大的势力，而共产党在上海的活动又最为激烈，利用帮会流氓来打击共产党，肯定是上算之招，而且当时共产党对于他们的戒备之心肯定是不强的，这样杀他个措手不及，就会达到更佳的效果。

对于蒋介石的请求，黄金荣其实并不意外，他虽然不懂政治，可是对国共两党之间本质上的分歧也是略知一二的。现在蒋介石提出了这样的请求，黄金荣是不可能不答应的。

黄金荣觉得要进行此事，仅有自己的力量是不够的，必须将杜月笙和张啸林也一同拉进来，"三大亨"联手，力量就非常壮大了。蒋介石对黄金荣的这个提议非常赞同，于是在黄公馆又同杜月笙和张啸林见了面，同他们详细商议了相关事宜。杜月笙、张啸林跟黄金荣都是一个战壕里的人，他们对于国共两党的态度是相当一致的，有所不同的是，当时黄金荣已经60多岁，年轻时候的那种盛气凌人的架势已经消失殆尽了，进取心是不那么强烈的了，可是杜月笙和张啸林却不一样，特别是杜月笙，比黄金荣要年轻20岁，正当壮龄，野心勃勃，如今能够攀上蒋介石这棵大树，何愁日后不能飞黄腾达？所以，他们对于协助蒋介石进行这件事表现得是要比黄金荣更为积极的，实际上出力也是比黄金荣更多的。

与"三大亨"商定之后，蒋介石开始紧锣密鼓地布置他的计划，然而，在表面上他却装得十分和善，对共产党积极示好。

筹组中华共进会

通过中山舰事件和"整理党务案"事件，将介石仅仅是将共产党人以及国民党左派人士排挤出了国民党的最高权力部门，但是他们的实力却并没有受到多少损失。蒋介石觉得这是远远不够的，所以当北伐军攻占了上海，战争取得了阶段性胜利之际，蒋介石就再也忍耐不住了，他需要一场规模浩大的运动来将共产党和国民党左派彻底地摧垮，从而使得自己将来推行独裁统治再无后顾之忧。

"三大亨"与蒋介石会晤之后，所做的一件大事就是重建中华共进会，他们之所以用重建的名义来进行号召，是因为此前曾出现过中华民国共进会，他们将中华民国共进会作为中华共进会的前身来看待，这样，一来可以增强号召力，二来也可遮人耳目。

中华国民共进会原本就是一个帮会联合组织，由青帮、洪门、公口等帮会联合发起，1912年7月成立于上海。中华民国共进会成立的初衷是想改善帮会形象，争取成为合法团体，所以曾公开呼吁会内"同胞"今后"痛改前非，从慈为善，共守法律，同享自由"。可是，共进会成立后，帮会状态依旧如故，所属帮会并未如旨行事，相反却打着中华民国共进会的旗号更加为所欲为。因此，共进会成立后不久就变得声名狼藉，不仅引起了社会的强烈公愤，也遭到了地方当局的打压，浙江都督朱瑞于浙江全境查禁共进会，并照会江苏一体查禁。江苏都督程德全也对共进会实行严厉镇压，采取取缔措施。不久，应各地政府的要求，袁世凯领导的中央政府于1912年9月发出了严禁秘密结社的通令，主要针对的就是共进会。如此一来，共进会中一部分先进分子也开始因为失去信心而对其回避疏离。后来，中华民国共进会也就销声匿迹，不再有人提起了。

黄金荣、杜月笙等人要重新发起成立中华共进会，其根本目的还是想提高帮会的地位，而其直接目的则是为协助蒋介石反共积蓄力量。他们知道，要想最大程度地发挥出上海帮会的势力，仅仅"三大亨"团结起来是不够的，他们要与整个上海的大小帮派共同组建一个最为广泛的反共拥蒋统一战线。

重组中华共进会的建议一经提出，立即得到了蒋介石的首肯，在他的授意之下，1927年3月底，中华共进会的筹建活动便紧锣密鼓地进行起来。到了4月初，相关人员就开始频频在报纸上发布公告。例如，4月3日公共租界工部局的《警务日报》宣称："（中华共进会的）宗旨是制止劳工煽动分子的活动，使各国租界免遭总工会的袭击。"4月4日，中华共进会的筹备处正式在法租界的格洛克路（今柳林路）紫阳里7号设立，随后又在爱多亚路（今延安东路）的安乐宫旅社成立了办事处。这样一来，中华共进会就可以大张旗鼓地招兵买马了。共进会筹备人员在上海的各大报纸上接连给中华共进会进行热烈的宣传。4月5日，他们发出了第一号通告，宣告原中华民国共进会即将恢复，号召"凡本会旧日同志，幸希从速到该处报名，再有赞同本会宗旨者，经审查后亦得加入。"3天之后，他们又发表宣言称："风云会合，日月重光，青天白日之旗行将北发幽燕，奠我中原，指顾可期。结社集会，还我自由，本会自当应运恢复，召集旧日同志，维护过徽，巩固民气，一致服从三民主义，投袂奋起，固我子弟之兵，甘作前驱，共扫凶残之孽。"

中华共进会筹备人员如此嚣张的宣传引起了总工会的警觉，出面要求各报纸杜绝刊登有关共进会的一些不合时宜的启事和通告。这样，中华共进会的嚣张气焰才略略收敛，不过，他们当然不会就此停止活动，而是将活动方式变得更为隐秘。

既要组建这样一个会党组织，选出合格的领导人员当然是一件不可避开的大事。那么，由谁来担任中华共进会的会长呢？大家首先想到的就是黄金荣，因为黄金荣作为上海帮会界的老牌大亨，不仅"德高望重"，而且与蒋总司令关系非凡，所以由黄老先生来出任会长无疑是上佳的选择。可是，黄金荣却拒绝出任此职，他推说自己已经是花甲之人，实在心力不济，只能是在背后支持一把。这样，由黄金荣建议，会长人选确定为当时年富力强的青帮"通"字辈人物浦金荣。

中华共进会堪称上海黑势力的集大成，而其主体成员则来自青帮和洪门两大派别，会长已由青帮头领来担任，那么为了照顾帮派之间的平衡，共进会的总指挥就确定为洪门的头面人物张伯岐。作为中华共进会的领导核心，在黄金荣、浦金荣和张伯岐这三人之外，"三大亨"中的另两位——杜月笙和张啸林自然也是名列其中，此外，顾竹轩、杨顺铨、何德奎、徐福生、樊瑾丞、徐朗西、刘春圃、蒋伯器、袁寒云、范回春等人也都是中华共进会的主要领导成员。在全会负责人之外，他们还安排了各分区的负责人：法租界的负责人为马祥生和金廷荪，公共租界的负责人为张炎生、刘良洪、郑茂堂和蔡洪生，南市的负责人为李德荣和李金标，闸北的负责人为王兴高，江湾的负责人为孙嘉福。

中华共进会在筹建的过程中所要做的当然不仅仅是把上海各界的流氓召集到一起而已，他们最为切近的目标就是协助蒋介石对共产党人和工人群众进行屠杀，而想要屠杀就必须有武器装备才可以，为此，他们很快组建了一支"武装巡逻队"。"武装巡逻队"在队长叶焯山的带领下，每天早晨都集结在嵩山路的外国坟山（今淮海公园）进行操练，然后再与租界的巡捕一同站岗和巡逻，以表示其操练的目的是更好地维持当地的治安。在"武装巡逻队"的组建过程中，黄金荣通过其与法租界当局的特殊关系，获得了租界方面的大力支持，不仅派人帮助他们操练队伍，吩咐巡捕守卫中华共进会的机关所在地，还给他们提供了5000支步枪和大量的弹药。当然，仅有这些武器还是不够的，黄金荣、杜月笙、张啸林等流氓大亨纷纷解囊，委托洋行为他们购买了一大批长短枪支，从而使得这支由流氓组成的"武装巡逻队"在武器装备上远远超过了上海总工会领导的工人纠察队。

数日之后，眼看一切准备就绪，剩下的就是最后的执行了。在举起屠刀之前，黄金荣、杜月笙、张伯岐等共进会的首脑人物，与蒋介石的代表杨虎、陈群、王柏龄等人聚在一起秘密商议着行动计划，议定之后，他们就立即开始分头行动。

黄金荣和杜月笙这两个流氓大亨在四一二大屠杀的前夕担当了至关重要的角色，他们不仅肩负起重大的指挥任务，而且将各自的宅院也都奉献出来，黄公馆成了火药库，而杜公馆则成了屠杀活动总指挥部。

随着夜幕的徐徐降下，一场罪恶滔天的阴谋行动就要开始了……

杀害汪寿华

发动"清党"大屠杀，杜月笙最担心的就是他的"徒弟"汪寿华在工人中的威信和能量，他知道，只要除掉了汪寿华，上海工人纠察队也就群龙无首，也就容易对付多了。

4月11日，杜月笙派他的亲信万墨林到闸北区湖州会馆总工会所在地送递请柬，邀请汪寿华当晚到杜公馆赴宴。

汪寿华接到请柬之后正欲动身，却遭到了当时正在身边的总工会常委委员李泊之的阻拦。原来，上海工人纠察队总指挥部得到情报：聚集在法租界的共进会流氓将在当天晚上配合军队袭击总工会和工人纠察队。李泊之认为当此风雨来袭之际，杜月笙的请柬甚是可疑，所谓的"宴会"很可能隐藏着巨大的阴谋，所以他劝说汪寿华不要去"赴宴"。汪寿华并没有接受李泊之的劝告，他认为在这种关键的时刻正是需要冒一冒风险的，他这一去，就可以打探到杜月笙那方面的动态，从而可以更好地安排下一步的工作。另外，汪寿华认为他和杜月笙虽然不是正式的"师徒"，可关系之密却胜似真正的师徒。因此，汪寿华对李泊之说道："我过去和青洪帮流氓常打交道，他们还讲义气，去了或许可以把话谈开，不去反而叫人耻笑。"

当晚八点，汪寿华准时到达他以前曾多次出入的杜公馆。汪寿华一进大厅，觉得有些异样。他不是发现了凶险的情况，而是见到不仅杜月笙在恭候他，黄金荣、张啸林、张伯岐、杨虎、陈群等上海帮会界的一干头号人物几乎是齐集一堂。看到这种场面，汪寿华先是一惊，可马上就镇定下来，他认为来了这么多人更好，因为这样自己就可以更为全面地了解上海帮会界的态度了。哪知，他的确是真正打探到了这些帮会头领的真实态度，可是自己就再没能从杜公馆平安地出去。汪寿华是一个人来到杜公馆的，杜月笙见他是只身前来，心中暗自高兴，因为这样下起手来就更加万无一失了，如果他带上几个保镖，那事情就有些麻烦了。

汪寿华与众人见面之后，一一进行了热情的问候，这时他发现，这些人的表情很反常，并不像往常那样和颜悦色，而是相当阴冷，他感觉有些意外，这时，汪寿华才隐约地想到自己很可能会遭遇不测，事已至此，他只能将生死置之度外了，无论接下来会发生什么，自己的阵脚不能乱。果然，简短的寒暄之后，一入正题，那些流氓大亨就众口一词地要求汪寿华指挥工人纠察队解除自身的武装。到这时，汪寿华就完全明白了杜月笙请他"赴宴"的用意。汪寿华当然不会同意这样无理的要求。众人见汪寿华如此表态，马上变脸，开始用威胁的口气强令汪寿华接受他们的要求，但汪寿华丝毫没有惧色，严词拒绝了这些流氓的非分之想。这下，一旁的张啸林坐不住了，只听得他高声一喝，早已埋伏在大厅周围的一群流氓打手就蜂拥而上，顷刻之间就将汪寿华打昏在地。随后，顾嘉棠、芮庆荣、叶焯山、马祥生将汪寿华装进了麻袋里，又抬进了院中早已准备好的汽车。汽车开动之后，直接驶向法租界和华界相交地带的西郊枫林桥附近。路上，昏过去的汪寿华苏醒了过来，但是他刚一醒来，就立即被叶焯山和芮庆荣给狠狠地扼住了咽喉，活活将其给闷死了。到达地点之后，随车的几人就开始动手挖坑，挖得差不多之后，他们就将汪寿华抬下汽车，扔进坑中开始填埋。哪知，经这一摔，汪寿华竟然又苏醒过来，开始大声呼号，那几人并不顾汪寿华的呼喊，硬是伴着呼声将汪寿华给活埋了。埋定之后，他们又搬来了几块大石头，重重地压在上面，随后又将脸贴在地皮上仔细听了一听，确认地下已经毫无声息了，这样才万无一失地徜徉而去。

四一二大屠杀

待给汪寿华"送葬"的顾嘉棠、叶焯山、芮庆荣、马祥生几人回来之后，杜公馆的夜宴就正式开始了。前来赴宴者并非仅仅是几个大亨级别的头领，而是上海各路帮会界的大小头领二三百号齐集杜公馆。这一夜，整个上海流氓界就在杜月笙的府中结成了与蒋介石联手屠杀共产党人和工人纠察队的生死同盟。

宴会过后，各路要人纷纷讲话，以鼓舞大家的士气，其中最为重要的无疑当属"三大亨"的讲话，因为这三人是上海帮会流氓参与四一二大屠杀的最高领导者和总后台。

张啸林说道："天下都是打出来的，今天，就是我们打天下的时候。两点半钟，等我们迈出杜公馆大门第一步的时候，就应了'生死有命'那句老话，碰碰看，到底谁的额头更高。"

杜月笙的讲话非常简短，然而却十分有力："今天的事，不管成功失败，我们都必须尽心尽力，不论是死是活，我们都得做个英雄。"

黄金荣则非常实在，只是具体指明了大家参与此次事件所会得到的切身利益，他向在场的几百个帮会流氓头领郑重地宣布："凡是参加今天夜里行动的人，每人发银圆10块；杀掉一个共产党员，再加10块；如果受伤，另外给钱治疗养伤。总之，今晚来的所有人都不会有亏吃。跟着蒋总司令，胜利就永远属于我们。"

4月12日凌晨两点半，共进会的帮会流氓大约1.5万人身穿蓝色短装，臂戴白布黑"工"字袖章，从杜公馆和其他地点倾巢而出。

凌晨四点，在上海闸北，60多个冒充工人的帮会流氓向上海总工会所在地湖州会馆猛烈开火，遭到了纠察队员的奋勇还击，双方由此展开激烈的枪战。不久，大批二十六军的武装士兵突然赶到，喝令双方停火，率队的二十六军二师五团团长邢霆如对纠察队喊话，叫他们不要还击，声称自己前来只是想要缴下会馆外面那些进攻者的枪。然后，二十六军就装模作样地进行了一番预先策划好的表演，先缴了那些"工人"的枪，并将那些进攻者捆了起来。

接着，邢霆如对工人纠察队总指挥顾顺章说道："既然发生了这样不愉快的事情，你还是去见一见我们的师长，商量一下解决的办法。"

于是，顾顺章带领6名纠察队员随邢霆如前去会见师长。可走到一半的时候，邢霆如突然站下，说道："刚才他们的枪已经被缴了，现在你们的枪也应当被缴下。"顾顺章刚想反驳，一旁的士兵马上就拥过来把顾顺章几人的枪支给夺了下来。顾顺章等人这时才发觉自己上当了。果然，邢霆如不再前进，而是携顾顺章等人又返回湖州会馆，将一排黑森森的机枪枪口对准了湖州会馆的大门，会馆里面的所有纠察队员以及工作人员都被勒令出来集合，而他们的武器也全都被缴下，上海总工会所在地由此被占领。

五点左右，宝山路上的商务印书馆印刷所也响起了枪声。同样，又是在危急的关头，一批充当"救星"的二十六军士兵出现在事发现场，声称他们是前来"调解误会"的，一边喊着话，一边走到印刷所的大门前。纠察队员看出他们是国民革命军，也就放松了警惕，打开了大门。可是，门刚打开一条缝，那些士兵就迫不及待地拥闯进来，举起黑洞洞的枪口，将里面纠察队员所拥有的60多支步枪全给缴了下来。

与此同时，上海工人纠察队总部东方图书馆也传来了激烈的枪声。几百个帮会流氓正在猛烈进攻东方图书馆，而纠察队的副队长杨凤山已经牺牲在流氓的枪口之下。纠察队员见杨凤山倒下，非常痛惜，他们用米袋堆在窗口做掩体，继续奋勇还击。东方图书馆的战斗从四五点钟一直打到了八点左右。就在胜负未分之时，纠察队的"救星"再次从天而降，又是一批二十六军的士兵赶到，而领队者还是邢霆如。邢霆如冲着纠察队员喊话道："二十六军系人民之武力，民众之军队，愿意保护你们纠察队。昨天晚上，我们接到报告，说有人会在今天晚上挑起冲突，同时总指挥部也接到了同样的报告，所以发下训令，让我们军部过来防备。今天早晨又得到白总指挥的电话，要我们军队将双方缴械，我们已经拿到反动派30多人，将予严办。现在我们奉长官的命令执行任务，你们可以将枪支藏起来不动，关起门来不要开枪……外间对于今早这件事情发生误会，最好由我们派一连徒手士兵和纠察队徒手游行一次，以表示我们之间的切实联络。"

驻守在东方图书馆的纠察队同样受到了邢霆如的蒙蔽，徒手跟着二十六军的一些士兵上街去游行，而当他们的身影在街角刚一消失，二十六军的另一些士兵则立刻冲进东方图书馆，把里面的枪械全部缴获。

据二十六军参谋长祝绍周后来披露，为了做到万无一失地对武装工人进行缴械，将己方的损失减少到最低程度，他和杜月笙筹策往返，经过多次商议才想出了这样一主意。

当然，并非所有的纠察队都会被他们的这个"高明的主意"所迷惑的，在有的地方，这一招并没有奏效。例如，南市的华商电车公司和三山会馆里的工人纠察队就没有上当，而是敏锐地识破了他们意图缴械的诡计。可尽管如此，毕竟纠察队的武装力量过为薄弱，不是强大敌人的对手，经过一番顽强的抵抗，终因寡不敌众而失败。

此外，上海浦东、沪西、吴淞、江湾等其他地方的工人纠察队在4月12日这天早上也都经历了同样的遭遇，或者被骗缴械，或者遭到了残酷的镇压，最后全都归于失败。到上午九点前后，整个上海地区全部大约2700名的工人纠察队员全都被解除了武装，其中约120名纠察队员在早上的战斗中牺牲，约180人负伤。

4月12日早晨，上海各个工人纠察队驻地所发生的血腥事件已经传遍了上海的每一条街巷。当天上午，上海各界100多个团体和5万多名工人、市民在闸北举行了声势浩大的群众大会。大会通过决议：拥护工人武装，要求交还枪械，拥护上海总工会，游行示威，发表宣言，要求白崇禧采取行动。会后，浩浩荡荡的游行队伍向着湖州会馆进发，将先前失去的上海总工会机关又夺了回来。

第二天，上海发生了更大规模的反抗行动，全市20万工人响应上海总工会的号召举行了联合大罢工。上午十点的时候，总工会在青云路广场召开了群众大会，决议下午再次发动游行示威，到二十六军二师师部请愿。下午一点大会结束之后，群众冒雨出发，一路高呼："收回工人武装！""为一切死难工友报仇！""打倒新军阀！"。

当游行队伍行至宝山路三德里附近时，突然，一阵子弹如卷携着狂风的骤雨一般劈头盖脸地袭向赤手空拳的工人和群众，前排的人立即倒下一大片，霎时之间就已经有100多人死在了反动派的枪口之下。就在大家惊魂未定之际，又是一阵弹雨猛烈地袭来，伴着刺耳的枪声，又是一批人纷纷倒地，眨眼之间，宝山路上已经是尸横遍地，血流成河……

大批倒下的工人和群众立即被刽子手用卡车拉到郊外掩埋，而那些被拉走掩埋的人并非全部是死者，还有很多人仅仅是因为受伤较重一时无法站立和行走。

同一天下午，南市也发生了大规模的群众集会，会后也发起了示威游行，而他们经过上海南车站时的遭遇和宝山路上的场景如出一辙，子弹乱飞，鲜血四溅……

就在数以千百计的工人队伍和革命群众血染上海滩的惨烈时刻，反动派却在秘密地商讨着进一步采取更为严密的行动。4月14日，上海《时报》刊登了这样一份电文——这份电文是陈群秉承蒋介石的指令，自己拟定好了之后于4月13日交给黄金荣等人过目，然后才发表在报纸上的。电文是以黄金荣的名义发起的，而后面由黄金荣、张啸林、杜月笙这三个大亨共同署名，电文内容如下：

各报馆暨全国父老兄弟姐妹均鉴：

嗟乎，寄生于国民党之中共产分子，贪苏联赤化之金钱，贿买无知识、无教育青年工人，扰乱地方，无所不用其极。士不得学，农不扶锄，工不入厂，商不居肆，女不安室，动辄游行，以加薪为条件，以罢工为要挟，视地方公正之人，无绅不劣，无豪不土，公产任其搜刮，私产任其没收，逮捕杀害，无恶不作。如有出而与之抗衡者，以反革命头衔，加诸其身。各处总工会成立以来，所收之入会费，已达千余万元。所谓总工会之委员长，衣西装，坐轿车，纳娇妾，住洋房。口唱打倒帝国主义，打倒资本主义，殊不知自身拥资款数百万元，需用舶来品物，恬不知耻。其工作以煽动罢工为能事，以打倒资本工厂为胜利，以推翻廉耻教育为特色，以实行废姓非孝为优点。此种举动，绝非人类，是可忍，孰不可忍。金荣等外观苏俄之惨痛，饿死者千余万人，流离失所者数百万人，违背人道主义，冒天下之大不韪，即此共产信徒，所作所为之恶事也。内观吾国近日之情形，某厂停工，某业闭市，某教废祀，某家破产，共产党之流行病，势将传染于大江之南，不早歼灭，蔓草难图，噬脐莫及。金荣等不忍坐视数千年礼教之邦，沦于兽城，干净之土，蒙此秽污，同人急起邀集同志，揭竿为旗，斩木为兵，灭此共产凶鹰，以免贻害子孙。尤望全国父老，父诏其子，兄勉其弟，共起而铲除之。金荣等抱国家兴亡匹夫有责之义，出而奋斗，绝无做官发财思想，昭昭此心，可质天日。愿全国父老共鉴之。

黄金荣、张啸林、杜镛等叩首

这就是当时臭名昭著的所谓的"真电"。在"真电"发表的同一天，以芮庆荣为行动大队长、以帮会流氓为主体的"上海市清党委员会"宣告成立，虽然委员会名义上的领导者是芮庆荣，但是其后台却是黄金荣、杜月笙、张啸林这"三大亨"。"清党委员会"成立之后，在"三大亨"的支持下，"行动大队长"芮庆荣迫不及待地于当天就采取行动，大肆搜查上海市特别政府、特别市党部、学生联合会、平民日报社、中国济难会等主要机关，被搜捕到的共产党员全部被解送到龙华东路军指挥部。

从4月12日到14日，在上海帮会流氓、特别是黄金荣等"三大亨"的全力配合之下，蒋介石于短短3天之内就在上海地区屠杀了共产党人和革命群众达300多人，另外被捕入狱的有500多人。

少将兼高参的敛财之道

在四一二反革命政变中，黄金荣等人手上沾满了中华革命者的鲜血，可是对于蒋介石来说，他们可是立下了大功。政变成功之后，蒋介石立即对这批功臣给予了重大的回报，黄金荣自然是其中的头号人物了，尽管他没有过一天正规的军事生涯，但是这并不妨碍他被蒋介石任命为国民革命军总司令部的参军少将。南京国民政府成立之后，黄金荣又荣任国民政府军事委员会少将，同时在政界也有着响当当的名衔——行政院高级参议，黄金荣就这样一夜之间由一个流氓大亨成了中国的军政要员。

因为黄金荣与蒋介石之间有着特殊的关系，所以那些谄谀之徒纷纷前来巴结他这个少将兼高参。新闻记者、报刊主编恽逸群曾在自己的文章中描述过黄金荣当年受追捧的情况："江南各地的县长、区长，投帖与黄门的极多。甚至有人在外面宣传，到开国民大会的时候，要选举黄金荣做大总统。但黄氏对政治绝无兴趣，只要政治上的人物对他肯卖情面就心满意足了。他不想做什么大官。他本人如此，帮他做组织工作的人也就只好罢手了。"

恽逸群说他对政治绝无兴趣，这大约是真实的。黄金荣尽管在政府和军队中都担任着高级职衔，但实际上不过是名誉称号而已，他根本就没有插手过什么政治、军事上的事务，因为黄金荣知道自己是干什么的，他知道自己的本分是什么，他之所以远离政治，一方面是缘于他的兴趣不在那里，另一方面也是缘于他没有那种本领。此外，还有着更深层的原因，那就是蒋介石尽管授予了黄金荣很高的职衔，但是那不过是名誉，他并不真想让这个既无军政能力、又名声很坏的流氓大亨充斥到自己的政府和军队中来，对于这一点，黄金荣心里也明白，所以他与蒋介石之间一直保持着外缘的合作，而从来没有真正地走到一起去。

黄金荣尽管对政治不感兴趣，但并不是对权力不感兴趣，只是他所要掌握的权力在于帮会界，而不在于政府，黄金荣知道，帮会才是他的天下，流氓大亨才是他的本行，至于政府中的角色，那只不过是偶尔客串一下罢了。四一二事变之后，黄金荣仰仗着蒋介石的直接和间接的支持，大肆扩张自己的势力，意欲将自己的事业推向一个新的巅峰。而一个人有多大的势力，这在很多时候是由他拥有钱财的多少决定的，黄金荣是深谙这个道理的，而他素来以贪财闻名，既然如今的声势非昔日可比，就更是要狠狠地扩充自己的财力了。

黄金荣所经营的产业主要可以分成这样几类，那就是贩毒机构、赌场、妓院和娱乐场所。

黄金荣所经营的贩毒机构，以著名的三鑫公司为代表，尽管三鑫公司在四一二事变之前就已经开办了，但是在此之后却得到了迅猛的发展，因为有了国民党的支持，三鑫公司的生意就更加好做了。就在四一二事变同一年的9月，三鑫公司在争夺一批波斯鸦片时，跟势力强大的新源公司发生了冲突，三鑫公司实力不俗，但新源公司之所以能够在这一行混得开自然也是来头不小，因此，两家公司就对峙了起来。新源公司花重金贿赂了南京国民政府财政部的官员，但是三鑫公司却得到了握有地方实权的国民党要员白崇禧的支持。最终，因为白崇禧的出面，三鑫公司成功地战胜了新源公司，这令"三大亨"又扬眉吐气了一把，同时，他们也更加体会到与国民党进行合作给自身带来的重大好处。

国民党对黄金荣所开办的三鑫公司的保护，不仅表现在该公司与其他烟土商发生争执之时，在国民政府严令禁烟之时，蒋介石也是对三鑫公司给予了格外的照顾，当然，这主要并不是因为尊重黄金荣等人，而是国民政府与三鑫公司有着密切的利益瓜葛。当时，蒋介石既要大力围剿共产党和红军，又要严密提防李宗仁、冯玉祥、阎锡山等国民党内的反对派，因此是两面作战，国库开支浩大。黄金荣、杜月笙等人看出了蒋介石的心思，于是主动提出在三鑫公司内部开办"化学试验厂"，专门制造吗啡等毒品，之后再将这些毒品运销海内外，从而牟取暴利，并且，黄金荣和杜月笙愿将"化学试验厂"所获取的巨额利润大部分都送给蒋介石"以充国用"。蒋介石为了表示对三鑫公司创办"化学试验厂"的大力支持，派出了自己的夫人宋美龄和上海市长吴铁城入股三鑫公司。这样一来，黄金荣、杜月笙所领导的三鑫公司与蒋介石所领导的国民政府也就成了铁板一块，不论国民政府关于禁烟的叫嚣是多么激烈，三鑫公司都可安然无恙。对于这种情况，国民政府禁烟主席张之江曾无奈地感叹道："中央成立了禁烟委员会，订有各项条例，然因立法的中枢要人带头坏法，致上行下效，禁烟令成了一纸空文。"

有着蒋介石的如此维护，三鑫公司又怎能不经营得红红火火呢？

黄金荣开办赌场的历史由来已久，但是在四一二事变之后，因为有了国民党当局的大力支持，黄氏赌场的规模就越办越大了，直到1931年福煦路181号赌窟的正式创立，黄金荣所经营的赌博业达到了前所未有的顶峰。有关181号赌窟当年之盛况，《杜月笙外传》一书中进行过这样的描述："赌客们自下午三四点钟陆续上场，入夜以后，男女赌客纷至沓来，更是门庭若市。其中豪赌自是欢迎，小试亦无不可；先将现款换成筹码，再由你呼卢喝雉。赢了是鸿运当头，尽可拍拍屁股走路。输了是自寻烦恼，跳黄浦也不还钱。赌饿了，只消一声吩咐，自会一盘一盘地端到眼前。赌倦了，跑上三楼，横陈下来，自会一筒一筒地送到嘴里。在腹饱神旺以后，便又像飞蛾扑火般，赶到赌台落注。如此这般，在几个回合里，包管你输得连祖宗三代都不认识。这真是一片快活林，也就是变相的活地狱。"当时，181号赌窟向客人所提供的并不仅仅是赌博服务，而是连同餐饮、鸦片，甚至娼妓都同时供给，这就给客人提供了极大的方便，而那些赌徒们也纷纷慕名而往，使得181号赌窟每天的生意都十分火爆，别的不说，单是赌窟每天消费掉的鸦片烟泡就在1500只以上。

第十六章
巧取豪夺"大世界"

"三个半骗子"之一的黄楚九

在黄金荣一生之中所经营的众多娱乐产业当中,最为重要的无疑是"大世界"娱乐场。这个"大世界"娱乐场却并非他黄金荣创办的,而是他从上海巨商黄楚九的手中巧取豪夺过来的。实际上,"大世界"这片基业是黄楚九打下的,而黄金荣对于"大世界"来说则是坐享其成。

黄楚九是浙江余姚人,出生于清朝同治十一年,即1872年,名承乾,字磋玖,又字楚九,晚年时自号知足庐主人。黄楚九的先祖黄宗羲是明末清初三大思想家之一,因此,黄楚九的家庭一直有着良好而深厚的家学渊源。

黄楚九早年跟随母亲学习家传中医眼科医术,后来随同父亲在上海开设诊所,取名颐寿室。1890年左右,黄楚九开始将自己的精力转向了西医方面,先是开办了中法药房,后于1907年与夏粹芳合作创办了五洲大药房,从此,黄楚九也将自己事业的重点由行医转向了经商。5年之后,黄楚九又在上海开设了新新舞台,从此开始涉足娱乐业。此后,黄楚九不断开拓自己的经营规模,涉及的经营领域也越来越广泛。1915年,他创办大昌烟公司,次年又将中法药房改组成现代的股份有限公司,并自任董事长。一年之后,他又建成了"大世界"游艺场,又于1918年独资创办了中华电影公司,1919年更是将自己的事业扩展至金融业,开办了日夜银行,在中国开创了银行24小时营业这一先例。1920年冬季,黄楚九又与叶山涛等开办"上海夜市物券交易所",并且担任理事长。1923年,黄楚九盘进中西药房,自任总经理,1927年,黄楚九又出任上海新同药业公会主席,并且开设黄楚九医院,建造九福制药厂,由此将自己的事业推向了顶峰。

说起发迹之路,黄楚九与很多同仁是不大一样的,他并不像很多企业家那样经历了由小到大逐渐发展壮大的漫长的过程,而是靠着几款名药的研制而一夜暴富。黄楚九最初的职业是眼科医生,医治眼疾是黄家的祖传手艺,但黄楚九是一个颇有心计的人,他并没有像自己的父祖那样本本分分地安守于一个眼科医生的职业,他琢磨着怎样可以令自己的事业变得更为发达。这时间一长,黄楚九还真就琢磨出了门道。他发现,中国人对补脑非常重视,如果能够研制出一种补脑的药品,那一定会大赚一笔的。于是,他就开始专心研制起自己的补脑药品来,药方很快就研制出来了，至于如何能够让这种药品行销得更好，黄楚九又开动起自己的脑筋来。他敏锐地意识到，中国人普遍存在着崇洋媚外的心理，对于中国自产的玩意总是不大感兴趣，而对于洋货却总要格外地高看一眼。于是，黄楚九就在这种药品的包装上贴了一张随便弄来的犹太人的照片，称之为"艾罗补脑汁"。那么，黄楚九为什么选择"艾罗"来命名这个原本不知其名姓的犹太人呢？这是因为"艾罗"是英语"Yellow"的音译，而"Yellow"是"黄"的意思，黄楚九这是在变相地指出，这款药品的发明人就是他自己。黄楚九的这个伎俩还真就管用，中国人一看市面上新出现了这么一种洋人发明的补脑产品，简直是趋之若鹜。因为这种药品本小利大，所以黄楚九几乎是一夜之间就赚了个钵满盆满。

继发明"艾罗补脑汁"大赚特赚之后，黄楚九不久又研制出了一种新药，这种新药就是"龙虎人丹"。黄楚九发明"龙虎人丹"，是有意与当时畅行中国市场的日本的"仁丹"相抗衡的。仁丹是一种用来治疗中暑的药物，因为药品性状为朱红色的水丸，其主要成分为朱砂，所以被称作"仁丹"。由于江南地区暑季酷热，所以每当炎热季节，这种药物的销量非常大。其实这种药品原本并不具有多少科技含量的，但是中国却一直没有能够生产自己的"仁丹"，日本的"仁丹"在当时的中国居于垄断的地位，因为这种垄断，"仁丹"的售价非常高昂。1909年，黄楚九苦心觅得了一张名为"诸葛行军散"的古方，同时又参考自家祖传的《七十二症方》，经过反复的调配，终于研制出一款新的方剂，将其做成小粒药丸之后，命名为"龙虎人丹"。"龙虎人丹"制造出来之后，黄楚九立即开展了大规模的行销，凡是贴有日本"仁丹"广告的地方，"龙虎人丹"的广告都要张贴得更为打眼，并且从多个角度进行宣传，表明"龙虎人丹"是比"仁丹"更好的一种解暑药，而且价格也低廉得多。经过黄楚九的广泛宣传和大力鼓动，"仁丹"的市场很快大规模地萎缩，中国人开始转而纷纷购买国产的"龙虎人丹"。眼见着大把的钱没得赚了，日本人可就恼火了，他们马上提出控告，声称"龙虎人丹"是冒牌货，严重地侵犯了日本"仁丹"的专利权，他们要求中国政府立即勒令黄楚九停止生产所谓的"龙虎人丹"。面对日本人的无理叫嚣，黄楚九丝毫也没有退缩，他在上海聘请了著名的大律师，公开与日本人叫板，而日本人见黄楚九口气强硬，干脆直接将官司打到了北京的最高司法机关。当时清朝已经灭亡，统治中国的是北洋军阀政府，他们既不想得罪日本人，又不想打压本国的民族企业，因此将这个案子搪塞了很久，到了1927年，北洋政府才最终对此案做出终审裁决，判定"龙虎人丹"并非是"仁丹"的侵权产品，而是各自享有独立的发明权和生产权，"龙虎人丹"与"仁丹"乃是各不相干的两种药物，可以同时在市场上行销。这样，虽然历经十余年的诉讼，黄楚九赔上了十几万元的花费，但是最终还是取得了胜诉。

黄楚九一生当中虽然经营领域跨越了多个行业，但是他早期还是以经营医药业为本的，就是在他事业越做越大的后期，他依然在医药行业上投注了相当多的精力。而在黄楚九在经营医药业之时总是不停地推出各种新药，其中最为著名的一种就是"百龄机"。

对于"百龄机"的销售，可以说黄楚九也是煞费苦心，为了宣传"百龄机"，他特地邀请了100多位百岁高龄的老人齐聚一堂，名之为"万龄大会"。有这么多的百岁老人亲自"现身说法"，还确实起到了非常好的宣传作用，"万龄大会"之后，"百龄机"的销售情况异常火爆。哪个人不想延年益寿，不想长命百岁呢？然而，这种愿望可不是每个人都能满足得了的，因为"百龄机"价格不菲，足以令腰包不鼓的人望之却步——在"百龄机"的营销上，黄楚九没有采用众多商家那种传统的薄利多销式的做法。随着"百龄机"的畅销，黄楚九的金库也更是日益充盈，仅在"百龄机"推出的当年，他就获得了50万元以上的营业额，到1926年这一数字则更是高达120万元。

实际上，这"百龄机"也是一种一本万利的玩意儿，时间一长，大家都有一种被戏耍了的感觉，因而称黄楚九为"骗子"。当时，在上海同被称为"骗子"的还有黄楚九的宁波同乡、能用1元钱做10元钱生意的商界大亨虞洽卿，以及同样来自宁波、也依靠医药业发家的徐重道，此外，同样从事着讨巧性质极强的测字算命行业的吴鉴光则被称为"半个骗子"。这样，久而久之，此四人的名声越传越远，人们就将他们合在一起叫做"三个半骗子"，而黄楚九则是这"三个半骗子"之一。

黄楚九的"大世界"

黄楚九虽然依靠医药业发家，但是推动他走向事业巅峰，同时也是最终拽着他走向下坡路的却是娱乐业。黄楚九所经营的娱乐产业并非一处，但是其中最为知名、也最为重要的当属"大世界"游艺场。

黄楚九最早涉足的娱乐业是一个叫做"新新舞台"的戏院，之所以叫做"新新舞台"，是因为上海原本有一家经营非常红火的"新舞台"，黄楚九有意压倒"新舞台"，所以将自己的戏院命名为"新新舞台"。

当然，黄楚九的戏院，并不只是在名字上要压人一头，其剧场设备也高出一筹，并且其演出也更为丰富，每晚既有中国传统的"国剧"，又有刚从西洋传来的"新剧"，所以自开张以来，生意一直红火。

当然，新新舞台的成功远非黄楚九的止步之处。1913年，有一个笔名叫做"上海漱石生"的作家为黄楚九出主意："黄老板，能否开个娱乐场呢，票价不贵，又有听有看，有吃有耍的，大家都欢喜，这样，虽然从每个游客身上赚的钱都不多，但是游人如云，加到一起可就是一笔不小的赚头儿啊。"

黄楚九一听此话，不禁茅塞顿开，两只眼睛立时就放射出一种攫人的光芒，连声说道："这个主意好啊，这个主意好！我以前怎么就从来没有往这方面想过呢？"

作家见黄楚九动了心思，赶紧趁热打铁，接着说道："这件事我对经润三也说过，他也同意开办一所游乐场，但就是愁于一时找不到帮手，依我看，黄老板可以找他去商议商议。"

黄楚九回答得非常干脆："既然经老板也有这个想法，那么就有劳兄弟搭个话儿，我和他一起经营，你看如何？"

作家正巴不得黄楚九这样说，因为一旦事成，他必然会从这两个身价不菲的商人身上捞取一笔可观的好处，因此他连忙应道："黄老板既然这样说了，这个话儿我就一定给传到，你就等着好消息吧。"

就这样，早在创办"大世界"游艺场之前的1915年，黄楚九就与绍兴商人经润三合作，在处于上海黄金地段的西藏路与静安寺路交口的地方开办了"新世界"游乐场。他们在静安寺路的北侧建造了"新世界"大楼，其中设有京剧、滑稽、曲艺等各种演出场所，还配有弹子房、溜冰场等。"新世界"的规模在当时的上海娱乐界可以说是首屈一指的，因此它很快就招揽了大批顾客，天天门庭若市。然而好景不长，"新世界"开张后不久，经润三就因病亡故，而接替他的产业的遗孀汪国贞则与黄楚九发生了不可调和的矛盾，这致使黄楚九不得不选择退出。虽然从"新世界"游乐场退了出来，但是"新世界"的短期运营所取得的巨大成功严重刺激了黄楚九在娱乐业上继续拓足的野心。很快，机会就来了，法国驻上海总领事馆的副领事、同时也是法租界总监的甘世东邀请黄楚九到法租界去办游乐场，从而繁荣法租界的娱乐业。这正合黄楚九的胃口，两人一拍即合。没多久，黄楚九就出金10万元，买下了敏体尼荫路（现在的西藏中路）和爱多亚路（现在的延安东路）交口处的一块地皮，随即动工建起了一栋曲尺形砖木结构的二层楼房，这就是后来蜚声遐迩的"大世界"游艺场。

1917年3月，黄楚九登发了这样的启事：

大发公司大世界敬告脑筋新颖诸君

本公司在西新桥堍英法（租界）交界繁盛之区，以基地九亩八分创建大世界花园（大游戏屋顶花园），现正绘图，下月初即当兴工建筑。敬告脑筋新颖诸君，如有特别游戏为沪上所未有者，或需设置机关，或须建造房屋，或欲设立特别商柜，可于午后二时至五时请至宁波路广西路转角本公司事务所与鄙人面商，进行或由发明之人承办，或由公司合办，或聘请经办，以便从容设布为荷。

大发公司总经理

黄楚九的告示一出，立即和者云集。他的告示之所以有着如此大的号召力，在相当大的程度上是因为黄楚九创办"新世界"获得了巨大成功，人们都相信他能够将"大世界"办好，而入股"大世界"则是一件稳赚不赔的事情。因此在黄楚九集资的时候，众多的富商名绅都慷慨解囊，纷纷入股，连思想异常保守的"辫子军"将领张勋也参资入股，成为经营"大世界"的大发公司的大股东之一。

在设计"大世界"的游乐项目时，黄楚九聘请了很多行内资深人士，设计了名目繁多的花样，有共和厅、大观楼、小蓬山、小庐山、雀屏、风廊、花畦、寿石山房、四望台、旋螺阁、登云亭等景观，还请几位文人题写了令人遐想企羡的"大世界"之"十佳美景"，分别是：飞阁流丹、层楼远眺、亭台秋爽、广厦延春、素练晴岚、风畦坐月、霜天唳鹤、瀛海探奇、鹤亭听曲、雀屏耀彩。写好之后，黄楚九派人将其制成匾额，与实景一起拍成照片，大幅面地刊登在报纸上，以期吸引更多的游客。

"大世界"于1917年夏天正式开张，而开张的日期是很特别的，是7月14日。这个日期对于中国人来说是很平常的，但是对于法国人来说却有着不同寻常的意义，1789年7月14日，巴黎人民攻陷了象征封建统治的巴士底狱，由此推翻了腐朽的君主统治，为了纪念这一伟大的历史事件，第二年，法国将这一天确定为本国的国庆节。黄楚九的"大世界"游乐场开在法租界，而他选择法国的国庆节这一天来作为自己的娱乐场开业的日子显然是为了讨好法租界当局。不过，这仅仅是人们知道的表面原因，事实上，7月14日这一天对于黄楚九来说还有着另一层更为重要的意义：这一天是黄楚九跟随母亲来到上海30周年的纪念日。30年前的这一天，黄楚九出来上海的时候还是个不名一文的穷酸的青年；而30年后的这一天，他已经成为富甲一方的上海名人，提起黄楚九的大名，在偌大的上海滩，甚至在整个中国，可以说是无人不知，无人不晓。

在黄楚九看来，"大世界"的创办是他一生事业当中的一个重要的界碑，从此他将冲击自己事业的新的高峰。因此，他对"大世界"游乐场的开张是十分重视的，他决心将此办成上海的一件盛事，引来整个上海的共同关注。为了准备这一场盛大的仪式，在游艺场开业前，从7月3日到13日，黄楚九几乎包下了上海所有报纸的广告版面，大篇幅地对"大世界"进行宣传，这种声势在上海可是前所未有的。

"大世界"刊登在各家报纸上的开幕广告如下：

大世界开幕广告

择期阳历七月十四日

即阴历五月二十六日

本公司择地英法（租界）交界之爱多亚路即西新桥堍，特建大游戏场，其内容有花园及屋顶花园、商场、剧场、各种书场、特别大厦、共和厅、美术界、动物院、弹子房、中西餐馆、中东名寮、鸳鸯池、金鲤池与大观楼、四望台、招鹤、题桥、登云各亭并旋螺阁诸胜；艺术则有小京班与超等女伶会串京剧，优美社女子文明新剧，日本松旭斋天左男女大魔术团，大发公司订定特级之最新电光影戏，天津班男女各种杂耍，宁波时调文明书、女说书、苏州著名评话反弹词、滩簧、广东潮州特别焰火；至种种游戏，则有走线飞船、机器跑马、升高椅、升高轮、秋千架、各种电光、西洋镜、哈哈镜等；并蒙诸大文豪设立文虎社，每晚悬挂灯虎，并有诗钟征联文人游戏，各品射中及揭晓后，以游券或薄彩车酬，藉助雅兴。游资每位小洋两角，孩童及仆役减半。晚间二点钟止。敬告男女诸同胞贲临游赏为荷！

大发公司大世界启

黄楚九为"大世界"的开业是做足了宣传攻势的，而7月14日"大世界"开张之时的盛况也实实在在地给足了黄楚九面子，那一天，人们就像赶赴自己一生当中最大的盛会一样奔着"大世界"的方向涌来，其人潮汹涌之盛景，堪称百年一遇。

当然，这样热闹的开张并不是"大世界"所想拥有的一切，它更需要的是开张之后的经营业绩，而以黄楚九之干练和"大世界"之声势，"大世界"游艺场其实是想不红火都难的。不过，"大世界"的经营也远非一帆风顺。对于"大世界"的出现，固然很多人拍手称庆，但同时也是有人对此咬牙切齿的，而这其中最为恼怒的，要数此前与黄楚九闹翻了的合作伙伴——经润三的遗孀、"新世界"游艺场的掌门人汪国贞。

自"大世界"开张之后，"大世界"与"新世界"之间就展开了针锋相对的竞争。"新世界"自称"上海第一家游艺场"，而"大世界"则以"中国第一俱乐部"为标榜；"新世界"登出广告：中餐券半元，西餐券一元，游资在内；马上，"大世界"则登出这样的广告：与"新世界"同等价目下，另外还加上"茶饭奉送"；"新世界"引进意大利戏剧和"空中飞人"马戏，"大世界"则利用世界战事涌起的背景，布置和陈列各式的"战车"模型，并在共和大厅举办瓜会，收集各类奇异瓜果，供游客赏玩尝新……总之，双方各展所长，各逞其能，而"大世界"每每都要比"新世界"更加高出一筹。可向来要强的汪国贞并不肯服输，她又采取另外的方式来壮大自己的声势——向马路对面扩充地盘，凭借规模的扩大来与"大世界"争夺游客。但是，汪国贞的这些措施都只能是应对一时，而无法从根本上挽回"新世界"的颓势。到了最后，汪国贞自知斗不过财大气粗的黄楚九，只得把"新世界"转卖给陆锡侯。可陆锡侯也挽救不了"新世界"的衰微，不久之后，"新世界"游艺场就成了来自美国的"花旗烟公司"、"大美烟公司"以及花笺炼乳公司等一些企业的广告制作场地，从而彻底地销声匿迹了。

当然，被"大世界"挤兑垮的游乐场所远非"新世界"一家，其他的，诸如"大千世界"、"花花世界"、"神秘世界"等都在"大世界"来势凶猛的攻势之下关门停业了。对于上海的娱乐界，人们只知道一个"世界"，那就是黄楚九当家的"大世界"。"大世界"的生意之红火，已超出了常人的想象，而它的名声也远远超出了上海，来上海游玩的各地游客一般都会抽空去黄楚九的"大世界"走上一遭。

"大世界"在其风光的表面之下也掩藏了黑暗的一面。在营业的初期倒中规中矩，可是随着利润的增加以及竞争对手的纷纷垮台，黄楚九就开始变得不那么本分了，"大世界"因此也就不再是单纯的娱乐场所，而是将"黄"、"赌"、"毒"这三大公害全都请了进来。首先被引入"大世界"的就是色情业，色情生意在初期还只是零星地出现，可不久之后就演变成了"大世界"固定的营业项目了，一楼每天都会请一些妓女来卖唱，而在"大世界"的二楼，则有专门为嫖客和妓女行事而准备的密室。在正式从业于"大世界"的妓女之外，还有很多妓女并非受到"大世界"的邀请，而是不请自到，她们看中的是"大世界"的人气。对于这个问题，黄楚九自然有自己的态度，他可不管经营这种色情生意会不会脏了"大世界"的门面，只要能够有大把的钞票进来，又何乐而不为呢？没过多久，黄楚九将赌场和烟馆也请进"大世界"。因为"大世界"存在着这些乌七八糟的东西，它的名声也就越来越坏。

尽管"大世界"中存在着种种阴暗面，可是在主体上，它毕竟首先还是一个游乐场，是以经营娱乐业为主的，因此，它还是在很大程度上促进了当时上海和中国娱乐业的发展的。因为"大世界"的名声，当时很多的名角都会来此演出，例如，说大鼓书的刘金宝、白云鹏，说山东大鼓的小白姑娘，唱京韵大鼓的小艳芳，文明戏大将顾无为、汪优游，评弹演员夏荷生、赵稼秋，独脚戏鼻祖王无能，无锡滩簧名伶袁仁仪，京剧名伶孟小冬、张文艳、萧湘云、马金凤等，都曾到"大世界"举行演出，这常常是让上海的观众大饱耳福。

"大世界"的巨大成功，大大推动了上海乃至中国现代娱乐业的发展，当然，其创办人黄楚九更是由此掘得了巨额的利润。

黄金荣的"小世界"

"大世界"是上海一处广为人知的游乐场所，但现在也许很少有人知道，当年，与"大世界"相应，上海还有一个同样闻名的"小世界"。

其实，这个"小世界"也是上海城隍庙庙产的一部分，它是上海老城厢的一座大型综合游乐场，位于旧校场以东、黑桥浜以南的一块地方。1900年，曾有商人在此修建劝业场，销售土产和手工业商品，同时也设有游乐场，但是后来毁于一场火灾。此后，这块地方长期闲置，直到1918年，劝业场旧址上才建起了一栋四层的小洋楼，而这楼的主人就是黄金荣的儿媳妇李志清。

李志清在这栋小洋楼上也开设了娱乐场，因为它的风格很类似于黄楚九的"大世界"，就起名为"小世界"游艺场。

"小世界"的底层是一个大剧场，虽然演出剧目有多种，但是以京剧为主，二楼以上则是小剧场和游艺厅，表演的剧目更加繁多，包括滑稽戏、越剧、申曲（又称沪剧）、淮剧、宁波滩簧、昆曲等，有时还会有魔术上演。"小世界"顶楼是一座花园，以夜市闻名，经常会放映露天电影，古彩戏法、评弹说书、三弦拉戏等小型节目也都是顶楼花园经常出现的项目。另外，"小世界"里面还设有商场，里面各种商品琳琅满目，同时还设有酒菜馆和众多出售多种小吃的摊点，不仅风味独特，而且价格便宜，因此深受市民欢迎。鉴于以上这些特点，"小世界"的经营一度非常红火，李志清甚至凭借"小世界"超强的人气，在《申报》上做广告时称"小世界"为"华界最大游乐场"。

1922年11月13日，爱因斯坦携夫人艾丽莎访问上海。到达上海之后，爱因斯坦受到了中国学生的热烈欢迎。爱因斯坦夫妇在上海停留的时间很短暂，他们在上海去参观游览过的地方也并不多，而在他们去过很少的几个地方当中，就有"小世界"游乐场。那一天，爱因斯坦夫妇在"小世界"剧场观看苏州全福戏班演出的昆曲，而他们身旁的中国观众则非常好奇地看着这对外国人，这使向来很害羞的爱因斯坦感到非常的不自在。事后，爱因斯坦对这次经历很幽默地说道："我们也成了一台戏。"尽管爱因斯坦先生的身影在"小世界"短暂的闪现当时并没有给它带来很大的影响，但人们日后回想起来却会发现，"小世界"游乐场在不经意间以一种不经意的方式接待了20世纪来访中国的一位最为尊贵的客人。

"小世界"历史上另一件值得特写一笔的事情就是在那里诞生了"越剧"这一名称。尽管越剧这个剧种早已有之，但在此前并没有统一的名称，这在一定程度上对于剧种的发展是不利的。1925年9月17日，由金雪芳领衔的"的笃班"来"小世界"演出，在《申报》上刊登的广告中首次使用了"越剧"这一名称，并且马上被大家所一致接受。

1937年11月上海沦陷之后，"小世界"同"大世界"一样，也成了难民收容所。抗战胜利后，"小世界"变成了世界福佑商场，一度成为专卖美军剩余物资的市场。上海解放后，"小世界"为百货供销行业占用。1956年改作邑庙区文化馆，在演戏之外，底层还经常放映一些新闻科教电影。1959年，底层正式改建为"文化电影院"，并且是磨砂玻璃反射银幕，背后放映画面，由此，"小世界"成为当时上海唯一的白昼电影院。

巧取豪夺"大世界"

开办娱乐场，治安是头等的大事。当年不甚太平的上海滩，可以说是一群不法之徒胡作非为的乐土，而娱乐场所人多手杂，是最容易招惹是非的地方，所以开办娱乐场的人一般都要向该地的治安机构寻求特别的保护。而黄楚九在法租界开办"大世界"娱乐场，自然少不了与在法租界巡捕房任职的黄金荣打交道，况且两人又是余姚同乡，说起话来也方便，加之二人都是各自领域的能手，所以打上交道自然不在话下。事实上，黄楚九在经营"大世界"期间，着实没少得到黄金荣的帮助，当然，黄金荣也从他那里捞到了不少的好处。

可是黄楚九与黄金荣之间的这种合作并没能一直进行下去。黄金荣眼巴巴地望着自己庇护之下的"大世界"每人顾客盈门，他有些按捺不住了，他不禁想到，如果这个"大世界"是他黄金荣的产业，他会有多么的风光呢？然而，这只是他一厢情愿的幻想罢了，"大世界"是黄楚九的。黄楚九是不会将"大世界"白送给自己的，但是他却可以想办法从黄楚九的手中将"大世界"给夺来。尽管怎么个夺法一时黄金荣的心里还没有具体的盘算，但是既然有了这种想法，只有时机一到，他就会果断地动手。黄金荣忍耐了多时，终于，机会来了。

一个地道的资本家，是不会让自己的资本闷在家里睡大觉的，他会将自己所有的资本都驱赶出去，让它们找到有利润可图的产业进行婚媾，然后繁殖出更多的资本。黄楚九就是这样一个地道的资本家，"大世界"的辉煌成功不可能是他的事业的终点，他的产业一家接着一家地在上海这块土地上冒出来，甚至多得人们数也数不清。但是，产业与产业之间的分量是不同的，有的产业在黄楚九的整个事业当中只是充数而已，而有的产业则占有举足轻重的地位。在黄楚九所有的产业当中，日夜银行就是这分量十足的一家。

在1920年前后，上海兴起了一股开办证券交易所的热潮。我们前面提到过，一度与革命脱钩的蒋介石此时就曾涉足上海的证券交易，虽然初时也颇赚了那么几笔，但是后来风云突变，蒋介石变得债主盈门，无法管理，最后只得在虞洽卿的引荐之下拜黄金荣为"老头子"，在虞洽卿和黄金荣的共同出面之下，才算化解了这场债务危机。其实，比起蒋介石的遭遇来，黄楚九在这场风浪中所遭受到的打击要严重得多。因为以当时的情况，蒋介石那点儿投资不过是小打小闹罢了，而黄楚九才是真正的大身手呢。当然，投入得越多，利润也就越大，而同时风险也就越高。

1919年末，因经营"大世界"而横发其财的黄楚九自然而然地瞄上了当时方兴未艾的证券业，经过一番筹措，很快他就与叶山涛、包达三、范回春等人合伙开办了"上海夜市物券交易所"。当然，在这些人当中，黄楚九是头号人物，这个交易所的理事长的职务非他莫属。

"上海夜市物券交易所"，从名字上我们可以看出这个交易所的特点，一般的交易所都是白天营业的，可黄楚九在此又显示出他的与众不同来。"反其道而行之"往往是黄楚九在商业竞争中出奇制胜的一大法宝，这一次，他又如法炮制。他发现，既然其他的交易所都在白天营业，那么夜间显然就是一个市场空白点，而这个空白点恰恰就是他黄楚九的生财之所。这样，他所经营的交易所就专门在夜间营业，诚然，大多数人是习惯于白天活动的，可是"夜猫子"总是有的，尤其在上海这样一个娱乐业繁华的大都市，通宵达旦者殊不少见，而将这些人汇集起来，数量更是非常可观，因此，黄楚九的"夜市"非但不是门庭冷落，反而异常热闹，其来客之众，甚至丝毫不亚于那些日间经营的交易所。

开办交易所，不仅仅是意味着多了一条生财之路，同时也意味着需要准备雄厚的财力投入运转，而黄楚九手下其他的众多产业也需要调转大批的资金，因此，资金的周转就成了一个非常重要又特别棘手的问题。这就使黄楚九觉得非有自己的金融机构不可，因为他不想投靠外国银行或其他官僚以及民商资本银行，他担心自己的经济命脉会被控制在别人手里。于是，黄楚九在开办交易所的同时，又决定自办银行，从而给自己偌大的产业群提供更好的支持。就这样，由黄楚九一手经营的"日夜银行"诞生了。

"日夜银行"与"上海夜市物券交易所"一样，名字中都包含了一个"夜"字，不同的是，"日夜银行"是"日夜"并称，也就是说，无论是白日，还是黑夜，"日夜银行"都是照常营业的。这样，黄楚九的日夜银行就在中国开创了银行24小时营业的先例。当然，创办银行，需要的资本之数额非同一般，黄楚九虽然实力雄厚，但是完全凭借自己的力量来支撑一家银行的运营，还是有所不足的，因此，他需要寻找大量的合股人。一般来说，找人投资都是一件很难的事情，但是这事儿对于黄楚九来讲却有所不同，因为凭借他的声名和业绩，相信他的人有很多，有一些虽然资产很多却又自己不会做生意的人正想寻找这样的机会来使自己的资产增殖。这样，黄楚九很快就筹集到了大笔资金。

日夜银行开张之后，为了对营业进行宣传，黄楚九特地让自己当时年龄尚小的小儿子黄宪中和外孙子寿琪每人手持一元钱到日夜银行去存钱，而且让他们在刚存了钱之后又去取钱，之后，取了又存，存了又取，这样反反复复地闹个不停，而银行的服务人员则一点儿也不表示厌烦，总是会耐心地进行接待，态度非常和蔼。当然，他们早就知道这是黄楚九的儿子和外孙子，而这样的好戏也是黄楚九亲自安排的。可是外人们并不知道他们是谁，也不知道这是怎么一回事，还只当是两个小孩子无理取闹，戏耍银行的工作人员呢。而他们见到银行工作人员的服务态度是如此的好，连小孩子的这种无理取闹都会耐心地进行接待，不禁都为日夜银行竖起了大拇指，喋喋称赞。这样一个小把戏，竟然为日夜银行创下了最初的好名声。

就在黄楚九的上海夜市物券交易所和日夜银行经营得正红火的时候，突然之间，风头逆转，一场来势迅猛的"信交风潮"席卷了上海的证券交易行业。1921年，上海夜市物券交易所刚刚开办了一年多的时间。在这场"信交风潮"中，上海绝大多数的信托公司和交易所都遭受了灭顶之灾，黄楚九的交易所即使开在夜间也未能幸免于难。交易所中，在股票狂跌的同时，买家们纷纷抛售，而那些老奸巨猾的大投机商们则又趁此机会转嫁祸水，使得一夜之间，原本非常抢手的股票成了人人鄙弃的废纸。在这样沉重的打击之下，上海夜市物券交易所也只能宣告倒闭了。当然，在交易所倒闭的同时，黄楚九与他的那些合股经营者们都赔了大笔的钱财，更为严重的是，众多的持股人手中的股票转眼之间就成了一沓沓的废纸，当初花了一沓沓的钞票购进来股票就这样变得一钱不值了，他们岂肯善罢甘休呢？因此，他们纷纷自发组织团体到法租界司法当局去控告黄楚九，要他赔偿损失。黄楚九虽然家大业大，资本雄厚，但是面对这么多的债主，他应付起来也是颇感费力的，况且，他也不能将自己的全部产业都用来抵债啊。经过调查，黄楚九得知了这样一个情况，那就是要在法租界打官司，必须得请法国的律师进行代理才行，否则这个官司是打不成的。这样，黄楚九就动用重金去贿赂那些法国律师，要他们凡有因为上海夜市物券交易所关闭而前来要求索赔的委托诉讼者，一概拒绝接受。俗话说，收人钱财，替人消灾，这话是中外通用的，法国律师收了黄楚九的钱，自然得为黄楚九办事。因此，凡有涉及到上海夜市物券交易所的官司他们一概不接，而按照当时的法律约定，因为黄楚九的交易所开办在法租界，其案件就得由法租界当局受理，这样一来，法国的律师们拒绝接案，这官司也就无从打起了。债主们尽管也知道是黄楚九使了手腕，可是毕竟胳膊扳不过大腿，到最后，这些人也只能是自认倒霉了。令他们稍感宽慰的是，在此次信交风潮中，黄楚九赔进去的钱比他们每个人都要多。

　　然而，正所谓在劫难逃，黄楚九躲过了这一劫，却不料，前面还有着更大的劫难在等着他。事实上，尽管黄楚九通过一种不怎么光明的手段化解了交易所危机，但是交易所的倒闭还是给黄楚九带来了重创。因为维持交易所的运营，他调用了日夜银行金库中的大部分资金，而这些资金都是来自储户的，银行的金库空了，储户来提钱怎么办？储户提不出来钱，这银行岂不是要蹈交易所的覆辙吗？这是绝对不可以的，为此，黄楚九非常痛心地卖掉了自己特别心爱的花园家宅和部分房产，换得一笔资金充盈到银行的金库中，才暂且放下了心。

　　在"信交风潮"的打击中，黄楚九深深地体验到有自己的银行的好处，因为在关键的时刻，自己的银行可以提供大笔应急性的资金支持，如果没有日夜银行的扶助，他这一次会败得更惨的。在这种意识的支配下，黄楚九下决心要将日夜银行办得更好。

　　不久之后，黄楚九在"大世界"游艺场内部设立了"日夜银行储蓄部"，开展"券利并给"的攻势。所谓"券利并给"，说的也就是客人们的各项存款在按章付给利息的同时，还会按照储蓄数额的不同赠送数额不等的"大世界"入场券。这样，日夜银行借着"大世界"的声势吸引了更多的客人，而更多的客人带来的则是更多的资金，日夜银行因此走上了欣欣向荣的发展道路，而黄楚九也逐渐走出了经营交易所失败的阴影。

　　1921年，黄楚九已经50岁了，以他当时产业的规模和资本的数额而言，即便此时罢手不干，也足够他安享晚年的了，而业已经历过"信交风潮"之沉重打击的黄楚九也多少有点儿倦怠之感了，他感到自己从一介平民发展到声威煊赫的今天，殊属不易，是旁人万难企及的，因此也应当知足了。于是，他给自己的新居命名为"知足庐"，同时也给自己起了个别号叫做"知足庐主人"。

　　虽然黄楚九在经营交易所失败之后颇为收敛了一段时间，投资上变得相当谨慎，不再像以前那样轻易出手了，但是商人趋利的本性促使黄楚九还是不会放弃令资本增殖的机会的。如同1920年时证券业的红火一样，到了20年代中期，上海又兴起了一个新的行业，也就是房地产，一时间，房地产又成了一个蕴藏着暴利的商机。见到这种情形，黄楚九觉得是时候了。于是，黄楚九耗费巨资，在浙江路后马路（今宁波路）地段租地盖起了大楼，一批就建起了二十多幢款式新颖的带铺面的楼房，下面可开商店，上面可租给居民或租给公司作写字楼。黄楚九之所以肯不惜血本地做如此大的投入，是因为他看准了房地产不同于证券交易，只要将楼盖起来，是定然只会赚不会赔的。黄楚九这样的眼光并不错，他在商场上摸爬滚打了30多年，可不是徒有其名的，他的见识是相当可靠的。但是，正所谓"人算不如天算"，可以预见的情况黄楚九是都预料到了，但是偏偏就发生了不可预料的事情。黄楚九只是充分考虑了商业本身的规律，却没有顾及到当时中国特殊的国情。当时的中国，政局不稳定，北洋政府名义上是一个全国的统一政府，可中国当时的实际情形却是四分五裂，北洋军阀内部分成几大派系，为了争夺权力和地盘，屡次爆发战争，而南方的革命军又开始进行北伐，整个中国你争我夺，呈现出一种波诡云谲的动荡局势。对于这一点，黄楚九没有给予足够的重视。他虽然也知道政局会发生变化，但是他却预料政局的变化不会过于迅速，而且即使有变，对于上海房地产行业的影响也会是有限度的。

　　黄楚九的楼房建成之时已是1927年，那是中国历史上各派政治、军事力量进行重大角逐的一年，那一年中国的天空上，完全称得上是硝烟弥漫，血雨腥风，而经济发达的上海更是各派军阀争夺的重点，连绵不断的战火使得上海一时间变得门庭萧条。黄楚九刚刚建起的二十多幢全新的楼房，几乎无人问津。经过几番周折，才勉强租出了两间房屋，一间租给了电力公司，另一间租给了一家鞋店，而另外绝大部分则完全空着。这空着的，并不仅仅是楼房，楼房一空，黄楚九的金库也就空了。此前，他在建造楼房的过程中动用了大量来自日夜银行的资本，他本指望着楼一建成，不出多时全都租了出去，成本很快就能收回来，而且马上就能够盈利，可是楼房建成之后黄楚九完全傻眼了，因为他发现自己的如意算盘根本就打错了。

　　楼房这边收不来租金，可是银行那边储户却等着提钱呢。无奈之下，黄楚九只能通过拆东墙补西墙的方式来解这燃眉之急，但是，他为建造楼房实在是投入了太多太多，此时即使是尽力搜刮，也搜刮不出足够的钱来填补这个巨大的窟窿。而当此为难之时，又有两个人出来将黄楚九推了一把，这两个人可不是雪中送炭来了，他们要做的事情是火上浇油，此二人的这一推，就彻底将黄楚九推上了绝路。这两个人正是虞洽卿和黄金荣。

黄楚九当时还有一笔价值20万元的预付款存在经营轮船的虞洽卿那里，他本来是想用这笔款子购进一艘轮船的，而当时轮船尚未造好，按常理说黄楚九是不应将其索回的，当然，他要做的也不是索回，只是说暂且借用以来应急。黄楚九以为，当时虞洽卿是完全可以将这笔款子支给他使用的，但是他却遭到了虞洽卿的拒绝，因为当时虞洽卿也是负债累累，根本没有宽裕的钱来接济黄楚九。

在求告虞洽卿无果之后，黄楚九又打算将他的房地产契约进行抵押，从而向其他银行筹得一些款项，可是万万想不到的是，与往前但有所求即一呼百应的情形截然相反，此次辗转数家，竟然没有一家银行肯答应贷给他钱的。这固然有墙倒众人推的因素，但是凭借他黄楚九几十年闯出来的名声和实实在在摆着的非同一般的魄力，或多或少还是存有一定影响力的，未必就没有一人会在此时伸出援手，况且事在人为，焉知黄楚九他日就不能东山再起呢？实际上，黄楚九此时之所以四处碰壁，在很大程度上是因为有人从中作梗。当时黄楚九尚被蒙在鼓里，但不久之后他就知道自己究竟败在哪里了，这个从中作梗者正是多年的旧交黄金荣。

其实，黄金荣早就对黄楚九手中的"大世界"垂涎三尺了，只是当黄楚九风头正劲之时他不便动手，而此时黄楚九栽了跟头，黄金荣赶忙跑过来，却不是扶上一把，而是狠狠地踩上了一脚，从而令黄楚九永世不得翻身。当黄楚九那边因为陷在房地产的泥潭中难以抽身而感到焦头烂额之时，黄金荣这边也是忙得不可开交。他忙什么呢？他将自己成百上千的徒子徒孙、走狗爪牙们都召集了过来，吩咐他们四处散布黄楚九倒台的消息，从而给整个上海的人都造成了一种印象，那就是黄楚九这下是彻底完了，再也没法翻身了，谁要是去帮助他，那可纯粹是自找苦吃。这样一来，虽然很多人对黄楚九不乏同情之心，可是一想到钱财上的事，都作罢了，谁肯为一株已经旱死了的苗去浪费水呢？

到底是瘦死的骆驼比马大，黄楚九在如此残酷的打击之下并没有立时就倒下，他想尽各种办法，勉强地应付着局面，总算暂时获得了相对的安稳。虽说问题还没有在根本上解决，但只要度过了这样的危险期，此后的困难总是可以从长计议的。然而，黄楚九为了应付这样的危机，也是煞费心血，原本就多病的身体终于坚持不住了，病倒之后，他在家人的劝说之下迁居杭州养病。

看着黄楚九还没有倒台，黄金荣可坐不住了，他想，如果不趁着这一机会将黄楚九扳倒，那么等着黄楚九重新振作起来，他可就前功尽弃了啊。要想彻底摧垮黄楚九，就得斩断黄楚九的最后一根救命稻草。那么，对于黄楚九来说，这最后一根救命稻草又是什么呢？经过一番仔细的观察，黄金荣发现，只要能够让日夜银行倒闭，黄楚九就将再无翻身的可能，那样，黄楚九会直面债务危机而再也躲不过去的。同时，只要他的银行一倒闭，这"大世界"也就无法继续经营了，到了那个时候，"大世界"岂不就是唾手可得了吗？

在夺得"大世界"游艺场的强烈欲望的促动之下，黄金荣向黄楚九发起了最后的致命一击，他派出了大批的门徒到各处放出这样的风声："日夜银行的存款已经被黄楚九提走了一大半，他自己已经病情严重，躲到杭州避风头去了。"

在黄金荣的恶劣宣扬的影响下，大批日夜银行的储户齐集银行门前，众口一词地要求提款。储户提款，天经地义，银行的工作人员无法拒绝，可是银行里根本就没有那么多的钱啊。情急之下，他们只能通知远在杭州的黄楚九。此时，黄楚九已来杭州多日，在青山绿水的陪伴之下，他的病情有所好转，身体好了一些，他就开始花费更多的心思考虑起自己事业的未来，他再一次坚定了自己的信心，相信自己一定能够扛过这场风波的。但是，他的心情刚刚有所宽慰，就得到了来自上海的不幸的消息。事发突然，黄楚九知道又是有人从中使坏，然而这个时候他顾不得事情究竟是什么来头了，应付储户要紧，于是，他火速由杭州赶回上海，亲自坐镇日夜银行，企图以自己的影响力来挽救危局。为了稳定人心，黄楚九在上海的各家主要报纸上都张贴了自己的照片，声明自己已经返回上海，并且用自己的房地产契约为抵押，在最短的时间内筹得了31万元的贷款，同时他还尽其所能地向亲戚朋友们借来了5万元，这些加在一起，是一笔不小的款子了。由此，大家看到黄楚九还是有能力的，并非像坊间流传的那样，已经完全空底儿了。这样一来，日夜银行的那些储户也就放了心，很多人不再急着提款了。因此，日夜银行的危机暂时得到了缓和。黄楚九看到这种情形，稍稍松了一口气。但是，一波未平，一波又起，黄楚九的这口气还没等舒完，他就又碰上了钉子，而且这一次，全是实实在在的钉子，他是无论如何也躲不过去的。

黄金荣见从杭州风风火火赶回上海的黄楚九通过一番筹措，居然十几天的工夫又缓过气来了，就觉着是自己的下手还不够狠。斩草必除根，杀人要杀死，眼看着黄楚九已经奄奄一息了，哪能让他从黄泉路上再返回阳间呢？黄金荣立刻又向黄楚九扔出了一副致命的杀手锏——因为黄金荣与黄楚九之间多年来都存在着友好合作的互利关系，所以在黄金荣的门徒当中也有不少人都是日夜银行的储户，而且其中有些人的存款还不少，在平常时候，他们是日夜银行的座上客，到那里去存钱也可以说是给黄楚九面子的了，可是到了关键的时候，他们也会起到另一种作用。黄金荣将这些在日夜银行里有存款、特别是那些有高额存款的门徒全都召集了起来，要他们一同赶往日夜银行去提钱，如果黄楚九不乖乖地把钱拿出来，就砸了他的铺子。面对黄金荣手下这一群气势汹汹的爪牙，黄楚九顿时明白了，这么久以来就是黄金荣做的坏事。其实，就这些人要提取的资金的数额来讲，黄楚九还并非完全应付不起，但是他想到自己多年来没少给予好处的黄金荣居然不仅见死不救，还落井下石，不禁感到气愤难当，顿时就昏厥了过去。

这一昏倒，黄楚九就再也没有起来，虽然经过抢救一度苏醒过来，但也只是留给他草草交代后事的时间罢了。1931年1月19日下午4点10分，黄楚九带着满腔的愤恨凄然离世。

黄楚九死后，当时的《新闻报》对黄楚九的一生进行了这样的评价：

……创设中法大药房，嗣复兼营中西大药房，又创设九福公司，发行有益良药，不下数十种。此外创办事业，如大世界、日夜银行、福昌烟公司、九星烟公司，其他小者更难数。曾担任上海总工会执行委员、新药业公会主席、西湖博览会委员、红十字会经济委员等。民八河南大灾，易子而食，先生派人携资前往，收养婴孩千余人。民十五夏，上海大疫，死人枕藉，旧有时疫医院诊治不及，先生毅然发起急救时疫医院，凡十日而成，活人甚众。又独立创设眼科医院于龙门路，施诊施药，经费一人独任，不募外款。先生善量之宏，可为世法矣……

黄楚九一死，他的那些债主立即卷土重来，纷纷赶赴黄家前来讨债，而黄楚九门下的各家企业的股东们也展开了疯狂的争夺，大家像是在分享着一场最后的盛宴，充分地暴露出人在金钱面前所能爆发的狂热，真真地印证了那句俗谚——人为财死，鸟为食亡。

就这样，在无数人参与进来的狂烈的争夺之下，黄楚九苦心经营了一生的商业帝国一夜之间就轰然坍塌，从这个世界上消失得无影无踪了，而黄楚九这个名字也开始逐渐地被人们淡忘，随之升得更高的是另一个名字——黄金荣。

"荣记大世界"开张

"大世界"游艺场是黄楚九所留下的一块肥肉，垂涎者远非黄金荣一人，但是其他人比起黄金荣的势力来毕竟还差了那么一截，因此，最后，黄金荣以70万元的价格将"大世界"盘了下来。不过，黄金荣这70万的开价可并不是出的现金，他采取的是"羊毛出在羊身上"的办法，让"大世界"生钱来还那些债务，也就是说，拍卖"大世界"的这70万元的所得是应该交给黄楚九的债主的，然而黄金荣"买"下了"大世界"之后，却一分现金都没有拿，他要用"大世界"的娱乐收入来偿还这些债务。这样，实际上黄金荣相当于是一分钱没花而白白占得了这个人人企羡的"大世界"游艺场。当然，这种事情，黄金荣做得，其他人却做不得。而在接手"大世界"之后，黄金荣也没有实实在在地用营业收入去抵债，而是通过各种手段进行多方盘剥和勒索，稀里糊涂地就将一笔笔的高额债务全都化为乌有了。

在打点完债务之后，黄金荣就开始对"大世界"进行改组，改组之后，黄金荣只以幕后老板的身份自居，而面儿上的业务则交给他的徒弟去打点。他将最为得力的门徒唐嘉鹏任命为"大世界"的总经理，将鲍琴轩任命为业务主任，将方锦堂任命为会计，将夏士奎任命为稽查头目，这样，经营"大世界"的骨干集体也就形成了。

"大世界"重新开张的前一天，也就是1931年5月31日，黄金荣一干人等在原"大世界"的共和厅中举行了"荣记胜利大世界公司成立大会"，会上宣布黄金荣担任委员长和经济委员，闵采章、鲍琴轩等十几人为委员，顾无为、唐嘉鹏、江倬云等人为监察委员。大会主席黄金荣致辞称："鄙人承蒙荣记胜利公司同仁，公举为委员长兼经济委员，事情难却，惟希本公司同仁及职员等，和衷共济，各尽厥职，勤勤恳恳，务以营业为前提，从今伊始，整理游艺，一新耳目，要以增多游客为第一目标，务使济济游客，乐游兹土……望前途，愿与同仁共勉之。"

整顿之后的"大世界"游艺场，于1931年6月1日重新开张，而其名号也由"大世界"改成了"荣记大世界"，"荣记"两个字显然标明这是黄金荣的产业。

重新开张的"大世界"因为采取了降低门票价格等多种吸引顾客的措施，所以重又热闹了起来，并且逐渐成为黄金荣的主要产业之一。

开始的时候，"荣记大世界"并非黄金荣一人独资，而是也包括了他的一些徒弟如鲍琴轩、张善琨等人的大笔股份，但是鉴于他们与黄金荣的特殊关系，这些股份后来都为黄金荣所侵吞。"荣记大世界"开办九周年之后，也就是1940年的6月1日，《申报》上刊载了这样一则《黄金荣启事》，上面声称："荣记大世界自本年二月一日起，由张善琨君将本人名下股本及各附股并与敝人承受。"这就是黄金荣侵吞弟子股份的一种变相的说法，当然，他也并没白白夺取张善琨的股份，而也是给了张善琨补偿的，这种补偿就是令张善琨继续担任"荣记大世界"的经理。当然，有关黄金荣剥夺弟子股份的事情，这仅是其中的一个例子，被剥夺股份的并不仅仅是张善琨一人。到后来，"荣记大世界"就完全成了他黄金荣一个人的产业。

"荣记大世界"的经营场面曾经是非常火爆的，它号称"中国最伟大的游艺场"、"中国第一大众俱乐部"，而当时上海更是流传着这样的话："不到大世界，白来上海滩。"

"荣记大世界"的娱乐项目虽然很多，但是其主打还是各种戏剧，我们可以从"荣记大世界"1934年9月5日刊登在《申报》上的演出广告中看出当时的演出之盛况：大剧场上演的日戏有陆零六的《祥梅寺》，童月娟的《六月雪》，赵连璧的《黄金台》，白艳琴和郭鸿雁的《双沙河》，沈光裕、孙筱楼、马永利的《界牌关》，孙继良的《捉放曹》，荣娇鸾的《孟姜女》，范永庆等的《大收关胜》；夜场有《彭公案》。大众话剧社上演的有蒋呆儿、张一鸣等10余人合演的日戏《金钱》、夜戏《梅花落》。南方歌剧有张鹏飞、沈伟侬、徐琴艳上演的日戏《三笑》，夜戏《孟丽君》。维扬大班有王秀清、潘喜云、崔少华的日戏《红鬃烈马》，夜戏《穿金宝扇恨》。绍兴文戏有《王华买父》、《才女唐棣花》等。还有当时非常火爆的歌舞班《万花团》上的"撩人情绪的铜像舞"、"发人绮思的土风舞"、"引人发笑的滑稽舞"、"动人快感的香艳舞"等。这样丰富的演出，简直可以说是应有尽有，因此，其号称"中国第一大众俱乐部"和

"中国最伟大的游艺场",并非全是夸辞。在"荣记大世界"的鼎盛时期,每日的进出游客高达两三万人,到节日的时候甚至会突破5万人。总之,"大世界"虽经易手,但是经营状态却是比先前更胜一筹的。

"荣记大世界"实际上并非完全是一个娱乐场所,在个别时候,它也会成为一个特别的政治场所,在中国历史上曾有过多次政治事件发生在"荣记大世界"中,而其中最为知名的就是1931年的国民党中央委员会选举。

1931年12月3日,"荣记大世界"铁门紧闭,当天暂停营业,外人不知其所以然,实际上,里面正在进行着一场不可告人的政治交易。在黄金荣吩咐之下,早晨7点开始,就有大批的安南巡捕和中国巡捕分布在"荣记大世界"的四周进行巡逻,而黄金荣和法租界巡捕房的政治部主任程子卿等重要人物也都亲自到场以维持秩序。上午9点的时候,汪精卫等人纷纷赶至会场。到12点会议结束的时候,有唐生智、张发奎、谷正纲、刘文辉等10名汪派人物被选为国民党中央委员。

总之,自黄楚九死去之后,一直到1949年上海解放,"大世界"游艺场都牢牢地控制在黄金荣的手中。1987年,应海内外人士的吁请及上海市民的愿望,"大世界"恢复原名,但此时的"大世界"已经改变了它往前的性质,真正成为人民大众的娱乐中心。

为周信芳解难

1940年,日本兴亚院华中联络部曾有一个题为《上海剧坛与帮会之关系》的调查报告,其中列述了上海6家主要剧场的经营者与帮会之间的关系,其具体内容如下:

剧 场	经营者	与帮会的关系
黄金大戏院	金廷荪	通字辈,王德霖的徒弟,黄金荣的密友
更新舞台	董兆斌	悟字辈,陆连奎的徒弟
荣记共舞台	张善琨	通字辈,王文奎的门徒
鑫记大舞台	范恒德	悟字辈,师名不详,又为红帮杨庆山的徒弟
天蟾舞台	顾竹轩	通字辈,刘登阶的门徒
卡而登大戏院	周翼华	无帮籍

从这一表格中可以非常明显地看出,上海的主要剧场大多都与帮会界存有密切的联系,其经营者大多本身就是帮会中人。在这六大剧场中,黄金大戏院和荣记共舞台虽然表面上的经营者分别是金廷荪和张善琨,但是金廷荪是黄金荣的密友,张善琨则更是黄金荣的门徒,实际上,这两家剧场的后台老板都是黄金荣。同样,鑫记大舞台的经营者范恒德虽然在这一调查报告中写的是"师名不详,又为红帮杨庆山的徒弟",但事实上他也是黄金荣的门徒之一,而更新舞台的经营者董兆斌也与黄金荣有着密切的往来,虽然没有正式拜黄金荣为"老头子",但是对黄金荣也是以师礼相待的。至于天蟾舞台的顾竹轩,更不用说,也是上海帮会界的一个名角,这个调查报告中写的他是"刘登阶的门徒",而其实他同时也是黄金荣的门徒。在这六大剧场的经营者中,较为特别的一人是周翼华,因为他的身份是没有帮会背景的,这多少也可以算是当时上海娱乐界的一个特例了。不过,尽管周翼华本身不是帮会中人,但在剧场的实际经营活动中他是少不了与帮会界的人士打交道的。当然,与帮会界有着密切联系的决不仅仅是这几个剧场,诸如金门大戏院的老板马祥生、仙乐斯舞厅的老板谢葆生、恩派亚大戏院的老板颜伯颖、新光大戏院的经理夏连良等人,一个个也都是帮会出身,商人名号的背后隐藏着帮会头目的另一重身份。总之,当时上海的娱乐界总是与帮会界有着千丝万缕般的联系,两者之间呈现出密不可分的关系,只要在娱乐

界中稍一打探，就不难发现其中有着帮会势力活动的阴影。

另一方面，与帮会人士涉足娱乐界的情况相应，很多原本属于演艺界的人士也会加入到帮会当中。例如，在日本学者酒井忠夫所著的《中国帮会史研究》一书中的"青帮篇"的部分就罗列了20世纪30年代加入上海青帮的伶人名单：

大字辈 李春利（兴武六帮派）
　　　　赵如泉（兴武六帮派）
通字辈 李桂春（江淮泗帮派，师傅曹幼珊）
　　　　金碧艳（兴武六帮派，师傅袁克文）
　　　　刘斌昆（师傅为沈阳的冯禹臣）
　　　　李洪春（兴武六帮派，师傅李春利）
　　　　刘振廷（师傅杨馨一）
　　　　刘文奎（嘉白帮派）
　　　　路凌云（兴武六帮派，师傅李春利）
　　　　郑玉华（师傅王德志）
悟字辈 侯少波（江淮泗帮派，师傅季云卿）
　　　　孙庆芬（江淮泗帮派，师傅季云卿）
　　　　高百岁（师傅常玉清）
　　　　张国斌（师傅常玉清）
　　　　张质彬（师傅常玉清）
　　　　王富英（师傅常玉清）

不过，需要了解的是，演员之加入帮会界与帮会中人之涉足娱乐界是有所不同的。帮会中人涉足娱乐界，往往看中的是娱乐界的钱财，他们把持了娱乐界，就好像把持住了一棵摇钱树，因此，他们一般是主动跨入娱乐界的。演员们则不同，他们加入帮会，往往不是情愿的，而是为了寻求保护，是不得已而为之的，甚至有些演员是在黑帮流氓的逼迫之下才认帮会中的某个头目做"老头子"的。可以说，帮会界的人士对于演员是有着很强的控制力的，而演员们为了维护自身职业的正常发展，常常不得不投靠帮会界。而这也正是当时上海的各大娱乐场所大多为帮会所控制的原因之所在。当时中国的正常的治安力量非常薄弱，而且上海又是所谓的"三界四方"，整个上海被分割成闸北、南市、公共租界和法租界四块，由中国政府、公共租界当局和法租界当局各自管辖，相互之间不能进行干涉，这就为很多不轨的行为创造了非常有利的条件，以致上海曾经被称为"冒险家的乐园"，这个称号很好地反映出当年上海社会的特点。而在社会动荡不安、治安力量薄弱的大背景下，人头众多的娱乐业就成为格外混杂之地，更加上娱乐业是有利可图的行业，所以觊觎者不在少数，捣乱破坏的行为屡见不鲜，这样一来，如果想在娱乐界中长期做下去，就必须与当地的保护势力——黑帮流氓建立稳定可靠的关系。这也是旧中国社会之畸形现象的一种。

帮会界对于娱乐业的把持，虽然在某种意义上讲是维护了娱乐业的正常运营，但是却给娱乐业的健康发展带来了很大的危害，非常突出的恶劣现象就是帮会对于演员的欺压。不要说普通的演员会遭受帮会流氓的盘剥，就是那些一流的名角也难以逃出黑帮的魔掌。关于这一点，我们可以从周信芳在上海演出的一段经历中窥见一斑。

论起名气之大，周信芳少有人能够抵敌得了的，可是纵使你名气再大，在黑帮流氓看来，也只是能够提供更多的利用价值而已。周信芳当年在上海就曾遭受过青帮流氓顾竹轩的劫持而不得不拜投到黄金荣的门下进行求助。

1925年，由顾竹轩经营的天蟾舞台开业。天蟾舞台坐落在在公共租界的四马路近长浜路的闹市地段，其规模和设备在当时的上海滩都可称首屈一指。对于一家戏院的经营来说，设备的先进并不是最为重要的事情，因为客人们来这儿主要看的不是设备，而是奔着戏来的。这个道理，顾竹轩当然不会不知道，因此，他为了天蟾舞台开业之后不至于冷落，在邀请演艺界的名角这方面是没少下工夫的，而在这些被邀请者当中，最为著名无疑当属"麒麟童"周信芳。

周信芳接到顾竹轩的邀请之后，也颇是为难了一阵儿，因为他对顾竹轩的为人是有所了解的。在当时的上海的帮会界，顾竹轩虽然比不上黄金荣、杜月笙、张啸林这"三大亨"的实力，但是因为其手下聚集了为数众多的亡命之徒，所以影响力很大。由于顾竹轩的势力范围主要在黄浦江以北，所以人称"江北大亨"，又因为他排行第四，所以人们又常常称之为"顾四先生"，或者干脆就叫"四先生"。就当时上海演艺界的情形来说，演员遭受黑帮的欺压是常有的事儿，而顾竹轩在这方面的名声就相当坏。所以，周信芳对于是否应允顾竹轩的邀请是有所顾虑的。但是，由于顾竹轩开出的条件较为优厚，加之周信芳觉得自己毕竟不等同于一般的伶人，顾竹轩对他是应当有所倚重的，因此决定接受顾竹轩的邀约，并与天蟾舞台签订了为期一年的合同。在签订合同之时，顾竹轩向周信芳一再保证：一旦合约期满，周先生去留听便，绝不强留，也绝不会食言。

当时，上海的京剧舞台上正盛行连台本戏。周信芳进入天蟾舞台之后，顾竹轩便请来著名的扬州评话艺人王少堂到后台演说长篇扬州评话《龙凤帕》，并当场由专人做好文字记录，然后交给周信芳改编成连台本戏的本子，经过一番排练之后便搬上舞台。因为《龙凤帕》中包含了很多跌宕起伏、悲欢离合的情节，所以观众们对此非常欢迎，因此这出戏刚一开锣就一炮走红，以后每个星期更换一本，也全都是每晚高悬"满座牌"。

因为周信芳的戏非常叫座，所以根据合同，他得到的酬劳也是较为丰厚的，在合同履行的前3个月中，每到月底进行结算时周信芳都能分得3000元左右的收入，这比周信芳此前的演出收入是增加了不少。可是周信芳没高兴多久，事情就有了变化。从第四个月开始，他的收入就不再那么多了，到月底结算收入的时候，他只得到了大约1500元的收入。周信芳觉得这里面是有蹊跷的，但是他并没有立即去找顾竹轩询问，而是忍耐和等待了一个月。然而，令周信芳没想到的是，到了第五个月的月底，他所得到的收入骤降至不足1000元了。这下，周信芳可坐不住了，他并不是第一次与戏院老板打交道了，此前或多或少地也受到过一些诓骗、欺哄和剥削，但还从来没有遇到过这么严重的情况，他必须找顾竹轩问一问到底是怎么回事儿了。

面对周信芳的询问，顾竹轩表现出一脸的和气。他非常温和地向周信芳解释说："周先生，你一定不要急，听我给你说说。这两个月不比得先前啊，因为这戏演得时间一长啊，观众对这部《龙凤帕》也就看腻了，戏票也就卖不出去。你别看还是场场满座，可其实座里的一大半都是为了给角儿撑面子而邀来的熟人，非但不收票钱，散戏之后柜上还得给他们开发夜宵点心费。你说说，这样一来，戏院的收入不就少了很多嘛，所以分到周先生的手里也就少了。"

听到顾竹轩的这种解释，周信芳明知道对方在说瞎话，也是无可奈何的。他能怎么办呢？他只能想办法堵住顾竹轩的嘴巴，让他再不能以此为借口来克扣自己应得的收入。为此，周信芳加班加点，在很短的一段时间内编排了新的连台本戏，随即推上舞台。这样一来，顾竹轩果然不能再以戏旧而不卖座为借口来盘剥周信芳了。不过，古话说，欲加其罪，何患无辞？因此，顾竹轩总会想方设法地编造各种子虚乌有的借口来克扣周信芳的收入，周信芳明知受人欺负却又发作不得，他只能是盼着快些熬过了这一年，只要合同一到期，他就立即走人。但是，周信芳又想错了，来时容易，走时可就不是那么回事了。

按照当时通行的惯例，戏班和前台若要续订合同，都是在头年的岁尾时签订，到第二年正月初五开始营业的时候生效。当年岁末的时候，和天蟾舞台签有合同的周信芳自然也收到了顾竹轩的帖子，也就是大家一起吃顿饭，在饭桌上谈一谈续订合同的事情。

顾竹轩请客的地点在天蟾舞台东面不远的大鸿运酒楼里。周信芳走进大鸿运酒楼刚一落座，还没等把身子暖好，他就察觉到自己又被顾竹轩引进圈套里了。在酒宴的前半段时间，顾竹轩只字未提有关戏馆和合同的事情，弄得周信芳的心里七上八下的。终于，顾竹轩开口了，他端起酒杯站起来对在座的诸人说道："天蟾舞台开张以来，营业状况一直不佳，弄得我亏进去了好几万元，可是虽然困难很大，但是依靠这么多朋友的支持，我还是决定把舞台继续办下去，在座的各位前一年里都帮了我的大忙，而接下来的一年，如果你们肯再帮我一把，那以后就是我顾某人的患难之交，以后如果有什么事可以用到我，我一定二话不说，就是上刀山下火海也会助朋友一臂之力的，可是如果哪位不愿意再帮我这个忙，那就请今天在酒桌上当面讲出来，可不要事后再嘀嘀咕咕地说三道四，那可就是瞧不起我顾某人了。怎么样，诸位表个态吧？"

说完这番话，顾竹轩笑了笑，然后把目光转向尚未开过口的周信芳，显然，周信芳在众人当中是最为重要的一人。他首先要争取的就是周信芳的表态，只听得他向周信芳问道："不知道周先生是什么意思，到底打算不打算交我顾某人这个朋友呢？"

这样，在座的众人都把目光转向了周信芳，令周信芳感到异常的紧张。刚才顾竹轩讲的那番话，他字字听得真切，表面上听起来顾竹轩讲得冠冕堂皇的，可是谁都听得出顾竹轩分明是在反话正说，他的话讲得软绵绵的，可是这种软绵里面却藏着锋利的刀子，谁要真的当成棉花去握它，那就非得被刀子割伤不可。这时，周信芳才懂得什么叫做骑虎难下，他真是悔不该当初啊。可是想那些又有什么用呢？无奈之下，周信芳只能忍着满心的愤怨沉痛地与顾竹轩续签了合同，他这下可结结实实地领教了"顾四老板"的厉害。

虽然跟天蟾舞台续签了合同，但周信芳一心想着的是早日摆脱顾竹轩的掌控，他绝对不能继续在天蟾的戏台上给顾竹轩卖命了。经过一番思索，周信芳想到，之所以顾竹轩会强迫自己留下来，是因为自己对他来说还有利用的价值，如果自己对他没有利用的价值了，自己就是想留下来也会被他赶走的。既然自己不能主动离开，那就想办法让顾竹轩把自己赶走好了。那么，如何才能让顾竹轩赶走自己呢？其实很简单，只要自己的戏不卖座了，顾竹轩无利可图了，自己也就会如愿地被"请"出去了。于是，周信芳开始在舞台上"泡戏"，故意荒腔走板，吊儿郎当，甚至表现得举止失措，其目的就是要招来满堂的倒彩。

像周信芳这样的名角，是不会轻易在舞台上露丑的，他这么一"泡戏"，谁都知道是故意的，大家都不明就里。顾竹轩一开始也不清楚周信芳到底是吃错了哪副药，突然之间变得这么反场，可是外人不清楚一些事情，作为天蟾舞台的老板，顾竹轩毕竟还是了解内情的，他这一琢磨，就琢磨出味儿来了："好你个周信芳，竟然跟我要这一套，我强你签约，你就用这种砸场子的办法来报复我。你的如意算盘可拨拉错了，我顾竹轩还没软弱到要受你周信芳摆布的份儿上，看来不给你点儿脸色看看是不行了"。

于是，顾竹轩就找人向周信芳传话说："要是周老板有什么难处，尽可以明讲，不应当暗中使歪点子，如果再这样下去，恐怕就于大家的情面上都不好看了。"

显然，这是一种威吓的口气，至于言外之意，周信芳当然不会知道。面对顾竹轩的威吓，周信芳不能完全不在意，人在矮檐下，怎可不低头？如果完全按照顾竹轩所希望的那样，继续毫不分神地给他卖力气，周信芳做不到。因此，得到顾竹轩给传来的口风之后，周信芳多少收敛了些，但是也并没有恢复到一本正经的地步。

事情的发展再一次出乎了周信芳的意料，一段时间下来，虽然他"泡戏"是常有的事儿，但是顾竹轩并没有再来向他传什么口风，也没有指使流氓来找他的麻烦，他过得一直很平安。这又是什么原因呢？其实这是一个非常富有戏剧性的现象，周信芳想通过"泡戏"的方式来砸台子，结果反而弄巧成拙，或者也可以叫做弄拙成巧。因为周信芳是京戏中最引人注目的名角，他的一举一动都有很多人在关注，所以没过多久，他在天蟾舞台"泡戏"的事儿就成了上海滩的一个公开的秘密。若是换了别人，就是不"泡戏"，也未必会有很多人喜欢看的，可是周信芳毕竟是周信芳，他一板一眼、规规矩矩地表演时会招来万众的瞩目，"泡戏"竟然也能吸引很多人。当然，不是说周信芳"泡戏"反而演得更好，而是因为平时人们难得一见他有露马脚的时候，所以他的"泡戏"反而引来了人们的好奇，大家从四面八方争相赶到天蟾舞台来看这"麒麟童"到底是怎么"泡戏"的。这样一来，天蟾舞台的座儿不但没有减少，甚至还较以前有所增加，而顾竹轩真正关心的并不是周信芳"泡"不"泡"戏，而是自己的口袋。只要能让他的口袋变得鼓鼓，他才不理会周信芳是怎么演的呢。

周信芳"泡戏"的结果是，既没有给自己惹来麻烦，也没有摆脱顾竹轩的掌控。虽然眼下的日子还能应付着过，但是周信芳实在不想继续在顾竹轩的手下做事。一计不成，只能再生一计。周信芳找了很多至密的好友商量应当怎样对付顾竹轩。商议来，商议去，众人几乎一致认定，要想摆脱顾竹轩的控制，只能采取"以毒攻毒"的办法，也就是说，找一个比顾竹轩势力更大的人来制服顾竹轩，让他解除跟周信芳之间的合约。而在上海的帮会界，势力超过顾竹轩的人可以说是屈指可数的，大家几乎不约而同地想到了黄金荣，这不仅是因为黄金荣的势力大，还因为黄金荣与顾竹轩之间有着一层特殊的关系——他是顾竹轩的"老头子"。

办法虽然确定了，但是实施起来却还是有难度的，因为周信芳此前与黄金荣之间并没有什么过往，是搭不上话的。按照规矩，要想请黄金荣出面帮忙，周信芳是不能独自登门拜访的，而是一定得找个介绍人。而这个介绍人也是不容易找的，因为他必须得跟黄金荣有着不一般的关系才可以。后来，费了很大的周折，还是周信芳的夫人裘丽琳通过朋友联系上了李志清。

在朋友的引荐之下，周信芳的夫人宴请李志清，席间讲述了顾竹轩对周信芳进行欺压的种种恶劣行为。李志清听了，顿时义愤填膺，而裘丽琳此时便趁热打铁，说出了打算向黄金荣求助的意愿，同时又给李志清送上了一份厚礼。李志清既受朋友之托，又收了人家的礼，当然也就顺理成章地替周信芳传了这个话。于是，在李志清的介绍下，周信芳踏入黄门，成为黄金荣的弟子。当然，周信芳并无意介入帮会，他只是不得已才拜下黄金荣这个"老头子"的。

那一天，黄金荣是在黄家花园中的四教厅接见了周信芳。周信芳以双手毕恭毕敬地向黄金荣奉上门生帖子，再把拜师的赞敬交给在旁伺候的佣人，接着在铺好的红毡毯上向黄金荣行了叩拜大礼。从此，黄金荣就成了周信芳的"老头子"，有了这层关照，做事也就方便多了。果然，周信芳从黄金荣的宅邸走出的第二天，就有人给他带来了顾竹轩的传话："要是周老板觉得身体不适，是可以歇一阵子的，只是希望周老板不要再去上海其他的舞台演出。不然，四先生面上不好看，以后有什么事情也就不好商量了，大家彼此总要多留一些情面才好。"

这话说得明白，在黄金荣的关照之下，顾竹轩表示可以放过周信芳——你愿意走就走吧，但是，这也是有条件的，那就是你离开天蟾舞台可以，但是不要转而又到上海的其他舞台去演出，这个条件，既是对顾竹轩面子的维护，同时也是对周信芳做出的一种限制。作为一名职业京剧演员，周信芳是不可能不进行演出的，顾竹轩之意，实际上是让周信芳离开当时京剧演出最受欢迎的上海。可不管怎么说，周信芳总算摆脱了顾竹轩的掌控。

数日之后，上海《申报》和《新闻报》上同时登出了天蟾舞台更换戏码的广告和"麒麟童"周信芳"因病辍演"的启事。不久之后，周信芳即携带家人离开了上海。

181号赌窟

黄金荣一生当中经营有多家赌博产业，而其中名气最响、规模最大、赢利最多的就是开设于1931年的"181号赌窟"。

"181号赌窟"是人们对它的俗称。黄金荣等人在商议这个赌场的名字的时候，顾嘉棠提出，名称不要沿用旧的"赌场"之类的字样了，而要该用新式的名称，就这样，最后赌场被命名为"富生公司"。而人们之所以叫它"181号赌窟"，是因为它坐落于福煦路（今延安东路）181号。

创办"181号赌窟"的主意最早是由张啸林提出的。1931年，张啸林返回上海。此时的上海滩，帮会势力空前强大，黄金荣、杜月笙、张啸林的门生故旧中有很多人都已身居要职，权势灼人。因此，张啸林感到这正是他放手大干一场的难得良机，他于是生出了这样的想法——在上海滩开设一家规模堪称全国第一的豪华大赌场。张啸林从小涉足赌场，对于赌博业是颇为在行的，此前虽然也开办了多家赌场，但是他一直觉得不够过瘾，而想把生意做得更大。但是，想要开办一个超大规模的赌场，仅凭他一个人的实力还是不够的，因此他去找另外两位大亨——黄金荣和杜月笙进行商量。他本以为黄金荣和杜月笙对他的这个主意会极力赞同，但是出乎他的意料，黄金荣对此不置可否，杜月笙却极力反对。

这令张啸林感到非常懊恼，他想独挑门梁，可是思前想后，他觉得还是不妥，因为一来他的声势比起黄金荣和杜月笙毕竟还是略逊一筹，这样，将来一旦出了事情，没有黄、杜二人的参与恐怕不好说话；二来创办这样一个超大规模的赌场，是需要一笔雄厚的资金的，万一中途出现了问题，他就要独自承担这个风险，这也是他不想面对的。因此，张啸林觉得，这事必须拉黄金荣和杜月笙一起做才稳妥。他认真地思考了一下，黄金荣不置可否，其实是在观望，只要杜月笙能够加入，拉黄金荣入伙自然不成问题，而杜月笙之所以反对，其原因还是怕风险太大。这样想清楚了原因，他也就可以对症下药了。为了说服杜月笙，张啸林首先在赌场的选址上费了很大的心思。在当时的上海，赌场的存在虽然是大家公认不讳的一种事实，但实际上依然是一种地下产业，如果当地政府执意进行打压，那么赌场的运营就会出现困难。树大招风，最大的赌场在赢得最大利润的同时也要承担最大的风险，这样，如何使风险最小化，就成了摆在张啸林面前的首要问题。对此，张啸林充分考虑到当时上海的地域特点，精心选择了福煦路181号作为赌场的地址。为什么是这个地址呢？因为福煦路181号正处于法租界和公共租界的交界处，是一个治安缓冲地带。

不过，仅仅依靠选择一个有利的地理位置还是远远不够的，更为重要的是得跟法租界当局建立良好的关系。从这个方面来讲，张啸林是需要黄金荣入伙的。

在详细考虑了方方面面的问题之后，张啸林将自己规划的方案呈递给黄金荣和杜月笙，同时，他力邀金廷荪、顾嘉棠、马祥生、范回春、王茂亭、马鱼婷等很多门生和友人一同劝说黄、杜二人，最后总算说服了黄金荣和杜月笙入伙。这样，由黄、杜、张这三大亨领衔的"181号赌窟"就轰轰烈烈地创办起来。

富生公司，也就是实际上的"181号赌窟"，其董事长由张啸林来担任，黄金荣、杜月笙、金廷荪、顾嘉棠、范回春等人都是董事，高鑫宝、万墨林、马祥生、蔡福棠等人则是高级干事，赌窟日常工作的实际负责人是顾嘉棠，另外，担任经理的是杜月笙的管家、青帮通字辈钱曾宝。之所以让钱曾宝来担任这个经理，是因为他是闻名上海的赌场高手，而在赌窟中主持赌博的"挡手"、杜月笙的开山门徒江肇铭（又名江小棣）更是自幼即精于赌技，被称为"上海摇缸第一把手"。在这些人之外，保护赌场安全和维持赌场秩序的大批流氓打手更是必不可少的。

因为赌博活动的特殊性质，赌场的安全措施是非常严密的，平日里铁门紧闭，严禁随便出入，有人进入都要凭借"会员证"。张啸林还专门派出十多个人拿着手枪在赌场周围来回巡逻。对进入赌场的人，认识的，马上放行；不认识的，还要搜一下身。总之，他们是要绝对保卫赌场的安全的，不容出现任何意外。

出入"181号赌窟"的大都是上海滩有名的老赌客。例如晚清邮传尚书盛宣怀的少爷小姐们，就素有"赌国魁首"之称。其他如大资本家朱如山、老政客王揖唐、失意军阀江西督军陈光远等人也经常涉足其间。由于张啸林的"精心经营"，"181号赌窟"很快赌名远扬，轰动全国，甚至南京国民政府的军政要员、封疆大吏们也会带着保镖远程赶来，只为到这中国第一赌窟一"赌"为快。当时权势显赫的国民党中央委员叶楚伧就是光顾"181号赌窟"次数颇多的一员贵客。随着"181号赌窟"的名气越来越大，各地赌徒身携巨款，纷纷汇聚上海，欲与上海滩的赌博高手们一见高下。他们在赌场内大赌狂赌，一次输赢总在黄金千两以上，真正是"一掷千金"，赌面之大，令人咋舌。俗话说得好："是赌总是骗，十赌九输钱。""181号赌窟"对于很多光临者来说，完全称得上是一个吸金的魔窟，赌场的经营者连赌带骗，在那里上当受骗、倾家荡产的赌棍不知有多少，而又因为这个赌窟是上海最为强大的帮会势力所开办的，所以赌客们即使是上了当、受了骗，也都只能吃了哑巴亏。

黄金荣等人因为"181号赌窟"生意的火爆而大发横财，但是一同赚钱的并不只是他们这些经营者。"181号赌窟"之所以能够开办得如此红火，在相当大的程度是因为有法租界当局的庇护，如果法租界当局对他们施加一点颜色，赌窟的营业肯定是要受到很大影响的。法国人从中得到了大笔好处，别人不说，富生公司每年"孝敬"法国驻上海总领事一个人的钱数就高达18万元。

"181号赌窟"的开办使得黄金荣一伙和法国人都得到了巨大的好处，这是一种互惠的事情，双方可谓各得其所。但事情总是有变化的，几年之后，法国总领事换成了梅里霭，他一到上海就对"181号赌窟"来了个狮子大张口，他开出了自己的价码——每年50万元。50万元，这让黄金荣等人吃惊不小。但是既然赌场开在法国人的地界，就不得不依靠法国人的庇护。经过一番精心的计算，黄金荣认定这笔"孝敬费"只能加到30万元，不能再多了。可是梅里霭马上就递过话来，声称最低是40万元，少一个子儿也不行，没有任何再行商量的余地。黄金荣对此只能叹气道："这是无论如何也办不到的。"在遭受黄金荣的拒绝之后，梅里霭马上下令整顿租界秩序，这样一来，富生公司再也不能照常营业了，"181号赌窟"就这样在法国人的打压之下迅速地衰落了。

第十七章
顾竹轩挑战黄金荣

"四老板"顾竹轩

在上个世纪二三十年代的时候，上海的帮会界为"三大亨"所牢牢地把控着。不过，"三大亨"的权威也不是绝对的，正所谓"江山代有才人出"，在"三大亨"的威势炙手可热之时，也不断有人对他们的地位发起挑战，而当时的上海，实力堪与"三大亨"相抗衡的最为强大的一股势力，就是号称"江北大亨"的顾竹轩。

顾竹轩，生于清朝光绪十二年，即1886年，名如茂，他的先祖为阜宁西北乡人。清代咸丰、同治年间，顾家举家乘破船流落至盐城梁垛团（现在的建湖县钟庄乡唐湾村），为人佣耕。顾竹轩因在家中排行第四，乡人习惯称他为"顾四"，而在他发迹之后，人们则习惯称呼他为"顾四老板"、"顾四先生"，或者干脆就叫他"四老板"、"四先生"。

顾竹轩童年时家里非常贫穷，因为苏北饥荒过于频繁，1902年，16岁的顾竹轩跟着母亲和哥哥顾松茂等人驾小船逃荒到上海谋生。到上海之后，顾竹轩凭着力气壮，以拉车为生。一段时间之后，公共租界招收华籍巡捕，顾竹轩刚好符合巡捕房所要求的身体强健的条件，报考后即获录取，可是不久就因为私放了一名同乡逃犯而被开除。此后，顾竹轩进入了德国商人开办的"飞星黄包车公司"去拉黄包车，因为深得老板器重，逐渐参与了公司的一些业务。第一次世界大战爆发后，顾竹轩乘德国老板回国的机会廉价收购了这个黄包车公司，这是顾竹轩发迹的开端。

为了能够在上海立足，1916年左右，顾竹轩通过同乡关系拜了同籍的青帮"大"字辈头领刘登阶为"老头子"，由此成为青帮"通"字辈成员。日后，顾竹轩以自己的黄包车公司为基础，再加上有着帮会背景，逐渐地发展壮大起来，也开始广收门徒，成为青帮在闸北的"大头香"（指辈分高、势力大的青帮人物）。因为顾竹轩以经营黄包车起家，所以他的门徒中数量最多的也是一些车夫，尽管这些车夫出身贫微，但是做起事来并不含糊，尤其具有一股拼命的劲头，仗着这些弟兄，顾竹轩的势力变得越来越大，以闸北为大本营，逐渐将影响力渗透至公共租界。

实力强大之后，顾竹轩开始涉足多种行业，先后开设了泰祥南货店、大生轮船公司、同庆舞台（与左士臣合伙）、三星舞台、江南旅馆、天蟾舞台、天蟾玻璃厂等多家工商企业。而在扩张势力的过程中，顾竹轩知道自己远远比不得黄金荣等"三大亨"，所以与他们之间保持友好关系非常必要，因此，顾竹轩特地向"三大亨"之首黄金荣递去了门生帖子。此后，在"三大亨"的护佑之下，顾竹轩在上海滩果然更加左右逢源，不仅驰名帮会界和商界，还在一定程度上将自己的势力渗透到政界和军界，逐渐树立了他"江北大亨"的地位。

与黄金荣相似，"江北大亨"顾竹轩的一生经历也是颇为传奇的，而且他的人生也呈现出一种复杂的色彩。不同的是，与黄金荣比起来，顾竹轩的早年经历更为艰辛，而他的晚年景况却较黄金荣更为从容一些。实际上，这两个大亨的人生经历在很长的一段历史时期当中也是交错在一起的。起初，顾竹轩为了壮大自己的实力而拜投黄金荣为师，黄金荣也同样为了扩张自己的声势而给顾竹轩提供了不少的支持，可随着二人之间力量对比的变化，他们之间的关系也发生了改变，顾竹轩已经不再甘心给黄金荣做门生了，而黄金荣也越来越容不下这个门生的实力发展到能够跟他叫板的程度，由此，二人之间的争斗也就在所难免了。黄金荣与顾竹轩却曾经闹得彼此剑拔弩张，几乎要拼个你死我活，黄、顾冲突的最为激烈的表现就是刺杀唐嘉鹏一事。

唐嘉鹏的赫赫功劳

唐嘉鹏是黄金荣最为得意的门徒之一，但是他最早并不是黄门中人，而是顾竹轩手下的人，后来也正是因为他而引起了黄金荣与顾竹轩这两个大亨之间一场严重的冲突。

唐嘉鹏诨号"小二子"，而亲近的人则俗称他为"阿裕"。他从小儿在上海长大，曾长期依靠叔父唐大麻子生活。因为唐嘉鹏长得高头大马，膂力过人，更因为他生性凶残，做事有一股狠劲，所以当地的各色流氓都惧他三分，由此唐嘉鹏就成了上海打浦桥一带的小小一霸。后来，经过叔父唐大麻子的介绍，唐嘉鹏被江北大亨顾竹轩招为贴身保镖。自此，唐嘉鹏更是趾高气扬，恃强凌弱了。

自天蟾舞台动工兴建以来，唐嘉鹏就觊觎经理这个宝座。谁知天蟾舞台落成后，顾竹轩却并没有安排他来当这个舞台的经理。当然，也并不是说没有当上经理，唐嘉鹏就火了，如果是顾竹轩自己来当这个经理，他也不会有太大的意见，毕竟有顾竹轩在，还轮不到他的份儿啊。可是，令唐嘉鹏深为不满的是，舞台开业之后，顾竹轩却任命了此前工作并不出色的一个弟子去担任了天蟾舞台经理，而唐嘉鹏只当了一名普通的管事人员。唐嘉鹏一直认为，自己为顾竹轩在上海打开局面、开创事业上立下了汗马功劳，在众多的顾门弟子当中，他无疑是一只领头羊，因此天蟾舞台经理这个肥缺如果顾竹轩不自己来担任，那也就非他莫属，可没想到结果却是这样。于是，唐嘉鹏心里是越想越气，感到一种极大的不平衡。俗话说，言为心声，一个人心里想着的事情，就难免会从嘴巴上说出去。唐嘉鹏心里装着那么大的不满，也就难免在说话的时候有所透露，但他毕竟还在顾竹轩的门下做事，不敢说得太过直露。一般的人也许没有注意到，可有一个人却很敏感地洞察到了唐嘉鹏内心的苦恼和不平，这个人就是唐嘉鹏的朋友、黄金荣的徒弟陈荣生。陈荣生向来很佩服唐嘉鹏的能力，觉得自己如果能把这个人给拉到黄金荣的门下效力，那可绝对是在师父面前立下大功一件。他发现这是一件很难做的事情，因为顾竹轩待唐嘉鹏一向不薄，而唐嘉鹏对顾竹轩也向来是忠心耿耿，如果自己如此冒昧地去挖人家的墙角，事情做不成不说，反倒还会让人家怀疑自己居心叵测。可是如今陈荣生却惊喜地发现机会到了，他看到唐嘉鹏一脸烦怨的表情，又听到他偶尔透露出来的几句不满的话，就猜到了此时唐嘉鹏正因为天蟾舞台经理人选的安排而恼恨顾竹轩。陈荣生紧紧地抓住了这个机会，劝说唐嘉鹏离开顾门，与他一起投靠黄金荣，从此做了同门师兄弟，交往起来也就更加便利了。唐嘉鹏这时正在气头上，听陈荣生说得也非常有道理，而且他也觉着黄金荣的势头比顾竹轩更大，跟着黄金荣将来会更有发展前途的。

于是，在陈荣生的奔走联络之下，唐嘉鹏不久之后真的向黄金荣递上了门生帖子，正式投奔到黄金荣的门下。黄金荣对唐嘉鹏也是早有耳闻的，又听陈荣生在他面前将唐嘉鹏吹捧得神乎其神，对唐嘉鹏也就更加看重了，因此，如今这一意外收获，黄金荣也十分高兴。

唐嘉鹏投靠黄金荣之后，给黄金荣立下的第一项大功劳就是绑架温宗尧。温宗尧从前是北洋军阀段祺瑞的部下，如今，段祺瑞已经退出了政界，而温宗尧也就不再参与军政方面的事务了。温宗尧虽然辞去了公职，不过他在职期间通过各种手段搜刮了大笔的钱财，成了一个巨富，所以他的后半生是完全不会为生计而发愁的。此时，温宗尧就挟持巨资住 在上海公共租界，因此绑架他是很有油水可捞的。此外，唐嘉鹏绑架温宗尧还有一个重要的目的。温宗尧和顾竹轩的父亲有乡梓姻亲之谊，而且温宗尧对顾竹轩在经济上也多有帮助，绑架温宗尧就是要给顾竹轩一点颜色看看。再有，唐嘉鹏承蒙黄金荣的收纳，也急于表现一番，绑架温宗尧恰可以作为送给新师父的一份见面礼。当然，温宗尧这样的人物也不是随随便便就可以绑架的，他在经济上支持顾竹轩，那么反过来，顾竹轩同样是他的一个依靠，绑架温宗尧也就意味着向顾竹轩发起挑战。因此，唐嘉鹏在策划此事之前跟师父黄金荣进行了沟通，黄金荣对于唐嘉鹏的胆量表示非常的赞佩，并且告诉唐嘉鹏尽管放开手脚去做，出了什么事儿，都有他这个师父撑着，即使天塌下来，有黄金荣在也不会砸到他唐嘉鹏的身上。黄金荣之所以这样赞同和支持唐嘉鹏绑架温宗尧，一方面当然是为了钱财，而更为重要的是，顾竹轩虽然在名分上也算是他的门生，可是早就自立山头了，不仅不听从他的调遣，黄、顾两家之间还经常发生一些争斗，闹得双方很不愉快，黄金荣也想借此机会来敲打敲打顾竹轩，要顾竹轩知道上海滩还是他黄金荣的天下。

有了黄金荣的这番表示，唐嘉鹏也就没有后顾之忧了，他说干就干，马上就张罗起一支队伍，潜入公共租界的温宅附近进行侦查，伺机下手。可是，监视了几天之后唐嘉鹏发现，要想绑架温宗尧，非得下一番大力气不可。他原本计划乘温宗尧外出之际将其劫持，但是温宗尧的警戒意识非常的强，他知道自己是众多绑匪的最佳劫持对象，所以平日里深居简出，非必要时不跨出家门一步，即使在外出的时候也一定是瞻前顾后，深恐有人算计，当然，一群保镖的护卫也是少不了的。

温宗尧这一不出来，可把唐嘉鹏给急坏了，他虽然知道在外面下手更为容易，可是他是等不了那么久的，天知道温宗尧什么时候才会从家门里迈出一步的，要是他半年都不出来，难道自己也要等他半年不成？因此，唐嘉鹏决定深入温宅，强行劫持。

经过一番精心的准备，数日之后的一天晚上，唐嘉鹏率人奔赴温宅而去。他借了几套公共租界巡捕的制服，冒充巡捕敲开了温宅的大门。大门刚刚打开了一条小缝，唐嘉鹏几人就迅猛地涌了进来，同时手里举着手枪威胁看门的人不许出声，接着三下五除二就把看门的人给反绑了起来，并且把他的嘴巴严严实实地给塞住了。随后，唐嘉鹏留下几人在大门内外进行把守，自己则率领其余几人蜂拥入内，端着手枪威逼温宅的仆人 指出温宗尧的卧室。他们也不知道温宗尧这时究竟在哪个房间，正所谓狡兔三窟，温宗尧在宅中给自己修建了多个卧室，平时自己居住的房间连他的仆人都不告诉，做得十分神秘。这样一来，唐嘉鹏他们就只得挨个屋子搜了，当然，在搜查的同时，他命人把房宅前后左右的各个出口都给守起来。

唐嘉鹏他们这样一番折腾，当然不会毫无动静，在秘密卧室中的温宗尧已经发觉了外面的异常，他知道自己从房门是无法逃脱的了，但是他并没有如此束手就擒，因为老谋深算的温宗尧早就防备这一天，他在自己的几个秘密卧室中都修建了地下通道，一旦发生意外，他可以从那些地下通道中逃走。可是，天不作美，当温宗尧从地下通道另一端的出口中刚刚探出头来的时候却恰恰碰上了在那里看守的唐嘉鹏的部下，他没有料到绑匪居然带了这么多人过来，连自己宅中这个僻静的角落都派人给看守住了。就这样，温宗尧还是没有逃脱被劫持的命运。

尽管把温宗尧给绑来了，唐嘉鹏马上又碰上了钉子。与很多被绑架的人被吓得战战兢兢完全不同，此时的温宗尧完全是一副铁骨铮铮的样子，他拒不与绑匪进行谈判。唐嘉鹏对他是软硬兼施，却总是没有办法启开温宗尧的口，最后只得求助于黄金荣。还是黄金荣绑票的经验更为丰富，他了解了情况之后轻轻一笑，对唐嘉鹏说："我还当是碰着了什么难题呢，不就是这个事儿吗，这还不好解决？把他拉到郊外一个没人的地方，毙了就是了。"

唐嘉鹏听了，很疑惑地问道："可是，师父，把他给毙了，那我们的钱——"

黄金荣笑着说道："我说阿裕啊，看你平时都挺精灵的，怎么这会儿偏偏犯起傻来，我当然不是叫你真的毙了他，只不过是吓一吓他罢了。你得知道，任他是温宗尧也好，李公尧也罢，没有哪个人是不惜命的，这温老头子尽管是军人出身，有着那么一股傲气，但是他也怕死。你们现在碰上了这样的钉子，是因为工作还没有做到位，只要工作到位，他温宗尧跟别人没啥两样，在枪把子下边都他妈的是龟孙子。这个道理你懂得吗？当然，你一定得做得像，虽然不是要真的毙了他，但是一定得跟真的要毙了他做得完全一样，否则让温老头子看出破绽来，不仅不会开口，还得笑话咱们戏演得不到家。"

唐嘉鹏听了这番话，顿时茅塞顿开，高兴地对黄金荣说道："多谢师父点拨，弟子这就去办。"

果然，温宗尧一见势头不对，马上就服了软，开始与唐嘉鹏谈起条件来。

温宗尧被绑架的消息很快就传到了顾竹轩那里，他也很快就又听说此事是唐嘉鹏干的，心里暗恨道：好你个唐嘉鹏，真是够狠的，刚刚叛变了这么几天就把刀子捅到了我的门上。顾竹轩知道，单凭唐嘉鹏是没有胆量做出这件事来的，且不说温宗尧是什么人物，他跟温宗尧之间的密切关系唐嘉鹏可是一清二楚的，绑架了温宗尧，顾四老板能跟他善罢甘休吗？唐嘉鹏虽然厉害，但是跟顾四老板比起来，差得还不是一点儿半点儿的。所以，唐嘉鹏的背后一定有着靠山，这个靠山不用问，一定就是他的新师父黄金荣。这样一想，顾竹轩没有去找唐嘉鹏，而是直接去了黄公馆，因为最终怎么来处理这件事，还是得黄金荣说了算。

尽管顾竹轩明知这件事是黄金荣支持唐嘉鹏干的，可是当着黄金荣的面他却不便明说，因为毕竟没有证据，就是有了证据，也还是得给黄金荣留点儿情面的。

顾竹轩来到黄金荣家里之后，以询问的口吻来试探黄金荣，让黄金荣帮助营救温宗尧。其实，双方心里都非常的明白，只是在交谈的时候一概不予挑明。黄金荣答应帮助顾竹轩认真调查此事，声称一定会尽力协助，让顾竹轩放心，一定会让温宗尧平安地回到家里。

从黄金荣家里出来，顾竹轩又与温宗尧的家人进行了沟通，一边叫他们准备赎金，一边派人去跟唐嘉鹏进行交涉。

经过多次谈判，最后双方以15万银圆的价钱成交。虽然绑架温宗尧的前前后后几乎都是唐嘉鹏张罗的，但是他还是将这15万银圆完全上交给黄金荣，听凭黄金荣的发落。黄金荣拿出了2万元来孝敬公共租界巡捕房，又拿出了1万元来犒赏那些于此案有功的一干喽啰，至于唐嘉鹏这个首功之臣，黄金荣给了他2万元，剩下的10万元，黄金荣就毫不客气地全部揣进了自己的腰包。

虽然在绑架温宗尧这件事中黄金荣坐享其成，但是他也还是没有亏待唐嘉鹏，他知道唐嘉鹏从顾竹轩那里出走主要就是因为没有当上天蟾舞台的经理，为了更好地笼络住唐嘉鹏，同时也是出于对唐嘉鹏能力的信任，黄金荣很快就将"荣记大世界"经理这个位置送给了唐嘉鹏。唐嘉鹏当上了"荣记大世界"的经理，自然对黄金荣更加忠诚，而与此同时，他也仰仗着黄金荣的看重而变得更加飞扬跋扈。

通过绑架温宗尧，黄金荣和唐嘉鹏都吃到了巨大的好处，他们得意了，顾竹轩可就懊恼极了，他由此恨透了黄金荣和唐嘉鹏。当然，碍于黄金荣的势力，顾竹轩一时也无可奈何，但是他并不会就这么忍气吞声地看着黄金荣和唐嘉鹏风光的，明里暗里，顾竹轩与黄金荣两家的争斗变得更为激烈了。

暗杀陈、唐

出乎顾竹轩意料的是，就在他还没有来得及对唐嘉鹏下手之前，黄金荣的手下却有个人抢先一步开始算计唐嘉鹏了。这个人是谁呢？他就是将唐嘉鹏介绍给黄金荣的陈荣生。此前两人的关系非常要好，可是当他们走到一个屋檐下的时候，先前的友情却渐渐地变了味。唐嘉鹏之所以从顾竹轩那里出走，是因为他觉得顾竹轩分配不公，他感觉自己心理不平衡，所以就背叛了师门。这种心理当然不仅仅是唐嘉鹏有，一般人都会有，陈荣生也不例外，他本以为自己将唐嘉鹏给拉了过来，黄金荣对他会大加奖赏，可令他感到非常失落的是，黄金荣倒也是很奖赏了他一番，不过完全是口头奖赏，也就是说在介绍唐嘉鹏如伙这件事上陈荣生是一点儿实惠也没捞到的，这就让陈荣生觉得很不满。而事情还不止于此，唐嘉鹏投入黄门之后，因为能力非凡，所以很受黄金荣的宠爱，没过几天就委派他去担任"荣记大世界"的经理。那可是一个人人羡慕的肥缺啊，唐嘉鹏入门才没几天就得到了师父的如此重用，其他的徒弟能不眼红吗？而被安排给唐嘉鹏当副手的陈荣生的心中，这种不平衡的感受就尤其强烈。事实上，陈荣生更大的气愤不是来自黄金荣，而是来自唐嘉鹏。唐嘉鹏得到黄金荣重用后，青云直上，根本不再把同门兄弟放在眼里，大有不可一世的态势，甚至对把自己引进黄门的陈荣生也是颐指气使，俨然以下属相待。唐嘉鹏的这副小人得志的样子令陈荣生感到极大的不快，因此两人虽然面子上还没有闹翻，可实质上却已经形成了很深的矛盾。

陈荣生一直盘算着怎么惩治一下唐嘉鹏，当然，这种事情不能明着来，因为唐嘉鹏比他更强，再说，师父黄金荣也不会容忍他们这种窝里斗的做法。这样一来，动起手脚来难度可就大了。然而，正所谓工夫不负有心人，凡事只要你肯用心去琢磨，这时间一长，总能够琢磨出一些道道儿来。偶然之间，陈荣生就想到了这么一个办法。

唐嘉鹏当上了"荣记大世界"的经理之后不久，从苏州来了一个艺名叫做"粉牡丹"的评弹艺人，"粉牡丹"在"大世界"演出后，因为艺压群芳，立即名噪一时。一般来讲，一个色艺俱佳的女艺人博得一时的风头是很平常的事情，并没有什么可奇怪的，可是陈荣生却在"粉牡丹"的身上动起了邪念，他利用职务之便，软磨硬缠，很快就和"粉牡丹"勾搭上了。实际上，陈荣生把"粉牡丹"弄到手，其主要目的还不是满足自己的淫欲，而是想通过"粉牡丹"去算计唐嘉鹏，他想把"粉牡丹"变成自己的人，然后再让"粉牡丹"去勾引唐嘉鹏，当两人的关系紧密到一定程度的时候，他就可以指使"粉牡丹"对唐嘉鹏下手。于是，陈荣生与"粉牡丹"混熟之后，就又开始有意地疏远她了，目的是给唐嘉鹏接近"粉牡丹"制造空间。唐嘉鹏本来就是个好色之徒，他早就盯上"粉牡丹"了，只不过因为陈荣生抢先一步，先把"粉牡丹"给占有了，他觉着抢朋友的女人毕竟很不光彩，因此才没有去勾搭"粉牡丹"。如今见陈荣生跟"粉牡丹"不在一起了，他料想也许是陈荣生对这个女人厌倦了。所以，对于陈荣生跟"粉牡丹"的分手，唐嘉鹏并没有多想，他很快就接替陈荣生来占有了"粉牡丹"，不过几天，两人就已经变得如胶似漆了。

见到唐嘉鹏跟"粉牡丹"混到一起，陈荣生不禁暗自高兴起来，他马上派人送信，暗中约见"粉牡丹"，送给了"粉牡丹"一大笔钱财，要她乘唐嘉鹏不备之机将其除掉，并且声称事成之后更有重谢，而且他一定会做好安排，确保事前事后"粉牡丹"的人身安全。对于陈荣生的这一计划，"粉牡丹"大感惊异，她说什么也不肯去做这件事。陈荣生觉得，既然这事已经说出去了，如果"粉牡丹"没有答应，日后再走漏了风声可就麻烦了，所以必须要"粉牡丹"答应下来，因此他是软硬兼施，最后总算使得"粉牡丹"答应了此事。于是，陈荣生将一包事先备好的毒药送给了"粉牡丹"。

　　与"粉牡丹"分别之后，陈荣生就开始等待着唐嘉鹏中毒而亡的好消息了，可他哪知道，中国有句成语，叫做"螳螂捕蝉，黄雀在后"，就在他准备算计唐嘉鹏的同时，也有人在算计着他，这个人是谁？他就是唐嘉鹏的前任师父顾竹轩。唐嘉鹏出走一事，陈荣生负有重要的责任，因此顾竹轩不仅恼恨唐嘉鹏，对陈荣生也是相当气愤，因此他就打算在抱负唐嘉鹏的时候连陈荣生也一块儿算进去。经过一番苦苦的思索，顾竹轩就想出了"一箭双雕"的计策，他深知唐嘉鹏和陈荣生都是好色之徒，于是就想到利用女人来挑拨唐、陈二人之间的关系，这个评弹艺人"粉牡丹"其实就是顾竹轩前不久刚刚收下的一个女弟子，顾竹轩之所以选中她，不仅因为"粉牡丹"长相秀美，而且才艺出众，还因为她是一个新人，也就是说外面很少有人知道她。在顾竹轩的吩咐之下，"粉牡丹"潜入了"大世界"，名为演戏，实际上却是奔着唐嘉鹏和陈荣生去的。经过一段时间的观察，"粉牡丹"发现唐嘉鹏和陈荣生二人之间其实已经出现了很深的裂痕，因而下起手来也就更加容易了。顾竹轩得知这一消息之后也是喜出望外，他命令"粉牡丹"见机而行。按照顾竹轩的意图，他是想借陈荣生之手来除掉唐嘉鹏，然后将陈荣生杀害唐嘉鹏的事情宣扬出去，再借助黄金荣之手除掉陈荣生，唐嘉鹏和陈荣生都被除掉了，黄金荣的实力也就遭到了很大的损失，因此，这一招真可谓一举三得。

　　事情就像顾竹轩所期望的那样进展着，陈荣生抢先要对唐嘉鹏下手了，"粉牡丹"不肯接手这件事其实完全是伪装的，她一方面借拒绝来掩饰自己的身份，另一方面也借此来试探陈荣生的决心到底如何。

　　顾竹轩和陈荣生都在期盼着"粉牡丹"得手的好消息，那么，唐嘉鹏此时又在做着些什么呢？令顾竹轩和陈荣生没有料到的是，他们固然知道唐嘉鹏决非等闲之辈，但是对唐嘉鹏的能力还是低估了。事实上，唐嘉鹏此时已经开始准备反击了。得手"粉牡丹"之后，唐嘉鹏敏感地发现了一些异常的现象，他发现陈荣生不仅是离弃了"粉牡丹"，甚至还有意避开他。跟一个女人姘居一段时间，这在陈荣生来说是家常便饭了，即使已经分手了，他也完全不在意什么的，以前两个人多次一同找过女人，因此唐嘉鹏对于陈荣生的习性是了解得一清二楚的。那么，现在陈荣生有意地避开"粉牡丹"，这种反常的表现是否说明了点儿什么呢？其实，陈荣生之所以要在唐嘉鹏面前有意地避开"粉牡丹"，就是为了避免让唐嘉鹏产生怀疑，哪知，弄巧成拙，他这种不自然的表现反而引起了唐嘉鹏的警觉。唐嘉鹏可是从刀光剑影里闯过来的人，多年的流氓生涯使他形成了高度警惕的习惯，一旦发现异常，他就不会轻易地放过，因此，他马上派手下监视其"粉牡丹"的行动来。果然，几天之后，他就得到了手下的报告，说"粉牡丹"正在跟陈荣生暗中商谈着什么事情。这下，唐嘉鹏也就猜得个八九不离十了，对于陈荣生心中的嫉恨，他此前也并非不知道，只是没有料到陈荣生竟然会如此阴险地对他暗中下手。

　　"粉牡丹"跟陈荣生告别之后马上就来找唐嘉鹏，她一如往常地陪上笑脸，见到唐嘉鹏就身子软软地要靠上去，可是唐嘉鹏却一反常态地躲开了她，随即掏出了手枪抵在"粉牡丹"的脑门上。"粉牡丹"见此情形马上意识到事情败露了，此时她也不知道是自己把唐嘉鹏和陈荣生给算计了，还是唐嘉鹏和陈荣生把自己给算计了，要是唐嘉鹏单方面探知了消息，那还好说，可如果是唐嘉鹏和陈荣生联起手来算计自己，那么也就前功尽弃了。"粉牡丹"虽然年纪很轻，但是却表现得相当老练，面对唐嘉鹏的枪口并没有慌乱，而是非常冷静地思考着对策。"粉牡丹"知道，如果这件事是唐嘉鹏和陈荣生进行了串通的，那么自己就必死无疑了，但是她更加倾向于认为陈荣生和唐嘉鹏此前并没有发现自己的身份，她认为自己的保密工作还是做得很到位的，因此，她只能是按照乐观的打算，把陈荣生交代给他的全都告诉唐嘉鹏，这样借唐嘉鹏之手除掉陈荣生也好。

　　在唐嘉鹏的枪口面前，"粉牡丹"先是一愣，随即马上就声泪俱下，哭得跟个泪人儿似的，她说道："唐先生你误会了，小女子完全没有加害唐先生的意思，这完全是陈荣生出的主意，我此前并不知道一点儿，不然一定会如实告诉唐先生的，我现在来见你，就是打算把陈荣生的交代说给你听的。"

听了这些，又见到"粉牡丹"这副模样，唐嘉鹏的面色稍稍缓和下来，不过，他并没有怜香惜玉之意。唐嘉鹏看得很清楚，"粉牡丹"跟他也好，跟陈荣生也罢，都是露水夫妻，逢场作戏罢了，别看平时亲密得好像难分彼此，可根本谈不上什么感情的，因此甭指望自己在"粉牡丹"心中的形象就会比陈荣生更好，可尽管如此，一点恻忍之心他总还是有的，于是唐嘉鹏将手枪放下，让"粉牡丹"如实交代陈荣生的阴谋。于是，"粉牡丹"就将陈荣生交代给她的事情一五一十地全都说给了唐嘉鹏。唐嘉鹏听罢，对陈荣生是恨得咬牙切齿。为了证明自己所言不虚，"粉牡丹"还特地把陈荣生送给她的毒药呈给唐嘉鹏看。这样，人证物证俱在，也就不由得唐嘉鹏不相信了。"粉牡丹"本以为自己如此坦白就可以逃过一劫了，但是他没有想到唐嘉鹏心中可没有那么大的善意。唐嘉鹏想到要不是自己机警，说不定此时就成了这个"美人"手下的冤魂。想到这里，唐嘉鹏忍无可忍，对着"粉牡丹"的胸膛扣下了手中的扳机……

杀掉"粉牡丹"不过是举手之劳，可除掉陈荣生却并非那么容易的。唐嘉鹏有时做事虽然显得鲁莽，但并非头脑一热就会不顾后果，他认为处理陈荣生最稳妥的办法还是请师父黄金荣出手。可是，唐嘉鹏马上又想到，一旦此事经过了黄金荣，那么也就很难办了。因为唐嘉鹏料到，黄金荣很可能是不会惩治陈荣生的，至多也不过就做点儿样子给别人看看罢了，而不大可能动真格的。因为无论从现实利益来考虑，还是从师生情感来考虑，黄金荣都不会下狠心整治陈荣生的。如此一来，黄金荣所会做的很可能也就是将唐嘉鹏和陈荣生分隔开了，令彼此互不接触，至多再额外地补偿唐嘉鹏一些利益。这样一来，虽然不用自己动手了，可那岂不是太便宜了陈荣生那小子？自己的冤仇又何时得解呢？想到这些，唐嘉鹏决定此事不经过黄金荣，而是单独采取行动。

打定主意之后，唐嘉鹏就开始下手了。在陈荣生约见"粉牡丹"的时候，唐嘉鹏就吩咐手下监视起陈荣生的行踪情况，而陈荣生此时却一点儿防范都没有，根本就不知道唐嘉鹏已经将黑手伸向了他。一次，当陈荣生走到平时经常路过的南洋桥头的时候，突然"嗖"的一声，一颗子弹从路边飞来，不偏不倚，正好从陈荣生的右侧太阳穴射了进去。陈荣生都没有来到及喊上一声就当场毙命了。

陈荣生被杀的消息很快传遍了上海的街头巷尾。黄金荣招来了唐嘉鹏，却失去了陈荣生，这是他所始料不及的。当然，唐嘉鹏暗杀陈荣生的事情是秘密进行的，事后很久黄金荣才确知此事是唐嘉鹏做的。在此之前，令黄金荣对唐嘉鹏感到不满的却是另外一件事。

唐嘉鹏是一个好色之人，一遇到艳丽的女人就卖不动步子，顾竹轩正是成功地利用了他的这个弱点来引诱他中圈套，与陈荣生反目成仇的。唐嘉鹏所勾搭的当然不仅仅是"粉牡丹"这一个女人，他的身边经常是"蜂飞蝶舞"的，而他对一般的女人都兴趣不是很大，进入黄门之后，他对一个女人越来越倾心，这个女人不是别人，正是黄金荣的儿媳李志清。

李志清早年守寡，一直未嫁，此时风韵犹存。若是一般的女子有着这样的姿色，说不定已有多少个好色之徒会对她下手了，然而对于李志清来说，却没有哪个男人敢乱来。道理很显然，他的公公是黄金荣。有黄金荣这个大亨罩着，谁敢去占她李志清的便宜呢？对于一般的男人来讲，即使看着李志清再为心动，也是不敢有所表示的，可是唐嘉鹏却不然。当然，刚刚投到黄金荣门下的时候，唐嘉鹏做事还是很小心的，并不敢越雷池一步，但是随着在黄门地位的提高，仗着黄金荣对他越来越倚重，唐嘉鹏的胆子逐渐变得大了起来，他开始动起了李志清的心思。其实，唐嘉鹏在这方面也还做得不算冒失，开始的时候还是小心翼翼的，并不敢与李志清有过多的、过分的来往，因为在顾及黄金荣的脸面之外，他也早有耳闻，黄金荣与这个寡妇儿媳之间有着一种不清不白的关系。对于这种传说，唐嘉鹏不敢确认，但假使真的像人们所说的那样，他碰李志清，黄金荣肯定饶不了他。因此，与大多数跟李志清接触过的男人一样，唐嘉鹏对李志清也是表现得很为恭敬的，而令他真正开始有所僭越并不是他内心动力的强大，而是来自于李志清的暗示，他曾不止一次地收到李志清私自赠给他的名贵礼物，而在李志清面对他的时候，从眉眼之间他也感觉得出来，这个寡妇女人是对他有心思的。这样一来，唐嘉鹏的胆子才大了起来，行动也逐渐放开了，与李志清之间开始有了一些亲密的交往。虽然他与李志清之间的亲密交往是秘密进行的，可是耳目众多的黄金荣对此不会没有丝毫的察觉，他觉得唐嘉鹏做得有些过了。但是，一个是自己的儿媳，一个是自己的爱徒，他不便插手干预，因而也就听之任之了。可是，黄金荣没有想到，唐嘉鹏居然胆子越来越大，做得越来越过分了，外面已经开始风传他跟李志清之间的谣言了，这下黄金荣可坐不住了，他想找个机会敲打一下唐嘉鹏，让他知道知道自己的威严。他还没有来得及将此事去落实，却已经有人替他把这件事给办了，而且办得相当彻底，令黄金荣再也不必为唐嘉鹏与儿媳之间的不正当关系而费心了。

1933年6月18日夜，"荣记大世界"在喧闹了一天之后，游客已经陆续地散去，这时，从"大世界"里面走出了一个西装革履的中年男子，手里挽着一个打扮入时的年轻女子，这个男子就是黄金荣的门徒、"荣记大世界"的经理唐嘉鹏，而那个女子是他刚刚结识的一个妓女。

正当唐嘉鹏挽着情人走到自己的车前，伸手去开车门之时，突然从路旁撞出一个醉汉来，直奔着他们走来，歪歪斜斜地一头就撞到唐嘉鹏情人的身上，一张嘴，"哇"的一声，呕吐出一口秽物，把这个妖艳的女子浑身上下喷了个遍。

"瘪三！"脾气一向暴躁的唐嘉鹏张口骂了一句，扬起手就要给那人一记耳光，只是还没等他的手掌落下之时，这个醉汉却突然掏出手枪，对准唐嘉鹏的胸膛，"啪啪啪啪啪啪"，一连就是六枪。

枪声响过，鲜血顿时就从唐嘉鹏的胸前和腹部涌了出来。不过，唐嘉鹏的确是条汉子，他于要害部位连中数枪，却依然没有倒下，而是跟跟跄跄地挣扎着向轿车扑去，要趁这个机会进入车中躲避起来。可是，凶手并没有留给他这样的机会，不知什么时候，已经又有一个男子出现在唐嘉鹏的身旁，也掏出手枪冲着唐嘉鹏"啪啪啪"开了三枪。

第二次中枪过后，唐嘉鹏再也坚持不住了，晃了几晃，终于扑到在地上。

当时虽然夜已经很深了，路上的行人很少，不过由于"大世界"坐落在繁华地段，所以也还是有着几个过往的行人的。枪声一响，附近的行人立即像疯了一般夺路而逃。而由于两人出枪太急，九枪中，有两枪击中了一位在"大世界"门前路过的男子。这个男子脑部、胸部各中一枪，当场倒地死亡。

看着倒在血泊中的唐嘉鹏，刚刚与唐嘉鹏一同从"大世界"出来的妓女不禁吓得一屁股跌坐在地上，抱着脑袋直抖，过了多时，双腿才能站立起来，看也不敢再去看唐嘉鹏一眼，撒腿就跑开了。

唐嘉鹏遇刺之时，在场的除了他的几个保镖以外还有派车来接他的王文奎。王文奎是唐嘉鹏的徒弟，在给唐嘉鹏当司机的同时也负责保卫唐嘉鹏的安全。师父唐嘉鹏还是死在了自己的眼皮底下，这令王文奎很抓狂。枪声响起的时候，王文奎正坐在车里，见来者不善，王文奎没敢贸然从车中出来。过了一会儿，他才拉开车门窜了出来，顺手掏出手枪，欲向凶手还击。然而为时已晚，两个凶手早已消失在茫茫的夜色中，至于唐嘉鹏的那几个保镖，哪里还见得到他们的影儿啊。

这时王文奎再看唐嘉鹏，他身上的衣服都已经被血浸透了，人当然早就昏死过去了，王文奎连个助手也没有，只能一个人费力地将唐嘉鹏抱到车中，然后驱车直接驶向了宝隆医院。

在去往宝隆医院的途中，王文奎忽然想起一件事情来。他回想起在事发现场的附近似乎见到了一个熟悉的身影，尽管是在夜间，但他还是非常清楚地认出了那个人。那个人是谁呢？他是绰号"小钢炮"的王兴高。

"杀唐案" 云遮雾罩

王文奎将唐嘉鹏送到医院之后,急忙让唐家鹏的另一个绰号叫做阿六头的徒弟去向黄金荣报告。

阿六头慌慌张张地跑到黄公馆,当然,以他的身份是不能直接见到黄金荣的,何况又是深夜。

当时,黄公馆的大门已经锁上了,阿六头顾不得许多,挥起拳头对着大铁门就是一顿猛砸,马上就惊醒了住在过街楼上的黄公馆的大管家程锡文。

"啥人?"程锡文从楼上的窗户里伸出头来,冲着下面大吼着地问道。

"我,我……阿六头!"楼下敲门的阿六头一边喘着粗气,一边急急地回答。

"有啥事不能等天亮了再过来讲,这半夜三更的,你吃饱了撑的啊!"程锡文冲阿六头骂道,不过,骂归骂,程锡文知道,阿六头这个时候前来,而且是一副紧张的样子,肯定是有急事的,因此他还是下了过街楼,去给阿六头打开了铁门。

"不得了了!有大祸了!"阿六头一见程锡文过来开门,不等进门就嚷开了。

"难道天要塌下来不成?你慌张个啥!"程锡文不耐烦地训斥道。

"出,出人命了!"阿六头手抹了一把额头上的汗,慌乱地说道。

"啥?!"一听这句话,程锡文才紧张起来,他的脸色立马就变了,急忙问了一句,"快,快讲清楚,出了谁的人命?"

"我,我师父他,他……"阿六头结结巴巴地说着。

程锡文听着听着,心头不禁一颤,莫非唐阿裕他——

就在程锡文狐疑之时,阿六头将话说完整了:"我师父唐嘉鹏他被人开枪暗杀了,现在正在宝隆医院里抢救,伤势非常严重,恐怕命是保不住的了。"

程锡文听了这话,脸色立时变得凝重起来,问道:"凶手抓到了吗?"

"还没有。"阿六头回答说。

"那,那可有人在场看清了是啥人行的凶?"程锡文接着问道。

"也没有。"阿六头一边说,一边摇着头。

"没有,没有,嗨,你们这帮小崽子,关键时候都做啥去了,连个凶手也没看清楚,可怎么抓啊,难不成阿裕就这样白死了不成?"程锡文急切地说道。

阿六头看着程锡文发火,一时吓得只得小声嗫嚅着说:"这,这也怪不得我啊,我当时不在现场啊。"

"嗨,算啦,别像憨大一样在这儿立着,还不快去宝隆医院打听打听,看看你师父到底怎么样了?"程锡文对着呆呆的阿六头呵斥道。

阿六头怯怯地说:"我,我刚从医院出来的,师父他还在抢救中。"

"从医院出来就不能再去一趟吗?快再去看看,如果有新的消息,马上回来报告。"程锡文催促道。

阿六头不敢违拗,应承道:"那,那我先去了……"

"快去,快去!"程锡文非常焦急地说道。

阿六头转身刚要走,程锡文又叫住了他:"慢!阿六头,记住,这件事现在可不许跟别人乱说,自家人知道就行!"

"晓得了。"阿六头应了一声，消失在夜幕里。

望着阿六头离去，程锡文在心里嘀咕开了：阿裕啊，阿裕！就怪你平时得罪人太多啊，我劝过你多少次了，可你就是不听，照你那样下去，甭说顾竹轩盯着你，就是门里的弟兄们也不知有多少在看着你呢，我早就料到你会有这么一天，但没想到这一天会来得这么快！

程锡文素来跟唐嘉鹏交情不错，而唐嘉鹏对师父手下的这个大红人、大管家也是很敬重的，因此唐嘉鹏出了事，程锡文是真的替他着急。尽管程锡文真心希望唐嘉鹏可以平安闯过这一劫，可是他也料到，来人必定是下了狠手的，对于职业杀手来说，很少有下手不利落的情况，因此，唐嘉鹏是凶多吉少啊。

一边替唐嘉鹏担忧，程锡文一边又思忖着如何来处理这件事情，他当然知道这件事一定得告知师父黄金荣的，只是当时正值深夜，黄金荣早已熟睡，他不便却惊动，可是难道要等到天亮吗？这么重大的事情，传递消息哪能拖延呢？程锡文一下子陷入了两难之中，而他马上想到了一个办法，他向着钧培里2号楼走去。黄金荣住在钧培里1号楼，那么2号楼住的是谁？2号楼住的就是黄家管事的大少奶奶李志清。黄金荣是尊者，不便深夜去惊动，而去找李志清就不必忌讳那么多了，而到底要不要在夜里去惊动黄金荣，由李志清来决定，这样无论怎样自己都不会有责任的。

程锡文将事情对李志清一讲，李志清当机立断，事关重大，必须及时报告给黄金荣。于是，程锡文和李志清一同向钧培里1号楼走去。

黄金荣在佣人的服侍之下起床之后，李志清和程锡文就对他讲述了刚才阿六头所说的事情。

黄金荣听罢，惊得目瞪口呆，继而又猛烈地咳嗽起来，显然是感情波动十分激烈。前不久，他刚刚失去了爱徒陈荣生，案子是不了了之，现如今，唐嘉鹏又遭遇不测，如此下去，黄门的威严何在？

黄金荣一阵咳嗽过后，女佣端着一杯茶走了过来，轻轻地放在了黄金荣的面前。

黄金荣呷了一口茶，半天都没有说话。见到黄金荣这副样子，程锡文和李志清都感到非常的紧张。

为了打破这种沉默而凝重的空气，李志清开口问了一句："阿爹，你看这事该怎么处理呢？"

黄金荣长叹了一声："嗨——"继而说道："黄门的不幸，大不幸啊！"

显然，黄金荣还没有从刚才的悲痛中缓醒过来。

这时，程锡文劝道："师父且莫悲伤，阿裕的事情我们一定会查个水落石出的。"

黄金荣没有接程锡文的话，而是问道："阿裕现在到底怎么样了，你们快去打听打听。"

程锡文说："刚才已经让阿六头去了，他一会儿就能回来，师父放心，阿裕他——"

还没等程锡文说完，黄金荣霍地站起身来，大手往桌子上猛地一拍，震得桌子上的茶盏一阵乱颤，随即，黄金荣骂道："他妈的，这些瘪三的胆子也忒大了，竟敢到老虎头上来拍苍蝇！"

李志清加了一句，说："这可不是拍苍蝇啊，是杀人！"

黄金荣听了李志清的话，火气变得更大了，接着又"啪啪"地连拍了两下桌子来，发狂似地吼道："让你爷爷查出来，满门抄斩，满门抄斩！"

程锡文见状，知道黄金荣正在火头上，绝不能言语不慎，火上浇油，于是说道："师父，气大伤身。既然事情已经出了，你也不必生这么大的气。我呢，已经叫阿六头去打听了，等他回来，听听情况，我们再做对策。"

黄金荣听了，焦急地说道："阿六头，阿六头，等他回来天都亮了，走，不等了，我要亲自去医院看看！"

程锡文一听黄金荣这就要去医院，赶忙说道："师父，你亲自去，这当然好，说明你对阿裕的感情很深，不过……"

黄金荣怒道："不过，不过什么？"

程锡文小心翼翼地说道："我的意思是，现在夜深天凉，你这一去再伤了身子岂不更加麻烦了，我们这些做徒弟的也就更加忧心了。"

黄金荣说道："嗨，现在哪还管得了那么多了，当年办案，哪分什么白天黑夜，几点钟不得赶出去？"

程锡文应道："这倒也是，不过，不过我还有一个顾虑。"

"说。"黄金荣命令道。

程锡文说道："师父你想想啊，阿裕他应当算个人物吧，可对方不把阿裕放在眼里，说明他们很有来头，现在阿裕刚刚遭遇不测，当下正是最危险的当口，所以我担心师父这一出去在安全方面恐怕难以防范得周全啊。"

李志清这时也急忙劝道："程大哥说得对，明枪易躲，暗箭难防，阿裕出了事已经不了得，万一阿爹再出了点儿意外，那——哎，不说了，总之，阿爹暂且消消火，事情自然会解决的，如果阿爹有什么放心不下的，尽管吩咐给我们去办就是。"

黄金荣对于儿媳李志清的话向来是言听计从，听李志清也这么劝说，况且程锡文说的也不无道理，就缓和了口气，说道："话说得不假，可是，出了这么大事情，我不出面又成何体统？"

李志清应道："这样吧，我马上找几个弟兄去宝隆医院打探一下，阿爹在家中且等一会儿，医院那边有了消息，天一亮我们就找人商议应当如何来处理这件事情。"

黄金荣听罢点了点头，吩咐李志清和程锡文暂且下去，他要独自静一会儿。

程锡文听罢，立即告辞，出了黄金荣的居室便召集手下，马上赶往宝隆医院。

正如程锡文所预料的那样，唐嘉鹏已经因为伤势过重，不治而亡了。

第二天一大早，法租界巡捕房华人督察长金九龄就接到通知，要他立即赶往钧培里黄宅，有要事相商。

金九龄虽然已经高坐督察长的尊位，可是在黄金荣面前却并不敢怠慢，因为他知道自己的这个位置是师父给的。所以，金九龄接到通知之后二话没说，立即驱车到了黄金荣的家中。

金九龄一进门，就见到黄金荣一脸凝重的表情，他几乎从来没有见过师父的脸色这样难看，未免觉得慌乱。这时，陪同在黄金荣身旁的李志清先开口了，对金九龄说道："九龄哥，唐大哥的事情你可听说了？"

金九龄问道："唐大哥？你说的可是唐嘉鹏？"

李志清答道："没错，正是他，他在夜里遭了暗枪，送到宝隆医院里抢救，但是已经，已经没有指望了。"

金九龄一惊："阿裕也会遭此毒手？是什么人胆子这么大？"

李志清说道："我们也在纳闷，所以找你过来商量，这次可不能像荣生大哥一样，稀里糊涂地就过去了。"

金九龄应道："那是，那是，这件事一定查个清楚，不论是谁做的，都得孽债孽还。"

随后，金九龄又对黄金荣说道："师父且放宽心，我先到宝隆医院去看看，回来再跟您回禀。"

黄金荣发话道："我跟你一起去。"

李志清见黄金荣又要去医院，不禁为难道："这——"

黄金荣理解李志清的意思，便说道："志清放心，有阿九一起，不会出事的。"

金九龄见黄金荣是执意要去医院探看唐嘉鹏，他也知道黄金荣是多么地宠爱唐嘉鹏，于是对李志清说道："志清不必担心，路上自有我照料，师父不会出事的。"

就这样，黄金荣同金九龄一起来到了宝隆医院。

当他们来到宝隆医院的时候，唐嘉鹏已经被送进了太平间。看着唐嘉鹏的尸体，黄金荣真是好不伤心，不禁滴下了几滴眼泪。金九龄见状赶忙搀扶着黄金荣离开了太平间。

接下来的事情应当怎么办呢？当然是立案调查，而调查此案，非常关键的一个人物当然是唐嘉鹏的徒弟王文奎，因为他就在现场。

金九龄马上把王文奎找来，向他询问起案发现场的情况。王文奎就把当时所见详细地讲给了金九龄，末了，王文奎又加上了一句，他说自己似乎在现场见到了一个人——"小钢炮"王兴高。

王文奎的这句话让金九龄打了个冷战，他的反应为什么如此强烈呢？这是因为"小钢炮"不是别人，正是顾竹轩的徒弟，如果"小钢炮"参与了此事，就很有可能是受到了顾竹轩的指使，如果顾竹轩是暗杀唐嘉鹏的幕后凶手，那么事情就非常难办了，甚至会引起黄、顾两家的一场恶斗，结局很可能是两败俱伤。

另外，金九龄还有一个顾虑，那就是他是顾竹轩的儿女亲家。当然，与亲家顾竹轩比较起来，他与师父黄金荣的关系是更近的，这也就意味着在关键的时刻金九龄还是要站在黄金荣这一边的。

现在，听到王文奎说顾竹轩的徒弟王兴高出现在了案发现场，金九龄当然会感到很惊诧的。他急忙问王文奎："你是说，王兴高参与了这场暗杀事件？"

"这个，这个……"王文奎变得支吾起来，为什么呢？他也想到了金九龄与顾竹轩之间的亲家关系，如果将顾竹轩的徒弟王兴高点出来，那么也就势必会将顾竹轩牵涉进去，而一涉及到顾竹轩，金九龄当然也就变得格外谨慎。所以，王文奎不敢乱说，生怕冒犯了金九龄。

金九龄见关键时刻王文奎"这个那个"起来，不禁大怒，狠狠地一拍桌子呵斥道："有话快说，人又不是你杀的，又不给你定罪，你有什么害怕的？"

王文奎镇定了一下，慢慢地说道："我只是觉得有个人影像王兴高，并不确定就是他，况且，即便是王兴高在场，也未必就跟这个案子有关系的，到底怎么回事，还是进行调查一下才能够确定。"显然，王文奎的这番话是说得非常谨慎的。

金九龄知道，这么重要的事情，王文奎是不会随便乱说的，唐嘉鹏在顾门的时候，与王兴高经常混在一起，因此他的徒弟王文奎对于王兴高的模样应该是相当熟悉的，所以一定不会看错的。

因为事态复杂，而且也的确涉及到黄、顾两家纷争之事，金九龄不便独自处理，他只得去向黄金荣汇报。

黄金荣闻知"小钢炮"王兴高参与了此事，也变得非常踌躇，沉思了好一阵，他才对金九龄说道："阿九啊，依你这么说，阿裕被杀的事情，顾竹轩是后台？"

金九龄答道："现在只是推测，一切还不能够确定，只是，如果顾竹轩真的参与进来，恐怕事情就麻烦了。"

黄金荣听了这话，"啪"地一拍桌子，狠狠地说道："我黄金荣怕他顾竹轩不成，别看他'顾四瘪嘴'这几年风光起来了，可徒弟终归是徒弟，有我黄金荣这个师父在，他顾竹轩就甭想一手遮天，还是那句老话，'顺我者昌，逆我者亡'。要是他顾竹轩真的指使手下杀了阿裕，那么我一定要他血债血偿。"

金九龄见黄金荣急了，忙说道："师父先不要发这么大的火，我们并不该轻举妄动，等一切查明了再做安排也不迟。"

黄金荣听了，挥挥手说："阿九，你先下去吧，有什么事及时跟我汇报。"

金九龄走后，黄金荣独自沉思起来。他想到，这几年来，顾竹轩在上海滩是名气越来越响，

"盘口"越来越大,都说上海滩有"三大亨",可是近来已经有人提出,其实在这"三大亨"之外还有一个大亨,那就是"江北大亨"顾竹轩。虽然黄金荣不愿意听到"江北大亨"这个名号,可是他也不得不承认,这些年顾竹轩发展的势头的确不赖,到了现在,"江北大亨"手下的徒子徒孙也有近万人,堪与他黄金荣相匹敌。与自己手下的那些人不同的是,顾竹轩门下那些以拉黄包车、码头上扛大包出身的徒子徒孙,大多是能打敢杀、不怕死的亡命之徒。从这个意义上来讲,他黄金荣的门徒当中,就多数是嘴上狠,可手上软,也就是所谓的中看不中吃的"空心模子"!这样的话,如果打斗起来,他黄门是不占优势的。另外,更令黄金荣担忧的是,顾竹轩还有一位非常厉害的同族兄弟,那就是正值蒋介石器重的第一军军长、十六路军总指挥兼西北行营主任,执掌西北军事大权的顾祝同。

想到这些,黄金荣的心里十分地犯难,他知道,如果处理不好,摆在自己面前的就是一场硬仗,如果不打,会被人家认为黄门软弱,可是如果打起来,很可能会落得个两败俱伤,所以不论怎么说,此事对自身都是非常不利的。黄金荣一时拿不定主意,只能等待着事态的进一步发展。

这时,一阵急促的脚步声从楼下传来,李志清领着程锡文和王文奎走了进来。

黄金荣一见他们,马上急切地问道:"有什么新的情况吗?"

李志清答道:"九龄哥正在布置人手进行侦查,一有消息就会及时通报给阿爹的。"

黄金荣点点头。

这时,王文奎向黄金荣哭诉道:"老太爷,我师父可不能白白让人家打死,这个仇是一定要报的啊!"

黄金荣瞪眼怔怔地看着王文奎,一时没有说话。

"仇当然是一定要报的。不过,这件事没有那么简单,也不是一天两天就能弄出个名堂来的。我看先去通知阿裕老婆,还有他姐姐,让阿裕入土为安。至于捉拿凶手的事嘛,还是急不得的,我们自己决不能乱了手脚。"李志清有条有理地回着王文奎的话。

"大少奶奶的话说得分明。"程锡文也在一旁赞同地说道,"依我看,通知家属的事,由文奎上门去办。侦查凶手嘛,主要还得靠九龄的力量。"

黄金荣听了李志清和程锡文的话之后说道:"其实我比你们都着急,这案子恐怕要惹出一场大事来。文奎你先不要伤心,按照大少奶奶的话去做,先去通知你师父的家属,阿文呢,你跟外面多联络联络,有什么事情及时告诉我,现在我休息一会儿,你们先都下去吧。"

于是,几人退了下去,屋子里又剩下了黄金荣一个人。

凶手落网

1933年6月24日晚,也就是唐嘉鹏遇刺之后的第七天,上海戈登路(今江宁路)和静安寺路(今南京西路)交口一带照常热闹非凡,"大都会"、"新仙林"舞厅等知名的娱乐场所放射出来的灯光使得这里光艳异常。其实,这里之所以成为大上海最繁华的一个地段,在很大程度上得益于蒋介石。1927年12月1日,蒋介石与宋美龄在坐落于此处的大华饭店(曾用名为花园饭店、麦边饭店)举办婚宴,使得大华饭店一下子举国闻名。虽然1930年后大华饭店被拆毁了,饭店的原址建成了静园书场,但是这里并没有因为大华饭店的消失而变得凋敝,反而因为一批娱乐城的修建而变得日益兴隆起来。如此繁华的地段,治安问题当然是非常重要的,所以公共租界当局对这里的巡查特别地重视,这几天又因为唐嘉鹏遇刺一案的发生而更是加强了警惕。

晚上八点左右的时候,两个腰里别着手枪、手里握着警棍正在值勤巡逻的身高马大的"红头阿三"正从静安寺路上朝戈登路走来。

　　突然，这两个"红头阿三"发现了异常的现象，他们见到在大华路（今南汇路）和戈登路交叉的转角上，有一胖一瘦两个鬼祟的人影在徘徊着。他们觉得这两个人的行迹非常可疑，于是相互示意了一下，便飞快地向那两个人奔了过去。

　　那两个人见有巡捕赶来，急忙要逃跑，可是已经来不及了，其中那个身高体胖的人已经被巡捕用手枪抵住了胸口。他的同伙见形势危急，连手中的蓝花包袱都不要了，甩手一扔，拔腿就跑。可是与他比起来，"红头阿三"身高腿长，体力上占着明显的优势，他见对方开溜，也是撒腿就追，并且在追赶的同时还掏出了腰里的手枪，向空中"啪"地放了一枪，以示警戒。那个逃跑的人一听枪响，果然吓得两腿一软，瘫倒在地上，随即也被拘拿起来。

　　这时，其中的一个"红头阿三"掏出警笛，马上，就有几个华人巡捕持枪赶了过来。

　　这两个被捕的人，高个子的叫做赵广福，矮个子的叫做王有才。

　　两人被擒之后，一个华人巡捕俯身拾起了先前被王有才扔在地上的那只蓝花的布包袱，用手掂了掂，觉得有些异常。他打开包袱一看便傻了眼：那布包袱里竟然藏着一把手枪，还有几颗子弹！

　　这时，先前拿枪抵着高个儿胖子的那个"红头阿三"便用枪在他的胸口上用力顶了顶，呵斥道："你们是什么人？"

　　赵广福战战兢兢地回答答道："我，我就是一个过路的，他，他，我不认识的。"赵广福这时已经见到王有才包袱中的手枪被发现了，所以他想撇清自己跟王有才之间的关系。

　　当然，"红头阿三"不是那么容易糊弄的，他马上问道："嗯？你们明明是在一起的，你还抵赖？"

　　"不，不！三爷，我，我，确实不认识他呀。"赵广福接着否认说。

　　这时，那个华人巡捕走了过来，对赵广福说道："先不说你认不认识他那个人，这个你该认识的吧？"他一边说着一边把手枪指示给赵广福看。

　　赵广福看着手枪，惊惊惶惶地说道："小人平民一个，怎么会，怎么会有那种东西呢？"

　　接着，华人巡捕又问王有才道："他不认识这个，可这玩意儿是在你的包袱里搜出来的，你总得认识吧？"

　　王有才说道："那个包袱不是我的，是我刚刚捡到的，怕你们把我当成窃贼，就把它给扔开了，我还没有来得及看一下里面装的是什么呢？"

　　巡捕问道："真的是这样吗？"

　　王有才说道："我哪里敢在您面前撒谎啊？"

　　巡捕用手一指赵广福，问王有才道："那，你认识他吗？"

　　王有才瞅了一眼赵广福，先是一愣，随即说道："我们是刚刚碰巧走到一起的，并不认识的。"

　　这时，一个"红头阿三"说道："你撒谎，我在这里观察你们很久了，你们就是混在一起想做坏事的，一定是想合伙打劫，或者是要合伙杀人。"

　　一听到"杀人"这两个字，赵广福和王有才都吃了一惊，马上矢口否认。

　　见他们抵赖，一个华人巡捕说道："现在三言两语是问不清楚，先把这两个嫌疑犯带回巡捕房再说。"

　　于是，两个巡捕马上掏出了手铐，赵广福和王有才就被押送到了公共租界巡捕房。

　　经过审问，两个嫌疑犯做了如下交代：

　　嫌犯赵广福，江苏江都人，现年28岁；住本市闸北普善路草棚内；职业，木匠；来上海6年。

　　嫌犯王有才，江苏江都人，现年29岁；住本市闸北普善路草棚内；职业，黄包车夫；来上海

4年。

巡捕房的结论是，虽然截获了枪支和弹药，但是现场并无犯罪行为，故很难定罪。于是，此案暂且被搁置在一边，嫌疑人木匠赵广福和车夫王有才也就被羁押在巡捕房等候进一步的审讯。

根据相关规定：嫌疑犯在被捕后，必须将"解押单"与物证一起送交位于四马路185号的公共租界总巡捕房，赵广福和王有才一案也同样如此。公共租界总巡捕房在阅读了此案的"解押单"并对物证进行检验之后，以"疑似抢劫罪"的名义将赵广福和王有才递转交给江苏高等法院第一特区地方法院进行审判。

1933年7月22日，也就是赵广福和王有才入狱大约一个月之后，江苏高等法院第一特区地方法院开庭宣判：因夜间在街头持枪，犯疑似抢劫罪，判赵广福、王有才有期徒刑三年六个月。

赵广福和王有才并没有提出上诉，也就是说，他们已经默认了法院的裁决。然而，这又不免引起人们的怀疑，他们两人没有犯罪的事实却甘愿受刑而不予上诉，是因为他们觉着这是一种无可奈何的事实呢，还是因为另有隐情呢？两人被捕之时，唐嘉鹏遇刺的风波还没有平息，因此人们很自然地就会将他们意图持枪作案的行为跟唐嘉鹏被杀的事情联系起来，那么，赵广福和王有才是否跟唐嘉鹏之死有关系呢？

现在，赵广福、王有才二人已经被定案判刑，看似这件事也就此结束了，但实际上此案却远未终结。

很快，就有一条爆炸性的消息在内部人员中传开了。唐嘉鹏遇刺之后，金九龄立即指挥法租界巡捕房全力侦查破案，但是多日过后都苦于毫无收获。照这样下去，唐嘉鹏被杀就又会成了一桩无头冤案。某一天，金九龄忽然注意到发生在公共租界的赵广福、王有才一案，尤其令他警觉的就是赵广福和王有才的身上所携带的那把手枪以及几颗子弹。近日上海的各种案件当中涉及到枪支的，唯有赵广福、王有才一案。办案经验丰富的金九龄就不由得联想，赵广福和王有才所携带的枪支和子弹是否与唐嘉鹏的案子有关呢？产生了这种怀疑，他就可以着手去验证了。如何去验证呢？很简单，唐嘉鹏遇刺现场的九发子弹的弹壳，法租界巡捕房已经一个不落地收集起来，只有将赵广福、王有才二人所携带的子弹与那些弹壳对照，结果也就出来了。

法租界巡捕房和公共租界巡捕房经过沟通之后，鉴定结果马上就出来了，从赵广福与王有才那里收缴上来的子弹与刺杀唐嘉鹏所用子弹的弹壳完全吻合！这也就说明，那把手枪很可能就是暗杀唐嘉鹏的两把手枪当中的一把，而赵广福和王有才就极有可能是刺杀唐嘉鹏的凶手。

有了这个重大发现，金九龄马上跟公共租界巡捕房进行沟通，要求将赵广福和王有才两名犯人押解到法租界巡捕房进行审讯。

开始审讯的时候，赵广福和王有才是说什么也不肯透露出一点儿风声，对于唐嘉鹏的案子只作不知。金九龄一看没有办法，只有大刑伺候了。

酷刑之下，两名犯人终于招供。

赵广福是江苏江都的一个木匠，因为在家乡度日艰难而于前几年来到上海谋生，可是到了上海之后也依然过得非常窘迫。6月中旬的一天，又下起了雨。他这种做木匠生意的人，最讨厌的就是雨天，因为雨天的时候木材会吸潮，那时做出来的家具、门窗什么的待天一晴，水分一出去，就会变形，所以大家都不会在雨天来找木匠做活的。像他这样做小手工的人，平时是赚不了几个钱的，加上赵广福要养着一大家子的人，所以经济上是相当紧张的，经常是吃了上顿就得去筹措下顿，一旦遇到雨天，特别是连天雨，赵广福的家里就面临着断炊的危险。那一天，因为下雨，赵广福就坐在家门口发愁。这时突然有一个人拍了拍他的肩膀，赵广福抬头一看，原来是周明祥。这个周明祥也是江苏江都人，跟赵广福是同乡，而且也是个木匠，由于排行第二，所以人称周二木匠。周二木匠是赵广福前几个月在一次做活的时候结识的，因为有着同乡又同行这两层的关系也就成了朋友。这下雨的天气，做木匠的周二也同样没有活干，所以常常就在这样的天气过来找赵广福打趣。然而，这一天周二木匠来找赵广福是有重要事情商量的。

对于赵广福的处境，周二木匠很清楚，其实他也是很穷的，只不过比起赵广福来境况稍好一点。那天，周二木匠见到赵广福之后就说有一笔横财要他去捡。赵广福一听有财可捡，立即变得精神百倍，哪管什么横的竖的，只是催促周二木匠别兜圈子。周二对他说，只要做了这笔生意，得来的钱就够他一大家子吃上好几年的了。听周二这样一说，赵广福就更加动心了。可是周二木匠接下来说出的一句话却让他惊了半晌，原来，周二木匠要他去杀一个人。赵广福知道杀人那可不是小事，如果说是偷盗、抢劫什么的，他都会毫不犹豫地一口答应下来，可是杀人的事情，他还是不大敢接手的。

周二木匠早就料到赵广福会犹豫，因此他来之前就已经准备好了说辞，经过一番激烈的鼓动，赵广福终于决定铤而走险。

接下来，周二木匠就交代了要杀的人是谁，他就是"荣记大世界"的经理唐嘉鹏。赵广福听到这个名字又是大吃一惊，他对唐嘉鹏可是有所耳闻的，知道唐嘉鹏是一个狠角，于是赶紧又拒绝了，不打算接这个活儿了。

周二木匠见赵广福又退缩了，就又是一番鼓动，好说歹说地总算让赵广福同意接手，帮助周二木匠除掉唐嘉鹏。

当然，要杀掉唐嘉鹏的并不是周二木匠，他也是受人指使的，至于他受到了谁的指使，赵广福是不便问的，而且即使问，周二木匠也是不会告诉他的。

第二天，按照约定，赵广福到一家茶楼去找周二木匠。除了周二木匠，他还见到了另外两个同谋，一个叫顾敦扬，一个叫张亭贵，俗称张小四子。顾敦扬是一个心狠手辣的小痞子，而张亭贵则是已经有了点儿势力的流氓。他们这次聚会，就是要商议出刺杀唐嘉鹏的具体方案。

当时，张亭贵已经将唐嘉鹏的活动规律给摸清楚了，决定就趁着深夜时分他从"荣记大世界"出来的当口除掉他，因为那个时候路上的行人少，目标准确，并且深夜的时候巡捕们已经回到捕房了，不会及时赶到现场，大家更容易脱身。

经过商定，张亭贵让顾敦扬和赵广福二人充当凶手，手枪第二天会由一个叫孙二的人负责用黄包车给他们运到现场。

第二天晚上，赵广福和顾敦扬准时在约定的地点与孙二碰了头，得到了手枪。

两人拿到手枪之后就赶到"大世界"的门口，找了一个僻静的地方藏了起来，准备等唐嘉鹏一出来就开枪。可是当天他们直等到了后半夜也没有等到唐嘉鹏出来，于是只好撤退。当然，这种情况张亭贵是完全掌握的，因为他就隐藏在附近观察动静。

这一天没有等到唐嘉鹏，张亭贵就吩咐周二木匠将分发给赵广福和顾敦扬的手枪收了回来，直到晚上，才又像前一天一样，由孙二以黄包车为掩护将手枪和子弹发给他们。

这天午夜，唐嘉鹏如时出现在"大世界"门口。一见到唐嘉鹏出来，顾敦扬就抢先冲上去，"啪啪啪啪啪啪"，一连串开了六枪。枪声过后，正当唐嘉鹏踉跄着向进入车中的时候，赵广福冲过去又补了三枪。就这样，顾敦扬和赵广福合作，结果了唐嘉鹏的性命。看到唐嘉鹏倒在了血泊之中，顾敦扬和赵广福才迅速离开暗杀现场。

根据约定，事成之后赵广福就可以向周二木匠索要酬金了，可是第二天周二木匠见到他的时候却一定要他先交出手枪来才能给他酬金。这时，赵广福就对周二木匠变得不信任起来，他担心一旦手枪交了回去，周二木匠就会赖账。因为在先前的交往过程中，周二木匠就做过这类的事情。所以，赵广福就一定要周二木匠先给他酬金，然后才能把手枪交回去。这样，两人互不相让，结果周二木匠没有收回手枪，赵广福也没有收到酬金。两人闹得不欢而散。

在此之后，赵广福就再也找不到周二木匠的身影了，他想周二果然赖账，幸亏没有将手枪交给他，不然连这把手枪都剩不下了。可是，抱着这把手枪又抵不了钱花啊。由于他的上线只有周二木匠一人，与张亭贵等人的联络都是由周二进行牵线的，所以周二一失踪，赵广福就再也跟其他的同谋者都联系不上了。

几天之后，赵广福依然没有得到酬金，迫于生计，便动起了邪念，仗着自己手中有枪，打算持枪抢劫。出于保险起见，他又找了同伙，也就是王有才，他很狡猾地让王有才带着那把手枪，这样一旦出事，他可以摆脱干系，至少是不担负主要的责任。哪想到，因为作案经验不足，他们晚上刚一出来就被两个"红头阿三"给逮了个正着。接着，他们就被稀里糊涂地判了案。赵广福因为害怕自己暗杀唐嘉鹏的事情被发现，那样的话，可就不仅仅是三年六个月的牢狱之灾了，因此，他就没有上诉，而是服从了看起来似乎有些冤枉的判决。至于王有才呢，虽然没有参与暗杀唐嘉鹏的行动，可是见到同伙赵广福没有声张，他也就自认倒霉了。

这样一来，也就可以认定赵广福是刺杀唐嘉鹏的凶手之一了，而剩下的工作，也就是缉拿另外几名凶犯。

且说赵广福入狱的消息也惊动了落网在外的周二木匠，他是赵广福的直接上线，一旦赵广福招供，他就是被缉拿的第一个对象。他听说赵广福被抓进去并不是因为唐嘉鹏的案子露了马脚，而是因为一场所谓的"疑似抢劫案"，再不久又听说赵广福被判三年六个月的刑，而此后一段时间里就不再有其他的动静了。这样一来，周二木匠才放下心来。可是没过几天，他就听说赵广福被法租界巡捕房提审了过去，这下周二可慌了，他知道法租界的华人督察长金九龄跟唐嘉鹏是什么关系，现在金九龄查这个案子，很可能就是发现了什么情况，从而将赵广福抢劫的事情跟唐嘉鹏之死联系了起来。这时，周二木匠才突然想到那把手枪还在赵广福的手中呢，这时周二木匠才后悔自己当初不应该为了独吞酬金而给赵广福留下那把手枪。他知道，赵广福一旦招供，自己就会变得十分危险。周二木匠一时没了主意，只得去找自己的上线——张亭贵。

张亭贵闻知此事之后，将周二木匠狠狠地训斥了一顿，但训斥归训斥，此时他们是拴在同一条绳上的蚂蚱，必须协同行动才是，当然，还有顾敦扬、孙二。张亭贵觉得既然东窗事发，那么只有走为上策，因此他们在通知了顾敦扬和孙二之后，各自都换到了秘密的地方隐藏了起来。

再说金九龄这边，从赵广福那里得到口供之后，当即就派人向张亭贵的住所包抄而来，同时派人去抓捕顾敦扬、周二木匠和孙二这几个人。但是，金九龄虽快，可张亭贵他们更快，巡捕们是几处都扑了个空，四个人一个也没有抓到。

金九龄当然不会就此善罢甘休，他经过一番缜密的分析，认为顾敦扬与赵广福一样，是被周二木匠雇佣的凶手，而周二木匠不过是一个中间跑腿牵线的，那个孙二也是一个无足轻重的配角，几个案犯当中，张亭贵的角色最为重要，所以当务之急是抓到张亭贵。于是，金九龄决定暂且不全面撒网，而是将缉捕力量集中针对于主犯张亭贵。

张亭贵这个时候又在做着些什么呢？其实，只要他很规矩地隐藏起来，以上海之大，金九龄是很难捕捉到他的身影的，可是张亭贵已经在江湖上混迹多年，才不会那么胆小呢，因为他知道，在这上海滩，行凶作恶的事情实在是见多不怪，而很多案子到了后来都是不了了之的。案子刚刚发生的时候，风声的确会紧上一阵子，可是过去几天，社会就变得太太平平的了，就像什么也没发生一样，那些凶手、案犯们也就又可以照常出来活动了。他自己有过这方面的经验，因此对于警方的缉捕他并不是很害怕，他以为，这一次也会跟往常一样，只有自己躲过了那么几天，待街市太平了，就又可以出来逍遥了。所以，张亭贵躲了一段时间之后，就又毫无畏惧地如往常一样徜徉在歌厅、舞场、酒楼、妓院等各种娱乐场所当中。金九龄也正是利用了张亭贵的这一弱点来策划的缉捕行动。

这天，张亭贵如往常一样在深夜时分才醉醺醺地从一家酒楼回到自己的住宅，他掏出钥匙来刚想开门，突然觉到脖子背后有一个冰凉的东西挨了上来。这下，张亭贵顿时惊得酒意全无，因为他敏感地觉察到，那个冰凉的东西不是别的，而是枪口。

张亭贵毕竟还是见过一些世面的，没有马上就被吓瘫。他故作镇静地说道："谁呀，别开玩笑啦，快把家伙放下。"

这时，他后面的人说道："哼哼，张小四子，金爷今儿个就是想跟你开一开玩笑的。"话声刚落，就有几个大汉奔过来七手八脚地把张亭贵给结结实实地捆了起来。

捉拿张亭贵的正是法租界巡捕房督察长金九龄和他的手下。

张亭贵入狱之后，在金九龄的刑讯之下很快就招了供。

六月初的一天傍晚，张亭贵在回家的路上偶然遇到了老朋友王金奎，约他第二天到爱多亚路（今延安东路）亚洲旅馆商量事情。张亭贵第二天如约来到亚洲旅馆，原来王金奎跟他说的就是暗杀唐嘉鹏的事情。王金奎对他说，现在有人愿意出400块大洋除掉唐嘉鹏，因为自己与唐嘉鹏太熟不便出面，所以想请他物色一个得力的人选来做这件事。张亭贵贪财心切，就接下了这件事情。他马上想到了周二木匠周明祥，因为周明祥不仅做木匠活，平时还拉黄包车，所以认识的人一定很多。于是张亭贵就找了周明祥去谈暗杀唐嘉鹏的事情。紧接着，王金奎就带他去侦察唐嘉鹏的行踪，然后制定了暗杀计划。之后，周二木匠给他找了两个人做帮手，也就是赵广福和顾敦扬。最后，这两个人就出面充当了杀手，另外还有车夫孙二做帮凶。事后，王金奎将350块大洋交给了张亭贵，而其他的则分给了与事的另外几人。

鉴于这样的审查结果，凶手赵广福改判为无期徒刑，而张亭贵也一同被判无期。

这样一来，"杀唐案"是暂且告一段落了，不过，事情远未终结，几个凶手仍逍遥法外，幕后的第一指使者也还没有落实。提起这一点，不能不让金九龄感到忧心忡忡，因为在后来提审的时候，赵广福供出了一个人，谁？那就是顾竹轩。赵广福虽然没有说是顾竹轩指使他去暗杀的唐嘉鹏，不过他却声称自己是顾竹轩门下的人，做事是听从掌门人的旨意的。由此推知，这件事很可能是与顾竹轩有瓜葛的。如果顾竹轩参与了此事，那处理起来可就更加麻烦了。

出丧日，两大亨初次交锋

唐嘉鹏大殓日的那天早上，上海万国殡仪馆门前车水马龙，人流熙攘。上海滩帮会界的重要人物云集此处，前来参加唐嘉鹏的葬礼，这其中当然包括唐嘉鹏的师父黄金荣，同时，江北大亨顾竹轩也赶来与唐嘉鹏告别。

看着躺在棺材里的唐嘉鹏，黄金荣的心里很不是滋味，因为对于他来说，唐嘉鹏就是他的一只得力的臂膀，如今唐嘉鹏死掉了，他就仿佛自己失掉了一只胳膊一样，特别是在杜月笙、张啸林、顾竹轩等人的势力日渐崛起的时候，黄金荣更加感到自己这"第一大亨"的地位受到了严重的冲击。此时的黄金荣心里只有一个念头，那就是尽快抓到凶手，将此案查一个水落石出，从而为爱徒报仇。

经过多日的思索，黄金荣在自己的头脑中将怀疑对象越来越集中到一个人的身上，那也就是江北大亨顾竹轩。而此时，面对就在眼前的顾竹轩，黄金荣会有如何表现呢？

其实黄金荣本来是想对顾竹轩避而不见的，却不料顾竹轩主动地走到了他的跟前，双手一抱拳，招呼道："金荣师父，久违啦！"

顾竹轩对于黄金荣的这个称谓是很有讲究的，他是向黄金荣递过门生帖子的，按理应当向黄金荣叫一句"师父"，而前面是不应再加上"金荣"二字的，但是，此时的顾竹轩已非昔日可比，其地位大有与黄金荣平起平坐之势，因此对于黄金荣也就不再那么恭敬了。以顾竹轩当时的地位来讲，他完全可以平等地对黄金荣直呼其名，可是毕竟他对黄金荣曾拜认过师父，直呼其名还是很不恭敬的，顾竹轩既不想降低自己的身份，也不想对黄金荣表现得过于不恭敬，所以就称其为"金荣师父"。

对于顾竹轩的这一称呼，黄金荣是很懂得其中的道理的，他对顾竹轩此时的傲慢感到异常的气愤，但这时他不想去理会这个问题，因为他的心里一直在盘算着顾竹轩到底是不是策划暗杀唐嘉鹏的幕后凶手。见顾竹轩过来与自己打招呼，正在气头上的黄金荣想转身走开，对顾竹轩不予理会，但是他又觉得那样做有失风度，因此他还是满心不愿意地应付了一句："啊，不敢当，不敢当，顾老板。"开口的同时，黄金荣也向顾竹轩抱拳回了个礼。

看着黄金荣那一脸冷若冰霜的表情，顾竹轩就早已知道黄金荣心里在想着些什么了。他也觉到这个时候过来与黄金荣搭话是自找没趣，其实他也并非是想黄金荣难堪，更不是过来巴结黄金荣，想向黄金荣示好，他只是出于礼数来与黄金荣应一声，而此时顾竹轩觉得这是完全没有必要的。

正在顾竹轩思索着应当怎样尽快结束与黄金荣之间的交谈的时候，一旁有人说话了："是啊，顾老板现在不得了了，在上海滩足能称得起半边天。"顾竹轩听了这话，心里感到特别不舒服，因为这不是在恭维他，说话人的语气中分明带着一股嘲讽的意味。这声音是顾竹轩所熟悉的，他转头一看，不错，说话者正是上海"三大亨"中的另一位，早年同是黄金荣徒弟的杜月笙。杜月笙虽然与黄金荣也有矛盾，但是对于江北大亨顾竹轩而言，黄、杜、张这"三大亨"还是同一条战线上的。

顾竹轩还没有来得及回应杜月笙的嘲讽，身旁又有一个人开腔了："是啊，是啊，如今的上海滩，哪一位不晓得顾四先生的大名啊。"

这声音顾竹轩也不陌生，此人就是"三大亨"中的又一位——张啸林。

这样，上海滩上声名最赫的四个大亨就凑到了一处。在这场别开生面的"群英会"当中，顾竹轩明显是被动的，因为另外三人是站在一起的，而他只是孤零零地一个人。

黄金荣见杜月笙和张啸林都过来帮腔，不禁心意大快，他将刚才那种丧气的心理一下子全给丢掉了，转而底气十足地向顾竹轩喝问道："老四，你的人是不是太不像话了，连阿裕都敢杀！"

顾竹轩虽然心知黄金荣对他有怀疑，但还没有想到黄金荣会当面对他讲这样的话，他愣了一下，接着仓促地应付道："金荣师父，你开得什么玩笑嘛，这话从何说起啊？"

黄金荣知道顾竹轩不会承认，但他当然不会就此饶过顾竹轩，而是瞪大了眼睛厉声问道："开玩笑？是我开玩笑，还是你在开玩笑？赵广福难道不是你门里的人吗？"

顾竹轩立即辩道："怎么，有人说赵广福是我门里的人？我怎么不知道自己手下有这么一号？金荣师父可别捕风捉影，随意栽赃啊，难不成，我顾某人会去做那样无耻的事情吗？"

黄金荣一听此话，气就更大了，他刚想对着顾竹轩开吼，一旁的杜月笙将话茬接了过来，对顾竹轩说道："顾老板可千万别发火，我们谁也没说阿裕的事跟你有关，只不过这赵广福在受审的时候供称是顾老板门下的人，所以嘛……"

顾竹轩听了杜月笙的话变得更为光火，还没等杜月笙说完，他就驳斥道："所以什么啊，所以，赵广福说什么就是什么吗？这种事情也是能随便怀疑的吗？若是怀疑，还是先查查自己的家门吧。"

顾竹轩的一句话说到了黄金荣的痛处，他想到了陈荣生的死，不禁又恼恨起唐嘉鹏来，因而一时没有继续对顾竹轩发动进攻，而顾竹轩则趁着黄金荣走神的机会转过身去，一甩袖子走开了，留下黄金荣立在那里哑口无言，不知所措，直到杜月笙和张啸林开口劝慰，他才缓过神来。

这是黄金荣与顾竹轩之间的初次正面交锋，而这仅仅是他们相互较量的开始，两个大亨之间更精彩的博弈还在后头。

"关帝会"风波再起

作为上海帮会界的大亨，黄金荣对于关公是非常崇奉的，这突出地表现在他在自己的黄家花园中修建了一座关帝庙，时时加以朝拜。黄金荣不仅自己信仰关公，而且他还要自己的徒弟们以关公为榜样，绝不做背信弃义之事。

关帝庙修建之后，黄金荣定下了这样一条规矩，那就是每年的正月十三、五月十三和九月十三这3天都要举行"关帝会"，参加者既包括黄金荣的门徒，也包括黄金荣的各界朋友以及各行各业的社会名流。每逢"关帝会"之时，黄家花园都热闹异常，大家聚在一起吃茶叙旧，场面特别盛大。黄金荣借着"关帝会"的机会，一方面是团结人心，一方面也是给自己敛财，因为不论是门徒还是朋友，来参加"关帝会"都是要对主人黄金荣有所表示的。因此，每次"关帝会"过后，黄金荣都收获颇丰。1934年正月十三这天，黄家花园中一年三次的"关帝会"照常举行，但是这一次黄金荣却并没有将心思放在"关帝"的身上，因为管家程锡文的一番话语搅得他心神不宁。

这一天，酒席过后，黄金荣照例走进吸烟室去过他的烟瘾。烟瘾虽然得到了满足，但是黄金荣又想起了一件心事，因为刚刚见到了来为制办这次"关帝会"的酒席效力的厨子吴全贵，这吴全贵不是外人，他是唐嘉鹏的徒弟。吃着吴全贵做的菜，黄金荣不禁又想到了唐嘉鹏，虽然唐嘉鹏被杀的事情已经过去一年多了，但是案情的真相却一直没有查明，这是黄金荣所终放心不下的。因此，从吸烟室出来，黄金荣找了个僻静的地方，又开始琢磨起唐嘉鹏的事情来。

正在他凝神敛思的时候，忽然听到有一个过来问他话："师父，你在想什么呢？"

黄金荣扭头一看，来人是自己的管家程锡文。他略略地回过神来，嘴里随便应付道："喔，没，没啥。"

程锡文见到黄金荣一脸的阴沉，就知道他有心事，于是说道："师父，如果有什么事惹你不开心了，说出来也就是了，说不定大家还可以一起想想办法的。"

黄金荣听程锡文这么一说，就转而将自己想的事情说了出来："嗨，还不是又想起了阿裕吗。"

程锡文接道："这事的确做得不够漂亮，这案子拖了又拖，其实在我看哪，事情很简单，这背后的主谋，还不就是姓——"

说到这里，程锡文顿了一下。黄金荣急忙抬眼凝视着程锡文，追问道："你说这人是谁？"

程锡文接着说道："唉，其实我不说，师父也是知道的，还不就是那个顾四吗。"

黄金荣听了，用力地点了点头，慢慢地说道："我料想也是顾四，不过没有把柄，又能拿他怎样，难道跟他火拼不成？"

程锡文听黄金荣这样说，微微一笑，说道："师父，其实这个案子还是有线索的，这么长时间以来，我也一直都在琢磨着，最近我刚刚了解到，在案发的现场，文奎还见到了一个非常关键的人物。"

黄金荣听到这里，立即机警地问道："谁？"

程锡文将头凑到黄金荣的耳边低声吐出了三个字："'小钢炮'。"

黄金荣听了这三个字，不禁深吸了一口气，问道："此事当真？"

程锡文说道："这事可是阿九（即金九龄）亲口对我说的啊。"他接着又说道："据我了解，这个'小钢炮'应是顾竹轩的徒弟。"

黄金荣道："他就是顾竹轩的徒弟。"

说完，黄金荣背着手踱起步来，思索着里面的蹊跷之处。

过了一会儿,黄金荣凝重着脸色向程锡文问道:"不过,'小钢炮'在场,又能说明什么问题呢?"

程锡文笑着说道:"据我所知,赵广福和张亭贵都是跟'小钢炮'有瓜葛的,包括现在还负案潜逃的周二木匠和顾敦扬,也都是'小钢炮'手底下的人,这样一来,那'小钢炮'是不是很有可能是策划暗杀阿裕的上家呢?"

"这个嘛……"黄金荣有些不置可否。

程锡文接着说道:"刺杀阿裕,可是一件大事,做这样一件动静不小的大事,单单凭他张亭贵,师父想一想,姓张的那小子有那个胆量吗?"

"喔,这倒是,这么说,阿裕被杀这件事,有'小钢炮'插手喽?"黄金荣问道。

"这是当然,而且依我看,事情还不止于此,'小钢炮'也不敢做出如此一件惊天大案来,他的背后又有什么人在支持,不用我说,师父也是知道的。"程锡文说。

黄金荣听到这里,说道:"嗯,有道理,有道理,我怎么就没有多想一想呢?不过,阿文,你看这事该如何下手呢?"

程锡文说道:"此事不难,我们只要将'小钢炮'抓起来。"

黄金荣听了程锡文的这个主意,深吸了一口气,说道:"这样一来,事情可就闹大了啊。"

程锡文赶忙说道:"事情都已经这样了,师父还顾虑这个,他们把阿裕都做掉了,就不怕把事情闹大吗?我们现在只是想将'小钢炮'请来听一听口风,又算得了什么呢?"

"这倒也是,"黄金荣应道,"可是就算把'小钢炮'抓来了,他难道能够出卖顾竹轩吗?"

程锡文说道:"师父,不必顾虑那么多,要知道,事在人为,我们只要想做,就没有办不成的事儿。"

黄金荣听了,立即高兴地说道:"嗯,阿文,还是你的脑筋活络啊,只要能在'小钢炮'身上打开缺口,也就会有顾竹轩的好戏看。"

两大亨开战

就在黄金荣和程锡文密谋对"小钢炮"下手的时候,案犯赵广福却突然提出上诉,要求翻案。1934年5月12日,江苏高等法院上海第三分院突然接到来自正在监狱服刑的"杀唐案"凶手赵广福的诉状,要求撤销原判,对案情进行重新审查。

很快,赵广福的翻供状就传达到了法租界华人督察长金九龄的手中,金九龄看了一下这个状纸,不禁倒吸了一口冷气。

那么,状纸上到底写了些什么,会让见多识广的金九龄感到如此震惊呢?

原来,赵广福的诉状以相当有力的四点理由彻底推翻了此案先前的定论,这四点理由分别是:

其一,作案的手枪是从王有才的蓝花包袱里发现的,也就是说,赵广福并不是枪支的持有人,而且,在案发现场,王有才仓皇逃跑,而赵广福却站在原地未动,这就充分说明了赵广福与刺唐一案无关。

其二,枪支是法租界警方在"杀唐案"发生的三个月之后才进行检验的,过了这么久才认定这枪支是与唐嘉鹏被杀现场的弹壳有关联的,这显然难以服人,甚至让人怀疑是单方面造假。

其三,唐嘉鹏被杀之时,他的几个保镖和徒弟王文奎都在现场,他们是此案至关重要的人证,为何不到庭作证,指认凶手?

其四，赵广福被转到法租界巡捕房后遭到了金九龄所施用的残酷的烙刑和电刑，因此，赵广福此前是屈打成招的。

这四条理由，每一条都说得实实在在，如果赵广福翻案成功，这对金九龄此后的职业生涯是大为不利的，想到这些，金九龄不禁产生了一种很不安的感觉。

在这次翻案当中，赵广福认可与王有才一同外出抢劫，因而愿意服从江苏高等法院第一特别法庭当初的判决，服刑三年半，而至于刺杀唐嘉鹏的事情，则声称完全是栽赃陷害，他之所以出现在案发现场，不过是一种巧合而已。

面对赵广福的翻供，金九龄一时感到无计可施，他便来找程锡文帮忙。程锡文向来以足智多谋著称，金九龄想程锡文或许可以有办法帮助自己摆平这个问题。

这天晚上，金九龄将程锡文约请到了一家酒馆的僻静包房里。酒过三巡，菜过五味之后，他向程锡文祖露了自己的心思：现在赵广福出其不意地将他这一军，他应当如何来破解这一危局呢？

程锡文听了金九龄的讲述之后，显出一种不慌不忙的神态，其实，他对赵广福翻供一事已经有所耳闻，他知道这对金九龄来讲意味着什么，他也知道今天金九龄约他出来为的是什么，因而，他心中早就想好了对策。

有意地矜持了一会儿之后，程锡文开口说道："既然赵广福能够找理由来翻供，难道你就不能找理由再给他翻回去吗？"

金九龄听后说道："这个我不是没有想过，只是，赵广福说得头头是道，条条在理，我实在是找不出什么好的理由来辩驳啊。"

"只要你肯去做，这就是小事一桩。我向你推荐个人，张定国你可听说过？"程锡文对金九龄说道。

"张大律师在法租界，甚至在整个上海滩都是大名鼎鼎的人物，我怎么会不知道呢。难道你是要我去请张定国出面来做我的律师吗？"金九龄问道。

程锡文说道："正是，张定国这个人我了解，能力没的说，而且与先生（指黄金荣）有着不错的私交，有了这层关系，相信他定会出力来帮这个忙的。我可以亲自去找张定国谈一谈，管保事情能成。"

金九龄非常感激地说："既然这样，那就拜托了。"

赵广福提出上诉三天之后，江苏高等法院上海第三分院开庭重新审理此案，赵广福的辩护律师，同时也是顾竹轩的私人律师之一的姜屏藩当庭宣读了赵广福的翻供状。对于如何来驳斥赵广福的翻供，金九龄的律师张定国早已准备好了说辞，他针锋相对地否定赵广福供词的可靠性：

其一，从另一个案犯王有才的身份来看，他是一个从来没有使用过枪支的人，可是凶手赵广福却很难说，至于在逃犯顾敦扬，就更非善类了，他先前在闸北保卫团当过兵，并且有"神枪手"的称号，如此看来，枪支的使用者是谁也就不言自明了。至于赵广福说他没有逃跑，完全是不符合事实的，他并不是没有逃跑，而是反应太慢了，在还没有来得及逃跑的时候就被印度的巡捕用手枪抵住了胸脯，已经没有办法再跑了。

其二，赵广福被捕之后，枪支与弹壳并不仅仅由法租界警方检验过，公共租界方面也进行过检验，其检验报告与法租界的结论完全吻合，因此作伪之说不能够成立。

其三，唐嘉鹏遭遇枪击之后，其徒弟王文奎只顾救人要紧，并没能注意到凶手的身影；至于那几个保镖，当时只顾逃命，还哪有心思去寻找凶手呢？没有让他们来出庭作证，恰恰证明了法庭的判决完全是以可靠的实证为依据的，并没有半点虚假的成分。

其四，赵广福说遭受了金九龄的严刑逼供，也是缺乏可靠证据的。大家都知道，法租界警务部门向来以法纪严明著称，在此供职多年的督察长金九龄怎么能置此纲纪于不顾，对一个犯人妄动刑罚呢？说到胸脯上的伤痕，那仅仅是一些旧伤的痕迹，赵广福在社会上行凶作恶多年，向来争凶斗狠，身上留下一些伤痕实在是很正常的，怎么就可以一口咬定是受了金督察长的酷刑留下的呢？

张定国的一番辩驳，言辞凿凿，令人听了无不叹服。金九龄听后更是松了一口气，一面为自己庆幸，一面对张定国充满赞佩之情。

然而，张定国虽然厉害，可姜屏藩也不是吃素的。作为顾竹轩的私人律师，姜屏藩也是在法律界经历过很多风雨，用了多少年的时间磨练出来的，听了张定国的反驳，姜屏藩马上给予了有力的回击。他当众说道："其实，王有才到底会不会用枪，这并不重要，那把被印度巡捕所截获的手枪到底是否与刺杀唐嘉鹏有关，这才是案情的关键所在。刚才张律师说，枪支的检验结果是无可置疑的，然而据我所知，那把手枪在进行检验的整个过程中都有金九龄的参与，检验结果完全是金九龄一人操控的产物，这是严重违反了司法公正的，非但不能够予以采信，还有对金九龄追加制造伪证的罪名。"

接着，姜屏藩又向金九龄发出了更为有力的一记重拳，他厉声说道："金九龄到底有没有对赵广福严刑逼供，我们的说辞都不能够证明事情的真相，但是有人却能够无可怀疑地证明事情的真相到底是怎样的。我们知道，金九龄在对赵广福施刑之时，一旁是有华人探员在场的，而我已经得到了两个探员的证词，他们一致证明：金九龄在审讯赵广福的时候不仅动用了电刑和烙刑，而且是金大督察长亲自动的手。"

姜屏藩说到这里，金九龄已经听得冒出了冷汗，然而姜屏藩继续高声向众人宣布："赵广福身上的伤痕到底是不是因为金九龄的用刑而留下的，也不难证明，医院已经证实，赵广福胸脯上的伤痕是因为遭受了烫、炙而留下的，并不是因为普通的打斗而造成的。这也说明，金九龄确确实实对赵广福施用了电刑和烙刑。"

姜屏藩的一番陈述在法庭上立即引起了轩然大波。金九龄此时很为自己捏了一把汗，因为他自己心里知道，对赵广福动用酷刑的事情是真实的，这样的行为却是为现代的法律所不允许的，如果此事得以确证，那么他在法租界巡捕房督察长的位置也就不保了。焦急之下，金九龄只能看自己的辩护律师张定国的表现了。

张定国这样一个经验十分丰富的资深律师当然不会被姜屏藩的一番驳击震慑住，他当即又对姜屏藩进行了回击，由此，姜屏藩与张定国二人之间你来我往，展开了激烈的辩驳，一时间难分高下。最后，主审法官宣布庭辩暂且告一段落，此案择日再续。

就在赵广福翻案一事仍在悬置的时候，金九龄与程锡文又碰了面。这一次，是程锡文主动找金九龄的，碰面的地方不是酒馆，而是赌场。从赌场上下来，程锡文将金九龄带到了一间密室。

就在这间密室里，程锡文将事先已经设计好的一套方案告诉了金九龄。那就是绑架"小钢炮"王兴高。这样的策划，让金九龄听起来感到非常的紧张，额头上不禁渗出了一层细密的汗珠，他知道，黄金荣要开始向顾竹轩进攻了。无疑，黄金荣是想借"杀唐案"一事将近来表现得愈加咄咄逼人的顾竹轩击垮，看来这两个大亨之间的一场恶战是不可避免的了。

做这样的事情，金九龄是颇感为难的。"小钢炮"可不是好惹的主儿，况且他的背后还有顾竹轩呢，一旦做得不够利落，自己很有可能就栽到里面。但是，这件事又不能不去做，一方面，他是黄金荣的门生，如果当年没有黄金荣的提携照顾，恐怕他金九龄至今也还是一个默默无闻的小混混，这么多年来，师父黄金荣给予了他莫大的支持和帮助，包括他现在所担任的法租界巡捕房华人督察长的职位，也是因为黄金荣的极力保荐才得来的，而另一方面，他现在深陷"杀唐案"的泥潭之中，也想尽快从中抽身，如果案情能够有新的进展，他就可以由此解脱出来。从多方考虑，这件事他是必须得去做的。

这天夜里，"小钢炮"王兴高刚一到家，正要摸出钥匙来开门，就听得身后有急促的脚步声传来。"小钢炮"立即生出了一种不祥的预感，他非常警觉地将手伸向了腰间，想掏出手枪来抵敌，但是已经来不及了，在他抽出手枪之前，几条人影已经扑了过来。

说起来，这"小钢炮"决非浪得虚名，只见他猛然转过身来，一时间拳脚齐飞，眨眼之间就将扑过来的几人放倒在地。但是紧接着，又有几个人冲了上来，而"小钢炮"也毫不含糊，三下两下，又打倒一片。这几个一倒下，先前几个倒下的站起来后重又扑过来，这令"小钢炮"觉到光用拳脚一时解决不了问题，于是就腾空儿将手伸向了腰间，但他没有掏出手枪，而是从腰间拽出了两把匕首。匕首一出，寒光夺目，须臾之间，前来围攻的十来个人的身上就都是鲜血淋漓的了。过来一会儿，这些人就不敢再上前了。"小钢炮"见到敌人已经被吓怕了，这才收起匕首，掏出手枪来，但是他并没有用枪去打敌人，而只是冲天放了两枪，叫道："恕爷爷不奉陪了！"说完，脚下一用力，身子一跃，就飞上了院墙。

来者就是金九龄带来的一批便衣巡捕，他们事先已经探听好了情况，"小钢炮"王兴高这天的一举一动都在他们的视线之内，金九龄决定就在他夜里回家的时候绑架他，因为事关重大，所以金九龄本人也亲自到场，当然，他是在一旁观看而并没有上前与"小钢炮"过招。让金九龄大吃一惊的是，"小钢炮"的身手居然如此了得，十来个受过专业训练的便衣巡捕都对他无可奈何，因为他并没有想伤害"小钢炮"，所以没有命令手下使用武器，但是看来不使用武器是完不成捉拿"小钢炮"这一任务的。正在金九龄还在琢磨着到底怎样才能对付"小钢炮"的时候，"小钢炮"已经飞身跳上了院墙，金九龄这才意识到"小钢炮"要开溜，情急之下，他赶忙扣动扳机，冲着"小钢炮"就是一枪。当然，他并不想将"小钢炮"打死，因而这一枪只是打在了腿上。枪声一响，"小钢炮"应声落墙，还没等他站起身来，几支手枪就顶住了他的脑门。

"小钢炮"虽然被擒，但是丝毫没有服软的表现，而是高声问道："你们是些什么人，凭什么抓我？"

话声刚落，一个人就走到了"小钢炮"的近前，阴冷地说道："嘿嘿，凭什么抓你？提一个人你就知道了，唐嘉鹏听说过没有？"

"小钢炮"一见此人，并不陌生，就是法租界巡捕房的华人督察长金九龄。听到金九龄提及唐嘉鹏，"小钢炮"的心里一凉，知道自己最终还是没能逃过这一劫。

"小钢炮"王兴高的被捕，显然是黄金荣向顾竹轩开刀的前奏。

为门生各显神通

王兴高被捕之后，顾竹轩立即敏感地意识到了事情的严重性。他知道，在金九龄和王兴高进行交手的背后，实际上是黄金荣与他顾竹轩之间的较量。近年来，自己声势日隆，风头大有盖过黄金荣的态势，这是黄金荣所不能容忍的。黄金荣多次想办法打击自己，而这一次，他无疑是下了狠心的。在黄金荣的强劲攻势面前，顾竹轩知道自己是不能坐以待毙的，他必须积极地行动起来。

实际上，对于"小钢炮"王兴高，顾竹轩还是很放心的。他相信王兴高是不愧"钢炮"之称的，是条真正的汉子，在关键时刻能够挺得住，不会出卖他这个师父的。想到这些，顾竹轩的心里稍稍地感到一丝安慰。可是他很快就听人说，王兴高入狱之后遭受了金九龄的酷刑，被折磨得死去活来，当然，金九龄从王兴高的口中没有得到他想要的东西。这样，顾竹轩一方面感到欣慰，一方面却也为王兴高而担心，毫无疑问，既然做徒弟的对得起师父，他这个做师父的也就应当对得起徒弟，他应当想办法尽快营救王兴高出狱才是。

然而，一件令顾竹轩想不到的事情发生了，他的徒弟王兴高虽然没有对警方透露任何的口风，可是号称是王兴高徒弟的赵广福却突然传出话来——他刺杀唐嘉鹏的事情，是受到了顾竹轩的指使的。这令顾竹轩感到十分不安，同时也感到非常懊恼。他不安的是，赵广福真真地将他咬出来，事情就会变得更加麻烦，不仅王兴高被捕入狱，他恐怕也要亲自到衙门里走一趟了；他懊恼的是，他确实与赵广福之间没有过接触，此前与黄金荣碰面的时候他自称不知道自己的门下有赵广福这一号，实际上并非虚言，他自己手下的徒弟数以千计，徒弟都照顾不过来，哪里会顾及到这么一个徒孙呢？此前连赵广福的面都没有见过，可赵广福却凭空咬定是他策划了刺杀唐嘉鹏的事，顾竹轩对此能不懊恼吗？

可是，不安也罢，懊恼也罢，麻烦事既然已经找上了门来，是躲不过的，而只能是沉着地去应付。顾竹轩想通过这一场危机向世人证明一下，他这个"江北大亨"决不是徒有虚名的。

那么，赵广福为什么要捏造顾竹轩指使他刺杀唐嘉鹏的事情呢？原来，赵广福在监狱里被关押的时间一长，而这案子又迟迟没有定论，他的心思就活泛起来了，心想自己杀了人之后被抓到监狱里却依然能够平安无事，看来是一个福大命大之人。赵广福料定自己很快就能出狱，而出狱之后凭什么生活呢？他想到自己的师爷顾竹轩是一个有钱的主儿，何不向他敲上一杠呢？现在顾竹轩正急于跟此案摆脱干系，如果出其不意地来上这么一招，就说自己暗杀唐嘉鹏是受了顾竹轩的指使，那他顾竹轩可是有口莫辩啊，为了息事宁人，他一定会自己找上门来的，到那时，自己何愁生活没有着落呢？既然打定了这样的主意，赵广福就开始大肆宣扬，并且写了诉讼状，叫人传给顾竹轩，用意很显然，就是要敲敲顾四老板的竹杠。

其实，赵广福更为狠毒的一招还不是给顾竹轩发去了敲诈信，而是同时给黄金荣发去了密信。信中说道，如果黄金荣能够保释他出狱，他就可以顺从黄金荣和金九龄的意思，一口咬定自己刺杀唐嘉鹏是受到了顾竹轩的指使，从而将顾竹轩拖下水，叫他永远翻不过身来。这封密信对于顾竹轩来说是一种致命的打击，可是对于黄金荣来说，就恰恰相反了。黄金荣得知了赵广福有了这种表示之后，真是高兴地不得了，他赶忙让程锡文将金九龄找来，师徒三人一起秘密地商议起如何利用赵广福扳倒顾竹轩的事情来……

对簿公堂，"江北大亨"败诉

一纸拘捕令，将顾竹轩请进了法租界警务处。

一时间，"顾竹轩教唆杀人案"在大上海闹得沸沸扬扬。

唐嘉鹏的胞妹、原告唐又美向法庭上交了这样的诉状："原告：郭唐又美，现年39岁，浙江定海人，住公共租界淡水路丽水坊第43弄1号。为胞兄被杀，哀恳严究主使人犯，昭雪血海冤仇事。窃告诉人（原告）胞兄唐嘉鹏生前任'大世界'游乐场经理，与被告系为朋友。在死之前的几个月，常自叹'我假使有危险，仇人只有顾竹轩'。我不敢轻率，今幸蒙钧院秦镜高悬，明鉴万里；法租界巡捕房探员忠勇精干，得以先后拘捕凶犯张小四子（张亭贵）、赵广福等，法办在案。但本案之唯一主使人，系属被告。历经凶犯赵广福犯罪部分上诉等，在江苏高等法院第三分院当庭供明顾四老板顾竹轩有案。当时，捕房人员旁听人众，及告诉人等，均有闻。况报纸有载记笔录，想亦说明被告之主使他人杀害先兄，已属证据确实，毫无疑义。先兄之妻早年亡故。现在之唐李氏与先兄初非正式举行婚礼之夫妻。其对于先兄之冤仇未能痛彻心肺。告诉人属手足情乃骨肉，自该凶犯赵广福供明后，已逾两月，迄今未见该唐李氏有呼请雪仇之举动，一任杀人恶魔逍遥法外；含冤之魂魄，私恨无穷。每念及摧肝腐肠，腹痛不已。为此仰恳钧院迅即出票，严令法租界巡捕房限期拘捉被告至案，依法提起公诉，俾杀人之凶犯得以明正典刑，以雪沉冤，而保社会。"

庭审之时，顾竹轩的律师就是曾在法庭上与张国定对峙过的姜屏藩。姜屏藩针对唐又美的诉状，向她质问道："既然你哥哥与顾竹轩是朋友，那又为何说顾竹轩是仇人呢？如果说唐嘉鹏与顾竹轩之间有矛盾，那么又是什么样的深仇大恨，能够达到彼此兵戎相见的地步呢？"

唐又美答道："这些事情哥哥是不肯对我多讲的，每次我问他的时候，他多对我说女人家不要管这么多的事情，所以在这些方面我并不了解太多。"

姜屏藩同时吁请唐嘉鹏的妻子唐李氏出庭表明态度，但是法院回应说，查唐李氏已于一个月前失踪，至今不知去向，所以不能够出庭作证。

姜屏藩马上提出抗议，说唐李氏虽然没有与唐嘉鹏缔结正式的婚约，但是同居多年，不能说没有任何感情，而且据其邻居透露，唐氏夫妻相爱甚欢，彼此情深意洽，现在唐李氏对于唐嘉鹏之死避而不告，甚至突然失踪，其中必有隐情，很可能是有人从中作梗。据此，姜屏藩建议休庭，待将此事查明之后再进行审理，以确保法律的公正。

而法院方面表示，唐李氏出庭与否与本案的关系不大，在这件事上纠缠，恐怕是被告方的律师想借此来转移视线，因此，法庭对此请求不予理会。尽管如此，法院还是宣布暂且休庭。

一段时间之后，法庭再次开审。这一次，在法庭上充当主角的是赵广福。赵广福当庭宣布了"暗杀唐嘉鹏是由顾竹轩指派"的供述。他刚一说完，顾竹轩的律师姜屏藩就质问道："赵广福，既然你说枪杀唐嘉鹏是顾竹轩指使的，那我问你，他是在什么地方对你交代的这件事？"

赵广福想了一会儿，说道："是，是在大江南旅馆。"

姜屏藩立即追问道："肯定是在大江南旅馆吗？"

赵广福点头答应："是，是，就是大江南旅馆。"

姜屏藩继续问道："那么，又是在旅馆的几号房间呢？当时还有没有其他的人在场？"

赵广福眨了眨眼睛，说道："我记得是在208房间，当时除了在场有我的师父王兴高、张小四子、周二木匠，另外还有一个我以前没有见过的人，50多岁，看起来很气派的，我悄悄地问师父王兴高，师父跟我说那就是顾四老板，是我师父的师父。"

听完赵广福的大话，姜屏藩沉思了一会儿，继而猛然问道："不对，你说得并不准确，在这几个人之外，还有一个人你没有说？"

赵广福听了这个问题，不禁有些慌乱，他忙问道："这么说，我还漏了一个人？这，我记不起来了。他是谁？"

姜屏藩见到赵广福发慌的样子，感到好笑，对他说道："那好，我来告诉你，王金奎，这个人当时是不是也在场啊？"

赵广福连忙点头应道："对，对，还有王金奎，你看我这脑子，怎么连这几个人都记不住啊。"

姜屏藩马上笑着说道："呵呵，对，你的脑子是很有问题，不过可不是记性上的问题，而是这谎话说得一点儿也不圆。"

听了这句话，赵广福不禁大吃一惊。

随即，姜屏藩脸色陡然一变，向着法庭上的众人高声说道："王审法官，陪审团的各位先生，我现在可以郑重地向大家声明，这赵广福刚才所说的话完全都是谎言。我的理由如下：第一，在我调阅的张亭贵，也就是张小四子的审讯记录里，指使他谋生唐嘉鹏的直接上家是王金奎，而并非我的当事人顾竹轩先生。第二，王金奎与张亭贵几次约见的地点都是法租界的亚洲旅馆，而不是大江南旅馆，而实际上，据我所知，上海并没有什么大江南旅馆，而只有顾竹轩先生开设的江南旅馆，可不论是亚洲旅馆，还是江南旅馆，赵广福被警员带到这两个地方的时候他都不认识，这个事实法租界的警员是可以作证的。既然他根本就没有去过江南旅馆，或者是亚洲旅馆，他又谈何见过我的当事人顾竹轩先生呢？第三，大家都知道，王兴高向来都对他的师父顾竹轩以'爹爹'相称，而是从来不叫'顾四老板'的。第四，也是最重要的一点，我这里有一封赵广福同牢房的犯人薛振翼共同谋划的，又从狱中转出来的勒索信。"

听到这里，主审法官立即命令姜屏藩将那封勒索信呈上去。

此时的姜屏藩，显露出来的完全是一副正义凛然的样子，而相比之下，赵广福的脸色就完全变了。此时的赵广福，已经吓得是六神无主了，他不知道接下来等待着他的将是什么样的命运。

姜屏藩将信件交与主审法官之后，又说道："法官大人，现在我请求与赵广福和薛振翼同一监房的朱竟成、张臣良、刘一民、吴少亭等人的代表张臣良出庭作证。"说完，姜屏藩向门边一指，张臣良已经在那里等候多时了。

张臣良入庭之后，恭恭敬敬地向着主审法官以及陪审团鞠了躬。主审法官随即问道："张臣良，你将自己所知道的事情真相对法庭讲清楚，记住，一定不能说谎，否则你将受到相应的法律制裁。"

张臣良答道："法官大人放心，张某决不会说谎，决不敢有辱法律的尊严。"

这时，姜屏藩向张臣良问道："你是与薛振翼住在同一个监房的吗？"

张臣良回答："是的。"

"那好，张臣良，现在我问你，你是怎么知道赵广福要勒索顾竹轩的。"姜屏藩接着问道。

张臣良就将此前一段时间里赵广福是如何谋划勒索顾竹轩的经过清清楚楚地讲述了一遍，末了，他还着重强调，他所讲的话，字字句句，千真万确。

这时，法租界警务处的公请律师起身辩护道："尊敬的法官，陪审团的诸位先生：刚才我很荣幸地和大家一同观看了一场闹剧。我现在可以很清楚地向大家指明，被告方所谓的这些证人，都是一些惯偷和地痞，据我方从监狱训导处得到的证据来看，这几个所谓的证人，都是经过被告方收买了的。"

此语一处，法庭又是一片哗然。

公请律师接着说道："这是从张臣良那里搜查出来的一张面值1000元的银票，大家可以仔细地看一看。"一边说着，他一边从桌上拿起了一张银票来向大家展示。

主审法官随即命令公请律师将银票呈递上去。

公请律师将银票递给主审法官之后，又转过身来笑着对众人说道："现在，不必我多说，想来大家都已经明白这是怎么一回事了吧？"

姜屏藩立即回应道："我提请法庭注意，公诉方律师刚才的所作所为，实乃贼喊捉贼之举。这所谓的收买证人的银票，其来源十分不明，有造假之嫌。这么多证人的证词，怎么能够用这么一张来路不明的银票就全都给予否定呢？尊敬的法官，陪审团的各位先生，这件案子其实简单得很，那就是杀人凶犯赵广福在勒索我的当事人顾竹轩先生没有成功的情况下，与犯人薛振翼等合谋要陷害顾先生。因此，我肯请法庭对赵广福加以敲诈勒索罪，并当庭释放我的当事人顾竹轩先生。"

这下子，双方的辩驳又陷入了胶着状态，主审法官再次宣布休庭。

没过多久，"顾竹轩教唆杀人案"第三次开庭。

唐嘉鹏的胞妹唐又美再次上庭要求严惩"教唆杀人犯"顾竹轩，而赵广福也再次出庭作证，声明自己枪杀唐嘉鹏是顾竹轩教唆的。

对此，顾竹轩的律师姜屏藩又一次进行了有力的答辩，他主要陈述了这样一些观点：

其一，被告人顾竹轩与唐嘉鹏井水河水各不相犯，并无利害之争，而且两人又都是黄金荣的门生，彼此的私交也不错，说二人之间有仇是与事实不符的。另外，唐又美口口声声说顾竹轩与唐嘉鹏有仇，却又说不出他们的仇结在何处，因此这也是不值得采信的。

其二，凶犯赵广福曾在法庭上说，暗杀唐嘉鹏的事情成功之后，顾竹轩先生答应给他们1万元的酬劳，可是没想到，事成之后，他们几个人只得到了60元不到的酬金。按照常理，即便是顾竹轩先生事后没有给足1万元，也断断不会只给他们60元那么少的，这是很荒唐的事情，实在让人想不通。况且，这样的事情，另一凶犯张亭贵被捕后并没有交代，从这也可以看出来赵广福所说的是一派谎言。

其三，张亭贵在被捕后曾供称，有警务人员威胁他，不准他说出案情的真相，否则就会打死他。这是令人难以置信的，享受国家俸禄的警务人员断无可能做出如此有悖法律之事。

其四，这也是姜屏藩最为强调的一点，那就是由在押囚犯薛振翼帮助起草的、由赵广福抄写的诬陷顾竹轩先生的信件无可辩驳地说明赵广福的诉讼实际上就是栽赃诬陷顾竹轩的一出闹剧。

当然，姜屏藩的这些辩词立即遭到了法租界警务处公请律师的反对，他回应道："尊敬的主审法官，陪审团的诸位先生：我恳请大家注意，刚才被告方律师所陈述的几点，乍听起来似乎很有道理，可实际上却是不堪一击的。为什么这样说，现在我就向大家一一指明其中的道理。"

公请律师接着说道："案犯赵广福出于对杀人罪行的悔改之心，供出案件的幕后主使人就是天蟾舞台的老板顾竹轩，这是他迷途知返、值得肯定的表现。对于他的这一立功行为，法庭是应当给予奖励的，本律师积极建议对赵广福的刑期进行削减。而至于'杀唐案'中凶手到底获得了多少酬金，对于案情的性质是无关紧要的。大家需要注意的是，'杀唐案'的两个凶犯尽管是先后落网的，供词有所差异，但是其中一点是完全相同的，那就是他们不约而同地都供认出此案的幕后主使人就是顾竹轩。至于在哪一个旅馆商议的这件事，那是无关轻重的，重要的是顾竹轩主导和操纵了暗杀唐嘉鹏的事情是真实的。"

公请律师说到这里，又拿出了一张纸，对着大家宣布："这是在押囚犯薛振翼最新提交的申诉材料，他说，不久前他受到了来自他不便说出的威胁，恐怕会有生命之虞，所以他才对先前的事情一概不予认同，以求保其生命的安全。"

主审法官对于"顾竹轩教唆杀人案"进行了最后的宣判："法庭在详细地分析了案情，充分听取了控、辩双方的意见，更是充分尊重陪审团所贡献的意见，正式宣判：在暗杀唐嘉鹏一案中，顾竹轩教唆杀人罪名成立。叛处教唆杀人犯顾竹轩有期徒刑十五年！"

"杀唐案"最可能的真相

顾竹轩对于法庭的判决是不服的，他又提出上诉。

1937年6月16日上午，江苏高等法院上海第三分院为顾竹轩上诉案再度开庭，结果是撤销了上海第二特别法庭对于顾竹轩的判处，而是令顾竹轩缴纳1.5万元的保证金，当庭予以释放；同时也撤销了对土兴高主谋杀人罪的原判，缴纳2万元的保证金，予以释放。

法租界警务处对于这一改判提出了抗诉。

1943年3月31日，伪江苏高等法院上海第三分院开庭审理判决，复经伪最高法院于1944年7月31日发交伪上海高等法院再为审理"顾竹轩教唆杀人"一案，但是没有得到结果。

1947年12月31日，上海高等法院应上诉人顾竹轩的诉求，责成刑事第一庭，依据刑事诉讼补充条例第四条，依照前江苏高等法院上海第三分院在抗战之前所进行判决的基础上继续开庭审理此案。

上海高等法院刑事第一庭审判长、推事刘毓桂、推事韩述之共同签署，对"顾竹轩教唆杀人案"做出了终审判决，宣布"原判决撤销，顾竹轩无罪"。

至此，历时14年之久的"唐嘉鹏遇刺案"才宣告终结。

"唐嘉鹏遇刺案"已经了结，然而大家不免疑问，顾竹轩到底有没有参与暗杀唐嘉鹏一事，唐嘉鹏的被杀，到底是不是出于顾竹轩的阴谋呢？我们先来看一看"小钢炮"王兴高的供词。

1933年6月初的一天晚上，上海灯火通明的黄金茂酒店如往常一样迎接着八方来客，在这些客人当中就有着"小钢炮"王兴高以及他的徒弟们。当"小钢炮"等人喝得兴头正浓之时，一个朋友找了过来，这人就是被称为"流氓律师"的许福保。之所以称其为"流氓律师"，是因为尽管他正当是职业是律师，但是却与黑道人物多有来往，暗地里做了一些罪恶的勾当。

王兴高认识许福保，此前两人也打过交道，因此见他走过来，连忙热情地招呼着："哎呀，福保兄弟，快坐，快坐。"

许福保入座之后抿了一口酒，慢慢说道："王老板，我今天是有事来找你的。"

"喔，什么事，说说看。"王兴高听了，急忙问道。

许福保说道："是关于一桩房地产生意的，有个多年不见的老朋友，想和我们一起做生意，我看这是个不错的机会。"

"这样啊，那个人靠得住吗？"王兴高问道。

"靠得住，靠不住，可就要看王老板想不想做了。"许福保回道。

王兴高问："他人在哪里，什么时候见面谈谈？"

许福保说道："他在旅馆开了房间，正等着你呢。"说着，他抬腕看了看手表。

"喔，现在就走吗？"王兴高问。

"对，现在就走，正是时候。"许福保答道。

"这么急啊，不能改日吗？"王兴高说。

"人家可是稀客啊，难得过来一回，我看，王老板今天的酒就先喝到这里吧，改日我专门请你好好地喝上一顿。"许福保说。

王兴高听许福保如此说，不便怠慢，赶紧穿好衣服，跟徒弟们挥了挥手，然后跟许福保一同出去了。

钻进许福保的车中，王兴高问道："我说，咱们这是要去哪个旅馆啊？"

"法租界的亚洲旅馆。"许福保答道。

"亚洲旅馆？怎么去了那里，还不如去我师父开的江南旅馆呢。"王兴高说。

许福保微微一笑，没有接王兴高的话，只顾开车。

不多时，他们就到了亚洲旅馆。许福保带领着王兴高径直走到了二楼的一个房间，敲门过后，房门打开，门内闪出一人，身穿白色纺绸的衣服，中等的个子，见到许福保和王兴高，让他们进到屋里，然后小心地向门外扫视了一下，确认没有其他的人在走廊里，这才转身回屋，将门反锁上。

王兴高见此情景，就觉得异常，因为若是谈一笔普通的生意，是远没有必要弄得如此神秘的，可如果不是谈生意，许福保葫芦里卖的又是什么药呢？他暗自纳闷着，不知道一会儿将要发生什么。

那人关好了门，许福保就将王兴高拉过来，将他介绍给对方认识："来，这就是我跟你说的王兴高王老板，大名鼎鼎的'小钢炮'。"

那人听后，连忙抱起双拳冲王兴高说道："王老板，久仰，久仰，在下王金奎给王老板施礼了。"

王兴高赶忙谦让道："不敢，不敢，敢问这位兄弟今天要谈的是什么生意啊？"

王金奎神秘地一笑，然后将目光转向了许福保。

许福保会意，对王兴高说道："王老板，我们今天把你请到这来，可是要谈一笔大生意的，我们相信，要做成这笔生意，非得你王老板出手不可。"

"这我就不懂了，有什么了不起的事情，非有我王某人来做才办得成呢，你们就那么相信我的威力？"

许福保笑道："那是当然，王老板的威力无可怀疑，我们需要的就是王老板的诚意。"

王兴高干脆直接问道："福保，不必兜圈子了，有什么事就请直接讲明吧。"

许福保说道："好，王老板到底是爽快的人，那我就直说了。'荣记大世界'的经理唐嘉鹏的手下有个门生叫做王文奎，王老板可听说过？"

"当然听说过。"王兴高应道，随即又问道："我刚刚听到，这位兄弟叫做王金奎，难道和王文奎是兄弟不成？"

这时，王金奎说道："王老板没等我说就猜出来了，其实啊，我俩今天就是为了我兄弟王文奎的事来找你的。"

"你兄弟王文奎他怎么了？"王兴高问道。

"说出来怕是王老板也是有所耳闻的，王文奎自从跟随了唐嘉鹏之后，做尽了坏事，我屡次规劝他都不肯听从，弄得我们兄弟之间的关系非常紧张，彼此几乎成为仇人，这都是唐嘉鹏害的。"王金奎非常气愤地说道。

许福保跟着应道："跟着唐阿裕那个瘪三还能做出什么好事来？"

听到这里，王兴高已经明白他们这次就是冲着唐嘉鹏来的，但是他还不知道他们要如何惩治唐嘉鹏。

许福保又说道："别的就都不说了，单单说一说荣生兄弟的死，从这件事就可以看出唐嘉鹏这小子有多么的黑心。这样的小人，不仅为了得势不择手段，而且得势之后更会变得六亲不认，说起来，我跟他也是有些私交的，可是前两天我去'大世界'想包个场子，赚点儿外快，都被这个瘪三给驳了回来，对老朋友连这点儿面子都不肯给，你说说这都叫什么啊？"

王兴高听到这里，笑着说道："我明白了，你们是向找唐嘉鹏出出气是吧？不过，这事儿跟我有什么关系呢？我又不是唐嘉鹏的师父，对他也发不着脾气啊？"

"王老板可别这么说啊，我们这次找你来，就是想请你出手的啊。"许福保说道。

"难道你们要对唐嘉鹏……"王兴高顿了一顿，没有将这句话说完整。

"不错，王老板猜得对，我们兄弟两个这次就是想将唐嘉鹏给做掉。"王金奎抢过话来，说得非常干脆。

"做掉唐嘉鹏？这可不是闹着玩的啊，你们知道，唐嘉鹏现在是什么身份，你们真要这么做，我看可是引火烧身啊。"王兴高有些不满地说。

许福保赶忙应道："这个不必王老板多费心，对于这件事，我们已经认真考虑过了，不除掉唐嘉鹏这个祸害，我们都不得安生。怎么除掉唐嘉鹏，我们已经做了周密的部署，相信是不会连累王老板的。"

王兴高反驳道："既然不会连累我，干嘛找我到这里来？"

许福保说道："王老板可千万别见怪，之所以请王老板来，是因为在当前的上海滩，怕是再也找不出有魄力来做这件事的人了。"

王兴高笑道："这么说，倒是抬举王某人了。依我看，你们完全可以去找老头子黄金荣谈谈，他的徒弟陈荣生被唐嘉鹏给做掉了，这样厉害的窝里斗，黄金荣能容得下？而且江湖传言，这个唐嘉鹏跟黄金荣的儿媳李志清之间还不清不白的，这可是让黄金荣丢尽颜面的事情啊，他心里能不恨唐嘉鹏吗？"

"王老板说的这些，我们当然也知道。不过，有个道理王老板得看清楚，这就叫做不能因小失大啊，黄金荣当然对唐嘉鹏的恶行很恼火，可是眼下黄门的势力渐衰也是明摆着的事。折掉一个陈荣生，黄金荣就瘸了一条腿，如今再铲除一个唐嘉鹏，那黄金荣岂不变成了个残废，往后他还怎么在江湖上混呢？唐嘉鹏的那些丑事，黄金荣心里比谁都明白，不过，他却依然不得不维护唐嘉鹏，他让唐嘉鹏出任'大世界'的经理就是一个明证。"许福保给王兴高分析了其中的道理。

王金奎接着许福保说道："王老板放心，我们相信做这件事对王老板来说就是小菜一碟，都不用你亲自动手，随便唤上几个伙计就做得了，当然，我们要的是稳妥，是不能够出现任何意外，而这样的要求，只有找王老板来才是最合适的了。事成之后嘛，我们是不会薄待王老板的。"说着，王金奎从怀中取出了一张银票，"啪"地往桌子上一拍，说道："王老板请看，这个数字你可满意？"

王兴高不看则可，一看却是吃了一惊，因为他见到，银票上的数字竟然是1万元。这么诱人的数字，难免不由得他为之心动。许福保看出了王兴高的心里所想，他知道，这笔钱，足以让王兴高垂涎三尺了，又趁热打铁地说道："王老板，其他的事情你一概不用担心，事成之后，等着拿钱就是，这张银票，今天还在我们这里暂且保存，但是只要王老板点儿个头，几天之后，这1万元就是王老板您的了。"

见了这张1万元的银票，王兴高的心里就盘算开了，杀唐嘉鹏固然有危险，但这么多年来他还不都是血雨腥风地闯过来的吗？机会难得，自己不能眼睁睁地放着到手的钱不赚啊。因此，王兴高下了狠心，决定干上这一票，除掉唐嘉鹏。

在王兴高的交代中，并未提到他的师父顾竹轩，但是因为唐嘉鹏的特殊身份及其与顾竹轩之间的特别关系，很多人都相信，如果没有得到顾竹轩的支持，"小钢炮"王兴高还是不敢对唐嘉鹏贸然下手的，也就是说，顾竹轩至少是对王兴高暗杀唐嘉鹏一事表示了默许的态度，并且在背后给予了王兴高有力的支持。然而，"杀唐案"悬置多年，最终却撤销了对顾竹轩的判处，并且连同王兴高也一同释放了。联想到案件审理前后黄金荣和顾竹轩双方所做的种种手脚，这个案子就更加让人觉得扑朔迷离，假假真真。但是，不可否认的一点是，不论顾竹轩与暗杀唐嘉鹏一案的关系究竟如何，他与唐嘉鹏之间的激烈矛盾是内中人士无所不知的，而他与黄金荣之间的明争暗斗在上海帮会界也早已不是什么秘密的事情。不管怎么说，唐嘉鹏之死都反映了当时上海各帮派之间以及帮派内部的不可调和的矛盾，唐嘉鹏只是帮派斗争的牺牲品。

第十八章
与杜月笙斗法

杜家宗祠落成庆典

1931年的上海，先后迎来了两件盛事，其中之一就是杜月笙的家祠落成庆典。

杜月笙自幼就失去了父母双亲，也许正是因为这一点，他对于家族有着一种非同寻常的认同感。特别是当自己发达了之后，就想为自己的家族做一些事情，其中最为重要的一项就是建造杜家的祠堂。

杜月笙发迹之后，为了认祖寻宗，就在自己浦东高桥的家乡建造了一座家祠。从形制上说，这座家祠并不特别，同一般的祠堂一样，杜家宗祠也是五开间三进，第一进为前厅，第二进为正厅，第三进则为供奉杜氏列祖列宗之牌位的地方，而大门前两侧也分别雄踞着一个几乎有一丈高的大石狮子。经过一年多的建造，到1931年6月，祠堂已经完全建成，而杜月笙早在数月之前就开始筹备的杜家宗祠的落成庆典了。

鉴于杜月笙显赫的身份，杜家宗祠的落成庆典很自然地就成了当年上海的一件盛事。杜月笙接连举办了三天的盛大庆祝活动，而值得人们注意的并不是庆祝活动本身有多么热闹，而在于参加活动的人物当中有很多人的身份都非常显赫。当时的政界名流如张学良、于右任、孔祥熙、何应钦、金树仁等纷纷赶来参加杜家宗祠的落成庆典。另外，曹锟、徐世昌、吴佩孚、段祺瑞等旧派军阀虽然已经隐退，但是在社会上依然享有很大的名望，他们也纷纷前来参加这场盛会。庆典上也不乏外国人的身影，法租界的总领事、领事、巡捕房总巡，公共租界的代表以及日本驻上海总领事等纷纷赴会。当然，相比这些人来说，出现在庆典现场的更多的还是那些帮会界的人士，黄金荣、张啸林自然是少不了的，另外，王晓籁、袁履登、庞京周、杨度等人也纷纷前来，而上海商界大鳄虞洽卿不仅参加了这场庆典，还亲自担任了这场庆典筹备处的总务主任，为这次活动的顺利举行献了不少力。这些人的到来，无疑向世人彰显了杜月笙的声威之烜赫。

与杜月笙交情颇厚的国学大师章太炎也前来参加杜家宗祠的落成庆典，并且还依杜月笙的请求，献上了一篇洋洋千言的《高桥杜氏祠堂记》：

杜之先生帝尧，夏时有刘累，及周封于杜，为杜伯。其子隰叔违难于周，适晋而为范氏，范氏支子在秦者复为刘，以启汉家。故杜也，范也，刘也，皆同出也。杜氏在汉也，有御史大夫周，始自南阳徙茂陵。自是至唐世为九望。其八祖皆御史大夫。惟在濮阳者祖七国时杜赫，自江以南无闻焉。宋世有祁公衍，实家山阴，江南之杜自是始著也。

高桥者，上海浦东之乡也。杜氏宅基地，盖不知几何世。其署郡犹曰京兆。末孙镛自寒微起为任侠，以讨妖寇，有安集上海功，江南江北豪杰皆宗之。始就高桥建祠堂，祀其父祖以上，同堂异宝之制，近世虽至尊犹然。故诸子庶不立别庙，独为一堂，以照穆叙群主，盖通制然也。

凡祠堂为址八庙，其地以待设塾及图书馆，所以流世泽率后昆也。余处上海，久与镛习识。祠成而镛请为之记。夫祠堂者，上以具岁时之享，下使子孙瞻焉，以捆致其家室者也。杜氏在汉唐，其为卿相者以十数，盛矣。上推至帝尧，又弥盛矣。虽然，自尧之盛，尚不能覆露其子，使袭大宝，其余属登公辅，赐汤沐之邑，曾微百年，后之人至不能指其先世里居所在，此镛所知也。为子孙者，岂不在于自振拔乎哉？

和以处宗族，勤以长地材，福倍汉唐盛世可也。称不朽者，惟立德立功立言，宜追观杜氏之先，立德莫如大司空林，立功莫如当阳侯预，立言莫如岐公佑，其取法飞远也。镛既以讨寇有功，其当益崇明德，为后世程法。然后课以道艺，使其就文质，化为畔谚，以企于古之立言者。有是三者，而济以和宗教，劝地材，则于守其宗礼堂也何有？不然，昔之九望，奄然泯没于今者七八矣。虽有丹楹之座，穷九州美味之乡，其足以传嗣者几何？吁！可畏也，道记之云尔。

章太炎的大手笔"祠堂记"一出，便又引出一大堆名流将一些篇幅更加恢弘的祠堂记送来，例如，胡汉民、刘芦隐的《高桥杜氏祠堂记》，汪精卫的《高桥杜氏家祠记》，郑考前的《杜氏家祠记》，虞和德的《杜氏宗祠记》，杨度的《杜氏家祠落成颂》，何成波、谷正伦、贺耀祖，杨杰、叶开台等人的《杜氏家祠记》，冯云初、王西坤的《杜氏家祠颂并序》等。这些"记"、"颂"，全都是翠墨金泥，极尽文华之能事，将杜家之渊源和杜月笙之懿德赞美得淋漓尽致。

但是，在这些和贺词和颂词当中，有一份贺词显得格外突出，这一贺词写的是"孝思不匮"四个大字，其实这也没有什么特别的，无非也就是泛泛的颂谀之词，与众不同的是贺词的署名——国民党委员长国民政府主席蒋介石贺。蒋介石不仅送了这份贺词，还让杨虎在大会上代他宣读了自己为杜月笙的家祠落成庆典特意呈上的一篇四言体的韵文，其词曰：

> 诗咏祀事，典备蒸尝。
> 水源本本，礼意綦祥。
> 敬宗收族，德在无忘。
> 激波秕俗，秉兹彝常。
> 元凯之家，清芳世宇。
> 孝孙有庆，服先食旧。
> 任侠好义，声驰遐迩。
> 济众博施，号曰杜母。
> 肯堂肯构，实大其宗。
> 爰建新祠，轮奂有容。
> 簋簋既饬，锵济攸从。
> 式瞻枚实，介福弥隆。

蒋介石的祝贺无疑是让杜月笙最感得意的一件事情了。

为了接待好嘉宾，杜月笙令自己的手下在祠堂四周加盖了彩幔席棚100多间，摆设席面达350桌。

庆祝活动的3天当中，每天开七八百桌酒席，由38个厨子侍奉，并且安排了有经验的徒子徒孙共50人专司筵席上的招待工作。在祠堂之外，杜月笙对客人路途上的照顾也非常周到，他在金利源码头自备了名为"月宝"与"波涛"的两艘汽艇，还从招商局和其他轮船公司调来了多艘轮船，专门运送贺客来回于上海、高桥之间。从高桥埠头到杜家宗祠，还有十来里路，为此，杜月笙又备了奥斯汀客车十五辆，黄包车150辆。另外，因为浦东高桥一带沿途没有路灯，杜月笙就命人临时安装了木柱，在上面高悬起汽油灯，专供夜间照明之用。此外，杜月笙为了铺张自己的排场，同时也为了表示自己的善意，他想要把高桥一带的农民也吸引来凑这个热闹。为此，杜月笙吩咐帐房预备了大批印有"杜祠落成典礼"字样的毛巾、脸盆、灯笼和纪念章等物品，并且派人到乡下四处张贴海报，宣布凡是前来送礼致贺的人，不论礼品送多少，一律发给一个纪念章，凭这纪念章，在庆典进行的三天内就可以在杜家宗祠随便吃酒、看戏，而送礼重一点儿的，每人还加发一只脸盆、一条毛巾和一个灯笼。这样一来，杜家宗祠落成大典上可真得用人山人海来形容了。

杜家宗祠落成庆典中最为精彩的段落是堂会戏的演出。这次堂会戏于6月9日、10日、11日接连演出3天。当时，上海的《申报》隆重登出了这三天的堂会戏目。

黄家花园的盛况

1931年上海滩所发生的第二件盛事就是黄家花园的落成。

杜月笙在1931年修建了杜家祠堂，而早在数年之前黄金荣就已经在自己漕河泾修建了黄家祠堂，只是当年庆典时候并没有像杜家祠堂落成之时那样的排场。

黄家祠堂修在黄家祖坟所在的地方，说是祖坟，其实也就是黄金荣的父亲黄炳泉一个人的坟，因为黄家原本在余姚，是在他父亲一代才迁到上海的。漕河泾地区在元代的时候就已经成为一个集镇，这个镇就坐落于漕河泾港的两岸。漕河泾港西面连接的是蒲汇塘，而东面连接的就是黄浦江。在漕河泾镇的北面，有一块坟地，因为明代张梅泪埋葬在那里而在当地较为知名，人们也因此称那块地方为张家坟山，黄金荣父亲黄炳泉死后也埋在了那块坟地上。为了祭祀父亲，在20年代初的时候黄金荣就在那里建造了黄家祠堂。因为漕河泾地区树木茂密，所以夏季非常凉爽，这样，每到夏天的时候黄金荣就会来到黄家祠堂避暑。1927年，因为在四一二事变中有功，黄金荣就更加振作起来，在一些门徒的劝说下，他就打算把黄家祠堂扩建为一座花园，并且规模要大，要把张家坟山整个都包括进来。不过，当时张梅泪的后代在漕河泾地区仍有着一定的影响力，所以黄金荣的这个打算没有得逞，祠堂扩建成花园这件事也就搁置了起来。1931年6月杜月笙举办了自家祠堂的落成庆典，看到杜月笙风光的场面，黄金荣坐不住了，他觉得杜月笙的势头明显已经盖过了自己。为了给自己找回一些面子，也为了给自己的徒子徒孙鼓舞一下士气，黄金荣决定立即建造自己的花园，从而将杜月笙的祠堂给比下去。就这样，黄家花园的建设工程在1931年的夏季正式动工了。

建造花园是一个很大的工程，银子自然不能少化。黄金荣不肯让这笔钱全都由自己来出，于是就向黄门子弟进行募捐，少则数十元，多则几百元，此外，还有上海众多商家的大力襄助，最后，黄金荣共募得了360万元的捐款。这在当时绝对是一笔巨资，实际上黄金荣在修建其花园的工程中并没有花掉这么多的钱，而余下的部分当然也就进了他自己的腰包。

为了方便施工人员的进出，黄金荣特地修建了一条从漕河泾集镇通往坟地的长约1公里的道路，并将之命名为金荣路（今康健路），然后又购置土地，将其占地面积扩展至六十亩。黄金荣原来打算将其称为"黄家别墅"，后来觉着其规模较大，所以就改称"黄家花园"了。到这年11月中旬的时候，黄家花园已经初具规模，大体完工，于是黄金荣在11月18日这天举行了黄家花园的落成庆典。

与杜家宗祠的落成庆典相似，黄家花园的落成庆典也邀请了各界名流，当天到场的有上海市长吴铁城、北平市长周大文、淞沪警备司令戴戟、保安处长杨虎、上海市公安局长文鸿恩等。黄家花园中最主要的建筑四教厅中同样悬挂了一批政界要人的题匾。这个四教厅，面积达250平方米，大厅的门、窗、梁、柱、椽、隔扇等都雕刻有二十四孝图和古代戏文等典故，厅的外面，则环以两米多宽的走廊。整个建筑模仿大雄宝殿，非常雄伟华丽，的确有独造一格之美。引人称誉的不仅仅是四教厅建筑的本身，还在于其内中所摆放的十分名贵的红木家具。此外，非常惹人注目的就是厅中悬挂的那些牌匾了，这些牌匾无一不是国民党要人所题。所有这些题匾中最为重要的是蒋介石的题字，蒋介石亲自为黄金荣题写了"四教厅"三个大字，这几个字悬挂在厅门上面，就是令黄金荣感到最为光彩的一件事。1935年，蒋介石又特别为黄金荣题写了"文行忠信"四个大字，被黄金荣十分郑重地刻在了四教厅右侧的六角亭内。

黄家花园落成以后，黄金荣每年的夏季都会来此消歇，而到了秋凉之时再返回城中的钧培里黄公馆。其实在避暑之外，黄家花园还是黄门子弟进行聚会的一个周末俱乐部。此外，黄家花园也是接待重要人物的一个知名场所。1937年3月，孔祥熙作为中国特使率团出席英皇的加冕典礼，黄金荣就在黄家花园宴请了中国特使团。而上海的代理市长俞鸿钧、淞沪警备司令杨虎等人也都充当过黄家花园的座上客。

上海沦陷之后，黄家花园一度落为日本侵略军的兵营。日军撤出时，抢走了园中大批的文物和家具，又纵火焚毁了园内的关帝殿、内宅和静观庐，其他建筑也都遭到了不同程度的破坏，园中的树木也遭受了损伤。日军的这些暴行使得黄金荣恨得咬牙切齿，他在抗战时期一再拒绝与日本人进行合作，这也是一方面的原因。抗战胜利后，黄金荣曾修葺过黄家花园，但是终不复当年盛况。上海解放前夕，国民党军队为了构筑工事，黄家花园再度遭到破坏。1957年5月29日，黄家花园辟为公园，由上海市园林管理处经营，1958年8月1日开始对外开放。因为园内遍植桂花树，所以改名为"桂林公园"。1981年和1985年，桂林公园经过了两次扩建。现在，桂林公园是上海市徐汇区一处重要的景观。

众门徒窝里斗

黄金荣在几十年的流氓生涯中收纳过成千上万的徒弟，这些徒弟的成分并不能一概以流氓论之，其成分是较为复杂的，大体来说，黄金荣的门徒可以分为封建流氓、把头等职业白相人；属于法租界和公共租界巡捕房、上海公安部门以及其他一些政府机关包括敌伪机关的任职人员；属于工商界的所谓"生意白相人"和属于报界、戏剧界、医技界的从业人员等。

这几个类别的门徒当中，与黄金荣关系的深浅是有着很大差别的，与黄金荣关系最为密切的是前两类。这些人成为黄金荣的门徒，基本上是因为彼此职业的需要，而相对来讲，后两类人员则与黄金荣之间的关系不是那么密切的，特别是新闻界、戏剧界的一些人士，虽然也与黄金荣之间存在着师徒关系，但是很多时候都是出于给自身寻求庇护的需要。当时，一些正当的商人以及各界的职业人士想要在上海社会上发展事业，对于像黄金荣这样的流氓头子是不能不敷衍一下的。这一类人，仅仅是因为某个事情的关节而不得不拜黄金荣为"老头子"，在此之后也就基本上没有什么来往了。蒋介石出于维护自己统治的需要，后来对黄金荣还是很尊重的，也多次拜会过黄金荣。

黄门弟子当中，有一些人投入黄门的时间较早，例如丁永昌、金九龄、程锡文、陈荣生这些人，他们多年追随黄金荣，为黄金荣出力不少。而他们之所以会对黄金荣很忠诚，是因为黄金荣也给了他们很多好处，正所谓背靠大树好乘凉，有了黄金荣这棵大树的遮荫，他们的日子会好过的多。不论是成为黄家大总管的程锡文，还是成为法租界华人督察长的金九龄，这些人都是依仗着黄金荣才得势的。也还有一部分人，在投靠黄金荣的时候已经有了一定的实力，此后在黄金荣的扶助之下则更加发展壮大，这一类人物的典型代表就是顾竹轩和唐嘉鹏。

随着黄金荣的扶植，他的弟子当中有很多人也具有了很大的实力。人们往往是可以同患难，却难以同安乐的，一旦发达了之后，野心也就难免会膨胀起来，从而也就导致了彼此之间或大或小、或明或暗的斗争。尽管大多数情况下斗争的双方都能够相安无事，在表面上还都能够做到一团和气，只不过暗中较劲儿罢了，可是也不排除在个别极端的情况下，升级为流血冲突。在黄门弟子的内讧当中，最为出格的就是唐嘉鹏暗杀陈荣生一事，这对于黄金荣来说，是纯粹的自相残杀。当然，不久之后唐嘉鹏也被人暗杀，使得黄金荣更加失力。唐嘉鹏之死牵涉到黄金荣门下和曾经拜过黄金荣为"老头子"的顾竹轩门下的很多人员，在某种程度上也可以视为黄门的一场内讧。

黄金荣的主要门徒之一黄振世的一段回忆可以帮助我们更好地了解当时黄门内部斗争的情况，他说："我在黄门中原为唐嘉鹏一党。唐被杀后，陈福康、邱子嘉、丁永昌和我各树一帜。其中邱子嘉以元老派自居，和我互有勾结。丁永昌只保持表面上的协作。陈福康一向管理黄宅房地产及'大世界'帐目。龚天健、夜壶阿四、鲁锦臣等与陈结成一党，包围老头子黄金荣，过起帮凶分赃的寄生生活。唐嘉鹏的徒弟王文奎也加入一伙，每逢黄公馆过年过节或喜庆大事，他们都来吹拍奉承，我与他们互不协作。

"有一次为了黄的养子源涛之妻在南市某烟馆吸食白面，我在黄金荣面前提起此事，认为若不加以禁止，不但与黄面子有关，在我们子弟面上也失去光彩。黄闻言勃然大怒，竟将源涛之妻赶出黄宅。因此之故，内宅群小对我虽话不投机，但怕我在'老太爷'面前直言不讳，大都以'敬而远之'的态度与我相处。不过在背后却与我为敌，造谣中伤，挑拨离间，是常有的事。

"一·二八后，杜月笙任上海市冰鲜鱼行业同业公会主席，我为该会总干事，与杜常有接触。陈福康就在黄金荣面前说我背黄联杜，要投拜杜门等话。黄金荣将信将疑，经我解释分辩后，才不置信。"

黄门内讧的发生，既表明黄门弟子之间激烈的利益争夺，也显露出这样一种信息：那就是晚年的黄金荣已逐渐地失去了对于门徒的控制力，特别是对于那些强势的门徒，而黄金荣的势力也随着黄门内讧的屡屡发生而变得愈加衰弱。

黄、杜间的明争暗斗

黄金荣晚年的时候，不仅黄门弟子屡屡发生冲突事件，在休戚与共的"三大亨"内部，他与杜月笙和张啸林之间也产生了严重的矛盾。特别是黄金荣与杜月笙之间，由关系至密、不分彼此而逐渐地转变为相互疏远和相互争斗的状态，而黄、杜之间矛盾的根源就在于杜月笙的崛起。

杜月笙20岁的时候投入黄门，在多年的打拼中为黄金荣立下了汗马功劳，而在辅佐黄金荣的同时，杜月笙自身的势力也不断膨胀，并且逐渐达到了与黄金荣相抗衡的地步。1927年四一二事变当中，杜月笙充当了急先锋，由此与蒋介石之间建立了密切的关系，他一下子成为有蒋介石支持的大红人。杜月笙抓紧机会壮大自身的实力，很快在实力和地位上超过了以"老太爷"自居的黄金荣。

杜月笙的发迹，很大程度上是依靠黄金荣的势力而承包的法租界烟、赌两项特种产业。烟、赌是暴利的行业，但是这样暴利的行业不是一般的人都能够染指得了的，必须得在衙门有过硬的后台才行，而黄金荣恰巧就有这样的条件。需要注意到的是，黄金荣之所以在法租界影响很大，是因为他在法租界巡捕房任职，可也正因为他在法租界巡捕房任职，而限制了他的某些不法活动，比如说他所经营的烟、赌产业只能够找人代理，而这个第一代理人也就是既忠诚又能干的杜月笙。黄金荣虽然是这些产业的后台，不过碍于耳目，他不便过多地参与其中的事务，因此实权也就落入了杜月笙的手中。杜月笙因为掌有这样的特权，势力也就逐渐膨胀了起来。

杜月笙是一个非常有心计的人，他并不满足于一直仰仗着黄金荣，而是希望自己能够独自开拓出一片山头。他乘四一二事变之机接近了国民党，并且很快就与国民党高层人物打成了一片，国民政府"四大家族"中的孔祥熙和宋子文都与杜月笙交情颇深，当然，国民政府最高领导人蒋介石跟杜月笙之间也是往来很密切的。此外，杜月笙与国民党的特务头子戴笠更是结成了生死之交。杜月笙所结交的还不仅仅是这些国民党高层人士，他还千方百计收罗国民党的中下层人员投拜到他的门下，并且不惜以重金聘请"名士"幕僚，组成了杜氏门下的"智囊团"，帮助他定策设谋，从而更进一步地壮大声势。杜月笙在这一方面的表现，是黄金荣所远远不能比及的。从两人的收徒目的上讲，黄金荣看重的是财，而杜月笙则不同，他收徒弟并不把敛财这个目的放在最为重要的位置上，而首先是想通过广收门徒来扩张自己的事业，壮大自己的实力。这样一来，黄金荣门下的那些门徒也就难免更多地是为自己的钱财而做事，对于黄门声势的壮大并没有多大益处，可是杜月笙的门徒却为着杜门的发展而积极奔走，这就促使杜月笙在国民政府统治时期地位大为提高。

杜月笙不仅仅满足于烟、赌这种暴利的黑金产业，他还热衷于正面的工商事业，通过多种方式积极致力于开设银行、商店、工厂等有益于社会发展的产业，故而其在社会上的影响越来越大。而黄金荣则显得较为保守，大多时候都固步自封，不肯出资与他人合作经营某一产业。这样，除了早期在法租界巡捕房督察长任内已经开办和经营的共舞台、大舞台、"大世界"等产业以外，黄金荣在正面产业当中也就只有一些房地产了。相形之下，杜月笙野心勃勃，肯花大价钱笼络别人，然后再利用别人给自己谋取更大的利益，而黄金荣则安于现状，只肯花些小钱来做事，不愿冒一点儿风险，跟那些投资巨大的产业相比，黄金荣更乐于做的是那些所需投资很微小的"产业"。因而在经营工商业这一方面，黄金荣是大大不如杜月笙的。

鉴于以上种种原因，杜月笙的势头就逐渐地盖过了黄金荣，而这种迹象令黄金荣感到不安。有关当时"三大亨"实力对比的变化，在新闻界工作的徐铸成有过这样的说法，他说自己1922年在无锡读中学时，只听说上海有个黄金荣，十分了得，后来则又传出了上海"三大亨"的说法，其排序是黄金荣、张啸林、杜月笙；而到了20年代后期，"三大亨"的排序就成了黄、杜、张；进入30年代，这一排序又变成了杜、黄、张。这种变化表明杜月笙的实力一直是处于上升状态的，由默不知名到与黄金荣、张啸林并称，进入上海"三大亨"之列，再逐渐地超越了张啸林和黄金荣，最后成为"三大亨"中的最强者。

杜月笙实力上升之后在与黄金荣的关系最为表面的一个变化就是称呼的改变。杜月笙比黄金荣小了整整20岁，当年投到黄金荣门下的时候有仅仅是一个小瘪三，因此多年之间杜月笙对黄金荣都是以"爷叔"相称的。后来大家都知道，杜月笙成了黄金荣的兄弟。其实，造成杜月笙对黄金荣改变态度的原因并不仅仅是双方实力的变化，还有一个常为人所忽视的因素，那就是1920年黄金荣与发妻林桂生离异这件事。他的这种做法令杜月笙等人觉得，黄金荣一旦头脑热起来，就会六亲不认，因此对他的忠诚也就打了许多的折扣。对于杜月笙态度上的变化，黄金荣也心中肚明，在杜月笙面前也就不再表现得像以前那样不可一世了。

杜月笙的"恒社"

1932年11月，当自身的势力已达到巅峰的时候，为了加强自己对于门下成员的凝聚力，也为了笼络一批有地位、有知识的心腹，杜月笙开始筹办以民众社团组织的面目出现的新型帮会组织——恒社。1933年2月25日，恒社举办了盛大的开幕典礼。恒社以"进德修业，崇道尚义，互信互助，服务社会，效忠国家"为宗旨，然而，尽管其彪炳得冠冕堂皇，可实际上却依然是一个帮会组织。杜月笙成立恒社的直接目的就是以这个新名头来更大规模地广收门徒，向社会各方面渗透自己的势力。

恒社与旧式帮会的一个最大的区别就是对社员的资格要求较高。恒社审查社员资格的标准就是是否有一定的社会地位，对于杜月笙先前的弟子来说，有很多人是没有资格进入恒社的，这样一来，恒社就成为一个上流人物的组织。据统计，到1934年4月，恒社共有社员223人，其中党务4人，工界5人，学界5人，军界11人，自由职业界21人，警界30人，政界27人，工商界120人等，在一般社员和常务理事中，工商界人士的比例均超过半数，因此可以说它的成员基本上是社会上流人士。1937年5月，恒社的成员已经增加到564人，其中商人和实业家占54%；其次是政客和政府官员占24%；再次就是自由职业者（律师、记者、医生、教师等）占13%；工会（国民党控制的邮电工会）领导人占6%；军官占3%。这些数字表明恒社与旧式帮会在人员构成上是有着很大的区别的，在一定意义上具有现代党派的特色。尽管如此，恒社却并没有褪去其帮会组织的本色。这是因为，恒社在本质是由杜月笙一人所主导的私人组织。

到20世纪30年代中期，因为恒社和上海资产阶级、国民党政客、政府官员之间的密切联系，成了上海青帮中最有势力的私人组织。而随着日军的全面侵华和杜月笙从上海的出走，风光一时的恒社也走向了衰落，社团活动基本停止。1939年底，杜月笙从香港抵达重庆，协助戴笠收罗流亡到后方的各色帮会分子，建立了"人民动员委员会"。随后，杜月笙又在重庆建立了恒社总社，在西南各省发展组织，同时又积极开设中华实业信托公司、通济公司等企业，还创办了专为抗战前线受伤士兵提供的具有先进医疗水平的重庆医院。杜月笙的这些活动使得恒社没有在抗战期间得以延续下来。抗日战争胜利以后，恒社于1945年9月初迁回上海，杜月笙于是收割旧部，重整旗鼓，准备大干一番。不过，时移势迁，当年的大好形势已经不在了。抗战前后上海最为明显的一个变化就是租界的消失。抗战之后，由于租界已被收回，国民党势力可以在整个上海公开进行活动，所以原本与租界关系密切的帮会，其作用对于国民党来说也就不再像以前那么重要了，杜月笙及其领导的恒社因而也在很大程度上失去了国民党的支持，迅速地走上了下坡路。1946年12月，上海参议会选举议长，杜月笙经过多方活动，虽然以最高票当选议长，但因国民党不支持他，所以，他当选后马上就辞职了。这一事件表明杜月笙的事业已经不复往前，而恒社这个具有极强私人性的组织也最终随着杜月笙个人的衰落而最终解体。

黄金荣的"忠信社"

继杜月笙的恒社之后，黄金荣在1936年又成立了"忠信社"。表面上看来，忠信社与恒社的性质并没有什么不同，可是其最初的成立动机却是大不一样。杜月笙成立恒社是为了进一步壮大自己的势力，但是黄金荣成立忠信社的初衷却是为了与杜月笙的恒社进行抗衡，甚至明确指出忠信社的宗旨就是搞垮恒社。

黄金荣的门徒、也是当年忠信社的重要成员之一的黄振世后来有这样的忆述，他说："我于1928年进入黄门后，因加入鱼市场筹建工作，被杜党排挤倾轧，心怀不满之后，也在黄前点火。那时正当杜月笙的'恒社'气焰极盛之时。1936年的夏天，黄默许门生秘密组织'忠信社'，专事对付杜党，企图制造杜门师生矛盾，搞垮'恒社'。"

黄金荣以"忠信"二字来给自己的社团命名，是要号召社员以忠信为本。当然，这种忠信是针对其内部人员，特别是针对黄金荣来讲的。因为忠信社不可告人的活动目的，所以忠信社的成员名单是不公开的，即使在黄门弟子当中也是保密的。其主要分子都是由黄金荣本人所圈定的亲信，这些人有邱子嘉、丁永昌、陈培德、张善琨、徐笠衫、姚松如、陈福康、鲁锦臣、潘瑞生、龚天健、胡憨珠、杭石君、吴玉荪、黄振世等。到底谁能够算作忠信社的社员，并没有严格的认定，社员的身份是由黄金荣口头通知聘定的，入社并没有正式的手续，也从来没有开过什么成立大会。

眼看着杜月笙的势力越来越强大，黄金荣的心里变得越来越不安稳，他一直在苦心地琢磨对付杜月笙的办法。为了打击杜月笙，他曾经多次召集亲信的门徒，让他们去搜集一些关于杜月笙不法行为的确实资料，然后再由他本人亲自出面向蒋介石告发。当然，黄金荣这种打算后来为杜月笙所察觉，于是用金钱堵住了他的嘴巴，但是，黄金荣排挤杜月笙的心思并未从此就彻底放下。黄金荣觉得，当前杜月笙的势力已经非常强大，所以要想扳倒杜月笙仅凭自己的实力是有所不足的，必须得找到一个同盟才好。这时，黄金荣想到了老朋友杨虎。当时杨虎已经从淞沪警备司令的职位上退了下来，跟黄金荣一样也在走下坡路，颇不得志。两个失意之人是同病相怜，一拍即合，黄金荣立即着手组建忠信社，而杨虎则同样组建了自己的"兴中社"。不久，忠信社和兴中社就秘密结成了反杜联盟，每逢星期日，两社的主要分子就相约到黄家花园聚会，而很快聚会的地点就改成了半淞园。当时之所以择定在半淞园进行聚会，是因为黄金荣和杨虎两人对杜月笙表面上还保持着友好的关系，他们策划反杜，是不愿被外人侦察到内情的，而半淞园地处南市郊区，正可以避人耳目。当时两社成员初步策划出来的反杜方案是：第一步，拉拢恒社的活跃分子脱离杜党，制造杜门师徒之间的矛盾，并且确定了具体的拉拢人选，其中包括鱼市场常务理事唐赞之和《大美晚报》发行部经理李骏英等多人；第二步，还是老一套，就是搜集杜月笙在政治上的劣迹，作为密告材料，好由黄金荣去向蒋介石告御状。

这样，忠信社和兴中社前后举行了六七次秘密会议，可是搞垮恒社的阴谋仍迟迟不能够兑现，而搜集杜月笙的劣迹又苦于查无实据。不久之后，八·一三淞沪抗战就爆发了，黄金荣、杨虎等人也就没有心思再与杜月笙钩心斗角了，杜月笙也去了香港，而忠信社的秘密组织就在连天炮火声中趋于瘫痪，迅速地销声匿迹，在无形之中解体了。

第十九章
大流氓拒绝当汉奸

上海沦陷

1937年7月7日，日本帝国主义制造了卢沟桥事变，侵占了中国北方的最主要的城市北平和天津之后，又迅速将目标转移到了中国南方最为繁华的都市——上海。8月9日，日本如法炮制，再造事端，派遣驻上海陆战队第一中队长大山勇夫和一等水兵斋藤要藏乘军车强行闯入虹桥中国军用飞机场，在遭到中国守卫士兵的阻拦后，他们竟开枪打死一名中国的机场卫兵。中国驻守机场的卫兵只能进行自卫反击，当场将日军官兵二人击毙。事件发生后，日本帝国主义立即以虹桥机场事件为借口，派遣大批日军接连登陆上海，同时派出大量的飞机在沪宁、沪杭线上空侦察。4天之后，即1937年8月13日，日军向中国上海发起了猛烈的进攻，以租界和黄埔江中的军舰为作战基地，炮击闸北一带，而中国军民则奋起还击，这就是举世震惊的"八·一三"事变，而中国抗日战争中的第一场重要战役——淞沪会战由此打响。

"八·一三"事变发生后的第二天，中国南京国民政府发表了《自卫抗战声明书》，宣称："中国决不放弃领土之任何部分，遇有侵略，惟有实行天赋之自卫权以应之。"同时，中国上海驻军第九集团军在总司令张治中的指挥下，对日军展开了积极的抵抗。此前，日本曾扬言，要在3个月内灭亡中国，为了实现这一野心和快速攻占上海，日本前后共调集了近30万军队投入到淞沪会战当中。为了不让日本的阴谋得逞，中国也在上海集结了60多万军队进行坚强的防守和有力的反击。

就在日本人力增援兵力加紧侵华之际，蒋介石却陷入了一种不切实际的幻想当中，他将希望寄托于国际联盟，希望国际联盟于11月3日在布鲁塞尔召开的"九国公约"会议上对中日上海争端进行调节，制止日本对中国的进攻。这样，原本已打算放弃上海并且已经命令撤军的蒋介石旋即又命令继续坚守上海，一定要坚持到"九国公约"国家大会的召开。最高指挥者思想的混乱，造成了中国驻防上海军队的战守不定，这严重地影响了上下军士的情绪，使得队伍秩序开始出现混乱，从而致使战场态势变得对中国更加不利。

与蒋介石的徘徊不定比起来，日本取得淞沪会战胜利的决心是丝毫也没有动摇过的。经过一番紧张的调动，一批精锐的海军最终在金山卫成功登陆。得知日军登陆金山卫的消息，蒋介石不由得大吃一惊，焦急之下，他立即命令淞沪战场前敌指挥官陈诚做出应变处置。陈诚急令右翼军的东北军吴克仁第67军火速增援松江。然而，吴克仁所率领的这个军刚从河南北部调过来的，在松江附近还没集结完毕就遭遇日军的凶猛攻击，经过三天三夜的苦战，仍然未能将日军击退。11月8日夜，日军凭借其强大的火力从东、南、西三个方向突入松江城，守军几乎全部阵亡，军长吴克仁最后也壮烈殉国。随后，日军又兵分两路，一部沿太湖东岸，经浙江、江苏直趋南京，其主力则指向枫泾镇、嘉兴、平望。11月9日，沪杭铁路及公路为日军切断，这预示着淞沪会战已经进行到了最后的关头。

另一方面，日第16师团在中岛今朝吾的指挥下也在江苏太仓境内的白茆口成功登陆，前锋直指京沪铁路和公路。日军对于上海形成了合拢之势。苏州河北岸的日军6个师团于10月31日强渡苏州河后，也迅速向两路登陆日军靠拢。这样一来，淞沪地区中国的数十万大军顿时陷入了极端危险的境地，如果再不撤退就将被日军一网打尽。然而，此时的南京统帅部和淞沪战场各个高级指挥部却是方寸大乱，到底是应当撤退，还是应当坚守，他们莫衷一是。在这样万分危急的情况下，11月8日晚，蒋介石最终下令所有军队全部撤出上海。由于命令仓促，指挥失控，大撤退结果演变成全面大溃退。日军以飞机在天上轰炸扫射，地面部队穷追不舍，使得中国军队遭受了异常惨重的损失。

在中国军队撤退的大背景下，日军迅速击退了中国军队的零散抵抗，轻而易举地攻占了虹桥机场、龙华、枫泾、青浦等地，到11月11日，日军进至苏州河南岸，南市及浦东地区担任掩护任务的中国部队也奉令撤出阵地，至此，中国驻上海守军已全部撤出，历时3个月的淞沪会战亦宣告结束。当天，上海市长俞鸿钧发表告市民书，沉痛宣告上海沦陷。

"大世界"成了难民收容所

日军占领了上海之后，到处烧杀淫掠，可以说是无恶不作。

由于日军的野蛮暴行，加之长时间战燹的破坏，上海涌现了大批无家可归、无处可宿、无人可投的难民，这些难民不堪日军铁蹄的践踏，数以十万计地逃向上海租界。据当时的粗略统计，上海沦陷后一两个月的时间里，法租界的人口由原来的45万迅速激增至125万。这些难民没有住的地方，无论日里夜里，都只能置身于街头，而他们的衣服也完全谈不上齐备，很多人衣不蔽体，狼狈不堪，至于食物，更是极端缺乏，大批难民濒于死亡的边缘。

当然，租界之中的中国人并非全都是难民，他们当中也不乏生活优裕的富有之士，黄金荣就是其中的一员。

当时的中国，抗日救国的爱国激情空前高涨，人们心中的深沉的民族意识被最大程度地唤醒和激发。黄金荣作为中国人中的一员，对此当然不能毫无所动，他为挽救祖国同胞和支援抗日救亡贡献出了自己应当的一份力量。

上海沦陷之后，黄金荣很快与虞洽卿、袁履登、闻兰亭等上海名流组织成立了上海市难民救济委员会，黄金荣在其中担任副主任，为了救济难民的工作而进行多方的筹措。

尽管上海刚一沦陷，法租界当局就下令将租界内的各种学校开发为临时的避难场所，但是面对从四面八方涌来的越来越多的难民，房舍和用地都很有限的学校已远远满足不了难民们的需要，因而租界的各条大街小巷上无不挤满了凄怜的中国难民。在黄金荣所经营的"荣记大世界"游艺场的门外也同样积聚着大量的难民。他们面临的并不仅仅是饥饱寒暖的问题，还会直接面临生命的危险。一天，两枚炸弹从天而降，落在难民聚集最多的爱多亚路（今延安东路）和虞洽卿路（今西藏中路）上，而这里也正是"荣记大世界"的门口一带。随着巨大的爆炸声，"荣记大世界"门口顿时血肉横飞，不知有多少人瞬间丧失了生命，而活着的人们则因为恐惧而哀号不止，其场面和气氛之凄惨令人难以名状。这两声爆炸对于黄金荣也深有触动，虽然像他这种角色，从来不把人命当回事，可是一下子有这么多人丧生在敌寇的炮弹之下，还是让他很愤怒。为了使难民们得到更多的庇护，黄金荣打开了"荣记大世界"的大门，大门一开，聚集在附近的难民们立即如潮水般涌入。这一举动，意味着黄金荣将此前自己赖以赚钱的娱乐场所改成了临时的难民收容所。

当然，黄金荣所要做的并非仅仅让这些难民进入"荣记大世界"居住和栖息就完全可以了，因为难民们所需要的并不仅仅是房屋，他们还需要粮食。比起房屋问题来，粮食问题是更难解决的，因为当时日军虽然并未对租界进行侵占，但是却对租界的外围地区进行了严密的封锁，使得租界成了名副其实的、无可依傍的"孤岛"，这样一来，租界内顿时变得物资奇缺，正常人等的生活用度尚且不足，又何谈救济这些难民呢？好在因为美、英、法等国的争取，日本很快在相当大的程度上解除了对于租界的封锁。同时，中国社会各界又进行了大力的动员，大家纷纷为援救同胞而献计献策，辗转奔波。

粮食问题对于黄金荣来说自然也是一件头等大事，如果这个问题解决不好，虽说他将难民们收容了进来，可是他们也还是有饿死的可能，所以，黄金荣在筹措粮食这方面是没少花力气的。他派出管家程锡文和"荣记大世界"的副经理陈福康等得力门徒四处奔波，到苏州、常熟一带去想方设法地购进粮食，然后通过水路运送至苏州河岸畔，再分发给那些难民。为了购买粮食，黄金荣没少花银子，这当然会让他感到很心疼，不过，令他感到欣慰的是，他的这种付出也为他换得了社会各界的广泛好评，甚至有人送给了他"抗战楷模"这样的美誉。

随着难民人数的增多，黄金荣后来又把自己经营的共舞台、黄金大戏院以及金荣小学等场所都改为避难所，以接纳落难的同胞。这种情形持续了大约一年的时间，直到1938年底，随着租界内形势的日趋稳定，难民们大都有了自己的归宿和生路，黄金荣旗下的各家戏院才陆续恢复营业。

拒绝当汉奸

上海沦陷之后，令黄金荣感到难以选择的是他的去留问题。面对日本人以及一些无耻汉奸的引诱，黄金荣到底该如何选择自己的去从呢？他是禁不起诱惑，落水做汉奸，还是要坚守民族大义，无愧于作为一个中国人所应当具有的良心呢？对于普通人来说，他的去从问题也许不是那么复杂的，因为他的社会影响力有限。但是对于黄金荣这样的上海名人却是另一种情形了，他在当时的上海称得上是一个能够呼风化雨的人物，日本人如果能够把黄金荣争取过去，且不说能从他那里捞到多少直接的好处，单是对于沦陷区的中国人，特别是帮会界的人物来说将起到不可低估的示范作用。同样，对于中国政府一方来讲，避免黄金荣下水做汉奸也是一项重点工作。那么，黄金荣到底会倒向哪边呢？从民族大义上来讲，黄金荣当然是应当坚定地站在中国政府和中国人民的这一边，然而不可否认的是，就当时个人的现实利益来讲，投靠日本人则能够获得更多的利益。

值得肯定的是，黄金荣最后没有落水，即便他一生中充满了无数的罪恶，但是他却与"汉奸"这一最为卑劣、最为令人痛恨的恶名无关。

在日军大举侵华这中华民族最为危险的时刻，黄金荣、杜月笙、张啸林做出了不同的人生抉择，从而走向了不同的人生道路，也得到了不同的人生归宿。虽然黄金荣与蒋介石之间有过师徒之谊，但是相比之下，杜月笙与蒋介石之间的关系却更为密切。当上海沦陷之际，蒋介石首先通过中间人与杜月笙进行了联系，诚挚地邀请其随同国军一同撤离上海，同时也关照他对黄金荣、张啸林等人进行劝说，争取他们率领徒众从上海撤离。

在这种特别的时刻，杜月笙从异常烦乱的心绪中得出一个结论，那就是决不能投靠日本人，对于这条底线，杜月笙是没有丝毫的质疑的。但是不投靠日本人，也面临着两种选择，那就是留在上海租界这座"孤岛"，还是撤离至内地。在杜月笙看来，要想在这样的民族危潮中发挥自己的一份力量，撤离上海是大有好处的，因为毕竟上海租界地方狭小，又处于日军的包围之中，自己的能力施展起来一定大受限制，况且上海"孤岛"处于日寇的包围圈中，那里是各方势力角逐最为激烈的场所，是一块地地道道的是非之地，自己若留在那里，必然会陷入更为难处的漩涡当中。另外，尽管暂时上海租界与侵华日军之间各自相安无事，可一旦事态有变，日军攻占租界可以说是唾手之功，如果当时自己仍然留在租界，岂不就成了遭受日军铁蹄践踏和蹂躏的亡国奴？鉴于以上多方面的考虑，加上收到蒋介石的邀请，杜月笙决定立即撤出上海。当然，他在离开上海之前还有着重要的事情去做，那就是去照会一些关键人物，其中最为重要的也就是黄金荣和张啸林。这既是对蒋介石之吩咐的执行，也是出于几人之间多年的情谊。然而令杜月笙没有想到的是，他在黄金荣和张啸林那里都碰了钉子。

面对杜月笙的劝说，黄金荣表示领下了他的好意，同时也要他撤离上海之后代为向蒋主席表示谢忱，可是自己是不打算撤离上海的。杜月笙对于黄金荣选择留下的做法表示惊讶，他耐心地向黄金荣详细讲述了自己对于局势的分析，然而黄金荣听了他说的这些，只是轻轻地笑了笑，却没有改变自己的意向。对于为何要留在上海，黄金荣也说出了自己的理由。其一，他比不得杜月笙，杜月笙正当盛年，可是他已经70岁了，行动起来是不大方便的。其二，他的家业都在上海，他的黄家花园，他的"荣记大世界"，都是苦心经营了多年的宅院和产业，突然离开，他实在是舍不得的。与杜月笙和张啸林比起来，黄金荣的处世是更为保守的。这种差别，不排除年龄的因素，但更主要的还是个人所固有的处世观念造成的。

见到黄金荣执意不肯离开，杜月笙也就直言不讳地说出了自己最为担心的事情：如果黄金荣留在上海，以他的名望和地位，日本人必会登门拜访，央告你出山，到那时，该怎么办？

对于杜月笙的这个疑问，黄金荣给予了非常肯定的回答，他明确声称，自己是绝对不会沦为汉奸的。黄金荣给出了这样的原因，首先，他是一个中国人，作为一个中国人的最为根本的良心他是有的，如果说在别的事儿上还可以糊涂一些，但是对于这件事来说，绝对容不得有一点儿马虎。其次，他与当今南京国民政府的蒋主席存有师徒关系，蒋主席带头抗日，他这个当师父的却带头投降日本，岂不令天下人笑掉大牙？

杜月笙虽然觉得黄金荣说得不无道理，至于将来黄金荣到底会走到哪一步，他究竟能不能完全按照他现在所说的那样去做，杜月笙还是有些担心。黄金荣是这样，张啸林总不该也是如此吧，黄金荣的心态日趋保守，可张啸林却是野心勃勃的，他能安于上海"孤岛"这片狭小的天地吗？杜月笙想的不错，张啸林可不同于黄金荣，他正想借此大乱之机从中崛起。此前，虽说上海滩上"三大亨"并称，但是细说起来，张啸林却总是排在最后，更有甚者，一些人仅仅知道上海滩上有黄金荣和杜月笙，却不知这"三大亨"中的另一位是哪一号。张啸林为此一直心怀忿意，可是黄金荣和杜月笙的势力实在过于强大，他觉得自己想要超过这两位几乎是一种不可能的事情，然而天赐良机，日本人的到来给了张啸林大好的发展机会。张啸林在知悉杜月笙要远徙他方之后，真是高兴得手舞足蹈。张啸林已经明显地感受到，黄金荣近年来做起事来总是畏首畏尾的，这样一来，未来能够与他竞争者也就只有这气势凌人的杜月笙了，而这杜月笙一离开上海，那上海不就逐渐成了他张啸林的天下吗？的确，就像杜月笙所猜想的那样，张啸林不会满足于上海"孤岛"的狭小天地，他也会向后方寻求更多的发展空间，只不过，与杜月笙的后方不同，张啸林反其道而行之，他的"后方"是广阔的日军占领区，他所要依靠的不是中国政府，不是蒋介石，而是日本人。张啸林的这种想法是多少是出乎杜月笙的意外的，在张啸林那里，他再次讨了个没趣。与黄金荣不同的是，张啸林虽然同样不肯撤走，但是对于是否会落水做汉奸这个问题却远没有表现得像黄金荣那样坚决。实际上，张啸林的心里早就盘算好了，今后与日本人的合作是必然的事情，只不过，对于一脸认真的杜月笙来说，这样的话他不便明讲。当然，基于张啸林模棱两可的态度，杜月笙也对他的心思猜了个八九不离十。

既然另外两个大亨不肯走，那么杜月笙也就只能独自携带家人撤离上海了。杜月笙离开上海之后首先落足的地方是香港，其后，他辗转于香港、重庆、武汉等地，利用自己在中国帮会界的广泛影响力，积极从事着一些有益于抗战救国的事情。至于黄金荣，诚如杜月笙所言，上海沦陷之后，局面刚一稳定下来，黄府就迎来了远道而至的"尊客"——这位"尊客"就是日本驻华海军少将佐藤。

在军队当中，少将已经是个身份不低的角色了，日本派出海军少将亲自造访黄金荣，看得出他们对于黄金荣是颇为重视的。

佐藤到黄府的时间是1938年的夏季，时值酷暑，上海的天气异常地炎热。佐藤少将的军服穿得整整齐齐，连紧到脖子根上的那颗纽扣也没有松开。进入黄府的客厅之后，更是一脸的谨严。这一方面是日本军人惯有的素质使然，另一方面佐藤也想通过这种方式来表达自己对于黄金荣的尊重。

尽管佐藤此次来访与武力无关，但是他身上所带有的那种逼人的杀气还是令黄府的仆人感到不寒而栗。

黄金荣尽管无意为日本人效劳，但是对于来访的日本人他是绝对不敢有所怠慢的。在他吩咐之下，仆人们为佐藤少将及其随从人员呈上了最为殷勤的招待，但是佐藤对这些却并不感兴趣。在见到黄金荣之后，佐藤立即命翻译做好准备，在简短的寒暄过后，立即直奔主题，明确提出："本人此次登门是想请黄老先生出面维持一下上海的秩序，以助皇军一臂之力。"

黄金荣虽然对这句话早有准备，可是当他真真切切地听到这句话的时候，还是感到非常的震惊。尽管他事先早就准备好了一套听起来颇感体面的说辞，可是一时之间却又变得语塞了，半张着口，不知从何所起。

就这样，室内的气氛一下子变得凝重起来，偌大的一个会客厅，静寂得能够清切地听到呼吸的声音。

黄金荣意识到这种气氛对他是不利的，他调整了一下心绪，很快开口说道："承蒙皇军的抬爱，可是将军也亲眼见到了，我黄金荣已经是这么一个糟老头子了，能做的事儿也就是在自己家里啃啃馒头罢了，哪里能够帮得上皇军什么忙呢。实在算黄某得罪了，但是还请将军能够体谅我的景况。"

听到黄金荣的这番说辞，佐藤并不认为黄金荣说的这些话表示的是真正的推辞，恰恰相反，这很可能是黄金荣卖的关子。日本人请黄金荣出山，当然不是白请的，他们也给黄金荣拟定了一个冠冕堂皇的名号，那就是"上海大道市政府市长"。日本人当然并不会真的将这个自己付出了巨大代价才得到的"上海大道市"交给黄金荣来管理，他们所要送给黄金荣的，只是这样一个"荣誉称号"而已。当然，切不可小觑这个荣誉称号所会起到的实际作用，一旦黄金荣接受了这个徒有其名的荣誉称号，就象征着他已经投靠了日本帝国主义，而与此同时，他手下的徒众们也必将会在他的率领和影响之下沦为日本人的走狗，并且，黄金荣的这种行为对于中国人也会起到一种示范的作用，日本人会对此进行大肆宣传，让大家看一看，上海滩上"德高望重"的第一大亨黄金荣都对日本如此亲善，其他的寥寥小辈凭借什么不投靠于日本，不投靠于皇军呢？

黄金荣并没有接受这一邀请，他将佐藤所递过来的这顶"上海大道市政府市长"的帽子又给推了回去。对于黄金荣的这种推脱，佐藤给出了自己非常完满的答案："黄老先生对此尽管放心，只要您肯出面担任此职来稳定上海的民心，其他一切事项皇军自有妥善的安排，完全不需要黄老先生去操心，并且皇军会给黄老先生提供最为优厚的福利，如果您还有其他的请求，不妨都提出来，只要能够办到，皇军一定满足。"

当然，黄金荣所真正在乎的，并不是当这个"市长"是否会很操心，或者是到底有没有实权，他所关注只是自己不能违背心中早已设好的底线——不能屈从于日本人，一旦落水，再想上岸就不那么容易了。

黄金荣继续提出自己的犹疑和顾虑，当然，所有的这些犹疑和顾虑都是虚假的，他心中真正顾虑的完全不是嘴上说的那些。而在他每一次表示拒绝之后，佐藤都进行了恭谨的回答，表示黄金荣所说的那些全都不足为虑。说来说去，黄金荣深感自己一时是难以令佐藤死心的，而他又不能很干脆地直接回绝佐藤的请求，因为他害怕说得太为果决会让佐藤颜面上不好看，从而得罪了日本人，给自己惹来麻烦，所以，他只能以非常委婉地方式进行拒绝，直到日本人彻底明白他的真实打算。

面对黄金荣的左一次右一次的婉言拒绝，佐藤变得越来越急，他开始有些不耐烦了，但是这个日本军官有着很强的克制力，他知道在商量这种事情的时候发火是一种非常失策的表现。因此，尽管他的心里开始变得焦急，但是讲话的方寸却一点儿也没有乱，听起来还是那么和气，没有一丝不耐烦的意思，他想以自己的真诚来打动黄金荣，以这种绵软的方式来逼迫黄金荣就犯。而黄金荣面对佐藤喋喋不休的纠缠也感到非常烦怨，但是他更发作不得，而只能更为小心得应付着。他也感到一直这样推来推去的不是个办法，因此，他非常谦谨说道："此事事关重大，黄某确实一时难以打定主意，还是恳请将军给我一定的时间进行认真的考虑，几天之后我再作答复，将军意下如何呢？"

佐藤见黄金荣百般推托，也不想再继续这样纠缠下去，因此也就应允了黄金荣的请求，让黄金荣慎重地考虑一下。他虽然说的是让黄金荣"考虑"，不过这种"考虑"却有着特定的内涵，那就是黄金荣只能"考虑"接受日军的请求。

经过这一次交涉，佐藤也没有确切地弄清黄金荣到底是真拒绝，还是着实有着难处，不过，既然黄金荣态度暧昧，那么他也就还有着出山的可能。黄金荣是什么样的感受呢？他仿佛受了一次酷刑一般，一场下来，身子绵软得不得了，脚下无力，真的连走路都不稳当了。而令他感到更为忧虑的是，他知道日本人不会这样轻易放过自己，数十年费尽心机闯荡出来的名望，此时却给自己惹来了巨大的麻烦。根据这次会谈的约定，数日之后，佐藤将再次登门造访。下一次，自己又应当如何搪塞呢？佐藤还能够像这一次那样客气吗？想起这些，黄金荣心乱如麻，他甚至有些后悔没有听从杜月笙的劝告一同撤离上海了。但心绪稍一平静下来，他又不这样想了，他觉得，日本人来找麻烦是在所难免的，但这只不过是一时的事情，过一阵子，只要日本人死心了，自己也就不会过得如此惊惶了。想想这些，黄金荣转而又觉得自己的选择是正确的。

果然，数日之后，佐藤少将如约而来。双方似乎都不像第一次见面那样拘谨了，但是气氛却是更加地不愉快，双方虽然都没有发作，但是彼此的意向却变得明朗起来。这一次，佐藤分明地感觉到，黄金荣是真的不愿与日本人合作。明白了这一点，佐藤的心里立时变得大为不悦，但是他依然没有放弃希望，因为他也知道，向黄金荣这样的人物，做事有所顾虑是理所当然的。因此，尽管黄金荣再一次地表示拒绝，佐藤还是没有失去耐心，他甚至是有些苦口婆心地对黄金荣进行劝说了，当然，劝说的同时是带着非常吸引人的诱惑的，佐藤给黄金荣提出了与皇军协作的种种好处，并且降低了条件，如果黄金荣觉得出任"上海大道市政府市长"这一职务有所不妥的话，那么做一些其他的于皇军有利的事情也是可以的，只要黄金荣有所表示，皇军是丝毫不会吝惜自己的恩惠的。但是，黄金荣的意志到底是坚决的，他再一次承受住了压力和诱惑，对佐藤的甜言蜜语给予了百般拒绝。结果，这一次会谈最终不欢而散，佐藤再一次败绩而归，但是临走的时候，佐藤还是语重心长地恳请黄金荣对此事给予慎重的考虑。

虽经过两次失败，佐藤并没有放弃对黄金荣的争取，不久之后，他又派遣自己的翻译大贺才吉备好汽车，将黄金荣接到日本司令部会谈。此前的两次会谈，都是在黄府进行的，黄金荣在自己的地界多少心中是有底的，他料想，即使发生了什么意外，他也是有能力对局面进行控制的，可是这一次，日本人竟然要将他请出黄府，让他身赴狼窝虎穴之中进行会谈。黄金荣敏锐地感觉到，这一次不同于前两次，在经过两次的友好争取没有得到结果之后，这回日本人恐怕要翻脸了。因此，他不想接受日本人这一邀请；然而，他无法拒绝日本人的这一邀请，他担心自己一旦驳了日本人的面子，以后的日子就更加难过了。至于此去究竟会发生什么，黄金荣不愿去多想，他本能地觉得日本人并不会对他怎样。果然，日本人尽管将黄金荣请进了自己的司令部，但对黄金荣仍然是晓之以理、动之以情的，尽管立在两旁的就是明晃晃的刺刀，可他们并没对黄金荣进行直接的人身威胁。黄金荣对于日本人的请求则依然是虚与委蛇，不置可否，当然，其实质的意图是拒绝合作。然而，这一次毕竟不同于前两次，日本人并非毫无所获，黄金荣知道这一次日本人是真真正正非要得出个结果不可的，因此被迫与日本人达成了两项协议，其一，黄金荣虽然不参与"上海大道市政府"的各项工作，但是对于"上海大道市政府"要尽力给予支持和拥护，决不可以做有背该政府利益的事情；其二，黄金荣同意协助日军运销烟土，从而帮助日军筹集军饷。

此后，虽然也不时会有日本人或者汉奸造访黄府，以各种方式和条件邀请黄金荣出面"维持秩序"，但黄金荣终究没有答应与日本人进行过多的合作，大体保持住了自己的气节，没有成为万众唾骂的民族败类。

汪精卫来到钧培里

送走了佐藤之后，黄金荣的宅邸迎来了另一位重要的客人，那就是中国抗战时期的头号汉奸——汪精卫。

汪精卫与黄金荣之间早有来往，两人称得上是旧相识。早在1912年南方革命人士从事反袁斗争的时候，黄金荣就曾以通风报信的方式救过汪精卫的性命。尽管国民党领袖蒋介石是黄金荣的门生，曾经拜投在他的门下，此后黄金荣与蒋介石之间也一直保持了密切的往来，但是黄金荣奉行"刀切豆腐两面光"的处世策略，在鼎力支持蒋介石的同时，对于一些反蒋势力也给予一定的照顾。在国民党内部，汪精卫就是反蒋势力中的一个代表人物，曾经多次策划过反蒋活动。对于汪精卫的这种态度，黄金荣当然不会不知道，但是他并没有将汪精卫当成敌人看待，相反，他对汪精卫也表现出一种很大的热情。1928年冬，以汪精卫和陈公博为首的部分国民党人成立旨在反蒋的"中国国民党改组同志会"，其"中央党"部就设在上海法租界，而这个"中央党部"在活动期间自然没少受到主管法租界治安的黄金荣的关照。尽管黄金荣很早就与汪精卫相识，但是在其后的很长时间里，黄金荣和汪精卫二人之间并没有过多的直接交往。

1935年，汪精卫在南京遭暗杀，负伤后的治伤和养伤主要是在上海进行的。就是这次寓居上海期间，黄金荣对这位国民党副总裁给予了无微不至的关怀和照顾，不仅为其精心安排食宿，还为其延请了多位名医。由此，黄、汪二人之间结下了深厚的情谊。

当时，汪精卫还是国民党的副总裁，可是现在来到黄公馆的汪精卫已经变为一个汉奸了。1937年卢沟桥事变爆发后，7月29日，汪精卫发表了颇具豪气的题为《最后关头》的演讲，他非常痛切地说道："我们不但因为不愿做傀儡而牺牲了自己，我们并且因为不愿自己牺牲之后，看见自己的同胞去做傀儡，所以我们必定要强制我们的同胞，一齐的牺牲，不留一个傀儡的种子。无论是通都大镇，无论是荒村僻壤，必使人与地俱成灰烬。我们虽不能挡住敌人之杀进来，然而我们必能使敌人杀进来之后，一无所得。"演讲的最后，汪精卫满怀悲愤地喊道："我们高呼一句'最后关头'！我们更高呼一句'牺牲'！"汪精卫虽然口头是这样说的，可是内心却是完全相反的另一种状态。他在内心里对于日本是非常畏惧的，他在公开场合的演讲中鼓吹"牺牲"，可是在私下的谈话中却劝人放弃抵抗，声称抗日无疑于"跳火坑"，与日本交火，就相当于自焚。不久之后，汪精卫就将这种想法公开地表达出来，开始到处鼓吹他的"抗日亡国论"和"投降救国论"，并且美其名曰"和平救国"、"曲线救国"。就这样，在这中华民族面临着空前劫难的"最后关头"，汪精卫选择恰不是牺牲，而是投降。

其实，汪精卫之所以投靠日本，在他所怀有的深刻的畏日情绪之外，还有着一条非常重要的原因，那就是为了攫取国内的最高权力。当时，蒋介石是国民党的最高领袖，可是汪精卫素来以孙中山的嫡宗自居，很是瞧不起蒋介石，总是想法设法地排挤和打击蒋介石，但是出于政治斗争的需要，他又得不时地跟蒋介石相勾结。然而，不论是与蒋介石的合作还是斗争，他却总是居于下锋，蒋介石总是能够棋高一着，压他一头。这一直令汪精卫感到十分的不满，却又没有办法改变这种被动的局面，而日本人一来，他反而可以借助日本人的力量来打击蒋介石，日军的侵华恰恰给他创造了迈向国民党最高权力宝座的机会。从这一方面来考虑，他又怎么会不投靠到日本人的怀抱当中呢？

对于汪精卫这个已经摆出一副十足的媚态的奴才，他的日本主子却表示出了前所未有的冷落。原因何在呢？此前，日方与他进行积极的联络，是想通过汪精卫在中国政府和国民党内部的地位敦促蒋介石快速投降，或者在国民党内部制造重大的分裂，从而严重削弱中国的抵抗力量。自汪精卫自重庆出走后，他们发现汪精卫的影响力和利用价值相当有限。因此，汪精卫自重庆出逃之后，被日本人晒在了越南河内几乎达半年之久。汪精卫通过各种方式与日本取得联络，直到1939年5月，才得以到上海与日方接洽。

到上海之后，汪精卫理所当然地要去拜会一下自己的老朋友黄金荣。他此次拜访，不仅仅是友人之间的会面，同时还带着特别的政治目的，那就是劝诱黄金荣同他一样效劳于皇军。

当时汪精卫与日本侵略者相互勾结的事情已经公开，黄金荣对此自然不能没有耳闻，但既然是老朋友来访，他也没有拒绝的道理。他也知道汪精卫这一次很可能是带着日本人交代的任务前来的，但是他想只要小心应付，日本人亲自找来都可以逢迎得过，难道还怕被汪精卫难倒不成？

汪精卫见到黄金荣之后，首先向他表示了热情的谢忱，继而就提出了"正事"，他想请黄金荣代为邀请上海的各界名流齐聚一堂，就时势问题进行会商，并且请求将黄金荣的"荣记大世界"作为会场。汪精卫是否能够在黄金荣这里实现自己的愿望呢？

在抗战时期，黄金荣与一些汉奸分子有所来往，但是他在这期间是非常谨慎的，唯恐自己因为不慎而染上了污名。同样，对于此时的汪精卫，黄金荣也是倍加防范的，他既不能与汪精卫断绝关系，也不能与他走得太近。对于汪精卫所提出的将"荣记大世界"作为会场的要求，黄金荣进行了委婉的拒绝，他声称"大世界"的厅堂太小，召开一个如此规模的大会很上不得台面，而且在这里集会，大家的安全也没有保障，因此建议汪精卫另觅场所。汪精卫当然听得出这完全是一种托辞，如果说"大世界"这个上海第一娱乐场的厅堂还小，那么在整个上海怕是找不出一个"大"的厅堂了。然而，对于黄金荣的拒绝，汪精卫是不便强求的，只得另外找了个场所举行集会。

会议如期召开，汪精卫在会上大肆兜售他的"和平救国"、"曲线救国"的汉奸理论，大家虽然没有直接对汪精卫的卖国论调进行当场的驳斥，但在心里却对汪精卫产生了强烈的鄙视。于是，整个会议期间，汪精卫一手导演了一场自卖自夸的独角戏，完全讨了个没趣。他很没想到，以他的高贵身份竟然会遭到国人的如此冷落。这样一来，他在日本人面前可就更没有底气了。

然而，黄金荣还不同于别人，日本人想利用汪精卫与黄金荣之间业已建立的亲密关系再次对黄金荣进行拉拢。于是，由汪精卫出面而日本人导演的宴会在日本人开设的乐山花园大酒店如期举办，宴请的贵客就是黄金荣。而同时出席宴会的，还有曾两次亲临黄府的日本海军少将佐藤。在席上，汪精卫和佐藤对黄金荣进行了轮番的"轰炸"，令黄金荣应接不暇，好在黄金荣随身携带了两个门徒——程锡文和龚天健，这两个人替着师父左遮右挡，一会儿说黄金荣年纪大了，一会儿说他身体不好，而黄金荣本人也应声就势，装出一副老态龙钟的样子，甚至连喝汤都要洒一桌子。席毕，黄金荣由两个徒弟小心地搀扶着，一边不住地向佐藤和汪精卫道歉，一边装出很费力的样子向门外走去。等到摆脱了佐藤和汪精卫的视线，师徒三人才长出了一口气，恢复了常态。

此后，汪精卫又委派周佛海到钧培里黄公馆去拜会，再次对黄金荣进行游说。怎奈黄金荣矢志不移，奈你百般劝诱，他自岿然不动，叫人着实奈何不得，最后只得不了了之了。

"脚踏四只船"政策

虽然在整个抗战期间，黄金荣都没有接受日本人所提供给他的公开的伪职，对于日本人的邀请也是一再地推脱，但是，这也并不意味着他与日本人之间没有任何的瓜葛。前面已经提到过，日本曾经与他签订过两项协议，这就分明表示出，黄金荣或多或少还是与日本人有所合作的，只是这种合作没有公开化，而黄金荣在与日本人进行交涉时也格外收敛。这既是黄金荣自身所持有的处世原则使然，同时也源自于国民党的情报人员对他提出的严肃警告。

据《民国帮会要录》一书所提供的《国民党情报员关于黄金荣、张啸林等青帮头目勾结日伪充当汉奸情况的报告》一文记载，1938年2月的时候，有活动于上海的国民党情报人员在向上级汇报时指出："我军放弃上海之后，日方积极拉拢流氓，张啸林、黄金荣等活动甚力。黄金荣先令其徒杨正心担任漕河泾维持会会长之职，未越数日，即遭我方暗杀，并函张、黄警告，劝勿助虐为暴。斯时彼等略有戒心，未敢活动。"而在一年之后，相关人员又提供了这样的情报："现在上海各大流氓做灰色汉奸者甚多。何谓灰色汉奸？就是一方面与我政府人员联络，一方面令其徒子徒孙替日本做情报工作，彼等则做（坐）收渔人之利。做此项合作者，计有张啸林、黄金荣、顾竹轩、李斥堂、曹幼珊等。"

从这两份情报中可以看出，当时国民党情报人员对于黄金荣的评价一点儿也不高，每每将他与著名的大汉奸张啸林并列，并且明确指称其为"灰色汉奸"。那么，黄金荣到底算不算得汉奸呢？其实，说黄金荣是汉奸，恐怕有所夸大，毕竟他没有公开投靠日本侵略者，在与日本人进行交涉时也都始终很注意收敛，但是如果说他的身上没有一点儿汉奸的影子恐怕也不符合实际。

那么，黄金荣与日本人之间私下里到底都进行了怎样的交易呢？这是外人所难以确切知晓的，不过，据当时国民党情报人员的侦查，他们发现了这样的情况：从1938年3月起，黄金荣每月接受日本津贴5000元，但是由于日本方面现金紧缺，"现在不付现金，该付红丸及大连烟土，红丸每木箱计洋壹佰元，但给彼等仅算90元，但不能用现，仍须欠半数，待红丸卖出后再付清。若辈流氓见有利可图，自愿为日人效忠，尽量供给情报"。这就是说，黄金荣等人通过贩卖毒品的方式一方面为日本人服务，一方面给自己敛财，这种做法是相当令人不齿的。同时，相关情报还指出，张啸林每月因为贩卖毒品从日本人那里得到的津贴是3000元，顾竹轩则是2000元，而黄金荣的5000元相当于二人之和。从这样的数字比较中我们可以看出，在与日本人合作进行的毒品生意当中，黄金荣比张啸林和顾竹轩出力都要多，当然，他从中捞取的好处也比别人多。黄金荣与日本人之间并非只有这种生意上的间接往来，相关情报中还特别指出，当时日本上海武官府的司令江新、贝当路（今衡山路）日军宪兵队军曹长杜井等日本军界的重要人物经常光顾黄公馆，而黄金荣则每次都会盛宴相迎。

黄金荣既与日本人有着生意上的合作关系，又与日本武官有着私人之间的往来，这当然会引起中国政府工作人员的极大反感。然而，黄金荣毕竟还算不得一个十足的汉奸，他在与日本人相勾结的同时也为国民政府做着一些力所能及的事情。因此，国民党方面不会像对付某些汉奸那样，果决地将其除掉，而只是采取警告的方式，以观其后效。初时，黄金荣与张啸林等人几乎是以同样的方式在与日本人周旋着，可是后来二人之间却发生了很大的分化，在国民党工作人员的警告之下，黄金荣变得更加收敛，而张啸林却是看着日军势力的日渐强大而越走越远，最后滑向了万劫不复的深渊，彻底沦为汉奸。结果，黄金荣日后成了抗日功臣，而张啸林却带着汉奸的骂名过早地为日本人捐躯了。

实际上，黄金荣与日本人之间的合作并不仅仅局限于毒品生意这一项上，他还通过其他的一些方式向日本人表示出一定的妥协，其中一种主要的手段就是为日本人"荐贤"。面对日本人的威逼和利诱，黄金荣为日本人推荐了一些"贤人"，其中就包括他的得意门徒卢英。卢英在抗战前夕担任国民政府上海市警察局缉查队长。上海沦陷之后，卢英随同师父黄金荣一同留了下来。1937年12月5日，日本扶植的"上海大道市政府"成立，他们看中了卢英，邀请其出任该政府的警察局长。对于是否接受这一邀请，卢英一时拿不定主意，因此，他向师父黄金荣请教。黄金荣当时并没有把爱徒往火坑里推，因为日本当时刚刚进驻上海，局势还没有稳定。黄金荣建议卢英暂且不要接受日本人的邀请，而是先行观望，看一看风向到底如何再做抉择。卢英当时接受了师父的建议，回拒了来访的日本人。但卢英却是一个按捺不住的人，一旦见到日军势力越来越强，就开始蠢蠢欲动了，而此时黄金荣对于他的叛国行为却是采取了一种默认的态度，并且在卢英正式出任伪职之后向日方大力推荐，从而使得日本人对于卢英更是高看一眼。卢英在伪政府中步步高升，先是担任南市区警察局长，不久之后就因为黄金荣的大力荐举和自己的出色表现而被擢升为伪政府军事委员会委员长这一高职。卢英的春风得意令黄金荣也非常高兴，卢英每次光临黄府，黄金荣都是盛情招待，这种高规格的待遇是黄金荣的其他徒弟所难以享有的。

黄金荣为日本人所推荐的得力人选并不仅仅限于他的爱徒，他还向日本人推荐了"上海三老"——闻兰亭、袁履登和林康侯。对于黄金荣推荐的卢英等人，日本人是感到非常满意的，因此，他们对于黄金荣的荐举就表示出格外的重视。一听到黄金荣荐举这几个人，他们马上就开始打探消息。这样，"上海三老"在黄金荣的美意"举荐"之下纷纷落水，成为当时日本皇军府中的座上客和日后中国政府的阶下囚。

此外，黄金荣还频频向汉奸首领汪精卫奉献殷勤。1940年3月，以汪精卫为首的南京伪国民政府宣告成立，这个野心家终于如愿得偿，登上了他企求已久的"最高领袖"的宝座。在伪国民政府的"开国盛典"上，黄金荣也遵守着与日本人签订的协议，对这个日本人扶植起来的伪政府表示衷心的拥护，他特地派遣自己的专使龚天健到南京向汪精卫诸人，特别是日本"太上皇"们表示祝贺，并且还特地延请日本三菱银行的买办、中国著名画家王一亭给汪精卫绘制了一幅《长寿罗汉寿佛图》。

如果说黄金荣仅仅是与日本人暗自勾结，仅仅与汪精卫伪政府关系至密，那么他也就不足以称得上是黄金荣了。黄金荣之所以是黄金荣，就在于他一方面与日、伪关系友好，另一方面却又是国民政府的重要朋友。在整个抗战期间，黄金荣曾多次在各种场合表达他对蒋介石的忠诚。为了表达自己的诚意，同时也更为了保护自己的安全，他还让儿子黄源涛担任了国民党军统的上海特派员，而其门徒丁永昌则担任了军统上海租界特工派遣站的站长。在军统内部有了人，黄金荣也就不必担心自己会遭遇军统暗算了。当然，黄金荣不仅仅将眼光局限在军统一处，他还指使多位门徒接受国民党的各种委任，从而使得他无论在汪精卫的伪国民政府一方，还是在蒋介石的国民政府一方，都能做到门生故旧遍布府衙，这样，黄金荣就可以在双方之间往来游走，游刃有余了。

　　虽然黄金荣始终没有亲自出面担任日本所扶植的伪政府的任何职务，但是对于蒋介石的国民政府来说，他却亲自接受了委任。因为毕竟他主要还是站在中国人一边的，至少在公开场合中还是抗战的一员。1940年初，为了更好地控制和指挥上海的抗战工作，蒋介石在国民政府行政院之下设立了上海市统一委员会，任命跟随他辗转至大后方的杜月笙担任主任委员，而黄金荣也是其中的24名委员之一。在上海市统一委员会活动期间，其常务委员吴开先和蒋介石的军事代表蒋伯诚等人曾多次亲自拜访黄金荣，而其主任委员杜月笙也通过致函的方式向黄金荣表示问候，并且请他对于委员会的工作多予协助，而黄金荣则表示为党国效忠实乃责无旁贷，义不容辞。

　　另外，在1940年到1945年间，黄金荣与国民党第三战区司令顾祝同也一直保持着联络。顾祝同曾派遣他的妻舅到黄公馆去探望黄金荣，而黄金荣也曾派遣门徒秦兴炎到江苏和浙江等地同第三战区所设的办事处进行联络，为了表示慰问，还给国民党的军队带去了药品和粮食。抗战胜利前夕，秦兴炎和黄金荣的儿子黄源涛都被顾祝同在驻沪联络专员办事处中安排了相应的职务，顾祝同的心腹何尚还同秦兴炎和黄源涛结拜为兄弟。

　　由上可知，黄金荣在上海沦陷期间与日本人、汪伪政府和国民政府三者之间都有着非同寻常的关系，能够处在相互敌对的势力中不受冷落和打击，反而还受到来自各方共同的青睐，这是常人殊难做到的。当时，中共驻上海的地下党组织经常在"荣记大世界"进行活动，对于这种情况，黄金荣当然不会毫不知情，但是没有对共产党的秘密抗日活动进行破坏，而是尽己所能地为其提供保护。他这样做，还是出于他所怀有的一颗爱国之心，他既帮助日本人做事，同时又尽力保护打击日本人的力量，这就是黄金荣的矛盾之所在，当然，也是他成功之所在。

　　黄金荣能够将分寸拿捏得如此准确，将平衡掌握得如此稳妥，的的确确是一般人等所望尘莫及的，而他的这种做法也被人形象地比喻为"脚踏四只船"。

鱼龙混杂的"大世界"

　　在日本和美国正式开战之前，上海的英美公共租界和法租界一直与日本保持着中立的姿态。这样，上海租界"孤岛"就成了一块非常奇特的区域，日伪要在这里进行策反活动，而国民党军统和中统则在此对日伪活动进行密切的监视，抓住一切时机毫不犹豫地除掉卖国的叛徒，同时，地下党组织也在上海租界频繁活动，获取日伪方面的最新情报。这样，上海租界就成了一块五色杂陈之地，各方势力在此明争暗斗，相互角逐，"孤岛"就成了各派人员争相登台竞演的一个"大竞技场"。黄金荣经营的"荣记大世界"，因为地处上海租界中心最为繁华的地段，更成为整个租界的一个聚焦点，各色人等云集于此，使得"大世界"成为上海租界里最为典型的一个鱼龙混杂的场所。

　　因为黄金荣与日伪方面有着多种方式的联络，特别是他与南京伪国民政府主席汪精卫之间非同一般的关系，使得他对日伪方面的相关活动不得不进行一定的照应。尽管黄金荣曾拒绝了汪精卫选择"荣记大世界"作为反动会场的要求，但是这并不表明此后黄金荣对于日伪方面的要求是一概拒绝的，实际上，日伪特务在黄金荣治下的"大世界"出入颇为频繁，使得这里成为上海租界最为知名的罪恶的策源地之一。

　　由于黄金荣奉行的是"脚踏四只船"的特别策略，所以他就不会仅仅对日伪方面进行逢迎，他与汪主席的关系近密非常，而与蒋委员长的关系也是非同一般，这样，他的"大世界"就不仅仅接待日伪方面的特务，对于国民党方面的特务更是举着双手欢迎。当时，由戴笠遥控的国民党军统和中统工作人员长期潜伏在上海租界，而黄金荣的"大世界"就是他们最为重要的联络点之一。在军统中工作的黄源涛和丁永昌为了获取更多的有效情报，还在"大世界"楼上遮人耳目地开办了一个"高峰舞厅"。这个"高峰舞厅"，虽然门票的价格并不高，但是其内部装修十分豪华，必须是有着很高身份的人才有资格进入，其主要目的就是吸引在上海租界活动的那些汪伪政府的"高级官员"们来此游玩，从而暗中对他们进行监视和侦察。当然，这种侦察是双向进行的，在军统人员对汪伪特务进行侦察的同时，汪伪特务也会到此来搜寻有关国民党方面的情报。同时，中国共产党地下党员的身影也会频频闪现于"大世界"的舞台上。

对付"杀人魔王"

尽管在汪伪政府内部黄金荣的门徒众多，有着很大的影响力，可是日本人占领上海期间与国民党统治期间必竟还有所不同。因为对于国民党来说，他是有头有脸的正面人物，是接受了蒋介石的正式授衔的，国民党就是他的总靠山，可是对于日本人来说，他虽然或多或少地也帮助日本人做了一些事，可是在日本人看来，他总是不够爽快。这样一来，在日本人眼皮底下，黄金荣的腰杆也就自然无法挺得更硬了，而那些完全沦为汉奸的卖国贼却仗着日本人的势力耀武扬威，一副不可一世的样子。在往前，这些人见了黄金荣一定要表现得毕恭毕敬的，可是现在不同了，情形完全倒转了过来，反而是黄金荣见到他们要低声下气的。因此，黄金荣偶尔也难免受到这些"新兴势力"的打压，而其中做的最为过分的就是有"杀人魔王"之称的汉奸吴世宝。

吴世宝是苏北高邮人，出身贫苦，幼小时被父母带到上海来闯荡，起初以拾荒为生，同时做一些零星的杂务来维持生计。这种艰苦的生活对吴世宝的心理产生了非常强烈的影响，他发誓一定不能这样久居人下，而是一定要干一番大事业，成为一个人上之人。吴世宝年纪稍长，就开始与一群小瘪三混到了一起，为非作歹，横行霸道。时间一长，吴世宝就在流氓界闯出了一些名堂，并且成为了青帮通字辈荣炳根和季云卿的徒弟。因为他在打架之时的狠劲儿非同常人，被沪西最大的赌窟——六国饭店的老板看中，在那里做起了"抱台脚"（维持秩序的流氓）的行当。当然，野心勃勃的吴世宝不会满足于仅仅做一个"抱台脚"，一旦有机会，他就会拼尽全力地向上攀爬。日本人的到来给他这样的野心家制造了机会，在日伪特务总部，他的一身本领可派上了大用场，很快就成为日伪特工总部领头人李士群手下的一名得力干将，荣任特工总部警卫处处长的要职。

有了日本人做靠山，吴世宝就变得越来越肆无忌惮了，通过各种方式强取豪夺，迅速将自己打造成为上海滩上的"名流"。对于吴世宝这种完全依靠犯奸卖国来发家的人，黄金荣是打心底里看不起的，可是看不起归看不起，表面上还要表现得对吴世宝礼敬有加。吴世宝可不管那么多，黄金荣瞧不起他，他同样也看不起黄金荣，不同的是，黄金荣将这种蔑视藏在心里，吴世宝却将这种轻蔑毫不遮掩地表达出来，他曾经当着黄金荣的面，冲着黄金荣的一干门徒指桑骂槐地说道："这些瘪三，现在寿世已满，再与老子为难，穷爷一个个都要打死他们！"若是在早先，他这个青帮小辈人物在大亨黄金荣面前可是大气都不敢喘的，现如今世道变了，瘪三成了霸王，黄金荣对于吴世宝虽然是满心的蔑视，但是却不便表现出来，因为他知道吴世宝难缠，对于这样一个地地道道的亡命之徒，惹了他是没有好处的。所以即使遭到吴世宝当面的詈骂，黄金荣也是置之不理的。

虽然黄金荣本人极力避免着与吴世宝发生冲突，但是因为徒弟的关系，他还是不得不与吴世宝打交道。同黄金荣一样，吴世宝也是爱看戏的，对于一些名伶总是欣赏有加。在一次看戏的时候，看中了京剧武生高青田，日后经人联络与其结识。谁知，这高青田对吴世宝也是久慕其名，二人初次见面，高青田就提出要拜吴世宝为师。吴世宝因为对高青田非常喜欢，就收下了这个徒弟。此后，吴、高二人就成了往来密切的师徒。不久之后，高青田就向吴世宝提出了这样一个请求：惩治一下上海大舞台的戏剧老板范氏兄弟。原来，高青田原来受雇于范氏兄弟，在大舞台唱戏，虽说高青田是唱戏的一把好手，却染上了一身的恶习，酗酒、赌博、嫖娼等无所不为，而最为严重的是，他自接触毒品之后，很快就陷入其中难以自拔，赌瘾越来越重，以致不止弄得倾家荡产，而且对于他的演艺事业也产生了不良的影响。当时，大舞台的老板范氏兄弟见高青田因为吸毒而不能够正常演戏，并且怕影响不好，所以就与高青田解除了合约，将他赶出了大舞台。这样，贫病交加中的高青田又陷入了失业的危机当中，因为以他当时的状态，是根本没有哪个戏院肯收留他的。然而天不绝人，偏偏在高青田感到无路可投的时候，遇到了自己的大救星，也就是他的师父吴世宝。吴世宝得知高青田正在为强烈的赌瘾所困扰，马上拿出一笔钱送他到医院去戒毒，而这个高青田，居然把毒瘾给彻底地戒掉了。如此一来，师徒二人自然都是格外欢喜。高青田戒掉毒瘾之后便重返京剧舞台，而吴世宝当然免不了对他大肆吹捧。东山再起的高青田马上想起了范氏兄弟在落难之际的无情表现，他决定利用师父吴世宝的力量狠狠地惩治一下范氏兄弟。吴世宝听了弟子的这番请求，哪有会不允肯的道理，其实，他想做的并不仅仅是为高青田出气，而更想借这个机会来好好地抖一抖他的威风。于是，吴世宝马上找了一群流氓去大舞台闹场子。

高青田给自己找到了靠山，而范氏兄弟也并非无所依傍，他们的靠山不是别人，正是他们的师父、流氓大亨黄金荣。面对吴世宝的挑衅，他们只能够去找师父求助。然而，这件事很令黄金荣为难。因为对于吴世宝这个日本人手下的红人，他是不便得罪的，弄不好，会吃不了兜着走；可是对于徒弟的请求他又不能置之不理，不然的话，以后他这个当师父的威信何在，众多门徒又怎肯供他驱使？黄金荣大感踌躇，不知道应当如何解决才算妥当，无奈之下，他去找张啸林去商量。张啸林向黄金荣建议，杜月笙手下有个叫做汪曼云的门生，此人也在日本人手下与吴世宝共事，而且在日本人那里也颇有影响力，据说二人之间的关系还不错，不妨去向汪曼云求助。黄金荣接受了这个建议，就命范氏兄弟备了一份厚礼，以黄金荣、杜月笙再加上张啸林这上海"三大亨"的名义去向汪曼云求助。汪曼云不能驳三大亨的面子，况且他对吴世宝的嚣张跋扈也多有不满，因此就应下来。但是汪曼云觉得如果自己直接去找吴世宝，吴世宝未必就肯给这个面子，还是求助日本人更为妥善。于是，他就去找与自己关系最为密切的河野顾问，谁知河野顾问甩给了他这样一句话："这是你们私人之间的事情，还是你们私下去解决吧，并且你们中国人内部的事情，日本人还是不便插手的，闹不好，弄出国际争端，影响了友邦之间的情谊可就悔之莫及了。"

遭受河野的拒绝之后，汪曼云只得自己与吴世宝当面谈判了。听了汪曼云的请求，吴世宝很爽快地说道："既然汪兄看得起我吴世宝，亲自登门，我吴世宝哪能不赏这个面子呢？要想让我不砸大舞台的场子，完全没有问题，这也就得说是你，换了第二个人我都绝对不会答应的。"

汪曼云没有想到吴世宝居然是这样爽快的人，可是，他还没有来得及对吴世宝表示感激，吴世宝马上话锋一转，接着说道："不过，范家兄弟多少也应当有点儿表示的，不然，我的面子也过不去，是不是？"

汪曼云赶紧应道："那是，那是，这个您放心，我决不能让吴先生因为这件事折了面子的。"

吴世宝哈哈一笑，说道："到底是汪兄，就是明白事理。那好，既然你也有这个意思，那我也就开口了，我的条件一点儿不高，不过也就是多少应付一下外面人的评论罢了，让他们不至于说我吴世宝这人太窝囊。范家兄弟其实别的什么也用不着做，只需准备一把好刀，将他们的脚砍下来，也就了事。"

汪曼云听得是目瞪口呆，而吴世宝接受说道："当然了，我也知道这个条件范家兄弟可能不大乐意接受，不过我吴世宝也决不是不讲理的人，他们不愿意砍脚呢，也完全没有问题，只要让他们的师父黄金荣带着5万大洋亲自登门来谢罪，并且给高青田磕上三个响头，那么这件事也就算彻底过去了。这样一来，大家于面子都好看，汪兄你说是不是？"

汪曼云听了这番话，差点儿当时就翻脸，他恨不得一斧子劈了吴世宝这个无比狂妄的家伙，但汪曼云毕竟是有着一定克制力的人，他知道在这里发作不仅一点儿作用不会起，反而只能自讨没趣。他二话没说，起身出门。而送他出门的，是吴世宝的一阵狂笑。

吴世宝根本就没把汪曼云放在眼里，而且，很显然吴世宝所要打击的主要对象不是范氏兄弟，而是黄金荣。吴世宝想藉此机会让大家知道，如今的上海不再是黄金荣的天下，而是他吴世宝的天下。

吴世宝所提出的条件，范氏兄弟和黄金荣当然不会接受，结果，范氏兄弟只能外出避难，直到吴世宝出事之后，他们才重新返回上海。

当日军败退之后，很多曾经不可一世的汉奸都受到应得的审判与惩治，其中不乏被施以死刑者。以吴世宝的汉奸罪行来论处，得到死刑的惩罚是毫不为过的，但是，他最后并没有遭到中国人民的惩罚，却是死于他的日本主子之手。

吴世宝随着自己势力的越来越大，他的野心也越来越膨胀，不仅对于中国人肆意搜刮劫掠，甚至将发财的主义打到了他的日本主子的头上。吴世宝在打劫了日本人之后，很快就尝到了令他悔之莫及的苦果。

1941年底，日本侵略者在江海关搜刮到一批黄金，准备把它从江海关运往日本人开设的正金银行。尽管这一消息是严格保密的，但还是给吴世宝的亲信手下张国震给侦察到了，他马上将此重大发现告诉了吴世宝。吴世宝当时虽然已经是坐拥金山银山，但正所谓欲壑难填，他对金钱的贪欲是永远不会得到满足的。尽管这批黄金的持有者是日本人，但吴世宝还是决定实施抢劫。吴世宝对自己过于自信，认为只要自己做到完全保密，令抢劫计划完全在秘密之中进行，那么日本人也就查不出此案到底是何人所为，而他也就不会遭到日本人的报复。因此，吴世宝精心策划了一场针对日本人的抢劫计划。当然，他抢劫日本人的举动完全是为自己谋求私利，而不是出于爱国情感。

江海关和正金银行相隔很近，为了避人耳目，这批黄金是从江海关的后门用铁甲车运走的。张国震早已探知了内幕，他派人分头把手，一见铁甲车开过来，便用事先准备好的汽车当头截住，而铁甲车的司机一看有意外发生，马上跳出车外，往人堆里一钻，逃得无影无踪。张国震见司机已逃，立即跳进车中，准备开车将黄金运走，可是当他上车之后才发现，司机在逃走的时候将钥匙也一同带走了，他根本无法将汽车启动，而如果他把车内的黄金搬到自己的车中去运走的话，时间是根本来不及的，因为日本人马上就会得到消息，会火速赶来追击。当此千钧一发之际，张国震只能选择放弃黄金，自己跳出汽车夺路而逃。果然，日本宪兵马上赶来，将现场团团围住。

虽说黄金并没有被劫走，但是此案却不可不查。吴世宝自以为做得天衣无缝，不料日本人很快就将侦察重点指向了他。经过一番详细的查证，日本侦察人员证实，劫持日本黄金的人就是吴世宝的徒弟张国震，而幕后指使者极有可能就是吴世宝。日本人要吴世宝交出张国震。尽管这时张国震早已躲起来了，但是吴世宝在日本人的威胁和压力之下，却不得不把张国震交出来。在把张国震送到日本人手中之前，吴世宝一再嘱咐张国震，任何情况下都不能透露一点儿口风，切勿牵涉到他，这样他才能在外面周旋，争取营救张国震出狱，否则必将同归于尽。话是这样说，吴世宝也知道张国震坚持不了多久。因此，在张国震入狱之后，吴世宝也立即藏了起来。

果然，日本人很快就从张国震口中得到了吴世宝是幕后指使者的证据，而此时吴世宝已经不见踪影了。吴世宝不见了怎么办？张国震不见了，去找他的上级吴世宝；同样，吴世宝不见了，也要去找他的上级李士群。得知吴世宝竟敢胆大如此，居然会打日本人的主意，李士群感到非常吃惊。此前，吴世宝不得不将张国震交出去，而此时，李士群也不得不将吴世宝交出去，但情况不同的是，他并没有参与此案，吴世宝躲藏之时也没有跟他打过招呼，因此他并不知道吴世宝的下落。但是这并不能成为推脱的理由，日本人相信，李士群即便不知道吴世宝的下落，以他的通天手眼，找到吴世宝也不是一件难事。的确，李士群是有办法的，他吩咐自己的妻子去跟吴世宝的妻子佘爱珍进行联络，硬吓软骗，要她将吴世宝交出来。佘爱珍最后将吴世宝的藏身之所交代了出来。于是，张国震入狱之后没有几天，吴世宝也进入了日本的大牢，就此成了一个囚犯。

令佘爱珍没有想到的是，吴世宝入狱之后，李士群不但没有营救之意，反而打算落井下石，想借此机会除掉吴世宝。但是因为他人的影响，李士群却又改变了这一想法，开始对吴世宝进行营救。然而，李士群的想法最终是落空了，在这场与日本人的较量当中，他还是失败了。日本人明白，李士群等人虽说是投靠日本的汉奸，可一旦势力发展得过于强大，控制起来就不那么便利了，因此他们也想借此机会给李士群一点儿颜色看。吴世宝出狱了，但是他前脚刚一迈出这人间的狱，后脚就踏入那地下的狱——在他出狱之前，日本人特别给他准备了一份告别餐，就是这顿告别餐使得吴世宝在出狱几天之后就去面见阎王了——餐中有毒。吴世宝这个"杀人魔王"就这样被他所投靠的日本主子给毒杀了。

大汉奸张啸林

日军占领上海之后，上海"三大亨"当中，杜月笙远遁去了香港，而黄金荣和张啸林则留了下来。张啸林并非一直就留在上海的，开始的时候，他也是选择了离开，不过，与杜月笙不同，他并没有走出多远，而是在上海附近的莫干山栖身。他之所以不走远，是因为他原本就没打算离开上海，而是先观望一阵，待形势明朗起来再回去，因为按照他的预计，日本人很快就会找上门来的，到时候如果便利，就立即返回上海，而即使情况不利，从莫干山撤走也是更为方便的。1924年，张啸林为了打通鸦片在浙江的销路，在莫干山花费巨资兴建了一座别墅，送给当时控制浙江的军阀卢永祥，但不久之后卢永祥就因为战败而撤出了浙江，临走之时，他又将莫干山的这座别墅送还张啸林。

果然，日本人很快地就"慕名而来"，到莫干山拜访张啸林，而此时正待借助日本人的支持来扩张自己势力的张啸林自然是非常愉快地与日本人达成了互惠协议，开始通过贩卖烟土的方式为日本人筹集军费。这时，国民党情报人员就已经盯上了张啸林，对于他的一些不合适的举动提出了警告，之所以是警告，而不是除掉，是因为张啸林当时还没有公开投敌。在国民党情报人员看来，张啸林此时还是与黄金荣一样的"灰色汉奸"，只宜采取警告的方式而观其后效。在国民党方面的一再警告之下，黄金荣变得更加收敛，在与日本人打交道的时候更加谨慎，唯恐自己得了"汉奸"之名而被国民党特务"除奸"，而张啸林对这种严肃的警告当然也不会无动于衷，实际上，就是因为国民党方面的制约，使得张啸林大大延缓了他迈向汉奸之途的脚步。但是，与黄金荣不同，张啸林却想乘此千载难逢之良机大干一场。因此，虽然他开始的时候还颇拿国民党方面的警告当一回事，可时间一长他就觉得无所谓了。他觉得，此时的上海已经是日本人的领地，国民党也只不过能派遣几个特务过来吓吓人罢了，是掀不起什么波浪的，虽然也有人因为投靠日本而被暗杀，但那些人是何等角色，而他张啸林又是何等人物，他堂堂"大亨"怎么能与那些不堪一击的小鱼小虾们相提并论呢？因此，张啸林对于国民党方面的力量变得越来越蔑视，从而急欲踏上他期盼已久的飞黄腾达之路。

1939年，由于战争规模的不断扩大，同时加上中国军队在正面战场的有力抵制和在敌后根据地的强力打击，日本侵华军队的军资补给发生了困难。这时，日军想到必须让那些汉奸发挥更大的作用才行，因此他们又来与张啸林进行交涉，鼓励张啸林要放开胆子，迈开步伐。这样，为了给日本人筹集更多的军用物资，同时也为了使自己发更多的财，张啸林在日本人的扶助之下成立了所谓的"新亚和平促进会"。"促进会"成立之后，张啸林立即派出大批的"促进会"成员，通过各种流氓手段收购日本人所急需的大米、煤炭、棉花等重要物资，然后将这些战时非常稀缺的宝贵物资大规模地运送至日本军部。

因为给日本人提供了极为难得的帮助，张啸林受到了日本人非同寻常的器重，而张啸林自然不会放过这样的机会来为自己谋求更多的利益。在他看来，给日本人做事，决不能仅仅是发了些财就了事，他应当乘机在权势上也为自己捞取更多的好处，他于是向日本人提出想谋求一个省长的职位。开始的时候，日本人对张啸林的这一请求进行了否决，但是因为对张啸林越来越倚重，日本人觉得可以赏赐他一个"浙江省省长"的头衔，张啸林的"官瘾"得到了满足，就会更加卖力地给他们工作，同时，他们也会在张啸林的帮助之下更好地控制浙江。

张啸林最终如愿以偿，成为了浙江省"省长"，但是，他还没有来得及将这顶"官帽"正式地顶在头上，还没有等到"上任履职"的那一天，就在正义的枪口之下一命呜呼了。

张啸林尽管处于一片得意忘形之中，但是他也并非没有看到，就在日本人对他越来越"器重"的同时，中国政府方面也变得对他越来越"青睐"。因此，张啸林对自身的安全防护也变得越来越为谨慎，他雇佣了一些既对他忠诚同时又身怀绝技的保镖，不论去往哪里，这些保镖总是跟随左右，形影不离。但张啸林还是低估了国民党军统的"除奸"能力，他一直认为在自己的严密防护之下，是万万不会遭到"暗算"的，然而事实证明，张啸林是失算了。

1940年1月15日，当国民党军统人员得知张啸林将于当天晚上陪同老朋友俞叶封一同去新舞台为名伶新艳秋的最后一场演出进行捧场的消息后，立即安排人手潜入新舞台，准备当天晚上除掉大汉奸张啸林。但是，那天晚上张啸林并没有在新舞台出现，而如时到场的同样是汉奸的俞叶封则没有逃过军统人员的枪口，当场毙命。

俞叶封被暗杀之后，张啸林既为自己逃过了一劫而感到庆幸，同时也惊出了一身冷汗，他知道，国民党特务这次没有得手，下次必定再来，因此，张啸林的行动变得更加谨慎了，此后有很长一段时间他都是闭门不出。但张啸林毕竟不是隐士，过那种软禁式的生活，一段日子还可以，时间一长，他可就耐不住寂寞了，况且外面还有很多事需要他亲自出面去处理呢。这样，张啸林又开始出门了，并且也逐渐地将那次所遭受的惊吓淡忘了。

几个月下来，张啸林都是平安无事，于是，他的胆子又变得大了起来，公开露面的次数变得越来越多了，当然，每次都有多名保镖相跟随。一天下午，张啸林睡好了午觉，觉得手有点儿发痒，就叫了司机阿四开着车，准备去大新公司五楼俱乐部赌两把。等他走到福熙路口的时候，红灯亮了，阿四刚踩刹车，几发子弹就几乎同时打来，随着一阵剧烈的破碎声，车玻璃的碎片里里外外地落了一地，阿四见势不妙，猛踩油门，冲着红灯一溜烟地跑了。

无疑，这又是一次针对张啸林的暗杀行动，但这一次却依然没有完成除掉张啸林的任务，虽然有多发子弹击中车身，可是张啸林却毫发未伤。尽管张啸林身体没有受伤，但精神却遭受了严重的刺激，他被吓得接连几天都浑身瘫软，因为这一次与上一次不同，上一次他并不在暗杀现场，俞叶封被击毙的惨状他也没亲眼见到，而这一次，他可是亲耳听到了那夺命的枪声。如果说上一次国民党特务还有同时暗杀俞叶封的动机，那么这一次可就完全是冲着他张啸林来的了。经过了这次枪击事件，张啸林又开始闭门不出了，并且也再没有出门的心思了。

张啸林这一不出来，可就急坏了军统方面，为了除掉这个大汉奸，他们耐心地等待了好几个月，总算有了机会，却不幸又让他给逃过了。现在这张啸林就是一只惊弓之鸟，胆子变得小极了，连个面都不肯露，又哪里还有暗杀他的机会呢？然而，世上无难事，只怕有心人，只要心思用足，办法总还是有的。张啸林不是不肯出来吗，那就在他的家中将他除掉，而要想在家中将张啸林除掉，办法只有一个，那就是买通张宅的内部人员。经过一番侦测，军统人员将争取对象锁定为张啸林的保镖林怀部。林怀部曾在法租界巡捕房任过事，后来因过被开除。由于他有着一手好枪法，所以经人介绍成了张啸林的贴身保镖。

1940年8月14日下午，张啸林正在家中二楼的一个会客室与他的朋友、伪杭州锡箔局局长吴静观商谈一笔烟土生意，却忽然听到楼外面响起了吵架的声音，而且吵得越来越凶。这让张啸林很烦，有客人在此，自己的仆人吵架是一种很没有面子的事情，于是他就打开楼窗，冲着楼下吵架的人严厉呵斥起来，想制止他们的吵闹。吵架的两个人是他的司机阿四和保镖林怀部。平常时候，仆人们对张啸林是非常惧怕的，只要他一瞪眼，就吓得大气都不敢出了。然而今天的情况有些意外，听到他的呵斥之后，林怀部不仅没有停止争吵，反而叫得更凶了。这令张啸林感到十分恼火，他气得将半个身子都探出了窗外，对林怀部进行更加猛烈的呵斥。这时，林怀部才抬眼看了他一下，但是指向他的并不仅仅是林怀部的眼睛，同时还有林怀部手中的枪——张啸林还没有反应过来是怎么回事，一颗子弹就已经冲着他飞来，十分精准地从他的嘴巴射入，再从他的后脑穿出。张啸林当即倒地身亡。

张啸林中枪倒地之后，楼中的吴静观马上给日本宪兵队拨通了电话，但是日本宪兵队却不能立即前来，因为当时日本与美、英、法等国还没有宣战，他们的宪兵是不能未经允许就擅自闯入租界的。当日本宪兵队与租界方面办完手续再赶来时，林怀部早已经逃得不知去向了。

张啸林的死对黄金荣造成了很大的震撼，他非常庆幸自己没有选择走张啸林那条路。但是他自己也并非一身清白，与日本人之间也是有着不少苟且之事的，国民党方面如果惩治他一下，他也不能算作完全无辜。想到这些，黄金荣又感到恐惧起来，他决定此后更要减少与日本人以及汉奸之间的联系，同时马上派人与驻守上饶的国民党第三战区司令顾祝同取得联系，恳切提出为党国效忠的意愿。

第二十章
最后的风光

黄金荣成立"荣社"

1945年8月15日，日本宣布无条件投降，历时8年的抗日战争宣告结束，中国由此步入一个新的历史时期。

日本投降的消息令在上海蛰居多年的黄金荣感到十分振奋，8月30日，他分别致电国防最高委员会委员长蒋介石和第三战区司令长官顾祝同，对中国人民取得抗日战争的胜利表示热烈祝贺，同时也向国民党表达自己的忠诚。不久，蒋介石到上海视察，黄金荣为表示欢迎，在"荣记大世界"门口搭起了五彩牌楼，并且大放爆竹，而蒋介石也对黄金荣在抗战期间"忠贞不污"的优良表现给予了着重的嘉奖。

1945年，黄金荣已经年近八十，可以说是到了垂暮之年，此时的黄金荣已经开始走下坡路了。当然，黄金荣走下坡路的原因并不仅仅在于他的年龄，而与当时社会背景的变化有着很大的关系。

上海的英、美、法三国租界自19世纪40年代设立以来，直到20世纪40年代，前后存在了大约百年的时间。1937年11月，日军侵占了中国上海，但是当时的英、美、法等国对于中日战争奉行中立政策，因而上海的法租界和英美公共租界并未被日军占领。1941年12月，太平洋战争爆发，日美之间正式宣战，不久，日本即占领了英美设于上海的租界，而英、美、法三国则就此宣布将租界还给中国，当然，直到抗战胜利，上海原租界地区都为日本人所占据，日本战败撤出之后，原租界地区自然就归还到中国政府的手中。

中国收回上海租界，取缔了设在中国领土上的"国中之国"，这对国人来讲是一件好事，然而，对于黄金荣一类的人物来说却是一件坏事。黄金荣当年就是依靠自己在法租界的职权而逐渐与各路流氓相互勾结而势力越来越壮大的，法租界就是他头上一顶最好的庇护伞。在法租界存在的时候，黄金荣既是法国人手下的密探，同时又是国民党在租界内的代理人，黄金荣实际上充当了法租界当局与中国政府之间的一个桥梁。然而，租界一旦消失，黄金荣这个中间人的价值也就不复存在了，他既失去了法租界的庇护，以在很大程度上失去了国民党对他的倚重，如此一来，黄金荣岂不是注定要走下坡路的吗？

320

　　不过，尽管此时的黄金荣已经相当年迈，而且背后靠山也不同往前，但是他在抗战之后的几年中也并非一无所为。为了挽回自己的声威，黄金荣也颇做了一些努力，这其中最为重要的一件事就是成立荣社。

　　早在抗战之前，黄金荣就已经成立了新式社团忠信社，不过，在抗战期间，忠信社基本停止了活动，到抗战胜利之时忠信社实际上早已名存实亡。本来，黄金荣也没有心思再去搞什么新式社团，但是，见到杜月笙的恒社办得红红火火，黄金荣又有些坐不住了。对于杜月笙的势头已经盖过了自己，黄金荣是感到很不甘心的，他不愿意看到自己"三大亨"之首的地位发生动摇，因此明里暗里总是在与杜月笙进行较劲儿。当初他成立忠信社就是为了与杜月笙的恒社进行抗衡的，如今，恒社又复兴起来，他的忠信社哪能垮下去呢？于是，黄金荣决定着手振兴自己的忠信社。但是，忠信社已经停止活动多年，变得不再那么有号召力了，因此，黄金荣的徒弟黄振世和邱子嘉等人建议不妨改换一个名号，同时采取公开办社的形式，从而与杜月笙的恒社一决高下。这个新成立的社团就以黄金荣的名字来命名，叫做"荣社"。

　　经过一番筹备，1946年2月23日，荣社在上海丽都花园召开了成立大会。黄金荣当然要出任荣社理事长这个最高职位，而他的亲信邱子嘉、黄振世、丁永昌、杭石君、陈培德等5人则担任常务理事，此外，还有龚天健、陈福康、姚松如、鲁锦臣、吴玉荪等15个理事，莫士爵、杨春华、张志清、陈菊生、张锦寿等5人担任监事。荣社在理事会之下设有秘书处，秘书处里有总务、财务、福利、组织、交际、文化、娱乐等股。从这些职务的设置上我们可以明显看出，荣社是仿照现代党派形式而组建的一个新式社团。不仅职务设置上如此，荣社的简章也是仿照现代党派的形式而制定的。其简章中指出，本会"以利用业余时间，提倡正当娱乐联络感情，研究学术增进知识共谋社会福利合作事业为宗旨"。而荣社的政治主张则与中国国民党完全保持一致，在其入社誓词中约定："尊奉总理遗嘱，信仰本党主义，遵守本党纪律及本社社章，绝不自私自利，绝不以个人感情或意气用事，如有违背，愿受最严厉之处分。"从这一誓词来看，荣社颇像国民党的一个附属团体。

　　在荣社成立大会上，杜月笙、杨虎、王晓籁等重要人物也都应邀以嘉宾身份到现场观礼和祝贺，而黄金荣则以荣社理事长的身份致祝辞："今天荣社成立，大家齐聚一堂，欢欢喜喜，我很高兴，今后大家更要团结……"

　　这样，黄金荣领导下的一个颇有进取之图谋的新社团就宣告成立了，但是，荣社成立后的实际运行状况与黄金荣等人的初衷是很不相符的。因为荣社实在没有发挥出太大的作用，没有做出多少有实际意义的事情来，在社会上也没有产生多大的影响，因而并没有给黄金荣增加多少脸面。其实，在成立之初，荣社社员之间的聚会还是很多的，但是这些社员聚在一起所做的主要事情不是别的，就是吃吃喝喝，聚餐成了荣社最为主要的社团活动，这使得荣社实际上了一个吃喝俱乐部。

　　荣社成立后运行惨淡的原因是多方面的。从根本上来讲，抗战胜利后上海帮会的黄金时代已经一去不复返了。此前，上海滩四分五裂，管辖权被严重分割，这为帮会分子提供了广阔天地，帮会势力之所以能够臻于鼎盛，在相当大程度上就是因为充分利用了当时上海特殊的政治格局。但是，抗战之后，上海地区的政治环境完全变了，国民党在上海实现了完全的统一，他们不需要再利用脚跨华洋两界的帮会分子去跟洋人打交道了，这样一来，帮会势力对于国民党的利用价值也就被严重的削弱了，国民党对帮会势力不仅不会再像以前那样给予全力的支持，甚至还会出于维持社会秩序的目的对其进行打压。此外，随着时代的演进，帮会那种传统的封建组织形式已经越来越失去号召力了，虽然黄金荣等人改头换面，对社团的组织方式进行改组，但是他们的改革实际上换汤不换药，荣社在本质上依然是旧式的帮会组织，其基本行事方式并未有所变化。而且，黄金荣手下的很多门徒虽然是荣社成员，但是他们又各自有着自己的社团组织，相比起荣社的松散来，他们更乐于在自己组织的社团中进行活动。

黄金荣走下坡路的表现不只是他组织的社团风光不再，而且整个帮会界都开始对他轻视起来，不仅不再将他看成上海的第一流氓大亨，甚至还会乘黄金荣年衰势减之际打一打他的主意。

荣德生绑架案

1946年4月25日，上海《申报》《新闻报》《大公报》《文汇报》等各大报纸都报道了这样一则震惊全国的消息——企业家荣德生先生当天早晨遭遇绑架。

荣德生，又名宗铨，生于清朝光绪元年（1875年），江苏无锡开源乡荣巷人。早年，荣德生以经营钱庄起家，后来在无锡、上海、汉口等地开设了茂新、福新面粉公司和振新、申新纺织公司等多家企业，到中华民国十一年（1922年），荣德生已经拥有12家面粉厂和4家棉纱厂，被人们称誉为"面粉大王"和"棉纱大王"。而到抗日战争胜利的时候，荣德生手下的面粉厂和棉纱厂更是分别增至了16家和18家，1946年，仅申新二厂、五厂这两家棉纱厂的盈利就达到了5万余两黄金。

因为荣德生的这种特殊身份，所以他被绑架一事备受社会的关注。那么，荣德生到底是如何被绑架，又是被谁绑架的呢？

4月25日这天早上，已经71岁高龄的荣德生在家中吃过早饭，到大约10点钟的时候，和三儿子荣一心、女婿唐熊源一起，照例乘自己的黑色福特轿车去江西路的总公司办公。轿车刚驶到高思路转角的地方，突然，斜刺里蹿出3个身穿军装的人，来人挥舞着手枪拦住了汽车，恶狠狠地向车里的人吼道："下来，赶快下来！"

荣德生和儿子、女婿见此情景都吃了一惊，而坐在司机旁边的保镖把头伸出车窗厉声问道："你们是干什么的？"

只见为首的一个军官打扮的人取出了一张红色逮捕证，在他们面前晃了一晃。荣一心眼快，看到上面盖有"第三方面军司令部"的大印，还有淞沪警备司令部二处处长毛森的签字。同时，保镖也看清了逮捕证上面的字，不知道如何办才好。就在他们迟疑之际，那两个"军人"就已强行打开车门，将荣一心和唐熊源拉了出来，随后，那个"军官"冲着坐在车中的荣德生问道："你是荣德生吗？"

荣德生听到问话，点了点头。

那军官见荣德生点头，马上大声宣布："荣德生是经济汉奸，请到局里去一趟！"话音未毕，另外两个"军人"就过来硬把荣德生拉下了福特轿车，然后又强行将他架上了早就停在旁边的小汽车，而他们三个人则紧跟着钻进了汽车。接着，汽车立即发动，一溜烟地开走了。整个过程进行得十分迅速，等到荣一心和唐熊源醒悟过来的时候，汽车早已跑得没有影了。他们知道，来者根本不是什么军人，而是扮作军人的匪徒。荣一心见到父亲被绑架，不禁失声大哭，唐熊源虽然也感到很忧虑，但他知道人已经被劫走，哭是无济于事的，当下要紧的是赶紧报案。

因为来者以淞沪警备司令部的名义抓人，所以他们首先就与淞沪警备司令部进行了联络，但淞沪警备司令部矢口否认有逮捕荣德生的事情。这就证明，荣德生是被匪徒劫持去了。

在丧魂落魄之中，荣家决定拿钱赎人。一般来说，绑匪要钱不要命，满足其要求可保人质平安；而如果吝惜钱财或报警的话，人质就会有生命危险。因此荣家没有报案，也不希望警方在荣德生平安归来之前进行干预，而只是自己想法和绑匪方面联系赎人。尽管荣家此后没有再与警方进行联络，但在他们向淞沪警备司令部询问是否有逮捕荣德生的命令之时，就已经将荣德生被绑架的消息透露给警方了，另外，即使他们不向警备司令部进行询问，荣德生这样显赫的人物遭遇绑架，警方也不会不知道的，知道了也就不会不插手。

再说被拉进车中带走的荣德生，对于这一"逮捕"，荣德生感到莫名其妙，说什么他是"经济汉奸"，要知道，他没有做过任何对不起国家和人民的事情，汉奸之事从何谈起呢？难道是有人诬告不成？就在荣德生盘算着这到底是怎么一回事的时候，汽车已经开出去很远。荣德生发现，汽车转了几个弯后，沿着中山路直接向上海西郊驶去，他马上意识到这不是去警察局的方向。荣德生虽然年纪很大了，但是头脑十分清醒，他的心中很快掠过一个不好的念头：莫非自己遭到绑架了？

意识到自己被绑架之后，荣德生心里变得恐惧起来，但是，不论他心里怎么想，都已然是落入魔窟了，等待着自己的是什么样的遭遇，荣德生是很难猜测的。事到如今，他也只好任由绑匪摆布了。

荣德生这样的闻名海内外的企业家被绑架，顿时引起了全国各界的关注，而且此事也惊动了政府高层，蒋介石得知后极为震怒，令他感到气愤的，并不仅仅是因为荣德生被绑架这一件事，而是因为上海光复半年多以来，重大绑架案接二连三地发生，如此一来，不仅会闹得上海地区人心惶惶，而其政府的威信也将遭受严重的削弱。为此，蒋介石特地严令上海当局限期侦破。然而，如同此前的多起绑架案一样，关于如何破案，上海警察局和淞沪警备司令部都感到一筹莫展。

荣德生的家里闻听荣德生被绑架之后，乱作了一团，他们不知道荣德生到底能否平安地归来，只能一方面在为荣德生默默祈祷，一方面则希望警卫部门能够早日破案。

绑匪告诉荣德生，他们与荣家并无仇怨，而之所以"请"他来，只是为了讨几个钱花，决没有伤害他的意思，因此，只要他不逃跑，不大叫，就不会危害他的人身安全。荣德生知道，自己被这严密地控制着，逃跑的打算是很荒唐的，所以，他完全遵守着绑匪的交代，表现得特别规矩。在上海城内的警力展开大搜捕之时，荣德生被带上一条小船，在漂满垃圾的河道里荡悠了好几天。随着警方的搜捕范围向郊区扩大，绑匪又把荣德生送回城内，关进曹家渡五角场老公益里100号的一间很隐蔽的小屋里。

当然，绑匪把荣德生"请"来的目的不是跟警方玩捉迷藏的游戏，而是要跟荣德生"谈一谈"，这谈话的内容，当然是和钱有关了。绑匪一张口，向荣德生开出了200万美元的高价。荣德生虽然是第一次遭到绑架，但是凭他做了一辈子生意的经验判断，其实要价多少，绑匪此时心里也没个定数。荣德生虽富，可这样一笔巨资对他来说决不是一个小数目。考虑到这些，荣德生当即表示以如此巨款来赎命是无法办到的事情，他根本拿不出那么多的钱来。其实绑匪也不知道荣德生究竟有多少钱，见到荣德生一脸严肃地进行拒绝，绑匪们一下子有些慌了，他们不知道该还一个什么价格才合适。

看到绑匪犹豫了，荣德生知道自己的判断是准确的，因此决定就势将他们一军，于是向绑匪要来了纸和笔。绑匪以为荣德生要给家里写信进行求助，哪知，荣德生却写了一份"遗嘱"，声称绑匪的开价高得根本承受不了，因而此去必然无回，请家人了断牵念，同时又将自己身后的各项事务像模像样地都做了交代。其实，荣德生写这份"遗嘱"是有意做给绑匪们看的。

果然，绑匪们一见荣德生连"遗嘱"都写了出来，立时就慌了，如果荣德生的家人得到了这份"遗嘱"，他们哪能得到什么赎金呢？因而，他们的口气马上软了下来，并且一下子就将赎金的价码降到了100万美金。

其实，绑匪并没有仅仅与荣德生进行谈判，他们同时也与荣德生的家里进行了联络。

4月30日，也就是荣德生被绑走后的第五天，心焦如焚的荣家终于接到了绑匪的电话。不管怎样，得知荣德生此时还平安地活着，荣家上下就已经感到莫大的宽慰了。他们可以确定，荣德生仅仅是被绑走而已，绑匪们想要的仅仅是一笔赎金，而并没有其他的歹意。尽管对于绑匪的要价是有心理准备的，但是当他们听到价码时还是吃了一惊。

然而，吃惊归吃惊，对于绑匪的要挟，荣家是不敢怠慢的，因为与人比起来，钱终归是次要的，所以，荣家立即表示，愿意拿钱赎人。不过，尽管荣家将人早日赎回来的愿望十分强烈，可要他们一下子凑足200万美元也是很为难的，他们只能与绑匪商量，钱一定会给他们，但一下子没法凑齐那么多现金，希望他们一定不要伤害人质。

通过与荣家和荣德生两方面的交涉，绑匪觉得200万美金开价的确是太高了，因此才一下子砍掉了一半，变成了100万。对于100万美金这个条件，荣德生依然不肯接受，这样，经过反复的讨价还价，最后荣德生与绑匪商定的价码是50万美金。绑匪们拟好荣德生给家人的信，叫他照抄。信中对哪个厂出多少钱都一一做了交代，荣德生表示自己求生心切，希望家人能够勿以钱财为重，而将钱款及早筹足。

接到绑匪的第一个电话之后又过了3天，荣家再次收到了绑匪方面的消息。这一次收到的是两封信，一封为荣德生手迹，说赎款已降至50万美元，自己认为这个数还可筹集，不要再存其他幻想，否则"余之老年不保，汝等亦恐遭不堪设想之恶果"；另一封则出自绑匪之手，信中大肆恐吓，声称如果二日内不付清赎金，就要撕票。荣家接到信后绝不敢怠慢，立即筹足50万美元，当绑匪再次打来电话的时候与其约定了地点，只等交钱赎人。

然而，当荣家的人赶到接头地点时，却不见人影，接连两次，都是这样。

原来，警方为早日破案，暗中监听了肯定会和绑匪联系的荣家的电话。绑匪和荣家一商定接头地点，警方立即派出大批便衣布置在交接地点的附近，只等着绑匪落网。绑匪发现势头不对，于是决定不现身，并且决定此后与荣家联系都通过信件的方式。这样一来，可慌了荣家的人，绑匪没有收到钱，就不会放荣德生出来，而且警方一参与，他们就很可能进行撕票。

因为绑匪作案时使用了淞沪警备司令部的汽车和证件，淞沪警备司令部无法摆脱干系，为了洗刷清白，上海军警方面在案发后出动大量警力，在上海全面搜查，力图早日破案。但荣家生怕警方介入会危害荣德生生命安全，不但不配合，还千方百计地避开军警方面。此案因此变成了绑匪、荣家和军警三方面的角力，显得更加复杂。

因为荣家和警方的相互制约，绑匪在与荣家进行交涉的时候十分谨慎，甚至一度中断了与荣家的联系，案情一下子停滞了。

一晃儿半个多月的时间过去了，荣家的赎金依然没有送出，绑匪也依然没有放人，而警方的侦破也依然是毫无进展。而在这半个多月的时间当中，社会上对荣德生被绑一案议论纷纷，警方所面临的社会舆论压力越来越大。在此情况下，淞沪警备司令部司令李及兰和缉查处长程一鸣被迫辞职，随后，蒋介石下令淞沪警备司令部司令由上海市警察局长宣铁吾兼任。宣铁吾上任后，上海军警界精兵强将全被动员，大队人马日夜盘查。

然而，警方破案力度的加大却使得荣家更为担心，他们千方百计力图摆脱警方的监听和跟踪，经过多日的苦苦等待，在案发接近20天之后终于和绑匪接上了头，双方约定5月15日在蒲石路交款赎人。

荣家自以为做得保密，但这一消息仍被警方获知。宣铁吾亲自布置，派出大批便衣和警察潜伏在接头地点。这一接头地点正是京沪警备司令汤恩伯的公馆隔壁，汤公馆的卫兵发现周围潜伏了这么多便衣和警察，不敢掉以轻心，就报告了汤恩伯。汤恩伯不知要出什么事情，就立即调来部队加强保卫。汤恩伯的部队一来，周边的气氛明显就不对了，绑匪见此情形，知道一定有埋伏，于是又在接头之前溜之大吉了。可是荣家派来的联系人顾鼎言却不知情，照样拿着赎金的一半即25万美元前来接洽。顾鼎言赶到地点，四处张望也寻不到赶来接头的绑匪，却被警方便衣一把按倒在地，他带来25万美元赎金也被搜缴。

因为屡屡接不上头，赎不回人的荣家一天比一天焦急，而久久拿不到钱的绑匪也同样焦急，要知道，夜长梦多，与荣家搭线的时间越长，风险也就越大。但是既然已经走上了这条路，就断没有回头的道理，他们绝不会前功尽弃地白白把人放出去，况且他们即使放了荣德生，警方也未必肯放了他们。而同样，他们也不会轻易撕票的，因为撕票也等于白忙了一场。

这时，绑匪们还要面对另一个难题，那就是囚禁荣德生的小楼黑屋虽说非常隐秘，可是随着警方搜查范围的扩大和搜查行动的深入，这个地方有好几次都差点儿被发现。因此，绑匪们觉得继续把荣德生囚禁在这里是不安全的，他们得想办法将荣德生转移出去。可是绑匪们发现，想要在这个时候把荣德生转移出去，简直比登天还难，因为警方已经下定了破案的决心，各个路口和码头都被严密地监控着，他们一旦带着荣德生出去，肯定会被警方察觉。这样，尽管此地已经不够安全，但是他们也只能这样挨着。就这样，绑匪们在提心吊胆中度过了20多天，钱还是没到手，因此士气一片低落，个个唉声叹气，有几个在此次绑架活动中作用较为次要的绑匪还因为觉得风险实在太大索性悄悄溜走了。

可以说，在荣德生被困的一个多月里，几方面的人都处于一种异常煎熬的状态之中。

又过了些天，荣德生手下非常受信任的申新二厂的厂长詹荣培跟匪徒接上了头。绑匪将联络地址写在静安寺和南京大戏院一带墙上所粘贴的袜厂招工广告的背后，然后，荣家再派出亲信，见到广告就揭，拿回去详细地检查，确定与绑匪进行交涉的接头地点。绑匪指出了两个接头地点，荣家分别派人去守候，但绑匪却都未露面，因为这只是他们的试探，他们想先确定一下那两个地方到底有没有警察埋伏。两处都没有发现异常的情况，绑匪这才放了心，和詹荣培商定5月29日下午送钱到福煦路康乐村54号，钱到后，当晚放人。谨慎的詹荣培要求绑匪拿来几件荣德生的信物，以表明荣德生的确在他们手上。很快，绑匪将两件信物送了过来。一件是荣德生的私章，一件是荣德生时刻佩带在身上的刻有"青年"二字的励志印章。荣家看过确认无疑后，詹荣培才带着钱去赎人。

为了避免遭到警方的盘查，荣家非常小心地将50万美元现金派几个仆人分几次陆续送到詹荣培家中。5月27日，詹荣培将钱藏在汽车后座下，先开车进厂，办了几件公事，之后又在街上转了几圈，确认没有警察跟踪后，才直奔福煦路康乐村54号，将赎金交到了绑匪的手中。詹荣培完成任务后立即来到荣家，向荣家汇报一切顺利。荣家的人这才稍稍放了心。

交出赎金之后的那一晚上，荣家的人都是彻夜未眠的。经过几个小时焦急的等待，当晚后半夜，荣家总算接到了绑匪的电话，绑匪在电话中对他们说，24小时之内，荣德生一定平安到家。

绑匪没有食言。5月28日晚上10点左右，一辆轿车将荣德生送至霞飞路停下，然后车中有人将他扶下来，喊了一辆黄包车，吩咐车夫将荣德生送到唐尼尼路熊源的家中。唐熊源立即打电话通知家人好友，众人纷纷赶来相见，欢喜万分。荣德生在被绑架34天之后，终于平安地回到了家里。看着自己阔别了多天的亲人，想想自己在魔窟中那一个多月的煎熬，白发苍苍的荣德生一时老泪纵横，唏嘘不已。

然而，荣德生虽然平安地回来了，这个案子却依然没有破获，绑匪究系何人还依然无从知晓。因此，荣德生的归来并没有使得此事立即平息，而是在社会上掀起了更大的波澜。原来，荣德生能够平安归家，并不是依赖于警方的营救，而全是依靠自己家中拿出的赎金。在这次绑架案的整个过程中，荣家赎回了人，绑匪得到了钱，可是上海警方费了很大的力气却只得到了一片骂名，尽管荣家不愿得罪警方，事后并没有对外声张，但"荣大老板花50万美金才被赎回"这一消息却不胫而走，在社会上立即传开，闹得沸沸扬扬。警方维护治安的能力遭到社会舆论的口诛笔伐，而更有一些人透露出这样的观点：如此大案，上海警方进行了空前的动员，但耗时30余日却连绑匪的踪影都没有寻到，可以断定其中必有警方人员的参与。

那么，荣德生绑架案到底是何人所为？案件的最终破获情况又是怎样的呢？

黄金荣是最大嫌疑犯？

荣德生被绑架，堪称是上海最大的绑架案，而这最大的绑架案又是何人才做得出来呢？人们自然会认为只有最大的流氓才有能力、有胆量做得出来。上海最大的流氓无疑是"三大亨"了。这"三大亨"中，张啸林已经在抗战时期因为下水做汉奸而被暗杀，只剩下黄金荣和杜月笙这两个大亨。与其他人一样，荣家的人在案发之后也立即联想到黄金荣和杜月笙这两个流氓大亨，怀疑事情是他们所为，而两人之中又尤其怀疑黄金荣，因为与杜月笙比起来，黄金荣的名声更坏。不过，怀疑归怀疑，却没有确凿证据。

其实，不仅仅是社会上的人纷纷猜测此事可能是黄金荣或杜月笙所为，警方也同样有着这种怀疑，为此，淞沪警备司令部派遣了很多便衣去监视黄金荣和杜月笙。黄公馆和黄家花园附近都有便衣警察埋伏着。黄金荣是何等人？他自己就是侦探出身，干了一辈子侦察别人的工作，如今有人来侦察他，他怎么会发觉不了呢？知道警方居然派遣了便衣来监视自己，黄金荣勃然大怒，立即跟淞沪警备司令部进行沟通，要他们撤走布置在黄公馆和黄家花园外围的警察。警备司令部一面敷衍黄金荣，一面仍然派遣警察对黄金荣进行监控。时间一长，黄金荣对于警方的监视也就听之任之了。

实际上，绑架荣德生之事还真不是黄金荣所为。那么，又是何人竟然如此大胆呢？

荣德生归家之后，警方的侦察工作一点儿也没有松懈，在蒋介石的责令下，京沪军警当局全神贯注地寻找着得手后逃散的绑匪线索。

正在上海警方因为如何破获绑架荣德生一案而感到焦头烂额之际，在南京的军统特务头子毛森却忽然发现自己手下的黄锦堂最近表现很是反常。他突然之间变得非常阔绰。毛森联想到，黄锦堂是浙江嵊县人，而嵊县帮的流氓集团在上海从事绑架活动是出了名的，那么，很有可能黄锦堂就参与了绑架荣德生一案。

想到这些，毛森基本断定荣德生一案是嵊县帮所为，而黄锦堂也参与了此案。这样一来，困扰了警方人员几十天的案情一下子就要真相大白了，毛森因此感到了一种按捺不住的兴奋。他马上把黄锦堂找来进行试探。毛森可是一个审人高手，在他精心设计的一连串攻势下，黄锦堂很快就变得六神无主，甚至紧张得浑身颤抖。在毛森的进一步软硬兼施下，黄锦堂的心理防线最终全部崩溃，详细交代了他的同伙人员和作案过程。

正如毛森的判断，策划实施这起绑票大案的就是当时著名的绑票犯罪团伙"嵊县帮"。该帮的主要领导人物骆文庆和袁崇杼在策划了多起绑架案之后，经过一番密探，决定最后大干一把，把绑架目标确定为上海商界第一大亨荣德生。为了执行这一策划，他们进行了精心的准备，二人首先网罗了蓝衣社特务、曾在荣家面粉厂供职过的朱连生，在朱连生的帮助下，他们摸清了荣德生的面相和出入习惯。然而，他们发现荣德生作为上海商界的头号领袖人物，深知世道险恶，对自身安全的防范十分严密，只要出门，必有武装保镖护卫，所坐的也是防弹汽车。看到荣德生警卫严密，骆、袁二人感到寻常手段难以得手，就找来此前当过惯匪、汉奸而当时在国民党特务组织任职的黄阿宝，一同对绑架方案进行磋商。

听到了骆文庆和袁崇杼所讲出的难处，黄阿宝眼珠一转，说道："这还不容易？我们逮捕他嘛！"骆文庆和袁崇杼听了这个主意，大有茅塞顿开之感，对黄阿宝是连连称赞。但是，这个主意虽好，执行起来却也有一个难处：既然要以警方的名义来"逮捕"荣德生，那就必须得有警方的配备才行啊，可这个警方的配备上哪去弄呢？这个难不倒黄阿宝。这黄阿宝不是别人，正是军统特务黄锦堂的叔叔。黄锦堂虽然是嵊县人，但是并没有参与过嵊县人的各种犯罪活动，不过，黄阿宝摸清了这个侄子的脾性和处境，他最喜欢过那种花天酒地的生活，但是薪水却很有限，供不起他挥霍，他一直都巴不得有发财的机会，却又苦于自己没有门路，因此，这次拉他入伙想必是不成问题的。果然，在金钱的诱惑下，又有自己叔叔的担保，黄锦堂决定铤而走险。叔侄二人一拍即合，黄锦堂利用职务上的便利，很快就搞来了军统特务专用的柯尔托式手枪、陆军第三方面军的逮捕证和淞沪警备司令部的轿车等一系列"道具"。之后，又经过几番的谋划分工，一切准备就绪后，1946年4月25日上午，发生了荣德生被绑架的一幕。

5月28日，绑匪释放了荣德生之后，就在关押荣德生的曹家渡五角场老公益里100号楼里对赃款进行了分配。赃款分配完毕之后，骆文庆宣布大家即行解散，为了避免露马脚而被警方发现，他们约定半年之内谁也不得动用这笔钱。但是，拿到这笔钱后没有几天，黄锦堂就按捺不住了。没过多长时间，黄锦堂就迫不及待地动用了那笔赃款，因此很快就被他的长官毛森看出了破绽。在毛森的逼问之下，初次作案的黄锦堂只得全部坦白。

按照黄锦堂所提供的线索，毛森立即部署手下军统特务和大批警务人员进行搜捕，数日之后，此案案犯全部落网。1946年8月27日，上海军事法庭判处骆文庆、袁崇杼、黄阿宝、黄锦堂、吴志刚等8名主犯死刑，立即执行。

至此，轰动一时的"上海滩绑票第一大案"终于尘埃落定，而黄金荣到此也总算可以证明自己的清白了。

风风光光的八十大寿

1947年12月11日，上海《申报》登载了这样一篇启事："国历十二月十二日暨农历十一月朔日为黄理事长金荣老先生八秩寿辰。先生行侠好义，功在社会，亮节高风，望重当时，同人等共沐熏陶，时承謦欬。届兹华诞应晋桃觞而先生凤抱悲悯之怀，谢绝台莱之颂，坚以民生凋敝，举步维艰，力戒铺张，冀符节约，爰订于是日假座玉佛寺聊备粗延尽一日之欢，顶礼寿佛来表祝嘻之愿。凡与先生交好欢迎参加，增辉盛会。"

这是荣社为了庆祝黄金荣的八十岁寿辰而在《申报》上做的广告。

当时，黄金荣的徒弟已多达3000余人，每年他过生日的时候，徒弟们都要前来孝敬一下，送上的寿礼少则几百，多则数千，这样，每一场寿礼办下来，黄金荣总是小有收获的。而八十大寿当然更不比寻常，一定要更加热闹地庆祝一番。对于如何庆祝自己的八十大寿，黄金荣还是有着一些顾虑的。一方面，就如刊登在报纸上的启事中所说的，当时"民生凋敝，举步维艰"，所以应当"力戒铺张，冀符节约"，而另一方面，在1947年，"举步维艰"还不仅仅是中国的民生，国民党在战场上也是屡屡战败，为此，蒋介石感到忧心忡忡的。在这样的大背景之下，黄金荣再大肆铺张地庆祝自己的八十大寿，显然是不合时宜的。对于这一点，黄金荣看得很明确，他特地吩咐管家程锡文和鲁锦臣不要太铺张。

通过一番精心的选择，黄金荣庆祝八十大寿的地点确定在沪西槟榔路的玉佛寺。

因为寿宴是在玉佛寺举行的，同时也是出于节约的目的，宴席全部用的素菜。当然，这素菜是准备得相当丰盛的，而且菜名也都做了精心安排的。第一道菜是用猴头、香椿做的"一品香"，第二道菜是腐乳汁和梅干菜做成的"二度梅"，第三道菜是冬笋、香菇、木耳做成的"三鲜汤"，第四道菜是青椒、青豆、青瓜、菜心做成的"四季青"，接下来则是"五灯会"、"六子莲"、"七星楼"、"八大碗"、"九如意"、"十样景"等。

对于黄金荣的八十寿宴来说，最为重要的并不是宴席有多么丰盛，而是赶来庆贺的人物非常重要。以黄金荣这种身份，每次庆祝生日自然都是高朋满座，但今年却又与往年大有不同，这不仅是因为"八十"是一个整数，也因为一个人能够活到八十岁已属高数了。所以，黄金荣在其八十大寿之时是将他一生之中所积攒下来的所有的荣耀都集中到了一起的。为了庆祝黄金荣的生日，上海《益世报》特别刊登了《黄锦镛先生八秩寿序》一文，此文对黄金荣的功德进行了一番天花乱坠般的夸耀，称颂上海历史上自"学博闻智，出秦扶楚"的春申君之后又有黄金荣的诞生，黄金荣"承烈耳子任，能振而大之"，又说黄金荣"少而高率，气宇朗朗异常儿"，"弃制艺不为，潜究警政之学"，从而"益通识，富鉴裁"，再接下来，又历数了黄金荣的种种德行，称誉黄金荣为"今之德星"和"中国在野之巨人也"。总之，这篇寿序将黄金荣的善行做了极大的夸张，甚至将他的一些劣迹也美化为了不起的"德行"。如此颂文，在不知内情者看来，一定会认为这个黄锦镛先生是一位世所罕见的深受人们景仰的德高善著之人，可在知情者看来，也就只能将其当作戏文来读而聊作一哂罢了。引人称奇之处并不在于这篇寿序的用词如何，而是寿序后面所罗列的一长串的署名：于右任、王瓒绪、王懋功、白崇禧、何应钦、何成濬、何思源、吴铁城、李品仙、谷正纲、张群、张发奎、许崇智、汤恩伯、陈果夫、孙连仲、蒋鼎文、莫文化、刘文辉、卫立煌、龙云、顾祝同、钱大钧、熊式辉等多位国民要人都名列其中。

各界名流给黄金荣送上的当然不会仅仅是这样一篇寿序，生日当天，黄金荣还收到了很多贺匾，例如，宣铁吾的"海屋添寿"、水祥云的"寿同山岳"、刘绍基的"仁者必寿"、方治的"是仁者寿"、李济深的"天锡纯嘏"、刘鸿生的"江下之杰，人中之龙"等。另外，还有很多人为黄金荣题写了贺词，号称"三太史"的张元济、高振霄和钱崇威就各自给黄金荣送上了贺词，其中张元济的贺词是："天宝定尔，以莫不兴，如山如草，如冈如陵，如川之方至，以莫不增，如月之恒，如日之升，如南山之寿，不骞不崩，如松柏之茂，无尔或承。"。

黄金荣的八十寿宴是特地邀请杜月笙主持的，因为在当时，杜月笙绝对是一流的上海名人，请他来主持，黄金荣才会感到自己有面子。对于黄金荣的这个请求，杜月笙当然是满口答应的，两人之间虽然存在着种种矛盾，但是至少在面子上彼此还是一团和气的。

八十寿宴的当天，蒋介石的儿子蒋经国和蒋纬国、上海市市长吴国桢、社会局长吴开先、已离开政坛的孔祥熙等重要人物先后赶来向黄金荣拜寿。到晚上大约11点的时候，黄公馆又迎来了一位重要客人——国民党元老李济深。李济深一见到黄金荣就带着一脸欣喜之情抱拳叫道："老大哥，老大哥！"随即向黄金荣行了正式的鞠躬礼，以表示对其八十寿辰的拜贺。彼此落座之后，李济深跟黄金荣讲了很多。谈话之后，黄金荣特地与李济深和了一张影，然后又叫王晓籁和陈锡文过来，四人一起合影留念。此后不久，李济深就离开大陆去了香港。

20年前，黄金荣六十大寿的时候，蒋介石曾经亲自登门拜贺，这一直都是黄金荣最感快意的一件事。如今，黄金荣庆贺自己的八十大寿，他自然又会想到20年前蒋介石出现在黄府中的情景，而他也希望蒋介石再次出现在自己的寿宴上。可是，黄金荣也知道，那不过是一种一厢情愿式的奢想罢了，现在的蒋介石身为国民党总裁，而且当前国共战事繁忙，蒋介石日理万机，哪还能抽得出空来给他拜寿呢？果然，黄金荣八十寿宴的那天蒋介石没有到场。

热热闹闹的八十大寿转眼就过去了，黄金荣家里又恢复了平常的状态。十一月初四下午，黄金荣突然接到陈布雷从南京打来的电话，说蒋介石将于第二天抵达上海，并且会亲自到黄府给黄金荣拜寿。听到这一消息，黄金荣着实是喜出望外，他甚至有些不知所措。虽然黄金荣此前曾多次幻想过蒋介石前来给他祝寿的情景，可一旦蒋介石真的要来，他反而感到很慌张。对于这件事，黄金荣会看得比其他所有的事情都重，他赶紧吩咐自己的家人和弟子，务必做到万分周全，准备在黄家花园迎接蒋总裁的到来，而这其中最为重要的工作不是将场面打点得多么好看，也不是将酒席准备得多么丰盛，而是做好保卫工作，一定要做到万无一失。为此，黄金荣特地吩咐门徒陶雪生调动了漕河泾的地方警卫团来黄家花园担任保卫工作，同时，通往黄家花园的道路上也都布满了站岗的警卫。

经过连夜的紧急部属，到了十一月初五，也就是公历12月16日早晨，黄家花园已经一切备置妥当。花园内四教厅前陈列的一堂樊石八仙，厅内正中红木供桌上供奉着福、禄、寿三星，精致的宣德炉香烟缭绕，厅内左右摆着两排红木太师倚，地上铺着猩红的波斯地毯。而黄金荣则身穿寿字服，在花园门前恭候着蒋介石的到来。在黄金荣的左右还有杨虎、杭石君、鲁锦臣，程锡文、龚天健等亲信陪同着。

下午两点的时候，蒋介石的专车在黄家花园门前停了下来，蒋介石从车内走出，黄金荣等忙上前迎接。蒋介石这一天身穿蓝色夹袍，上罩玄色马褂，一下车便一边对黄金荣拱手作揖，一边开口说道："初一那天就该来拜寿，怎奈公务缠身，而且玉佛寺人多不便，所以来迟，还请老师原谅。"

之后，蒋介石不顾黄金荣的阻拦，硬是趴在地上给黄金荣郑重地叩了三个头，然后才缓缓起身，而黄金荣则赶忙起身颤抖着双手去扶蒋介石，真是大有感激涕零之意了。

给黄金荣叩过头之后，蒋介石一站起来就马上说道："近日公务甚忙，学生不多留了，就此告辞，望老师多多保重，福寿绵长。"说完，蒋介石就起身带着随从离开了黄家花园。

黄金荣当然要亲自送蒋介石到大门外，看着蒋介石上了汽车，又看着蒋介石乘坐的汽车渐渐走远，直到已经不见踪影的时候，他才深深地慨叹一声，回到院中。

事后，黄金荣非常感叹地对身边人说："蒋总裁真是个重礼重义的了不起的人物啊！难得，难得！"总之，蒋介石亲自来到黄家花园给黄金荣拜寿，并且行下最为庄重的叩头礼，令黄金荣觉得非常的荣幸。

以当时的历史情形来讲，蒋介石为什么非要亲自去给黄金荣拜师不可呢？首先，蒋介石对于当年黄金荣所给予自己的援助还是非常看重的，那时，是黄金荣将他从最为艰难的处境中解救了出来，并且日后还资助了他一笔盘缠南下去继续参加革命，如果当时没有黄金荣的帮助，说不定蒋介石也就不会取得日后的巨大成就。所以说，蒋介石亲自去给黄金荣拜寿，首先还是出于他发自内心的一种感恩之情。另外，蒋介石亲自去给黄金荣拜寿还有着现实利益方面的考虑。当时，社会各界有很多人对蒋介石感到不满，认为蒋介石对他们已经变得日加疏远。对于人们的反应，蒋介石不会一点儿都不知道，所以他这次来给黄金荣拜寿，也是想让世人看一看，他蒋介石对一个在很多年前帮助过自己的人都还如此尊重，那么对于曾经一起并肩作战过的广大同仁又怎么会忘怀呢？因此，才出现了黄家花园中蒋介石向黄金荣叩头拜寿的一幕。

新建协会的常务理事

1946年秋季，为了进一步控制全国的帮会力量，并以此来推行自己的反动独裁政策，进而破坏国统区的民主运动，破坏解放区的建设，从而实现与共产党争夺国家领导权的目的，国民党特务机关将1939年在重庆由蒋介石授意，由军统特务头子戴笠出面，拉拢杜月笙等全国帮会界重要首领组建的"人民动员委员会"改组为"中国新社会事业建设协会"，简称"新建协会"。

人民动员委员会是抗日战争的特别时期成立的，为国民党在抗战时期控制帮会为其效力起到了重要的作用。抗战胜利后，这一战时组织自然失去了其存在的理由，但军统组织为了将全国近300万汉奸武装集团转为打内战的资本，决计设法将该委员会改头换面之后继续保持下去。1946年1月25日，这项计划经戴笠呈报蒋介石后，得到了蒋介石这样的批准："所请将人民动员委员会改组为中国新社会事业建设协会一节，即可照此计划进行。"随即，中国社会建设协会首先在沈阳、北平和天津三地开始组建。

然而，新建协会尚未正式成立，戴笠就失事身亡，但是，筹建新建协会一事并未因此而流产。不久，原人民动员委员会骨干分子、军统特务徐亮就向保密局局长郑介民和副局长毛人凤正式建议成立全国性的新建协会，作为控制各地帮会的中心机构，这一建议很快得到了郑介民和毛人凤的同意并转报蒋介石进行批准。其实，蒋介石对于成立新建协会一事是非常关心的，1946年春夏之间，他曾两次就有关筹备建设会的情况向郑介民进行询问，还在接见徐亮时面授该会的工作原则。蒋介石如此关切新建协会是有着现实原因的。当时海外洪门组织致公党首领司徒美堂正在国内酝酿成立洪门政党，蒋介石对此恼怒不安，于是派徐亮去上海，一方面以重金和国大代表为诱饵，用偷梁换柱的手法来阻止洪门办党，一方面积极筹办新建设会。

在此前后，郑介民指示徐亮，组织新建协会的目的是"团结全国的帮会分子，勿受共产党的利用，进而协助政府反共工作，并作为军统局的外围，深入社会各阶层各职业界做情报工作"，并表示戴笠生前组织的沈阳、北平、天津三地中国社会建设学会将来可并入全国性的新建协会中作为地方分会，因为这三个学会中有不少人都是帮会分子。郑介民在抗战之前参加过洪门，与向海潜、梅光培等拜过兄弟，对帮会的社会作用有所了解，此时决定放手大干，于是下令徐亮草拟一个工作计划，由他转报蒋介石。蒋介石接到这一计划后旋即批示："此项工作应以保密局为中心，渗入各帮会中控制运用，所需经费人员统在该秘密核心机构现有之经费人员中筹划支配，不必另列预算。"

郑介民和毛人凤得到蒋介石的批示后，将上述计划作了修改，于7月25日再次汇报蒋介石。计划书分析了中国帮会的现状，认为全国的帮会人数有8000万之多，帮会的每一个首领都可掌握几百、几千乃至几万的喽啰，因此将帮会组织起来对于国民党的统治十分有利，这就明确表示出尽快成立新建协会的紧性和必要性。

为了加强控制，保密局派内部人员渗入新建协会以领导该会，再由该会会员渗入各帮会以领导各帮会。因此，他们计划，设置社会组专司其事，该组分设文书、督察、调查、宣传、组织、总务六处，从新建协会总会，到每一分会及特别区会乃至各县市之区会内都派有保密局工作人员进行控制，日后成立的新建协会的组织系统基本上是按此规划组建的。

蒋介石当时一面加紧对解放区的全面进攻，一面又摆出"民主"的姿态，鼓吹还政于民，却在暗地里百般收罗政治帮凶。此时，在洪门内部，组党还是组会的争论再度兴起。1946年9月1日，中国洪门民治党在上海宣告成立，该党表面上由司徒美堂负责，实际上则由以陈果夫和陈立夫为中心的国民党派别所控制。同年9月15日，民治建国会（原名中国洪门建国会）成立，该会"各地负责人皆系帮会中人……无不每月开数次香堂，凡为其个人之徒者，同时亦即参加为会员"。在这种情况下，为了尽快地控制住帮会力量，中国新社会事业建设协会便匆忙登场了。

1946年10月19日，中国新社会事业建设协会于上海丽都花园正式宣告成立。各地赶来参加新建协会成立大会的帮会首领多达千人，这其中也包括当时已经年近八旬的黄金荣。

新建协会在成立大会上通过了一个章程，章程中明确声明："（中国新社会事业建设协会）秉承孙中山先生遗教，以求建设三民主义的新中国；秉承事业以人民为本之原则，以努力新社会事业之建设；是站在人民的立场上，求达成复兴民族、安定世界之目的。"同时，协会在会员守则中又明确规定会员要"爱国家、孝父母，不得背叛忤逆之行为"，要"守纪律，务正业，不得有作奸犯科之行为"。

新建协会总会设于新旧帮会聚集的上海，会址在梵皇渡路（今万航渡路）40号。新建协会为了扩充组织而在章程中规定该会"得在各省市或交通繁盛地方设置分会或特别区会"。在组织机构方面，新建协会设有秘书处、组织处、宣传处总务处、交际处、调查处、会计室和生产委员会等8大部门。另外，该会也设有当时一般社团均有的理事会和监事会，基本上是人民动员委员会的原班人马。常务理事有杜月笙、向潜海和杨虎，黄金荣也名列其中；理事有杨庆山、范绍增、田德胜、张仿、张子廉和徐亮，监事有潘子欣、张树声、王慕沂、李福林等人。根据该会章程，实权掌握在"负责日常会务"的书记长徐亮手中。除此之外，保密局还派出了程克祥、彭寿、桂运昌、管容德、余范铭、廖哲明、袁朴和刘步青等8人小组协助徐亮控制该会。其中程克祥和管容德分任副书记长、书记，桂运昌、廖哲明、余范铸分任组织处长和该处处员；袁朴、刘步青任调查处处员，彭寿任生产委员会主任委员。

新建协会的成立，虽然未获得蒋介石的正式批准，但无疑是符合蒋介石的意图的。故该会成立不久，蒋介石即于同年12月发出指示，要新建协会"专司控制社会责任"。对于这一点，新建协会一直讳莫如深，其负责人曾告诫各分会书记长务必严密注意："不可对普通会员宣称本会系领袖授意所组织，若一般人以此为谣言之资料，而谓领袖领导青洪帮时，领袖必须维护其声誉计而立即令本会解散。"事实上，新建协会成立后，各地分会的工作汇报之要点曾经保密局直接报送蒋介石，并得到过蒋介石的赏识。

尽管新建协会在开办之初，保密局为掩人耳目，特派徐亮做出联合全国各地帮会头目共同发起的假象，可实际上新建协会就是由国民党保密局一手包办的帮会组织。为了全盘控制境内外的中国帮会组织，新建协会提出了"青洪合流，三山五堂合流，海内海外合流"的口号，自1946年10月成立后经过国民党特务机关的苦心经营，在短短的一年之内就先后设立了上海、湖北等25个分会，徐州、天津、青岛3个特别区会以及468个县区分会，发展会员达56万余人。

新建协会虽然势力膨胀迅速，但是因此也产生了严重的后果。在新建协会扩张的过程中，一大批流氓、地痞、恶霸之类的人物加入进来。他们自恃有国民党特务组织做靠山，聚众殴斗、敲诈勒索、调戏妇女、包庇暗娼、拦路抢劫、贩卖武器等，真是肆无忌惮，为所欲为。其中有些人甚至还以新建协会的名义到处开山授徒，为凶作乱，搞得社会上一片乌烟瘴气。这些恶徒的种种暴行，当然很快就引起了社会各界的强烈谴责，就连新建协会的负责人也不得不委婉地承认："查本会自于各县筹设区会以来……随便吸收帮会中下层分子为会员，对此类会员毫不加以管理或约束，一任其自由行动，致帮会中误以为一经参加本会，帮会即可公开，其帮会之身份即获得充分之保障者亦不在少数。""各区会所属帮会份子难免有借区会名义以开堂收徒者。各该分会反躬自问，确有不能自怨自艾者。"

实际上，在国共内战的政治大背景之下，新建协会大肆收罗封建帮会势力的首要目的就是反共。新建协会下属各区分会利用帮会等渠道经常收集各地有关共产党、民主人士的信息并及时报送总会，转给保密局处置。新建协会总会调查处也兼做共情报工作。1947年该会还直接参与制造了上海劝工大楼事件，指使一群流氓赤膊上阵，直接破坏工人运动和学生运动。

1947年9月4日，国民政府行政院发布训令称："新建协会在各地有非法活动，影响社会秩序，应由该部（社会部）撤消其登记，并取消各省分支会。"不久行政院又传达密令，要求依法惩办新建协会中的犯罪分子。不过，面临灭顶之灾的新建协会并不甘心自己的失败，徐亮等人通过保密局请求蒋介石更改该会名称以苟延残喘。然而，蒋介石却下达了这样的手令："新社会建设协会应从速取消并呈报。"因此，1947年11月，书记长徐亮以及杜月笙、杨虎、向潜海三个常务理事联合向新建协会各组织发出结束该会的训令，自此名噪一时的中国新社会事业建设协会及各地分会终于迅速相继解散，退出了历史舞台。

借小蒋之手打杜门

1948年8月18日，南京国民政府下达了一道"经济处置法"，开始实行所谓的"币制改革"，因为这一次改革推出了新货币"金圆券"，所以这次币制改革通常被称为"金圆券改革"。其主要内容为：第一，以金圆券取代法币，法币须在当年11月20日前兑换为金圆券，金圆券1元折合法币300万元。第二，禁止黄金、白银和外币的流通、买卖或持有；所有个人和法人拥有之黄金、白银和外币，应于当年9月30日前兑换为金圆券，违者一律没收并予惩处。第三，严格管制物价，以当年8月19日价格为准，不得议价；实施仓库检查并登记，从严惩处囤积居奇者。

金圆券改革刚刚开始，蒋经国就带领着他一手组建的经济勘建大队来到了上海。蒋经国认为，如果想将事情做得更好，必须要充分调动起群众的热情，为此，他在上海挑选了一万多名青年，于9月25日召开了以王升为总队长的大上海青年服务队的成立大会。在集会上，蒋经国鼓动队员们："对付那些抵制币制改革的巨商、富户、官僚们，要拿出武松打虎的勇气。"因为蒋经国的这一号召，他此次来上海督导推行"金圆券改革"的活动又被形象地喻为"打老虎"。蒋经国不仅组建了青年服务队，还设立了密告箱，鼓励人民进行告发，同时还在每周二和周四公开接见市民，广泛听取意见。他表示："本人此次执行政府法令，决心不折不扣，决不以私人关系而有所动摇变更。投机家不打倒，冒险家不赶走，暴发户不消灭，上海人民是永远不得安宁的。凡为资本家辩护的，就是资本家的走狗。我们一定要使上海不再是投机家的乐园，而为上海人民的上海。"

事实表明，蒋经国此番来上海"打虎"，绝不仅仅是做样子给大家看的，而是确确实实地痛下决心要挽救上海地区混乱不堪的经济局面的。蒋经国来到上海之后，凡触犯法令者，商号吊销执照，负责人法办，货物没收，并枪决了犯勒索罪的淞沪警备部科长张亚民、官员戚再玉、囤积居奇的商人王春晢。蒋经国还召国民政府行政院善后救济总署执行长兼上海分署署长、轮船招商局理事长刘鸿生训过话，也曾将江浙财团的核心人物、中国银行董事长、中央银行初期监事会主席、上海银行业联合准备库主席、金圆券发行监理委员会主席李铭批驳得"面红耳赤、神色颓唐"，并且曾将国民党军事委员会农产调整委员会主任委员周作民斥责得"垂头丧气，情绪紧张万分"。

蒋经国来上海"打虎"，特别惊动了一个人，这个人就是黄金荣。黄金荣倒不担心被蒋经国当成"老虎"来打，他考虑的是借蒋经国之手来打一打上海滩上的一只真正的"大老虎"。他想要打击的这只"大老虎"不是别人，正是从他门下成长起来的老朋友，同时也是他的主要对手的杜月笙。

黄金荣与杜月笙之间的矛盾由来已久，虽然表面上一直维持着友好的关系，但暗中却进行过多次的较量，较量的结果是黄金荣每每都要比杜月笙逊上一筹。逐渐的，黄金荣这个上海滩第一大亨的地位就被杜月笙夺了去，可是在黄金荣的眼里，杜月笙就是他的门生，他这个师父还在，做门生的哪能这么猖狂呢？看着杜月笙的势力一天天变得比自己强大了，黄金荣总感到不甘心，但他毕竟越来越年迈了，在很多方面已经争斗不过杜月笙了。不过，黄金荣还是总想找些机会敲打敲打杜月笙的，而此次蒋经国来上海"打虎"，在黄金荣看来就是打击杜月笙的一个好机会。因为就当时的情形来讲，黄金荣对于钱财的争夺已经比不得杜月笙那么活跃了，特别是在币制改革后掀起的抢购风潮中，杜月笙的表现非常突出。想借此机会来惩治一下杜月笙，让杜月笙做"老虎"。

为了打击杜月笙，黄金荣就想将蒋经国请到府中，乘机将杜月笙暗中策动徒众抢购物资的不轨行为透露给蒋经国，特别是将杜月笙三儿子杜维屏在证券交易所中所从事的投机活动暴露出来，让蒋经国去处理。黄金荣知道，蒋经国这次"打虎"是下了决心的，而如果能够打到一只杜月笙这种级别的"老虎"，也算是一个很大的收获了。因此，黄金荣特地命人备好请帖，让黄振世给蒋经国送去。当时，黄振世也在蒋经国手下的经济勘建大队中做事，与蒋经国是说得上话的，黄金荣觉得让黄振世去邀请蒋经国会更方便一些。但是没想到，蒋经国没赏他这个面子，他看过请帖说道："黄老先生的情，经国领了，赴宴的事情，我实在是抽不开身，麻烦你代为转告，请老太爷不必费心了，经国非常感谢他的邀请，等有了时间，我会亲自到府上去拜见。"就这样，蒋经国以公务繁忙为由回绝了黄金荣的邀请。

一次未成，黄金荣当然不能就此放弃。数日之后，他再次令黄振世去讲请帖递到蒋经国的手中。这一次，蒋经国接受了邀请，答应次日赴宴。可等到第二天，黄金荣迎来的客人却并不是蒋经国本人，而是他的部下吴绍澍和蒋恒祥，他们说，蒋经国因为临时有要事而不能前来，特向黄金荣表示歉意。蒋经国不亲自来，揭发杜月笙的事情显然是不便对这两个手下人说的。

蒋经国左请不来，右请不来，这令黄金荣感到很着急。后来，还是他的管家程锡文出了一个好主意："我看，让大少奶奶去请他合适，大少奶奶交际手腕好，小蒋先生会听她的。"听了程锡文的话，黄金荣茅塞顿开，一拍大腿说道："对呀，我怎么就没想到呢？"

在黄金荣的吩咐之下，李志清出面去邀请蒋经国。事实证明，程锡文的建议是完全正确的，通过李志清的邀请，两天之后，蒋经国就出现在了黄府的宴会上。黄金荣见蒋经国不给自己面子却给李志清的面子，索性在蒋经国来到府上的时候自己也退居二线，而让李志清出面去招待蒋经国了。

席间，自然会谈到当前正在推行得轰轰烈烈的"打虎"的事情。蒋经国一再表示出自己真心"打虎"决不手软的坚定态度，而李志清则趁机对蒋经国大肆恭维了一番，令蒋经国听着十分受用。酒过三巡，李志清见火候已到，就谈起了证券交易所的事情——她的儿子黄起予就是证券交易所的经纪人，而她则是幕后的老板，因此，李志清对交易所里的事情是了如指掌的。谈到这个话题上，蒋经国自然会询问一番交易所的投机黑幕，李志清则就势将交易所里的一些不法行为悉数讲了出来，她还着重对蒋经国说："交易所是杜家爷叔负责的，由他的三公子维屏少爷管理，我的儿子想申请执照当经纪人，要花十根大条，向杜家爷叔再三求情，还是花了五根金条。"蒋经国此时正想拿下几个过硬的人物进行开刀，从而杀一儆百，使得币制改革和经济管制能够顺利推行，一听得李志清如此说，当即表示定会详查此事。

见揭发杜月笙父子的目的已经达到，黄金荣的心情一时放松了不少。接下来，他就要准备好精神，看一看蒋经国和杜月笙两人表演的好戏了。

蒋经国说到做到，离开黄公馆之后，立即命手下人去调查中汇银行经理杜维屏在证券交易所进行投机的事情。证据确凿，马上派人将杜维屏逮捕，并以"囤货炒股"的罪名判了他8个月的徒刑。

对于杜月笙来说，继他的门生、亲戚和管家万墨林被捕之后，他的三儿子杜维屏也被判了刑。显然，蒋经国已经向他这只"老虎"举起了棒子。杜维屏被捕入狱的消息一经传出，杜月笙感到自己大有威风扫地的感觉。当《中央日报》上刊登的杜维屏戴手铐被捕的照片放在他面前时，他感到这个面子失得太严重了。

杜月笙知道，自己与蒋介石之间的关系一直不坏，对蒋介石政策一贯都是全力地拥护，而他与将经国之间的私交也不错，虽说自己的行事不太检点，但比起其他人来也不是最突出的，而蒋经国这样突然就冲着自己来了，显然是受到了别人的鼓动。此前，他已经闻听，黄金荣曾经多次邀请蒋经国到府上去赴宴，后来蒋经国果真去了黄府，与李志清密谈了很久。黄金荣与他之间素有不和之处，这一回，自己一定是又遭到黄金荣的暗算了。既然黄金荣给自己找麻烦，那他也得回敬一下，因此派了一些门徒去做一些令黄金荣感到不愉快的事情。这样一来，黄、杜两家之间的争斗就更加激烈了。

对于杜月笙来说，回击黄金荣是小事，营救自己的儿子却是大事。这件事情的确有些麻烦，因为蒋经国既然肯撕破脸皮来抓自己的儿子，就一定是动了真格的，因此一般的办法是难以奏效的。

实际上，早在这次币制改革的前夕，蒋介石就曾把杜月笙、刘鸿生等亲信人物召到南京去商谈，要求他们对币制改革进行合作。蒋介石讲话时严肃的表情令杜月笙预感到一种不良的征兆，为此，他曾将家中之人全部召集到锦江饭店，要求每人都服从政府，谨慎从事，将黄金、白银、外币等全部兑换成金圆券。可以说，杜月笙对于币制改革的推行还是比较配合的。也正是因为有了这种态度，他无论如何也没有想到蒋经国竟然会打到他的头上来。虽然杜维屏的被捕对他的触动是非常大的，可是对外面，杜月笙却还是要很硬气地讲："怕什么，我有八个儿子，缺了维屏，绝不了杜门。"他还在《商报》上刊登了公开信，表示："二十年来，镛之拥护领袖，服从政府，如所周知……币制改革，只能成功，不许失败，为心所企求，经国先生执法如绳，不枉不纵，深致敬佩，何致以事涉私情，有所非议。"

杜月笙虽然表面是这样说，但私下里却在为营救杜维屏而积极活动着。杜维屏出事之后，他立即打电话邀请钱新之、章士钊、陆京士等一批要人来寓所议事，第二天又延请黄炎培、刘鸿生、盛丕华、徐采丞等各界名流前来商量。听取了多人的不同建议之后，杜月笙决定了自己的反击策略，他吩咐徒子徒孙们四处活动，收集蒋氏姻亲豪门在上海囤积居奇的情报。

蒋经国因为打击杜月笙一事而在上海市民心中树立了良好的声望，当时上海的媒体更是对他的"打虎"行动大肆渲染。

9月下旬的一天，蒋经国在浦东大楼召集上海工商业人士开会，再次严申毫不手软地打击投机倒把的决心。没有想到的是，蒋经国的一番慷慨陈词话音刚落，杜月笙就站起身来说道："犬子维屏自当法办，杜某毫不怨言，不过，我也有一个请求，如果蒋先生真的有决心查处上海囤积货物从而牟取暴利的黑幕，那么一定要去扬子公司查一查，这样才能够服众。"

杜月笙的这番话说得不冷不热，可却让蒋经国心里大为惊骇，为什么？因为扬子公司的董事长和总经理，就是宋美龄的外甥、自己的亲表兄弟、前行政院长孔祥熙的儿子孔令侃。查别人容易，可是查孔令侃蒋经国心里还真就没底，因为孔家的势力实在太大，而且与蒋家和宋家又存在着盘根错节的复杂关系，伤了孔家，也意味着伤害蒋家。然而，尽管如此，杜月笙把话说出来了，蒋经国就不能不表这个态，他当即表示一定查办扬子公司。可是，表态容易，执行起来却很艰难，但蒋经国这次还确实是下了决心的，他真的就要动一动孔令侃。不过，蒋经国在实际办理的时候还是有些手软，不像处理杜维屏那样利落，仅仅是查封了扬子公司，却并没有逮捕孔令侃。即便这样，孔令侃也是不依不饶，他马上向姨妈宋美龄求援，而宋美龄立即赶到上海，把蒋经国找来，让蒋、孔二人言归于好，却没想到，蒋经国和孔令侃互不示弱，这次商谈不欢而散。宋美龄见自己调节无效，急忙给正在北平视察的蒋介石打电话，说上海出了大事，要他火速返回处理。接到电话后，蒋介石只好将北平的战事全都托付给傅作义，急急飞赴上海。

1948年10月8日，蒋介石抵达上海，宋美龄对蒋介石晓以利害，明确指出伤害孔家于国民政府的统治大为不利，其实，不用宋美龄开导，这个道理蒋介石自己最懂得。于是，蒋介石到上海之后的第二天早晨单独召见蒋经国，让他撤销对于扬子公司的查办，这样，蒋经国前番来势猛烈的"打虎"行动也就前功尽弃了。

实际上，即使没有扬子公司一案，即使没有宋美龄和蒋介石的干涉，蒋经国要长期在上海实行限价政策，那也是不可能的，因为强令限价违背了经济规律。

蒋经国离开上海不久，上海市面上就掀起了前所未有的抢购狂潮。杜月笙的管家回忆："凡属官价出售的东西，不论穿的用的吃的，从黄金到粮食都抢购一空，黑市物价一日三变，仍然不受限价的约束，于是金圆券的价值直线下降，蒋家政权的威信扫地……当时市面上传言，这抢购风潮就是杜月笙和与他有关的各方面合谋搞起来的，真相如何，我不清楚。"当然，这种抢购风潮不会跟杜月笙没有关联。

蒋经国上海"打虎"无疾而终。当杜维屏回到杜公馆时，受到了盛大的欢迎。杜月笙非常得意地说了句："强龙终究斗不过地头蛇。"

黄金荣得知蒋经国"打虎"竟然得到了这样一个结果，不禁感到很灰心。从当时杜月笙以及他的一些门徒对黄家的态度来看，怕是他们已经知道了杜维屏的事儿是自己找蒋经国进行揭发的，这样，黄金荣借蒋经国之手打击杜月笙未成，自己反而讨了个没趣，还落得个背后说黑话的坏名声，而且使得原本就存在着矛盾的黄、杜两家从此变得更加不和了。然而这些对于黄金荣来说也许都不是那么重要的，当时黄金荣最为在意的是，随着经济上的崩溃和政治上的分裂，尤其是军事上的失败，他已经不祥地预感到，他的门生蒋介石所掌控的南京政府就要在中国的历史舞台上隐退了，中国即将迎来一个前所未有的新的时代。

第二十一章
无可奈何的选择

走，还是留？

1949年1月，辽沈、淮海、平津这三大战役都以共产党的辉煌胜利而告终，国民党的最后溃败已成不可挽回之势。时至今日，蒋介石民是无可奈何的，他只能做好最后的准备，一方面寄希望于长江天险对中国人民解放军的阻隔，一方面也更加紧急地筹划着退往台湾。

4月21日，人民解放军百万雄师横渡长江，两天之后，解放了国民政府的统治中心南京，在一面红旗被插上总统府的同时，蒋家王朝在中国维持了22年的统治就此宣告覆灭。

随着国民党长江防线的被突破和南京的失守，共产党军队进驻上海也就成了迫在眉睫的事情。而在这一时间的前后，黄金荣又在想着什么呢？面对江山易色的时代风云，他又是如何应付的呢？

其实，时间进入1949年，中国的局势就已经变得很明了了，不过，蒋介石深知人才的重要性，当然，他要争取各路要人随同自己退往台湾。与此同时，共产党方面也在为了各界重要人物的留居大陆而做了很多的争取工作。

国共两党所共同争取的，并不仅仅是那些德高望重的高级知识分子，也包括黄金荣一类作恶多端的黑帮大亨。国民党的退离，使得这些黑帮分子失去了重要的后台，但是他们的势力和影响依然不可小觑，如果这些人随同蒋介石去了台湾，仍然效力于蒋介石的麾下，遥控他们的那些在大陆上的残余势力兴风作浪，那么对于新中国的建设必然产生很大的破坏作用。可是如果通过争取，让他们留在大陆，能够很好地配合人民政府的各项工作，则是一件善莫大焉的事情。

中国帮会界最煊赫的人物无疑是黄金荣与杜月笙，因此，他们两人是国共两党共同争取的重点对象。对于杜月笙来说，双方都有要人与其接触。在共产党方面，周恩来的堂弟周恩霆和潘汉年都与之进行过直接的联系，规劝其留在大陆，当然，与此同时也向其表示，共产党会执行既往不咎的政策，只要杜月笙留在大陆，共产党一定会保证他的安全。另外，黄炎培、张澜等重要的民主人士也都拜访过杜月笙，劝说他投靠共产党，并且向他详细地分析了中国的情势和共产党的宽大政策。尽管如此，杜月笙想起自己的手上沾着共产党员的鲜血，觉得留在大陆无异于自投罗网。

而在于国民党方面，自然是更不会忘记这位合作了多年的老朋友，蒋介石对这位旧交做了重点关照，派出亲信来与杜月笙直接洽谈。

1949年4月10日，杜月笙突然接到上海警备司令部的通知，蒋介石在复兴岛要亲自接见他，并且派专车接送。

见到杜月笙，蒋介石首先就此前关于蒋经国与杜维屏的事情向他表示了歉意。接下来，蒋介石就切入了主题：如果上海失陷，杜先生将做如何打算？对于这一问题，杜月笙显露出踌躇的神色。蒋介石见此，正色阐说了自己的看法：以杜先生和国党的亲密关系而言，一旦落入共产党之手，后果将不堪设想，因此，为杜先生和家人的平安考虑，还是早日离开上海为佳。

杜月笙知道，蒋介石真正担心的并不是杜家的安危，而是唯恐自己被共产党利用，做出对不起他的事情来。不过，蒋介石所言，也并非全无道理。面对蒋介石的直接提问，杜月笙不方便再继续敷衍了，他向蒋介石表示，自己已经做好了离开上海的准备。对于杜月笙的这一表态，蒋介石感到非常欣慰。当然，作为此行的重要目的之一，蒋介石并没有忘记关照一下，要杜月笙一定记得离开前在上海进行妥善的布置。这所谓的"布置"，无非也就是命令手下人做好长期的潜伏工作，对共产党的建设事业竭尽所能地进行各种破坏。

杜月笙在临走之前，并没有忘记去向黄金荣辞行。虽然多年来两人之间发生过各种龃龉，有过互相拆台的事情，但是并没有公开闹翻过，至少在表面上，彼此依然保持着友好的关系。当初，二人的矛盾源于对权势的争夺，颇有一山不容二虎的意味，可现今的情势有所不同了，上海帮会的黄金时代已经一去不复返了，摆在他们面前的是不可避免的没落命运，这样一来，他们之间反而生出了同病相怜的感受。

这一年，杜月笙62岁，而黄金荣则已经82岁了，如果说杜月笙已经风华不再，步入老年，那么黄金荣就是垂暮之人了。自1907年两人相识以来，到此时已经度过了风风雨雨40多年。两人相互对视，怎能不是万般感慨啊！

杜月笙向黄金荣说明了自己的来意，邀请黄金荣一同离开上海。黄金荣对杜月笙的好意表示感谢，但是却婉辞谢绝了他的邀请。黄金荣给出的理由是：自己已经80多岁了，禁不起长途颠簸的折腾了，如果不幸死在了路上，那就太让人笑话了。黄金荣转而又说，自己来日无多了，即便是共产党对他动手脚，也不过是早死那么几天，自己此时对于生死已经不那么在乎了。

杜月笙再三劝慰，但是黄金荣执意留守上海。杜月笙觉得该说的也都说了，只好和黄金荣互道珍重了。他们彼此知道，朋友也罢，对手也罢，两人一起在上海滩翻云覆雨地闹腾了这么多年，发自内心的感情还是有的，平时还不觉得，可是这一次，基本上也就是两人之间的最后一次见面了，因此都觉得非常地感伤。特别是杜月笙，想到此刻情景的凄凉，又想到前途的莫测，真是几欲下泪了。

离开钧培里黄公馆，杜月笙的心中倍感失落。

送走杜月笙之后，黄金荣回到屋里独自逡巡着。固然自己已经是行将就木之人，但是黄金荣决非像他对别人宣称的那样，将自己在接下来的日子中的生死安危完全置之度外了，他有自己的算盘。

儿媳卷财而去——黄金荣的诡计?

经过多方面的努力，黄金荣最终留在上海。

他曾经对人讲，自己年老体衰，怕是经不起长途颠簸的折腾，这不能不说是黄金荣的实情，而且黄金荣自十几岁来到上海定居之后，就再也没有离开过上海。20世纪上半叶的中国，正逢多事之秋，灾难连连，政治和军事格局是一变再变，各色脸谱的人物，你方唱罢我登场，虽然热闹至极，却也闹得人心惶惶。然而，就是这般险恶的情形，黄金荣都顺顺当当地过来了。对于这一点，黄金荣还是非常骄傲的。他以不变应万变，与各方势力相为周旋，将自家地位保得牢牢靠靠。而今，国民党撤走了，共产党上来了，共产党固然与国民党有着绝大的不同之处，可是又能如何？

不过，要说黄金荣于此铁定就跟着共产党走了，也并非实情。中国有句古语，叫做狡兔三窟，在黑白两道风风雨雨摸爬滚打的黄金荣岂能不知晓这个道理？

那么，黄金荣又为自己准备了什么样的退路呢？

1949年2月，黄金荣的家里发生了一件堪称轰动一时的重大新闻——他的儿媳李志清突然携带巨款潜逃香港。这对正处于危机关头又已入暮年的黄金荣来说，不啻于一个晴天霹雳。事发之后，黄金荣带着一副异常哀重的表情对人讲，他万万没有料到李志清会给他来这一手，真是树倒猢狲散，墙倒众人推，她李志清这样做纯粹是落井下石，卑鄙至极。

这样的话，迷惑了很多人，但是在听到这话的人之中，不乏眼光犀利者，有人一针见血地指出：这哪里是李志清落井下石？分明是他黄金荣在耍手腕。

这种怀疑不无道理。李志清跟随黄金荣多年，可谓忠心耿耿，眼下，虽然黄金荣大势已去，风光不再，但是余威犹存，并未沦于阶下，说李志清在此种情形下毅然背弃相处多年、待他不薄的公公私自潜逃，虽然并不是没有可能，但是从人之常情的角度来讲，可能性并不是很大。更为重要的是，黄金荣当时对于自己的家庭是有着绝对权威的，即便他已经年老体衰，对于家人的控制力已经减弱，很多繁杂的事情没有足够的精力去过问，但是在重大的事情上，黄金荣可是丝毫不会马虎的。尤其值得注意的是，黄金荣向有贪财之名，他对钱财的掌控应当是毫不放松的，即使是对于自己最为亲信的儿媳，他也未必会完全不进行任何防备，这个最高的处置权，他是不会轻易地全部托付于他人的。因此，李志清陡然之间携卷了家中的大部分资储和金银细软，黄金荣是不会全然不知的。没有他的授意，李志清怎么可能做出如此大的举动呢？

还有一个很重要的可疑之处在于，李志清出逃香港，并非一人独行，毕竟一介弱女子长途远走多有不便，更何况她还有如此要物在身呢。那么陪同李志清一起去香港的人是谁呢？这个人叫做张志卿。张志卿是黄金荣的得力门徒之一，有着不凡的身手，在抗战期间还担任过吴淞警察局的局长，而他之所以能够担任此职，与黄金荣的抬举不无关系。黄金荣赏识张志卿的才能，而张志卿当然也没替黄金荣少出力，多年来帮助黄金荣打点了上上下下、大大小小的很多事情，而且他的所作所为大多都令黄金荣感到很满意，因此可以说，黄金荣与张志卿二人之间相处得十分融洽。如果说李志清的背叛是值得怀疑的，那么张志卿的忘恩负义则同样令人难以置信。这就更说明了李志清所谓的出逃行为是在黄金荣的暗中指使下才得以完成的。

而其后发生的事情，就让人难以相信李志清的出逃是黄金荣意料之外的事情了。

李志清出逃之后，黄金荣以儿媳卷走自己的几乎全部财产而家中开支浩大、入不敷出为理由，派徒弟程锡文赴香港向杜月笙讨债，债务的数额为10万元。

杜月笙一口否决了程锡文的要求，明明白白地告诉程锡文："我没有钱，大少奶奶倒是很阔绰。"显然，杜月笙已经很明白地识破了黄金荣的阴谋，李志清与黄金荣并未决裂，她不过是黄金荣背着别人暗自派遣到香港的罢了。杜月笙却也不便揭明黄金荣的诡计，因为他是不想与黄金荣闹翻的。

程锡文也是个聪明人，一听杜月笙说出了这样的话，他只得空着一双手回去向黄金荣交差。

对于杜月笙的这一答复，黄金荣是相当不满意的，心里一急，嘴上就骂了起来："这个姓杜的，真是小人哪，小人，十足的小人！"

程锡文见师父发火，就委婉地劝道："要不，咱们另想办法吧，杜月笙冷漠无情，咱们也不必在这一棵树上吊死啊。"

可黄金荣发狠似地说道："不，我偏就不信这个邪，我黄金荣在江湖上闯荡了这么多年，什么没遇见过？要说没见过的，那也有，但就有一样，那就是我黄金荣过不去的坎儿！锡文哪，劳你辛苦，先休息两天，两天之后，带着我的手信，再去香港一趟，看他杜月笙这次还怎么说。"

程锡文没有想到师父在这件并不那么重要的事情上与杜月笙较上了劲。那边杜月笙不给好脸色，这边师父又雷霆大作，他两头都不讨好，实在是想赶快把这件苦差事给甩开，可是师命难违，他也就只能再往香港跑一趟了。

杜月笙与程锡文在香港第二次会面，程锡文又碰了一鼻子的灰。

从杜月笙的宅邸出来，程锡文一路上一直在琢磨着，是就这么回到上海去向黄金荣诉苦呢？还是留在香港继续与杜月笙进行艰难的交涉呢？就在他左右为难之时，收到了一封加急电报，电报是黄金荣发来的，内容当然是敦促他务必不负重托，完成此行的任务。这就让程锡文感到更加头痛。

程锡文硬着头皮再来见杜月笙，并且出示了黄金荣发来的电报。杜月笙大略地扫了一眼，他知道黄金荣要说的是什么，心里对黄金荣愈加不满了，但是表面上依然没有发作，而只是继续对程锡文进行敷衍，述说着自己当前的窘况。杜月笙说的话半实半虚，让程锡文感到既难以信服，又不便反驳。他面对杜月笙，急也不是，慢也不是，虽然脸上温温和和，可是心里却火急火燎的。但是又能有什么妥善的办法呢？他只能又一次从杜家谦恭地告退。

不日之间，黄金荣的电报又发来，程锡文在师父的逼迫之下，席不暇暖，立即又赶往杜家。杜月笙想拒绝接见程锡文，但是又觉着那样做不妥，于是就打算再不喜亦不怒、不温亦不火地与程锡文商谈一次。见面后，杜月笙先说了一句："程先生辛苦！"这句话在客套之中却也暗暗地蕴含着一丝讥讽之意。程锡文也品出了话里的味道，他心中直怪师父不该如此为难他，让他在两个大亨之间做夹馅的料。可埋怨是埋怨，事情还是要做的呀。他微笑着说："多有叨扰，还望杜先生见谅。"

这一场会谈，无非是彼此又练了一回打太极的功夫。但是这一次，又与前几次不同，程锡文说什么也不想再无功而返了。眼见着天色暗了下来，程锡文心中愈发着急，却伪装得很沉稳，表示出若不成事就决不离开的态度。杜月笙当然也看出程锡文这次是不达目的誓不罢休了。天色已经完全黑了下来，难道程锡文真的打算在这儿过夜？算了，还是给他个台阶下吧。想到这里，杜月笙温和地对程锡文说道："程先生，天时不早了，就不留宿了，还是请早回吧。我这里确实不宽绰，但是黄家有难，我也着实不应该不管，这样吧，明天我给你一个满意的答复。"

一听到"满意的答复"这几个字，程锡文顿时心花怒放。他彬彬有礼地向杜月笙道别。一路之上，程锡文的头脑中始终萦绕着这几个字——满意的答复。

那么，是杜月笙最后向黄金荣屈服了吗？其实，杜月笙并没有做这样的打算，他所谓的"一个满意的答复"，不过是权宜之辞罢了。可是话刚一出口，杜月笙就后悔起来。既然如此说了，就必然要履行自己的承诺啊，否则，岂不是说过的话就成了吹过的风？这不符合他杜月笙的性格啊。可是如果履行了自己的承诺，岂不是就意味着向黄金荣投降了吗？那样一来，失掉了一笔钱是小事，而令黄金荣觉得自己软弱就不是一件令人痛快的事情了。一下子，杜月笙将自己推到了两难的境地。

第二天上午，程锡文如时出现在杜家的会客厅中，准备接受杜月笙许诺给他的"满意的答复"。

杜月笙不冷不热地应着程锡文，却好半天也不提前一天晚上所说的答复的事情。这让程锡文感到着急了，对于程锡文心理的这一变化，杜月笙拿摸得十分准确，他心中暗自笑着，自己这样做，就是要杀一杀程锡文心里的那几分得意，见效果已经达到了，他也就无意继续戏耍程锡文了，于是吩咐管家万墨林去取钱。

一听到取钱，程锡文那悬了几米高的心才又放回了原处，立即又眉开眼笑。可是一见到万墨林取来的款子，程锡文顿时傻眼了——杜月笙所谓的"满意的答复"，并不令他满意，因为给他拿出的不是10万元，而只是5万元。杜月笙说道："程先生见谅，现在的确只能拿出这么多了，虽然钱数不多，可我确实是尽了全力的，我这边也有一大家子，还望先生能够体谅我的难处啊。"

杜月笙已经这么说了，程锡文又能怎么反驳呢？不管怎么说，这下回去对师父也总算有个交代了。

回到上海，黄金荣见了这5万块钱，虽说不是他要求的全部，可这毕竟是硬从杜月笙手里"抢"来的，因此心里也就知足了。

就在程锡文与杜月笙关于钱的事情进行反复交涉期间，李志清亲自给黄金荣汇过了一笔钱去。这固然可以看做是李志清出于恻隐之心而救济黄金荣，但是也可能是黄金荣与李志清暗自通气，李志清将黄金荣委托她存在香港的钱支出一笔来汇到上海去以供家用。如果说这件事也不能够证明李志清去香港是黄金荣的授意，那么另一个事实就将此事的真相表露无遗了，那就是在李志清到香港之后，她的养子黄起予曾经在沪、港两地进行往来，对黄金荣和李志清进行同样的佐助。假使说黄金荣与李志清已经闹得势不两立，那么他们还会让黄起予在双方之间自由地往来吗？另外，据知情人士透露，黄金荣甚至还让李志清带着他的标准照片去办理台湾的入境证。黄金荣自居上海，而李志清到香港去建立家庭的支部，同时又悄悄地申请入驻台湾的手续，这充分表明，黄金荣是深谙狡兔三窟之道理的，他公开声明的是留守上海，可是暗地里却给自己在香港和台湾分别准备好了退身之地。黄金荣为人之精明狡诈，于此也可见一斑。

军管会训话

黄金荣留在上海，共产党表示对他既往不咎，而他则表示服从共产党的领导，当然，这种服从决非口头上说一说就可以的，而是一定要有实际的表现才可以。

第一条承诺，就是黄金荣约束自己的门徒，不参加国民党退败前的破坏与屠杀。对于撤离大陆前的破坏与屠杀工作，蒋介石是极为重视的，而帮会势力无疑可作为其中一支非常重要的力量。上海滩帮会界，同时也是整个中国帮会界最有声望的大亨做出了这样的表示，当然对于稳定局势和减少破坏会起到效果显著的影响。

同时黄金荣还承诺，将自己所能够掌控得了的国民党所遗留下来的物资财产进行造表登记，然后将其转交给中共地下党来管理。

再有，黄金荣还吩咐自己的门生详细摸查帮会界的情况，将其中大小头目的相关情报查点清楚，然后备出了一份列有400名帮会头目的名单交给了共产党当局。这就让共产党方面对于当时的帮会活动情况有了一个基本掌握，从而也给下一步工作的开展提供了良好的信息基础。

此外，黄金荣还特地找来门徒，将黄家花园"四教厅"内所悬挂的由蒋介石亲笔题写的"文行忠信"的匾额摘下来，而且当众砸毁，以示自己弃旧从新、改邪归正的决心。

然而，黄金荣也并非就万事无虞了，没过多久，麻烦还是找上了门来。

事情发生在镇压反革命运动兴起之际，这一天，军管会来人找黄金荣去训话。

所谓"军管会"，是军事管制委员会的简称，它是共产党为了很好地进行城市的接收与管理工作而设立的一种带有过渡性质的政权形式。1949年5月27日，上海解放，当天，根据中国人民革命军事委员会的命令，成立了中国人民解放军上海市军事管制委员会，陈毅担任主任，粟裕担任副主任，同时，陈毅也是上海解放后的第一任市长，而曾山、潘汉年和韦悫三人担任副市长。当时，上海的领导班子面临着异常严峻的任务，各方破坏势力扬言要将共产党立即赶出上海滩。而破坏势力中的重要一支，就是帮会界的特务与流氓，其中自然也包括黄金荣的门徒。

与共产党作对，当然不是出自黄金荣的嘱托，可是黄金荣如今早已经年老力衰了，国民党一撤走，他的威力就更加地削弱了，如此一来，他的指挥棒已经不那么灵敏了。

在黄金荣的门徒之中，作恶最多的当属陶雪生。陶雪生是黄金荣非常赏识的一个门徒，在抗日战争期间就奴颜婢膝地做过汉奸，一方面压迫中国同胞，一方面残害爱国志士，可以说是罪恶昭彰。在抗战之后，国民党看中了他的利用价值，不但没有处罚他，还让他加入了特务组织，为杀害共产党人而卖力。1948年，陶雪生参与策划了逮捕上海电力公司工会理事长、共产党员王孝和的阴谋活动。也是因为逮捕王孝和有功，陶雪生荣升为上海警察局特工组长，不久后又高升为侦查股长。可是正在陶雪生春风得意、仕途顺畅之时，共产党来了。不过，这对于陶雪生来说并非一件坏事，因为正是有了共产党，他在国民党那里才会有价值，而共产党的势力越强，他的价值也就越大。这时，尽管国民党军队已经撤离了大陆，可是他作为身负重任的特工人员，却留在上海潜伏了下来。潜伏上海期间，陶雪生极尽破坏之能事，接连制造了多起重大的抢劫乃至杀人案件。当然，新生的人民政权是决不能容忍此类破坏分子长时间地嚣张下去的。上海解放后的第二年，陶雪生由群众的检举揭发而被逮捕，经过审判确认犯罪事实后，人民法院判处其死刑，并于当年10月在其老家漕河泾执行。

1950年6月，在中共中央七届三中全会上，毛主席在书面报告中肯定了镇压反革命的必要性，但是他在口头解释这个报告的思想时，却明确地告诉与会者，当前一切工作的重心，还是在"为国家财政经济状况的基本好转而斗争"。毛主席还反复地强调："不要四面出击"，"不可树敌太多"，要分清轻重缓急，"必须在一个方面有所让步，有所缓和，集中力量向另一方面进攻"。

半年之后，也就是1950年12月，轰轰烈烈的镇压反革命运动正式开始，这预示着反革命分子的末日已经来临了。

在严厉打击反革命分子的同时，人民政府责令参加过帮会活动的人员进行登记，数月之后，登记在案的人数已经达到26800人之多，在这其中，有数以百计的帮会头子接受群众的监督而参加劳动改造。那么，曾经叱咤风云的帮会头目黄金荣又会怎样呢？

在作乱的帮会分子中，并非只有陶雪生一人是黄金荣的门徒，虽然这些人所干的坏事并非出于黄金荣的指使，但是鉴于他们之间曾经的和现有的关系，黄金荣也就难逃干系。在如何处理黄金荣的问题上，人民政府的内部产生了分歧。有人主张将黄金荣法办，他们这样说是很有道理的，俗话讲，打蛇打七寸，擒贼先擒王，不把这个最大的帮会头子狠狠地惩治一下，就很难对那些虾兵蟹将们起到有力的震慑作用。可是主流的意见还是认为那样做是不妥当的，一方面，人们普遍认为，与那些共产党来临之际跟随国民党逃跑的一心一意效忠蒋介石的人相比，黄金荣能够留下来，其表现还是值得嘉奖的，而且他的那些门徒闹事，也确实不是黄金荣的责任；另一方面，当初共产党与黄金荣可是有约在先的，曾经明确地向他保证过，既往不咎，如今对他进行翻案，也就明摆着是食言了。经过反复研究和讨论，最后，上海市军管会对黄金荣问题达成了共识：

第一，黄金荣过去有罪恶，这是无可辩驳的事实；

第二，黄金荣在上海解放后的表现堪称良好，没有再发现劣迹，而且对人民政府还做出了一定的贡献，这也是应当予以充分肯定的；

第三，对反动帮会势力应当采取斗争瓦解的策略，对黄金荣本人应当采取宽大的政策。

基于这样的共识，军管会决定，派人向黄金荣讲明政策，向他说明，只要他不干涉人民政府的行政事务，不再包庇徒子徒孙和地痞流氓，不破坏社会治安，做一个合法守纪的公民，人民政府就会对他进行宽大的处理。

去找黄金荣进行训话的人名叫杜宣，他是与黄金荣打过多次交道的上海市副市长潘汉年亲自派出的。

这天下午，两辆吉普车开到钧培里弄口。车刚一停下，就已经有人去报告给黄金荣了。黄金荣闻知政府来人，颜色大变，心中连叫"不好"。他颤颤巍巍地出来迎接来使，这一出门，他的心就更加忐忑了，因为他见到有十几名全副武装的解放军战士在恭候着他。

杜宣来到黄家客厅，没有跟黄金荣谈一句题外话，只是将军管会的决议一板一眼地说给黄金荣听。

黄金荣得知政府没有逮捕他的意思，这才放下心来。

黄金荣怀着一种感恩之情，将自己数十年来的罪恶又数说了一番，他表示，对于自己过去的罪行，他绝不会进行隐瞒。因为年纪大，再加上牙齿也大都脱落了，所以黄金荣嘟嘟哝哝地说了一大通，杜宣并没有听得很清，不过他大体上听得出黄金荣的态度还是诚恳的。黄金荣也知道自己口齿不利落，怕人家听不大懂，于是又叫一旁的仆人大体上复述了一遍。交代完罪行之后，为了更加真诚地表示自己的悔过之心，黄金荣还从怀里摸出了一块金表，那是1927年他六十大寿时蒋介石送给他的寿礼，他多年来一直非常爱惜，而这一次，他生怕交代不干净，给人留下把柄，索性将这个可以证明自己与蒋介石有过密切往来的唯一信物也上缴给人民政府。杜宣收下了金怀表，而黄金荣则再次向军管会代表杜宣表示，决不包庇做坏事的门徒，一定听从人民政府的领导。

最后，杜宣嘱告黄金荣："我们的政策是坦白从宽，抗拒从严，立功受奖，只要你能够老老实实，不再做任何对不起人民的活动，过去的罪恶，我们可以从宽处理。可是如若反过来，你继续与人民为敌，那么等待你的，你应该知道是什么后果。"黄金荣对此番嘱托是不迭声地应诺着，一边应着，他还一边向杜宣频频鞠躬，十分严肃地表示，保证今后决不会再做坏事。

暂时的风平浪静

军管会谈话之后，黄金荣的确度过了一段风平浪静的日子。在这一时期，困扰黄金荣的主要问题不是政府找他的麻烦，而是他的经济状况变得日益窘迫起来。

上海解放之后，黄金荣仍然经营着大世界游乐场、黄金大戏院、荣金大戏院等产业，可是其收益却并不乐观，1949年的时候，大世界的经营就已经出现了亏损，职工的薪水已经难以下发了，为此，黄金荣还特地要求业已奔赴香港的李志清汇来3万元港币，有了这笔资金，大世界的运营才得以继续下去。当然，这也仅仅起到了一时的缓解作用而已，并没能从根本上扭转黄金荣的经济状况。后来，由于负债过多，黄金荣被迫将黄金大戏院租给了华东文化部大众剧团，由该剧团支付押租4.3亿元。不久之后，黄金大戏院的电线损坏，而黄金荣拒绝出钱修理，大众剧团就停止了租金的支付。黄金荣的另一处重要产业荣金大戏院也不能继续运营下去，因而租给了陈昌良。

由于产业经营不佳，黄金荣的收入是大不如前了，可是黄公馆里的一大家子人，其生活用度却并没有减少，黄金荣虽然已经不再是当年那个一呼百应的青帮大亨了，但是他在日常生活中却仍然维持着一定的门面。当时，儿媳李志清已经去了香港，而其他的主要成员还是都留在了黄金荣身边，包括儿子黄源涛、孙子黄起予和黄起明以及两个孙媳妇，此外，也就是佣人了，包括门警二人、女佣三人、男佣五人、司机二人、三轮车夫一人、厨房伙夫二人等，加起来一共有20多人。这么一大家子，日常用度是一笔不小的开支，因此，黄金荣晚年时，经济紧张始终是一个很棘手的问题。

虽然说有着经济方面的困扰，但是这并未在多大程度上影响到黄金荣的日常生活。解放之后的日子，黄金荣的日常生活与之前相比，并没有什么显著的变化，依然是每天早晨在黄公馆里抽足了鸦片之后，再与程锡文、丁永昌以及流氓女大亨丁老大等一批最为亲信的人赶到云南路的三和楼喝茶聊天，到了下午，再去逍遥池泡热水澡，可以说日子过得是相当的自在。

当然，在这段日子中，黄金荣也并非一点儿忧愁之处都没有的，其中最让他感到烦恼的一件事就是，他越来越明确地觉察到自己说话已经变得很不管用了，大亨的风光一去不复返了。共舞台所占用的部分房产，是黄金荣从建隆房地产公司租赁来的，然后他再转手租给共舞台，以这种二房东的身份，黄金荣从中捞取了不少的油水。这个好处可以说纯粹是房地产商为了给黄金荣面子而白送他的，多年来一直如此，黄金荣可谓坐享其成。但是上海解放之后，情况不同了，建隆房地产公司明确给黄金荣递过话来，从1950年起，房屋不再租给黄金荣了，而是直接租给共舞台。若是在以前，哪个房地产商敢这样对黄金荣发话呢？可是如今，黄金荣却只能服从。1950年2月11日，黄金荣用荣记大世界的便签给共舞台方面写了一封函件：

逐启者

尊处前向敝人分租之大世界一部分市房即中山东路433号房屋，至1949年12月底。兹经业主建隆房地产公司要求，将分租之屋交还。特函请尊处查照办理。希自1950年1月1日起直接向该业主办理给租手续为荷。此致

共舞台

黄金荣

1950年2月11日

这一封看似十分平常的函件，包含着黄金荣心中的许多无奈。

"大世界"门口扫大街

1950年底开始，随着朝鲜战场的捷报频传，国内的镇压反革命运动也声势浩大地开展起来。1951年2月，中央人民政府颁布了《中华人民共和国惩治反革命条例》，更是将镇压反革命运动推向了一个高潮。而在此之前的1月5日，上海市军管会也颁布了《对于反动党、团、特务人员实施登记办法》，要求现住上海的反动党、团、特务人员等必须在1月11日起亲赴指定机关办理登记。稍后，上海又成立了"上海市镇压反革命行动总指挥部"和"上海市反革命案件审查委员会"，积极地发动群众进行检举揭发，声明将对一切拒不登记的反动党、团、特务分子等予以严厉的惩治。短短的几十天内，形势变得异常紧张。4月中旬，上海市第二届第二次各界人民代表会议通过了《关于严厉镇压反革命的决议》，接着各区又分别成立了镇压反革命行动指挥部，部队、警察、干部和群众都被热烈地发动起来。4月27日，上海全市展开了联合大搜捕，当天夜里，黄浦区抓获反革命分子289人，南市区抓获869人，芦家湾区（即后来的卢湾区）抓获409人及嵩山区抓获334人。在落入法网的大批犯罪分子中，不乏黄金荣的门生弟子，其中就包括一直陪伴在黄金荣身边的程锡文和宋才良。

在空前的镇反热浪之中，黄金荣没能避过斗争的矛头。很快，就有不少人检举他压迫和剥削工人。上海解放后，黄金荣仍然担任"荣记大世界"游艺场的总经理，但是黄金荣已经年老体衰，照顾不了过多的事务，因而，"大世界"实际上的负责人是经理丁永昌，而黄金荣的外

甥邹政之则担任副经理。丁永昌绰号"野鸡阿大"，年轻时候在上海十六铺一带混饭吃，在黄金荣接手"大世界"之前就在那里设诗谜摊为业，后来拜到黄金荣的门下。由于为人机敏，因此他颇得黄金荣的赏识，成为黄金荣的心腹之一，在解放之后也还跟随在黄金荣的身边。丁永昌也曾参加过四一二反革命政变，镇压过工人武装起义。那么上海解放后，丁永昌的表现就更加地可恶了。因为受到黄金荣的信任，丁永昌长期主控着"大世界"的运营，当他意识到"大世界"已经风光不再之时，为了逃避责任，就以筹借年终奖金为借口而去了香港。一到香港，他就热切地与国民党特务接上了头儿。不过，国民党方面并没有给他提供太多的好处，他在香港的日子过得也不舒适，因此，当他听说"大世界"的经营状况有所好转之时，就又返回了上海，继续掌控"大世界"。当他返回上海的时候，"大世界"的劳资协议会议正在倡议改革不合理的旧制度。闻知此事，丁永昌的火气立即就上来了，他马上纠集了一批帮会中人，对倡议改革制度的员工进行威吓，扬言"情愿为老头子牺牲，也不能让老头子吃亏"，声称必将对胆敢揭发黄金荣和丁永昌的人实施严厉的报复，口气十分嚣张。而在对员工进行恐吓与威胁的同时，丁永昌还多次派遣心腹张全福去香港活动，目的是将自己在大陆收集到的情报提供给国民党特务组织，从而为自己邀取一份功劳。

"荣记大世界"的副经理邹政之在镇压进步学生运动和工人运动中表现得十分积极，更为可鄙的是，在抗日战争时期，他与日伪勾结，充当汉奸，抗战胜利后摇身一变，成了国民党第三战区先遣军淞沪行动纵队副大队长、中统局上海特派员办事处主任、淞沪警备司令部第四稽查大队第六大队大队长等角色。

有了丁永昌、邹政之这两个人，"大世界"的员工们可就没有好日子过了。在解放之初，虽说"大世界"的经营在走下坡路，可是游乐场中各种戏曲的演出还是非常兴旺的，而且人们来上海观光的时候到"大世界"游玩一番几乎是一个必不可少的项目。这期间，"大世界"的门票也由500元涨到了800元，但是，"大世界"员工们的待遇却是一点儿也没有提升。不仅工资没有涨，奖金还遭到克扣，这自然会令工人们十分恼火。因此，不断有人写信向政府、媒体揭发、检举丁永昌的胡作非为，以及黄金荣对门徒的纵容。有一封以"大世界"全体艺职员的名义写给报社编辑的信这样说："黄金荣在本市恶势力的雄厚以及他的名声与地位无人不知，至于他的为人，是以媚上欺下称长，假仁假义假慈善是他的作风，唯利是图而不择手段是他的本性。多年来他主使他的心腹榨取我们的血汗、剥削我们的自由，并用种种手段威胁我们不许声张，现在我们实在被压得透不过气来，现在我们为着要生存，特将我们遭遇的痛苦诉之于后。"信的后面写道，这种压迫主要体现为三点：其一，黄金荣在"大世界"领取的钱非常之多，可是给员工发的工资却少得可怜；其二，同样是黄金荣所开设的娱乐场所，黄金大戏院的演职员的收入就比"大世界"员工的收入要高很多；其三，黄金荣不允许员工加入工会组织。

有了这样的揭发，黄金荣的觉可就睡不安生了。而他的问题还不仅仅在于对工人的压榨，在生活方面，人民群众对他也相当不满意，因为在人民当家作主的新社会，人人都是应当参加劳动的，可是黄金荣却依然养尊处优，高高地骑在人民的头上，这是群众所不能够同意的。在舆论的强烈呼声中，政府派人找上门来。

上海解放之后，黄金荣最怕见的，就是政府的人了，可是别人可以谢客不见，政府来人却是无法拒绝的。政府这一次派人来的用意其实很简单，就是要求黄金荣也能够参与到人民群众之中，从事一些力所能及的劳动，由一个剥削人民的人变成一个对人民有贡献的人。对于政府的要求，黄家荣当然不敢反驳，事实上，这也是他无法反驳的。不过，政府也确实很体谅黄金荣，一个耄耋老人，让他去为人民做什么重大贡献是不现实的，但是，样子总还是要做一做的。因此，黄金荣得到了这样的交代：在身体条件允许的情况下，早晨出去扫扫马路。黄金荣接到这个指示，急忙对政府的宽宏表示感谢。这个活儿他是能够做得来的，不过地点却让黄金荣感到很尴尬，因为政府指定的地点就是他自己开办的"荣记大世界"游艺场的门口。隔了一天，一张颇为引人注目的照片刊登在上海的各大报纸上，照片上的人物就是老态龙钟的黄金荣，只见他双手拄着一把扫帚，表情呆滞地看着前方，而他的身后，就是他经营了多年的"荣记大世界"。

当然，这种劳动只是象征性的，没过多久，这项劳动自然地就停止了。

搜查黄公馆

黄金荣扫大街的这件事算是过去了，但是黄金荣刚刚收起扫把，就又出事了，这一次，祸源出在他的儿子黄源涛身上。

1951年3月，上海市公安局的侦察员在"大世界"游艺场展开秘密工作之后，偶然获悉黄公馆内藏有枪支。窝藏枪支可是一件大事，市公安局对此十分重视，立即成立了专案组，集中力量对此案进行侦破。很快，案情有了结果，黄公馆的确藏有枪支，枪支的主人是黄金荣的儿子黄源涛，他曾经担任过原上海市稽查大队第四大队大队长。

摸清事实之后，市公安局没有直接介入黄公馆，而是先派人去找黄源涛进行谈话。面对公安人员的质问，黄源涛对私藏枪支一事矢口否认，可是当公安局拿出了确凿的证据之时，黄源涛无言以对了。

在黄源涛承认家中藏有枪支之后，4月13日下午，数十名警察封锁了黄公馆。警察的到来，立即吸引了大批的路人围观。

经过一番仔细搜查，公安人员共搜缴出转轮手枪4支、手枪3支和火药手枪2支，还有1支已经损坏了的卡宾枪，另外，还搜出了各种子弹300多发以及一批军刀。

黄源涛已经被扣押在公安局，而守在家中的黄金荣盯着这堆武器，真是目瞪口呆。他知道公安局已经认定这批武器是儿子黄源涛带回家中的，索性就一口咬定这全都是黄源涛背着他私自干的，这些枪支弹药他从来都没有见过。他想把责任全都推在儿子身上。

事实真的像黄金荣所说的那样吗？私藏武器的事情，其主要责任在于黄源涛，可如果说黄金荣对此毫不知情，则就有哄人之嫌了。即便说私藏武器的事情与黄金荣没有关系，那么在黄公馆中搜查出的另一种物件可就不容黄金荣再推脱责任了。这东西是什么呢？那就是黄金荣视之为每日不可缺少之食粮的鸦片。抽大烟可是人民政府明令禁止的事情，可黄金荣却每日照抽不误。以往，没人提起这事也就算了，但是现如今，警察来家中搜查，面对这一堆烟土，黄金荣是无法辩解的。

事后，很多市民写信给政府，要求"树德务滋，去恶务尽"，一定严厉惩治流氓头子黄金荣。可是人民政府又一次给予黄金荣以宽大处理，经过认真的研究，政府向社会公布了这样的决定："具名检举情况，说明群众政治认识与对人民政府之信任空前提高，但对此上海头号流氓之处理，为照顾策略，宜以削弱其实力，分化瓦解其组织为主，于其本人拟继续饬写详自白书公诸报端，由人民裁制。"

发表"自白书"

上海市人民政府关于黄金荣的问题是又做了一番精心研究的，最后，政府做出了这样的结论，概括说来，黄金荣的罪恶主要有这样5个方面：其一，四一二反革命政变时组织"共进会"，协助蒋介石屠杀共产党人和爱国志士；其二，与法帝国主义相勾结，压迫中国人民；其三，以

"吃讲茶"的非法形式进行敲诈勒索；其四，组织荣社，纵容门徒为非作歹；其五，欺压周信芳等民间艺人。市政府决定以副市长盛丕华、市政协副秘书长梅达君和市检察署副检察长方行三人为代表，找黄金荣谈话。谈话的主要目的是向黄金荣宣明政府对待他的基本政策是没有改变的，但是要他写一篇"悔过书"，向人民公开认罪，以示诚恳。

这次召见黄金荣的地点是市政协的一间会议室，也就是当时和平饭店的一个房间。黄金荣得到通知后，由其门生、舟山旅沪同乡会会长陈翊庭和孙子黄擎宇陪同前来。一次又一次风浪的席卷，虽然黄金荣都平安地过来了，可每逢这种场合，他总是会感到一种极度的紧张，因为他知道，自己的很多门徒已经被政府处决。

走进会议室，黄金荣一眼瞥到在座的盛丕华，有盛丕华在这里，他的心多少还安稳了些，因为盛丕华很早就与黄金荣相熟，彼此打过多次交道，而盛丕华待他不薄，每次有他在场，结果总不会很坏。

事情果然如黄金荣所想象的那样。他刚一进屋，盛丕华就很和蔼地对他说道："人代会上有些代表提出控诉，要求政府处理你。你生平罪恶甚大，但是在解放前几年未曾作恶，解放后尚能安分守己，且年已86岁（实际是84岁），可由你先向人民坦白罪行，再凭处理。"

市检察署副检察长方行接着盛丕华的话说道："人民的控诉是正确的，人民政府未处理你，并不是说你没有罪恶，你应主动向人民交代。可用悔过书在各报刊刊出，内容是承认自己的罪恶，拥护政府法令，规劝已捕党徒真诚坦白，立功自新；未捕党徒同样应向政府请求立功自新，以求得人民的宽大。"

黄金荣哪敢说别的，每次见到政府代表的时候，他都仿佛老鼠见到猫一样，这一次也不例外。他马上态度极好地认可自己过去曾经做过的罪恶的事情，表示自己愿意向人民和政府进行真诚的坦白，以期求得人民和政府的宽大处理。当然，仅仅自己不做坏事还不够，黄金荣又着重向三位政府代表保证："我决不指使和包庇党徒做坏事，如有指使包庇为非作歹，或知情不报，愿受政府的严厉处分。"

事情谈到这里，也就基本结束了，随后，几位代表又就写悔过书的事情着重嘱咐了黄金荣几句，告诉他只要态度诚恳，人民和政府是不会为难他的。这就相当于给黄金荣吃了一颗定心丸。

回到家里，黄金荣着手写这份悔过书了。他让龚天健代笔，自己口授，之后再经过整理，写了一份"自述悔过书"，黄金荣并没有草草地将这份"自述悔过书"立即交给政府，而是召集家人和亲信们进行一再的商量，将悔过书改了又改，因为一方面他怕将自己写得太坏，交给政府，反让人家有了把柄，治起自己的罪来；另一方面，他又不能将自己写得太好，如果那样的话，很可能会过不了关，让政府觉得他的认罪态度不够诚恳，从而给他带来更多的麻烦。黄金荣考虑再三，最后总算在已经改过了好几遍的、自己觉着还基本满意的一份"自述悔过书"上签下了自己的名字。这份"自述悔过书"是写在宣纸上的，后来一直得到完好的保存，现在就藏在上海市档案馆中，其全文如下：

自述悔过书

立坦白悔过书人黄金荣，又名锦镛，上海人，年八十四岁，住龙门路一四五弄一号。小时候，在私塾读书，十七岁在城隍庙姊夫开的裱画店里学生意，廿岁满师，在南门城内一家裱画店做生意，五年后，因为觉得没有出息，就去投考前法租界巡捕房包打听。考进后，就派到大自鸣钟巡捕房做事，那年我廿六岁，后来因为我几次破了盗案，升了探长，在五十岁时候升了督察长。

在租界时候，巡捕房是外国人专制管理的，租界里的百姓，因为我是巡捕房里的包打听，所以百姓认为包打听有法子可以与外国人接近，讲得上话，所以卖烟土的、开赌台的人都来与我商量，托我去运动法国头脑能求太平，等事体成功后，他们送些钱谢我，还有一辈子做生意的人，因为怕被人欺侮，也托人介绍拜我做先生，希望能依靠我的情面不被人家欺侮，但是里面难免有行为不好的人，或是外面的人时常借我的名气，在外面讲斤头，做不好的事情。我在旧法大马路聚宝楼做茶会间（这是包打听平日碰头地方）用了不少伙计，在外面打听盗贼线索与行动，每天在茶会间报告我好去破案，加些功劳，这笔开销很大，所以就在法大马路开共舞台戏馆来贴补，后来戏馆赚了很多钱，一部分办金荣义务学校，帮助贫苦学生读书。

四十岁左右，我在小东门巡捕房做探目，由在小东门有一个姓王的介绍，认识了杜月笙，后来巡捕房禁烟，由杜月笙、张啸林、金廷荪来与我商量，请我帮忙，让他们私卖烟土，我就与法国头脑费沃利谈好，就让他们做，现在想想，这种事体都不应该的。

我在四十岁光景，孙中山先生在上海革命是我保护的，中山先生到北京去的时候，我保护送他上车，临走的时候，中山先生对我说，上海的革命同志要我保护，所以后来我认得了许多革命分子，像胡汉民与汪精卫他们就在革命军打制造局的时候认识的。蒋介石是我朋友虞洽卿介绍认识的，因为蒋介石那时候在交易所做事，有人欠蒋介石钱，由虞洽卿介绍托我代他讨债。杨虎是徐福生（共舞台稽查）介绍认识的，因为中山先生曾经叫我保护革命分子，那时候杨虎也是参加革命的。后来北伐军到上海做事的时候，有一天与张啸林、杜月笙、虞洽卿来看我，因为他们发起组织共进会，因为我是法租界捕房的督察长，叫我也参加帮忙。后来法国头脑费沃利因为共进会在外面有招摇事体发生，命令禁止在法租界活动；一方面张啸林等要借共进会名义发达他的帮会势力，所以不满意我，因为公务上的关系就与他闹意见，从此与张啸林等避开，不多时我就辞去巡捕房职务，到漕河泾祠堂退休。

八·一三日本人打上海的时候，难民很多，米粮恐慌，虞洽卿办了一批洋米，由我出面代为救济、筹款。后在敌伪时期，日本人时常来与我商量，要我出来做事，我总说年纪大了，不能做什么事，回绝他们，所以没有出来做事。到抗战胜利后，我也没有做过什么事情，但是听说我的门生，仍借我名义，在外面招摇，干不好的事，因为年纪很大，也顾不了这许多，不过这种事情，是怪我过去太卖情面，收了好多门生，现在想想这种不好的情形，实在错误。

解放前不多时，杜月笙来劝我到香港去，我因为年纪太大了，况且差不多廿多年没有做事，又不问事，专心管理大世界与黄金大戏院的事情，所以没有答应去。

解放后，看到共产党样样都好，所以我现在想到从前有许多事是不对的，人民政府对我很宽大原谅，我有说不出的惭愧与感谢。我决定从今以后，多做些对得起人民政府的事情，我还要劝我的门生和亲友，不要做对不起人民的事体，凡是觉得自己有这种事体的，赶快要向政府自首改过，要跟我一样将功赎罪，报答人民政府的大恩大德，还要帮助政府来做好镇压反革命的事体。因为我年纪太老了，脑筋不好，恐怕想不周到，以后想到的，就报告政府，这要请求人民政府特别宽恕我，我一定要好好地做爱国的事体。

黄金荣

一九五一年五月七日

然而，这份"自述悔过书"交给政府之后却没有获得通过，原因是很明显，那就是黄金荣的态度不够诚恳，在这份悔过书中，黄金荣文过饰非，将自己做过的坏事都轻轻地带过，甚至只字不提，反而大讲特讲他与孙中山的交往和他对革命志士的保护，俨然以一个革命功臣自居，至于他组织共进会对革命者进行屠杀这样性质极其恶劣的事，他却仅仅轻描淡写地说是因为受了他人的撺掇才参加的，而后来的事情，他又过多地诿过于他的门徒，说自己二十多年来没有做过什么（坏）事情，这显然是很荒谬的。因此，总体上看，与其说这是一份"自述悔过书"，却莫不如说这是一份"自我表扬书"更恰当一些。

因为上交了这样"捣糨糊"式的悔过书,政府对黄金荣相当不满,对他进行了严厉的批评,并责令他立即重写一份新的、态度真诚的自白书。这一次,黄金荣不敢再将自己的罪恶全都撇清了,当然,他还是要尽可能地为自己多涂一些脂粉,不过大体看来,新的自白书是比前一份悔过书要诚恳多了。

最后定稿的自白书写好之后,黄金荣将其端在手里看了又看,方才小心翼翼地签上自己的名字。在陈翊庭陪同下,黄金荣将这份自白书亲自送交到位于外滩中央银行大楼的军管会。军管会首长粟裕和盛丕华接见了黄金荣,表示这份自白书所体现的态度还算诚恳,因此也就不再多难为他了。黄金荣一听自白书过关,心中大喜,而口头上自然免不了对两位首长千恩万谢。一番嘱托之后,粟裕和盛丕华就让黄金荣回去歇息了。黄金荣听到自己可以走了,真是像得到大赦一样,恨不得一下子就夺门而出。

从军管会的楼里走出来,黄金荣的心里可是松了一口气,但是他马上觉得身上少了些什么,原来,他刚才因为过于紧张,进屋时带去的东西出来时竟忘了带走。他让陈翊庭回楼里去取,而自己则在楼外等他。可是当陈翊庭从楼里再出来的时候,却不见了黄金荣的踪影。这可把陈翊庭给急坏了,他在附近各处黄金荣可能去的地方找了个遍,都没有找到,只得往黄金荣的家里赶。当他回到黄家的时候,却意外地发现黄金荣正在客厅里等他呢。黄金荣告诉陈翊庭,他因为害怕军管会再生变故,趁着他东西忘在那里没有及时离开的机会给他添麻烦,所以才没有等陈翊庭下楼,就先回家来了。

不管怎么说,第二次交上去的自白书算是通过了。

这份"黄金荣自白书"被刊登在1951年5月20日的《文汇报》和《新闻报》上,自白书的旁边,还配了一张黄金荣的照片。

刊登在报纸上的"黄金荣自白书"是这样的:

黄金荣自白书

【本报讯】居住在本市的黄金荣,昨日发表悔过书一件,全文如下:

我小时候在私塾读书,十七岁到城隍庙姐夫开的裱画店里学生意,二十岁师满,在南门城内一家裱画店里做生意,五年后考进前法租界巡捕房做包打听。那时候,觉得做裱画司务没有出息,做包打听有出息。现在想来,做包打听成为我罪恶生活的开始。

我被派到大自鸣钟巡捕房做事,那年我二十六岁,后升探长,到五十岁时升督察长,六十岁退休。这长长的三十四年,我是一直在执行法帝国主义的命令,成为法帝国主义的工具,来统治压迫人民。譬如说私卖烟土,开设赌场,危害了多少人民,而我不去设法将其阻止,反而从中取利,实在真不应该。

蒋介石是虞洽卿介绍给我认识的。国民党北伐军到了上海,有一天,张啸林来看我,他们谈起组织共进会,因为我是法租界巡捕房的督察长,叫我参加,我也就参加了,就此犯了一桩历史上的大罪恶,说起来,真无限的悔恨!后来,法租界的巡捕房头脑费沃利,命令禁止共进会在法租界活动,一方面张啸林要利用共进会发展他们的帮会势力,所以对我不满意,我因为职务的关系,就和他们闹意见,从此与张啸林避不见面。不久,我就辞去法巡捕房职务,退休在漕河泾了。我在法巡捕房许多年,当然有些势力,有许多人拜我做先生,我也收了很多门徒,门徒又收门徒,人多口杂,就产生了在社会上横行霸道、欺压善良的行为。我年纪大了,照顾不到,但无论如何,我是应该负放纵之责的,因而对于人民我是有罪的。

解放以后,我看到共产党样样都好,人民政府是真正为人民的政府。几十年来,帝国主义军阀国民党统治下的上海,整个变了样子。政府根绝了贪污,社会上没有敲竹杠仗势欺人的事情。我今年八十四岁,已经二十多年不问世事,但经过这个翻天覆地的变化,看到了伟大的人民力量，再检讨自己六十岁以前的一切行为，感到非常痛苦。一方面我对于人民政府对我的宽大，表示深切的惭愧和感谢，一方面我愿向人民坦白悔过。恳切检讨我的历史错误。请求允许我立功赎罪。

我坚决拥护人民政府和共产党，对于政府的一切政策法令，我一定切实遵行。现在，正是严厉镇压反革命的时候，凡是我所知道的门徒，或和我有关系的人，过去曾经参加反革命活动或做过坏事的，都应当立即向政府自首坦白，痛切承认自己的错误，请求政府和人民饶恕；凡是我的门徒或和我有关系的人，发现你们亲友中有反革命分子要立即向政府检举，切勿徇情。从今以后，我们应当站在人民政府一边，也是站在人民的一边，洗清个人历史上的污点，重新做人，各务正业，从事生产，不要再过以前游手好闲、拐骗人、吃讲茶乃至鱼肉人民的罪恶生活。这样，政府可能不咎既往，给我们宽大，否则我们自绝于人民，与人民为敌，那受到最严厉的惩罚，是应该的了。

现在，幸蒙共产党宽大为怀，使我有重新做人的机会，在毛主席旗帜下学习革命思想，彻底铲除帝国主义的封建思想意识，誓再不被反动派利用，决心学习自我批评及自我检讨，从今后，愿做为人民服务的人。

最后，我谨向上海市人民政府和上海人民立誓，我因为年纪大了（今年八十四岁），有许多事已经记忆不清，话也许说得不适当，但是我的懊悔惭愧与感激的心，是真诚的！是绝不虚假的。

黄金荣
公元一九五一年五月

"黄金荣自白书"在报纸上刊登之后，引起了海内外的强烈反响，人们见到，自清朝末年以来的长达半个多世纪的时间里，帮会势力都是各统治阶级进行拉拢的对象，可是在新的人民政府面前，中国帮会界最为突出的代表人物黄金荣低头认错了，帮会称雄的时代已经成为浩浩历史上的过眼云烟了，人们为此而拍手称贺。同时，仍在活动之中的帮会残余势力见到领头人的这份自白书，也不得不有所反思。

惶恐中死去

20世纪50年代，《大张旗鼓，严厉镇压反革命》、《沪市惩处一批著名恶霸》、《沪市捕获一批反革命分子》……诸如此类的新闻标题，在上海的报纸上可谓屡见不鲜，而每一次看到这样的文章标题，黄金荣的心都像被针扎了一下，他的精神压力变得空前的大。与这些报纸上刊载的消息相比，更让黄金荣感到坐卧不宁的是，他的众多爱徒在镇压反革命的大浪中纷纷落马，一个个地都被押上了刑场。黄金荣虽然从没去过行刑的现场，可是令每一个门徒毙命的枪声却都仿佛就响在他的耳边，甚至在睡梦之中，他也会被这种枪声的厉响所惊醒。他惊恐得简直无法安心睡去，真的害怕一觉醒来之时，自己已经不在家中了，而摆在他面前的，就是那惩处罪犯的正义的枪口。

黄金荣整日提心吊胆，在这种高度惊恐的精神状态下，他不久就病倒了。

实际上呢，黄金荣的这种担心多少是有些多余的。即使群众要求惩处黄金荣本人的呼声非常的高，可政府对待黄金荣的策略并没有改变。黄金荣对共产党的守信还是很感激的，不过，一次又一次令他感到胆战心惊的强烈打击，让他总感到自己的这条命是不掌握在自己手中的，不知哪一天，被人说拿就给拿走了。

这一次病倒，黄金荣再也没有起来过，他只能整日坐在太师椅里或者躺在床上，无法再站立起来，更无法走路了。尽管病得非常厉害，黄金荣还是嘱告家人，不要将他送进医院，因为他不想离开自己居住了几十年的屋子，他只想安安静静地死在家里。

黄金荣的身体变得越来越羸弱了，到后来，他的神智已经不是很清醒了，可偶然间仍会显现出惊噩之状，他一生的罪恶，也成了他最后的心结。

1953年6月20日上午，黄金荣进入了弥留之际。黄公馆附近的永川医院应其家属的请求，派出护士来给黄金荣注射了强心针。这一针，让黄金荣的生命又延续了几个小时，但是没能让他再一次醒过来。当天下午，86岁的黄金荣停止了呼吸。

黄金荣死后，当地公安部门向上级做了这样的报告："查黄金荣现年86岁，上海著名的大流氓，收有门徒万众，本区大世界、共舞台、荣金大戏院皆是他的产业，当他于20日死时，大世界经理杭石君即报告分局云南南路派出所，并申请更换大世界负责人姓名，以后便由黄金荣的得意门徒陈福康为主办理丧事，计有马筱峰、陈荣富、陈昌良（荣金大戏院经理）、沈茂贞、汤融、严兴林、毛政纪、顾德昌、钱福林、陆正崇、朱文伟、陈益亭、王世昌、庄海宁、杭石君、陈荣炳等17人前来治丧。尸体于22日移往丽园殡仪馆入殓，当晚在钧培里一号黄金荣住宅中，备有9桌酒席，治丧过程中除上述得意门徒17人前来外，别无其他动静。"

这就是黄金荣所得到的最后待遇——一场与他生前的轰轰烈烈形成强烈对比的极为简单而又让人备感凄清的葬礼。